REINHOLD LANGE · IMPERIUM ZWISCHEN MORGEN UND ABEND

REINHOLD LANGE

Imperium zwischen Morgen und Abend

Die Geschichte von Byzanz in Dokumenten

VERLAG AUREL BONGERS RECKLINGHAUSEN

Umschlagbild:
Detail aus der Miniatur Salomon und Jesus Sirach, Cod. 6, fol. 83 v,
Kongelige Bibliothek, Kopenhagen

Gesamtherstellung: Graphische Kunstanstalt Aurel Bongers, Recklinghausen

Printed in the Federal Republic of Germany ISBN 3-7647-0236-2

Es ist eine Welt für sich, ein Atlantis der Glückseligkeit, ein Vorratshaus irdischer Wonne, Sitz der Widersprüche, bewegungsvoll und einsam, Land und Wasser, das große Weltamphibium voll Blumenduft, Licht und Schatten und langer Karawanenzüge, voll musikalisch-sausenden Wogenspiels, voll Gondeldrang und vorüberschiffender Delphine. Es ist die ungeheure Burg des alten Kontinents, nach Ost und West durch weite Landöden, nach Süd und Nord durch tosende Sunde von fremder Zone losgetrennt. Wer hier mit Kraft regiert, dem gehorcht die Welt.

Jakob Philipp Fallmerayer

»Ist uns denn nicht allen diese Welt von Byzanz ein verschleiertes Bild, liegt nicht die ganze, reiche, weltumspannende Geschichte dieser Stadt, das Leben der Menschen, die zu ihrer Größe mit beitrugen, das Sinnen und Trachten, das sie erfüllte, — liegt es nicht alles wie in einem Nebelmeere, unklar, verfließend, ohne feste Umrisse und Gestalt, ohne Farbe und Leben?« So fragte vor sechzig Jahren der Historiker Karl Dieterich und registrierte damit die erstaunliche Tatsache, daß das byzantinische Reich für Jahrhunderte weitgehend aus dem geschichtlichen Bewußtsein des europäischen Menschen verschwinden konnte, obwohl die Geschichte Europas tausend Jahre lang von der Großmacht Byzanz maßgeblich mitbestimmt wurde. Darin liegt kein Vorwurf gegen die historische Forschung, der heute noch weniger gerechtfertigt wäre als vor sechzig Jahren; die Materialien zur Geschichte des oströmischen Reiches liegen in Fülle vor, die Zusammenhänge wurden aufgespürt, Vorurteile ausgeräumt. Und doch besteht nach wie vor kein Zweifel daran, daß für den Nichtspezialisten beispielsweise Theoderich eine »lebendigere« Persönlichkeit ist als Justinian; Karl Martell, Otto I. oder der Cid ihm vertrauter sind als Konstantin V., Nikephoros Phokas und Alexios Komnenos; daß Augustin, Tauler und Pico della Mirandola bekannter sind als Johannes Chrysostomos, Palamas und Plethon. Der Grund dafür liegt darin, daß Byzanz durch die vor fünfhundert Jahren vollzogene Trennung der byzantinischen Territorien vom christlichen Westen für uns zu einer toten Kultur wurde, die zwar historisch rekonstruierbar ist, deren einstige Bedeutung jedoch nicht mehr unmittelbar bis in unsere Gegenwart nachwirkt.

Dazu kommt etwas anderes. Viele Jahrhunderte war Byzanz, das »zweite Rom«, die Lehrmeisterin der Völker im Westen wie im Osten. Mindestens bis zur Jahrtausendwende gab es wohl kaum ein Volk, das nicht die politische Führungsrolle von Byzanz anerkannt hätte, und das sich dem übermächtigen Einfluß der byzantinischen Zivilisation hatte verschließen können. Im Westen freilich empfand man schon sehr früh: Byzanz war anders. Und je mehr der Westen seiner Lehrmeisterin entwuchs, desto stärker wurde Byzanz nicht mehr nur als anders, sondern schließlich auch als fremd empfunden.

Diese Entfremdung hatte ihre historischen Gründe. Schon lange vor jenem 29. Mai 1453, als die Janitscharen Mehmeds II. die Stadt erstürmten, hatten sich die Wege Ostroms und des Westens geschieden. Dem Ende von Byzanz war ein langsam fortschreitender politischer und wirtschaftlicher Verfall vorausgegangen. Auf religiösem Gebiet war die Spaltung schon 1054 endgültig geworden, und seit den Kreuzzügen bestand zwischen Ost und West ein an Haß grenzendes Mißtrauen. So konnte es geschehen, daß die Byzantiner die türkische Gefahr als das geringere Übel empfanden gegenüber der »fränkischen« und päpstlichen Anmaßung, und daß der Westen seinerseits mehr oder weniger gleichgültig dem Todeskampf und Untergang des byzantinischen Reststaates zusah. Byzanz ging auf im osmanischen Reich, dessen Hauptstadt Konstantinopel wurde. Damit war der Südosten vollständig aus dem europäischen Staatenverband her-

Die Mauern von Konstantinopel

ausgebrochen. Der Erbe und Nachfolger von Byzanz, das Osmanenreich, stand politisch und religiös in schroffstem Gegensatz zum christlichen Westen. Zweihundert Jahre lang lastete die Türkengefahr auf Europa, und als Sultan Suleiman im Jahre 1529, nur 76 Jahre nach dem Fall Konstantinopels, vor Wien stand, mochte man sich noch einmal daran erinnern, welche machtpolitische Bedeutung die ferne Stadt am Bosporus einmal gehabt hatte, als in ihren Mauern noch ein christlicher Kaiser herrschte.

Dann aber verblaßt das Bild immer mehr, wobei zu bemerken ist, daß die Ressentiments gegen das Byzantinertum stärker überlebten als die Achtung vor seinen Leistungen, die fast in Vergessenheit gerieten, zumindest aber nicht die gebührende Einschätzung erfuhren. Nur im Osten Europas lebte byzantinisches Traditionsbewußtsein weiter: im christlich-orthodoxen Reich der russischen Zaren, die sich als Nachfolger des byzantinischen Kaisers fühlten und in ihrer Hauptstadt Moskau das »dritte Rom« sahen. »Zwei Rom sind gefallen, aber das dritte steht und ein viertes wird es nicht geben.« Doch als Rußland seit Peter I. sein Gesicht dem Westen zuwendet, verblaßt auch dort die Erinnerung an Byzanz, wenn auch nicht im selben Maße wie im Westen.

Heute sind Unkenntnis und Mißverstehen weitgehend überwunden. Die Geschichtsforschung hat breite Zugänge erschlossen, Byzanz ist uns nicht mehr fremd. Doch das, was man schon im Mittelalter empfand, empfinden wir auch heute: Byzanz war anders.

Es mußte anders sein, denn es war territorial, ethnisch und historisch auf Fundamenten gegründet, die es, in ihrer Gesamtheit gesehen, mit keinem anderen Reich gemeinsam hatte: »Römisches Staatswesen, griechische Kultur und christlicher Glaube sind die Hauptelemente der byzantinischen Entwicklung. Nimmt man eines dieser Elemente weg, so ist byzantinisches Wesen nicht denkbar. Erst die Synthese der hellenistischen Kultur und der christlichen Religion mit der römischen Staatsform ließ jenes historische Gebilde entstehen, das wir das byzantinische Kaiserreich zu nennen pflegen« (Ostrogorsky). Keinem anderen Staat des Mittelalters ist es gelungen, diese Synthese nachzuvollziehen; Byzanz war einmalig und unwiederholbar — Byzanz mußte sich von allen »lateinischen« Reichen des Westens unterscheiden, die, im Vergleich zu ihm, untereinander ähnlich erscheinen.

Gerade für die byzantinische Geschichte ist daher das Studium ihrer schriftlichen Hinterlassenschaft von besonderem Interesse, denn nichts ist dem Verständnis ihrer Eigenart förderlicher als die Konfrontierung mit den Quellen — seien es Chroniken, Biographien, Erzählungen oder Briefe, Verträge, Reden, Gedichte usw. Nun ist eine reine Quellensammlung allerdings kaum geeignet, die großen historischen Abläufe darzulegen, ohne die wiederum die Bedeutung der Quellen nicht wirklich erfaßt werden kann. Daher wurde in diesem Buch der Versuch unternommen, eine Geschichtsdarstellung mit einer Quellensammlung zu verbinden, indem der zeitgenössische Berichterstatter immer da zu Worte kommt, wo seine Aussagen die Begebenheiten und Situationen am besten charakterisieren. Der Gewinn liegt darin, daß der typisch »byzantinische« Blickwinkel erhalten bleibt, der uns den Zugang zur Mentalität des byzantinischen Menschen möglich macht. Die Selbstdarstellung der Byzantiner gewährt uns Einblick in die Dimensionen seiner geistigen Existenz, seine Ideale, Wünsche und Hoffnungen, seine Gelehrsamkeit, seine Eitelkeiten, seine Verschlagenheit und seinen Witz, seine Frömmigkeit und seinen Leichtsinn. Was den »westlichen« Betrachter angeht, so zwingen ihn die Äußerungen byzantinischer Augenzeugen gelegentlich — besonders für die Zeit der Kreuzzüge — zu einigen wenig schmeichelhaften Selbstbetrachtungen. Außerbyzantinische Quellen wurden aufgenommen, soweit sie für die byzantinische Geschichte von Bedeutung sind oder auch nur allgemein den inneren Gegensatz zwischen dem byzantinischen und dem westlichen Kulturkreis kennzeichnen.

Von den wiedergegebenen Quellentexten erscheint mehr als die Hälfte zum erstenmal in deutscher Sprache, zum kleinen Teil konnte auf ältere Übersetzungen zurückgegriffen werden (Tafel, Ellissen, Dietrich, Soyter), teilweise auch auf jüngere, wie den reichhaltigen Band »Byzantinische Geisteswelt« von H. Hunger, Holle-Verlag, Baden-Baden 1958, aus dem mit frdl. Genehmigung des Verlages einige Abschnitte übernommen wurden. Vor allem aber durften aus der im Styria-Verlag, Graz—Wien—Köln, erscheinenden Reihe »Byzantinische Geschichtsschreiber« (Band 3, 5—11) mehrere Passagen wiedergegeben werden, wofür dem Verlag besonderer Dank gesagt sei.

Einführung

Der Name »Byzantinisches Reich« ist ein rein geschichtswissenschaftlicher Begriff, denn es hat nie ein Reich gegeben, dessen Bewohner sich selbst als »Byzantiner« oder »byzantinisch« bezeichnet hätten. Niemals haben sich die Byzantiner anders als »Rhomäer« = Römer genannt und ihr Reich nie anders als »Römisches Reich«. Darin liegt ein außerordentlicher Anspruch — nämlich der Anspruch auf die Beherrschung der zivilisierten Welt, auf die politische, zivilisatorische und kulturelle Führungsrolle. Darin liegt die Überzeugung von der Einmaligkeit und Ewigkeit des Reiches, das mit dem göttlichen Willen in Übereinstimmung steht und diesen durch den Vollstrecker des göttlichen Willens, den Kaiser, zur Ausführung bringt. Das osteuropäische Reich hat keine neue Staatslehre entwickelt; die römisch-imperiale Staatsideologie behielt auch in Byzanz ihre Gültigkeit. Als Konstantin I. aus strategischen Gründen die Hauptstadt des Reiches von Rom an den Bosporus verlegte, vermied man bewußt den Eindruck, daß man das alte Rom aufgegeben und eine andere, neue Metropole, ein neues Reich gegründet habe. Rom war eine Idee, die man weder aufgeben konnte noch wollte, Rom wurde nur — rein geographisch — an einen anderen Platz verlegt, um von hier aus im alten Glanz die Welt zu beherrschen. Hatte Konstantin der Stadt auch seinen eigenen Namen verliehen; bald gab es nur noch eine offizielle Bezeichnung: Neu Rom.
Die Entwicklung vom *Imperium Romanum* zum *Basileion ton Rhomäon* vollzog sich nicht schlagartig und ist nicht mit einem bestimmten Datum verbunden. Sie vollzog sich in kleinen Schritten im Laufe von Jahrhunderten. Es wandelten sich die geographischen Grenzen, die Religion, die Staatsverwaltung, das Heerwesen, die ethnische Zusammensetzung der Bevölkerung und nicht zuletzt die Sprache. Für uns, die heutigen Betrachter, hat der Begriff »byzantinisch« einen eigenen Charakter, er beschreibt eine eigene Qualität, die sich als Ergebnis der politischen, wirtschaftlich-sozialen und kulturellen Entwicklung vom 4. bis 8. Jahrhundert herauskristallisiert hat. In dieser Zeit, die erschüttert war von den Bewegungen der Völkerwanderung, der Expansion des Islam und zerrissen war von Glaubenskämpfen und Häresien, bildeten sich nach und nach in allen Bereichen des Lebens die Elemente heraus, die wir als »byzantinisch« bezeichnen. Was sich nicht wandelte, war die Überzeugung von der Einmaligkeit des Kaisertums und seines Hoheitsanspruchs. Niemals ist die Berechtigung dieses Anspruchs in Zweifel gezogen worden und niemals hätte ein byzantinischer Kaiser auf den ersten Rang unter den Herrschern der Erde verzichtet, auch dann nicht, als dieser Anspruch nur noch eine leere Formel war.
Die Kontinuität des römischen Reichsgedankens war für den Byzantiner ausschlaggebend. Ihr gegenüber erschienen alle entwicklungsbedingten Wandlungen, Veränderungen und Umbrüche im Reiche selbst von untergeordneter Bedeutung. »Rom = Byzanz« war die Formel, an die die Byzantiner glaubten, und das Programm, nach dem sie handelten. Daher muß jede zusammenhängende Betrachtung der byzantinischen Geschichte von der römischen Geschichte ausgehen, denn insoweit hatten die Byzantiner recht: ohne Rom kein Byzanz.

Spätantike und frühbyzantinische Zeit (bis 726)

In unzähligen Kriegen und Schlachten hatte Rom ein Weltreich aufgebaut, das sich von Gibraltar bis Armenien und von Britannien bis Ägypten erstreckte. Alle Völker des Mittelmeerraumes und Westeuropas hatte es unter seine Herrschaft gezwungen bis hin zu den dünn besiedelten Steppen, Wüsten oder Urwäldern, in denen mehr oder weniger barbarische Stämme hausten, die zur Integration noch nicht reif waren. Nur an einem Ort wurde die römische Expansion von einem Reich zum Stehen gebracht, das selber auf eine uralte Kultur zurückblicken konnte und dessen König keineswegs gewillt war, die Weltherrschaft der römischen Kaiser anzuerkennen, da er sich selbst zumindest als ebenbürtig betrachtete: der Großkönig des Partherreiches. Das Hauptziel der römischen Kriegspolitik von Caesar bis Diokletian mußte in der Niederringung der parthischen Macht und der Abwendung der chronischen Bedrohung liegen, die von dieser Macht ausging. Allerdings erforderte der starke Gegner eine solche Heeresmacht, daß die von sporadischen Barbareneinfällen und Aufständen dauernd beunruhigte Rhein-Donaugrenze gefährlich vernachlässigt werden mußte. Rom fürchtete die Parther allein nicht, es fürchtete auch die Barbaren allein nicht — was es fürchtete und immer ängstlich zu vermeiden suchte, war der Zweifrontenkrieg, der eine Aufteilung der Streitkräfte notwendig gemacht hätte. Unter Kaiser Marc Aurel trat dieser Fall ein: um den römischen Klientelstaat Armenien entbrannte ein schwerer Krieg mit den Parthern, während kurz darauf die Markomannen und Quaden über die Donau ins Reich einbrachen. Der Kaiser sah sich gezwungen, den militärischen Oberbefehl zu teilen. Er selbst übernahm die Abwehr der Germanenstämme und dem Mitkaiser Lucius Verus wurde die Verteidigung des Ostens anvertraut. Zum erstenmal in der Geschichte des Imperiums war somit — zumindest auf militärischem Gebiet — eine Teilung in einen östlichen und einen westlichen Kompetenzbereich durchgeführt worden.

Im Jahre 226 erhob sich nach dem Sturz der alten parthischen Arsakidendynastie das sog. Neuperserreich der Sassaniden, die durch die Wiedererweckung der altiranischen Zarathustrareligion und durch die Befreiung vom hellenistisch-römischen Einfluß eine Epoche der nationalen Selbstbesinnung einleiteten. Das Sassanidenreich stellte sich damit

Elfenbein-Diptychon des Konsuls Anastasios

sofort und naturgemäß in den schärfsten Gegensatz zum *Imperium romanum.* Die Folge war, daß der Zweifrontenkrieg fast zu einem Dauerzustand wurde und Rom wegen der Unzulänglichkeit seines Grenzheeres und des Fehlens einer beweglichen und schlagkräftigen Reserve in die allergrößten Schwierigkeiten geriet. Im Jahre 254, als das Reich wieder einmal von den Persern im Osten und den Goten und Markomannen im Norden schwer bedroht war, verfügte daher Kaiser Valerian abermals eine Teilung des Heeres und des militärischen Oberbefehls. Er selbst schlug seine Residenz in Antiocheia auf und überließ seinem Sohn Gallienus die Verteidigung im Westen. Daß sich der Kaiser den Osten des Reiches vorbehielt, war ein Novum, in dem sich die hervorragende Bedeutung der östlichen Provinzen ausdrückt. Das Reich war zu groß, seine Grenzen waren zu lang, als daß es von einem einzigen Oberbefehlshaber hätte verteidigt werden können.

Valerians Maßnahme, aus der Not der Stunde geboren, wurde 32 Jahre später von Diokletian in die Reichsverfassung aufgenommen, als dieser Maximian zum zweiten Augustus ernannte und ihm die Residenz Mailand bzw. Aquileia anwies, er selbst dagegen die stärker bevölkerte Osthälfte mit der Residenz in Nikomedia (Bithynien) übernahm. Damit war Rom als Hauptstadt ausgeschaltet. Diokletians »Doppelprinzipat« bedeutete aber keineswegs eine Reichsteilung, denn Diokletian behielt sich als ranghöchster Augustus das für das ganze Reich gültige Gesetzgebungsrecht vor. 293 wurden Galerius und Konstantius Chlorus zu »Caesaren« ernannt (mit den Residenzen Sirmium und Trier), die nach der verfassungsmäßig vorgesehenen Abdankung der Augusti an deren Stelle nachrücken und ihrerseits neue Caesaren ernennen sollten (Tetrarchie). Das geschah im Jahre 305, als die neuen Augusti Galerius und Konstantius Maximinus Daja und Flavius Severus zu Caesaren erhoben. Dieses logisch ausgeklügelte Nachfolgesystem erwies sich als völlig wirklichkeitsfremd, denn es setzt ein hohes Maß an Verfassungstreue, weiser Selbstbeschränkung und Einsicht bei den jeweiligen Augusti und Caesaren voraus. Es mußte zusammenbrechen, weil es weder das Erbrecht, noch die lang geübte Praxis der Ausrufung durch das Heer berücksichtigte. Fünf Jahre nach Diokletians Abdankung hatte das Reich sechs teils legitime, teils illegitime untereinander verfeindete Augusti, von denen einer mit Ruhe auf seine Stunde wartete: Konstantin, der Sohn des Konstantius Chlorus. Nach dem Tode des Maximian und des Galerius zog er im Jahre 312, von Trier kommend, gegen Maximians Sohn Maxentius, der sich noch einmal in die Rolle eines Imperators im alten Rom hineingeträumt hatte, und besiegte ihn in der welthistorischen Schlacht an der Milvischen Brücke. Unverzüglich ließ sich Konstantin zum rangältesten Augustus ausrufen und schob damit Maximinus Daja im Osten eigenmächtig auf den zweiten Platz. Schon im nächsten Jahr führte die Feindschaft zwischen West- und Ostkaiser zum Krieg. Konstantins Schwager Licinius zog gegen Maximinus und konnte ihn schnell besiegen. Die Osthälfte des Reiches übernahm nun Licinius selbst, während Konstantin die Westhälfte von Trier aus (bis 316) regierte.

Aber noch war Konstantins Weg nicht zu Ende, er war nicht der Mann, der sich mit der halben Macht zufriedengab. Das Mißtrauen zwischen den beiden Augusti wurde zur Feindschaft, beide Reichshälften waren gegeneinander abgeschlossen wie zwei getrennte Reiche. So brach der Krieg aus, der mit der Niederlage des Licinius endete (324) und Konstantin zum Alleinherrscher über das wiedervereinigte römische Reich machte. Noch im selben Jahr begann man mit dem Bau der neuen Hauptstadt auf dem Boden der alten griechischen Kolonie Byzantion, 330 wurde sie noch vor ihrer Fertigstellung feierlich geweiht.

Konstantin hätte keinen besseren Platz für seine Hauptstadt wählen können. An der Grenze zwischen Europa und Asien und an der verbindenden Meerenge zwischen Mittelmeer und Schwarzem Meer gelegen, bildete sie einen natürlichen Knotenpunkt zwischen Osten und Westen. In der Mitte zwischen den beiden Krisenherden an der unteren Donau und an der Euphratgrenze nahm sie strategisch eine außerordentlich günstige Position ein. Eine solche Mittellage hatte notwendig eine Vermittleraufgabe zur Folge; Vermittler zwischen Ost und West, Orient und Okzident blieb die Kaiser-

Die Stadtgöttin Constantinopolis mit der Konstantinssäule auf der Peutingerschen Tafel

stadt am Bosporus dann auch über ein Jahrtausend lang, bis sie schließlich gleicherweise von westlichen und östlichen Mächten zerrieben und ausgelöscht wurde. Doch da hatte sie ihre Aufgabe längst erfüllt.

Unter Konstantin schien jedoch die *Roma aeterna* noch einmal einer neuen Blüte entgegenzugehen. Der Kaiser führte auf allen Gebieten des staatlichen und wirtschaftlichen Lebens konsequent zu Ende, was sich unter Diokletian und teilweise schon früher angebahnt hatte. Durch die Ausschaltung des Senats wurde der Prinzipat des Augustus in das Dominat (Autokratie) überführt, das den Kaiser als *dominus et deus* zum unbeschränkten Herrscher machte. Die Vorrechte gewisser Provinzen und Landesteile waren schon unter Diokletian beseitigt worden. Konstantin vollendete die Einteilung des Reiches in Präfekturen (per Orientem; per Illyricum; Illyrici, Italiae et Africae und Galliarum), Diözesen und Provinzen mit genau abgestuften Kompetenzbereichen. Die vier Prätorianerpräfekten waren die höchsten zivilen Reichsbeamten. Nur Rom und bald darauf auch Konstantinopel blieben unter Leitung eines Stadtpräfekten dem Kaiser direkt unterstellt. Mittelpunkt der Reichsregierung wird der Kaiser und sein Hof, die Staatsämter werden zu Hofämtern. Die Leiter der einzelnen Behörden bilden den Kronrat, das »Konsistorium«; der einflußreichste Beamte ist der Magister officiorum, der die Aufsicht über alle Ämter (officii) führte und als Verantwortlicher für die persönliche Sicherheit des Kaisers die Leibwache kommandierte. Neu war die völlige Trennung der zivilen von der militärischen Gewalt, die unter Konstantin überall durchgeführt wurde. Eine Finanzreform stellte die Goldwährung wieder her, die unter Diokletian katastrophal zerrüttet war. Der konstantinische Goldsolidus erwies sich als außerordentlich stabil und bildete bis in das 11. Jahrhundert die Grundlage des byzantinischen Münzsystems. Auch die Reform des Heeres wurde unter Konstantin abgeschlossen. Außer der Verstärkung des Grenzheeres (limitanei) galt seine Sorge dem Ausbau des beweglichen Feldheeres (comitatenses), das als eine überall einsatzfähige Reservetruppe von großer Wichtigkeit wurde. Als Ersatz für die alte, unzuverlässige Prätorianergarde schuf er die Elitetruppe der »palatini« und die Leibgarderegimenter der »scholae palatini« unter dem Befehl des Magister officiorum. Neu war auch die Aufteilung in Infanterie und Kavallerie, kommandiert von einem Magister peditum bzw. equitum. Alle Oberbefehlshaber (Magistri militum) unterstanden unmittelbar dem Kaiser, der die oberste Kommandogewalt innehatte. Besonderes Augenmerk wurde auf den Ausbau einer schlagkräftigen Reitertruppe gerichtet, um sich der Kampfesweise der gefürchteten persischen Kavallerie anpassen zu können.

Konstantins Politik der Reichskonsolidierung konnte vor allem an einem Problem nicht vorbeigehen, das besonders unter seinem Vorgänger das Reich in zwei Lager gespalten und blutige Opfer gefordert hatte, an der Christenfrage. Es ist viel über Konstantins persönliche, innere Einstellung zum Christentum diskutiert worden, sicher ist sie nicht in allen Epochen seines Wirkens die gleiche gewesen, aber ebenso sicher erscheint es, daß bei ihm der staatspolitische Aspekt von ausschlaggebender Bedeutung gewesen ist. Ohne den inneren Frieden war an eine Restitution des Reiches nicht zu denken, und daß die Anwendung von Gewaltmitteln sinnlos war, hatten die Christenverfolgungen der jüngsten Zeit gelehrt. Als Konstantin nach der Schlacht an der Milvischen Brücke nach dem Vorgang des Galerius zusammen mit Licinius das Toleranzedikt verkündete, konnte er hoffen, die dem Staate bisher gleichgültig bis feindlich gegenüberstehenden Christen auf seine Seite zu ziehen und die Anerkennung und Unterstützung dieser zahlenmäßig beträchtlichen Gruppe zu gewinnen. Er hat sich dabei nicht verrechnet: die schon damals gut organisierte Kirche wurde als ein neues, staatstragendes Element in die Verfassung eingebaut; der staatlichen Verwaltungshierarchie trat die kirchliche Hierarchie helfend und ergänzend zur Seite. Um eine wirksame Funktion dieses Instruments zu gewährleisten, wurde die Kirche mit Privilegien ausgestattet, wie etwa Befreiung der Priester von gewissen Pflichten gegenüber dem Staat (Heeresdienst), richterliche Befugnisse der Bischöfe, Erbfähigkeit der Bischofskirchen und nicht zuletzt erhielt sie reiche materielle Zuwendungen. Der Gewinn für Kaiser und Kirche war evident, doch wurden in der Folgezeit auch die Nachteile sichtbar. Niemals gelang es der Kirche, dort wo sie dem römisch-byzantinischen Kaiser unterstand, sich von der Bevormundung durch den Kaiser zu befreien, obwohl in der Zukunft oft Ansätze dazu gemacht wurden. Als Staatskirche blieb sie immer mehr oder weniger von der Gnade des Kaisers, des »Auserwählten Gottes« abhängig, der selber niemals seine Stellung als Herr dieser Kirche aufgegeben hat. Andererseits wurden der Kaiser und die Reichspolitik von allen Wirren und Schwierigkeiten innerhalb der Kirche in Mitleidenschaft gezogen, und mehr als einmal haben religiöse Auseinandersetzungen rein dogmatischer Natur den Staat bis in seine Grundfesten erschüttert. Die enge Verflechtung von Staat und Kirche hatte zur Folge, daß sich beide Mächte nicht nur gegenseitig stützten, sondern auch schwächen konnten. Schon Konstantin mußte das gelegentlich des sog. Donatistenstreits in Nordafrika erfahren, als er staatliche Machtmittel einsetzen mußte, um religiöse Schwarmgeister, die einen blutigen Aufstand entfesselt hatten, zur Botmäßigkeit zu zwingen, ohne jedoch einen entscheidenden Erfolg erringen zu können. Der wichtigste Markstein auf dem Weg zur Reichskirche war das erste ökumenische Konzil zu Nikaia im Jahre 325 unter dem Vorsitz des Kaisers, der formell noch nicht Christ war. Trotzdem begnügte er sich keineswegs mit einer Art Ehrenvorsitz, sondern griff aktiv in die Verhandlungen der Bischöfe ein.

Das Ergebnis des Konzils war die Verurteilung und Exkommunikation des alexandrinischen Presbyters Areios, der die Wesensgleichheit von Vater und Sohn geleugnet hatte. Damit aber war der Arianismus nicht aus der Welt geschafft; der Streit zog sich unheilvoll in die Länge und gewann schließlich hochpolitische Bedeutung, als Konstantins Sohn Konstantius, der den Osten erhielt, sich offen zum Arianismus bekannte, während seine Brüder im Westen an der nikänischen Formel festhielten. Noch komplizierter wurde die Situation, als sich die Arianer in zwei Lager spalteten, von denen das eine, wenn nicht die Wesensgleichheit, so doch die Wesensähnlichkeit von Vater und Sohn konzedierte (Semiarianismus).

Konstantins Eingreifen in Glaubensfragen bedeutete das Verlassen seiner 313 verkündeten Toleranzformel, die allen Glaubensrichtungen und Religionen freien Kult gewährt hatte. Da er nun aber einmal auf die christliche Kirche gesetzt hatte, konnte er logischerweise keine Zerwürfnisse dulden, die das Instrument, dem er vertraute, innerlich zu schwächen vermochte. Sein Verhältnis zum alten Glauben dagegen war zurückhaltend und er beschränkte sich auf das Verbot der blutigen Opfer und gewisser unsittlicher Kulte. Erst gegen Ende seiner Regierung machte sich ein gelegentlicher Druck auf das Heidentum bemerkbar.

Wie stellte sich nun das Kaisertum als solches zum neuen Glauben? Hatte Konstantins Sympathie für das Christentum irgendwelche Konsequenzen hinsichtlich der *divinitas* des römischen Kaisers gezeigt? Konnte sich der Kaiser eines christlich gewordenen Reiches weiterhin als *dominus et deus* bezeichnen, den Kult seiner Person, seines Bildes von seinen christlichen Untertanen fordern? Er konnte es und er tat es, von einigen

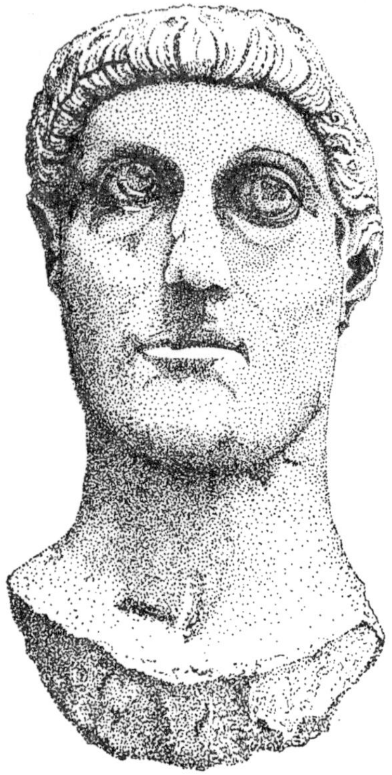

Konstantin der Große (324–37), der erste christliche Herrscher und Gründer Konstantinopels

kleinen Änderungen in der Nomenklatur abgesehen. Er, der dem Christentum in seinem Reich Lebensrecht gegeben hatte, der selber nach aurelianischem Vorbild Helios-Apoll = Sol invictus zum Schutzpatron seiner Dynastie erwählt hatte, durfte sich, wenn nicht »göttlich«, so doch »gottähnlich« nennen, seine Person war heilig und er führte wie die römischen Kaiser vor ihm und noch fünfzig Jahre nach ihm den Titel »Pontifex maximus«. Schon seit 312 fühlte er sich als »Mann Gottes«, und als »apostelgleich« wurde er schließlich in der Apostelkirche zu Konstantinopel inmitten der zwölf Kenotaphien der Apostel als dreizehnter Apostel beigesetzt; in derselben Kirche, in der später auch die »apostelgleichen« byzantinischen Kaiser beigesetzt wurden.
Was die Christen selbst angeht, so war schon im Laufe der Zeit vor Konstantin ihre ursprüngliche Überzeugung von der unmittelbar bevorstehenden Wiederkunft Christi stark ins Wanken geraten. Sie hatten begonnen, sich in der Welt einzurichten und ihren Erfordernissen Rechnung zu tragen. Für sie nun bedeutete Konstantins Herrschaft den Anbruch einer neuen, glücklichen Epoche. Ein überschwengliches Triumphgefühl beherrschte die Christenheit, und der Kirchenhistoriker Eusebios von Caesarea zieht die Konsequenzen aus der neuen Situation. Im christlich gewordenen römischen Kaiserreich spiegelt sich das erhoffte jenseitige Reich Gottes wider, und die Herrschaft des »gottgesandten« Kaisers ist das Abbild der Gottesherrschaft. Konstantin, in dem sich — für Eusebios — alle Tugenden vereint haben, ist von Gott als Werkzeug erwählt und als sein Herold eingesetzt. Diese Verherrlichung des Kaisertums ist im Grunde nur eine christliche Umbildung der alten heidnischen Kaiserideologie, und in der Tat hat der aus orientalischen Quellen gespeiste Synkretismus der Spätantike einen deutlichen Einfluß auf den von heidnischen Elementen und Traditionen durchsetzten Kaiserkult der konstantinischen Epoche ausgeübt. Er blieb bis in das 15. Jahrhundert maßgebend für die Auffassung und Bedeutung des byzantinischen Kaisertums. Kein Kaiser von Byzanz hat daran gezweifelt, daß ihn sein Amt zum Stellvertreter Christi auf Erden macht und daß Regieren bedeutet, den göttlichen Willen in die Tat umzusetzen. Diesem

Glauben an das Erwähltsein entspringt das kulthafte Hofzeremoniell mit seiner überaus komplizierten hieratischen Abstufung, das als Abbild der himmlischen Hierarchie zu verstehen ist. Hieraus entspringt freilich auch das Absinken des Bürgers zum Untertan in einem uniformen, straff organisierten Einheits- und Zwangsstaat.

Von den vier Augusti, die Konstantin testamentarisch als seine Nachfolger nominiert hatte, blieben nach blutigen Wirren schließlich seine beiden Söhne Konstans im Westen und Konstantius im Osten übrig. Als der erstere von dem Usurpator Magnentius besiegt und umgebracht worden war, Magnentius daraufhin selber von Konstantius besiegt wurde, hatte das Reich wieder einen einzigen Herrscher, doch unglücklicherweise einen arianischen. Zwar währte die Verherrschaft des Arianimus nicht lange, nur wollte es wieder der unglückliche Zufall, daß in dieser Zeit die Goten mit dem Christentum bekannt wurden und es daher in seiner arianischen Form übernahmen. Ulfilas, der die Bibel ins Gotische übersetzte, war 343 von Arianern zum Bischof geweiht worden. Wie die meisten germanischen Stämme hielten die Goten noch lange nach der Überwindung des Arianismus an ihrem Glaubensbekenntnis fest.

In der Außenpolitik war die Perserfrage nach wie vor ungelöst. Wie einst Caesar und Aurelian hatte Konstantin geplant, sein Lebenswerk durch eine große Offensive gegen die Perser zu krönen, die sich wieder einmal des Zankapfels Armenien bemächtigt hatten, doch hinderte sein Tod 337 die Ausführung. Konstantius kämpfte jahrelang vergeblich im Osten, während der Caesar Julian in Europa gegen Franken und Alemannen die Grenzen verteidigte. Eine geplante Mannschaftsüberführung aus dem Westen an den persischen Kriegsschauplatz war der Anlaß zur Meuterei der Truppen, die Julian zum Augustus erhoben. Konstantius starb an Fieber, bevor eine bewaffnete Auseinandersetzung um das Kaisertum stattfand — wie sein Vater erst auf dem Totenbett getauft. Die Ironie des Schicksals wollte es, daß Julian, der dritte Kaiser des christlichen *Imperium romanum*, der erste, der eine wirklich christliche Erziehung genossen hatte und auch schon getauft war, als er das Diadem übernahm, daß dieser Mann sich vom Christentum lossagte und die Restauration der alten Götter und die Wiederherstellung eines vergeistigten Heidentums auf neuplatonisch-philosophischer Grundlage betrieb — erfüllt von Bewunderung für die Kunst, Wissenschaft und Weisheit einer versinkenden Welt. Auch Julian ereilte das Schicksal im Osten. Auf einem Perserfeldzug zur Wiedergewinnung Armeniens traf ihn die tödliche Lanze. Das Christentum hatte gesiegt, aber das christliche Armenien war für das Reich verloren.

Unter Valentinian I. (364—375) wurde wieder eine Reichsteilung vorgenommen. Valentinian selbst residierte in Mailand und kämpfte erfolgreich an Rhein, Neckar und Donau, während sein arianischer Bruder Valens als Kaiser des Ostens an der persischen Front stand. Da trat ein Ereignis ein, das in lawinenhaftem Anschwellen die gewaltigste Völkerbewegung auslösen sollte, die Europa je gesehen hatte: der Vorstoß der Hunnen nach Westen. Ostgoten und Westgoten, Taifalen und Alanen wurden in Bewegung gesetzt. 375 überschritten die Westgoten die untere Donau und überschwemmten den ganzen Balkan und Thrakien. Der von Persien herbeigeeilte Valens wurde in der gewaltigen Schlacht bei Adrianopel vernichtend geschlagen und verlor sein Leben. Mit ihm war auch der Arianismus endgültig besiegt, aber die Germanen, an denen der westliche Reichsteil hundert Jahre später zu Grunde gehen sollte, standen im Land, und an ihre Überwindung und Austreibung war vorläufig nicht zu denken. Erleichterung war nur auf dem Wege des friedlichen Ausgleichs zu schaffen. Ost- und Westgoten wurden in Pannonien und Nordthrakien angesiedelt, mit Steuerprivilegien bedacht und gegen hohen Sold als »Föderaten« zum Heeresdienst verpflichtet. Das war nicht nur ein außerordentlich kostspieliges Verfahren, sondern hatte auch zur Folge, daß das Heer nun noch stärker germanisiert wurde, als es seit geraumer Zeit schon war. Hohe Offiziersstellen waren bald mit Goten besetzt, sie arbeiteten sich in die höchsten Kommandoposten hinauf und setzten sich so in die Lage, in der Politik ein gewichtiges Wort mitzureden. Doch zunächst war die akute Gefahr gebannt und Kaiser Theodosios I. (379—395) konnte damit einen immerhin ansehnlichen Erfolg verbuchen. Auch gelang es ihm, nach langen Kämpfen im Westen das ganze Reich noch einmal

unter seiner Herrschaft zu vereinigen. Bald jedoch machten sich die Folgen der unbarmherzigen Steuerpolitik verhängnisvoll bemerkbar, die nötig geworden war, um die Föderaten bei der Stange zu halten. Die Hauptleidtragenden der Steuerlast waren die Bauern; aus ihrer wachsenden Verschuldung gab es für sie nur den einen Ausweg, sich unter die Schutzherrschaft eines Großgrundbesitzers zu begeben und damit ihre Freiheit und Freizügigkeit mit der Hörigkeit zu tauschen, die ihnen wenigstens den Steuereinnehmer vom Halse schaffte. Die »Patroziniumsbewegung« nahm trotz vieler Bemühungen der Regierung, die Freiheit der Kolonen zu sichern, immer größere Ausmaße an, so daß der freie Bauernstand bedenklich zusammenschrumpfte, der Großgrundbesitz dagegen außerordentlich anwuchs.
Als Anhänger des nikänischen Glaubensbekenntnisses bekämpfte Theodosios die Überreste des Arianismus gleicherweise wie den heidnischen Kult, der vor allem in Rom noch viele Anhänger hatte. Das Christentum wurde Staatsreligion, die Kirche Staatskirche, deren Oberhaupt der Kaiser war. Auf dem Konzil von Konstantinopel 381 wurde das endgültige Glaubensbekenntnis formuliert *(Symbolum Nicaeno-Constantinopolitanum)*, das im Osten wie im Westen Anerkennung erlangte. Zum erstenmal tritt auf diesem Konzil Konstantinopel neben die drei alten apostolischen Patriarchensitze Rom, Antiocheia und Alexandreia. Obwohl das Konstantinopler Patriarchat sich nicht auf einen Apostel als Gründer berufen konnte, beanspruchte es den Vorrang vor Alexandreia und Antiocheia und die rechtliche Gleichstellung mit Alt-Rom, dessen Ehrenvorrang allerdings nicht angefochten wurde. Dieser Anspruch, von Rom und Alexandreia heftig zurückgewiesen, wurde begründet mit der Bedeutung der Stadt Konstantinopel als »Neues Rom« und Kaiserresidenz.
Kurz vor seinem Tode verfügte Theodosios wieder eine Doppelherrschaft seiner Söhne Arkadios (395—408) im Osten und Honorius (395—423) im Westen, ohne damit eine

Kaiser Theodosios I. (379–95) im Hippodrom

Kaiser Theodosios I. (?)

Reichsteilung zu beabsichtigen. Gesetze z. B. wurden im Namen beider Kaiser erlassen. Doch in Wirklichkeit bestand schon seit längerer Zeit eine Kluft zwischen beiden Reichsteilen, die immer stärker sichtbar wurde. Der griechisch-orientalische Osten war wirtschaftlich gesunder, volkreicher, stärker christianisiert, während der lateinische Westen immer mehr in die Hände germanischer Heerführer geriet, die für die schwachen Kaiser die Regentschaft führten. Die Westgoten, die sich unter ihrem Anführer Alarich erhoben hatten und plündernd die Balkanhalbinsel von der Peloponnes bis vor die Mauern Konstantinopels durchzogen, wurden nach dem Westen abgeschoben, wo sie ihr Zerstörungswerk fortsetzten und mit der Eroberung Roms (410) krönten. Inzwischen hatten 406 Sueben, Alanen und Vandalen den Rhein überschritten und eroberten Gallien, Spanien und Nordafrika. Das Westreich ging rapide seinem Untergang entgegen. Finanziell durch dauernde Kriege ausgesogen und verwüstet, wurde es von meist barbarischen Generälen und einer exklusiven Klasse von Großgrundbesitzern regiert. In der berühmten Hunnenschlacht auf den Katalaunischen Feldern (451) konnte das Reich unter dem »letzten Römer« Aetius noch einmal einen bedeutenden Sieg erringen, im folgenden Jahr jedoch wurde Italien von Attilas Scharen überschwemmt. 455 wurde Rom abermals von Germanen erobert und geplündert, diesmal von den Vandalen unter Geiserich. Im selben Jahr wurde der letzte Kaiser von Westrom, der einige Bedeutung hatte, Valentinian III., ermordet und die Nachfolgenden sind nur noch Kreaturen in den Händen germanischer »Kaisermacher«, voran des Sueben Rikimer, der »seine« Kaiser nach eigenem Gutdünken ernannte und absetzte.

Schließlich wurde der letzte, das »Kaiserlein« Romulus von dem Germanen Odoakar abgesetzt und in Pension geschickt. Odoakar ernannte sich selbst zum kaiserlichen Magister militum per Italiam. Der einzige römische Kaiser, den es noch gab — der in Konstantinopel —, konnte an der vollendeten Tatsache nichts mehr ändern und er-

kannte Odoakar an, der damit das Land nominell als kaiserlicher Bevollmächtigter regierte. Das änderte aber nichts an der Tatsache, daß Italien dem Reich verloren war. Im Osten war es inzwischen gelungen, die Barbarenflut, die den Westen zugrunde gerichtet hatte, unter Kontrolle zu bekommen. Um 400 wurde der übermächtig gewordene Einfluß der Germanen im römischen Heer kurzerhand ausgeschaltet, indem die unter eigenen Führern stehenden geschlossenen Verbände der Föderaten aufgelöst wurden. Nahm man später wieder Germanen ins Heer auf, so wurden sie einzeln als Söldner eingestellt und unterstanden dem Befehl kaiserlicher Offiziere.
Während der langen Regierungszeit des Kaisers Theodosios II. (408—450) erlebte das Ostreich eine Epoche verhältnismäßiger Ruhe, wenn auch der Krieg in Persien fast gewohnheitsmäßig weiterging und Attilas Hunnenreich gewisse Schwierigkeiten bereitete. Bedeutend ist die innere Aufbauarbeit, die in dieser Zeit geleistet wurde. Die Rechtsunsicherheit wurde beseitigt durch die Zusammenstellung aller seit Konstantin I. erlassenen kaiserlichen Gesetze im sog. *Codex Theodosianum* (429—438). Der Codex Theodosianum bildet die Grundlage des berühmten *Corpus juris Justinianum,* auf dem sich das ganze spätere byzantinische Rechtswesen aufbaut. Im Jahre 425 wurde in Konstantinopel die Universität gegründet. Griechische und lateinische Grammatiker, Rhetoren, Juristen und ein Philosoph wurden als Lehrer bestellt, wobei in der Verteilung der Lehrstühle ein wenn auch nur geringes Übergewicht des Griechischen bemerkbar wird, obwohl die offizielle Sprache lateinisch war und blieb. — Eines der imposantesten Bauwerke aller Zeiten wird unter Theodosios in Angriff genommen und vollendet; der Bau der neuen Landmauer von Konstantinopel, mehr als einen Kilometer über die alte konstantinische hinausgeschoben. Ihr dreifacher, von einer Doppelreihe von je 96 Türmen gesicherter Mauerring von 30 Meter Höhe machte Byzanz für ein Jahrtausend zur stärksten Festung des Abendlandes, an der unzählige Heere gescheitert sind.

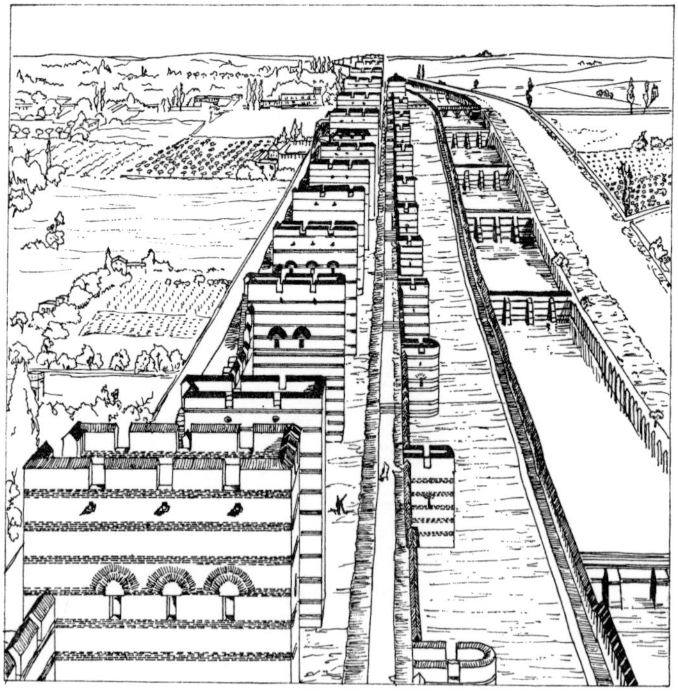

Verteidigungsanlagen der Landmauer Konstantinopels

Auch dieser Zeit blieben schwerwiegende und folgenreiche religiöse Wirren nicht erspart, bei denen hinter rein dogmatischen Fragen die Rivalität der großen Patriarchensitze Alexandreia, Antiocheia und Konstantinopel zum Ausdruck kam. War der Arianismus besiegt und auf dem Konzil zu Konstantinopel 381 endgültig als Häresie erkannt und verworfen, der Streit um die Göttlichkeit Christi damit beigelegt, so entbrannte bald darauf der Streit um die Menschwerdung des Sohnes der Maria. Auch diese Auseinandersetzung erregte hauptsächlich den Osten, während der Westen sich kaum daran beteiligte. Diesesmal prallten die Lehren der alexandrinischen Theologenschule mit denen der antiochenischen zusammen, deren Protagonist der auf den Konstantinopler Patriarchenstuhl gelangte Syrer Nestorios war. Dieser lehrte das Nebeneinander zweier getrennter Naturen in Christus; Maria habe den Menschen Jesus geboren, so sagte er, in dem »der Logos wie in einem Tempel wohne«. Folglich dürfe man Maria auch nicht »Theotokos« = Gottesgebärerin nennen, sondern bestenfalls »Christotokos« = Christusgebärerin. Der Kaiser, der Lehre seines Patriarchen sympathisch gegenüberstehend, sollte bald merken, daß Nestorios einen Sturm entfesselt hatte, den keiner von beiden vorausgesehen oder gar gewollt hat. Der fanatische Kyrill, Patriarch von Alexandreia, der das zu großem Einfluß herangewachsene ägyptische Mönchtum hinter sich wußte, machte sich zum Haupt der Opposition und nahm den Kampf ohne Zögern auf. Wieder war die Christenheit in zwei Lager gespalten. Nicht zufällig war es Ägypten, das sich zum Verteidiger der heiligen Gottesmutter berufen fühlte, denn hier, in der Heimat der noch nicht vergessenen Isis mit dem Horusknaben, war der Marienkult schon seit langer Zeit volkstümlich geworden.
Im Jahre 431 berief der Kaiser ein allgemeines Konzil in Ephesos ein, auf dem die strittigen Fragen geklärt werden sollten. Kyrill eröffnete das Konzil, ohne das Eintreffen aller Bischöfe abzuwarten, die Lehre des Nestorios wurde noch am Abend des Eröffnungstages verurteilt und Nestorios exkommuniziert. Alexandreia triumphierte über Konstantinopel; Kyrill, auf dem Höhepunkt seiner Macht, ließ sich als Erretter der heiligen Jungfrau feiern. Die Lehre des Kyrill von der einen gottmenschlichen Natur Christi hatte gesiegt. Kyrill selber hat sich später den Nestorianern gegenüber kompromißbereit gezeigt, doch unter seinen Nachfolgern wurde seine anfänglich extreme Gegenposition noch überspitzt in Hinsicht auf den göttlichen Anteil an der einen Natur und sie verfielen dadurch gleicherweise in Häresie, den sog. Monophysitismus, der bald in der christlichen Kirche Ägyptens vollständig Eingang fand und auch in Syrien festen Fuß faßte. Die »koptische« Kirche hatte sich damit von der Staatskirche gelöst und blieb für immer von ihr getrennt. Aber auch der Nestorianismus verschwand nicht. Er fand Anhänger unter den Christen im Osten des Reiches (Edessa) und gelangte von da nach Persien, wo Nestorianer eine eigene Kirche gründeten.
Doch zunächst suchte man den Kompromiß, der alle Parteien zufrieden stellen sollte. Auf dem Konzil von Chalkedon 451 wurden Monophysitismus und Nestorianismus verurteilt und in der christologischen Streitfrage die endgültige Klärung erzielt. Folgendermaßen formulierten die Konzilsväter die Natur Christi: »vollkommen in seiner göttlichen und vollkommen in seiner menschlichen Natur, in Wahrheit Gott und in Wahrheit Mensch mit einer vernünftigen Seele und mit einem Körper, wesensgleich mit dem Vater in bezug auf die göttliche Natur und wesensgleich mit uns in bezug auf die menschliche Natur ... geboren aus Maria, der Jungfrau und Gottesgebärerin, in seiner menschlichen Natur ... in zwei Naturen als unvermengbar, unveränderlich, unteilbar und untrennbar ... Der Unterschied der Naturen ist durch die Vereinigung nirgends aufgehoben ... Er ist nicht in zwei Personen getrennt und geteilt ...« — Im 28. Kanon des Konzils wurde die Gleichstellung des Konstantinopler Patriarchen mit dem römischen Stuhl nach dem Vorgang von 381 nochmals gegen den Protest der Legaten des Papstes Leo I. bekräftigt. War es doch gerade dieser Papst, der den Anspruch auf den Primat des Stuhles Petri mit besonderem Nachdruck hervorgehoben hatte. Es kündigt sich hier deutlich die spätere Rivalität der beiden Kirchenzentren an. — Weder die Monophysiten noch die Nestorianer erkannten die Beschlüsse von Chalkedon an und mit ihrer kirchlichen Sonderstellung entwickelte sich langsam auch ein politischer

Medaillon Justinians I. (527–65)

Separatismus, der dem Reich bis in das 7. Jahrhundert schwer zu schaffen machte. Erst mit dem Verlust der östlichen Provinzen an die Araber wurde dieses Problem gewaltsam aus der Welt geschafft.

In Byzanz hatte sich der von ostgotischen Anhängern unterstützte Alane Aspar eine ähnliche Machtstellung zu verschaffen gewußt wie der »Kaisermacher« Rikimer im Westen. Markian und Leon I., der erste vom Patriarchen gekrönte Kaiser von Byzanz, verdankten seinem Einfluß die Kaiserkrone, doch gelang es dem letzteren, durch Heranziehung der kriegerischen kleinasiatischen Isaurier die ostgotische Macht zu brechen und Aspar zu stürzen. Als Leon I. 474 starb, wurde der Isaurierhäuptling Tarasikodissa, der den Namen Zenon angenommen hatte, sein Nachfolger. Die Isaurier waren, im Gegensatz zu den Germanen, Reichsvolk, doch sie standen auf einer Kulturstufe, die noch erheblich unter der der Ostgoten stand. 488 wurde der Ostgote Theoderich, wie hundert Jahre früher Alarich mit seinen Westgoten, nach Italien abgeschoben, und das Reich war von den Germanen befreit. Doch bald zeigte sich, daß das isaurische »Gegengift« ebenso staatsgefährdend wirkte wie das germanische »Gift« — man war vom Regen in die Traufe gekommen. Nicht viel besser erging es Zenon in der leidigen Glaubensfrage. Er versuchte durch eine Kompromißformel (Henotikon), in der die Ausdrücke »eine Natur« oder »zwei Naturen« wohlweislich vermieden wurden, die Monophysiten mit der Orthodoxie zu versöhnen. Das Ergebnis war aber, daß weder Orthodoxe, noch Monophysiten zustimmten und diesen zwei feindlichen Gruppen nun eine dritte, nämlich die Anhänger des Henotikon mit dem Kaiser und dem Patriarchen Akakios an der Spitze gegenübertrat. Daraufhin verhängte der Papst in Rom, der selbstverständlich ebenfalls das Henotikon ablehnte, den Bann über den Patriarchen. Das erste kirchliche Schisma zwischen Ost und West war eingetreten und dauerte fast vier Jahrzehnte. Zenons Nachfolger Athanasios gelang es ebenfalls nicht, die Schwierigkeiten zu beheben. Daß es ihm dagegen gelang, der lästigen Isaurier nach längeren Kämpfen Herr zu werden — sie wurden nach Thrakien verpflanzt und dort angesiedelt —, konnte nicht verhindern, daß er den rechtgläubigen Byzantinern wegen seiner monophysitenfreundlichen Religionspolitik verhaßt wurde. Aufruhr war die Folge, und der Kaiser konnte sich in der Öffentlichkeit kaum noch sehen lassen, ohne von Steinwürfen und Schimpfreden überschüttet zu werden. Erst 519 unter dem Kaisertum des makedonischen Bauern Justin I. wurde das Henotikon offiziell zurückgezogen und der Kirchenfrieden mit Rom wiederhergestellt.

Das byzantinische Kernland hatte die beiden gefährlichsten Stürme des 4. und 5. Jahrhunderts, die Völkerwanderung und die Glaubensstreitigkeiten überwunden, doch die Provinzen Ägypten und Syrien waren fest in den Händen der monophysitischen Häresie und Italien, Nordafrika, Spanien und Gallien unter der Herrschaft germanischer

Könige. Auch wenn diese, wie Theoderich, nominell die Oberherrschaft des Kaisers anerkannten, so waren sie doch dem Konstantinopler Einfluß so weitgehend entzogen, daß man sie als faktisch selbständig und unabhängig anzusehen hatte. Ein Mann, der sich die Restauration des *Imperium romanum* zum Ziele setzte, konnte also die Größe der zu bewältigenden Aufgabe wohl erkennen und ihre Schwierigkeiten abschätzen.
Dieser Mann war Justinian I., der Neffe Justins, aus bäuerlichem Geschlecht in der Nähe von Skoplje geboren. Mit 45 Jahren bestieg er den Thron von Byzanz, nachdem er schon in den vorhergehenden Jahren seinem Onkel mit Rat und Tat zur Seite gestanden hatte, und regierte 38 Jahre lang. Es ist erstaunlich, wie dieser Mann aus den einfachsten Verhältnissen nicht nur der vielseitigste, wissensreichste und universalste Geist seines Jahrhunderts geworden ist, sondern auch, daß gerade in ihm die Idee von der Universalität des römischen Weltreiches wieder in voller Kraft lebendig wurde, daß er sein ganzes Leben unermüdlich für das eine Ziel tätig war, das Imperium in alter Größe und neuem Glanz wiederhergestellt zu sehen. Daß es ihm gelang, war eine grandiose Leistung strategischer, diplomatischer und verwaltungstechnischer Art — auch wenn es letztlich kein Segen für das Reich war. Ein »goldenes Zeitalter« hat er geschaffen, aber kein glückliches.
»Wir hoffen sehr, daß Gott uns erlaubt, die Länder des alten römischen Kaiserreiches, die uns durch Trägheit verlorengingen, wiederzugewinnen.« Man mag daran zweifeln, daß Trägheit allein den Niedergang des römischen Reiches verschuldet hat. Wenn Justinian es selber aber geglaubt hat, so durfte er sich in der Tat für den geeigneten Mann halten, das Reich wiederaufzurichten, denn ihm ist Trägheit gewiß nicht vorzuwerfen. Wohl selten hat ein Kaiser so unermüdlich gearbeitet wie Justinian. Obwohl ihm in Belisar und Narses die besten Feldherren der Zeit, in Tribonian ein überragender Rechtgelehrter und in Johannes von Kappadokien ein ebenso überragender Verwaltungsfachmann zur Seite standen, griff er mit eigener Initiative und ungeheurer Aktivität in alle Bereiche des staatlichen Lebens ein, bis hin zu den religiösen Auseinandersetzungen, zu denen er in eigenen theologischen Schriften Stellung nahm. Seine rastlose, auch im Alter nicht erlahmende Arbeitskraft war schon den Zeitgenossen so unheimlich, daß sie den »schlaflosen Kaiser« von Dämonen gehetzt glaubten.
Das erste und wichtigste Ziel war die Wiedergewinnung des Westens, die unverzüglich in Angriff genommen wurde. 533 vernichtete Belisar das Vandalenreich des Königs Gelimer in Nordafrika. Zusammen mit Narses kämpfte er dann in Italien gegen die Goten, die 555 endgültig besiegt wurden; Italien konnte dem Reich wieder eingegliedert werden. 554 war der Südosten Spaniens zurückerobert worden, es gelang aber nicht, die Westgoten ganz aus Spanien zu vertreiben. Auch Gallien und die Donauprovinzen konnten nicht wieder zurückgewonnen werden. Im übrigen jedoch war das Reich wiederhergestellt. Zweiundzwanzig Jahre lang hatten die byzantinischen Armeen erfolgreich im Westen gekämpft, und eine ungeheure Leistung war von Justinians Feldherren vollbracht worden. Aber es wirkte sich verhängnisvoll aus, daß das Reich so

Bildnis Chosraus I. auf einer Silbermünze

Kaiserin Theodora (?), die Gattin Justinians I.

lange alle seine Kräfte auf den Westen konzentriert hatte, denn dadurch war die immer gefährdete Ostgrenze notgedrungen vernachlässigt worden. Der Perserkönig Chosrau I. drang 540 bis Antiocheia und an die Mittelmeerküste vor und war nur durch schwere Tributzahlungen zur Rückkehr zu bewegen. Vom Norden ergossen sich nun, da die gotische Welle verrauscht war, plündernde Slawenstämme über den Balkan und stießen bis zur Adria, Ägäis und zur Peloponnes vor. Die am Orte stationierten byzantinischen Truppen waren zu schwach, ihnen Einhalt gebieten zu können. Es dauerte nicht lange, so siedelten sich ganze Slawenstämme ungehindert im Reichsland an.

Immer deutlicher zeigte sich, daß das wiederhergestellte *Imperium romanum* nur eine glänzende Fassade war, die die wachsenden Schwierigkeiten nicht verbergen konnte. Italien, mit großem Triumph dem Reiche wieder zurückgewonnen, war durch den zwanzigjährigen Gotenkrieg ausgesogen und fast entvölkert. Die harte byzantinische Steuerschraube sorgte dafür, daß den Bewohnern die Herrschaft Konstantinopels alsbald verhaßt wurde und man sich zu den besseren Zeiten der Gotenherrschaft zurücksehnte.

In Konstantinopel selbst brachte sein autoritäres Streben nach Uniformität den Kaiser beinahe um Thron und Leben, als er sich daran machte, den Einfluß der beiden mächtigen Zirkusparteien der Blauen und der Grünen zu brechen. Diese zwei Parteien, untereinander bitter verfeindet, bildeten das letzte übriggebliebene Element ehemaliger republikanischer Freiheiten. Jede der »Demen« verfügte über eine feste, straff organisierte Gefolgschaft und einen Anhang von Mitläufern aus allen Schichten der Bevölkerung. Während die Blauen orthodox waren, hingen die Grünen, unter denen das östliche Element stärker vertreten war, zum großen Teil den orientalischen Häresien an. Ihr Agitationsfeld war seit altersher der Zirkus bzw. der Hippodrom, der in Konstantinopel sich in unmittelbarer Nähe des Kaiserpalastes und der Hagia Sophia befand. Von hier nahmen Revolutionen ihren Ausgang, hier konnte das Volk dem Kaiser im Chore seinen Willen oder Unwillen zu Ohren bringen. Meistens verbündete sich ein Kaiser mit der Partei, die seiner Herkunft und seinen Anschauungen am meisten entsprach, die andere verkörperte dann die Opposition. Außerdem übten die Demen gewisse öffentliche Funktionen aus, sie stellten z. B. die Stadtmiliz. Ihre höchsten Vertreter hatten Zugang zum kaiserlichen Hof, und Abordnungen der Demen hatten bei jeder repräsentativen Feierlichkeit anwesend zu sein. Justinian versuchte nun, dieses Element der Unruhe auszuschalten und schritt scharf gegen beide Parteien ein, woraufhin sich die Grünen und Blauen verbündet gegen den Kaiser stellten. Der Aufstand brach los, ein Gegenkaiser wurde ausgerufen, und mit dem Kampfruf »Nika!« = Siege! rasten die erbitterten Massen durch die brennende Stadt. Die Kaltblütigkeit der Kaiserin Theodora, die Diplomatie des Narses und Belisar mit seinen kaisertreuen Truppen retteten den Kaiser in letzter Minute. Das Ende war ein grausiges Blutbad im Hippodrom, wo über 30 000 Menschen von Belisars Regimentern niedergemacht wurden.

In der Staatsverwaltung gelang es Justinian trotz energischer Maßnahmen nicht, der Übermacht des Großgrundbesitzes Schranken zu setzen. Das Los der hörigen Bauern wurde nicht verbessert, ja, der Schollenzwang wurde noch gesetzlich bekräftigt.

Unsummen verschlang die fieberhafte Bautätigkeit des Kaisers, deren erhabenstes Denkmal die Kirche der Göttlichen Weisheit, die Hagia Sophia ist, ein architektonisches

Älteste deutsche Ansicht der Hagia Sophia vom Jahre 1493

Wunderwerk, das noch heute, nach 1400 Jahren, vom Glanz des Zeitalters Justinians zeugt. Durch zahlreiche und imposante Festungsbauten wurde die Grenzsicherung vervollkommnet. Die bedeutendste und dauerhafteste staatsmännische Leistung war die Herausgabe des *Corpus juris Justinianum*, unter persönlicher Mitwirkung des Kaisers zusammengestellt und verfaßt von dem Rechtsgelehrten Tribonian. Das Corpus juris besteht aus dem »Codex«, einer Zusammenstellung aller gültigen kaiserlichen Erlasse seit der Zeit Kaiser Hadrians und den »Digesten« (Pandekten), einer Sammlung und Systematisierung von Entscheidungen römischer Juristen. Die »Institutionen«, ein Auszug aus dem Codex und den Digesten, waren für den Gebrauch der Rechtsstudenten bestimmt. Alle im Laufe der Regierungszeit Justinians neu herausgekommenen Gesetze wurden in den »Novellen« zusammengefaßt. Mit dem Corpus juris war der zentralistischen Monarchie ein Gesetzbuch in die Hand gegeben, das die Rechtseinheit im ganzen Reich gewährleistete. Nachdem auch die Reichseinheit 555 zumindest äußerlich wiederhergestellt war, blieb nun noch eine Aufgabe zu bewältigen, die Religionseinheit.

Justinian I. mit Erzbischof Maximianus und Gefolge

In seiner kompromißlosen Art, mit allen Mitteln auf die Integrität des Reiches hinzuarbeiten, griff der Kaiser auch dieses Problem an. Wer nicht treu auf dem Boden der Orthodoxie stand, den traf die ganze Strenge des Gesetzes. Seine Güter wurden konfisziert, er durfte keinen Beruf ausüben. Das galt nicht nur für die Häretiker, sondern auch für die zwar dünne, aber noch einflußreiche Schicht der Heiden. Im Jahre 529 wurde die platonische Akademie in Athen geschlossen. — Wie kein Herrscher vor ihm oder nach ihm hat sich Justinian als der Herr der Kirche gefühlt und entsprechend gehandelt. Er ernannte und entsetzte Patriarchen nach seinem Belieben, schrieb selber die dogmatischen Richtlinien vor, diktierte den Konzilien ihre Aufgabe und fühlte sich nicht zuletzt auch für die Disziplin und Ordnung des Klerus verantwortlich, denn »die gute Ordnung der Kirche ist die Stütze des Staates«. Alle Winkelzüge und theologischen Kniffe, mit denen der Kaiser den Monophysiten beizukommen versuchte, mußte der Klerus mitvollziehen und Papst Vigilius mußte zu seinem Schaden erfahren, was

es bedeutete, sich dem Willen des Kaisers entgegenzustellen. Trotz allem konnte der Monophysitismus, der sich der heimlichen Unterstützung der Kaiserin Theodora erfreute, nicht überwunden werden.
Des »letzten römischen Kaisers« gewaltiges Lebenswerk verfehlte nicht seinen Eindruck auf Zeitgenossen und spätere Geschlechter. Die Macht des Staates, die Blüte der Kunst und Wissenschaften verklärte sein Bild in mythischem Glanz. Man gab ihm den Beinamen »der Große« und Dante versetzte ihn ins Paradies. Die bewundernswerte Tatkraft dieses Mannes, angetrieben durch die unerschütterliche Überzeugung, das Werkzeug des göttlichen Willens zur Wiederaufrichtung des römischen Kaiserreiches christlichen Glaubens zu sein, hatte ein »goldenes Zeitalter« geschaffen, fasziniert blickte die Welt auf die Kaiserstadt am Bosporus.
Nun kostet ein goldenes Zeitalter zunächst einmal Geld. Selbstverständlich langte die gutgefüllte Staatskasse, die sein Onkel Justin ihm hinterlassen hatte, bei weitem nicht aus, die Unternehmungen Justinians zu finanzieren. Ein ausgeklügeltes Steuersystem mußte dazu dienen, die ungeheuren Staatsausgaben zu bestreiten. Bei Justinians Tod war die Kasse leer, das Land weitgehend verarmt und wirtschaftlich zerrüttet. Die Schulden, die das »goldene Zeitalter« hinterließ, hatte das nachfolgende, keineswegs goldene, zu bezahlen.
Das Unglück kam gleich von drei Seiten — vom Osten, Norden und Westen. In das nach jahrzehntelangen schweren Kämpfen eroberte Italien drangen die Langobarden ein und nahmen das Land bis auf Ravenna, Rom und Süditalien in Besitz. Im Osten fielen die Perser wegen der von Justin II. verweigerten Tributzahlungen ins Reich ein und verwickelten Byzanz in einen langwierigen, über zwanzig Jahre dauernden Krieg. An der Balkanfront schließlich traten die Avaren auf den Plan. Zusammen mit zahlreichen Slawenstämmen verheerten sie die Balkanhalbinsel und die Slawen begannen hier festen Fuß zu fassen und das Land zu besiedeln. Im äußersten Westen gelang es den Westgoten, die byzantinischen Territorien in Spanien zurückzuerobern. Justinians Traum vom Universalreich zerstob; es zeigte sich, daß das Reich, wollte es überleben, auf andere, neue Grundlagen aufgebaut werden mußte.
Die Anfänge dazu machte Kaiser Maurikios (582—602). Ohne grundsätzlich auf den Westen zu verzichten, wurden die besonders gefährdeten Gebiete in Italien und Nordafrika, also Ravenna und Karthago einer neuartigen, straff organisierten Militärverwaltung unterstellt, an deren Spitze ein »Exarch« stand. Die Exarchen vereinigten die seit Konstantins Zeiten getrennte zivile und militärische Macht in ihrer Hand. Die »Exarchate« Ravenna und Karthago wurden die Vorposten byzantinischer Macht im Westen. Die Militarisierung der Verwaltung, die hier in den Randgebieten zum erstenmal eingeführt wurde, sollte einige Jahrzehnte später für das ganze Reich von größter Bedeutung werden.
Als 591 mit den Persern ein günstiger Frieden geschlossen worden war, wandte sich Maurikios gegen die Slawen und Avaren. Nach anfänglichen Erfolgen zog sich der Krieg in die Länge, nach zehnjährigem Kampf ohne Entscheidung meuterten die schlechtbezahlten Truppen und erhoben den rohen und völlig ungebildeten Zenturio Phokas auf den Schild. Phokas marschierte sofort nach der von Unruhen erschütterten Hauptstadt, bemächtigte sich der kaiserlichen Familie, die er bestialisch abschlachten ließ, wurde dann zum Kaiser ausgerufen und errichtete ein Terrorregiment, wie es Byzanz noch nicht erlebt hatte. Auf dem Balkan breiteten sich Slawen und Avaren ungehindert aus. Der persische Großkönig warf sich zum Rächer des ermordeten Maurikios auf und rückte mit Heeresmacht in Kleinasien vor. Im Innern wütete Phokas gegen Aristokratie und die Demen. Der Untergang des Reiches schien unmittelbar bevorzustehen, wie von Fieber geschüttelt lag das Imperium in hoffnungsloser Agonie. In dieser verzweifelten Lage kam die Rettung aus dem Westen, dem Exarchat von Karthago. Der Exarch Herakleios schickte seinen gleichnamigen Sohn mit einer Flotte nach Konstantinopel, damit er die Stadt von dem Usurpator befreie. Auf allen seinen Stationen wurde der junge Herakleios von der Bevölkerung begeistert empfangen, Ägypten schloß sich seinem Unternehmen an. Ohne große Mühe gelang ihm 610 der Einzug in Konstantinopel,

Phokas wurde gefangen und hingerichtet. Der Patriarch krönte Herakleios in der Kirche der Hagia Sophia zum Kaiser.
Herakleios stand nun freilich vor einer so aussichtslos erscheinenden Situation, daß er mit dem Gedanken spielte, die Hauptstadt des Reiches nach Karthago zu verlegen. Byzanz war von heftig andringenden Feinden umschnürt, das Land ausgeplündert und durch das Wüten des Phokas seiner besten Männer beraubt, das Heer in Auflösung begriffen. Damaskus und die heilige Stadt Jerusalem fielen in die Hände der Perser, und im Jahre 617 standen Perser, Avaren und Slawen vor den Mauern von Byzanz. Zwar konnte der Feind abgeschlagen werden, aber zwei Jahre später eroberten die Perser Ägypten, was die Getreideversorgung der Hauptstadt ernstlich in Frage stellte, denn ebenso wie für das alte Rom war Ägypten auch für Konstantinopel der Hauptgetreidelieferant.
An eine Rettung des Reiches war nur zu denken, wenn man der gescheiterten justinianischen Konzeption vollständig entsagte und sich durch eine Reorganisation von Grund auf und von innen her den Erfordernissen der Stunde anpaßte. Jetzt war die Zeit gekommen, nüchtern Bilanz zu ziehen und die Kraft aufzubringen, wieder von vorn anzufangen. Es galt, den Restbestand zu sichern und durch eine wirksame Organisation der Verwaltung und Verteidigung lebens- und widerstandsfähig zu machen. Daß dies gelang, war das große Verdienst des Kaisers Herakleios; diese Leistung macht ihn zu einem der bedeutendsten Herrscher der byzantinischen Geschichte.
Im Exarchat Karthago war Herakleios mit einem Verwaltungssystem vertraut geworden, das gegenüber den anderen Reichsteilen nur noch Ravenna und einige östliche Bezirke aufwiesen (s. o.). Da sich dieses System bewährt hatte, führte Herakleios 620 die sog. Themenorganisation für das ganze Reich ein, soweit es nicht von Feinden besetzt war, d. h. in Kleinasien. Das Land wurde in zunächst vier große Militärbezirke eingeteilt (*Themen;* das Thema entspricht als Truppeneinheit ungefähr einer Division), dem Thema Opsikion, Anatolikon, Armeniakon und dem Thema der Flotte. Die Themen wurden von je einem *Strategen* verwaltet, in dessen Hände die militärische und zivile Gewalt lag. Die große Bedeutung der Themen liegt darin, daß die Truppen in diesen Gebieten fest angesiedelt wurden. Jeder Soldat erhielt ein kleines, erbliches Bauerngut, das ihn in Friedenszeiten ernährte. Im Kriegsfall war er verpflichtet, sich voll ausgerüstet mit einem Pferd der Truppe zu stellen. Die Wehrpflicht ging immer auf den ältesten Sohn über. Die alte, aber bedeutungslos gewordene Einrichtung der »limitanei«, der angesiedelten »Grenzer« im Osten und an der Rhein-Donaugrenze, wurden also auf das ganze Reich übertragen. Die Vorteile liegen auf der Hand. Es war nun dem Feind nicht mehr so leicht möglich, nach Durchbrechung der Grenzbefestigungen das Land ungehindert zu überfluten und zu verwüsten, wie es oft genug geschehen war. Zum anderen sparte der Staat die ungeheuren Kosten, die ein stehendes Heer verursacht. Schließlich bedeutete die Ansiedlung der *Stratioten* auch ein Erstarken des freien Bauernstandes, zumal auch die nicht zum Wehrdienst verpflichteten jüngeren Söhne der Stratioten Land zur Bebauung zugewiesen bekamen. Die Einrichtung der Soldatengüter brachte also einen mehrfachen Gewinn, einen strategischen, einen fiskalischen und einen wirtschaftlich-sozialen.
Die Einteilung des Reiches in Themen behielt, wenn auch nur formell, die Provinzen vorläufig bei. Die Präfekturen dagegen wurden überflüssig und bald darauf aufgelöst. Die außerordentliche Machtfülle, die die Prätorianerpräfekten im Laufe der frühbyzantinischen Zeit erworben hatten, war damit gebrochen. Ihr Aufgabenkreis wurde unter verschiedene Ämter aufgeteilt, unter denen die Finanzbehörden eine besondere Rolle spielten. Die drei Finanzkanzleien der Prätorianerpräfekturen wurden zu neuen Finanzbehörden unter der Leitung von *Logotheten* umgestaltet. Der Logothet »tou stratiotikou« kontrollierte die Bezahlung und Versorgung der Armee, der Logothet »tou idikou« beaufsichtigte den Materialnachschub für das Heer und die staatlichen Manufakturen, der Logothet »tou genikou« hatte die Verwaltung der Grundsteuern unter sich. Dazu kommt später der Logothet »tou dromou« als oberster Chef der Verwaltung, des Postwesens, der auswärtigen Angelegenheiten, der schließlich eine Art

Kanzler wurde. Er übernahm also die Funktionen des ehemaligen *Magister officiorum*. Die Themenorganisation und die Verwaltungsreform wurden von Herakleios nicht abgeschlossen, sondern erst im Laufe der nächsten zweihundert Jahre vollendet. Die übergroßen Themen wurden unter Herakleios Nachfolgern durch Teilung verkleinert und neue Themen in den Gebieten eingerichtet, die vom Feinde befreit wurden. Die Entwicklung ist uns nicht in Einzelheiten überliefert, so daß wir die einzelnen Stationen nicht immer zeitlich genau fixieren können.

Der von Herakleios erhoffte Erfolg seiner Maßnahmen blieb nicht aus. Schon 622 berief er sein Heer ein, nachdem er von den Avaren gegen hohe Tributzahlungen Frieden erkauft hatte, um gegen den gefährlicheren persischen Gegner ins Feld zu ziehen. Als Bundesgenossen hatte er das im Kaukasus ansässige alttürkische Volk der Chazaren gewonnen, die auch in Zukunft immer treu zu Byzanz standen. Er vertraute die Kaiserstadt der Obhut des Patriarchen Sergios an und rief seine Soldaten zum heiligen Krieg gegen die Ungläubigen auf, die die heiligen Stätten Palästinas erobert und zerstört hatten. Dieser Krieg, den man in seiner religiösen Motivation als einen Vorläufer der mittelalterlichen Kreuzzüge auffassen kann, zog sich sechs Jahre hin und endete mit einem triumphalen Sieg des Kaisers in der Entscheidungsschlacht von Niniveh 627. Der persische Großkönig Chosrau II. wurde von Verschwörern seiner Umgebung ermordet, sein Nachfolger schloß sofort Frieden mit Byzanz und unterwarf sich demütig dem Sieger. Persien war endgültig geschlagen. Das heilige Kreuz Christi, das 613 als Beute aus Jerusalem entführt worden war, wurde zurückgegeben und in dem befreiten Jerusalem feierlich wiederaufgerichtet.

Chosrau II. (590–628) auf der Jagd

Während der Kaiser im Osten kämpfte, hatten die Avaren und in ihrem Gefolge Bulgaren, Gepiden und Slawen 626 Konstantinopel belagert, von Kleinasien her unterstützt durch eine persische Heeresabteilung, die bis zum Bosporus vorgedrungen war. Die vernichtende Niederlage, die die Avaren hinnehmen mußten, befreite Byzanz schlagartig auch von dieser Gefahr. Das Avarenreich zerbrach an den Aufständen und Erhebungen der von ihm abhängigen Völker, die dabei von Byzanz tatkräftig unterstützt wurden. Das neugegründete serbische Reich, das erste bulgarische Reich und die

Kroaten traten zu Byzanz in freundschaftliche Beziehungen und erkannten die byzantinische Oberhoheit an. Auch die Slawen, die sich auf der Balkanhalbinsel angesiedelt hatten, unterwarfen sich nach und nach formell der byzantinischen Herrschaft.
Die Rettung, auf die niemand mehr zu hoffen gewagt hatte, war gekommen. Der Feind im Osten und im Norden war besiegt und in Auflösung begriffen. Neu gefestigt stand das Reich da. Aber es war nicht mehr das spätrömische Reich Konstantins oder Justinians; eine neue Grundlage war gelegt, es begann die Konsolidierung des Staates, den wir den byzantinischen nennen. Der Wandel liegt weniger in den territorialen Verlusten im Westen begründet, sondern vielmehr in den Konsequenzen, die sich aus diesen Verlusten notwendig ergaben. Die lateinische Sprache, bis Herakleios die offizielle Sprache des Reiches, wurde vom Griechischen abgelöst, das von der überwiegenden Mehrheit der Bevölkerung gesprochen wurde. Der Kaiser selbst nennt sich nun nicht mehr »Augustus«, sondern übernimmt die alte hellenische, in der Umgangssprache immer gebrauchte Bezeichnung »Basileus«.
Herakleios Heeres- und Verwaltungsreformen mit ihren hervorragend günstigen Auswirkungen auf die militärische Stärke, die soziologische Struktur und den Staatshaushalt im allgemeinen konnten jedoch zunächst nur dem Osten zugute kommen, da die anderen Gebiete in Feindeshand waren. Hand in Hand mit dem Gräzisierungsprozeß im oströmischen Reich schreitet der Prozeß der Verkirchlichung des öffentlichen Lebens voran. Die Kirche des Westens nahm an den theologischen Diskussionen, die im Osten mit immer neuer Heftigkeit aufflackerten, keinen direkten Anteil. Rom hatte andere Sorgen. In einem von Barbaren beherrschten Land hatte es all seine Energie und Kraft darauf zu verwenden, seine Existenz zu sichern. Die Langobarden hatten die Goten abgelöst, und der Kaiser sah sich außerstande, dem Papst die nötige Sicherheit zu garantieren. Das hatte nun allerdings auch zur Folge, daß Rom der Bevormundung durch den Kaiser nicht in dem Maße wie der Patriarch von Konstantinopel unterworfen war. Ein Papst wie Leo I., der mit Barbaren zu unterhandeln verstand und die Geschicke der Kirche und der Stadt Rom durch alle Gefahren zu steuern hatte, zeichnete die Linie vor, die die Päpste in Zukunft einzuhalten gezwungen waren: als Theologen konnten sie unbedeutend sein, als Politiker und Diplomaten aber durften sie nicht versagen, sonst wäre die Freiheit und die Macht des Stuhles Petri in Frage gestellt gewesen. Die Kirche des Ostens dagegen entbehrte nie des kaiserlichen Schutzes und der staatlichen wie privaten Fürsorge. Die Feinde der Rechtgläubigkeit, Heiden oder Häretiker, waren auch die Widersacher des Kaisers, sie bekamen als Staatsfeinde die kaiserlichen Machtmittel zu spüren. Dafür hatte die Kirche Zeit, mit aller dialektischer Schärfe und echt griechischer Spitzfindigkeit die äußerst subtilen Probleme zu erörtern, zu diskutieren und zu formulieren, die für die Theologie von Byzanz so typisch sind und die bis in die breite Masse der Bevölkerung ein lebhaftes Echo fanden. Arianismus, Nestorianismus, Monophysitismus, Monotheletismus und schließlich Monergetismus mit sämtlichen Zwischennuancen gaben den Theologen und dem Volk von Byzanz jahrhundertelang immer neuen Anlaß zu unendlichen, unabsehbaren Streitigkeiten und hitzigen Diskussionen. Sie erfuhren eine neue Belebung durch die Rückeroberung Syriens und Ägyptens, der Hochburgen des Monophysitismus.
Dieses Problem jedoch fand eine Lösung, die niemand vorausgesehen hatte. Das Wüstenvolk der Araber, geeint unter dem Glauben Mohammeds († 632), der ihrem kriegerischen Geist eine unwiderstehliche Stoßkraft verlieh, drängte nach Norden, eroberte 636 Syrien, vernichtete das durch die Niederlage gegen Herakleios geschwächte Perserreich, besetzte einige Jahre später Ägypten und im Laufe der nächsten zwanzig Jahre ganz Nordafrika. Byzanz war um die Früchte seines Sieges über Persien betrogen, es hatte einem neuen, gefährlicheren Gegner nur den Weg geebnet! An eine Gegenoffensive konnte das geschwächte Reich nicht denken.
Gewinner war die Kirche. Die beiden stärksten Konkurrenten des Patriarchen von Konstantinopel, Alexandreia und Antiocheia, waren für immer verloren. Der Monophysitismus war keine innere Angelegenheit des Reiches mehr und damit für Byzanz erledigt. 680 wurde auf dem VI. ökumenischen Konzil in Konstantinopel (Trullanum) der

Schlußstrich unter alle Kompromißversuche gezogen, die dazu dienen sollen, die Monophysiten mit der Reichskirche zu versöhnen; man konnte zur unverfälschten Orthodoxie zurückkehren.
Den Kaiser Herakleios hatte der Zusammenbruch seines Lebenswerkes innerlich zermürbt, er starb 641 verbittert und verdüstert. Die Dynastie, die er begründete, regierte durch fünf Generationen in gerader Linie bis 711. Das dynastische Prinzip, bisher nur andeutungsweise aufgetreten, beginnt sich durchzusetzen und bleibt, von einigen Durchbrechungen abgesehen, bis zum Ende des byzantinischen Reiches bestimmend.

Das Jahrhundert nach Herakleios Tod wird in der Geschichte als das »dunkle« bezeichnet, weil in ihm die Literatur fast vollständig zum Erliegen kommt. Auch auf anderen Gebieten hat diese Epoche keine nennenswerten Kulturleistungen aufzuweisen. Nur undeutlich, wie durch einen Nebel, verfolgen wir die historischen Ereignisse, die sich abspielten. Es ist eine Epoche ohne ausgeprägten Charakter, gleichsam ohne Gesicht, eine Zeit, in der sich Schritt für Schritt ein innerer Umwandlungsprozeß vollzieht, zu dem Herakleios die äußeren Anstöße gegeben hatte. Der »römische Mensch« war tot, der »byzantinische Mensch« befindet sich im *status nascendi.*
Nur spärlich geben uns die Quellen Auskunft über die Abwehrkämpfe des Kaisers Konstans Pogonatos gegen Araber und Slawen und über seinen merkwürdigen Plan, die Hauptstadt des Reiches nach Sizilien zu verlegen. Unter seinem Sohn Konstantin IV. tritt der Kampf mit den Arabern in seine erste entscheidende Phase. Der arabische Feldherr Muawija hatte erkannt, daß Byzanz nur durch eine starke Flotte bezwungen werden konnte und er eroberte, zielbewußt in Richtung auf Konstantinopel vorstoßend, Zypern, Rhodos, Kos, Chios und Kyzikos. Im Jahre 674 erschien eine gewaltige arabische Flotte vor Konstantinopel. Fünf Jahre hindurch dauerte die Belagerung, jeweils vom Frühjahr bis zum Herbst. Dann mußten die Araber unverrichteter Dinge abziehen; die neue »Geheimwaffe« von Byzanz, das »griechische Feuer« hatte ihnen schwerste Verluste zugefügt. Bei dieser neuen Waffe handelte es sich um mit Zieleinrichtung versehene Rohre, aus denen mit Hilfe eines Pumpsystems leicht entzündliche Flüssigkeiten auf große Entfernungen geschleudert werden konnten. Die Zusammensetzung des brennbaren Stoffes war Staatsgeheimnis. Für die Abwehr einer Flotte war das griechische Feuer besonders wirkungsvoll, da es auch auf dem Wasser weiterbrannte.
Die arabische Flotte wurde auf ihrem Rückweg noch durch einen Sturm dezimiert, der Zusammenbruch des kühnen Unternehmens war vollkommen. Kaiser Konstantin IV. konnte den Ruhm für sich in Anspruch nehmen, den Arabern die erste schwerwiegende Schlappe beigebracht zu haben. Muawija erkaufte sich einen 30jährigen Frieden. — Der arabische Vorstoß war abgefangen, aber nicht gelähmt. Er wurde nun in eine andere Richtung gelenkt, nach Westen. Karthago wurde genommen, 711 begann die Besetzung Spaniens. Da ihnen das Bollwerk Konstantinopel standgehalten hatte, drangen die Araber nun von Südwesten her in Europa ein, wo ihnen schließlich im Jahre 732 Karl Martell in der siegreichen Schlacht bei Tours und Poitiers Einhalt gebot.
Auch in dem letzten Kaiser der Dynastie, Justinian II., finden sich alle Tugenden der Herakleiosfamilie, Feldherrntalent, Tatkraft, politischer Klarblick und persönlicher Mut. Doch daneben entwickelte sich in ihm, bedingt durch leidenschaftlich übersteigerten Ehrgeiz einerseits und ein äußerst bewegtes und abenteuerliches Leben andererseits,

Justinian II. Rhinotmetus (685—95 und 705—11) und sein Sohn Tiberios

ein Hang zu hemmungsloser Grausamkeit und gewalttätigem Despotismus, der ihm und seiner Dynastie schließlich den Untergang bereitete. Gestürzt und durch Abschneiden der Nase für die Herrschaft disqualifiziert, gelang es dem ruhelosen Geist dennoch, nach zehnjähriger Verbannung die Kaiserkrone zurückzugewinnen. Als Rhinotmetos — »mit der abgeschnittenen Nase« — in die Geschichte eingegangen, verdankt der byzantinische Staat ihm einige folgenreiche bevölkerungspolitische Maßnahmen, die allerdings auch nicht geeignet waren, ihm die Sympathie der Betroffenen zu erwerben. Große Teile der in einem erfolgreichen Feldzug gegen die Bulgaren und Slawen unterworfenen Völkerschaften wurden nach dem von den arabischen Invasionen verheerten Kleinasien verpflanzt und dort als Stratioten angesiedelt. Das Räubervolk der Mardaiten erhielt neue Wohnsitze in Pamphylien und Griechenland zugewiesen, schließlich wurden Zyprioten nach Kyzikos verpflanzt, um dem Reich als erfahrene Seeleute zur Verfügung zu stehen. Wenn sich auch die Slawen in Kleinasien nicht immer als zuverlässig erwiesen, so war die Siedlungspolitik Justinians II. doch geeignet,dem erschöpften Land neues Blut zuzuführen, die erlittenen Verluste an Menschen einigermaßen wieder auszugleichen und die Schicht der freien Bauernschaft zu verstärken. Ein besonderes Gesetz regelte die Eigentumsverhältnisse innerhalb der Dorfgemeinde, den Schutz der Siedler vor den Übergriffen des Großgrundbesitzes und die steuerliche Veranlagung, wobei das Dorf als eine Steuereinheit betrachtet wird. Das Ödland wurde steuerlich den Anliegern überschrieben, wodurch diesen der Anreiz zu seiner Kultivierung und das Recht zur Nutznießung gegeben wird. In dieser Zeit wurde auch die althergebrachte Koppelung von Grund- und Kopfsteuer aufgehoben, die den Steuerzahler fest an die Scholle gebunden hatte. Die getrennte Veranlagung der Kopfsteuer gestattete nun die Freizügigkeit des Steuerträgers.

Gegen Ende des 7. Jahrhunderts war die Wandlung des spätrömischen zum byzantinischen Reich im wesentlichen abgeschlossen. Ohne nominellen Verzicht auf die verlorenen Reichsteile, war der Schritt vom Universalreich zum Einheitsstaat mit einer überwiegend griechischen bzw. gräzisierten Bevölkerung vollzogen worden. Damit hatte sich auch seine Rolle innerhalb der *orbis terrarum* gewandelt. Das byzantinische Reich wurde zum Bollwerk gegen die Flut des Islam, die jahrhundertelang gegen seine Grenzen anbrandete. In seinem Schutz konnten sich die jungen Staaten Europas ungestört entwickeln. Es wurde zum Lehrmeister der slawischen Völkerschaften, die von Byzanz das Christentum, die Zivilisation, die Schrift empfingen und nicht zuletzt in ihrem staatspolitischen Denken und der Handhabung des Rechts von ihrem Vorbild Byzanz entscheidend beeinflußt wurden. Darin jedoch blieb Byzanz dem alten Rom vergleichbar: es war der bestorganisierte Staat seiner Zeit; der größte Reichtum und die raffinierteste Pracht, die verschlagenste Diplomatie, die vollkommenste Technik und das höchste Niveau in Wissenschaft, Literatur und Kunst fanden sich in Byzanz und machten es zu einem faszinierenden Blickpunkt und begehrten Objekt sämtlicher Völker ringsum, die sich bestenfalls als mehr oder weniger aufmerksame Schüler erweisen konnten.

Zu den gelehrigsten Schülern gehörten zweifellos die Araber, die im 8. Jahrhundert dem Höhepunkt ihrer Macht zustrebten. Noch einmal, 716—18, erschienen sie vor Konstantinopel mit einer unabsehbaren Flotte von 2 560 Schiffen. Die starken Mauern, das griechische Feuer, die Tapferkeit der Verteidiger, ein ungewöhnlich kalter Winter, Hungersnot und Seuchen machte alle Anstrengungen der Belagerer zunichte. Nach einem Jahr brachen die Araber die Belagerung ab, der spärliche Rest der Flotte wurde, wie 678, in der Ägäis von Unwettern überfallen. »Nur zehn Schiffe wurden durch die Vorsehung Gottes gerettet ... Fünf von ihnen konnten von den unsrigen aufgebracht und erbeutet werden, die übrigen fünf retteten sich nach Syrien, um die Macht Gottes zu verkünden«, schreibt der Chronist Theophanes, unser wichtigster Gewährsmann für die Geschichte des 8. Jahrhunderts.

Nach einem entscheidenden Sieg der Byzantiner zu Lande bei Amorion 740 war die arabische Gefahr gebannt. Alle späteren Kämpfe brachten das Reich nicht mehr in akute Gefahr. — Neben den altbewährten Chazaren hatte sich der Bulgarenkhan Tervel, von Justinian II. als Dank für seine Hilfe bei der Wiedergewinnung des Thrones mit dem Caesartitel ausgezeichnet, auch jetzt wieder als treuer Helfer des Kaisers erwiesen. Sein Vorgänger Asparuch hatte südlich der unteren Donau bis zum Balkangebirge, also auf Reichsboden, ein unabhängiges Reich gegründet, das nach erfolglosen Gegenmaßnahmen Konstantins IV. anerkannt worden war. Dieses erste bulgarische Reich sollte in der Geschichte von Byzanz noch eine große Rolle spielen.

Nicht zu unterschätzen ist aber auch das Verdienst des unmittelbar vor Beginn der arabischen Belagerung inthronisierten Kaisers Leon III., der wie ein zweiter Herakleios das Reich aus höchster Gefahr errettete. Von bäuerlicher Herkunft, in Germanikeia in Nordsyrien geboren, hatte er wie viele Kaiser vor ihm beim Heer Karriere gemacht und war schließlich zum Strategen des Themas Anatolikon aufgestiegen. Er begründete die sog. Syrische Dynastie, die ein knappes Jahrhundert in Byzanz herrschte, davon 58 Jahre allein Leon selbst und sein Sohn und Nachfolger Konstantin V. Tüchtige Soldaten, siegreich auf den Schlachtfeldern des Ostens und des Balkans, energische und weitblickende Politiker, wären sie geeignet gewesen, Byzanz zu größtem Ansehen zu erheben und sich selbst höchsten Ruhm zu erwerben. Stattdessen lebten sie als »Gottesfeinde« und frevlerische Tyrannen im Gedächtnis der Nachwelt weiter, weil sie den Kampf gegen die heiligen Bilder begannen und damit das Land jahrzehntelang in einen bürgerkriegähnlichen Zustand versetzten.

Der Bilderstreit (726-843)

Der Bilderstreit ist ein vielschichtiges Problem. Er hat theologische, politische und ethnische Aspekte, wie das in Byzanz bei der engen Verflechtung von Staat und Kirche für alle innenpolitischen Auseinandersetzungen gilt.

Die Bilderfeindschaft Kaiser Leons, mit der er 726 zum erstenmal öffentlich in eigenen Predigten gegen die Bilder Christi und der Heiligen hervortrat, wurde schon von den Zeitgenossen auf jüdisch-arabischen Einfluß zurückgeführt. »In diesem Jahr (723) kam ein jüdischer Gaukler aus Laodikeia an der phönikischen Küste zu Jezid (Kalif von Bagdad, 700—724) und verhieß ihm, er werde 40 Jahre über die Araber herrschen, wenn er in seinem Reich die von den Christen verehrten heiligen Bilder zerstöre. Der törichte Jezid ließ sich bereden und gab einen allgemeinen Erlaß gegen die heiligen Bilder heraus. Aber durch die Gnade unseres Herrn Jesus Christus und die Fürbitten seiner makellosen Mutter und aller Heiligen starb Jezid im selben Jahre . . . Diese abscheuliche und frevelhafte Irrlehre übernahm Kaiser Leon, er wurde dadurch an vielem Unheil schuld« (Theophanes). Als Syrer war Leon sicher mit der arabischen Mentalität, ihrer Scheu vor der Darstellung der menschlichen Gestalt besonders im religiösen Bereich bekannt. Doch hätte dieser Einfluß allein kaum eine Wirkung auf ihn ausgeübt, wenn nicht im Christentum selbst, und besonders in seiner östlichen Ausprägung, schon immer ein latentes Mißtrauen gegen die Verehrung des Heiligenbildes bestanden hätte, auch wenn es nie so radikal hervorgetreten war wie jetzt. Letztlich geht dieses Mißtrauen auf das Alte Testament zurück (»Du sollst dir kein Bildnis machen«), das ja auch für die arabische Einstellung richtungweisend war, denn nicht umsonst erwähnt Theophanes, daß es ein Jude war, der den Kalifen zu seiner Maßnahme überredete. Auch in den Schriften der Kirchenväter finden sich Stellen, die vor der Gefahr der Götzenanbetung nachdrücklich warnen. Die Abneigung der Araber gegen die Darstellung der menschlichen Gestalt überhaupt wurde ja von den Bilderstürmern nicht geteilt; ihnen ging es in erster Linie um das Bild Christi, dann das der Heiligen, niemals aber um das menschliche Abbild im allgemeinen.

Um den Zeitpunkt des Ausbruchs zu verstehen, müssen wir bedenken, daß im Laufe des 6. und 7. Jahrhunderts der Bilderkult einen außerordentlichen Aufschwung genommen hatte; Heiligenbilder befanden sich in fast allen Häusern, in den Kirchen gab es wundertätige Ikonen, z. T. auf übernatürliche Weise entstanden, »nicht von Menschenhand gemachte« (acheiropoietos). Von der Muttergottes gab es Bilder, die der Evan-

gelist Lukas gemalt haben sollte usw. Selbstverständlich wurden diese Ikonen verehrt, vor ihnen verrichtete man seine Gebete, man küßte sie. Kirchliche Vorschriften darüber gab es nicht. So war es schwer zu unterscheiden, ob jemand die dargestellte heilige Person »verehrte« oder das Bild als solches »anbetete«. Die Begriffe »Verehrung« (proskynesis) und »Anbetung« (latreia) überschnitten sich, so daß die Gefahr der Idolatrie im Sinne einer magischen Bildbeschwörung durchaus nahe lag.
Hier nun setzte der erste Widerspruch der Bilderstürmer, der sog. Ikonoklasten oder Ikonomachen ein. Ihr gemäßigter Flügel forderte zunächst lediglich, die Bilder höher zu hängen, damit sie durch die räumliche Distanz einer »Anbetung« entzogen würden. Doch die Frage, einmal aufgeworfen, mußte konsequent zu Ende gedacht werden, von Kompromissen war keine Befriedigung mehr zu erwarten, sie mußte durchkämpft und durchlitten werden, vom Kaiser bis zum letzten Bürger.
Es ist bezeichnend, daß der Bilderstreit das Reich in zwei ethnisch und geographisch zu umreißende Teile spaltete. Während Anatolien die Hochburg der Ikonoklasten war, blieb der europäische Reichsteil dem Bilderkult treu. Das Thema Hellas stellte sogar einen bilderfreundlichen Gegenkaiser auf, der sich mit einer Flotte der Hauptstadt zu bemächtigen versuchte, allerdings vergeblich. In Konstantinopel selbst waren beide Parteien vertreten.
In der ikonoklastischen Bewegung klingen noch einmal alle häretischen Lehren an, die der geistig so fruchtbare, aber auch unruhige, unbeständige, erregbare und niemals zum Ziele kommende Orient in der Vergangenheit hervorgebracht hatte. Damit ist angedeutet, daß es im Bilderstreit letztlich um mehr ging, als um einen innerkirchlich-dogmatischen Streitfall. Vielmehr stand Byzanz vor der Alternative, ob das orientalische Element oder das europäisch-griechische den Vorrang erringen würde. Auf dem Schlachtfeld war die Entscheidung schon 678 und 717 gefallen, auf geistigem Gebiet stand sie noch bevor.
Kaiser Leon, der »Schweinekerl«, wie ihn ein Chronist kurz nennt, blieb nicht bei Predigten stehen. Von Soldaten ließ er das hochberühmte Christusbild am Chalketor herunterreißen, doch die Reaktion trat sofort ein; die aufgebrachte Bevölkerung erschlug den kaiserlichen Beauftragten auf der Stelle.
Leon versuchte natürlich, das Einverständnis der angesehensten Kirchenfürsten zu gewinnen und schrieb persönliche Briefe an Papst Gregor II. Obwohl der Papst wegen der langobardischen Bedrohung auf die Hilfe des Kaisers angewiesen war und den Bruch zu vermeiden suchte, wies er die neuen Ideen Leons eindeutig zurück. Ebensowenig Glück hatte er bei dem Patriarchen von Konstantinopel, Germanos, den er daraufhin absetzte und einen willfährigen Nachfolger, Anastasios, auf den Patriarchensitz erhob. Ein dritter Feind erwuchs dem Kaiser in Johannes von Damaskus, der als hoher Beamter des Kalifen am Hofe von Damaskus weilte. In seinen drei berühmten Reden für die Bilderverehrung formuliert er aufgrund neuplatonischer Gedankengänge die Lehre von der Symbolhaftigkeit des Bildes und seiner Vermittlerrolle. Auf Johannes Damaskinos basiert die ganze spätere Ikonologie in Byzanz.
Die führenden Geister der Kirche hatten sich dem Kaiser versagt, ihm blieb also nur die Gewalt. Er erließ ein Edikt, das die Vernichtung sämtlicher Bilder und die Verfolgung und Bestrafung ihrer Verehrer anordnete. 732 entzog der Kaiser die süditalienischen Kirchenprovinzen Sizilien und Kalabrien und das Illyrikum der päpstlichen Jurisdiktion und unterstellte sie dem Stuhl von Konstantinopel. Die Einkünfte der päpstlichen Patrimonien in Süditalien, 3,5 Talente Gold im Jahr, überwies er der Staatskasse. Das bedeutete für den Papst eine empfindliche Einbuße, doch alle Proteste blieben erfolglos. Der Patriarch von Konstantinopel dagegen konnte einen außerordentlichen Machtzuwachs verbuchen, sein Herrschaftsgebiet war jetzt mit dem (faktischen) Reichsterritorium nahezu kongruent.
Als Leon III. im Jahre 741 starb, folgte ihm sein Sohn Konstantin in der Regierung, der unter dem Schmähnamen »Kopronymos« (der Kotbenannte) in die Geschichte eingegangen ist. Den Grund berichtet uns Theophanes: »Als der Patriarch Germanos an Konstantin, dem Nachfolger Leons auf dem Kaiserthrone und in seiner Verderbtheit,

Johannes von Damaskus

die Taufe vollzog, da verrichtete dieser, was bei Säuglingen vorkommen kann, in das heilige Taufbecken seine Notdurft, wie verläßliche Augenzeugen berichten, und gab dadurch ein schreckliches und übelriechendes Vorzeichen.« Nichtsdestoweniger war er ein großer Feldherr, ein Mann nach dem Herzen der Soldaten. Doch in einem bewahrheitete sich das Vorzeichen; in seinem bilderstürmerischen Eifer übertraf er noch seinen Vater. Einerseits nehmen die Verfolgungen zu, andererseits wird auch auf persönlichen Antrieb des Kaisers jetzt die christologisch-dogmatische Fundamentierung der ikonoklastischen Lehre in Angriff genommen, was wiederum die Gegner zwang, ihrerseits auf der Grundlage von Johannes Damaskinos die Berechtigung der Bilderverehrung dogmatisch einwandfrei zu erweisen. Das Ergebnis ist höchst interessant und aufschlußreich. Konstantin und das von ihm im Jahre 754 einberufene ikonoklastische Konzil formulierten kurz zusammengefaßt folgendermaßen: Ein echtes Bild hat mit dem abgebildeten Gegenstand wesensgleich zu sein. Daher ist es unmöglich, die zwei Naturen Christi, die göttliche und die menschliche, im Bilde darzustellen, ohne diese beiden Naturen voneinander zu trennen, was nach den Beschlüssen von Chalkedon (s. o.) unzulässig ist. Stellt man nur die menschliche Natur dar, so verfällt man notwendig dem Nestorianismus. Die göttliche Natur aber ist unumschreibbar (aperigraptos), und der Versuch, sie zu umschreiben, wäre frevelhaft. Dasselbe gilt, will man den ganzen Gottmenschen darstellen, denn die Vermengung beider Naturen ist, wieder gemäß Chalkedon, Monophysitismus. Das einzig echte Bild Christi ist das Abendmahl. Also sind die gemalten Bilder nichts als toter Stoff und daher nicht verehrungswürdig. Die Bilder Marias und der Heiligen sind prinzipiell nicht unmöglich, aber abzulehnen, da sie zur Idolatrie verführen. — Die Synode will also ihre Rechtgläubigkeit dadurch beweisen, daß sie die Bilderverehrer als notwendig dem Nestorianismus oder dem Monophysitismus verfallen behauptet. Sie merkten nicht, oder wollten nicht merken, daß ihre eigene Lehre in den wichtigsten Punkten auf monophysitischen Grundlagen be-

Ein Ikonoklast übertüncht das Bild Christi

ruht, da sie einseitig die göttliche Natur Christi betonten und die Fleischwerdung nicht berücksichtigten. Der gewichtigste Grund jedoch, daß Ikonoklasten und Ikonodulen sich nicht einigen konnten, liegt in der verschiedenen Definition des Begriffes »eikon« = Bild. Die Behauptung der Synode, daß das Abbild mit dem Urbild wesensgleich zu sein habe, ist ja durchaus anfechtbar. Wenn sie stimmte, wäre wirklich das Abendmahl das einzig wahre Bild Christi, da es mit dem Archetyp im Identitätsverhältnis steht. Für die Bilderverehrer war das Abendmahl deswegen kein Bild Christi, weil es identisch ist; ein Bild dagegen muß dem Wesen nach vom Archetyp verschieden sein, es steht nur in einer bestimmten Beziehung zu ihm, es ist ihm verbunden. »Niemand wird so verrückt sein, den Schatten und die Wirklichkeit, die Natur und die Satzung, den Archetyp und das Abgeleitete, die Ursache und die Folge als wesenseins zu denken«, sagte der streitbare Abt Theodoros des Studiosklosters in Konstantinopel. Das Bild ist vom Archetyp verschieden, es gleicht ihm aber »kath'hypostasin« oder »kata to onoma«, d. h. es hat denselben Namen wie der Archetyp, es ist Gleichnis und Symbol, in dem das Transzendente sich vergegenwärtigt, ein Mittel, das Transzendente zu erahnen, Vermittler zwischen dem Gläubigen und der Gottheit.
Die ganze Diskussion um die Bilderverehrung beruhte also auf einem Mißverständnis. Man redete aneinander vorbei, weil eben jede Partei unter dem Begriff »eikon« etwas anderes verstand. Und doch ist dieses Mißverständnis aufschlußreich. Wenn der ikonoklastische Osten die Wesensgleichheit von Bild und Urbild einfach voraussetzt, so drückt sich darin das altorientalische Empfinden aus, das das Bild als Träger numinoser Kräfte zwangsläufig mit Bildmagie und Identitätszauber in Zusammenhang bringt. Ohne daß es ihnen bewußt gewesen wäre, wurzelte in den Christen des Ostens noch die alte Furcht; deswegen nahmen sie die Sache so bitter ernst, weil dabei in ihnen ihre eigenen rudimentären, undeutlich warnenden Gefühlskomplexe zum Ausbruch kamen. Wenn Theodoros vom Studioskloster in dem zitierten Satz von Wahrheit und Schatten spricht, so verstehen wir, daß für die Mehrzahl der Bilderfreunde, von Mißbräuchen abgesehen, die Bilderlehre auf ganz andere Wurzeln zurückgeht. Platons Höhlengleichnis liegt da als Ursprung klar auf der Hand, was dem gelehrten Theodoros durchaus bewußt gewesen ist. Wenn man gesagt hat, Aristoteles habe bei Marathon über Zarathustra gesiegt, so siegte im Bilderstreit Platon über die orientalische Magie.

Wie sein Vater Leon verstärkte auch Konstantin den Druck im Laufe seiner Regierung immer mehr, sein Vorgehen wurde immer radikaler. Nicht nur die Bilder, sondern auch die Reliquien ließ er beschlagnahmen und vernichten, die Verehrung der Heiligen und den Marienkult lehnte er überhaupt ab und verbot schließlich sogar den Gebrauch des Begriffs »hagios« = heilig. Langsam scheinen sich in ihm auch nestorianische Gedankengänge festgesetzt zu haben. Eines Tages fragte er den Patriarchen: »Schadet es

Studios-Basilika in Konstantinopel

uns, wenn wir die Theotokos Christotokos nennen?« Der Patriarch umarmte ihn und sprach: »Habe Erbarmen, Herr, so ein Gedanke soll dir nicht in den Sinn kommen! Siehst du nicht, wie Nestorios von der ganzen Kirche gebrandmarkt und über ihn der Kirchenbann verhängt wurde?« Der Kaiser antwortete: »Ich habe gefragt, um zu lernen. Meine Rede war nur für dich bestimmt.« (Theophanes)
Kein Wunder, daß der Kaiser von den Zeitgenossen, soweit sie nicht seine Anhänger waren, als Vorläufer des Antichrist angesehen wurde. Seine anatolischen Truppen, fanatische Ikonoklasten, sorgten dafür, daß des Kaisers Befehle ausgeführt wurden. Todesurteile, Verstümmelungen, Auspeitschungen, Beschlagnahme der Güter und Verbannung waren an der Tagesordnung. »Der Teufel, der an allem schuld ist, entfachte in diesen Zeiten eine solche Wut gegen die Christen und rief ein solches gegenseitiges Hinmorden hervor, daß Kinder sich gegen Eltern, Brüder gegen Brüder ohne Erbarmen zum Mord hinreißen ließen und mitleidlos einander Quartiere und Häuser anzündeten.« (Theophanes) Mit der Zeit richtete sich die Verfolgung naturgemäß besonders auf jene Bevölkerungsgruppe, die am heftigsten Widerstand leistete, die Mönche. Sie waren den Absichten des Kaisers am gefährlichsten, weil sie im Volke großen Einfluß hatten. Viele Klöster wurden aufgehoben, ihre reichen Besitzungen vom Staate eingezogen, die Mönche vor die Wahl gestellt, entweder sofort eine Frau zu nehmen oder hingerichtet zu werden. Konstantins Gesinnungsgenosse, der Strateg des Themas Thrakesion Michael Lachanodrakon, ließ auf dem Poloplatz von Ephesos alle Mönche und Nonnen der Stadt versammeln und gab ihnen den Befehl, noch am selben Tag zu heiraten. Die Mönche des berühmten Studiosklosters in Konstantinopel wurden in die Verbannung geschickt. Unter solchem Druck wanderten Zehntausende von Mönchen nach Süditalien aus, wo sie erheblich zur Verstärkung des griechischen Kultureinflusses beitragen sollten. Es konnte nicht ausbleiben, daß unter diesen Umständen in den führenden Häuptern des Mönchtums der kaiserliche Autoritätsanspruch gegenüber der Kirche in Zweifel gezogen wurde. Theodor vom Studioskloster bringt später in seinen drei Schriften gegen die Ikonoklasten seine Vorstellung von der geistigen Freiheit der Kirche und ihrer Unabhängigkeit von der weltlichen Macht in kirchlich-dogmatischen Angelegenheiten zum Ausdruck: »›Was du auf Erden binden wirst, soll auch im Himmel gebun-

den sein, und alles, was du auf Erden lösen wirst, soll auch im Himmel los sein.‹ (Matth. 16, 19) Wer ist es, dem eine solche Vollmacht gegeben wurde? Die Apostel und ihre Nachfolger. Wer sind ihre Nachfolger? Es sind der Inhaber des ersten Thrones von Rom, der Inhaber des zweiten Thrones in Konstantinopel und die Inhaber der Throne von Alexandreia, Antiocheia und Jerusalem. Das ist die fünffache Autorität der Kirche (Pentarchie). Diese sind es, die über die göttlichen Lehren zu urteilen haben. Den Königen und Herrschern kommt es (nur) zu, ihre Hilfe zu leihen, an der Bezeugung der Lehren teilzunehmen und Differenzen in den weltlichen Angelegenheiten beizulegen. Nichts anderes ist ihnen jemals von Gott verliehen worden hinsichtlich der göttlichen Lehren, nichts anderes wird Dauer haben, sollte es jemals eintreten.«
Ähnliche Töne hatte auch schon Johannes von Damaskus angeschlagen, als er dem Kaiser das Recht absprach, Gesetze für die Kirche zu machen: »Ich kann nicht davon überzeugt werden, daß die Kirche von kaiserlichen Erlassen regiert wird, sie wird regiert von der Überlieferung der (Kirchen-)Väter.« Ganz klar fordert er die Trennung der weltlichen von der geistlichen Gewalt: »Die Sache des Kaisers ist das staatliche Wohlergehen, die Kirche ist die Angelegenheit der Hirten und Lehrer.« — Solche Gedanken mußten in Byzanz Theorie bleiben, denn es sollte sich später zeigen, daß der höhere Klerus den Radikalismus der Mönche in keiner Weise zu unterstützen bereit war.

Hagia Irene in Konstantinopel, erbaut von Justinian um 532

Inzwischen ließ der Kaiser in Byzanz die der Heiligenbilder beraubten Kirchen mit Ornamenten und profanen Jagd-, Theater- und Spielszenen bemalen. Als christliches Symbol war nur das Kreuz in der Apsis erlaubt, wie es noch heute in der Irenenkirche zu Konstantinopel zu sehen ist.
Trotz der Verschärfung der Verfolgungen war die Opposition gegen den »neuen Diokletian« nicht zu ersticken. Die Zahl der Märtyrer für die Orthodoxie wuchs, doch bildeten sich immer neue Widerstandszentren. 765 wurde der Abt Stephanos vom Auxen-

tiosberge, der ein große Zahl von Anhängern hatte, verhaftet und nach Konstantinopel gebracht. »Die Leute der kaiserlichen Palastgarde und der übrigen Garderegimenter, die der gleichen Gesinnung wie der Kaiser waren und der gleichen Verstocktheit, ergriffen ihn, banden einen Strick um seine Füße und schleiften ihn vom Prätorium bis zum Schindanger. Dort rissen sie ihn in Stücke und warfen seinen heiligen Leichnam in die Grube der Gehenkten ... Er wurde allgemein verehrt, weil er an die sechzig Jahre im Kloster verbrachte und sich durch viele Tugenden ausgezeichnet hatte.« (Theophanes)

Konstantins Kampf gegen die Bilder überschattet den Ruhm, den er sich in glänzenden Feldzügen gegen Araber und Bulgaren erwarb. Auf dem Balkan begründete er wieder fest die byzantinische Vormachtstellung und schwächte das junge Bulgarenreich durch energisch geführte Feldzüge, so daß es für Byzanz in der nächsten Zeit keine unmittelbare Bedrohung mehr darstellte. Gegen die Araber führte er erfolgreiche Angriffe. Dabei kam ihm zustatten, daß der Untergang der Omajadendynastie das Reich in Wirren stürzte, aus denen dann die Abbassidendynastie hervorging. Diese verlegte das Kalifat von Damaskus nach Bagdad. Konstantin konnte Germanikeia, Melitene und Theodosiopolis erobern und dadurch die Grenze erheblich nach Osten verschieben. Siedler aus Syrien wurden nach inzwischen bewährter Methode in Thrakien an der Grenze nach Bulgarien angesiedelt.

Einen Problemkomplex hat Konstantin V. nie seiner Aufmerksamkeit gewürdigt, Italien. Trotz der Häresie des Kaisers hatten sich die Päpste politisch loyal verhalten, da sie auf den kaiserlichen Schutz angewiesen waren. Nach der Eroberung des Exarchats Ravenna durch die Langobarden 751 aber wurde offenbar, daß der Kaiser weder willig, noch in der Lage war, mit Heeresmacht in Italien einzuschreiten. Für Papst Stephan II. war es höchste Zeit, sich nach einem zuverlässigen Verbündeten umzusehen, der ihn von der langobardischen Bedrohung zu befreien in der Lage war. Seine Wahl fiel auf das aufstrebende Frankenreich, denn auch Gregor III. hatte sich schon an Karl Martell mit einem Hilfegesuch gewandt. Stephan reiste über die Alpen und wurde im Januar 754 von König Pippin in Ponthion ehrenvoll empfangen. »Er selbst empfing bei seiner Pfalz an dem Ort, welcher Ponthion heißt, den allerseligsten Papst, indem er etwa drei Meilen vor der Pfalz vom Pferd stieg und sich in großer Demut zusammen mit seiner Frau, seinen Söhnen und den Adligen zu Boden warf. Dann lief er wie ein Marschall eine Strecke weit neben dem Sattel des Papstes. Dieser erhabene Mann sang darauf mit seinem ganzen Gefolge laut dem allmächtigen Gott das Gloria und unaufhörliche Lobgesänge ... Sie setzten sich zusammen in das Bethaus und alsbald bat der seligste Papst den genannten allerchristlichsten König unter Tränen, er möge durch ein Friedensbündnis die Sache des hl. Petrus und des Staates der Römer ordnen. Dieser befriedigte sofort den seligsten Papst durch einen Eid, allen Anweisungen und Mahnungen des Papstes mit allen Kräften zu gehorchen und ihm, wie er es wolle, den Exarchat von Ravenna sowie dem Staat (der Römer) seine Rechte und Gebiete zurückzugeben.« (Liber pontificalis) Das welthistorische Bündnis zwischen Papsttum und Franken war geschlossen. Knapp fünfzig Jahre später führte es zur Kaiserkrönung Karls d. Großen in Rom.

Nach dem Tode Konstantins V. 775 atmete die Mehrzahl der Bevölkerung erleichtert auf, und wirklich sollten die Hoffnungen der bilderfreundlichen Partei, wenn auch nicht ganz, so doch wenigstens teilweise in Erfüllung gehen. Unter Kaiser Leon IV. (775—780), Konstantins Sohn, wegen seiner chazarischen Mutter »der Chazar« genannt, flaute der Sturm ab. Zwar stand die ikonoklastische Gesinnung des Kaisers außer Zweifel, aber Verfolgungen gab es nur noch ganz vereinzelt. Mit der ausgesprochen mönchsfeindlichen Politik seines Vaters brach Leon völlig. »Er schien auch gottesfürchtig und ein Freund der hl. Gottesmutter und der Mönche zu sein. Deshalb setzte er auch Metropoliten aus Mönchskreisen auf den ersten Bischofsstühlen ein.« (Theophanes) Man darf annehmen, daß diese Mäßigung mit auf den Einfluß seiner Frau, der Athenerin Irene zurückzuführen war, unter deren Herrschaft wenig später der Bilderstreit offiziell, wenn auch nicht endgültig, beendet wurde. Im Gegensatz zum Despotismus seines Vaters legte Leon offensichtlich wert darauf, in vielen seiner Handlungen mit dem Willen des Heeres, des Volkes und des Senats übereinzustimmen. So ließ er sich von Heer und Volk geradezu drängen, seinen kleinen Sohn Konstantin zum Mitkaiser zu krönen, obwohl es sicher auch seinem eigenen Wunsch entsprach. Nach nur fünfjähriger Herrschaft starb Leon auf eine merkwürdige Weise. »Da er ein leidenschaftlicher Liebhaber von Edelsteinen war, gelüstete es ihn sehr nach der Krone in der Großen Kirche (Hagia Sophia; es handelt sich um eine Votivkrone). Er nahm sie an sich und setzte sie sich auf. Da bildeten sich auf seinem Kopf brandartige Geschwüre, er wurde von heftigem Fieber erfaßt und starb ... « (Theophanes)

Die erste Phase des Bilderstreits war zu Ende. Selbstverständlich war es unmöglich, die Edikte Leons III. und Konstantins V. ohne weiteres außer Kraft zu setzen, dafür war die bilderfeindliche Partei zu stark. Vorsichtig und geschickt tastete sich die Kaiserin Irene, die für ihren unmündigen Sohn die Regentschaft führte, bei den entscheidenden Stellen vor. Ihr Ziel war ein doppeltes: sich unter keinen Umständen die Herrschaft aus den Händen reißen zu lassen und die Wiederherstellung des Bilderkultes. »Die Anhänger der rechten Frömmigkeit bekamen allmählich wieder Zuversicht, das Wort Gottes begann, sich auszubreiten ... der Lobpreis Gottes nahm zu, die Klöster wurden wiederhergestellt und alles Gute durfte sich offen zeigen.« (Theophanes) Wichtig war vor allem die Einsetzung eines der orthodoxen Sache anhängenden Patriarchen. Irene gelang es, nach Abdankung des Vorgängers ihren Sekretär Tarasios auf den Patriarchenstuhl zu erheben, wobei sie der Wahl den Charakter einer Volkswahl zu geben verstand. Tarasios, ein gelehrter und theologisch gebildeter Laie, arbeitete zusammen mit Irene an der Vorbereitung eines Konzils, das auch im Jahre 786 zusammentrat, um die Wiederaufrichtung der Bilder zu beschließen. »Aber die Soldaten der Palastgarde, die Exkubiten und die anderen Garderegimenter, die von ihren eigenen Kommandanten dazu angestiftet wurden, zogen, den Lehren ihres verfluchten Lehrers getreu, die Schwerter und fielen über die Versammelten her, wobei sie den Patriarchen und die rechtgläubigen Bischöfe und Äbte mit dem Tode bedrohten ... Der Patriarch hob die Sitzung auf und begab sich mit den rechtgläubigen Bischöfen und Mönchen in das Presbyterium, die Bischöfe aber, die der wahren Lehre feind waren, gingen zu den Aufrührern hinaus und schrien: ›Wir haben gesiegt!‹.« (Theophanes) Irene verstand, daß sie die Gesinnung der anatolischen Truppen nicht richtig eingeschätzt hatte. Sofort wurden die unzuverlässigen Abteilungen unter dem Vorwand eines Feldzuges nach Kleinasien abgeschoben. Sie stellte ein ihr ergebenes Heer aus dem europäischen Reichsteil auf und wieder ergingen die Einladungen an die Bischöfe, sich im Mai 787 in Nikaia einzufinden. Dorthin begaben sich auch die Vertreter der entfernteren Bischofssitze von Rom und des Ostens, die Irene nach dem Debakel des Vorjahres im Vertrauen auf ihren Erfolg gar nicht erst hatte abreisen lassen. »Es wurde dort (in Nikaia) das 7. heilige ökumenische Konzil von 350 Bischöfen abgehalten. Die katholische Kirche erhielt wieder ihren alten Glanz; nichts Neues wurde gelehrt, sondern nur die Lehren der heiligen und seligen Väter unerschütterlich bewahrt und die neue Irrlehre verworfen.« (Theophanes)

Die sachlichen Fragen wurden in sieben Sitzungen innerhalb von drei Wochen schnell und ohne Schwierigkeiten geklärt. Basierend auf den Lehren des Johannes von Damaskus wurde festgestellt, daß die »Verehrung« eines Heiligenbildes nicht dem Stoff gilt, sondern auf das Urbild zurückgeht. Die Anbetung dagegen gebührt Gott allein. Weniger leicht fiel es den in Nikaia versammelten Vätern, sich über das Schicksal der Kleriker einig zu werden, die sich durch ihre Aktivität im Dienste der Bilderstürmer kompromittiert hatten. Während die Gruppe der sog. »Zeloten«, in der hauptsächlich das besonders stark in Mitleidenschaft gezogene Mönchtum vertreten war, auf harte Bestrafung der Verfolger und volle Entschädigung der Verfolgten bestand, war die höhere Geistlichkeit im Interesse einer Befriedigung eher zur Vergebung bereit. Diese sog. »Politiker« siegten in Nikaia. Man verzichtete auf Bestrafung und nahm die reumütigen Häretiker wieder in die Kirchengemeinschaft auf. Die Ausschreitungen der Staatsgewalt wurden mit keinem Wort erwähnt, da man auf den (mit-)regierenden Kaiser Konstan-

Die Hl. Eudokia

tin VI., den Enkel des Kopronymos und Urenkel Leons III. Rücksicht zu nehmen hatte. Mit dem Konzil von Nikaia war der Frieden in der Kirche, das Einvernehmen zwischen Staat und Kirche wiederhergestellt und der Bruch mit Rom überwunden, wenn auch die Forderung des Papstes Hadrian auf Restituierung der unter Leon entzogenen Patrimonien von byzantinischer Seite mit Stillschweigen übergangen wurde.

Widerspruch gegen die Beschlüsse von Nikaia erhob sich von einer Seite, von der man ihn am wenigsten erwartet hätte, nämlich von den fränkischen Theologen am Hofe des Frankenkönigs Karl. In den *Libri Carolini,* einer wahrscheinlich unter Leitung von Alkuin und Theodulf von Orleans verfaßten Kampfschrift, werden die Thesen des ikonoklastischen Konzils von Konstantinopel ebenso verworfen wie die des Konzils von Nikaia. Eine sachliche Argumentation zu den christologischen Grundfragen ist zwar in den *Libri Carolini* nicht zu finden. Die Übersetzung der Konzilsakten von Nikaia, die den fränkischen Verfassern vorgelegen hat, war überdies so schlecht, daß wesentliche Punkte wie z. B. die scharfe Trennung der Begriffe »Verehrung« und »Anbetung« gar nicht in Erscheinung traten und damit ganze Partien unverständlich bleiben mußten. Es ist die Frage, ob die fränkischen Kleriker bei einer guten Übersetzung sehr viel mehr

Verständnis für die subtile theologische Scheidekunst der byzantinischen Kirchenmänner aufgebracht hätten. Jedenfalls ist die »Bilderlehre« der *Libri Carolini* denkbar unproblematisch und schlichten Geistes, denn nach ihr hatten Bilder den Sinn »zu schmücken oder Ereignisse darzustellen«; sie zu bekämpfen oder anzubeten ist also lächerlich und »entspringt der gleichen Quelle der Prahlerei und eitlen Ruhmsucht«. Papst Hadrian mußte, wenn auch ungern, denn schließlich waren die Akten des nikänischen Konzils auch von seinen Legaten unterschrieben worden, auf der Synode von Frankfurt 794 die Auslassungen der fränkischen Theologen gutheißen. Für Karl d. Großen waren die *Libri Carolini* in erster Linie ein politisches Manifest, in dem sich die geistige Selbständigkeit und Unabhängigkeit des mächtig emporgewachsenen fränkischen Königreiches und seiner Kirche dokumentieren sollte.

In Byzanz nämlich waren Zustände eingetreten, die nicht nur im Westen, sondern auch bei den Byzantinern höchstes Befremden hervorgerufen hatten. Kaiserin Irene, die »von Herrschbegierde nicht frei war«, wie Theophanes es taktvoll ausdrückt, strebte nun, da ihr erstes Ziel erreicht war, unbeirrbar auf das zweite zu: die Alleinherrschaft. Beraten von den beiden einflußreichen Eunuchen Staurakios und Aetios, weigerte sie sich, ihren inzwischen herangewachsenen Sohn Konstantin VI. an der Regierung teil-

Konstantin VI. (780—97) und seine Mutter Irene (797—802).
Auf der Rückseite die Ahnen des Kaisers: Leo III., Konstantin V., Leo IV.

nehmen zu lassen und suchte ihn auf alle möglichen Arten zu demütigen und bloßzustellen. Unternehmungslustig und hitzig brachte es Konstantin aber fertig, die alte Ikonoklastenclique um sich zu sammeln in der Hoffnung, daß diese mit Irenes Regiment unzufriedenen Männer ihm zur Alleinherrschaft verhelfen könnten. Durch seine zügellose Grausamkeit jedoch und ein paar mißglückte Feldzüge — Irene hatte sie planmäßig sabotiert — und durch eine skandalöse Heirat kam er schließlich an den Punkt, an dem die Kaiserin ihn haben wollte. Er war so verhaßt und seine Anhängerschaft so gelichtet, daß der Schlußstrich gezogen werden konnte. Auf Befehl der Mutter wurde er in der Porphyra, dem Gebärzimmer der Kaiserinnen, in dem auch er das Licht der Welt erblickt hatte, so grausam geblendet, daß er kurze Zeit danach starb. Diese schreckliche Tat machte ein nicht geringes Aufsehen: »Die Sonne verfinsterte sich 17 Tage lang und sandte ihre Strahlen nicht aus, so daß die Schiffe umherirrten und hin und her getrieben wurden. Alles Volk behauptete einmütig, daß wegen der Blendung des Kaisers die Sonne ihre Strahlen verloren habe. So wurde seine Mutter Irene Alleinherrscherin.« (Theophanes)

Damit war ein bisher noch nicht dagewesener Zustand eingetreten .Niemals hatte eine Frau den Thron der römisch-byzantinischen Imperatoren innegehabt, was ja auch dem Brauch widersprach, daß die Kaiser als Heerführer die Feldzüge persönlich leiteten. Kein Wunder, daß sich nicht nur innerhalb, sondern auch außerhalb von Byzanz die wohlberechnete Anschauung verbreitete, der römische Caesarenthron sei vakant. In Konstantinopel wuchs die Unzufriedenheit, während am Hofe ein fieberhaftes Intrigenspiel um die beiden maßgebenden Persönlichkeiten des Staurakios und Aetios um sich griff, die beide ihre eigenen Verwandten als Thronaspiranten in den Vordergrund zu schieben wünschten. Um ihre schwindende Popularität wiederherzustellen, griff Irene zu dem für den Staatshaushalt verhängnisvollen Mittel, in freigiebigster Weise Steuer- und Zollerleichterungen zu gewähren, obwohl die Tributzahlungen an die kriegerisch aktiven Abbassiden und Bulgaren nach unglücklichen Kämpfen den Staat schon schwer belasteten. Die allgemeine Stagnation in Byzanz stand in schroffstem Gegensatz zu dem Zustand im Westen, wo Karl d. Große sich zum Schutzherrn der römischen Kirche aufgeschwungen hatte. Nach der Niederwerfung des Langobardenreiches unter Desiderius und Karls Krönung zum König der Langobarden stießen fränkische und byzantinische Interessen in Oberitalien hart aufeinander.

Papst Hadrian, von der Langobardengefahr befreit, mußte allerdings zu seiner Überraschung feststellen, daß der fränkische Schutz, unter den er sich begeben hatte, ihm durchaus nicht die erhoffte Handlungsfreiheit gewährte, sondern zeitweilig sogar einem recht massiven Druck gleichkam. Freilich bedeutete die Schutzherrschaft Karls über die römische Kirche noch nicht, daß diese von ihren Verpflichtungen und Bindungen zu Konstantinopel befreit worden wäre. Die Stadt Rom wurde noch immer von einem kaiserlichen Präfekten regiert, der die byzantinische Oberhoheit repräsentierte und in dessen Hand die höchste Gerichtsbarkeit lag. Karl selbst, als *»Patricius Romanorum«* von Byzanz bestätigt, dachte nicht daran, sich über den Präfekten hinwegzusetzen; die Kurie jedoch hatte, als Hadrians Nachfolger Leo III. den Stuhl Petri bestieg, weiterreichende Pläne. Wenige Jahre nach Leos Inthronisation kam es in Rom zu einer Revolte. Der Papst, durch zweifelhafte Machenschaften in Mißkredit geraten, wurde von römischen Verschwörern gestürzt und eingekerkert. Für diesen Kriminalfall war Konstantinopel bzw. sein Vertreter, der Präfekt, zuständig. Leo jedoch, von Freunden heimlich befreit, hatte wohl Grund, einen Prozeß, in dem auch die Ankläger zu Worte kommen mußten, zu fürchten und entwich ins Frankenreich zu Karl, der ihn höflich aber kühl in Paderborn empfing, war er doch vor eine außerordentlich schwierige Entscheidung gestellt. Wenn er den kaum zu umgehenden Prozeß dem römischen Stadtpräfekten übergab, wie es das Recht eigentlich erforderte, so bedeutete das einen Verzicht, eine Einschränkung des fränkischen Einflusses auf die Kurie, den Karl sich in langen Jahren gesichert hatte. Wenn er aber selbst das Urteil fällen ließ, so setzte er sich damit in eklatanter Weise über die Rechte des byzantinischen Kaisers hinweg und das bedeutete den Bruch mit Byzanz, den Karl keinesfalls wünschte. Er setzte also zunächst eine Untersuchungskommission ein, die nun allerdings Tatsachen solcher Art ans Licht brachte, daß man es später für geraten hielt, die Akten zu verbrennen. Leo wurde vorläufig wieder eingesetzt und Karl mußte sich im Herbst des Jahres 800 nach Rom begeben, um den Fall irgendwie ins reine zu bringen. Um den Schwierigkeiten eines Prozesses aus dem Weg zu gehen, verfiel man auf eine andere Lösung; Leo sollte sich durch einen »Reinigungseid« rechtfertigen. Leo leistete diesen Eid ohne zu zögern und wurde daraufhin in aller Form wieder als rechtmäßiger Papst eingesetzt. Er mußte jedoch mit Recht fürchten, daß die Gegenpartei nach Karls Abreise wieder aktiv werden würde, er brauchte daher einen Prozeß, der seine Feinde unschädlich machte, und einen Richter, der über der bislang höchsten Gerichtsbarkeit des byzantinischen Kaisers stand. Dieser Richter konnte nur Karl sein. Am Weihnachtstag des Jahres 800 war es soweit. Als Karl am Altar der Peterskirche gebetet hatte, ergriff Leo die Krone Karls, die auf dem Altar lag, hob sie empor und das in der Kirche versammelte Volk rief verabredungsgemäß auf einen Wink des Papstes: »Karl, dem Augustus, dem von Gott gekrönten großen und friedebringenden Kaiser der Römer, Leben und Sieg!« Die Kaiserkrönung war nach gültigem Ritus vollzogen und Karl mußte sich mit der unabänderlichen Tatsache abfinden, auch wenn es ihm sofort klar war, daß der Modus der Kaiserkrönung durch die Initiative des Papstes das Verhältnis von Reichsgewalt und Papsttum empfindlich zugunsten des letzteren verschob. Es war ein Präzedenzfall geschaffen, den die Päpste immer im Bedarfsfalle zu ihren Gunsten ausschlachten konnten und auch ausgeschlachtet haben.

Leos großer Coup trug die erhofften Früchte; seine Feinde wurden verurteilt und ins Frankenland verbannt. Karl zog über die Alpen zurück, um die Stadt Rom nie wieder zu betreten.

Die ungeheure Bedeutung der Kaiserkrönung Karls d. Großen liegt nicht so sehr in der Tatsache, daß es nun zwei Kaiser gab, denn oftmals hatten in der Vergangenheit ein Kaiser des Ostens und ein Kaiser des Westens in Form einer Doppelherrschaft gleichzeitig regiert. Das Umstürzlerische lag darin, daß es jetzt zwei Kaiserreiche gab. Der alte Glaubenssatz von der Einmaligkeit des römischen Imperiums war damit durchbrochen, auch wenn man von fränkisch-römischer Sicht aus den Kaiserthron von Byzanz als vakant und das fränkische Kaisertum daher als legitim betrachtete. Daß diese Argumentation nicht sehr stichhaltig war, wußte man auch im Westen recht gut. Aus byzantinischer Sicht mußte Karl als Usurpator erscheinen, der die göttliche Weltordnung über den Haufen geworfen hatte. Rechtlich blieb der byzantinische Standpunkt unbestritten, darüber war sich Karl vollkommen im klaren. Seine Bemühungen galten daher dem Ziel, auf irgendeine Weise mit Byzanz ins reine zu kommen. Als Druckmittel dazu hielt er das in den Avarenkriegen gewonnene Istrien und Dalmatien, seit 810 auch Venedig, in seiner Hand. Theophanes — und nur er — berichtet von einem Plan Karls d. Großen, der, seine Wahrheit vorausgesetzt, erkennen läßt, daß der neue Kaiser der Franken nicht die Absicht hatte, mit Byzanz in Konkurrenz zu treten und daß die Vorstellung von dem einen und unteilbaren christlichen Weltreich ihm durchaus vertraut war und von ihm anerkannt wurde. »Es kamen auch Abgesandte von Karl und dem Papst Leo zur frommen Irene und baten, daß sie sich mit Karl verheirate und so der Osten und Westen vereint werde. Sie hätte auch eingewilligt . . . «, aber es kam anders:
Im Oktober 802 »erhob sich der Patrizier und Großschatzmeister (Logothetis tou genikou) Nikephoros gegen die fromme Irene als Usurpator. Gott ließ dies zu nach

Kaiserin Irene, Witwe Leons III. (797—802)

seinem unerforschlichen Ratschluß wegen der Menge unserer Sünden«. Irene wurde verbannt und starb bald darauf. Die von Karl erbetene Anerkennung seines Kaisertums wurde von Nikephoros I. (802—811) strikt verweigert. Erst unter seinem Nachfolger Michael I. Rangabe, zwei Jahre vor Karls Tod, erschienen Gesandte des byzantinischen Hofes in Aachen und überbrachten dem alten Kaiser gegen Herausgabe der Faustpfänder Istrien, Dalmatien und Venedig die Anerkennung des karolingischen Kaisertums durch Byzanz. »In Aachen, wo sie (die Gesandten Michaels) zum Kaiser kamen, erhielten sie von diesem in der Kirche die Vertragsurkunde und riefen ihm nach ihrer Art, nämlich in griechischer Sprache, Heil zu, wobei sie ihn ›Imperator‹ und ›Basileus‹ nannten.« (Fränkische Reichsannalen zum Jahre 812). Theophanes nennt ihn einschränkend »Kaiser der Franken«, da der Titel »Kaiser der Römer« dem oströmischen Kaiser vorbehalten blieb. Damit gab es nun faktisch und nominell zwei Kaiserreiche nebenein-

ander, getrennt durch Sprache, Sitte und Kultur, verbunden durch ein einziges, wenn auch nur schwaches Band, die Religion. Zwei Reichskörper, die sich mißtrauisch gegenüberstanden, zwei Welten; das alte, traditionsbeladene Byzanz und das junge, aufstrebende, lernbegierige und tatendurstige Frankenreich. Doch dieses Bild täuschte, wie sich zeigen sollte; während das Karolingerreich zerfiel, schritt Byzanz einer neuen, macht- und glanzvollen Epoche entgegen, die das ganze Abendland überstrahlte.
Aber zunächst standen Byzanz noch einige dunkle Jahre bevor. Durch die Zertrümmerung des Avarenreiches durch Karl d. Großen waren weite Gebiete an die Bulgaren gefallen, die dadurch einen gewaltigen Machtzuwachs erhielten. Unter dem tatkräftigen Khan Krum wurden sie gegen Byzanz aktiv. Nikephoros unternahm einen zunächst äußerst erfolgreichen Feldzug, fiel dann aber in einen Hinterhalt; das byzantinische Heer wurde niedergemacht, der Kaiser selbst fand den Tod. »Den Kopf des Nikephoros ließ Krum abschlagen ... den Schädelknochen reinigen, in Silber fassen und bot darin prahlend den Slawenfürsten den Trunk dar.« (Theophanes) Die Niederlage verbreitete Entsetzen. Kaiser Michael zeigte sich unfähig, dem Bulgarenkhan Einhalt zu gebieten. Nach seinem Sturz gelang es endlich Kaiser Leon V. nach langwierigen und gefahrvollen Kämpfen, einen Sieg zu erringen, doch war es der plötzliche Tod Krums, der die Gefahr erst wirklich behob. Es trat ein längerer Friede auf dem Balkan ein. Die innerpolitischen Schwierigkeiten im Abbassidenreich nach dem Tode des Kalifen Harun al-Raschid gewährten Byzanz auch hier eine Atempause.
Da hielt es Kaiser Leo »der Armenier« für an der Zeit, die ikonoklastische Bewegung wieder in Gang zu setzen. Nicht nur er, sondern auch große Teile des Offizierskorps

Das Festmahl des Khan Krum

waren der Meinung, daß die unglücklichen Kriegsläufe der letzten vierzig Jahre, die in so krassem Gegensatz zu den militärischen Erfolgen der Ikonoklastenkaiser standen, nur auf die Ungnade des Himmels wegen der Wiederherstellung des Bilderkultes zurückzuführen seien. 815 wurde eine Synode einberufen, die die Bestimmungen der Synode von 754 wieder aufnahm und in Kraft setzte, ohne neue Gesichtspunkte hinzuzufügen. Zwar setzten wieder Verfolgungen ein, doch blieb die Bewegung matt und ohne Schwung. Was unter Konstantin V. wie eine Explosion gewirkt hatte, glich jetzt eher einem sporadischen Aufflackern. Unter Michael II. (820—829) hörten auch die Verfolgungen auf und die Verbannten durften zurückkehren, wenn auch der Bilderkult offiziell noch nicht wiederhergestellt wurde. Kaiser Theophilos (829—842) versuchte noch einmal, dem Ikonoklasmus wieder Leben einzuhauchen, aber er hatte sich endgültig totgelaufen. Auch ließ sich die Gnade des Himmels nicht erzwingen: Kreta wurde von den Arabern besetzt, bald darauf faßten sie auch in Sizilien Fuß. In Kleinasien fielen Ankyra und die starke Festung Amorion, die Heimat der kaiserlichen Familie, in die Hand des Kalifen Mutasim (838). Als Theophilos stirbt, fällt auch der Ikonoklasmus in sich zusammen. Im März 843 wird auf einer Synode in Konstantinopel die feierliche Wiederherstellung des Bilderkultes verkündet. Seitdem wird jährlich in der byzantinischen Kirche das »Fest der Orthodoxie« gefeiert. Der letzte große Glaubensstreit war zu Ende. Die Kirche ging gestärkt, gefestigt und mit erheblich erweitertem Machtbereich aus ihm hervor. Sizilien und Unteritalien, das Illyricum blieben dem Konstantinopler Patriarchat unterstellt, was es dem »Gottesfeind« Leon III. zu verdanken hatte.

Aber auch für den Staat als Gesamtheit ging die an Erschütterungen und Katastrophen überreiche Epoche der Gärung zu Ende; Byzanz hatte ein dunkles, wirres Zeitalter durchleiden müssen, um seine Position zu finden und sich geistig zu befreien. Nun war die Klärung eingetreten; das byzantinische Mittelalter konnte beginnen.

Die Makedonische Dynastie

Byzanz hatte in den letzten Jahrhunderten glänzende wie auch finstere, schmerzvolle Epochen durchlebt, und es ist kaum daran zu weifeln, daß die finsteren weitaus überwogen. Hochfliegende Pläne hatten katastrophal geeendet, das Reich war auf einen Bruchteil seines ursprünglichen Territoriums geschrumpft. Politische und religiöse Leidenschaften hatten sich bis zur Selbstzerfleischung ausgetobt. Hundertzwanzig Jahre Bilderstreit mit seinen Schrecken und Verwirrungen hatten verheerend an der Substanz des Reiches gezehrt. Ein neuer Aufschwung war nur zu erwarten, wenn vieles von Grund auf anders würde. Der religiöse Frieden von 843 war ein verheißungsvoller Auftakt, und in der Tat zeigte sich bald, daß mit ihm mehr gewonnen war als die Beilegung eines theologischen Streitfalls. Da der Bilderstreit von Anfang an nicht nur eine theologische Auseinandersetzung, sondern ein schmerzhafter Prozeß der Selbstreinigung und Selbstfindung war, so mußte sein Ende auch schwerwiegende geistige und moralische Wirkungen zeitigen. Ein neues Selbstverständnis mußte in Erscheinung treten, das Byzanz befähigte, wieder zu einem Vorbild für die übrige Welt zu werden, die geistige Führung wieder fest in die Hand zu nehmen. Denn die geistige Führung war es, zu welcher der Name »Rom« nach wie vor verpflichtete; das Bewußtsein, Hort der Wahrheit, Weisheit und Gerechtigkeit zu sein, dessen Glanz, durch militärische Wechselfälle unbeschadet, über der Ökumene leuchtet und den wahren, unzerstörbaren Ruhm des Reiches bedeutet. Das Schwert des Eroberers verstand auch ein Bulgarenkhan erfolgreich zu führen. Geistig aber werden die Menschen nicht durch das Schwert, sondern durch den Geist erobert.

Hier lag nun für Byzanz ein ungeheures Aufgabenfeld, auf dem es in den nächsten hundert Jahren die bedeutendsten »Schlachten« schlug und die größten Siege errang. Drei Waffen waren es, derer sich Byzanz dabei bediente: das orthodoxe Christentum, seine überlegene Kultur und sein urbaner, hochzivilisierter Lebensstil. Mit ihrer Hilfe eroberte es größere Territorien, als es jemals militärisch besetzt gehalten hatte.

Es stellt sich die Frage, woher dieser alte, scheinbar schon an innerer Auszehrung daniederliegende Kulturorganismus plötzlich die Quellen erschloß, die diese Regeneration von innen möglich machten. Ein geistig erschöpfter Staat kann nicht allein durch günstige politische Konstellationen wieder verjüngt werden, wenn nicht eine Substanz vorhanden ist, die eine essentielle Gesundung herbeizuführen vermag. Byzanz hatte diese Substanz. Sie war immer vorhanden gewesen, nur hatte sie in den letzten zwei-, dreihundert Jahren mehr oder weniger verschüttet gelegen und gleichsam verunreinigt durch andere, schädliche Elemente. Wie so oft auch in anderen Zeiten und anderen Ländern war es die Welt der Antike, die die Wiedergeburt auslöste. Die Byzantiner selbst empfanden den Anbruch der neuen Epoche als eine Wiedergeburt und sprachen von »kainismos« = Erneuerung, »palinzoia« = Wiederbelebung und »palingenesis« = Wiedergeburt und verstanden darunter das Wiederaufblühen der antiken Geisteshaltung in allen Bereichen des kulturellen und geistigen Lebens, die Rückkehr zu den Idealen eines wissenschaftlichen und ethischen Humanismus. Die Gefahr eines äußerlich verstandenen, rein dekorativen »Klassizismus« war dabei in Byzanz nicht gegeben, denn es handelte sich ja nicht um die Eingliederung eines im Grunde fremdartigen Elementes, sondern um die Rückkehr zu den Ursprüngen, die die Griechen von Byzanz mit Recht als die eigenen betrachten durften. Diese Renaissance erblühte aus der unter Qualen und Kämpfen gewonnenen Selbstfindung, die, was zu beachten ist, nichts zu tun hat mit »nationaler Besinnung«, denn ein solcher Begriff war dem kosmopolitisch, weil universalistisch eingestellten Byzantinertum ursprünglich fremd.

Mit einer Intensität wie wohl selten zuvor wurden die Schriften der antiken Dichter, Philosophen, Ärzte und Naturwissenschaftler studiert, kopiert, kommentiert und exzerpiert und erwiesen sich dabei als unerschöpfliches Arsenal, dessen man sich immer und überall mit entchiedenem Gewinn bedienen konnte. Der neue Elan im byzantinischen Geistesleben wirkte sich auf allen Gebieten aus. Die Gesetzgebung wurde überprüft und reformiert, die Kunst blühte auf, neu befruchtet durch den wiederaufgenommenen Kontakt zu antiken Kunstwerken, von denen viele in Miniaturen, Fresken, Elfenbein- und Steinreliefs kopiert wurden. Schließlich besserte sich auch die wirtschaftliche Lage des Reiches und verschaffte dem anbrechenden neuen »goldenen Zeitalter« die unumgänglich notwendige solide Grundlage: die volle Staatskasse.

Mit der Wiederaufrichtung der Bilder hatte die fromme Witwe des Kaisers Theophilos, Theodora, das oberste Ziel ihrer Wünsche erreicht, doch konnte und wollte sie nicht daran denken, das Staatsruder aus der Hand zu geben, denn der Thronfolger Michael, ihr einziger Sohn, war erst sechs Jahre alt. Für ihn führte die Kaiserin die Regentschaft, unterstützt und beraten von dem Logotheten Theoktistos, der es verstand, den ehrgeizigen und begabten Bruder der Kaiserin, Bardas, vom Hof zu verdrängen. Theoktistos war ein fähiger Staatsmann und ein äußerst geschickter Finanzmann, dabei ein Freund der Wissenschaften. Ein gutes Jahrzehnt regierten Theodora und ihr Minister das Reich nicht ohne Glück und Erfolg. Allerdings drangen die Araber in Sizilien unaufhaltsam vorwärts, und im Osten verwickelte man sich in langwierige kriegerische Auseinandersetzungen mit den sog. Paulikianern, einer christlichen Sekte, die sich seit dem 7. Jahrhundert in Armenien und Syrien verbreitet hatte und einem strengen Dualismus anhing. Sie hatten ihre eigene Kirche gegründet, lehnten das Alte Testament, die Bilder und das äußere Kirchenwesen ab und vertraten eine mit nestorianisch-monophysitischen Elementen durchsetzte Lehre der zwei Reiche des Guten und des Bösen. Auch der iranische Zarathustraglauben hat Einfluß auf sie ausgeübt. In der Zeit des Bilderstreits genossen die Paulikianer die Sympathien der byzantinischen Kaiser, die Beendigung des Bilderstreits dagegen machte sie zwangsläufig zu Feinden des Reiches, und Theodora verwandte ihre ganze Energie auf die Bekämpfung dieser letzten häretischen Gruppe. Das war kein geringes Unternehmen, denn so arbeitsam und rührig die Paulikianer im Frieden waren, so kriegerisch und tapfer waren sie in Kriegszeiten. Es kam zu blutigen Kämpfen und Verfolgungen, und der Erfolg der byzantinischen Waffen blieb zweifelhaft, denn die Gegner wichen endlich auf islamisches Gebiet aus, wo sie besonders vom Emir von Melitene, Omar, mit offenen Armen empfangen wurden und fortan im Dienst des kriegerischen Emirs Aussicht auf Rache an ihren Bedrückern hatten. Andere Gruppen hielten sich in Kleinasien und beunruhigten das Reich durch fortgesetzte Raubzüge. — Eindeutiger war der Erfolg der Kaiserin bei der Niederwerfung eines Aufstandes peloponnesischer Slawenstämme. Durch die Einführung byzantinischer Verwaltung und die Zuwanderung griechischer Familien von den Inseln, besonders aus Kreta, das sich seit einem Menschenalter in arabischer Hand befand, konnte in Südgriechenland das slawische Element zurückgedrängt werden. Im Jahre 853 erzielte die byzantinische Flotte einen spektakulären Erfolg; die ägyptische Hafenstadt und Festung Damiette wurde überraschend angegriffen, erobert und zerstört. Natürlich war das kein bleibender Gewinn, aber doch ein Zeichen, daß die byzantinische Streitmacht sich nicht mehr mit einer rein defensiven Rolle zufriedengeben wollte, sondern sich stark genug fühlte, die Initiative in die Hand zu nehmen.

In Konstantinopel zog sich inzwischen über Kaiserin und Logothet das Unheil zusammen. Zwei Männer, die sich unrechtmäßig zurückgesetzt und von der Regierung ausgeschlossen fühlten, taten sich zusammen und bereiteten heimlich ihre Pläne vor. Der eine war der inzwischen herangewachsene Michael, der die Bevormundung durch seine Mutter nicht länger ertragen zu können glaubte, der andere sein Onkel Bardas. Im Jahre 855 schlugen sie zu. Theoktistos wurde verhaftet und kurzerhand ermordet, Theodora von den Regierungsgeschäften ausgeschlossen und später in ein Kloster gesteckt. Ihr Sohn wurde als Michael III. zum Alleinherrscher ausgerufen. Bardas, Michaels Helfer und Mitverschwörer, wenig später mit dem Caesartitel ausgezeichnet, übernahm sofort die Staatsleitung.

Es war ein ungleiches Gespann, das fortan an der Spitze des Staates stand. Der Charakter beider Männer wies erhebliche Schönheitsfehler auf. Michael war ein unreifer junger Mann ohne rechtes Verantwortungsgefühl und mit einer verhängnisvollen Neigung zum Trunk und zu albernen und abstoßenden Scherzen; nicht unbegabt, doch bösen Einflüssen leichter nachgebend als fördernden. Es mag sein, daß an der Verderbnis seines

Charakters sein Onkel und Erzieher Bardas nicht unschuldig war, da dieser kein Interesse daran hatte, seinen Schützling zu einem verantwortungsbewußten und selbstsicheren Autokrator zu erziehen und damit seinem eigenen Machtstreben selbst Hindernisse in den Weg zu legen. Bardas war zweifellos herrschsüchtig, auch intrigant und ausschweifend. Doch außerdem war er der genialste und weitestblickende Staatsmann seiner Zeit, seinem gewiß nicht unbedeutenden Vorgänger Theoktistos weit überlegen. Mit ihm tritt die byzantinische Politik in eine neue Phase, unter seiner Herrschaft werden die Fäden geknüpft, die für Jahrhunderte die Geschichte von Byzanz und seiner Nachbarländer bestimmen. Selbst außerordentlich gebildet, drückte sich des Caesars Hochschätzung der Wissenschaften u. a. darin aus, daß er eine Reihe von Schulen im Reich errichtete, die durch ausreichende Dotierung auch arbeitsfähig waren. Vor allem aber war die Neugründung der Hochschule von Konstantinopel sein Werk. Ihr wurden angemessene Unterrichtsräume im Magnaurapalast zur Verfügung gestellt. Die Hochschule war vom Klerus unabhängig und diente der reinen Wissenschaft. Als Rektor wurde der ehemalige Ikonoklast Leon »der Mathematiker« berufen, der als hervorragender Gelehrter in Mathematik, Astronomie und Architektur einen großen Namen hatte. Es war derselbe Leon, dessen Ruf schon in Theophilos Zeiten bis in den fernen Orient gedrungen war: in einem persönlichen Brief an den Kaiser hatte damals der Kalif von Bagdad, Mamun, 2000 Goldpfund und ewigen Frieden geboten, wenn er den Gelehrten für eine kurze Zeit an seinen Hof ziehen lasse. Theophilos hatte aber abgelehnt; mit Recht schätzte er den Nutzen eines erstrangigen Wissenschaftlers höher ein. — In der Magnaura-Hochschule wurden Philosophie, Geometrie, Astronomie, Philologie und Jurisprudenz gelehrt und dafür die besten Lehrer — mit ansehnlichen Gehältern — verpflichtet. Der bedeutendste unter ihnen war der Universalgelehrte Photios, das Licht seines Jahrhunderts. Seine glänzende, wenn auch skandalumwitterte Laufbahn hatte damit jedoch ihren Höhepunkt noch nicht erreicht.

Der Caesar Bardas hatte sich mit dem gestrengen Patriarchen Ignatios überworfen, der der fanatischen Richtung der »Zeloten« anhing. Daher tat er das, was alle Kaiser mit unbequemen Patriarchen zu tun pflegten: er setzte ihn ab. Als Nachfolger erwählte er Photios, denn es war vorauszusehen, daß die Zusammenarbeit zweier so hervorragender und geistesverwandter Männer überaus fruchtbar sein würde. Freilich gab es auch ein Hindernis. Photios war kein Geistlicher. Er entstammte der weltlichen Aristokratie und hatte nie die geringste Neigung zum beschaulich-frommen Leben gefühlt. Indessen verschloß er sich dem Ruf des Bardas nicht. In den wenigen Tagen vom 20. bis 24. Dezember 858 durchlief er sämtliche Weihen und zelebrierte am 25. Dezember die Weihnachtsmesse in der Hagia Sophia. Bei aller Bewunderung für die geistigen und wissenschaftlichen Qualitäten, die dem neuen Patriarchen Photios allgemein gezollt wurde, konnte es doch nicht ausbleiben, daß seine unkanonische Erhebung auf Kritik stoßen würde, und selbstverständlich erhob auch der Anhang des zelotischen Ignatios sofort lauten Protest. Um sich abzusichern, suchte Photios die Anerkennung des Papstes in Rom zu erlangen. Er sandte die üblichen Synodika und die Anzeige der Thronbesteigung nebst einem Brief des Kaisers. Photios erschien die päpstliche Zustimmung nicht im geringsten zweifelhaft, zumal von Rom aus schon früher Klage gegen Ignatios erhoben worden war, der den Vorladungen der Päpste Leo IV. und Benedikt aber natürlich nicht Folge geleistet hatte. Der Patriarch ahnte nicht, welche dramatischen Auseinandersetzungen mit Rom ihm in den nächsten Jahren bevorstanden.

Zunächst aber traten andere Probleme in den Vordergrund. Schwedische Wikinger hatten zu Beginn des 9. Jahrhunderts inmitten slawischer Stämme in Rußland eine Reihe von Herrschaften errichtet, die der legendäre Rurik im Reich von Nowgorod vereinigte. Die »Waräger« legten ein weitgespanntes Netz von Handelswegen an, das vom Orient und Konstantinopel über das Schwarze Meer, den Dnjepr bis zur Ostsee und Schweden reichte. Zwei Vasallen Ruriks, Askold und Dir, zogen den Dnjepr abwärts und gründeten in der Gegend von Kiew eine eigene Herrschaft. Doch auch dort ließ ihr unruhiger Geist sie nicht rasten:

□ Askold und Dir zogen gegen die Griechen und kamen im 14. Jahre der Herrschaft des Kaisers Michael an (in Wirklichkeit 860). Der Kaiser aber war gegen die Agarener (Araber) ausgezogen, und als er zum Schwarzen Fluß (im Inneren Kleinasiens) gekommen war, sandte ihm der Eparch (Stadtpräfekt) Nachricht zu, daß die Russen gegen Zargrad (Konstantinopel) zögen; da kehrte der Kaiser um. Diese nun drangen in den Sud (Bosporus) ein, richteten unter den Christen ein großes Blutbad an und schlossen mit 200 Booten Zargrad ein. Mit Mühe nur gelangte der Kaiser in die Stadt. Und er und der Patriarch Photios eilten zur Kirche der hl. Gottesmutter in den Blachernen und beteten die ganze Nacht hindurch. Dann trugen sie unter Gesang das göttliche Gewand der hl. Gottesmutter heraus und tauchten den Saum in das Meer. Obwohl bisher Windstille geherrscht und das Meer ruhig gewesen war, erhob sich da sogleich ein Gewittersturm, und brachte, da sich von neuem mächtige Wellen erhoben, Verwirrung in die Boote der gottlosen Russen, warf sie an das Ufer und zerschmetterte sie, so daß nur wenige von ihnen diesem Unglück entrannen und in die Heimat zurückkehrten. (Nest.) □

Dieser Angriff der »gottlosen« d. h. heidnischen Russen, die nun als ein ganz neuer Feind mit einem so überraschenden Schlag die Bühne der Weltgeschichte betreten hatten, machte in Byzanz gewaltigen Eindruck. Es ist nämlich gar nicht sicher, ob die Meldung des Chronisten über eine vollständige Niederlage überhaupt der historischen Wahrheit entspricht. Anderen Gewährsmännern zufolge brachen sie die ergebnislose Belagerung ab, ohne selbst ernsthaften Schaden erlitten zu haben. Das Bild, das Photios in einer seiner Reden zeichnet, läßt jedenfalls erkennen, daß die Umgebung von Konstantinopel fürchterlich verheert worden war und daß der Angriff so etwas wie einen Schock in Byzanz verursacht hat.

□ Ein obskures Volk, ein Volk ohne Geltung, ein Volk, das man zu den Slawen rechnet, unbekannt, das aber nun durch seinen Kriegszug gegen uns sich einen Namen gemacht hat, unbedeutend, aber jetzt berühmt geworden, gering und hilflos, nun aber zu glänzenden Höhen und gewaltigem Reichtum aufgestiegen, ein Volk, das irgendwo weit weg von unserem Land lebt, barbarisch, nomadenhaft, gewappnet mit Anmaßung, unbeachtet, ungerufen, führerlos, hat es sich so plötzlich und in einem Augenblick wie die Woge des Meeres über unsere Grenzen ergossen und hat wie ein wilder Eber die Bewohner des Landes wie Gras verschlungen, wie Stroh, wie eine Garbe Korn; nichts schonend, weder Mensch noch Tier, weibliche Schwachheit nicht achtend, ohne Erbarmen mit zarten Kindern, ohne das weiße Haar des Alters zu ehren, durch nichts zu besänftigen, was die menschliche Natur zu Mitleid bewegt, selbst wenn sie zu der der wilden Tiere herabgesunken ist, sondern unbarmherzig Menschen jeden Alters und Geschlechts mit dem Schwerte durchbohrend. Man konnte Säuglinge sehen, der Brust, der Milch, ja, dem Leben entrissen, wie sie ihr Grab an den Felsen gefunden haben, an denen sie, ach!, zerschmettert wurden; jammervoll wehklagende Mütter, über ihren Kindern hingemetzelt, die noch zucken und röcheln — herzzerreißende Dinge zu hören und noch herzzerreißender zu sehen, viel besser mit Schweigen zu übergehen, als davon zu sprechen und ihren Urhebern würdiger als ihren Opfern. Ja, ihre Grausamkeit blieb nicht auf menschliche Wesen beschränkt, sondern erstreckte sich auch auf alle stummen Kreaturen, Rinder, Pferde, Hühner und andere, über die sie herfielen. Dort lag ein Rind und ein Mann an seiner Seite, ein Kind und ein Pferd fanden ein gemeinsames Grab, Frau und Huhn besudelten sich gegenseitig mit ihrem Blut. Alles war voll Leichen; die Wasserflut des Stromes war in Blut verwandelt; manche Brunnen und Zisternen waren nicht mehr als solche zu erkennen, denn ihre Hohlräume waren mit Leichen aufgefüllt, andere zeigten nur schwache Spuren ihres früheren Umrisses, der durch die darüberliegenden Körper verdeckt war. Kornfelder waren mit toten Körpern gedüngt, Straßen waren zerstört... So breitete sich die unheilvolle Zerstörung aus, und die Plage des Krieges, geboren auf den Flügeln der Sünde, flog überall in der Runde umher und vernichtete alles, was ihr begegnete. □

Für Byzanz war es an der Zeit, Rußland als politischen Faktor in Rechnung zu stellen und den Ereignissen im hohen Norden Aufmerksamkeit zu schenken. Das Amt für auswärtige Angelegenheiten mit seinen von spezialisierten Fachkräften geleiteten Unterabteilungen für alle Länder, mit denen Byzanz in irgendeinem Kontakt stand, hatte eine neue Akte anzulegen. Darüber hinaus griff man sogleich zu einem der bewährtesten Mittel der byzantinischen Diplomatie: Suche die Freundschaft des Nachbarn deines feindlichen Nachbarn und spiele beide gegeneinander aus! So schrieb es knapp hundert Jahre später Kaiser Konstantin VII. in seinem diplomatischen Handbuch »de administrando«:

□ Ich bin nämlich der Auffassung, daß es für den Kaiser der Rhomäer stets sehr vorteilhaft ist, wenn er die Absicht hat, mit dem Volk der Petschenegen (nördlich des Schwarzen Meeres ansässig) Frieden zu halten, mit ihnen Freundschaftsverträge und Bündnisse zu schließen, jedes Jahr von hier einen Botschafter mit passenden und für dieses Volk brauchbaren Geschenken zu entsenden und von ihrer Seite Garantien, d. h. Geiseln und einen Botschafter in Empfang zu nehmen, die in unserer gottbeschützten Stadt mit dem Ressortminister zusammentreffen und in den Genuß solcher kaiserlicher Wohltaten und Geschenke kommen werden, die durchweg des Kaisers würdig sind ...

Die Petschenegen sind auch enge Grenznachbarn der Russen und oft, wenn sie miteinander nicht in Frieden leben, plündern sie Rußland und richten dort beträchtlichen Schaden und Zerstörungen an. Auch die Russen sind bemüht, mit den Petschenegen Frieden zu halten. Ja, die Russen sind nicht einmal in der Lage, zu einem Krieg jenseits ihrer Grenzen auszuziehen, wenn sie nicht mit den Petschenegen in Frieden leben. Denn während die Russen ihre Heimat verlassen, können die Petschenegen einbrechen und ihre Habe zerstören und vernichten. Deshalb also — um von ihrer Seite keinen Schaden zu erleiden und wegen der Kampfkraft dieses Volkes — bemühen sich die Russen ständig um ihre Bundesgenossenschaft und ihre Hilfe, um sich von ihrer Feindschaft zu befreien und in den Genuß ihrer Hilfe zu kommen.

Die Russen sind auch nicht imstande, bis vor diese Kaiserstadt der Rhomäer zu ziehen, weder im Krieg noch wegen des Handels, wenn sie nicht mit den Petschenegen in Frieden leben. Kommen nämlich die Russen mit ihren Booten zu den Stromschnellen (des Dnjepr), so können sie diese nur überwinden, indem sie ihre Boote aus dem Fluß ziehen und auf den Schultern hinüberbringen. Dann aber fallen die Petschenegen über sie her und da die Russen nicht zwei schwierige Aufgaben (gleichzeitig) bewältigen können, lassen sie sich leicht in die Flucht schlagen ...

Wenn der Kaiser der Rhomäer mit den Petschenegen Frieden hält, können die Russen das byzantinische Herrschaftsgebiet nicht überfallen. Sie können aber auch nicht für die Aufrechterhaltung des Friedens große und übermäßige Forderungen an Geld und Naturalien an die Rhomäer stellen. Denn sie fürchten die Kampfkraft dieses Volkes, die der Kaiser gegen sie einsetzen kann, während sie gegen die Rhomäer zu Felde ziehen. Wenn nämlich die Petschenegen dem Kaiser freundschaftlich verbunden sind und sich von ihm durch Briefe und Geschenke überreden lassen, können sie leicht das Land der Russen überfallen, deren Frauen und Kinder zu Sklaven machen und ihr Land plündern. □

Nun waren zu Kaiser Michaels Zeiten noch nicht die Petschenegen, sondern die Chazaren nördlich des Schwarzen Meeres seßhaft, die erst gegen Ende des 9. Jahrhunderts von den Petschenegen in das Kaukasusgebiet abgedrängt wurden. Was also Kaiser Konstantin über die Petschenegen sagt, war für Bardas wörtlich auf die Chazaren anwendbar. Tatsächlich hatten die Byzantiner schon seit Jahrhunderten mit den Chazaren traditionell gute Freundschaft gepflegt. Jetzt hieß es, diese Freundschaft zu erneuern und möglicherweise die Chazaren noch enger an Byzanz zu binden. Eine Gesandtschaft wurde abgeschickt und die Führung einem Mann anvertraut, dem die Aufgabe gestellt war, neben der Abwicklung seines diplomatischen Auftrags auch missionarisch im Chazarenreich zu wirken. Dieser Mann namens Konstantin, ein Schüler Leons des Mathematikers und des Photios in Konstantinopel, hatte sich durch sein eminentes Sprachtalent, seine universale Bildung und sein diplomatisches Geschick schon verschiedentlich ausgezeichnet. Mit Hilfe seines älteren Bruders Methodios wollte er versuchen, die Chazaren für das Christentum zu gewinnen und die dort eifrig tätigen islamischen

und jüdischen Glaubenswerber aus dem Felde zu schlagen. Bevor die Brüder jedoch Erfolge erzielen konnten, wurden sie abberufen und mit größeren, wichtigeren Aufgaben betraut. Die Chazaren bekehrten sich zum mosaischen Glauben. Zu gleicher Zeit aber begannen griechische Mönche im Auftrag des Photios in aller Stille durch das russische Land zu wandern und zu predigen und die ersten Samenkörner zu pflanzen, aus denen später das orthodoxe »heilige Rußland« emporblühen sollte.
Das neue Arbeitsgebiet für Konstantin und Methodios lag woanders. Der Mährenfürst Rastislaw hatte eine Gesandtschaft an den Kaiser geschickt, denn er war in einer schwierigen Lage. Wohl hatte er es verstanden, sich gegenüber den Ostfranken unter König Ludwig dem Deutschen eine ausreichend starke Position zu verschaffen, doch drohten Auseinandersetzungen in der Kirchenfrage. Das »Großmährische Reich« war christianisiert, aber es fehlte eine klare Kirchenorganisation. Rastislaw hatte kein Interesse daran, seine Kirche dem Einfluß des fränkischen Klerus zu unterwerfen, denn er wollte verständlicherweise seine Selbständigkeit seinem mächtigen Nachbarn gegenüber behaupten. So verfiel er auf den Gedanken, sich nach Byzanz zu wenden. Das

Die Slawenapostel Kyrill und Methodios

war auch politisch begründet, denn Mähren und Byzanz hatten einen gemeinsamen Gegner, das zwischen beiden Ländern liegende Bulgarien. Rastislaw hoffte, sich aus der fränkisch-bulgarischen Umklammerung wenigstens auf der einen Seite Luft zu verschaffen, indem er zusammen mit Byzanz Bulgarien in die Zange nahm. Diese kluge Rechnung des Slawenfürsten, die zeigt, daß auch ihm das »divide et impera« nicht unbekannt war, ging zwar in ihren Nahzielen nicht auf, löste aber eine Reihe von höchst bedeutsamen Vorgängen und Ereignissen aus, die letztlich auf die Gewinnung des Slawentums für das Christentum hinausliefen — und zwar für das Christentum byzantinischer Provenienz. Dieser Erfolg, unlösbar verbunden mit den Namen der »Slawenapostel« Konstantin und Methodios einerseits, Bardas und Photios andererseits, ist eine der größten Leistungen byzantinischer Staatskunst, die mit Weitblick, Umsicht und Geschick ihre weitgesteckten Ziele zu verfolgen wußte.
Im Jahre 863 traf die Gesandtschaft Rastislaws in Konstantinopel ein
☐ also sprechend: »Unser Land ist getauft; wir haben aber keinen Lehrer, der uns unterweisen und uns lehren und die hl. Schrift auslegen könnte: wir verstehen ja weder die griechische noch die lateinische Sprache. Die einen nämlich lehren uns so, die anderen so: deswegen verstehen wir nicht den Sinn der Schrift, auch nicht ihre Kraft. So sendet uns einen Lehrer, der uns die Worte der Schrift und ihren Sinn erklären kann.« Als

dies der Kaiser Michael hörte, rief er alle Philosophen zusammen und erzählte ihnen alles, was die slowenischen (slawischen) Fürsten gesagt hatten. (Nest.) □
In Byzanz erkannte man sofort die große Chance, die sich hier bot: es eröffnete sich die Aussicht, den Einfluß der byzantinischen Kirche bis an die Grenzen Mitteleuropas auszudehnen. In der bulgarischen Frage stimmte man mit Rastislaw völlig überein; einen tatkräftigen Verbündeten gegen den gefährlichen Nachbarn auf dem Balkan hatte man schon lange gesucht. Wiederum waren es Konstantin und Methodios, die für die Mission ausersehen wurden.
□ Nachdem der Kaiser den Rat einberufen hatte, ließ er Konstantin den Philosophen zu sich entbieten und redete also zu ihm: »Ich weiß, daß du ermattet bist, mein Philosoph, doch mußt du dorthin gehen, denn niemand anders als du kann diese Aufgabe erfüllen.« Und der Philosoph antwortete: »Wenn ich auch ermattet bin und mein Körper krank ist, so würde ich doch mit Freuden dorthin gehen, wenn sie Buchstaben für ihre Sprache hätten.« Aber der Kaiser sprach zu ihm: »Mein Großvater, mein Vater und noch viele andere haben sie nicht gefunden, soviel sie auch danach gesucht haben. Wie könnte ich sie also entdecken?« Und der Philosoph sprach: »Wer kann eine Predigt auf das Wasser schreiben und nicht für einen Ketzer gehalten werden?« Darauf antworteten der Kaiser und Bardas, sein Onkel: »Wenn du es willst, kann Gott es dir geben, Er, der allen jenen gibt, die Ihn voll Vertrauen bitten, und der jenen öffnet, die da anklopfen« (Luk. 11, 9). Der Philosoph entfernte sich und, einer alten Gewohnheit folgend, begann er mit den anderen Gefährten zu beten. Bald darauf erschien ihm Gott, der die Gebete seiner Diener erhört. Und da setzte er Buchstaben zusammen und begann, die Worte des Evangelisten zu schreiben: Im Anfang war das Wort, und das Wort war bei Gott, und Gott war das Wort etc.
Der Kaiser freute sich, mit seinen Ratgebern dankte er Gott und schickte den mit zahlreichen Geschenken versehenen Konstantin ab, nachdem er den folgenden Brief an Rastislaw geschrieben hatte: Gott, der will, das jeder zu der Erkenntnis der Wahrheit gelangt (1. Tim. 2, 7) und zu einer noch höheren Würde kommt, hat sogar jetzt in unserer Zeit gehandelt, als er Deinen Glauben und Deinen Eifer gesehen hat, und Er hat Buchstaben in eurer Sprache offenbart — etwas, das niemals außer in den ersten Zeiten geschehen ist — damit auch Ihr unter die großen Völker gezählt werdet, die Gott in ihrer Sprache loben. Wir haben Dir also jenen Mann geschickt, dem Gott sie offenbart hat, ein frommer und rechtgläubiger Mann, hochgebildet und ein Philosoph. Empfange also dieses Geschenk, größer und wertvoller als Gold, Silber, edle Steine und irgendwelche Schätze, die vergehen. Mache Dich also auf, mit ihm das Wort zu befestigen und mit Deinem ganzen Herzen Gott zu suchen. Weise nicht das allgemeine Heil ab; stachele sie im Gegenteil alle an, nicht zu zögern, den Weg der Wahrheit zu betreten, auf daß Du selbst, da Du sie durch Deine Bemühungen zur Erkenntnis Gottes geführt hast, Deinen Lohn empfangen mögest; daß Du den folgenden Generationen Dein Andenken in den gegenwärtigen und zukünftigen Jahrhunderten hinterlassen kannst, für alle die Seelen, die an Christus, unseren Gott glauben, von nun an in Ewigkeit, und dies nach dem Vorbilde Konstantins, des großen Kaisers.
Als er in Mähren angekommen war, empfing ihn Rastislaw mit Ehren und vertraute ihm Schüler an, die er versammelt hatte, damit er sie unterrichte. Nachdem er in kurzer Zeit die Kirchenordnung übersetzt hatte, lehrte er sie den Frühgottesdienst, die Horen, die Vesper, die kleine Abendliturgie und den Dienst der Sakramente. Und, nach dem Worte des Propheten (Jes. 35, 5; 32, 4) öffneten sich die Ohren der Tauben, die Worte der Schrift zu hören und die Stummen begannen, klar zu reden. Und Gott erfreute sich daran und der Teufel wurde mit Scham erfüllt.
Während sich so die göttliche Lehre ausbreitete, konnte der Böse, neiderfüllt von Anbeginn an, der verfluchte Teufel, dieses glückliche Ereignis nicht ertragen, er versetzte sich in einige seiner Gehilfen und begann viele Leute zu reizen, indem er sagte: »Das geschieht nicht zum Ruhme Gottes. Wenn es ihm wirklich angenehm wäre — hätte er nicht dafür sorgen können, daß jene (Menschen) Gott von Anfang an dadurch lobpreisen, daß sie ihre Sprache mittels dieser Schriftzeichen aufschreiben? Er hat aber nur

drei Sprachen auserwählt, Gott Dank zu sagen: Hebräisch, Griechisch und Lateinisch.« Jene, welche so sprachen, waren lateinische Geistliche, Erzpriester, Priester und ihre Anhänger. Aber er (Konstantin) kämpfte wider sie, wie David die Fremden bekämpft hatte, er überwand sie mit Hilfe der Worte der Schrift und er nannte sie »Dreisprachler« und »Pilater«, weil Pilatus so die Inschrift auf dem Kreuz des Herrn verfaßt hatte. Sie sagten aber nicht nur das; sie lehrten auch noch eine andere Gottlosigkeit, indem sie versicherten, daß unter der Erde Menschen mit großen Köpfen leben, daß alle Reptilien Geschöpfe des Teufels seien, daß jemand, der eine Viper töte, dadurch für neun Sünden Absolution erhalte und daß jemand, der einen Menschen getötet habe, drei Monate lang aus einem Holznapf trinken müsse, ohne ein Glas zu berühren. Und sie verboten weder die Opferhandlungen nach dem Gebrauch der Alten, noch die illegitimen Beziehungen. Doch durch das Feuer seiner Worte rottete er alles das aus wie Dorngesträuch ... (Vita K.) □

Die Brüder hatten schon vor der Chazarenmission in Makedonien unter den dortigen Slawen missionarisch gewirkt. Die von Konstantin geschaffene Schrift, die »Glagolitza«, verbreitete sich wie auch seine Bibelübersetzung über alle slawischen Völker des Südens und des Ostens und die »kirchenslawische« Sprache wurde das Band, das sie alle vereinigte. Besonders bedeutsam war auch die Tatsache, daß Konstantin die Messe in slawischer Sprache feiern ließ, denn sie betonte die Eigenständigkeit der slawischen Kirche gegenüber der fränkischen.

Die Kirchenorganisation machte gute Fortschritte. Unterstützung fanden die Brüder beim Papst, dem es gerade recht war, daß dem politischen und kirchlichen Expansionsbestreben König Ludwigs in Mähren ein kräftiger Widerstand entgegengesetzt wurde. Konstantin und Methodios begaben sich nach Rom, um strittige Fragen zu erläutern und ihre Unternehmungen mit dem päpstlichen Stuhl abzustimmen. Konstantin starb 869 in Rom, kurz nachdem er den Mönchsnamen Kyrill angenommen hatte, unter dem er später berühmt geworden ist. Im selben Jahr 869 wurde Methodios von Papst Hadrian II. zum Bischof von Sirmium geweiht, sein Bistum sollte Mähren, Pannonien und Serbien umfassen. Doch politische Ereignisse zerstörten das Werk der Brüder, das, allzuweit von der heimatlichen Basis entfernt, keine rechte Unterstützung mehr fand. 870 wurde Rastislaw von seinem Neffen Swatopolk gestürzt und an Ludwig den Deutschen ausgeliefert. Der Nachfolger des Papstes Hadrian war nicht gewillt, Methodios weiter zu unterstützen, da dieser nach wie vor an der Liturgie nach byzantinischem Ritus festhielt, zwischen Rom und Konstantinopel aber inzwischen der offene Kirchenkampf ausgebrochen war. Vorübergehend wurde der greise Missionar sogar gefangengesetzt, und nach seinem Tode 885 brach sein Lebenswerk endgültig zusammen. Ein Teil seiner Mitarbeiter wurde ausgewiesen, die Mehrzahl aber an venezianische Sklavenhändler verkauft. Die Kirche von Mähren unterstellte sich dem Papst.

Der Streit der Kirchen von Konstantinopel und Rom hatte harmlos angefangen. Im Sommer 860 war die erwähnte Gesandtschaft des Kaisers und des neuen Patriarchen Photios in Rom eingetroffen. Hier saß seit zwei Jahren ein Mann auf dem Stuhle Petri, der von der Würde und dem Ansehen seines Amtes tief durchdrungen war — Nikolaus I. Herrisch und herausfordernd, fraglos eine starke Persönlichkeit, die aber doch dazu neigte, ihre Grenzen zu überschreiten. Er zweifelte nicht im geringsten daran, daß alle Könige und Fürsten der Erde Rom zu Gehorsam verpflichtet seien und daß alle Kirchen in der römischen Kirche ihre Mutter und Lehrmeisterin zu erblicken hätten. In einem Maße, wie man es noch nie vor ihm erlebt hatte, begriff er sein Amt als den obersten Richterstuhl in allen geistlichen und weltlichen Dingen; oder, wie es der von ihm gern zitierte »Pseudoisidor« ausdrückt: papa caput totius orbis.

In seiner Antwort an Kaiser Michael versetzte sich Nikolaus sogleich in die Rolle des Untersuchungsrichters. Er erkennt die unkanonische Erhebung des Photios grundsätzlich nicht an, seine endgültige Entscheidung darüber will er aber von den Aussagen der Legaten abhängig machen, die er mit dem Auftrag, den Ignatios einem Verhör zu unterziehen, nach Konstantinopel in Marsch setzt. An Michael schreibt er:

□ Damit die rechte Ordnung in allen Dingen berücksichtigt wird, wünschen wir, o gnädiger Augustus, daß Ignatios, der, wie Du mich durch Deine Briefe unterrichtet hast, freiwillig und aus eigenem, freiem Antrieb auf den obengenannten (Patriarchen-) Sitz verzichtet hat und von Eurer Majestät in Anwesenheit des Allgemeinen Rates des Volkes abgesetzt worden ist, vor unseren Legaten und vor der Allgemeinen Synode gemäß Eures kaiserlichen Brauchs erscheinen soll, so daß sie (die Legaten) untersuchen können, warum er die Herde, die ihm anvertraut war, verlassen hat, und warum er sich so wenig um die Wünsche unserer Vorgänger, der hl. Päpste Leo IV. und Benedikt gekümmert und sie mit Mißachtung behandelt hat (betr. die Weigerung des Ign., der Vorladung nach Rom Folge zu leisten). Daher werden unsere Legaten eine sorgfältige Untersuchung anstellen über seine Absetzung und Verurteilung und dabei beachten, ob die kanonischen Gesetze berücksichtigt worden sind oder nicht; wenn uns dann der Fall vorgetragen wird, werden wir durch unsere Apostolische Vollmacht entscheiden, was zu tun ist, so daß Eure Kirche, von dieser Sorge erschüttert, fernerhin unverletzt und ungeschädigt bleiben möge ...
... Es würde sich gehören, daß Eure Kaiserliche Majestät — die, wie wir hören, sich in allem betätigt, was die Kirche fördert — geruhen würde, das alte Vorrecht, das unsere Kirche besaß, zu Eurer Zeit wiederherzustellen; denn es soll sich niemand einfallen lassen, die hl. Sendung anzufechten, die unser Stuhl durch die in Euren Provinzen amtierenden Bischöfe ausübte, nämlich den von Thessalonike ... Epiros, Illyrien, Makedonien, Thessalien, Achaia, Dacia ripensis, Dacia mediterranea, Mösien, Dardanien, Praevala ... □
Selbstverständlich vergaß der Papst auch nicht, die sizilischen und süditalienischen Provinzen zurückzufordern, ungeachtet der Tatsache, daß diese schon fast vollständig in arabischer Hand waren. Nikolaus verlangte also nichts Geringeres als die absolute Unterwerfung unter seinen Schiedsspruch und die Wiederherstellung der päpstlichen Hoheit in den Gebieten, die von Kaiser Leon III. 732 dem Konstantinopler Patriarchat unterstellt worden waren. Ob der Papst selber an die Erfüllung seiner Forderung geglaubt hat, sei dahingestellt, die nächste Zukunft zeigte jedenfalls, daß er nicht nur mit Worten sein Ziel zu erreichen versuchte.
Auf einer Synode 861 wurde Ignatios den päpstlichen Legaten vorgeführt und von ihnen verhört. Der abgesetzte Patriarch dachte jedoch nicht daran, Rom als Richter anzuerkennen, schließlich weigerte er sich überhaupt, zu erscheinen. Als von 72 Zeugen die unrechtmäßige Erhebung des Ignatios beschworen worden war, wurde er verurteilt und seine Absetzung und Ausstoßung erneut ausgesprochen. Photios selbst hatte sich auf dieser Synode sehr zurückgehalten, sein »Fall« kam nicht zur Sprache, ebensowenig fiel ein Wort über die Rückgabe der ehemaligen päpstlichen Patrimonien. Die Legaten konnten aber mit Genugtuung auf die Tatsache hinweisen, daß ein Konstantinopler Patriarch vom römischen Papst und nach römischen Rechtsverfahren verurteilt worden war; konnte es einen deutlicheren Beweis der römischen Oberhoheit geben? Konstantinopel mußte Rom diesen Triumph lassen, wollte doch Photios vor allem seine Anerkennung erreichen. Nikolaus aber begnügte sich keineswegs mit diesem Erfolg. Als die Verhandlungen griechischer Gesandter in Rom über die Rückgabe Illyriens nicht im Sinne des Papstes verliefen, ging dieser unvermittelt auf schärfsten Kurs, verweigerte die Anerkennung des Photios, erging sich plötzlich in Lobeserhebungen über Ignatios und bezeichnete die Ergebnisse der Synode von 861 als ungültig, da seine Legaten bedroht und bestochen worden seien. Als Konstantinopel auf diese Angriffe nicht reagierte, sprach Nikolaus 863 Bann und Fluch über Photios aus, wenn er und alle von ihm geweihten Priester nicht sofort vom Amte zurückträten.
Nun erst reagierten Kaiser und Patriarch mit äußerster Schärfe. Ein Brief Michaels, »mit Drachenblut geschrieben«, wie Nikolaus feststellte, forderte den Papst auf, das Urteil gegen Photios sofort zurückzuziehen, andernfalls solle er sich auf einen bewaffneten Angriff gefaßt machen. Der päpstliche Suprematieanspruch wurde in schroffster Form zurückgewiesen, schließlich der ganze Westen als heruntergekommen und verdorben bezeichnet. Photios übernahm es, auf theologisch,dogmatischem Feld die Irrtümer

der römischen Kirche zu brandmarken, insbesondere den Zölibat, das Sabbatfasten, das ungesäuerte Brot des Abendmahles und die Lehre vom Ausgang des hl. Geistes vom Vater und vom Sohn (ex patre filioque). Im Jahre 867 trat in Konstantinopel eine Synode zusammen, die Nikolaus für abgesetzt erklärte, die Kirche von Konstantinopel als die erste und höchste proklamierte und die lateinische Kirche der Häresie beschuldigte. »Gegen diejenigen, welche Rom für den ersten Stuhl halten«, schreibt Photios:

☐ Wenn Rom an erster Stelle steht, weil es den ersten Apostel als Bischof aufnahm, so wird Antiocheia eher den Vorrang haben. Denn der Apostel Petrus war Bischof in Antiocheia, bevor er es in Rom war. Ferner, wenn Rom (diesen Anspruch erhebt) wegen des Apostelfürsten, der zuerst die Laufbahn des Märtyrers vollendete, hätte mit viel mehr Recht Jerusalem vor Rom den Vorrang. Ferner, wenn die Bischofsstühle ihren Vorrang von der Qualität ihrer Inhaber ableiten, wird da nicht Jerusalem glänzend über alle den Sieg davontragen? Denn er selbst, der Schöpfer und Herr des Petrus und von uns allen zusammen, der erste und große Erzpriester, die Quelle alles Lebens und auch des bischöflichen Ranges, wurde dort geboren, hielt sich dort auf und opferte sich freiwillig für das Heil der Welt. Ferner, wenn Rom seinen Vorrang durch den Apostelfürsten zu begründen sucht, so gebührt Byzanz der Vortritt durch den erstberufenen Andreas, den älteren Bruder (des Petrus). Denn viele Jahre früher übernahm er den Bischofsstuhl von Byzanz, als sein Bruder Bischof der Römer wurde.

Wenn man mir aber den Ausspruch vorhält: »Du bist Petrus, und auf diesen Felsen will ich meine Kirche bauen usw.« (Matth. 16, 18), so wisse, daß sich das nicht auf die römische Kirche bezieht. Keine Spur! Denn das ist jüdisch und engherzig, die Gnade und Göttlichkeit der Kirche auf Teilgebiete und Plätze zu beschränken und sie nicht für die ganze Ökumene in gleicher Weise wirksam werden zu lassen. Aber auch die Worte »auf diesen Felsen«, — wie könnte sie einer, wenn er auch sehr dreist wäre und die Schamlosigkeit für Ruhm hielte, gewaltsam dahin auslegen, sie seien von der römischen Kirche gesprochen? Es ist klärlich von dem Felsen gesagt, auf dem die übereinstimmende Lehre von Christus beruht und hiermit von der ganzen Kirche, die durch die Lehre der Apostel bis an die Grenzen der Welt ausgebreitet und fest begründet wurde. Wir bekennen auf Grund der Belehrung durch die heiligste und ehrwürdige Definition, daß der Heilige Geist zu dieser Kirche durch die Fanfaren der Propheten gesprochen hat, wobei wir die Worte der Propheten in frommer Auslegung auf die eine katholische und apostolische Kirche beziehen, nicht auf eine des Petrus oder auf eine römische, wie es die römische Unbildung in ihrem leeren Geltungsbedürfnis haben möchte. ☐

Die Kirchengemeinschaft zwischen Rom und Konstantinopel war zerschlagen, das erste schwerwiegende Schisma eingetreten. Photios rechnete sicher mit einem Sturz des Papstes, der sich in Italien und besonders im Frankenreich viele Feinde gemacht hatte. Gegen Ende des Jahres jedoch wechselte die Szenerie im Osten wie im Westen mit einem Schlage und die politische Konstellation änderte sich vollständig.

Zum Verständnis der Auseinandersetzungen zwischen Papst und Patriarchen ist es nötig zu wissen, daß hinter der ganzen Kontroverse ein harter politischer Kern steckte; die Frage nämlich, ob der Balkan dem griechischen oder dem lateinischen Einflußbereich angehören solle. Als Nikolaus von Kaiser Michael u. a. das Illyrikum forderte, hatte das seinen Grund nicht nur darin, daß es einmal vor 130 Jahren römischer Obödienz unterstanden hatte. Inzwischen war nämlich die Christianisierung des Balkangebietes vorangeschritten und es war nur eine Frage der Zeit, wann sich der Bulgarenkhan Boris zur Annahme des Christentums entschließen würde. Sein Reich hatte die erste Phase der Konsolidierung durchschritten, die Epoche der Barbarei überwunden. Fest und für Byzanz bedrohlich stark herrschte Boris an der europäischen Nordgrenze des byzantinischen Reiches. Schon oft waren die Bulgaren für Byzanz gefährlich geworden, Bardas und Photios erkannten klar, daß die Bulgaren griechische Christen werden und ihre Bischöfe vom Patriarchen abhängig sein mußten, wenn man sie zu Vasallen und Verbündeten machen und damit auch politischen Einfluß gewinnen wollte. Papst Niko-

Zar Boris I. (852–89)

laus erkannte das nicht minder klar und gerade deswegen war es für ihn vom höchsten Interesse, Bulgarien der römischen Kirche zuzuführen. Damit wäre mehr gewonnen als das Vikariat Illyrien, denn Bulgarien erstreckte sich weit über jenes hinaus in Gebiete, die unzweifelhaft immer byzantinisches Einflußgebiet gewesen waren. Der Fall wurde akut, als sich Mähren den griechischen Missionaren öffnete. Nun konnte Boris nicht länger warten. Angesichts der bedrohlichen byzantinisch-mährischen Umklammerung neigte er dazu, sich dem Westen zuzuwenden und schickte eine Gesandtschaft an Ludwig II. Sehr schnell aber mußte er erfahren, daß Byzanz nicht gewillt war, den Erfolg seiner Bemühungen von den Argumenten seiner Missionare allein abhängig zu machen. Durch eine gewaltige kombinierte Heeres- und Flottendemonstration an den Grenzen Bulgariens mußte sich Boris von den Vorzügen des griechischen Ritus überzeugen lassen. Im Jahre 864 ließ er sich taufen. Photios vollzog selbst die Handlung, Kaiser Michael machte den Paten. Griechische Priester strömten ins Land, die Franken mußten das Feld räumen. Byzanz hatte das Spiel gewonnen. Boris-Michael, neu aufgenommen in den Kreis christlicher Herrscher, gewährte den Griechen freie Hand bei der Organisation der jungen Kirche. Eine Rebellion heidnischer Bojaren wurde blutig niedergeschlagen. Um den Fürsten vor einem Rückfall in heidnische Gewohnheiten zu bewahren und ihn über die Pflichten eines rechten Herrschers zu belehren, schickte Photios ihm einen 118 Kapitel langen Brief.

□ 28. ... Ein Herrscher muß große Güte besitzen und neben anderen Vorzügen muß er sich hinsichtlich der Moral einwandfrei betragen: Daher sagt man »Herrschaft erweist den Mann« und auch »So wie Gold auf dem Prüfstein erprobt wird, so die Gesinnung des Mannes in der Ausübung der Herrschaft und in den Gefühlen der Untertanen«.

33. Es ist Deine Pflicht, im Laufe deines ganzen Lebens die praktische Weisheit (phrónesis = Einsicht, hoher Sinn) zu pflegen. Eine solche Weisheit wird aus der Erfahrung gewonnen und dem Gedanken vergangener Geschehnisse; aus dem Gedankenaustausch und der Gesellschaft mit Männern von Geist, die noch leben und aus der gegenwärtigen Erfahrung des Lebensgeschäftes. Es ist die Tätigkeit selbst, welche — indem sie aus der Nachahmung, dem Rat und dem Betreiben der Geschäfte Kraft gewinnt — zu guten und nützlichen Ergebnissen führt.

34. Vernachlässige nicht — als wären sie nicht von Bedeutung — die Dinge, die den Körper, seine Haltung und Bewegungen betreffen; denn es hat sich gezeigt, daß die Sorgfalt und Ordnung (in diesen Dingen) nicht der schlechteste Teil der Weisheit ist... Daher soll ein Fürst ordentlich und stattlich erscheinen: in dem Ausdruck seines Antlitzes, in der Sorgfalt, die er seiner Frisur, seinen Kleidern widmet, damit er weder geckenhaft noch vernachlässigt erscheine. Weder darf er sich zieren wie ein Weib, noch sich auf unordentliche und taktlose Weise bewegen.

35. Ein Fürst soll sich hüten, zu schroff zu sprechen. Schnelligkeit der Sprache wird vielleicht bei Streitgesprächen und Debatten nicht gering geschätzt und da mag es nicht unedel sein; aber in einer öffentlichen Rede ist es närrisch und gefährlich und bei der Befehlserteilung, besonders in Angelegenheiten des Staates und den Geschäften des Gemeinwesens, ist es niedrig und vulgär.

42. Wenn Du Dich mit einer Festungsmauer von Freundschaft umgibst, wirst Du gegen solche, die andere Personen oder den Staat im allgemeinen beleidigen, Dich unerbittlich zeigen, aber Du sollst auch Mitgefühl gegenüber jenen zeigen, die Dich selbst kränken. Dadurch wird Gesetz und Ordnung im Staate gesichert sein. Dein Eifer und Deine Sorge für Deine Untertanen wird offensichtlich sein, und die Menschlichkeit Deines Gemütes und Dein wahrhaft königliches Verhalten wird in der Welt verkündet werden. Tyrannen übersehen oft Vergehen gegen den Staat und Übeltaten, die die Bürger sich gegenseitig antun; aber sie verfolgen streng Verstöße gegen ihre eigene Person.

45. Lobe und befolge die strengsten der Gesetze und strebe danach, Dein eigenes Leben unter Berücksichtigung solcher Gesetze einzurichten. Aber bestrafe nicht Deine Untertanen mit unnachgiebiger Härte nach den Vorschriften dieser Gesetze; es ist besser, sie durch freundlichere und humanere Methoden zu erziehen; denn dann wirst Du dem Übeltäter Furcht einflößen durch Deine Strenge, die Du Dir selbst auferlegst und doch wird Deine Hand nicht schwer auf Deinen Untertanen lasten.

48. Manche haben gesagt, es sei für einen Fürsten eine Tugend, einen kleinen Staat groß zu machen. Ich würde lieber sagen, daß die Tugend darin besteht, einen schlechten Staat gut zu machen. Es war oft nur das Zusammentreffen von Gelegenheiten, die der Grund waren, daß ein kleiner Staat groß wurde, aber einen schlechten Staat gut zu machen ist unmöglich ohne eine tätige, gute Regierung.

57. Wenn ein Fürst sich selbst beherrscht, dann kannst Du glauben, daß er auch wirklich seine Untertanen beherrscht; denn wenn sie sehen, daß der Herrscher, der über sie gesetzt ist, der Herr seiner Leidenschaften und seiner Vergnügungen ist, werden sie durch eigenen Wunsch und freien Willen dazu veranlaßt, sich ihm zu unterwerfen. Doch wenn sie in ihm einen Sklaven des Vergnügens und der Leidenschaften sehen, werden sie denken, daß es unerträglich ist, Sklave eines Sklaven zu sein.

66. Lenke Deine Untertanen von Streitigkeiten untereinander ab und wende sie gegen Deine Feinde. Bringe sie dazu, zur Verteidigung des Vaterlandes zu kämpfen. Es ist ein Kennzeichen und typischer Zug von Tyranneien, daß ihre Untertanen in Bürgertumulte verstrickt sind; denn Tyrannen finden ihre Sicherheit in einer allgemeinen Politik der Zerstörung und Zerspaltung. Doch die Pflicht eines Herrschers und Königs ist es, eine von Aufruhr ungestörte Eintracht unter den Untertanen zu erhalten, denn die Sicherheit seiner Untertanen ist es, die die Grundlage seiner Autorität sichert.

95. Es ist eine Schande für einen Mann, der Herr und Meister von Männern ist, den Frauen untertan zu sein und sich als Sklave der Vergnügungen zu zeigen. Wenn ein Mann in Übereinstimmung mit den Gesetzen eine Lebensgefährtin nimmt, um mit ihr zu leben, tut er nichts Schlechtes. Der Zölibat ist in der Tat eine göttliche, überweltliche

Sache und etwas Höheres als weltliche Tugend und Redlichkeit. Doch die Monogamie ist eine Sache der menschlichen Natur, ein Mittel zur Erhaltung der Art; so etwas wie eine Partnerschaft in einem gesitteten und humanen Leben und einem gut geordneten Staat. Polygamie dagegen ist eine schamlose und verächtliche Sache; sie hat den Ruch von Bestialität, sie ist ausschweifend und unrein.

107. Es ist besser, aufrührerische Pläne, die nicht leicht unterdrückt werden können, unter dem Schleier und dem Vorwand des Nichtwissens zu lassen und sie unter dem Vergessen zu verbergen, als mit wehendem Banner gegen sie einzuschreiten. Offener Angriff hat gelegentlich das Feuer stärker auflodern lassen, hat ernste Gefahren hervorgerufen und großen Schaden verursacht, auch wenn er vielleicht Erfolge gehabt hat. Die andere Politik — die, den Aufruhr ruhig in Schlaf zu lullen —, hat nicht nur den Vorteil, frei von Gefahr zu sein, sie hat auch den Vorteil der Menschlichkeit und Klugheit und der Vermeidung von Zerstörungen.

113. Ich möchte Dich davon überzeugen, daß Du einsiehst, daß der gute Wille Deiner Untertanen mehr bedeutet als Waffen und Mut und Anführerschaft im Kriege. Wenn der gute Wille da ist und den Weg führt, sind jene anderen Dinge von Wert . . . Doch wenn der gute Wille fehlt, ist es besser, daß jene anderen Dinge auch fehlten, denn sie werden sonst gegen eine unpopuläre Regierung schneller ins Spiel gebracht als gegen den Feind.

116. Das Glück jener, die unter einer Herrschaft leben, verkündet die große Weisheit und Gerechtigkeit jener, die sie ausüben. □

Byzantinische Missionare taufen einen Bekehrten im Beisein des bulgarischen Königspaares

Trotz allem gelang es natürlich nicht, Boris-Michael zu einem frommen und gehorsamen Vasallen zu machen. Dieser sah vielmehr mit steigendem Unbehagen der eifrigen Tätigkeit der Byzantiner in seinem Reiche zu. Um seiner Kirche Selbständigkeit zu sichern, forderte er von Konstantinopel ein eigenes bulgarisches Patriarchat. Das konnte und wollte man ihm jedoch unter keinen Umständen zugestehen. Da verfiel Boris auf einen Ausweg: Er schickte — zwei Jahre waren seit seiner feierlichen Taufe vergangen — Gesandtschaften an den Papst und an Ludwig II. und bat den letzteren um Priester und einen Bischof. Der deutsche König entsprach sofort der Bitte, der Papst triumphierte, handelte aber noch schneller als Ludwig: er sandte zwei Legaten, Paulus von Populonia und Formosus von Porto mit dem konkreten Auftrag, den Aufbau der Kirche Bulgariens unverzüglich in die Hand zu nehmen. Darum hatte Boris, der sich lieber mit den Franken arrangiert hätte, zwar nicht gebeten, aber er konnte es ebensowenig verhindern wie die Franken, die nun zum zweiten Male, diesmal vor den päpstlichen Priestern, unverrichteter Dinge das Feld räumen mußten. Nikolaus I. war nicht daran gelegen, nur mittelbar über das Frankenreich in Bulgarien Einfluß auszuüben, er wollte das Land direkt dem hl. Stuhl unterstellen und damit seinen Machtbereich bis hart an die Tore Konstantinopels heranschieben. Damit hätte er seiner Auffassung von der Vormacht der römischen Kirche eine höchst reale, solide Grundlage gegeben.

Zu dieser Zeit, ein Jahr bevor Photios seinen Bannstrahl gegen Nikolaus schleuderte, fand der Caesar Bardas einen gewaltsamen Tod. Anstifter war ein Mann, der es verstanden hatte, sich der Gunst des Kaisers Michael soweit zu versichern, daß dieser keine Bedenken trug, seinen Onkel zu opfern. Der neue Mann am Hofe hieß Basileios. Durch nichts anderes hatte er sich bisher hervorgetan als durch äußere Schönheit, riesige Körperkraft und — Glück; im Grunde aber war er nicht besser als die vielen anderen Kreaturen Michaels, die ihm bei seinen Gelagen und Streichen Gesellschaft leisteten — mit dem einen Unterschied vielleicht, daß er als Sohn einer armen makedonischen Bauernfamilie völlig ungebildet war. Daß er einmal als eine der größten Herrscherpersönlichkeiten von Byzanz in die Geschichte eingehen sollte, daß er als Stammvater der »Makedonischen Dynastie« die glänzendste Epoche des Reiches einleitete, ist eine Tatsache, die schon die Zeitgenossen verblüffte und faszinierte. Fromme Legenden und die höfische Geschichtsschreibung haben später überall die göttliche Vorsehung walten sehen, die ihren Auserwählten sicher und unfehlbar zum höchsten Ziele geleitete; denn dunkel und verschlungen waren die Wege, die das Schicksal den Hirtenjungen führte, der sich eines Tages aufmachte, sein Glück in der Hauptstadt zu suchen. Über seine Ankunft in Konstantinopel berichtet sein Enkel Konstantin VII. folgendes:

□ Und als er die Strecke zurückgelegt hatte und sich am Goldenen Tor der Kaiserstadt befand, trat er ein, während der Tag sich schon neigte, und er kam an das zufällig in der Nähe liegende Kloster des hl. Märtyrers Diomedes. Von der Wanderung ermüdet, warf er sich dort irgendwo sorglos auf die Stufen vor dem Tor (des Klosters) und ruhte sich aus. Und siehe da, in den ersten Stunden der Nacht zeigte sich dem Abt des Klosters im Traum der Märtyrer Diomedes, der ihm befiehlt, durch das Klostertor hinauszugehen und Basileios mit Namen zu rufen, und sobald ihn dieser gehört habe, solle er ihn ins Kloster bringen und für ihn sorgen und ihm Essen, Unterkunft, Kleidung und alles geben, was er brauche und ihm jegliche Pflege angedeihen lassen. Denn ihm sei von Gott die Salbung zum Kaiser vorbestimmt und ihm obliege es zukünftig, das gegenwärtige Kloster auszubauen und zu vergrößern. Doch der Abt hielt das für reine Phantasie und leere Hirngespinste und ohne dem weiter Beachtung zu schenken, gab er sich wieder dem Schlaf hin. Doch da sah und hörte er zum zweiten Male das gleiche. Und als er nun noch immer säumig und schläfrig blieb, und sich nicht weiter darum kümmerte, sah er den Märtyer zum drittenmal, der diesmal aber nicht mehr sanft und freundlich zu ihm spricht, sondern verlangt, schnellstens zu befolgen, was er ihm aufgetragen habe. Da erhob er sich endlich und schüttelte den Schlaf, den Nachbarn des Todes, von seinen Augen, eilte zum Tor und rief nach dem Befehl des Märtyrers Basileios mit Namen. Dieser antworte sofort: »Hier bin ich, Herr, was befiehlst du deinem Knecht?« Er wurde ins Kloster gebracht und man erwies ihm, schmutzig, zerschunden und sonnenverbrannt wie er war, die nötige Sorgfalt und Pflege und jegliche Menschenliebe. Aus Angst, das Geheimnis, das er für gefährlich hielt, bei sich zu behalten, teilte er (der Abt) ihm die Voraussage des Märtyrers mit, um sich auch zu versichern, daß sie nach Eintreffen in Erinnerung bliebe. Dieser (Basileios) aber tat so, als ginge es ihn nichts an und schenkte den Worten nicht einmal Glauben; er bat lediglich, im Kloster wohnen zu dürfen und bei einem der Patrizier in Dienst zu gehen und der Abt willigte ein. (Th. cont. V.) □

Der Abt hatte gute Beziehungen zur Aristokratie und bald erregte der hübsche, verwegene Bursche die Aufmerksamkeit des reichen Hofbeamten und Patriziers Theophilos, wegen seiner Kleinheit Theophilitzes genannt. Theophilchen war ein Lebemann, ein großer Freund von Pferden und gutgebauten Jünglingen. Das Glanzstück unter den letzteren wurde Basileios, und da er auch etwas von Pferden verstand, machte sein Herr ihn zum Stallmeister und nahm ihn auf seinen Reisen mit. So gelangten sie eines Tages auch nach Griechenland, wo Basileios erkrankte. Er blieb in Patras zurück und fand im Hause der Witwe Danielis sorgsame Pflege. Die Berichte über diese Frau werfen ein Schlaglicht auf die wirtschaftlichen und sozialen Verhältnisse im damaligen Griechenland. Die Danielis besaß in der Peloponnes Grundbesitz, dessen Ausmaß sich nur mit dem der alten römischen Latifundien in Nordafrika vergleichen läßt. Tausende von

Basileios I. (867–86) zu Gast bei Danielis · Die Reise der Danielis nach Konstantinopel · Die Kaiserin-Witwe Theodora warnt ihren Sohn Michael

hörigen Bauern und Sklaven arbeiteten für sie. Darüber hinaus leitete sie Manufakturen für kostbare Webereiarbeiten, Gewandstoffe usw. und beschäftigte ein Heer von Stikkerinnen und Kunsthandwerkern verschiedener Art. Sie gehörte zu einer der wenigen mächtigen Familien, die in Griechenland zu märchenhaftem Reichtum gelangt waren und Landwirtschaft und Gewerbe zum größten Teil in ihren Händen hatten. Als sie Jahre später den Kaiser in Konstantinopel besuchte, reiste sie wie eine Königin mit prächtigem Gefolge und Lastzügen voll von Geschenken für Basileios. Sie schenkte dem Kaiser hundert Eunuchen, tausend ausgesuchte Sklaven und hundert Gold- und Silberstickerinnen. Sie setzte später Basileios' Sohn Leon zum Erben ein, und nach ihrem Tod ergab das Inventar ein ungeheures Vermögen an Gold, Grundbesitz, Fabriken, Palästen, Juwelen und Kostbarkeiten, so daß Leon allein 3 000 Sklaven freilassen konnte, um sie als Kolonisten in Süditalien anzusiedeln. – Die Ballung des Grundbesitzes in wenigen Händen war eine der Gefahren, die in Byzanz immer bedenklichere Maße annahmen, und viele Kaiser späterer Zeit haben, meist ohne Erfolg, diese verderbliche Entwicklung aufzuhalten versucht.

Reich beschenkt mit Sklaven, Geld und kostbaren Gewändern verläßt Basileios die großmütige Gastgeberin und kehrt nach Konstantinopel zurück. Dort reitet er unzähmbare Pferde zu, besiegt in öffentlichem Ringkampf einen berühmten bulgarischen Ringer; der schöne Riese, Apoll und Herakles in einer Person, ist der Favorit der schau- und sensationslustigen Konstantinopler. Bald ergibt sich die Gelegenheit, daß der Kaiser ihn zu Gesicht bekommt, der nicht zögert, den tollkühnen Mann in sein Gefolge aufzunehmen. Nun geht die Karriere des Basileios steil nach oben. Als Genosse bei allen tollen Streichen und ausgelassenen Gelagen wird er Michael unentbehrlich. Doch wenig später zeigt sich, daß sich unter der Maske des Kraftmeiers und Glückskindes die Tatze des Löwen verbirgt. Theodora, die Mutter Michaels, beschaute sich lange das Prachtexemplar von einem Mann, den ihr Sohn ihr als seinen neuen Günstling vorstellte und sagte dann düster: »Derjenige Mann, an dem unser Geschlecht zu Grunde gehen wird, ist der, welchen du, mein Herr und Sohn, Basileios nennst, denn dieser Mensch hat die Kennzeichen, die der aufweisen muß, der unserem Geschlechte folgt.«

Natürlich achtet Michael nicht auf die böse Vorahnung seiner Mutter, er erhebt seinen Freund zum »Parakoimomenos« (Kämmerer), Basileios wird mit der Geliebten Michaels, Eudokia Ingerina, vermählt — die aber weiter Favoritin des Kaisers bleibt —, wird der Geliebte der Schwester Michaels. Bardas war das erste ernstzunehmende Hindernis auf seinem Weg nach oben. Durch List, Betrug und Meineid gelingt es Basileios, den allmächtigen Caesar in die Falle zu locken, 866 fiel er unter dem Schwert des Mörders. Michael, ganz unter dem Einfluß des Basileios, läßt alles geschehen, er adoptiert ihn, ernennt ihn schließlich zum Mitkaiser. Doch nun, scheint es, wurde es Michael plötzlich

klar, wie der Weg dieses Mannes weitergehen würde. Zu schwach, ihn wieder zurückzustoßen in das Nichts, aus dem er aufgestiegen war, begnügte er sich damit, Basileios zu verstehen zu geben, daß er auch andere zum Mitregenten machen könne, wenn er wolle. Damit jedoch zieht der tölpelhafte Kaiser selber die Schlinge zu, in der er schon lange gefangen ist. Nach einem Zechgelage dringen Basileios und seine Anhänger in das Zimmer des berauschten Kaisers ein und machen ihn nieder (September 867).
Der Mord an Michael fiel in die Zeit des Höhepunktes der Auseinandersetzung zwischen Photios und Nikolaus I. Wenige Wochen vorher hatte Photios auf der Synode in Konstantinopel den Bann gegen den Papst ausgesprochen. Am 25. September wurde Basileios zum Kaiser erhoben. Seine erste Regierungsmaßnahme war, Photios abzusetzen und in die Verbannung zu schicken. Doch Nikolaus hat diesen Triumph nicht mehr erfahren, er starb am 13. November des gleichen Jahres. Die Hauptakteure hatten plötzlich die Bühne verlassen; zuerst Bardas, dann fast gleichzeitig Kaiser Michael, Photios und Papst Nikolaus.

Mit der Annahme des kaiserlichen Purpurs vollzog sich in Basileios eine erstaunliche Wandlung. Sein Vergangenheit fiel von ihm ab, in klarem Licht erscheinen plötzlich seine ungewöhnliche Intelligenz, sein überragendes staatsmännisches Talent, seine unermüdliche Energie, seine Feldherrngabe, seine Ordnungsliebe, sein humaner, maßvoller Charakter. Sein kluges Finanzgebaren sicherte ihm die Sympathie der Öffentlichkeit, seine Bauten ihre Bewunderung, seine Bemühungen um die Rechtspflege Nachwirkung bis in spätere Jahrhunderte.
Was trieb ihn dazu, seinem Patriarchen, dem Taufpaten seines Lieblingssohnes Konstantin, dem gefeierten Photios so unvermittelt in den Rücken zu fallen? Persönliche Gründe waren es nicht, es waren rein politische. Basileios hatte erkannt, daß das Schisma zwischen Konstantinopel und Rom unabsehbare Folgen haben würde, wie es sich ja auch nach dem endgültigen Schisma 200 Jahre später bestätigen sollte. Es war ihm nicht daran gelegen, neben den vielen Feinden des Reiches sich auch in Rom noch einen Feind zu schaffen, hinter den sich unter Umständen auch noch die Franken stellten. Mit Kaiser Ludwig II. aber wollte Basileios ins Einvernehmen kommen und das konnte nicht gelingen, wenn er es zuließ, daß die römische Kirche und damit die Franken kurzweg als häretisch verurteilt würden, wie es gerade vor einigen Wochen geschehen war. Deswegen zog Basileios es vor, im Interesse des Friedens Photios fallenzulassen. Ignatios wurde wieder Patriarch, Photios verhaftet und später in ein Kloster verbannt. Der Brief, den der Gefangene dem Kaiser schrieb, gewährt trotz aller kunstvoller Rhetorik einen Blick in den Menschen und Humanisten Photios, der als das schlimmste Übel seiner Gefangenschaft empfindet, daß man ihm die Bücher vorenthält.
□ Höre, gnädigster Kaiser, ich halte Dir jetzt nicht unsere alte Freundschaft vor, nicht die vom Ehrfurchtschauer begleiteten Eide und Verträge, nicht, daß ich Dich zum Kaiser gesalbt und Dir die Hand aufgelegt habe, nicht, daß Du durch meine Hände an den ehrfurchtgebietenden, göttlichen Geheimnissen teilnahmst, auch nicht das Band, das uns durch die geistliche Verwandtschaft in Deinem schönen Sohne (den Ph. getauft hatte) verband. Nichts davon erwähne ich jetzt, sondern ich halte Dir die allgemeinen Menschenrechte vor. Denn alle Welt, Hellenen und Barbaren, nehmen denen das Leben, die sie zu Tode verurteilen. Die sie aber am Leben lassen, töten sie nicht gewaltsam durch Aushungerung und unzählige andere Übel. Ich aber friste ein Leben, das bitterer ist als der Tod: ich bin ein Gefangener, bin jedes Umgangs beraubt, der Verwandten, Diener, Freunde, kurz, jeder menschlichen Fürsorge. Und doch hinderte man nicht einmal den göttlichen Paulus, als er in Ketten lag, die Fürsorge seiner Bekannten und Freunde zu genießen; ja, als man ihn zum Tode führte, wurde ihm menschliche Milde sogar von den christenfeindlichen Heiden zuteil. Aber vielleicht zeigt uns die lange Vergangenheit, wenn schon nicht Erzpriester Gottes, so doch einige Verbrecher, die derartiges mitgemacht haben. Daß man mir aber auch die Bücher wegnahm, ist eine überraschende Neueinführung und eine neuartige Strafe, die man gegen mich ausgeklügelt hat. Zu welchem Zweck? Damit ich nicht einmal das Wort Gottes hören kann? Möge

doch nicht unter Deiner Herrschaft der Fluch in Erfüllung gehen: »In jenen Tagen wird Hunger nach Brot herrschen und Hunger, das Wort Gottes zu hören.« (frei nach Amos 8, 11)
Weshalb hat man mir denn die Bücher weggenommen? Denn wenn ich in irgendeiner Hinsicht Unrecht tue, hätte man mir mehr Bücher geben müssen, und auch Lehrer dazu, damit ich beim Lesen mehr Nutzen habe und durch Zurechtweisung gebessert werde. Wenn ich aber kein Unrecht tue, warum muß ich dann Unrecht leiden? Das hat noch kein Rechtgläubiger, auch nicht von seiten Andersgläubiger mitgemacht. (Es folgen Beispiele aus der Kirchengeschichte.) Wozu führe ich die alten Geschichten an? Daß der Ketzer Leon (V.) eher eine tierische als eine menschliche Natur zur Schau trug, wissen viele, die ihn überlebt haben. Als er den großen Nikephoros, der seinen Namen (»der Siegreiche«) mit Recht trug, von seinem Patriarchenstuhl vertrieb und in die Verbannung schickte, hat er ihn nicht auch zugleich gegenüber seinen Büchern ins Exil geschickt. Er hat ihn auch nicht so ausgehungert, wie ich jetzt Hungerqualen leide. □

Doch vorerst sollte es für Photios noch schlimmer kommen. Eine griechische Gesandtschaft traf in Rom ein und überbrachte Papst Hadrian II. die Nachricht, daß sein Vorgänger postum über Photios gesiegt habe und daß die Beschlüsse der Synode von 867 null und nichtig seien. Hadrian rief sofort eine Synode ein, der er das erfreuliche Ergebnis mitteilte und wo er den versammelten Bischöfen die Ereignisse von 867 noch einmal ins Gedächtnis zurückrief:

□ Danach erhob Photios sein Gesicht gen Himmel, aber seine Zunge langte hinunter zur Erde, als er seinen übelriechenden Mund öffnete gegen die göttliche Vorsehung, welche wunderbarerweise das Primat des hl. Petrus, des Apostelfürsten, aufgerichtet hat, und gegen den apostolischen Stuhl des Schlüsselbewahrers des himmlischen König-

Gotteslästerer

reiches, während er das Gift seiner Vipernzunge über die höchste Würde und Macht auf Erden ausgoß. Mit anderen Worten, ohne zu fürchten, das Leben meines gesegneten Vorläufers Papst Nikolaus zu verleumden, noch uns selber zu schonen, der wir sein unwürdiger Diener, um nicht zu sagen Nachfolger sind, und indem er glaubte, er könne uns beide verfluchen und Gotteslästerung auf uns häufen so weit es in seiner Macht steht, versuchte er unzweifelhaft falsche Anschuldigungen zu erdichten und unglaubliche pythonische Träume und Argumente aufzuhäufen. Doch ihr alle wißt sicher, wie unser Vater (Nikolaus) war, wie groß und hervorragend, wie ihr euch auch der Qualitäten seines Charakters und der Triumphe seiner Tugenden erinnert. □

Die Akten des anstößigen Konzils wurden ausgeliefert und öffentlich vernichtet, Legaten nach Konstantinopel geschickt, die dort alle Angelegenheiten im Sinne des Papstes regeln sollten. Mit großer Selbstverleugnung duldete Basileios das herrische Auftreten der päpstlichen Kommission. Diese bestand darauf, daß Konstantinopel das römische Verdammungsurteil über Photios einfach zur Kenntnis nehmen und akzeptieren sollte; nur mit Mühe konnte Basileios durchsetzen, daß Photios, wenngleich schon verurteilt, wenigstens der Synode noch einmal vorgeführt wurde. Das geschah, doch Photios verweigerte jede Aussage und Antwort. Als das Urteil verkündet wurde: »Dem Höfling und Eindringling, Anathema«, entgegnete er ruhig: »Mein Urteil wird nicht in dieser Welt gesprochen!« Alles weitere regelte sich ganz im Sinne der römischen Legaten, die ihren Triumph unverhohlen voll auskosteten. Es konnte nicht ausbleiben, daß allmählich in den Reihen der griechischen Vertreter und auch beim Kaiser selbst Erbitterung aufkam. Basileios wollte Frieden mit Rom, aber nicht das Zugeständnis bedingungsloser Unterwerfung unter das päpstliche Diktat. Da wurde ihm noch ganz unerwartet gegen Ende der Synode eine Genugtuung zuteil, die die Demütigung in etwa ausglich. Es erschienen Abgesandte des Fürsten Boris-Michael aus Bulgarien, die den versammelten Vätern die Frage vorlegten, ob ihre Kirche von Rechts wegen zu Rom oder zu Konstantinopel gehöre. Boris-Michael war nämlich inzwischen auch von Rom schwer enttäuscht worden. So wie früher Byzanz, hatte sich nun auch der Papst geweigert, der bulgarischen Kirche ein eigenes Oberhaupt zu gewähren. Formosus von Porto, den Michael als Patriarchen oder Erzbischof vorgeschlagen hatte, war von Rom abgelehnt worden, dafür hatte man ihm einen anderen geschickt, der aber von Michael sofort als unerwünscht zurückgeschickt worden war. In diesem Dilemma hatte er sich entschlossen, die gerade in Konstantinopel tagende ost-westliche Synode als Schiedsrichter anzurufen.

Es zeigte sich nun, daß Rom doch weit davon entfernt war, die christliche Ökumene vollkommen in seinem Sinne beherrschen zu können. Die Patriarchen von Alexandreia, Jerusalem und Antiocheia urteilten einstimmig, daß Bulgarien zur griechischen Kirche gehöre und daß die Einmischung der römischen Kirche in diesem Gebiet nicht rechtens sei. Die Einwände der Legaten fruchteten nichts, die Entscheidung fiel zugunsten von Byzanz aus. Die römischen Priester mußten Bulgarien verlassen. Zwischen Fürst Boris und Konstantinopel wurde ein Kompromiß ausgehandelt, demzufolge bald darauf ein Erzbischof für Bulgarien geweiht wurde, der die Oberhoheit des Patriarchen anerkannte, aber doch auch über gewisse Sonderrechte verfügte. Verbittert machten sich die päpstlichen Legaten auf den Heimweg nach Rom, ließen freilich die Griechen nicht minder verstimmt über ihr Auftreten und ihre Handlungsweise zurück.

Die Verstimmung des Kaisers über den Westen wurde bald noch größer. Basileios Gesandte hatten 869 in Rom nicht nur mit dem Papst, sondern auch mit den Franken verhandelt. Gegenstand der Verhandlungen war ein Plan über ein gemeinsames Vorgehen gegen die Araber in Süditalien. Basileios suchte die Freundschaft Kaiser Ludwigs II., sogar ein Heiratsprojekt zwischen Basileios' Sohn Konstantin und der Tochter Ludwigs kam ins Gespräch. Kurz zuvor war es Basileios gelungen, die von der arabischen Flotte belagerte Stadt Ragusa (Dubrownik) zu entsetzen und in ganz Dalmatien die byzantinische Oberherrschaft wieder zu festigen. Der byzantinische Einfluß hatte schon nach Serbien übergegriffen, wo auch die kirchliche Mission gute Fortschritte machte. Nun war es an der Zeit, die rhomäischen Besitzungen in Unteritalien zu unterstützen bzw. zu befreien. Als Ziel der ersten gemeinsamen fränkisch-byzantinischen Aktion war die Festung Bari vorgesehen, die seit Jahrzehnten ein Hauptstützpunkt der Araber war. Das Heer Ludwigs belagerte sie von der Landseite, während die byzantinische Flotte von See her angreifen sollte. Doch die Koordination funktionierte nicht, die Flotte verspätete sich und Ludwig eroberte 871 Bari allein. Damit war die Stadt zwar den Arabern entrissen, aber für Byzanz ebenso gut verloren wie vorher, denn Ludwig dachte nicht daran, die Stadt herauszugeben. Basileios fühlte sich betrogen, denn Bari war zweifellos byzantinischer Besitz. So mußte das Bündnis der zwei Kaiser zerbrechen, ehe es recht begonnen hatte, selbstverständlich scheiterte damit auch der Heiratsplan. In einem recht unfreundlichen Briefwechsel kamen noch einmal die Dinge zur Sprache, die immer entzweiend zwischen dem östlichen und dem westlichen Kaiser gestanden hatten; die Frage nach Wert, Gebrauch und Berechtigung des Kaisertitels. Der Brief Ludwigs zeigt, daß man im Westen gar kein Verständnis dafür hatte, was man in Byzanz unter »Basileus« = Kaiser begriff und warum man hier auf der Einmaligkeit und Unteilbarkeit des Titels bestand. Basileios hatte in seinem Ärger Ludwig das Recht auf den Kaisertitel abgesprochen (die Byzantiner waren immer der Auffassung, daß Karl dem Großen der Titel nur persönlich zugestanden worden war), und Ludwig antwortete:

□ ... Man hat bei uns viel nachgelesen, vieles wird auch jetzt noch unermüdlich nachgelesen. Aber niemals fanden wir festgelegte Titel, (Herrschafts)zeichen oder Vorschriften, die besagen, niemand dürfe sich »basileus« nennen außer dem Herrscher in Konstantinopel; im Gegenteil, wenn wir die Denkmäler der einzelnen Völker zunächst beiseite lassen, beweist uns die Biblische Geschichte ausgiebig, daß sehr viele Männer »basileis« genannt wurden, nicht nur alle auserwählten wie Melchisedek und David, sondern auch Verworfene wie die Fürsten der Assyrer, Ägypter, Moabiter und aller übrigen Völker, deren Aufzählung zu weit führen würde. Da sich die Sache so verhält, ist es zwecklos, wenn Eure Weisheit glaubt, sich beschweren zu müssen, daß sich andere außer Euch »basileis« nennen; es sei denn, daß Ihr dafür haltet, alle Bücher der Welt zu tilgen, in denen Fürsten fast aller Völker von altersher und später als »basileis« bezeichnet werden.

Ja, um zunächst von lateinischen Büchern zu schweigen — auch wenn man die kürzlich edierten griechischen Bücher durchsieht, wird man zweifellos sehr viele Männer mit einem solchen Titel genannt und nicht nur bei den Griechen, sondern auch bei den Persern, Epiroten, Indern, Bithyniern, Parthern, Armeniern, Sarazenen, Äthiopiern, Vandalen, Goten und anderen Völkern hervorragende Männer mit dem Titel »basileis« ausgezeichnet finden. Seht also zu, Bruder, und bedenkt, daß es viele waren, die zu verschiedenen Zeiten, in verschiedenen Gegenden und bei verschiedenen Völkern »basileis« genannt wurden und auch bis jetzt so genannt werden. Wollt deshalb auch uns nicht beneiden, weil wir uns so nennen, oder für Euch allein in Anspruch nehmen, was Ihr nicht nur mit uns, sondern auch mit einer größeren Zahl von Fürsten anderer Völker teilt! Denn die Höhe einer einzig dastehenden Würde ist ein schwerer Fehler; wir wollen nicht daran erinnern, wer sich darum als erster bewarb oder was ihm dabei widerfuhr, damit Eure Brüderlichkeit nicht glaube, diese Erwähnung sei erfolgt, um Euch zu beleidigen. □

Die mit Opfern erkaufte Verbindung mit dem Westen war damit abgerissen und Basileios mochte sich fragen, ob es sich gelohnt hatte, seinen Patriarchen zu opfern und sich so nachgiebig gegenüber Rom zu zeigen, denn der erhoffte Gewinn war ausgeblieben. Die Ereignisse hatten ihn zwangsläufig auf Photios' Linie gedrängt und er sah keinen Grund mehr, den Verbannten, dessen Beliebtheit und Ansehen in der Zwischenzeit keine Einbuße erlitten hatte, weiterhin von Konstantinopel fernzuhalten. Gegen 875 kehrte Photios zurück und wurde zum Erzieher der Kaisersöhne bestellt.

Daß Basileios auch in Kaiser Ludwig auf das falsche Pferd gesetzt hatte, erwies sich als nicht folgenschwer, denn das, was er mit diesem zusammen nicht erreicht hatte, fiel ihm kurz darauf von selbst in den Schoß. Ludwigs Stellung in Italien gestaltete sich immer schwieriger, der Papst sah sich von Hilfe entblößt und Byzanz blieb der einzige stabile Machtfaktor. Das hatte seine Wirkung. Der Herzog von Benevent ergriff die Gelegenheit, sich gegen Ludwig zu empören und unterstellte sich 873 Byzanz, drei Jahre später starb Kaiser Ludwig und hinterließ Italien in desolatem Zustand. Bari öffnete im selben Jahre den Griechen seine Tore. Der Papst, vom Herzog von Spoleto arg bedrängt, richtete dringende Hilferufe an Karl den Kahlen, der aber nicht reagierte. Sarazenische Korsaren plünderten die Küsten und fanden kaum Widerstand. So mußte sich dem Papst Johannes VIII. der Gedanke aufdrängen, die notwendige Hilfe von Byzanz zu erbitten. Johannes, ein äußerst geschäftiger Mann, nach allen Seiten konspirierend, aber ohne festen Willen und Charakter, grollte den Griechen zwar nach wie vor wegen der leidigen Bulgarenaffäre und hatte von Ignatios sogar in schroffster Weise die Herausgabe gefordert, natürlich erfolglos. Nun aber hielt er es für geraten, »mit Rücksicht auf die Zeitumstände«, wie er sich ausdrückte, mit Byzanz ins reine zu kommen. In Konstantinopel fand man bald Gelegenheit, die durch die »Zeitumstände« bedingte Nachgiebigkeit des Papstes auf eine harte Probe zu stellen. 877 war der greise Ignatios gestorben. Der Kaiser zögerte nicht und schon drei Tage später saß Photios, umjubelt von seiner beträchtlichen Anhängerschaft, wieder auf dem Patriarchenstuhl. Es war keine geringe Zumutung für den Papst, den von seinen beiden Vorgängern feierlich anathematisierten Photios anzuerkennen. Doch Konstantinopel hatte richtig gerechnet; der Papst befand sich nun in ähnlicher Lage wie vor fast zehn Jahren Basileios, d. h. er brauchte Frieden um jeden Preis. Basileios hatte damals Photios geopfert, jetzt gab der Papst gewissermaßen seine Vorgänger Nikolaus und Hadrian preis, machte gute Miene zum bösen Spiel und wies seine Legaten in einem gewundenen Schreiben an, das Geschehene gutzuheißen. Über diesen Kern des Briefes täuschen nicht die vielen bedeutungslosen Vorbehalte und Forderungen hinweg, die den Eindruck völliger Preisgabe aller Ansprüche verschleiern sollten. So stand die Synode, die sich im Herbst 879 in Konstantinopel versammelte, unter gänzlich entgegengesetzten Vorzeichen als die vom Jahre 869. Die Vertreter des Papstes führten nicht den Vorsitz, sondern Photios, der die Verhandlungen mit überlegener Diplomatie und raffinierter Taktik zu dem Ziele führte, das er sich gesteckt hatte: die Demütigung Roms und sein eigener, persönlicher Triumph.

Die römischen Legaten kamen kaum zu Wort, ihre Zustimmung zur Erhebung des Photios wurde zur Kenntnis genommen; als sie erklärten, der Wunsch nach Einigkeit der Kirche führe sie her, wurden sie freundlich darauf aufmerksam gemacht, daß die Einigkeit schon lange hergestellt sei. Sie mußten mit anhören, daß in Rom die Ursache aller Zwistigkeiten gelegen habe, ihre Teilnahme an der Synode sei dankenswert, mache aber rechtlich keinen Unterschied. Alle Anträge der Legaten wurden abgelehnt, außer dem einen natürlich, der die Verdammung der Synoden betraf, die gegen Photios gerichtet waren. Für die Bulgarienfrage erklärte man sich nicht zuständig. Schließlich kam auch noch das »filioque« zur Sprache und es wurde festgestellt, daß dieser in der römischen Kirche eingeführte Zusatz zum Glaubensbekenntnis fluchwürdig sei. Die Synode beschloß ein Loblied auf Photios, seine Weisheit und seinen Ruhm, der über alle Länder strahle.

Vollständiger konnte der Sieg des Photios nicht sein, das Papsttum mußte eine der schwersten Demütigungen seiner Geschichte hinnehmen. Noch aber gab Johannes nicht ganz auf. Er beeilte sich, seinerseits eine Rechnung zu präsentieren, nämlich die Militärhilfe gegen die Sarazenen und — wieder einmal — die Bulgarienfrage. Zur Bereinigung der letzteren schickte er einen Bischof nach Konstantinopel. Dieser wurde dort sofort gefangengesetzt, nach einem Monat freigelassen und zurückgeschickt. Das war auch eine Antwort. Schließlich fiel auch die Waffenhilfe nicht so aus, wie Rom sie sich vorgestellt hatte. Zwar besiegte eine byzantinische Flotte die Sarazenen bei Neapel, auch festigte sich die Position der Griechen in Süditalien immer mehr, aber sie waren keineswegs bereit, weit außerhalb ihrer gesicherten Territorien auf Abenteuer auszugehen; für Byzanz war die Kirchenfrage erledigt, der Papst kein Faktor mehr, mit dem man rechnen mußte. In den nächsten Jahren wird das Papsttum in den chaotischen Strudel der Machtkämpfe italienischer Adelsfamilien hinabgezogen.

An der Ostgrenze war Byzanz schon seit geraumer Zeit wieder aktiv. Mehrere Heereszüge zu Anfang der sechziger Jahre waren nicht ohne Erfolg verlaufen, und 863 konnte der Strateg Petronas einen entscheidenden Sieg erringen. Petronas hatte sich mit einer großen Streitmacht dem tapferen und unternehmungslustigen Emir von Melitene, Omar, auf einem seiner Einfälle in byzantinisches Gebiet entgegengestellt und das arabische Heer vernichtend geschlagen. Omar selbst fand den Tod. — Auch der Krieg mit den unruhigen Paulikianern flammte wieder auf, und Basileios führte persönlich seine Armee gegen die tapferen und kriegstüchtigen Häretiker, die in ihrem Anführer Chrysocheir einen fähigen Feldherrn gefunden hatten. In einer Schlacht kam Basileios, in vorderster Linie kämpfend, in ernste Lebensgefahr. Nach seiner glücklichen Errettung tat er den Schwur, nicht eher vom Kampf gegen die Paulikianer abzulassen, bis er selbst das Haupt des Chrysocheir mit drei Pfeilen durchbohrt habe. Wenige Jahre später schickte der Kaiser seinen Schwager Christophoros zur Fortsetzung des Krieges nach Kleinasien. Dieses Unternehmen verlief ebenfalls erfolgreich für Byzanz. Mehrere feste Stützpunkte der Paulikianer wurden erobert und zerstört; im Jahre 872 stellte sich Chrysocheir zur Entscheidungsschlacht.

□ Als das barbarische Heer am Abend in die Gegend von Bathyrrhyaka gekommen war und am Fuße des Berges lagerte, hielten die rhomäischen Feldherren die Höhen des Berges besetzt und berieten über die zukünftigen Ereignisse. Da entstand ein Streit zwischen den Soldaten und Offizieren der zwei Themen, denn die des Themas Charsianon beanspruchten für sich den Vorrang in den kriegerischen Tugenden, während die des Themas Armeniakon jenen den Vorrang der Tapferkeit im Kriege streitig machten. Als die Auseinandersetzung nun weiterging und die Gemüter sich erhitzten, sprachen die Anführer des armenischen Corps und sagten, es sei sinnlos, mit Worten zu streiten und zu prahlen, denn ihnen wäre ja die Möglichkeit gegeben, mit Taten ihre Tapferkeit zu erweisen. Denn der Feinde sei nicht weit und in der Schlacht zeige sich, wer die Besten seien und diese könne man an der Stärke ihrer Hand dann leicht erkennen. Die Befehlshaber hörten diese Worte und merkten, daß das Kriegsvolk voll Eifer und Drang nach tapferen Taten war, und weil der Lagerplatz günstig war — man konnte die in der Ebene lagernden Feinde von oben angreifen – teilten sie die Streitmacht in zwei Teile und beschlossen, daß 600 Mann der Besten mit den Offizieren das Heer der Barbaren angreifen solle und die Mehrzahl sich auf den Anhöhen versammle, um eine größere Menge vorzutäuschen. Wenn jenen das Signal zum Angriff gegeben werde, sollten die anderen mit großem Geschrei und Trompetengeschmetter, das von den Bergen wiederhallt, einen schreckenerregenden Lärm verursachen. Währenddessen sollten die anderen sich heimlich im Schutze der Nacht dem Lager der Feinde nähern. Vor der Morgenröte und bevor noch die Sonne ihren unterirdischen Lauf beende, sollten sie mit starker Stimme den Schlachtruf anstimmen und alle zusammen rufen: »Das Kreuz hat gesiegt!« und, während die auf den Bergen ebenfalls schreien, die Feinde angreifen. Die Barbaren, durch den unerwarteten Angriff überrascht, fanden keine Zeit, sich zu sammeln oder auch nur die Menge der Angreifer abzuschätzen ... und wandten sich zur Flucht. Die verfolgenden Rhomäer riefen auch die anderen, am Angriff nicht beteiligten Regimenter herbei ... und die Verfolgung erstreckte sich über dreißig Meilen und auf der Strecke dazwischen lagen zahlreiche Tote.

Es heißt, daß einer der Rhomäer, Pulades mit Namen, jenen frechen und übermütigen Chrysocheir verfolgte, der sich mit wenigen Begleitern davongemacht hatte. Dieser Pulades war früher einmal als Gefangener in Tephrike (der Hauptstadt der Paulikianer) gewesen und hatte sich, da er ein geistreicher und angenehmer Mensch war, die Freundschaft des Chrysocheir erworben. Als nun der Barbar sich von diesem Manne stürmisch verfolgt sah, wandte er sich um und rief: »Was habe ich dir Böses getan, Elender, daß du mich wie rasend verfolgst und meinen Tod wünschst?« Und jener antwortete darauf kurz, daß er ihm heute den Lohn für seine Wohltaten geben wolle und deswegen verfolge er ihn. Während nun der eine (Chrysocheir) wie von Sinnen und voll Furcht weiterritt, und der andere ihn mit Kühnheit und jugendlichem Mut folgte, geschah es, daß der Gejagte an einen tiefen Graben kam, den sein Pferd nicht zu überspringen wagte und es ging in die Knie. Da stieß ihm Pulades den Speer in die Seite und vom Schmerz betäubt, sank er vom Pferd. Einer seiner Begleiter, Diakonitzes mit Namen, stieg ab und wollte sich um seinen gefallenen Herrn kümmern. Er nahm seinen Kopf, bettete ihn auf seine Knie und weinte über das Geschehene. Nach und nach kamen auch die anderen zu Pulades, stiegen von den Pferden und schnitten Chrysocheir den Kopf ab ...

Als so die Feinde unerwartet besiegt und der Ruhm des Christentums gestiegen war, schickte man wenig später zusammen mit den Boten der Freude dem Kaiser auch den Kopf des Chrysocheir ... Und als Basileios den Kopf sah, erinnerte er sich an sein

Gelübde und befahl, Bogen und Pfeile zu bringen. Schnell spannte er den Bogen und durchbohrte mit drei Pfeilen den Kopf und keiner ging fehl; und er beging keineswegs eine Sünde damit, denn er war der Meinung, daß der Gottlose entehrt werden müsse als Vergeltung für die vielen Tausend, die jener in seinem Land in manchen Jahren getötet hatte. Und das war das Ende des Chrysocheir und der einstmals blühenden Macht von Tephrike, überwunden mit der Hilfe Gottes, die die vielen Gebete des fromm regierenden Kaisers herbeigefleht hatte. (Th. cont. V.) □

Die militärische Macht der Paulikianer war damit gebrochen, aber ihr geistiger Einfluß sollte in Zukunft noch eine ungeahnte Ausdehnung erfahren. Nach altem römisch-byzantinischem Brauch wurden die Reste des besiegten Volkes umgesiedelt, Tausende von Paulikianern fanden in Makedonien neue Wohnsitze. Als friedliche Bauern waren sie dem Reich dort nicht mehr gefährlich, doch hielten sie nach wie vor an ihrem Glauben fest. Es dauerte nicht lange, so griff ihre weltabgewandte, spiritualistische und kirchenfeindliche Lehre im einfachen Volk weiter um sich und bald entstanden paulikianische Gemeinden auch in Bulgarien, wo sie nach dem Dorfpriester Bogomil später Bogomilen genannt wurden. Mehrere hundert Jahre lang spielten die Bogomilen in Bulgarien eine große Rolle, sie breiteten sich nach Serbien und Bosnien aus, »manichäische« Gemeinden gab es auch bald in Italien (Humilaten, Pauperes Lombardi), besonders mächtig wurden sie in der Provence. Die Sekten der Waldenser und Albigenser, die erst im 13. Jahrhundert durch blutige Verfolgungen ausgerottet wurden, unterschieden sich in ihren Lehren kaum von den kleinasiatischen Paulikianern des 9. Jahrhunderts, wobei zu beachten ist, daß die letzteren, obwohl sie eine gefährliche militärische Macht darstellten, vom byzantinischen Kaiser nach ihrer Unterwerfung menschlicher behandelt worden sind als die »Katharer« in Südfrankreich von den Kreuzzüglern des Papstes, deren Blutdurst auch der letzte Säugling nicht entging.

Den kriegerischen Aktionen der Byzantiner gegen die Araber kam es zustatten, daß das Kalifat von Bagdad durch innere Wirren und Unruhen geschwächt war. Die kaiserliche Armee konnte tiefe Vorstöße in das Euphratgebiet unternehmen und an strategisch wichtigen Punkten Garnisonen einrichten. Die Araber waren für Byzanz vorläufig nicht mehr gefährlich, abgesehen von den sarazenischen Piratenflotten, die das ganze Mittelmeer unsicher machten.

Die Aktivität des Kaisers beschränkte sich jedoch nicht auf die Außenpolitik. Bleibenden Ruhm hat sich Basileios mit der Erneuerung des Römischen Rechtes erworben, die unter seiner Regierung in Angriff genommen wurde. Vollendet hat sie sein Sohn Leon VI. Diese größte Rechtssammlung seit Justinians Corpus juris war auch zugleich die letzte; sie blieb bis zum Ende des byzantinischen Reiches in Kraft. Zu Basileios' Lebzeiten erschien ein kürzeres Handbuch, das die wichtigsten Gesetze für den praktischen Gebrauch zusammenfaßt, das sog. »Procheiron« = das Vorläufige. Basierend auf Justinians Institutionen und auf der Ekloge Leons III. strebte das Procheiron eine Wiederherstellung der »guten Gesetze« an und erlangte nicht nur für Byzanz hervorragende Bedeutung, sondern auch für die ganze slawische Welt. In seiner slawischen Übersetzung wurde es bei Bulgaren, Serben und Russen die Grundlage der Gesetzgebung überhaupt. Ebenfalls in die Zeit des Basileios fiel die Abfassung der »Epanagoge«, die als Einleitung zu dem großen Gesetzeswerk bestimmt war und ähnlich wie das Procheiron eine handliche Auswahl der wichtigsten Gesetze bietet. Außerdem enthält sie einen bemerkenswerten allgemeinen Teil, in dem Rechte und Aufgaben des Kaisers und des Patriarchen dargelegt und säuberlich getrennt werden. In diesen Ausführungen ist nichts weniger als ein ganzes Programm enthalten, ein Idealbild der Gewaltenteilung, wie es schon Theodor von Studios und Johannes von Damaskus (s. o.) vorschwebte, welches aber in Byzanz niemals bestanden hatte und auch in Zukunft nie Wirklichkeit wurde. Man nimmt mit Sicherheit an, daß dieser Teil der Epanagoge von keinem Geringeren als von Photios selber stammt, der hier versucht hat, die Befugnisse des Patriarchen von Konstantinopel klar gegenüber der weltlichen Macht abzugrenzen und das höchste geistliche Amt dem höchsten weltlichen Amt in Parallele zu setzen.

□ Über den Kaiser und seine Stellung.

1) Der Kaiser ist die rechtmäßige Obrigkeit, ein Segen, der allen seinen Untertanen zugute kommt; weder bestraft er aus Abneigung, noch belohnt er aus Vorliebe, sondern er verhält sich wie ein Schiedsrichter, der in einem Wettspiel den Schiedsspruch fällt.
2) Aufgabe des Kaisers ist es, seiner Fähigkeit gemäß die Macht, die er besitzt, zu hüten und zu sichern; durch ruhelose Fürsorge jene wiederzuerlangen, die verloren gegangen ist, und durch Klugheit und richtige Mittel jene zu erwerben, die nicht in seiner Hand ist.
3) Dem Kaiser ist die Aufgabe gestellt, Wohltaten auszuteilen, daher wird er auch »Wohltäter« genannt; und wenn er in der Austeilung von Wohltaten lässig ist, verfälscht er, nach den Worten der Alten, das Wesen des Kaisertums.
4) Der Kaiser ist verpflichtet, alles, was in den heiligen Schriften und in den sieben heiligen Konzilien niedergelegt ist, durchzusetzen und zu erhalten, wie auch das überkommene Römische Recht.
5) Der Kaiser muß hinsichtlich des rechten Glaubens und der Frömmigkeit äußerst sorgsam sein und er muß in heiligem Eifer hervorragen, sowohl was die vorgeschriebenen Lehren über die Trinität betrifft, als auch in den klar und sicher definierten Punkten über die Natur ihrer Seinsweise, die sich aus der Natur der Seinsweise unseres Herrn Jesu Christi dem Fleische nach ergibt. Dieses wird er befolgen durch die Beobachtung der Lehre von der Identität der Seinsweise in den drei Wesenheiten der Gottheit, untrennbar und unbegrenzbar, und die wesensmäßige Einheit der zwei Naturen in dem einen Christus: desgleichen, wenn er die Lehre des unvermengten und doch unteilbaren vollkommenen Gottes und vollkommenen Menschen in derselben Person (Christi) und die sich daraus ergebenden Folgen beachtet, — wie die, daß er ohne Leiden ist und doch dem Leiden unterworfen war, daß er unvergänglich und doch vergänglich ist, daß er über alle Beschreibung erhaben ist und doch beschrieben und daß er zwei Willen und Wirkungen hat, ohne daß sie sich widersprechen, und daß er nicht abgebildet werden kann und es doch ist.
6) Der Kaiser muß die Gesetze auslegen, die von den Alten niedergelegt wurden und gleichfalls muß er Streitfragen entscheiden, für die es kein Gesetz gibt.
7) In der Auslegung der Gesetze muß er die Gewohnheiten des Staates berücksichtigen. Was dem Kirchenrecht widerspricht, kann nicht befolgt werden.
8) Der Kaiser muß die Gesetze wohlwollend auslegen: im Zweifelsfall soll eine großzügige Auslegung erlaubt sein.
9) Er soll keine Gesetze ändern, die eine klare Auslegung gestatten.
10) Was die Angelegenheit betrifft, für die es kein geschriebenes Gesetz gibt, muß der Kaiser auf Gewohnheit und Überlieferung achtgeben, und wenn auch das nicht möglich ist, muß er zu dem fraglichen Fall Entsprechungen in der Vergangenheit suchen.
11) Wie die Fassung der Gesetze entweder geschrieben oder ungeschrieben ist, so ist ihr Außerkrafttreten das Ergebnis einer schriftlich oder nicht schriftlich niedergelegten Regel, d. h. im letzteren Fall die Nichtanwendung.
12) Wir erkennen die Gewohnheiten einer Stadt oder Provinz an, wenn sie nach einer Untersuchung am Hofe bestätigt werden. Gesetze, die durch langwährende Gewohnheit erprobt und eine Reihe von Jahren gültig sind, haben keine geringere Wirkung als geschriebene Gesetze.
13) Es ist unser Wille, daß Fehlentscheidungen auch durch lange Gewohnheit nicht bestätigt werden.

Über den Patriarchen und seine Stellung.

1) Der Patriarch ist das lebendige, beseelte Bild Christi, das in Wort und Tat der Wahrheit Ausdruck verleiht.
2) Aufgabe des Patriarchen ist erstens, die ihm von Gott anvertrauten Seelen in einem frommen und würdigen Lebenswandel zu bewahren, ferner alle Ketzer nach

Möglichkeit auf den rechten Weg der Orthodoxie und der Einheit der Kirche zu bringen — Ketzer heißen nach staatlichem und kirchlichem Recht auch alle diejenigen, die nicht der allgemeinen (katholischen) Kirche angehören —, schließlich auch die Ungläubigen durch seine glänzende, weithin bekannte und staunenswerte Amtsführung zu verblüffen und zu Anhängern des Glaubens zu machen.

3) Ziel des Patriarchen ist die Rettung der ihm anvertrauten Seelen, das Leben für Christus und das Abgestorbensein für die Welt.

4) Charakteristisch für den Patriarchen ist das Lehramt, der gleiche Freimut gegenüber aller Welt, ob hoch oder niedrig, Milde und Gerechtigkeit, aber auch die Fähigkeit zum Tadel gegenüber den Ungehorsamen. Für die Wahrheit und den Schutz der Glaubenssätze spricht er (offen) in Gegenwart des Kaisers und nimmt kein Blatt vor den Mund.

5) Die Kanones der Alten, die Bestimmungen der heiligen Väter und die Sätze der heiligen Synoden auszulegen, steht nur dem Patriarchen zu.

6) Über das, was die alten Väter auf Synoden oder in den Diözesen einzeln oder allgemein verhandelt und geregelt haben, hat der Patriarch das entscheidende Urteil zu fällen.

7) Die früheren Kanones werden zu den späteren hinzugezogen, und ebenso werden auch die früheren Verhandlungen und Regelungen zu den späteren hinzugezogen und bleiben in Kraft, natürlich in bezug auf die gleichen Personen und Dinge.

8) Da der Staat entsprechend dem Menschen aus Gliedern und Teilen besteht, sind seine größten und wichtigsten Glieder der Kaiser und der Patriarch. Daher bedeutet auch die völlige Einmütigkeit und Übereinstimmung zwischen Kaiser und Patriarch den seelischen und leiblichen Frieden und das Glück der Untertanen.

9) Der Patriarchenstuhl von Konstantinopel, der durch den Schmuck des Kaisertums ausgezeichnet ist, wurde durch Konzilsbeschlüsse zum ersten Stuhl erklärt. Gemäß diesen Beschlüssen ordnen auch die heiligen Gesetze an, daß unter den anderen Patriarchenstühlen entstehende Streitfragen dem entscheidenden Urteil jenes Stuhles vorgelegt werden.

10) Fürsorge und Obhut, ferner Gerichtsbarkeit, Verurteilung und Freispruch für alle Metropolen und Bischofssitze, Klöster und Kirchen stehen dem zuständigen Patriarchen zu. Der Inhaber des Stuhles von Konstantinopel hat aber das Recht, in den Verwaltungsbezirken der anderen Patriarchate dort, wo keine Weihung der Kirche vorangegangen ist, Stauropeg-Rechte (die Vorrechte eines dem Patriarchen unmittelbar unterstellten Klosters) zu verleihen, jedoch auch die bei den anderen Patriarchaten entstandenen Streitfragen zu überwachen, zu klären und ein abschließendes Urteil zu fällen.

11) Dem Patriarchen obliegt die Fürsorge für alle Dinge, die das Seelenheil betreffen; diese Fürsorge kann auch auf andere Personen übertragen werden, die er dazu bestimmt. So hat er allein die Entscheidung und Richtschnur für Reue und Umkehr von Sünden und Irrlehren, ferner diejenigen, die er selbst dazu bestimmt. Und in den Metropolen und Bischofssitzen ist dieselbe Stellung und dasselbe Recht den Metropoliten und Bischöfen vorbehalten. □

Photios' Gedanken über die geteilte Herrschaft ließen zwei Dinge außer acht: einmal die Tatsache, daß das Ansehen und die Macht seines Patriarchates im wesentlichen auf den Qualitäten seiner eigenen Persönlichkeit beruhte und daß nicht etwa schon sein Amt allein ihn zu seiner überragenden Position verholfen hätte; zum andern hatte er vergessen, mit welcher Leichtigkeit der Kaiser bei seinem Regierungsantritt sogar ihn — und dazu noch in einem Augenblick des Triumphes — hatte entfernen können; einige Jahre später wurde es ihm bitter genug wieder in Erinnerung gebracht. Kein byzantinischer Kaiser verzichtete auf sein Recht, sowohl über die Körper, als auch über die Seelen seiner Untertanen zu herrschen, gleichgültig, ob die Seelen in weltlichen oder geistlichen Personen wohnten. Das byzantinische Staatskirchentum profitierte vom Wohlwollen des Kaisers, für den Patriarchen jedoch war es ein fast aussichtsloses Unternehmen, sich dem Kaiser zu widersetzen, auch dann, wenn es unwissentlich geschah.

Die »gottbeschützte Stadt« wurde unter Basileios zu einem glänzenden Kulturzentrum. Reichtum und Luxus hatten zugenommen, Kunst und Wissenschaft erfreuten sich großzügiger Förderung und Unterstützung. Der Kaiser stiftete öffentliche Gebäude, Krankenhäuser, Klöster, erweiterte den kaiserlichen Palast und errichtete neben anderen Kirchen die berühmte »Nea Ekklesia«, die Palastkirche. Ihr Aussehen beschreibt Photios in einer Festrede, die er bei ihrer Einweihung hielt.

□ ... Das Atrium der Kirche ist prächtig gestaltet: Platten von weißem Marmor, hell und heiter schimmernd, bedecken die ganze Fassade und durch ihre Ebenheit, Glätte und genaues Zusammenpassen verbergen sie, daß sie einzeln zusammengesetzt und an den Ecken verbunden sind, so daß sie im Betrachter die Vorstellung erwecken, es handele sich um eine einzige, durchgehende Steinfläche — ein neues Wunder und eine Freude zu sehen. Daher möchte der Beschauer, wenn er einmal stehen geblieben ist und seinen Blick dorthin gewendet hat, gar nicht mehr weiter schreiten; doch wenn er sich an dem schönen Anblick dieses Atriums gesättigt hat und sein Auge auf den Anblick vor ihm heftet, wird der Besucher wie durch ein Wunder am Boden angewurzelt stehen bleiben. Legenden berichten von der Leier des thrakischen Orpheus, deren Töne die unbeseelten Dinge bewegten. Wenn es unser Vorrecht wäre, die Wahrheit in Form einer Legende auszudrücken und sie damit ehrfurchterweckend zu machen, könnte man sagen, daß die Besucher des Atriums durch ein Wunder in die Gestalt von Bäumen verwandelt würden: so stark ist jeder gefesselt, der es nur einmal gesehen hat.

Doch wenn man sich nun mit Mühe von dort losgerissen hat und in die Kirche selber blickt, mit welcher Freude, mit welchem Zittern und Staunen wird man erfüllt! Es ist, als ob man den Himmel selbst ohne Hindernis auf irgendeiner Seite betreten habe und von der Schönheit erleuchtet wird, die in jeder Gestalt ringsherum wie Sterne strahlt — so wird man gänzlich in Staunen versetzt; von nun an scheint alles in verzückter Bewegung zu sein und die Kirche selbst scheint zu rotieren. Denn der Betrachter dreht sich in alle Richtungen und bleibt dauernd durch das abwechslungsvolle Schauspiel auf allen Seiten gefesselt, so daß er sich vorstellt, seine eigene Person sei zum Objekt geworden.

Gold und Silber bedecken den größeren Teil der Kirche, einiges davon auf die Mosaikwürfel aufgetragen, das andere ausgeschnitten und in Platten geformt oder irgendwie an andere Teile angebracht. Hier sind goldgeschmückte Kapitelle, dort goldene Karnise. Anderswo ist Gold zu Ketten geflochten, aber herrlicher als Gold ist die Gestaltung des heiligen Altares. Die kleinen Türen und Pfeiler des Allerheiligsten zusammen mit dem Peristyl sind mit Silber bedeckt; gleichfalls das kegelförmige Dach über dem Altar mit den kleinen Pfeilern und dem Baldachin, der von ihnen getragen wird. Die übrigen Teile der Kirche, soweit sie nicht mit Gold überdeckt oder mit Silber ausgelegt sind, schmückt vielfarbiger Marmor — eine hervorragend schöne Arbeit. Der Fußboden, der durch farbige Mosaikwürfel zu Tierformen und anderen Mustern gestaltet ist, stellt die wunderbare Geschicklichkeit der Handwerker zur Schau, so daß der berühmte Pheidias und Parrhasios, Praxiteles und Zeuxes einfach als Kinder in ihrer Kunst sich erweisen und als Verfertiger von Phantasien. Ich glaube, Demokrit würde, wenn er die überaus feine Arbeit des Fußbodens gesehen hätte, sie als Beweis genommen haben, da seine Atome hier gegenwärtig durch den Augenschein wahrgenommen werden können. So voll von Wundern ist alles. In einer Hinsicht nur, scheint mir, hat der Architekt der Kirche einen Fehler gemacht, nämlich daß er an ein und derselben Stelle alle Arten von Schönheiten zusammengetragen hat; er erlaubt dem Betrachter nicht, sich des Anblicks in seiner Reinheit zu erfreuen, denn er wird von einem Gegenstand zum nächsten gezogen und er ist nicht in der Lage, sich an dem Schauspiel so zu befriedigen, wie er es wohl gerne möchte. Doch etwas ist mir entgangen, obwohl ich es schon zuerst hätte sagen sollen (denn das Wunder der Kirche erlaubt dem Sprecher nicht einmal, in Worten seine Aufgabe ordentlich zu vollbringen), und so soll es nun gesagt werden. An der höchsten Stelle des Gewölbes (in der Kuppel) ist mit farbigen Mosaiksteinen eine männliche Figur gemalt, die die Züge Christi trägt. Man könnte sagen, daß er die Erde überblickt und über ihre ordentliche Einrichtung und Regierung nachdenkt, so genau war es dem Maler eingegeben, die Fürsorge des Schöpfers für uns darzustellen, und sei es auch

Vorderseite eines Reliquienkästchens mit der Darstellung einer Prozession

nur in Formen und Farben. In den konkaven Segmenten unterhalb des höchsten Punktes der Halbkugel ist die Menge der Engel gemalt, als Geleit unseres gemeinsamen Herrn. Die Apsis, die sich über dem Allerheiligsten erhebt, glänzt mit dem Bild der Jungfrau, die ihre makellosen Arme ausbreitet zu unsrem Nutz und Frommen und des Kaisers Sicherheit und zum Schutz in seinen Kriegen gegen den Feind. Ein Chor von Aposteln und Märtyrern, auch von Propheten und Patriarchen füllen und verschönern die ganze Kirche mit ihren Bildern. Einer von ihnen (David), wiewohl stumm, ruft seine früheren Sprüche hinaus: »Wie lieblich sind Deine Wohnungen, o Herr der Heerscharen. Meine Seele lechzt, ja verzehrt sich nach den Vorhöfen des Herrn.« (Ps. 83, 2—3), ein anderer (Jakob): »Wie wunderbar ist dieser Ort; dies ist nichts anderes als das Haus Gottes.«, ein anderer, obwohl er nicht zu dieser Gesellschaft gehört und auch nicht dargestellt ist (Barlam), möchte wohl ausrufen, diese unsere Dinge auch gegen seinen Willen voraussehend: »Wie schön sind, Jakob, deine Zelte und deine Wohnstätten, Israel! Wie Bachtäler weithin gedehnt, wie Gärten den Strom entlang, wie Eichen, die der Herr gepflanzt hat« und kein Mensch. □

Photios' Hinweis auf Pheidias und andere Künstler des alten Hellas ist nicht als leere Phrase zu verstehen. Gelehrte und Künstler der »Makedonischen Renaissance« versuchten bewußt, dem antiken Vorbild nachzueifern. Die klassische Form war das Leitbild für Schriftsteller ebenso wie für Mosaizisten, Maler und Bildner in Marmor und Elfenbein. Das gründliche Studium der Antike gehörte zum unerläßlichen Bestandteil der Ausbildung, wenn man eine gehobene Laufbahn einzuschlagen beabsichtigte. Zweifellos war der Bildungsstand in Byzanz höher als sonst irgendwo in Europa und man war stolz darauf. Der Bildungseifer beschäftigte Heere von Kopisten, denen wir es zu verdanken haben, daß überhaupt antike Schriften in solchen Mengen auf uns gekommen sind. Die Byzantiner waren große Bücherfreunde und systematische Büchersammler. Mehr als einen Kaiser haben die Bücher von den Regierungsgeschäften abgezogen und manche von ihnen haben sich durch die Feder mehr Ruhm erworben als durch das Schwert. Photios schrieb für seinen Bruder einen Katalog mit den Inhaltsangaben von 270 Büchern, die dieser zu lesen versäumt hatte. Studenten aus dem ganzen Reich kamen nach Konstantinopel, um die berühmtesten Lehrer zu hören. Kein Wunder, daß der Ruf der Kaiserstadt durch die ganze Welt ging, denn es gab nichts, was mit ihr verglichen werden konnte. Fremde, die die Stadt besuchten, wurden von ihrer Schönheit und ihrem Reichtum überwältigt und glaubten, sich im himmlischen Jerusalem zu befinden. In den 80er Jahren des 9. Jahrhunderts verschlug es einen arabischen Kriegsgefangenen, Harun ibn Yahyà, nach Konstantinopel und er schreibt als erster für seine Landsleute einen Bericht über seine staunenerregenden Erlebnisse dort. Eines Tages hat er Gelegenheit, die feierliche Aschermittwochsprozession zu sehen:

□ Der Kaiser befiehlt, daß für ihn auf seinem Weg vom Tore des Palastes bis zur Kirche, die für das gewöhnliche Volk bestimmt ist, in der Mitte der Straße Rohrmatten ausgebreitet werden und auf diese wohlriechende Kräuter und Pflanzen gestreut und die Mauern rechts und links von seinem Durchgang mit Brokat geziert werden. Dann ziehen vor ihm 10 000 Greise aus, in rotem Brokat gekleidet, die Haare lang herabwallend bis auf die Schultern, ohne Kapuzen. Dann kommen hinter ihnen 10 000 Jünglinge, in weißem Brokat gekleidet, sämtlich zu Fuß gehend. Dann kommen 10 000 Knaben in grünem Brokat, dann kommen 10 000 Diener in himmelblauem Brokat, die mit Gold bekleidete Beile tragen. Dann kommen nach ihnen 5 000 der trefflichsten Eunuchen, in chorasanischer weißer Halbseide, mit goldenen Kreuzen in den Händen. Dann kommen hinter ihnen 10 000 Türken- und Chazarenpagen in gestreiften Brustpanzern, mit Lanzen und Schilden in den Händen, die sämtlich mit Gold überzogen sind. Dann kommen hundert Patrizier von den Großen in Gewändern von farbigem Brokat, goldene Rauchfässer in den Händen, indem sie mit Khmerholz (Aloeart) räuchern; dann kommen zwölf der vornehmsten Patrizier in golddurchwirkten Gewändern, von denen jeder einzelne einen goldenen Stab in der Hand trägt; dann kommen hundert Pagen in purpurverbrämten, mit Perlen bestickten Gewändern, die eine goldene Lade tragen, in welcher sich das Andachtsgewand des Kaisers befindet. Dann kommt vor ihm ein Mann, ar ruhum (?) genannt, welcher die Leute schweigen heißt und ruft: »Schweigt!« Dann kommt ein Greis, der ein Becken und eine Kanne aus Gold in der Hand hält, beide mit Perlen und Rubinen ausgelegt. Dann naht der Kaiser in den Gewändern der al-aksunon — es sind dies seidene, mit Edelsteinen durchwirkte Gewänder —, eine Krone auf dem Haupte und zwei Halbstiefel (an den Füßen), von denen der eine schwarz, der andere rot ist. Hinter ihm kommt der Minister. Der Kaiser hält in der Hand eine goldene Büchse mit Staub, wobei er zu Fuß geht. Sooft er zwei Schritte gegangen ist, ruft der Minister in ihrer Sprache: »Gedenket des Todes!« Sobald er ihm nun das gesagt hat, bleibt der Kaiser stehen, öffnet die Büchse, blickt auf den Staub, küßt ihn und weint. In dieser Weise zieht er weiter, bis er zum Tor der Kirche kommt. □

Über ein Festessen am Weihnachtstag schreibt Harun ibn Yahyà:

□ Sobald nun das Fest zu Ende ist und der Kaiser die Kirche verlassen hat, kommt er in den Empfangssaal und setzt sich vorn an den goldenen Tisch. Es ist dies das Weihnachtsfest. Man läßt die Gefangenen der Muslim bringen und setzt sie an jene Tische. Man bringt dann zum Kaiser, sowie er sich vorn hinsetzt, vier goldene Tische, deren jeder auf einem Wagen geführt wird — es heißt, daß einer dieser Tische, ausgelegt mit Perlen und Rubinen, dem Salomo, Davids Sohn gehört hatte, der zweite, gleichfalls ausgelegt, dem David, der dritte war der Tisch der Qarun (Qorah) und der vierte Tisch dem Kaiser Konstantin — und stellt sie vor ihn hin, ohne daß jedoch von ihnen gegessen wird; man läßt sie vielmehr stehen, solange der Kaiser an seinem Tische bleibt. Sobald er aufsteht, werden sie aufgehoben. Dann bringt man die Muslime, wobei auf jenen Tischen eine Menge Sachen von Kaltem und Warmem stehen. Hierauf ruft der Herold des Kaisers: »Beim Leben des Hauptes des Kaisers, es ist unter diesen Speisen nichts Schweinernes« und er bringt jene Speisen zu ihnen in goldenen und silbernen Schüsseln. Dann wird ein Ding gebracht, al-urqana (ta organa) genannt; es ist dies ein aus einem viereckigen Stück Holz hergestelltes Ding nach Art einer Ölpresse, und jene Ölpresse wird mit solidem Leder bedeckt; dann werden darein sechzig kupferne Röhren eingesetzt, deren Spitzen bis zu ihren Hälften nach oben ... (Lücke). Jene Röhren sind über dem Leder mit Gold bedeckt, so daß nur wenig davon erkennbar ist, insofern ihre Maße einander nahekommen, indem eine immer länger ist als die andere; an der Seite dieses viereckigen Dinges befindet sich ein Loch, in welches ein Blasebalg eingesetzt wird, gleich dem Blasebalg der Schmiede. Dann bringt man zwei Männer, die in jenen

Musikanten

Blasebalg hineinblasen, und es erhebt sich der Meister und spielt auf jenen Röhren, und jede Röhre singt durch ihre Lage nach Maßgabe des Tons, der auf ihr gespielt wird, zum Lobe des Kaisers, wobei sämtliche Leute an den Tischen sitzen. Es treten zwanzig Mann mit chulbaqs in den Händen ein — chulbaq ist eine Art Zimbel —, auf denen sie spielen, solange jene essen, und in dieser Weise speisen sie zwölf Tage. □
Die festliche Bewirtung arabischer Kriegsgefangener war nicht nur eine freundliche Geste der Menschlichkeit, sondern war auch ein Bestandteil der Außenpolitik. Diese Gefangenen kamen irgendwann durch Austausch wieder in ihre Heimat zurück und wenn sie dort von den Wunderdingen der Kaiserstadt berichteten, von ihrer Macht und ihrem Reichtum, so machten sie, ohne es zu wollen, für Byzanz Propaganda und erweckten Bewunderung und Staunen. Es blieb freilich auch nicht aus, daß gleicherweise die Begierde wuchs, die glänzende Metropole mitsamt ihren Schätzen mit Gewalt in Besitz zu nehmen. — In Byzanz wußte man genau, mit welchen Dingen man bei den Fremden unterschiedlicher Herkunft Eindruck machen konnte, und auch die Musik rechnete dazu. Tafelmusik war bei Hofe durchaus üblich und die von Harun so umständlich beschriebene Orgel war eins der Hauptinstrumente. Sie war, wie alle Musikinstrumente, ausschließlich zu profanem Gebrauch bestimmt, denn die byzantinische Kirche duldete nur die Musik der menschlichen Stimme, den a-capella Chor. Als in karolingischer Zeit die ersten Orgeln als diplomatische Geschenke in den Westen gelangten, wurden sie hier sehr bald in der Kirchenmusik heimisch.

Basileios hatte vier Söhne. Der älteste, Konstantin, entstammte einer frühen Ehe, die er lange vor Beginn seiner Karriere eingegangen war; die anderen, Leon, Alexander und Stephanos, hatte er von seiner zweiten Frau Eudokia, der ehemaligen Geliebten Michaels III. Der Thronfolger Konstantin war offensichtlich sein Lieblingssohn, Leon war ein schwächlicher Palastknabe, Alexander ein leichtfertiger Flachkopf und Stephanos ein Kind. Um die Thronfolge zu sichern, hatte der Kaiser schon in den ersten Jahren seiner Regierung Konstantin gekrönt und kurz darauf auch Leon. Es war ein harter Schlag für Basileios, als 879 Konstantin plötzlich starb und der ungeliebte Sohn Leon zum Thronfolger aufrückte. Nun wurde Alexander ebenfalls gekrönt, während Stephanos für die geistliche Laufbahn bestimmt wurde. Basileios wurde von schweren Sorgen um das Reich gequält; er sah seine Zukunft in den Händen eines jungen Mannes, dessen Charakter dem seinigen völlig entgegengesetzt war, der die Bücher und die Wissenschaften über alles liebte und den der Kaiser für einen Stubenhocker halten mußte. Verachtete Basileios die Bücher nicht, so wußte er doch gut genug, daß das Regieren nicht aus Büchern zu lernen war. Die Stimmung zwischen Vater und Sohn wurde immer feindseliger und hätte beinahe zur Katastrophe geführt. Leons Sohn Konstantin schrieb später den Zwischenfall auf:
□ Aber wieder hat die Mißgunst Verwirrung und Unruhe über das Kaisertum gebracht..., denn kaum war des Kaisers Lieblingssohn Konstantin gestorben und die Liebe und Hoffnung waren auf den zweiten Sohn Leon übergegangen, konnte das verleumderische Dämonengeschlecht die sanfte, ruhige und gleichzeitig fromme und be-

Der Mönch Santabarenos überredet Leon, ein Messer zu tragen · Leon gibt seinem Vater das Messer · Die Begnadigung Leons

ständige Herrschaft offenbar nicht ertragen, weil es in dem zukünftigen Kaiser einen Mann sah, der sich die Wohlfahrt der Untertanen und die Vermehrung alles Lobenswerten zum Ziel gesetzt hatte, und deswegen wollte es ihn ins Verderben stürzen.

Basileios hatte einen Mönch und Priester, den er sehr schätzte und dem er vertraute. Dieser, den man Santabarenos nannte, war ihm Freund und ein fähiger Minister. Obwohl er vom Kaiser geliebt wurde, stand er bei anderen in keinem guten Ruf und man hatte nicht die beste Meinung von ihm. Daher wurde er auch oft von dem weisesten Leon als Gaukler und Betrüger bezeichnet und er warf ihm vor, daß er den Kaiser zu unpassenden Dingen verleite und ihn von seinen Pflichten abhielte. Als dieser listige Betrüger das erfuhr, erschlich er sich die Gunst Leons, spiegelte ihm Freundschaft vor und sagte ihm, daß er jetzt, da er ein erwachsener junger Mann geworden sei, ein Schwert oder ein Messer verborgen bei sich tragen solle, damit er es bereit habe, wenn ihm auf der Jagd mit seinem Vater ein wildes Tier begegne oder wenn irgendeine heimliche Verschwörung gegen ihn (den Kaiser) stattfinde, er nicht unbewaffnet sei, sondern etwas habe, womit er gegen die Feinde seines Vaters kämpfen könne. Leon ahnte die List nicht, durchschaute auch nicht den hinterhältigen Charakter des Mannes (denn wenn einem selber die Bosheit fremd ist, kann man nicht so leicht die Bosheit der anderen erkennen) und nahm den Rat an. Als der Verschwörer sicher war, daß sein Vorschlag befolgt worden war, meldete er dem Kaiser, daß sein Sohn ihn zu töten gedenke und wenn er es nicht glaube, solle er ihm auf der Jagd, oder wenn sie sich irgendwo auf dem Lande befänden, befehlen, die Schuhe von den Füßen zu ziehen und wenn er ein Schwert finde, möge er wissen, daß es zum Mord an ihm, dem Kaiser, bestimmt sei. Als nun einmal ein Ausritt des Kaisers anberaumt war, versammelten sich alle wie gewöhnlich. Man gelangte an einen Rastplatz und der Kaiser tat, als brauche er ein Messer und suchte eifrig. Der Sohn, der in der Nähe war und nichts von der Absicht des Vaters wußte, nahm arglos das Messer, das er trug, und gab es dem Vater. Als das geschehen war, erschien dem Kaiser plötzlich die Anklage glaubwürdig und jede Rechtfertigung vergeblich. Man kehrte in den Palast zurück und der zornige Kaiser ließ den Sohn unter Bewachung stellen und ihm die roten Schuhe wegnehmen. Der Böse reizte ihn so sehr, daß er ihm das Augenlicht nehmen wollte. Das wurde zwar von Patriarchen der Stadt und vom Senat verhindert, doch wurde Leon in den Kerker geworfen... (Nach längerer Zeit fanden die Ältesten des Senats eine Gelegenheit, als Fürsprecher des Sohnes aufzutreten.)

Im Palaste hing in einem geflochtenen Käfig ein sprechender und mit vielen Stimmen begabter Vogel, der Papagei genannt wird. Dieser rief, sei es, daß Menschen es ihm beigebracht hätten oder daß er es auf andere Weise gelernt hatte, eines Tages während des Mahles des Kaisers: »Wehe, wehe, Herr Leon!« Die ersten Männer des Senats wa-

ren anwesend und als der Vogel das gleiche oftmals rief, hörten alle Speisenden auf zu essen und saßen nachdenklich auf den Plätzen. Der Kaiser fragte und erfuhr den Grund der Unterbrechung. Mit Tränen in den Augen sagten sie: »Wie sollen wir essen, während uns dieses unvernünftige Tier beschämt, uns, die wir uns für verständig halten und unseren Herrn zu lieben glauben. Dieses Tier ruft seinen lieben Herrn und wir sitzen hier und haben den vergessen, der nichts Unrechtes gegen seinen Herrn getan hat. Wenn es erwiesen wäre, daß er Unrecht getan und seine rechte Hand gegen das Haupt seines Vaters erhoben hat, würden wir ihn alle mit unseren eigenen Händen töten und uns an seinem Blute sättigen; wenn er aber der Taten, deren er angeklagt wird, nicht überführt werden kann — bis wohin wird es dann die verleumderische Zunge mit ihm noch treiben?« Der Kaiser besänftigte bei diesen Worten seinen Zorn und befahl ihnen, sitzenzubleiben und er versprach ihnen, über die Sache nachzudenken. Als er nach einer Weile zu sich kommt, holt er ihn aus dem Gefängnis und läßt ihn vor sich kommen. Er nimmt ihm das Trauergewand ab und befiehlt, ihm die Haare zu schneiden, die ihm im Leid gewachsen waren, und gibt ihm die ehemalige Würde und Ehre zurück. □
Leon entging so dem Schicksal, das gut achthundert Jahre später den Sohn Peters d. Großen traf, und die Geschichte, die Wiederholungen liebt, schuf noch einmal eine ähnliche Situation: auch Friedrich Wilhelm I. von Preußen betrachtete seinen den Musen ergebenen Sohn und Thronfolger Friedrich mit äußerstem Mißtrauen, auch hier kam es zum Eklat und Friedrich entging wie Leon nur knapp dem Todesurteil. Daß Friedrich einmal als »der Große« in die Geschichte eingehen würde, dürfte seinem Vater wohl nicht im Traume eingefallen sein, und auch Basileios hat seinen Sohn nicht ganz gerecht eingeschätzt. Zwar wurde er kein großer Herrscher wie sein Vater, aber immerhin sollte er in der Nachwelt als »der Weise« fortleben und er rangiert nicht unter den schlechtesten Kaisern von Byzanz.
Nach fast zwanzigjähriger Regierung starb der alte Kaiser einen ihm würdigen Tod. Basileios hatte auf der Jagd einen gewaltigen Hirsch verfolgt, der in dem Augenblick, als der Kaiser ihn erreichte, sich gegen ihn wandte und ihn mit dem Geweih angriff. Eine Stange verfing sich im Gürtel des Kaisers, er wurde aus dem Sattel gehoben und nun preschte der Hirsch, den wehrlosen Kaiser wie eine Trophäe hoch über dem Haupte tragend, in rasendem Lauf davon. Das bestürzte Gefolge machte sich auf, dem mächtigen Tier seine Beute abzujagen, aber erst nach langer Zeit gelang es einem der Jäger, mit einem Schwerthieb den Gürtel zu durchhauen und den Kaiser zu befreien, der schwer verletzt zum Palast zurückgebracht wurde. Er starb wenige Tage später am 29. August 886.

Leon war noch nicht zwanzig Jahre alt, als er, nominell zusammen mit seinem jüngeren Bruder Alexander, den Kaiserthron bestieg. Und nun mußte der Patriarch Photios zum zweitenmal in seinem Leben erfahren, daß weder seine machtvolle und ruhmreiche Stellung, noch sein persönliches Ansehen ihn davor bewahrten, abermals zu Fall zu kommen. Wie vor zwanzig Jahren sein Vater, so setzte Leon VI. Photios, seinen alten Lehrer, kurz nach Regierungsantritt ab und schickte ihn in die Verbannung. Der greise Patriarch wurde nach dem fernen Armenien gebracht und er starb dort, von der Mitwelt vergessen, einige Jahre später. Zum Nachfolger auf den Patriarchenstuhl setzte Leon seinen jüngsten Bruder, den 15jährigen Stephanos ein und versicherte sich dadurch der ungehinderten Einflußnahme in die kirchlichen Belange, was ihm Photios wohl nicht in dem Maße gestattet haben würde, wie er es wünschte.
Im Gegensatz zu seinem leichtsinnigen Bruder nahm Leon das Regierungsgeschäft sehr ernst und er war von dem besten Willen beseelt, sich der ihm auferlegten Pflichten nach bestem Vermögen und dem Einsatz seiner ganzen Kraft würdig zu erweisen. Er scheute nicht vor der Verantwortung zurück und es kam ihm zustatten, daß sein Vater das Reich in relativ stabilem Zustand und ungefährdeter Lage hinterlassen hatte. Dadurch fand er Gelegenheit, sich mit ganzem Eifer zunächst den Problemen zuzuwenden, die gerade ihm besonders am Herzen lagen: die Gesetzes- und Verwaltungsreform. Hier konnte sich sein umfangreiches Wissen, seine gründliche Bildung, seine Lust am

Schreiben und Formulieren voll entfalten und zur Geltung kommen. Leon war auch ein sehr frommer Herrscher und vom Gottesgnadentum seiner Herrschaft vollkommen überzeugt; diese Überzeugung war eines der Leitbilder bei seiner überaus fruchtbaren Tätigkeit als Gesetzgeber. Als sein stolzestes Werk darf man die Fortsetzung und den Abschluß des großen, unter Basileios begonnenen Gesetzeswerkes betrachten, die »Basiliken« in 60 Bänden, die das öffentliche, private und Kirchenrecht umfassen. Die Basiliken blieben über 550 Jahre lang die Grundlage der byzantinischen Rechtsprechung und wurden in ihrer Substanz nicht mehr verändert. Im Gegensatz zum Corpus juris des Justinian waren die Basiliken in griechischer Sprache verfaßt.
Leons rege Anteilnahme an der Jurisdiktion läßt sich jedoch besser aus der Sammlung von 113 »Novellen« entnehmen, kaiserlichen Erlassen, die in loser Folge herausgegeben wurden und sich mit aktuellen Rechtsfragen verschiedenen Inhalts befassen. Es geht ihm hier vor allem um die »Reinigung« der Gesetze, die Ausmerzung überflüssig gewordener Rechte und die Verschärfung von Vorschriften, die seiner Meinung nach nicht ernst genug genommen wurden.
Von besonderem Interesse sind die Novellen 47 und 78, die sich mit der Funktion des Senats befassen.
□ Novelle 47. Früher, als das Staatswesen einem anderen System unterlag, war auch die Ordnung der Staatsangelegenheiten anders geregelt. Damals wurden nicht alle Dinge von der Fürsorge des Kaisers überwacht; es gab einige Angelegenheiten, deren Wahrnehmung und Entscheidung Aufgabe des Senats waren; und es kam ihm zu, Personen zur Ernennung vorzuschlagen. Solcherweise wurden von ihm in der Hauptstadt drei Prätoren ernannt, denen die Verwaltung gewisser Geschäfte oblag und diese Regelung beruhte auf einer gesetzlichen Verordnung. Das war nicht nur der Fall in der Stadt (Konstantinopel), dem Sitz der Regierung, sondern auch in anderen Städten ernannten Personen, die die Bezeichnung »Senator« trugen, die Strategen (gemeint sind die von den städtischen Kurien ernannten duumviri), die aber nicht das waren, was man heute unter diesem Titel versteht (militärische Oberbefehlshaber der Themen), sondern sie waren von höherem Rang und mit verschiedenen Aufgaben betraut.
Früher, als die Staatsangelegenheiten anders geregelt waren, war ein Gesetz wie dieses notwendig. Heute aber hängt alles von der Weisheit des Kaisers ab und alle Dinge werden, mit Hilfe des Himmels, von der vorausschauenden Fürsorge seiner Weisheit überwacht und gelenkt. Jenes Gesetz erfüllt nun keinen notwendigen Zweck mehr und daher ordnen wir an, daß es zusammen mit den anderen Gesetzen, die mit der Staatsverfassung nicht mehr in Einklang stehen, außer Kraft gesetzt werde; denn es ist nur eine logische Folgerung, daß nach demselben Grundsatz, nach dem die Erfordernisse der Situation den Erlaß von Gesetzen nötig machten, die heute nicht mehr in Anwendung sind, ein Gesetz aufgehoben werden sollte, sobald es der Abwicklung der Geschäfte nicht mehr dienlich ist.
Novelle 78. Was wir schon bezüglich anderer Gesetze getan haben, die beim gegenwärtigen Stand der Dinge nicht mehr in Anspruch genommen werden, — wir meinen damit die Beseitigung von überflüssigen Dingen in der Gesetzgebung —, unternehmen wir nun in folgender Hinsicht: Wir ordnen an, daß das Gesetz, welches die Gesetzgebung des Senats betrifft, von seinem Platz im Gesetzbuch gestrichen wird. Die Lage der Dinge hat über dieses Gesetz den Urteilsspruch gefällt seit der Zeit, wo die Kaisermacht die Regelung solcher Angelegenheiten in die Hände genommen hat, und es ist daher unzweckmäßig und unnütz, daß ein Gesetz, das nicht mehr in Gebrauch ist, seinen Platz neben solchen Gesetzen behält, die einem Zweck dienen. □
Die Befugnisse des Senats waren in den letzten zweihundert Jahren immer stärker zurückgegangen, seine Rechte standen nur noch auf dem Papier, aber auch dieses Papier wurde ihm jetzt vom Kaiser genommen. Dieser zog damit nur einen Schlußstrich unter eine Entwicklung, die in der Geschichte des gesamten römisch-byzantinischen Kaisertums stufenweise vorangeschritten war: die absolute und unumschränkte Herrschaft des einen Kaisers, dem jedes staatliche Organ verantwortlich ist, der »mit Hilfe des Himmels« und kraft seines Amtes das Staatsschiff in eigener Verantwortung lenkt. Der von

ihm eingesetzte und kontrollierte Beamtenapparat ist der Vollstrecker seines Willens. Der Senat und ebenfalls die im 6. Jahrhundert noch so aktiven »Demen« der Blauen und Grünen waren damit zu rein dekorativen Körperschaften abgesunken, die bei feierlichen Gelegenheiten auftraten und ihre ganz bestimmten, genau festgelegten Rollen im höfischen Zeremoniell spielten.

Die byzantinische Beamtenhierarchie ist ein höchst kompliziertes, durchorganisiertes, aber auch im dauernden Wandel begriffenes Gebilde, das im großen und ganzen gut funktionierte, wenn auch eine gewisse Neigung zur Korruption latent immer vorhanden war. Die erfolgreiche Arbeit der Behörden war nicht zuletzt der Tatsache zu verdanken, daß der Staat den Studenten der Konstantinopler Universität — den zukünftigen Beamten — eine sorgfältige Ausbildung zukommen ließ. Nicht nur, daß ihnen die besten Lehrer zur Verfügung standen, sie bezogen zeitweise sogar ein Gehalt, so daß sie sich frei von materiellen Sorgen ganz dem Studium widmen konnten.

Dem Kaiser unmittelbar unterstellt waren sechzig leitende Beamte, die die verschiedenen Ressorts mit einem eigenen Beamtenstab leiteten. Der Kaiser ernennt nicht nur diese sechzig höchsten Beamten, sondern auch noch einen guten Teil der nächstniedrigeren. Neben den eigentlichen Ämtern gab es noch eine große Zahl von Ehrenämtern, die hervorragenden Personen vom Kaiser verliehen wurden. Sie waren ebenfalls besoldet und folgten in genau geregelter Stufenfolge aufeinander. Die Rangordnung der Titel und Ämter unterlag einem äußerst verwickelten System. Es wurden Handbücher dazu verfaßt, die den Zweck hatten, die verschiedenen Würdenträger über den ihnen zustehenden Platz bei Hofe zu informieren, denn eine Zurücksetzung hinter einen Rangniedrigeren kam einer schweren Beleidigung gleich. Das galt vor allem auch für den Platz an der kaiserlichen Tafel. Philotheos, ein Hofbeamter unter Leon, schrieb in seinem Buch über die Rangordnung darüber folgendes:

□ Die Beherrschung der Tafelordnung erweist ihren Nutzen darin, die Abweichung der einzelnen Würden durch genaue Ordnung, Arrangement und Etikette auseinanderzuhalten. Denn jede hervorragende Lebensstellung oder glänzende Amtswürde bewährt sich für den Beobachter in nichts Geringerem als darin, daß man an einen höheren Platz der festlichen Tafel und zu einem höchst erwünschten Festessen in Gesellschaft unserer erlauchtesten Majestäten berufen wird. Entsteht nun durch unsere Unvorsichtigkeit ein Versehen oder eine Verwirrung bei den kaiserlichen Gastmählern, so zieht es nicht nur das Ansehen der kaiserlichen Würde herab, sondern macht uns auch selbst lächerlich und für den Dienst untauglich. Daher müssen wir, liebe Freunde, die wir zu einem solchen Amte berufen sind, mit sorgfältigem Studium und Sachkenntnis die genauen Bezeichnungen der Würden nach unserer Auffassung beschreiben und dann ihre Abteilungen und Unterabteilungen sowie ihre genaue Anordnung deutlich darlegen. Wir werden nun zwar die Berichte der Alten, wenn auch nicht alle, so doch diejenigen, welche die Zeit verwischt hat, übergehen, wohl aber wollen wir die unter der Regierung der Kaiser Leon und Alexander bekannten und geübten wie auf einer Tafel in geordneter Reihenfolge aufstellen. Wir tun das nicht, um die Vorschriften der Alten über den Haufen zu werfen, sondern die darauf bezüglichen Berichte wie in einem Gesetzbuch zu kodifizieren, damit nicht nur die in diesen Dingen Bewanderten sie leichter beherrschen, sondern auch die völlig Unkundigen die Zeremonien leicht verständlich finden ...

Darum bitte ich euch, liebe Freunde, und alle, die nach euch zu Hof kommen, studiert meine Schrift nicht oberflächlich und sprunghaft, sondern prägt euch das in ihr enthaltene Formenwesen in aufmerksamem Studium genau ein. Zunächst muß man die exakten Bezeichnungen der Ämter kennen, zweitens deren Abteilungen und Unterabteilungen, höhere und geringere Stufen, die Zusätze und Weglassungen der Titel genau merken, wie es unten verzeichnet ist. Denn die als Belohnung verliehenen Auszeichnungen habe ich euch in Form einer Stufenleiter alle dem Namen nach aufgeführt, darauf diejenigen bezeichnet, die auf persönlichen Wunsch des Kaisers verliehen werden. Nach diesen habe ich diejenigen zusammengestellt, welche unter diesen stehen, indem ich die wichtigsten und obersten hervorgehoben, von den ihnen untergeordneten eine jede besonders aufgeführt habe ... □

Einmal im Jahr wurde den höheren Beamten das Gehalt ausgezahlt, und zwar geschah das in einer feierlichen Zeremonie, die am Hofe stattfand.

□ Die Austeilung geschah folgendermaßen: auf einem Tisch, der zehn Ellen lang und vier Ellen breit war, lag für jeden ein Beutel mit dem Gelde, das ihm zukam, und außen darauf war die Zahl geschrieben. Sie traten also vor den Kaiser, nicht alle durcheinander, sondern in bestimmter Reihenfolge, so wie sie aufgerufen wurden von einem, der die Liste sämtlicher Männer nach der Rangordnung ihrer Ämter ablas. Zuerst wurde der Hausmeister (Rektor) vorgerufen und ihm gab man das Gold nicht in die Hand, sondern lud es ihm auf die Achsel, nebst vier Ehrenkleidern. Nach ihm wurden der Domestikos des Landheeres und der Flottenadmiral (Drungarios) gerufen. Weil diese einander im Rang gleichstehen, erhielten sie auch eine gleiche Anzahl von Goldstücken und Ehrenkleidern, die sie aber wegen der großen Menge nicht auf einmal auf den Schultern wegtrugen, sondern von mehreren anderen unterstützt, mit großer Anstrengung fortschleppten. Hierauf wurden 24 Oberbeamte (Magister) vorgelassen und nach ihrer eigenen Anzahl jedem auch 24 Pfund Goldes nebst zwei Ehrenkleidern verabreicht. Nach diesen kam die Reihe an die Patrizier, deren jeder 12 Goldstücke und ein Ehrenkleid erhielt. Doch weiß ich nicht die Zahl der Patrizier und deshalb auch nicht die Summe der ihnen ausgeteilten Pfunde, sondern nur, was jedem einzelnen gegeben wurde. Hierauf wurde eine zahllose Menge gerufen, von Protospatharen, Spatharen, Spatharokandidaten, Kitoniten (Kämmerer), Manglaviten (Herolde) und Protokaraven (Admirale), welche je nach ihrem Range von sieben bis ein Pfund erhielten. Du mußt Dir dies nämlich nicht so vorstellen, als ob das alles an einem Tage beendet worden wäre. Man begann damit an dem Donnerstag von der ersten Stunde des Tages bis zur vierten und am Freitag und Sonnabend beendete der Kaiser die Verteilung. Denn an diejenigen, welche weniger als ein Pfund erhalten, geschieht die Verteilung nicht mehr durch den Kaiser, sondern durch den Oberkämmerer. □

So erlebte es Liutprand von Cremona, der als Gesandter Berengars von Ivrea einige Zeit am Hof zu Konstantinopel weilte und der es sich nicht versagen konnte, einige ironische Streiflichter aufzusetzen. Trotzdem dürfte der Vorgang auch auf ihn nicht seinen Eindruck verfehlt haben, handelte es sich doch um recht beträchtliche Summen, die hier zur Verteilung gelangten. Die 24 Pfunde der Magister entsprechen ungefähr dem Metallwert von 26.640 Goldfranc; der Rektor, der Domestikos der Scholen und der Drungarios, die wahrscheinlich je 48 Pfund erhielten, verfügten also über ein Jahresgehalt von 53.280 und die Patrizier über 13.320 Goldfranc.

Die großen Summen, die der byzantinische Staat benötigte — und natürlich nicht nur für die Gehälter der vielen tausend Beamten — konnten nur durch ein lückenlos funktionierendes Steuersystem eingetrieben werden und die verschiedenen Steuerbehörden spielten daher eine besonders wichtige Rolle im Staat. Steuerhinterziehung wurde schwer bestraft und es ist bezeichnend, daß außer Hochverrätern auch den Steuerhinterziehern das sonst allgemein übliche Asylrecht der Kirche verweigert wurde.

Überall griff der Staat tief in das öffentliche Leben ein. Auch Handel und Gewerbe unterlagen straffen Regelungen, die der Eparch, der »Vater der Stadt« zu beaufsichtigen hatte. Das Zunftwesen war vollkommen durchorganisiert, der Staat kontrollierte die Qualität und die Preise der Waren, den Import und Export von Kaufmannsgütern. Aus der Regierungszeit Leons ist uns das sog. Buch des Eparchen erhalten, das einen Einblick in das Wirtschaftsleben der Hauptstadt gewährt.

□ Kap. X. Die Parfümeriehändler

1. Jeder Parfümeriehändler soll an seinem Platz bleiben und keine Arglist gegen irgendeinen seiner Konkurrenten gebrauchen, sondern sie sollen sich gegenseitig überwachen, damit ihre Waren nicht herabgemindert werden ... Sie sollen in ihren Läden keine Lebensmittel aufbewahren und keine übelriechenden Artikel. Denn das, was gut riecht, soll mit dem übelriechenden keinen Kontakt haben. Sie sollen verkaufen: Peffer, Narde, feinen Zimt, Aloeholz, Ambra, Moschus, Lavendel, Myrrhe, Balsam, Melisse, Ysop, schließlich alle Substanzen, die in eine Parfümerie oder Fär-

Kaiser Leon VI. der Weise (886–912)

berei gehören. Ihre Tische und Gefäße sollen aufgestellt sein auf der Linie zwischen dem Milion (dem »Meilenstein« in der Nähe der Hagia Sophia) und dem Bilde des verehrten Christus, unseres Herrn, das über dem Bronzetor (des Kaiserpalastes; »Chalketor«) sich befindet, so daß auch die Vorhalle des kaiserlichen Palastes mit lieblichen Düften erfüllt wird. Wer diesen Vorschriften zuwiderhandelt, wird ausgepeitscht, geschoren und verbannt.

2. Wenn die obengenannten Artikel aus dem Lande Chaldia (südöstlich des Schwarzen Meeres), aus Trapezunt oder anderen Orten ankommen, kaufen die Parfümeriehändler sie von den Kaufleuten, die sie gebracht haben und die ihnen jede Ware an dem durch Verordnung festgesetzten Tag verkaufen. Es ist verboten, Vorräte dieser Waren anzulegen, mit der Absicht, im Falle der Knappheit übertriebene Gewinne zu erzielen. Es ist den Kaufleuten, die die Ware bringen, verboten, sich länger als ein Vierteljahr in der Hauptstadt aufzuhalten; sie sollen in kurzer Frist verkaufen und nach Haus zurückkehren.
3. Jeder Parfümeriehändler, der durch offene oder geheime Mittel den Mietzins eines anderen Parfümeriehändlers hochtreibt, soll ausgepeitscht, geschoren und aus der Zunft ausgestoßen werden.
4. Jeder Parfümeriehändler, der überführt wird, Geldstücke befeilt oder beschnitten zu haben, ... oder der Kupfermünzen gesammelt hat, um sie gegen Silber einzutauschen, anstatt es den Geldwechslern zu übergeben, deren Gewerbe er sich damit widerrechtlich anmaßt, soll der obengenannten Strafe verfallen.
5. ... Allen Mitgliedern der Zunft ist es verboten, Waren einzukaufen, die die Lebensmittelhändler führen und mit einer römischen Schnellwaage gewogen werden. Die Parfümeriehändler kaufen nur Waren, die mit einer Apothekerwaage gewogen werden ...
6. Wenn ein Parfümeriehändler auch das Gewerbe eines Lebensmittelhändlers ausübt, soll er eins von beiden Gewerben auswählen und das andere soll ihm verboten sein.

Kap. XVII. Die Schweinemetzger

1. Die Metzger können ihr Gewerbe nur ausüben, wenn sie Zeugen vorgeführt haben, die ihren guten Leumund bestätigen.
2. Diejenigen, die Schweine kaufen, schlachten und verkaufen, dürfen ihre Einkäufe auf dem Forum Tauri machen. Wer sich aus der Stadt hinausbegibt, um die Schwei-

nehändler dort zu treffen und dort seine Einkäufe zu machen, oder wer seine Einkäufe unter der Hand in irgendeinem anderen Stadtteil macht, oder zu überhöhten Preisen verkauft, wird ausgepeitscht, geschoren und aus der Zunft ausgestoßen.

3. Die Zunftmeister der Schweinehändler haben dem Eparchen über die Personen Meldung zu machen, die mit Schweineherden in die Stadt kommen, damit man sie daran hindert, Schweine an die Lebensmittelhändler zu verkaufen; der Verkauf soll öffentlich auf dem Forum Tauri stattfinden.
4. Jeder Schweinehändler, der Tiere in das Haus eines Patriziers bringt, um sie heimlich zu verkaufen, verfällt der obengenannten Strafe.
5. Diejenigen, die Schweine schlachten und verkaufen, sollen keine Vorräte für Zeiten der Teuerung anlegen. Jeder Zuwiderhandelnde verfällt der obengenannten Strafe.
6. Jeder Schweinehändler, der im Besitz einer Waage ohne Siegel des Eparchen angetroffen wird, oder falsche Gewichte benutzt, soll der obengenannten Strafe verfallen.

Kap. XXII. Die Handwerker

1. Handwerker — Schreiner, Steinmetzen, Stukkateure und ähnliche —, die für irgendeine Arbeit einen Vertrag abschließen, und einen Vorschuß dafür bekommen, dürfen diese Arbeit nicht liegenlassen und eine andere beginnen, bevor sie die Arbeit vollständig beendet haben. Wenn aber, sei es durch Materialmangel, sei es durch das Mißverhalten des Arbeitgebers, eine Verzögerung eintreten sollte (z. B. Nichtlieferung des passenden Materials zur Vollendung der Arbeit), dann soll der Handwerker, welches Handwerk er auch ausübe, das dem Arbeitgeber melden mit dem nötigen Hinweis oder Zeugnis, und wenn dieser für die Verzögerung verantwortlich ist, soll man sich an den Eparchen wenden und mit dessen Erlaubnis kann der Handwerker eine andere Arbeit beginnen.
2. Sollten die obengenannten Handwerker aus Habsucht oder bösem Vorsatz die unternommene Arbeit verlassen und eine andere beginnen, soll es dem Arbeitgeber erlaubt sein, sie in der Gegenwart von Zeugen anzumahnen, indem er sie an die schriftlich oder mündlich gemachte Vereinbarung erinnert. Wenn sie sich dann weigern, die Bedingungen ihrer Beschäftigung einzuhalten, soll er es dem Eparchen anzeigen und andere Personen in Arbeit nehmen. Handwerker, die ihre Verpflichtungen nicht erfüllen, sollen durch Auspeitschen, Verstümmelung und Deportation zur Vernunft gebracht werden; sie sollen jede erhaltene Zahlung zurückerstatten und ohne Bezahlung aus der Arbeit entlassen werden. Doch wenn der Arbeitgeber kein Material liefert, dann kann der Handwerker, indem er ihm Meldung macht, andere Arbeiten annehmen, damit er nicht durch Arbeitslosigkeit seinen Lebensunterhalt verliert.
3. Was die Handwerker betrifft, die danach streben, mehrere Arbeitsaufträge zu erhalten, mit dem Ergebnis, daß sie sich verzetteln, sobald sie alle in der Hand haben; oder der, der hier einen Auftraggeber betrügt, dort einen anderen irreführt; oder, wie es manchmal vorkommt, einer, der glatte Reden führt und tölpelhaftes Benehmen als Trick gebraucht, seinen Verdienst zu erhöhen unter dem Vorwand, daß man ihn durch einen falschen Vertrag festgelegt habe, dann soll folgendes unternommen werden: Wenn es sich durch die Nachforschungen des Eparchen klar erwiesen hat, daß die Arbeit sich zu größeren Ausmaßen entwickelt hat (als im Vertrag vorgesehen), und zum Schaden des Handwerkers geworden ist, dann soll der Wert der Arbeit von einer Gruppe erfahrener Handwerker in jedem Fall abgeschätzt werden ... Wenn also gefunden wird, daß das im Vertrag spezifizierte Werk auftragsgemäß vollendet worden ist, aber die bis jetzt geleistete Zahlung geringer ist als die Hälfte der reinen Summe, soll der Vertrag für ungültig erklärt und die wahren Arbeitskosten taxiert werden; wenn die geleistete Zahlung mehr als die Hälfte beträgt, soll die Bezahlung so erfolgen, wie im Vertrag vorgesehen; wenn eine Vergrößerung oder eine (Plan)Änderung vorliegt, sollen die Kosten der Vergrößerung oder der Änderung abgeschätzt werden. □

Der freie Wettbewerb war in der byzantinischen Wirtschaft unbekannt. Es mag sein, daß die »fürsorgende Weisheit des Kaisers« oft als recht bedrückend und hemmend empfunden wurde, doch darf man nicht übersehen, daß es nicht nur der Hang zum Reglementieren war, der solche Vorschriften diktierte, sondern auch das Streben nach Gerechtigkeit gegenüber der Öffentlichkeit, was besonders in den Maßnahmen gegen Preistreibereien in Notzeiten zum Ausdruck kommt. Übrigens verließ sich die Obrigkeit keineswegs auf die Wirkung solcher Vorschriften allein, sondern es gab auch staatliche Magazine, aus denen in Notzeiten billige Lebensmittel, besonders Brotgetreide und Salzfisch, verteilt wurden. Man darf annehmen, daß ohne staatlichen Dirigismus die reibungslose Versorgung der Riesenstadt kaum möglich gewesen wäre. Auch auf die Import- und Exportgeschäfte hatte der Staat ein besonderes Augenmerk, denn hier war eine seiner wichtigsten Einnahmequellen, die Zölle. In Konstantinopel, dem größten Warenumschlagplatz der Welt, liefen die Handelswege aus allen Weltgegenden zusammen. Kaufleute aus Syrien, Rußland, Arabien, Persien und dem westlichen Europa trafen sich in der Kaiserstadt, wo sie ihre eigenen Quartiere hatten; die byzantinische Handelsflotte befuhr das ganze Mittelmeer und das Schwarze Meer. Die Zölle waren sehr hoch und manche Waren konnten nur mit Sondererlaubnis oder auch gar nicht importiert oder exportiert werden, sei es, um die heimische Industrie zu schützen, oder ihr nicht die nötigen Rohstoffe zu entziehen, sei es, wie bei bestimmten Lebensmitteln und Gold, um die eigenen Vorräte nicht zu schmälern. Alle diese Maßnahmen erinnern stark an den europäischen Merkantilismus des 18. Jahrhunderts und in der Tat konnte das byzantinische Wirtschaftssystem für viele hundert Jahre als das fortschrittlichste überhaupt gelten. Es war starr, aber auch verhältnismäßig krisenfest und es brachte dem Staat ungeheure Gewinne, wie sie kein anderer Staat der Epoche aufweisen konnte.

Welch wichtige Rolle die Handelspolitik schon im 9. Jahrhundert spielen konnte, sollte Leon bald zu seinem Schaden erfahren, denn es waren rein merkantile Streitigkeiten, die nach langem Frieden den Bruch zwischen Byzanz und dem Bulgarenreich herbeiführten. Am Hof von Preslav regierte seit 893 Symeon, der Sohn des Boris-Michael, der sich in ein Kloster zurückgezogen hatte. Zwei griechische Kaufleute hatten sich von einem der mächtigsten Männer am Kaiserhof, Leons Schwiegervater Stylianos Zautzes, das Monopol für den Bulgarienhandel erwirkt und ihren Markt nach Thessalonike verlegt. Als sie von den bulgarischen Kaufleuten überhöhte Gewinne zu erzielen versuchten, ließen diese über ihren Herrscher in Byzanz Protest erheben. Da Byzanz nicht reagierte, rüstete Symeon, der die Benachteiligung seiner Kaufleute nicht hinzunehmen gewillt war, zum Kriege und fiel unversehens in das byzantinische Gebiet ein. Symeon war in Konstantinopel aufgewachsen, bei Hofe erzogen worden und von griechischer Kultur tief durchdrungen, auch kannte er wie kein anderer die Schwächen der Byzantiner. Es sollte sich bald zeigen, daß er nicht wie seine Väter lediglich als zerstörungswütiger und beutelüsterner Barbar den Krieg gegen Konstantinopel führte, sondern in der vollen Überzeugung seiner Gleichwertigkeit, wenn nicht sogar der Überlegenheit. Im Jahre 894 errang Symeon einen vollständigen Sieg über die unzureichenden griechischen Truppen. Doch nach gewohnter Weise begann sofort die listenreiche byzantinische Diplomatie, im Rücken des siegreichen Feindes Fäden anzuknüpfen. Diesmal waren es die Magyaren, die sich kurz vorher, von den Petschenegen nach Westen gedrängt, zwischen Donau und Theiß angesiedelt hatten. Niemand konnte ahnen, welche folgenreiche Kettenreaktion die Allianz mit den Magyaren für ganz Europa auslösen würde, denn zunächst entwickelte sich alles nach Leons Wünschen. Byzantinische Schiffe transportierten das ungarische Heer über die Donau, dann brach dieses von Norden her in Bulgarien ein und Symeon sah sich gezwungen, mit dem Kaiser eiligst einen Waffenstillstand zu schließen, während die wilden Horden der Magyaren schon seine Hauptstadt Preslav verwüsteten. Nun aber zeigte sich, daß Symeon seinem Gegner in diplomatischem Geschick nicht nachstand. Es ging ihm zunächst darum, die Magyaren aus dem Land zu treiben und er begegnete ihnen mit dem gleichen Schachzug, den Leon

gegen ihn geführt hatte: er schloß ein Bündnis mit den kriegerischen Petschenegen, die die ehemaligen Sitze der Chazaren nördlich des Schwarzen Meeres eingenommen hatten, und konnte mit ihrer Hilfe die Ungarn so erfolgreich in die Zange nehmen, daß diese nicht nur aus Bulgarien, sondern auch aus ihren eigenen Wohnsitzen vertrieben und nach Westen abgedrängt wurden. Einmal in Bewegung geraten, drangen sie in Pannonien ein und wurden durch ihre ausgedehnten Raubzüge für mehr als ein halbes Jahrhundert zur »Geißel Europas«. Sie streiften kreuz und quer durch Mitteleuropa, Frankreich, bis an die Pyrenäen und sogar nach Süditalien, wo sie auf ihre alten Verbündeten, die Byzantiner, stießen. Erst 955 wurden sie von Otto I. auf dem Lechfeld bei Augsburg entscheidend geschlagen, woraufhin sie im heutigen Ungarn seßhaft wurden, und nach ihrer Christianisierung unter König Stephan als neues Mitglied in die europäische Völkerfamilie eintraten.
Nach Abwehr der magyarischen Gefahr hatte sich Symeon wieder gegen Byzanz gewandt und im Jahre 896 mußte das byzantinische Heer in der Schlacht bei Bulgarophygon abermals eine schwere Niederlage hinnehmen, so daß im darauffolgenden Friedensschluß Byzanz sich zu Tributzahlungen verpflichten mußte. Nach seinem Sieg im Jahre 894 hatte Symeon die rhomäischen Kriegsgefangenen mit abgeschnittenen Nasen nach Haus geschickt. Nun, zwei Jahre später, befand sich wieder eine große Zahl von Gefangenen in Symeons Hand. Dieser zögerte mit der Freilassung und der byzantinische Gesandte am bulgarischen Hof, der Magister Leon Choirosphaktes, selbst gefangengehalten, bestürmte den Fürsten mit Briefen, in denen er an die Menschlichkeit und Güte Symeons appellierte, um ihn zur Freilassung der Gefangenen zu bewegen. Wie er auf die negativen oder hinhaltenden Antworten Symeons damit reagiert, daß er sich einfach weigert, an einen gemeinen oder niedrigen Zug in Symeons Charakter zu glauben und ihn dadurch unter moralischen Druck setzt, ist aufschlußreich zu lesen und erregt dadurch Anteilnahme, weil hinter den scheinbar abstrakten Erörterungen und Definitionen doch die Sorge um das Leben und die Gesundheit von Tausenden von Soldaten stand.
□ Der Mensch ist doppelt geschaffen, o größter Prinz, er besteht nämlich aus Körper und Seele. Das Wort ist ebenfalls doppelt, das eine ist gesprochen und geschrieben, das andere gedacht und innerlich verborgen. Wenn das gesprochene und geschriebene Wort das innere, das der Seele, fortsetzt, können wir glauben, daß es wahr ist, und wenn wir es für wahr halten, nehmen wir es mit Befriedigung an; wenn es ihm nicht folgt, glauben wir ihm nicht und wir weisen es zurück. Wenn wir nun erkennen, daß das gesprochene und geschriebene Wort nicht mit dem inneren, tiefen Gedanken in Einklang steht, verwerfen wir es mit Mißbehagen. Aber man könnte sagen: »Wie kannst du den heimlichen Gedanken kennen?« und ich antworte: »Durch die guten Taten!« Wenn die Taten eines Menschen gut sind, und alle (Menschen) stimmen nach dem Urteil seiner Taten darin überein, und wenn er nun ein einziges Mal etwas geschrieben hat, was nicht ehrenhaft ist, können wir das eine Prüfung nennen und nicht die Wahrheit, für ein Spiel halten und keine ernste Sache, oder für einen Fehler dessen, der den Brief geschrieben hat, aber nicht dessen, der ihn hat schreiben lassen. Denn kein guter Mensch ist fähig, gegen sein Selbst zu handeln oder das, was er schreibt mit dem, was er denkt, in Zwiespalt zu setzen, noch irgendeine nebensächliche Tat seiner alltäglichen (guten) Handlungsweise widersprechen zu lassen. Das ist schließlich die Eigenart jener, die aus Bosheit gegen sich und andere handeln. Leb wohl, leb wohl, Du, der Du weder die Zwiespältigkeit der Zunge, noch die des Charakters hast.
Auf die abermalige negative Antwort des Fürsten schreibt er:
Die Makellosigkeit und Reinheit, die in der Tiefe Deiner Seele herrscht, o größter Prinz, die Du täglich durch Deinen Charakter bestätigst und entwickelst, kann nicht durch die Tinte Deiner Briefe verdunkelt werden, denn das erste ist angeboren und kann nicht verloren gehen, das zweite wird der Kunst und dem Fleiß verdankt und deswegen ist es auswischbar und kann mit Wasser entfernt werden. Ich weiß, daß die natürliche Anlage bleiben wird und daß das, was an einem solchen Brief künstlich und äußerlich ist, verschwinden wird; denn das Glas kann die Klarheit eines Edelsteins nicht übertreffen, die (künstliche) Färbung nicht die (Farbe der) Blume, das Bild nicht

das lebende Wesen und ein Haus nicht den Himmel. So kann auch ein Brief, mit nichts als Tinte geschrieben, nicht das übertreffen, was das Wort gerade enthüllt, wie es im Grunde von der Seele selbst herstammt, das doch das, was von außen und von der Kunstfertigkeit herkommt, nicht über das, was wesentlich und natürlich ist, den Sieg davontragen kann. Leb wohl. □
Übrigens war der Briefwechsel endlich erfolgreich und die Gefangenen durften — mit unbeschädigten Nasen — heimkehren.

Die unglücklichen Kriege gegen Bulgarien hatten Byzanz militärisch sehr geschwächt. Kaiser Leon war nicht der Mann, hier schnell und energisch Abhilfe zu schaffen. Er zog auch niemals, wie sein Vater und fast alle byzantinischen Kaiser, persönlich ins Feld, denn Feldherrntalente waren dem freundlichen, gelehrten Manne nicht gegeben. Dabei fehlte es ihm aber keineswegs an Interesse für die militärischen Angelegenheiten, auch hier war er sehr belesen und verfaßte sogar selbst ein militärisches Handbuch, die »Taktika«, in dem er das kriegswissenschaftliche Material aus verschiedenen Quellen zusammenfaßte und ordnete, und das für die »Feldbibliothek« der Heerführer bestimmt war. — Es war nicht zu übersehen, daß in der zweiten Hälfte der Regierungszeit Leons die militärische Lage sich immer ungünstiger gestaltete. Konnte man in Kleinasien den arabischen Feind noch in Schranken halten, so sah die Situation zur See und in den überseeischen Besitzungen eher trübe aus. 902 fiel Taormina, der letzte Stützpunkt auf Sizilien, in die Hände der Araber, sarazenische Kaperflotten aus Kreta beherrschten das Mittelmeer und führten überraschende Überfälle an den Küsten Kleinasiens, Griechenlands und Italiens aus. Unter diesen Kaperflotten zeichnete sich besonders die des griechischen Renegaten Leon von Tripolis aus. Von äußerster Gewandtheit und Kühnheit, scheute er vor keinem Abenteuer zurück; er eroberte Samos, die Kykladen und Sporaden, Lemnos, seine Geburtsstadt Attaleia und unternahm 904 das tollkühne Wagnis, die feste Stadt Thessalonike zu belagern. Thessalonike, die zweite Stadt des Reiches, stark befestigt, mit einer Einwohnerzahl von ca. 200 000 Menschen, konnte für beinahe ebenso uneinnehmbar gelten wie Konstantinopel und es grenzte schon an Größenwahn, als der Renegat mit 54 Schiffen und 10 000 Mann sich anschickte, die Stadt zu erstürmen. Doch bitter mußten die Bürger der Stadt die Unzulänglichkeit ihrer Verteidigungsmaßnahmen und ihr unzeitiges Vertrauen auf ein neues Wunder ihres Schutzpatrons, des hl. Demetrios, bezahlen. Nach vier Tagen drangen die Banden Leons mordend und brennend in die Stadt ein und richteten ein schauerliches Blutbad unter der Bevölkerung an. Gewaltige Beute wurde gemacht und 22 000 Menschen wurden als Gefangene fortgeschleppt.
Diese unerwartete Katastrophe rief in Byzanz äußerste Bestürzung hervor. Die Notwendigkeit von Gegenmaßnahmen war unübersehbar. Wenn ein Seeräuber auf eigene Faust mit seiner kleinen Flotte Thessalonike im Handstreich erobern konnte, durfte man sich in der Hauptstadt auf das Schlimmste gefaßt machen, sobald sich nur einige solcher Korsarenflotten zu einer gemeinsamen Aktion zusammenschließen würden. Außergewöhnliche Anstrengungen wurden unternommen, um eine ansehnliche Flotte aufzustellen, die dem Unwesen ein Ende machen sollte. Die byzantinische Kriegsflotte war nämlich nicht wie das Landheer in dauernder Bereitschaft, sondern mußte immer erst in Zeiten der Not neu ausgebaut und auf die erforderliche Stärke gebracht werden, denn der Unterhalt einer Kriegsflotte war mit hohen Kosten verbunden, die man zumindestens im Frieden vermeiden wollte. Leon selbst hat in seinem militärischen Handbuch ein Kapitel dem Seekrieg gewidmet, das einen Einblick in die Stärke und Schwächen der byzantinischen Kriegsflotte gewährt.
□ (Die Seemacht des Reiches zerfällt in zwei Hauptteile, die kaiserliche Flotte und die von den Themen unterhaltene Flotte. Den Bau der »Dromonen« genannten Kriegsschiffe überwacht der Großadmiral [Drungarios]. An ihn wendet sich die Schrift).
Du sollst die Wände der Dromonen nicht allzu dick und plump bauen, damit die Schnelligkeit der Bewegung nicht Abbruch erleide, aber auch nicht zu dünn oder leicht darfst Du sie machen, da sonst Gefahr bestünde, daß sie keinen Stoß aushalten.

Bau eines Schiffes

Alles, was man zur Ausrüstung oder Ausbesserung von Schiffen braucht: Anker, Taue, Ruder, Bänke, hölzerne Gefäße, Bretter, Teer, Pech, Werg, Beile, Äxte, Bohrer müssen stets und zwar in doppelter Anzahl vorhanden sein. Auf dem Vorderteil eines jeden größeren Schiffes wirst Du die mit Erz umkleidete Röhre anbringen, welche Feuer gegen den Feind zu schleudern bestimmt ist; in der Höhe über besagter Röhre soll ein Gerüst, aus Balken gezimmert, errichtet werden, welches Du mit einer Anzahl Soldaten besetzen wirst, die das Vorderteil verteidigen und Geschosse gegen den Feind zu schleudern haben.
Außer dem Gerüst zum Schutz des Feuerschlundes, das den Vorderteil des Schiffes deckt, muß auf den Dromonen der größeren Art über dem Mitteldeck ein anderes, mächtigeres, aus starken Balken gezimmert werden, das unter dem Namen Xylokastron (Holzburg) bekannt und dazu bestimmt ist, eine Anzahl von Soldaten aufzunehmen, welche (aus Wurfmaschinen) Mühlsteine, Eisenmassen und dergleichen gegen den Feind schleudern.
Je nach ihrem Umfang werden die Kriegsschiffe der kaiserlichen Flotte in drei Klassen eingeteilt: größere, mittlere und kleinere. Die größeren und die mittleren sollen länglich gebaut sein und symmetrisch ausgerüstet mit zwei Reihen von Ruderern, von welchen die eine im unteren Raume, die andere oben auf dem Verdeck ihren Platz hat. Jede Reihe zählt zumindest 25 Ruderpaare dergestalt, daß die eine Hälfte der Ruderer auf dem rechten, die andere Hälfte auf dem linken Bord zu sitzen kommt. Die ganze Bemannung von Ruderern, die zugleich den Dienst von Soldaten zu versehen haben, beträgt also hundert Köpfe. Zu diesen hundert kommen noch folgende Offiziere: der Oberbootsmann samt seiner Bedienung, zwei Steuerleute, der Flaggenführer, endlich die Aufseher des Vorderteils, der Feuerwerker, derjenige, welcher die Anker auswirft, und der Wachtmeister.
Die größeren Dromonen unterscheiden sich von den mittleren dadurch, daß sie eine Bemannung von 200 Köpfen führen. Fünfzig von diesen sind der Ruderreihe des unteren Raumes zugeteilt, die übrigen 150 handhaben die Ruder des Verdecks und verteidigen zugleich das Schiff. Unter Umständen mag die Bemannung der größeren Dromonen noch über die Zahl von 200 erhöht werden. Die kleinen Dromonen haben nur eine Ruderlinie, nicht zwei wie die anderen. Sie heißen deshalb auch Einruderer oder auch Galeeren. Wegen ihrer leichten Bauart und Geschwindigkeit sind sie besonders zum Wachdienst und zu Überfällen tauglich.

Den Kriegsschiffen soll eine genügende Menge von Lastschiffen beigegeben sein, welche teils Kriegsgeräte und Waffen, teils Pferde fortzuschaffen haben. Die Lastschiffe der letzteren Art empfangen diesem Zweck gemäß eine eigentümliche Zurüstung; die der anderen Art müssen mit Wurfmaschinen und Waffen jeder Gattung sowohl zum Angriff als auch zur Verteidigung wohl versehen sein. Denn ich will, daß in der Regel alle Soldaten und Ruderer, wenn auch nicht auf dem Rücken, so doch an der Vorderseite an Armen, Beinen, über Brust und Unterleib Panzer tragen. Nur die, welche hinter den gepanzerten Vordermännern stehen, mögen mit ledernen Rüstungen gedeckt als Schützen Dienst tun und insbesondere Steine, eine sehr gute Waffe, schleudern.
Du, mein Großadmiral, wirst ferner Sorge tragen, daß die ganze Flottenmannschaft nie an notwendigem Lebensbedarf Mangel leide, damit nicht etwa aus Unmut über Verkürzung Meutereien entstehen, oder damit nicht, was ebenso schlimm, der Schiffssoldat die Untertanen meines Reiches beschatze und unterdrücke. Wenn es irgend angeht, sollst Du die Mundvorräte für meine Flotte dadurch beschaffen, daß Du Raubüberfälle auf dem Gebiet des Feindes machst und mit ihrem Ertrage die Mannschaft ernährst. Auch wirst Du allen Hauptleuten der Flotte aufs strengste einschärfen, daß keiner sich unterstehe, einen untergebenen Soldaten-Ruderer zu mißhandeln, oder gar von irgend einem derselben, sei er arm oder reich, Geschenke zu nehmen. Daß Du selber Deine Würde aufs tiefste beschimpfen würdest, wenn Du Dich von irgend jemand, sei er Offizier oder Soldat, bestechen ließest, glaube ich kaum bemerken zu müssen.
Was die Gliederung der kaiserlichen Flotte betrifft, wirst Du je über drei bis fünf Dromonen einen Hauptmann setzen, der den Titel »komes« führt. Diese komites empfangen von Dir die nötigen Befehle und teilen sie dann den ihnen untergebenen Bootsmeistern der einzelnen Dromonen mit.
Dies ist die Ordnung auf der kaiserlichen Kriegsflotte. Was aber die Seemacht der Themen betrifft, so sollen die Dromonen, aus welchen die letztere bseteht, wie bisher Drungarien und Turmarchen (Hauptleute über 100 Mann) untergeordnet sein, aber ich stelle sie gleich den Schiffen der kaiserlichen Flotte unter den Oberbefehl des Großdrungarios, und seinen Geboten haben sie Folge zu leisten. Zwar weiß ich wohl, daß ehedem die Flottenabteilungen, welche von den einzelnen Provinzen gestellt zu werden pflegten, ihre besonderen Anführer hatten, welche Drungarii hießen, und daß denselben komites und Turmarchen der einzelnen Schiffe untergeordnet waren. Allein nun gilt diese Einrichtung nicht mehr, sondern sämtliche Drungarien sind dem Oberbefehl des Großdrungarios unterstellt, und obgleich sie den alten Namen beibehalten, müssen sie ihm gehorchen.
Du wirst sowohl Deine Schiffe, als auch Deine Mannschaft fleißig üben. Sie sollen unterrichtet werden, wie ein Mann gegen den anderen, ein Schiff gegen das andere Schiff oder mehrere gegen mehrere kämpfen müssen: sie werden lernen, wie man entert und wie man sich vom Enterhaken losmacht, wie ein Schiff neben dem anderen in guter Ordnung und gedrängt, doch aber so, daß die Bewegung der Ruder eines jeden nicht gehindert wird, herfahren soll. Siehst Du, daß es in Bälde zu einem Kampf kommen muß, so wirst Du die Soldaten fahnenweise antreten lassen, wirst ihnen dann die Kriegsartikel vorlesen und sie nachher anreden, damit sie, sei es aus Furcht, sei es durch Deine Worte entflammt, ihre Schuldigkeit tun.
Indessen ist es mein Wille, daß Du dem Feind lieber durch künstliche Bewegungen beizukommen suchst, als eine förmliche Schlacht mit der ganzen Flotte, oder auch mit einem Teil derselben wagst, denn wenn man auf ein Handgemenge ausgeht und wenn zu diesem Zweck die Enterseile ausgeworfen werden, so ist ein entsetzlicher Kampf unvermeidlich, dessen Ergebnis man nicht vorausberechnen kann. Nicht immer entscheidet die überlegene Anzahl oder Größe der Schiffe, sondern häufig siegen wenige über viele.
Kann jedoch ein Treffen in die Länge nicht vermieden werden, und glaubst Du Dich des Sieges durch Überzahl versichert, so magst Du immerhin zum Angriff schreiten. Gleichwohl sollst Du solches nicht in der Nähe der Küste unseres Reichslandes tun, sondern, wo irgend möglich, in solchen Gewässern, welche dem Gebiet des Feindes

naheliegen, denn im ersteren Falle wirst Du Gefahr laufen, daß Deine Leute durchgehen, und die meisten würden nach dem befreundeten Land fliehen, sobald man nur, wie das Sprichwort sagt, den Spieß wegzuwerfen braucht, um aufs Trockene zu kommen. Schlägst Du dagegen in der Nähe der feindlichen Küste, so werden die Gegner das eben beschriebene Mittel der Rettung benutzen, während Deine Leute wegen der Entfernung von der Heimat und bei der Unmöglichkeit, auf feindlichem Gebiet Zuflucht zu finden, entweder siegen oder untergehen müssen; denn Tatsache ist es, daß jedem Menschen, sei er Rhomäer oder Barbar, in der Stunde, da es zum Schlagen kommt, der Mut entsinkt, und derer sind sehr wenige, die einen rühmlichen Kampf schmählicher Flucht vorziehen . . .

Je nach Umständen magst Du Deine Schiffe in Form des Halbmondes oder in gerader Linie, oder endlich in zwei bis drei Treffen hintereinander aufstellen. Die halbmondförmige Ordnung ist besonders geeignet, den Feind einzuschließen. Wird sie gewählt, so muß das Admiralsschiff die Mitte des Halbkreises einnehmen.

Verschiedene Mittel sind erfunden worden, vor allem das Kunstfeuer (griechisches Feuer), das mit Donner und feurigem Rauch aus den ehernen Rohren hervorfährt, und die Schiffe, nach denen es geschleudert wird, in Brand steckt. Wurfmaschinen, welche vom Vorder- und Hinterteil sowie von beiden Borden des Schiffes kleine Bolzen gegen den Feind schleudern, Töpfe mit Schlangen, Skorpionen, Molchen und dergleichen Tieren angefüllt, welche auf die Feinde geschleudert, zerbrechen und ihren giftigen Inhalt entladen, so daß das schädliche Gewürm die jenseitigen Soldaten zu Tode beißt; Kessel mit stinkenden Feuerstoffen geladen, welche jenseits sich entleeren, dichten Rauch verbreiten und dem Gegner den Atem zuschnüren, Wurfspieße. Mein Wille ist, daß

Schleudermaschine für griechisches Feuer

Du vorzugsweise Kessel mit Kunstfeuer angefüllt brauchest, die, in das feindliche Schiff getrieben, dort zerschellen und alles in Brand stecken. Auch die Röhren sind gut, welche mit gleichem Feuer gefüllt, aus der Hand von den Soldaten gegen den Feind geworfen werden. Nach der Art ihrer Anwendung nennt man sie Handröhren.

Wenn Du den Sieg erlangt haben wirst, so sollst Du die eroberte Beute gleichmäßig unter Deine Soldaten verteilen, sollst sie mehrfach und reichlich bewirten, sollst weiter die Tapfersten stattlich belohnen, die Feigen züchtigen, Du selber wirst, wenn Du mir treue Dienste leistest, erstens die Gnade des Allmächtigen erlangen, und zweitens von mir mit Ehren bedacht werden, so daß es um Dich in dieser und jener Welt gut stehen muß. □

Man sieht, daß schon damals eine Kriegsflotte den stolzen Besitzer in das gleiche Dilemma führte wie tausend Jahre später; man scheute sich, die unter großen Opfern aufgebaute Flotte dem Risiko einer Niederlage auszusetzen, wich, wenn möglich, einer entscheidenden Schlacht aus und griff nur dann an, wenn der Sieg von vornherein so gut wie sicher war. Natürlich war es eine schwere Beeinträchtigung der Kampfkraft und nur mit Sparsamkeitsgründen zu erklären, daß die Seesoldaten auch Ruderdienst tun mußten. Wenn der Kampf begann, waren sie vom Rudern ermüdet und das Schiff selber kaum zu manövrieren, da in diesen Augenblicken die Ruderer fehlten. Die Stärke der byzantinischen Flotte war das »griechische Feuer«, das kaum einen Gegner unbeeindruckt ließ. Die Herstellung der leicht entzündlichen Substanzen, die mit Röhren und mit Wurfmaschinen auf das feindliche Schiff geschleudert wurden, war wohlgehütetes Staatsgeheimnis. Die Anwendungsmöglichkeiten waren vielfältig, wie man der Schrift Leons entnehmen kann; das griechische Feuer war nicht nur Vorläufer der Kanonen, sondern auch der Flammenwerfer, der Handgranaten und der Brander, ja sogar der Gasgranaten. Die Substanz brannte auch auf dem Wasser weiter. Waren die »chemischen« Waffen also schon auf einem ziemlich hohen Entwicklungsstand, so muß man die »biologischen« Waffen dagegen als recht primitiv bezeichnen. Man kann sich kaum vorstellen, daß die erwähnten Töpfe mit Schlangen, Skorpionen und Molchen dem Gegner nennenswerten Schaden zugefügt haben sollten.

Die neue byzantinische Flotte wurde dem Oberbefehl des Logotheten Himerios unterstellt und lief im Jahre 908 in die Ägäis aus. Schon bald zeigte sich der Erfolg: ein arabisches Geschwader wurde zum Kampf gestellt und vernichtet. Das ermutigte Lon, zwei Jahre später eine große Flottenexpedition, wieder unter Himerios Oberbefehl, auszuschicken, die zum Ziele hatte, die Seeräuber in ihren Heimatländern aufzuspüren und unschädlich zu machen. Diesmal fuhr die Flotte nach Südosten und befreite zunächst Zypern von der arabischen Besatzung. Die darauf folgenden Operationen an der syrischen Küste konnten allerdings nicht zum erwünschten Ende gebracht werden, da sich Himerios durch einen erneuten Einfall der Araber in Zypern zum vorzeitigen Rückzug gezwungen sah. Bei Samos erwartete ihn dann das Verhängnis in Gestalt des bekannten Leon von Tripolis, der sich mit einem anderen Renegaten, Damianos von Tyrus zusammengetan hatte. Die byzantinische Flotte wurde vernichtend geschlagen (911). Damit war das ganze Unternehmen gescheitert, in der nächsten Zeit konnte man nicht daran denken, eine neue Flotte aufzubauen und die Renegaten blieben noch für viele Jahre unangefochtene Beherrscher des Meeres.

Die Vernichtung der Flotte war nicht das einzige Mißgeschick, das Byzanz in den letzten Regierungsjahren des Kaisers Leon traf. Eine andere Heimsuchung kam vom Norden; genau so unerwartet wie im Jahre 860 erschienen im Jahre 907 wieder einmal die Russen im Bosporus. Ihr Anführer Oleg, Herrscher über Nowgorod und Kiew, hatte sich von seiner Hauptstadt Kiew, der »Mutter der russischen Städte«, mit 2000 Booten aufgemacht, und war nach »Zargrad« gezogen.

□ Und er kam vor Zargrad an, und die Griechen sperrten den Sud ab und verschlossen die Stadt. Und Oleg stieg ans Ufer und begann die Umgebung der Stadt zu verheeren und tötete viele der Griechen. Und sie zerstörten viele Paläste und verbrannten Kirchen. Und von den Gefangenen, die sie machten, erschlugen sie die einen, andere marterten oder erschossen sie, andere warfen sie ins Meer; und viel anderes Böse taten die Russen den Griechen, wie das Krieger zu tun pflegen. Und Oleg befahl seinen Kriegern, Räder zu machen und auf diese Räder die Boote zu stellen. Und da sich ein günstiger Wind erhob, spannten sie die Segel auf und rückten vom freien Feld her an die Stadt heran. Als das die Griechen sahen, fürchteten sie sich und sandten Boten zu Oleg, die sprachen: »Vernichte die Stadt nicht; wir sind bereit, Tribut zu zahlen, wie du willst.« Da brachte Oleg seine Krieger zum Stehen. Und man brachte ihm Speise und Wein heraus, aber er nahm es nicht an, denn es war mit Gift zubereitet. Und die Griechen fürchteten sich und sprachen: »Das ist nicht Oleg, sondern der hl. Demetrios, von Gott gegen uns gesandt.« Und Oleg gebot, für die 2000 Boote Tribut zu zahlen, für den Mann 12 Grivnen (altrussische Münze); es waren aber 40 Mann in jedem Schiff. Und das nahmen die Griechen auf sich, und die Griechen fingen an, um Frieden zu bitten, damit er nicht das griechische Land verheere. Oleg zog sich nun ein wenig von der Stadt zurück und begann mit den griechischen Kaisern Leon und Alexander über den Frieden zu verhandeln, sandte Karl, Farlof, Veremud, Rulav und Stemid zu ihnen in die Stadt und sprach: »Verpflichtet euch, mir Tribut zu zahlen.« Und die Griechen sagten: »Was du willst, werden wir dir geben.« Und Oleg gebot, seinen Kriegern für 2000 Schiffe je 12 Grivnen auf das Ruder zu geben und dazu die Umlagen für die russischen Städte zu zahlen, zuerst für Kiew, dann für Tschernigow und Perejaslavl und Polock und Rostov und Ljubetsch und für die übrigen Städte; in diesen Städten nämlich saßen die großmächtigen Fürsten, die Oleg untertan waren.

»Wenn die Russen hierherkommen, sollen sie den Botenunterhalt bekommen, soviel sie wollen; die aber als Kaufleute kommen, sollen den Monatsunterhalt auf sechs Monate bekommen, Brot und Wein und Fleisch und Fische und Früchte; und man soll ihnen das Bad bereiten, sooft sie wollen. Ziehen nun die Russen heim, so sollen sie von eurem Kaiser für die Reise Lebensmittel und Anker und Tauwerk und Segel erhalten, wieviel nötig ist.« Und die Griechen verpflichteten sich dazu. Und die beiden Kaiser und die ganze Bojarenschaft sagten: »Wenn die Russen ohne Kaufmannsgut kommen, sollen sie den Monatsunterhalt nicht bekommen. Der Fürst soll seinen Gesandten und den hierherkommenden Russen verbieten, in den Dörfern in unserem Lande Schaden anzurichten. Die hierherkommenden Russen sollen beim hl. Mamas wohnen, und unsere kaiserliche Majestät wird schicken, daß man ihre Namen aufschreibe, und dann werden sie ihren Monatsunterhalt bekommen, zuerst die aus der Stadt Kiew, dann aus Tschernigow und aus Perejaslavl und den übrigen Städten. Und sie sollen mit einem kaiserlichen Aufseher durch ein bestimmtes Tor hereinkommen, ohne Waffen, je 50 Mann, und Handel treiben, wie sie es nötig haben, ohne für irgend etwas Zoll zu zahlen.«

Die Kaiser Leon und Alexander schlossen mit Oleg Frieden, nachdem sie sich zur Tributzahlung verpflichtet hatten; und sie leisteten gegenseitig den Eid: sie selbst küßten das Kreuz, Oleg aber und seine Mannen ließen sie nach russischem Brauch den Eid ablegen, und sie schworen bei ihren Waffen und bei Perun, ihrem Gott, und bei Volos, dem Gott des Viehs, und sie bekräftigten den Frieden ... Und Oleg kam nach Kiew und brachte Gold mit und Pavoloken (kostbare Seiden- und Brokatgewänder) und Früchte und Wein und allerlei Kostbarkeiten. Und man nannte Oleg den »Zauberkundigen«, denn die Menschen waren heidnisch und einfältig. (Nest.) □

Der im Jahre 911 schriftlich niedergelegte Handelsvertrag zwischen Konstantinopel und Kiew hat folgenden Wortlaut:

□ Wir vom Volk der Russen: Karly, Inegeld, Farlof, Veremud, Rulav, Gudy, Ruald, Sarn, Frelav, Rual, Aktevu, Truan, Lidul', Fost, Stemid, von Oleg, dem russischen Großfürsten, und von allen unter seiner Macht stehenden erlauchten und großmächtigen Fürsten und seinen großen Bojaren, zu euch, Leon und Alexander und Konstantinos (Leons kleiner Sohn), gesandt, den großen Alleinherrschern in Gott, den griechischen Kaisern, zur Erhaltung und Bekräftigung der seit vielen Jahren zwischen Christen und Russen bestehenden Freundschaft nach dem Willen unserer großmächtigen Fürsten und auf Befehl aller unter seiner Macht stehenden Russen. Da unsere Erlaucht vor allem diese zwischen Christen und Russen bestehende Freundschaft mit Gottes Hilfe zu erhalten und zu bekräftigen wünscht, haben wir vielmals für richtig erkannt, diese Freundschaft nicht nur einfach durch Worte, sondern durch Schrift und festen Eid bei unseren Waffen schwörend zu bestätigen und zu bekräftigen, gemäß dem Glauben und gemäß unserem Brauch.

Folgende sind die Vertragsbestimmungen, dieweil wir in Gottesglauben und in Freundschaft den Vertrag abschließen: Vor allem nun wollen wir mit euch Griechen Frieden schließen und von ganzer Seele und mit ganzem Willen einander lieben und nicht zugeben, soviel von unserem Willen abhängt, daß einer der Untertanen unserer erlauchten Fürsten irgendeine Gewalttat oder irgendein Unrecht begehe; sondern wir wollen uns, soviel in unseren Kräften steht, in den folgenden Jahren und immerdar bemühen, mit euch Griechen in Freundschaft, die durch mündliches Versprechen und durch Aufzeichnung unter Eid bekräftigt wurde, unverändert und untadelig zu erhalten. In gleicher Weise sollt auch ihr Griechen dieselbe Freundschaft gegenüber unsern erlauchten russischen Fürsten und allen, die unter der Macht unseres erlauchten Fürsten stehen, unverletzt beständig immer und ewig bewahren.

Was aber das Verfahren betrifft, wenn sich ein Verbrechen ereignet, vereinbaren wir folgendes: Wenn es offenbar wird durch augenscheinliche Beweise, so soll man die Beschuldigung für richtig halten; wenn man einer Beschuldigung nicht Glauben schenkt, soll der Teil schwören, der sich bemüht, daß man dem Beschuldiger nicht glaubt. Wenn er aber gemäß seinem Glauben schwört, soll eine dem Vergehen angemessene Strafe erfolgen.

Darüber: Wenn einen Christen ein Russe oder ein Christ einen Russen tötet, soll er sterben, wo er den Mord begangen. Wenn der Mörder entweicht und er hat Besitz, so soll der nächste Verwandte des Erschlagenen seinen Anteil, d. h. was ihm gesetzlich zusteht, nehmen, aber auch die Frau des Mörders soll haben, was ihr gesetzmäßig zusteht. Wenn der Mörder keinen Besitz hat und entflohen ist, so soll die Sache bestehen, bis er aufgefunden wird, und dann soll er sterben.

Wenn jemand mit einem Schwerte haut oder mit irgendeinem Werkzeug schlägt, für diesen Hieb oder Schlag soll er fünf Pfund Silber zahlen nach russischem Brauch; ist der Täter nicht wohlhabend, so soll er zahlen, soviel er kann, und sogar seine Kleider hergeben, die er auf dem Leibe hat, und überdies soll er gemäß seinem Glauben schwören, daß kein anderer ihm helfen könne: und von da an soll die Sache nicht weiter verfolgt werden.

Darüber: Wenn ein Russe irgend etwas einem Christen stiehlt oder ein Christ einem Russen, und der Dieb wird in dem Augenblick, da er den Diebstahl verübt, von dem überrascht, der etwas einbüßte, und der den Diebstahl verübt, der leistet Widerstand und wird getötet, so soll sein Tod weder an den Christen noch an den Russen geahndet werden, vielmehr soll das Seine zurücknehmen, wer etwas eingebüßt hat. Wenn der Dieb sich ergreifen läßt, so soll er von dem, bei welchem gestohlen wurde, ergriffen und gebunden werden, und er soll das, was er zu nehmen sich erkühnte, zurückgeben und das Dreifache zahlen.

Darüber: Wenn jemand, sei es ein Russe bei einem Christen oder ein Christ bei einem Russen in eigenmächtiger Weise einen Raubversuch macht und mit offenbarer Gewalt irgend etwas dem anderen Gehöriges nimmt, so soll er es dreifach entgelten.

Wenn ein Schiff vom Sturm an fremdes Land geworfen wird, und es finden sich da welche von uns Russen und einer kommt, das Fahrzeug samt seiner Ladung zu bergen und wieder in das christliche Land zurückzuschicken, so sollen wir es durch jeglichen gefährlichen Ort geleiten, bis es an einen sicheren Ort kommt. Wenn ein solches Schiff, sei es durch Sturm, sei es durch ein Hindernis der Erde gehindert, sich nicht hindurchretten kann nach seinem Heimatorte, so werden wir Russen den Ruderern dieses Fahrzeugs zu Hilfe kommen und es mit ihrem Kaufmannsgut in Sicherheit bringen, wenn das griechische Land in der Nähe ist. Wenn in gleicher Weise ein russisches Fahrzeug zu Schaden kommt, wollen wir Griechen es in das russische Land geleiten, und man soll die Ladung eines solchen Schiffes verkaufen, wenn man etwas verkaufen kann; und vom Schiff schleppen wir Russen es. Und wenn wir zu den Griechen ziehen, sei es mit Kaufmannsgut, sei es in Gesandtschaft zu eurem Kaiser, so wollen wir sie ehrenvoll samt dem Erlös für die verkaufte Ladung ihres Schiffes absenden. Wenn es sich ereignet, daß einer auf diesem Fahrzeug von uns Russen erschlagen wird, oder das irgend etwas entwendet wird, so sollen die Täter mit der vorher genannten Strafe belegt werden.

Darüber: Wenn ein Gefangener der beiden vertragsschließenden Seiten gehalten wird von Russen oder Griechen oder in ein anderes Land verkauft ist, und es befindet sich dort ein Russe oder Grieche, so soll man jenen loskaufen und die losgekaufte Person in ihr Land zurückbringen, und die Käufer sollen ihren Preis erhalten und an Stelle des Kaufpreises wird ihnen der übliche Preis für einen Sklaven bezahlt. In gleicher Weise, wenn jemand im Kriege von den Griechen gefangengenommen wird, soll er in seine Heimat zurückgeschickt werden, und sein Preis soll, wie gesagt wurde, erstattet werden in der Höhe, wie der übliche Kaufpreis für einen Sklaven ist.

Wenn es nötig ist, in den Krieg zu ziehen, und sie wollen euren Kaiser ehren, wieviele von ihnen für einige Zeit kommen und freiwillig bei eurem Kaiser bleiben wollen, die sollen von den Russen nicht gehindert werden. (Es handelt sich um russische Söldner, die in byzantinische Dienste treten wollen.)

Von den gefangenen Russen: Wenn, wie es vielfach vorkommt, Russen aus irgendeinem Land kommen und in das Christenland verkauft werden, ebenso gefangene Christen, die, wie es oft vorkommt, aus irgendeinem Land nach Rußland kommen, die sollen für zwanzig Zolotnik verkauft werden und dann nach Griechenland gehen.

Darüber: Wenn ein russischer Sklave gestohlen wird oder entläuft oder gewaltsam verkauft wird, und die Russen fangen an, Klage zu führen, und solches wird in bezug auf den Sklaven erwiesen, so sollen sie ihn nach Rußland mitnehmen. Auch wenn russische Kaufleute einen Sklaven eingebüßt haben und Klage führen, sollen sie ihn suchen und sollen ihn, wenn er gefunden wird, nehmen. Wofern jemand den Mestnik (Gerichtsbeamter?) diese Untersuchung nicht durchführen läßt, so verliert er seinen Rechtsanspruch.

Von den in Griechenland beim christlichen Kaiser dienenden Russen: Wenn jemand stirbt, ohne über seine Habe verfügt zu haben, und er hat keine Familie, so soll er den Besitz an die entfernten Verwandten nach Rußland zurückgeben. Wofern ein solcher eine Verfügung getroffen hat, soll das zugedachte Erbe erhalten, wem er das Erbe schriftlich vermacht hat, der soll es erhalten ...

Wenn ein Verbrecher nach Rußland zurückgeht, sollen die Russen bei der christlichen Majestät Klage erheben, und ein solcher soll gefangengenommen und zwangsweise nach Rußland zurückgebracht werden. Das gleiche sollen auch die Russen den Griechen tun, wo immer sich solches ereignet.

Zur Bekräftigung und Unverbrüchlichkeit haben wir den zwischen euch Christen und uns Russen abgeschlossenen Friedensvertrag in Zinnoberschrift in zwei Exemplaren auf Pergament ausfertigen lassen. Und eigenhändig angesichts des heiligen Kreuzes und der heiligen wesensgleichen Dreieinigkeit unseres einigen wahren Gottes hat er ihn bestätigt und unseren Gesandten überreicht. Wir aber schwören eurem Kaiser, der von Gott ist, als göttlichem Geschöpf, gemäß dem Brauch und der Sitte unseres Volkes, daß weder wir noch ein anderer aus unserem Volke die festgesetzten Friedens- und Freundschaftsbedingungen brechen werden. Und dieses Schriftstück haben wir zur Bestätigung durch eure Majestät gegeben, daß beide Teile bei diesem Beschluß bleiben sollen, zur Erhaltung und zur Bekräftigung des zwischen euch bestehenden Friedens. Am 2. Tage des Monats September, im 15. Indikationsjahre im Jahre 6420 seit Erschaffung der Welt. (Nest.) □

Von nun ab entwickelte sich zwischen Byzanz und Rußland ein regelmäßiger Verkehr und die Handelsbeziehungen wurden verstärkt. Viele »Waräger« blieben — wie es der Vertrag auch schon vorgesehen hatte — für längere Zeit in Byzanz, wo sie als Soldaten wegen ihrer Kraft, Tüchtigkeit und Ausdauer hoch geschätzt wurden. Ganze Abteilungen warägischer Krieger traten in den Dienst des Kaisers und bildeten bald so etwas wie eine Elitetruppe (»Druschina«), die auf allen Kriegsschauplätzen mitfocht und oft genug die Entscheidung zugunsten der Griechen herbeiführte.

Zu Leons Glücklosigkeit in der Politik kam noch das Mißgeschick, das sich aus seinen vier Ehen entwickelte. Noch als Kronprinz hatte er ein Mädchen geheiratet, das in einem Schönheitswettbewerb zur zukünftigen Kaiserin erwählt worden war. Der Ablauf dieser Wahl ist uns, wenn vielleicht auch nicht in allen Einzelheiten wahrheitsgetreu, in einer Beschreibung überliefert worden.

□ Nach Verlauf kurzer Zeit, als noch unser großer und ehrwürdiger Kaiser Basileios das Szepter des Römischen Reiches gemeinsam mit seinen Söhnen führte, wurde eine Nachforschung angestellt nach schönen und tugendsamen Jungfrauen, zu dem Zweck, aus ihrer Mitte eine zu erwählen zur ehelichen Verbindung mit dem Herrscher und ältesten Sohne Leon dem Weisen. Er stand ja auch in voller Jugendblüte, war mit Keuschheit und Schönheit begabt und bedurfte der ehelichen Gemeinschaft (Leon war 16 Jahre alt!). Der Herrscher schickte also hohe Würdenträger und Verwalter nach jeder Stadt und Provinz, um ein Mädchen auszusuchen, das des schönen Kaisers Leon würdig wäre. Der eine brachte nun von hier, der andere von dort allerlei Mädchen nach der Hauptstadt; doch bei der einen gab es an der Schönheit des Gesichtes, bei der anderen an Jugendblüte etwas auszusetzen, denn nur eine war von Gott auserwählt, und diese blieb noch ein Weilchen verborgen.
Da beschloß die fromme Kaiserin Eudokia, aus ihrer Heimat einige schöne und stattliche Jungfrauen auswählen zu lassen zu diesem Zweck, und mit ihnen wurde auch die vielbewunderte heilige Theophano ausgewählt. Von ihnen allen wurden nämlich nur zwölf für würdig befunden, die in einem kaiserlichen Schatzhaus der berühmten Magnaura zusammen beherbergt wurden und das Erscheinen des Kaisers und der Kaiserin abwarteten. Einer von ihnen, die aus Athen stammte, und die schon durch heimlichen Gebrauch geübt war, durch das Los die Zukunft zu erkennen, kam es in den Sinn, zu den anderen zu sprechen: »Wohlan, meine Lieben, wir wollen einmal einen gemeinsamen Entschluß wagen und durch ein Orakel zu erforschen suchen, welche von uns zum Ruhme des Reiches bestimmt ist.« Da sprachen sie zu ihr: »Woran sollen wir sie

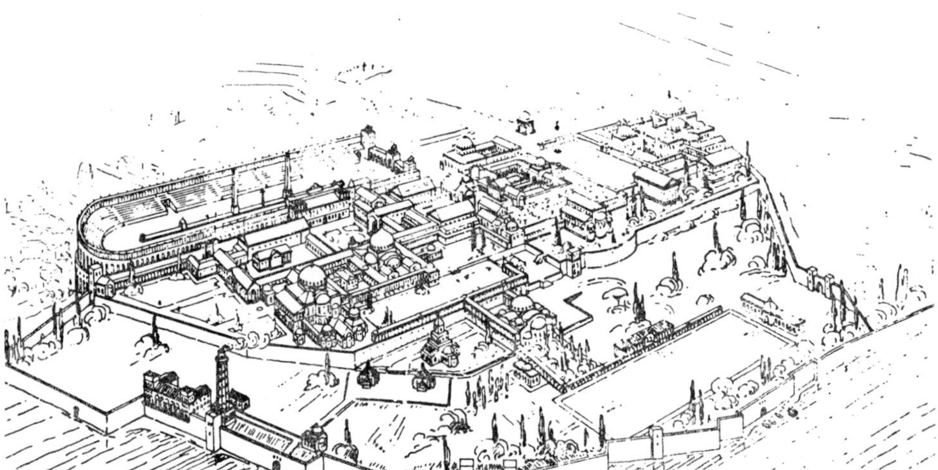

Der große Palast der byzantinischen Kaiser in Istanbul (Rekonstruktion)

erkennen, wenn nicht vorher der Kaiser sich in eine von uns verliebt und sie aus der Reihe der übrigen sondert?« Sie erwiderte darauf: »Wir wollen irgend ein sichtbares Zeichen aufstellen und uns verabreden, allesamt auf den Boden zu blicken; jede von uns muß ihre Schuhe vor sich hinstellen, und wir alle müssen zusammen das Erscheinen des Kaisers abwarten, damit jede, sobald er kommt, uns zu besichtigen, sich plötzlich eilig erheben kann. Wer zuerst von uns allen schnell von dem Platz aufsteht, mit den Füßen in die Schuhe fährt und dem Kaiser zu Füßen fällt, die wird des Kaisers Genossin.« Nachdem die Aufgabe von ihr gestellt war, versuchten sie alle zusammen, da sie als junge und unerfahrene Mädchen nach dem Ruhme trachteten, das Wort in die Tat umzusetzen. Am nächsten Tage zur Mittagszeit kam der Kaiser nebst der Kaiserin wieder, sie zu besichtigen. Während nun eine jede alsbald ihre Verabredung auszuführen wünschte, sprang vor allen anderen die gottgefällige Theophano auf und erfüllte so, was sie sich vorgenommen hatten, indem sie als die erste in die Schuhe fuhr, um den Kaiser zu empfangen und ihm zu huldigen.

Als die Kaiserin sie erblickte, über ihre Behendigkeit erstaunt, und dazu ihr schönes Gesicht von weitem sah, ließ sie alle übrigen stehen und trat nur zu ihr. Als sie ganz dicht vor ihr stand, vergewisserte sie sich ihrer Schönheit, über ihre Familie und ihre Heimat. Da sie erfuhr, daß sie aus kaiserlichem Geschlecht sei, trennte sie sie von den übrigen und bestimmte sie, die ihren vollen Beifall gefunden, für den jungen Kaiser. Sie wollte dann noch einen Versuch mit den übrigen machen und wählte dazu noch zwei andere aus, und zwar die aus Athen stammende und die, die als Tochter des Tribunen bekannt war. Alle übrigen entließ sie mit reichen Geldgeschenken in ihre Heimat. Allein diese drei nahm sie mit in den Palast und unterzog sie einer Übung, um sie zu erproben. Als sie nun sah, daß die Schönheit der Heiligen die der anderen übertraf, ließ sie ihr kaiserliche Gewänder anlegen, nahm sie bei der Hand und ging mit ihr zu ihrem Gebieter und Gatten Basileios, hieß sie sich vor ihm niederwerfen und erklärte sie für eine ebenbürtige Gattin für ihren Sohn. Der junge Kaiser, der ebenfalls über ihre untadelige Schönheit entzückt war, zog seinen Jaspisring hervor und steckte ihn dem Mädchen an den Finger. □

»Miß Byzanz« entwickelte als Ehefrau nicht die Qualitäten, die Leon von ihr erwarten durfte, denn Theophano war nicht nur schön, sondern auch auf eine etwas exaltierte Art fromm. Mochte das anfangs noch zu ertragen sein, so nahm es doch im Lauf der Zeit recht übertriebene Formen an. Sie hüllte sich in härene Gewänder, aß nur in Wasser gekochtes Gemüse, kasteite sich und verbreitete eine sonst am Hofe unbekannte düstere Atmosphäre von Bigotterie und Fanatismus. Es konnte nicht ausbleiben, daß der Kaiser sie bald als eine Last empfand. Zwar war Leon auch fromm, aber außerdem wünschte er sich einen Sohn und Nachfolger, der die Dynastie erhalten sollte. Ein Kind Theophanos war gestorben und wie die Verhältnisse nun lagen, bestand kaum eine Aussicht, daß sie doch noch einmal Mutter werden könnte und wollte. Die Situation wurde für Leon umso beschwerlicher, als die Kaiserin im Volke als Heilige betrachtet wurde, wodurch er sich moralisch gezwungen sah, sie mit größter Rücksichtnahme und Ehrerbietung zu behandeln, denn wer hätte schon verstanden, daß es für einen jungen Mann in den Zwanzigern kein Vergnügen ist, mit einer Heiligen verheiratet zu sein? In sich nährte er eine stille Hoffnung, und die knüpfte sich an die Erinnerung an ein Mädchen, das er vor seiner Ehe geliebt hatte, Zoe, die Tochter des Patriziers Stylianos Zautzes. Eines Tages nun eröffnete Theophano ihrem freudig überraschten Mann, daß sie sich vom Hofe zurückzuziehen beabsichtige. Als kurz darauf der alte Beichtvater Euthymios zum Kaiser kommt, empfängt ihn dieser mit den Worten:

□ »Weißt du, Vater, daß die Kaiserin uns verlassen und sich von hier zurückziehen will?« und Euthymios antwortete: »Aus welchem Grund?« und der Kaiser sagte: »Weil sie diesen Gedanken mit sich herumträgt, seit ihr Kind gestorben ist.« Da sagte der Vater: »Sag nicht ›ihr Kind‹ sondern ›unser Kind‹; ich sehe, daß dein Ton deine Abneigung gegen sie offenbart und deine Ablehnung. Beharre nicht auf der Idee, daß sie dich jemals verlassen wird; denn sie hat mir gesagt, daß sie so gesprochen habe, um dich zu prüfen. Doch wenn — was unmöglich ist — es geschehen sollte, weiß Eure Majestät nicht, daß du des Ehebruchs schuldig würdest?« Da sagte der Kaiser: »Nicht ich verlasse sie freiwillig und sowohl die Gesetze als auch das kanonische Recht erlauben mir, eine andere zu nehmen.« Doch der Vater antwortete: »Da es ihr nicht erlaubt ist, einen anderen Mann zu haben, so lange du unter den Lebenden weilst, kannst auch du keine andere Frau nehmen.« Darauf antwortete der Kaiser ein wenig verlegen: »Eure Heiligkeit scheint nicht zu wissen, wie abscheulich sie mich behandelt hat; sie ging zu meinem seligen Vater und machte Verdruß mit einer erdichteten Ezählung, daß ich ihr mit Zoe, der Tochter des Zautzes, untreu gewesen wäre. Wie er mich behandelt hat ... er weigerte sich zu hören ... auch nur ein einziges Wort, sondern packte mich plötzlich bei den Haaren und warf mich zu Boden unter Schlägen und Beschimpfungen, und schlug mich so, daß das Blut strömte, und was das unschuldige Mädchen betraf, so befahl er, daß sie sofort, gegen ihren Willen, verheiratet würde. Ich werde sie nie vergessen und ›einst wird kommen der Tag‹, da ich mich erbarmen und Mitleid haben werde.« (Vita Euth.) □

Hier machte sich nach vielen Jahren der Haß des unterdrückten Sohnes gegen den Vater Luft und auch der Widerwillen des Ehemanns gegen die pharisäische Tyrannei seiner frömmlerischen Frau. Natürlich behielt Euthymios recht: Theophano dachte nicht daran, ihn freizugeben. Leon ertrug fünfzehn Ehejahre, bis die Kaiserin im Alter von 29 Jahren an Entkräftung starb und Leon endlich frei war. Ein glücklicher Zufall wollte es, daß der aufgezwungene Ehemann der schönen Zoe gleich darauf ebenfalls starb. Doch war es schon nicht leicht gewesen, der Ehemann einer Heiligen zu sein, so zeigte sich nun, daß es auch seine Schwierigkeiten hatte, Witwer einer Heiligen zu sein: Die Kirche hatte große Bedenken gegen eine zweite Ehe und Euthymios zog sich grollend zurück, als Leon einige Monate später die geliebte Zoe heiratete. Der Kaiser selbst war nicht ganz unschuldig daran, daß von offizieller Seite diese Heirat nicht gern gesehen wurde, hatte er doch selber einige Jahre früher — die kommenden Dinge nicht ahnend — einen Erlaß herausgegeben (Novelle 90), der sich gerade mit solchen Fällen befaßte. Er hatte dort geschrieben:

□ Es gehört sich für uns, die wir Geschöpfe aus Gottes Hand sind, mit Vernunft und Sprache begabt, daß wir nicht geringere Tugend besitzen, als wir bei gewissen Tieren beobachten können; denn eine solche Unterlegenheit — weit entfernt, von Tadel frei zu sein oder von gerechtem Urteil geduldet zu werden — wäre in dem Maße schuldig, wie die vernünftige Natur der unvernünftigen Natur überlegen ist. Es gehört sich also, daß der Mensch, wie in seinen anderen Handlungen, auch im Heiraten nicht weniger Weisheit zeigen möge (als die Tiere). Denn viele unter den Tieren, deren Gefährte gestorben ist, ergeben sich für das ganze Leben der Witwenschaft und sie wollen nicht für eine zweite Ehe die erste sozusagen begraben. Aber da doch die Natur eine Schwäche dieser Art nicht als schwerwiegend betrachtet, obwohl sie in Wirklichkeit sehr schwerwiegend ist, begnügt sie sich nicht mit der ersten Ehe, sondern sie strebt ohne jede Scham zur zweiten, und an diesem Punkt wenigstens sollte sie ihrer Erniedrigung eine Grenze setzen. Doch keineswegs handelt sie so; sondern ohne sich darum zu kümmern, ob sie die Gnade des göttlichen Gesetzes für eine solche Erniedrigung erlangt, geht sie von der zweiten zur dritten Ehe über, umso leichter, als das weltliche Gesetz, ich weiß nicht warum, nicht danach strebt, sich in diesem Punkt mit dem Gesetz des heiligen Geistes in Einklang zu setzen, sondern darauf verzichtet, die Verbindung derer zu bestrafen, denen eine zweite Ehe nicht genügt. Folglich ordnen wir in Übereinstimmung mit dem Willen des hl. Geistes an, daß solche, die zum drittenmal verheiratet sind, der Strafe unterworfen werden, die die heiligen Kanones in ihrem Fall verordnet haben. □

Das Glück des Paares dauerte nicht lange, denn nach zwei Jahren starb Zoe Zautzina; Leon war tief unglücklich — und noch immer ohne Erben! Und der vom Unglück verfolgte Kaiser schloß nach einem halben Jahr die von ihm selbst so scharf mißbilligte dritte Ehe und setzte sich somit in offenen Widerspruch zum kanonischen Recht. Von seiten der Kirche wurden Einwände laut, aber Leons Vaterfanatismus war stärker. Das Verhängnis wich jedoch noch nicht von ihm: nach einem knappen Jahr starb Eudokia, seine dritte Frau, im Wochenbett und mit ihr der Knabe, den sie geboren.

Nun erschien die Situation hoffnungslos, jedoch nicht für Leon. Wo er sich nun einmal auf dem Wege der »Erniedrigung« befand, mußte er ihn auch zu Ende gehen. Nach einiger Zeit wandte er sein Interesse der schönen Zoe mit dem Beinamen »Karbonopsina« zu, »mit den schwarzen Augen«, und begann, an die vierte Heirat zu denken, die er in seinem Erlaß gar nicht erwähnt hatte, denn eine solch gräßliche Ausschweifung war ja völlig unvorstellbar. Wie nicht anders zu erwarten, reagierte die Kirche auf diesen Heiratsplan mit der allerschärfsten Ablehnung. Auch der Patriarch Nikolaos Mystikos, ein Schüler des Photios und sonst ein wendiger, diplomatischer Geist, versagte sich dem Kaiser, der sich gerade von ihm als alten Freund mehr Konzilianz versprochen hatte. Also lebte Zoe im Palast und alles wartete, was geschehen würde. Und es geschahen zwei Dinge: Zoe wurde schwanger und der Feldherr Andronikos Dukas floh zu den Arabern und plante einen Umsturz. Es wurden Kuriere abgefangen und Briefe des Patriarchen an Andronikos gefunden, in denen er den Aufrührer als zukünftigen Kaiser begrüßte und über den gegenwärtigen Kaiser und sein gottloses Leben klagte. Dieser Verrat lieferte den renitenten Patriarchen in die Hand des Kaisers. Einige Andeutungen genügten, und von nun an sah man Nikolaos täglich im Palaste, er segnete den Bauch der werdenden Mutter, prophezeite einen Sohn, der viel Ruhm und Ehre erringen würde. 905 wurde wirklich ein Sohn geboren und im Januar 906 in der Hagia Sophia auf den Namen Konstantin getauft — allerdings unter der Bedingung, daß Leon sich sofort von Zoe trenne, denn die Eheschließung wurde nach wie vor verweigert. Drei Tage nach der Taufe machte Leon indessen der Affäre ein Ende, indem er sich im Palast von einem bestochenen Priester trauen ließ und seiner Frau eigenhändig die Krone auf das Haupt setzte. Das aber konnte sich die Kirche nicht bieten lassen, ein Sturm der Entrüstung erhob sich und der Patriarch untersagte dem Kaiser, dem Gottesdienst beizuwohnen. Während Kirche und Öffentlichkeit sich leidenschaftlich über des Kaisers Tetragamie zerstritt, wartete Leon ruhig im Palast auf besseres Wetter. Da dieses vom Patriarchen nicht zu erwarten war, gedachte er, eine Synode einzuberufen und rechnete besonders auf die Unterstützung Roms, wo die Ehegesetze nicht so streng gehandhabt wurden. Gesandte waren unterwegs, die das Urteil des Papstes und der östlichen Patriarchen einholen sollten. Da schien Nikolaos einlenken zu wollen:

□ Zu dieser Zeit, als der Patriarch durchaus entschlossen war, den Kaiser zu besänftigen (gefangen wie er war in der Kette seiner eigenen Missetaten), teilte er dem Kaiser täglich alles mit, was die Bischöfe ihm gesagt hatten, stellte dem gegenüber, was er ihnen gesagt hatte, gab seine Meinung ab und machte bekannt, daß er jeden einzelnen der Bischöfe auf seine Seite bringen könnte. So stimmte er zu, am Gründungstag der Großen Palastkirche mit ihm, dem Kaiser, die feierliche Einzugszeremonie durchzuführen, und nicht nur bei dieser Gelegenheit, sondern auch am Feste der Transfiguration des Herrn wolle er ihn in der Kirche empfangen und nicht zurückweisen. Alles das sagte er vor vielen Zeugen, obwohl der friedliebende Kaiser ... den Einzug lieber aufgeschoben hätte ... Doch der Patriarch bestand darauf und sagte: »Ich werde niemanden in Betracht ziehen, noch auf irgend jemanden zählen, weder auf jene von Rom warten, noch auf die aus dem Osten, sondern des Kaisers Einzug garantieren.« Auch würde er ein Buch mit den Schriften des großen Athanasios vorweisen und sich darauf beziehend sagte er: »Wenn der Vater, den die anderen Väter Meister und Lehrer nennen, meint, daß eine dritte Heirat nicht strafwürdig ist, warum sollte ich dann fürchten, eine vierte — nach einer gewissen Buße — für rechtens zu erklären? Es wäre eine sehr schädliche Torheit von mir, in dieser Angelegenheit eine weitere Verzögerung zu versuchen, oder, kurz gesagt, auf irgend einen zu hören oder weiterhin auf die Ankunft der Römer zu warten; vielmehr will ich, was auch immer geschieht, den Kaiser in der Kirche empfangen.« Und das wäre auch geschehen, wenn nicht ein unglückseliger Tölpel die Kirche in Flammen gesetzt und das Feuer geschürt hätte, wie der folgende Bericht melden soll. Nun entstand der Brand auf folgende Weise: Eines Tages sagte der Kaiser Leon zu einigen Kammerherren, zu denen er Vertrauen hatte, daß es ihm ganz unmöglich wäre, den Patriarchen nicht von seinem Sitz zu entfernen. »Denn mein Geist soll nicht mehr auf ihm ruhen« (1. Petr. 4, 14). Wenn ich erst einmal von ihm in der Kirche empfangen worden bin, werde ich ihn sofort denen gegenüberstellen, die über die Affäre mit dem Rebellen Dukas Bescheid wissen und ihn dann unter Anklage des Hochverrats unverzüglich aus der Kirche vertreiben. Denn es ist mir unerträglich geworden, daß ich mich ihm, der mich haßt und mein Feind ist und gegen mich intrigiert, nähern muß, von ihm die Kommunion der heiligen Mysterien zu empfangen, während mein Herz in Zwiespalt und über ihn betrübt ist ... « Aber einer der Zuhörer, Theophylaktos (der »Gottgeschützte«) mit Namen — obwohl eher ungeschützt als gottgeschützt —, verriet alles dem Patriarchen. So überlegte dieser heimlich, was zu tun sei ...

Es war am Tage der Geburt unseres Gottes und Erlösers Jesu Christi, und jedermann kam zur Kirche mit dem heiligen Senat und dem Herrscher selbst, in der Hoffnung, daß er dort empfangen würde. Doch der Patriarch trat ihm am Kaiserportal entgegen, entschuldigte sich und sprach: »Für diesmal möge Eure Majestät, ohne es irgendwie falsch aufzufassen, wie gewöhnlich durch die rechte Seitentür eintreten; und am Epiphaniasfeste mögest du kommen und ohne Vorbehalte empfangen werden. Doch wenn du tyrannisch darauf bestehst (jetzt einzutreten), werden wir alle (der Klerus) die Kirche räumen.« Doch der Kaiser, mit Tränen in den Augen und den heiligen Boden mit seinen Tränen benetzend, zog sich zurück, ohne ein Wort zu sagen ...

(Zwei Wochen später:) Das heilige Fest Epiphanias kam heran und der Patriarch ging nicht wie gewöhnlich am Vorabend zum Palast, das Wasser zu segnen, sondern behauptete als Vorwand, krank zu sein. Am nächsten Tage erschien der Kaiser selbst mit dem heiligen Senat vor der Kirche, um seinen Einzug zu halten, der ihm so oft vom Patriarchen versprochen worden war. Doch der Patriarch ging ihm mit Entschuldigungen entgegen und sagte: »Wenn die Metropoliten ... nicht zustimmen, bin ich machtlos; doch wenn du versuchst, das Gesetz in deine eigenen Hände zu nehmen und einzutreten, werden sowohl ich als auch diese, die bei mir sind, unverzüglich hinausgehen.« Da sagte der Kaiser zu ihm: »Es könnte scheinen, mein Herr Patriarch, daß du so sprichst und handelst, um unsere Majestät zu verhöhnen. Oder erwartest du schon den Rebellen Dukas aus Syrien und verachtest uns in Vertrauen auf jenen?« Als der Patriarch das hörte, stand er sprachlos unter dem kaiserlichen Portal, unfähig, hineinzugehen oder sich davonzumachen. Da aber zeigte sich Kaiser Leon edelmütig und königlich, denn er warf sich zu Boden und nachdem er lange Zeit geweint hatte, stand er wieder auf und sprach zu dem Patriarchen: »Geh hinein, mein Herr, ich will dich nicht hindern. Denn ich leide recht und gerecht wegen der Menge meiner Sünden.« Und mit diesen Worten wandte er sich, ohne von den anderen Abschied zu nehmen, zu der Seitentür, die in die Sakristei führt. Und als die Mitglieder des Senats protestierten und riefen: »Wenn er schon hineingeht, soll er wenigstens als einer von uns eintreten«, hieß er sie mit einer Handbewegung schweigen, betrat die Sakristei und berief wieder die Metropoliten dorthin und fragte sie vieles, und als das heilige Evangelium gelesen worden war, kehrte er inmitten von Verwirrung zum Palast zurück.

Doch als der Patriarch, zur Tafel geladen, sich weigerte zu kommen, schickte der Kaiser ihm den Bescheid: »Komm, mein Herr, wir laden dich nicht zur Kirche ein, sondern zur Tafel, damit du nach dem üblichen Brauch den Tag segnest.« In gleicher Weise sprach er auch mit den Metropoliten, von denen der Erzbischof Arethas und Epiphanios von Laodikeia sich grollend zurückhielten, während die anderen dem Patriarchen folgten. Als sie alle mit dem Kaiser an der Tafel versammelt waren, sprach der Kaiser gegen Ende des Mahles, daß alle es hören konnten, zu dem Patriarchen: »Warum, mein Herr, hast du mich, nachdem du nicht nur ein- oder zweimal, sondern öfters eingewilligt hat, mich in der Kirche zu empfangen, jetzt wieder zurückgewiesen und dadurch die Worte, die von deinen Lippen kamen, Lügen gestraft? Denn du hast mir kürzlich gesagt: ›Wenn Rom und Antiocheia die Lizenz geben, und mit ihnen Alexandreia und Jerusalem, gibt es niemanden, der dich am Eintritt in die Kirche hindert, oder daran, an den heiligen Mysterien teilzunehmen.‹ Und außerdem habe ich Gesandte geschickt und in aller Wahrheit und Gottesfurcht den Patriarchen die Dinge geschrieben, die mir zugestoßen sind und ich habe erfahren, daß sie zu Mitleid, Anteilnahme und Verständnis bewegt worden sind. Nun sind meine Gesandten unterwegs mit den Legaten, die diese Lizenz für meine Angelegenheit bringen. Durch Schreiben der örtlichen Militärgouverneure habe ich darüber Sicherheit ... «. (Vita Euth.) □

Mit der sicheren Nachricht über den positiven Bescheid aus Rom war nun für Leon die Stunde der Abrechnung mit Nikolaos gekommen. Der Patriarch wurde zum Rücktritt gezwungen und mußte im kalten Winter zu Fuß den Weg in die Verbannung antreten. Als sein Nachfolger wurde der alte Euthymios berufen. Dieser krönte 911 den sechsjährigen Kronprinzen Konstantin zum Mitkaiser. Leon »der Weise« hatte sein Ziel erreicht; er hatte sich gegen Gott und die Welt einen Sohn ertrotzt, hatte ihn gegen alle Widerstände legalisiert und nun auch seine Krönung erzwungen. Er konnte zufrieden sein, denn die Dynastie war damit gesichert. Noch nicht ein Jahr später starb er im Alter von 45 Jahren. Der Streit aber, den er heraufbeschworen, war noch nicht zu Ende.

Nach Leons Tod fiel die Regierung zum Schaden des Reiches an seinen Bruder Alexander, der sich verständlicherweise für den einzigen legitimen Vertreter der Dynastie hielt. Er schickte Zoe ins Kloster und nur durch den Einspruch des Senats konnte er daran gehindert werden, den Knaben Konstantin, in dem er nichts als einen Bastard sah, kastrieren zu lassen. Er berief aber sofort den exilierten Nikolaos Mystikos nach Kon-

Kaiser Alexander (912–13)

stantinopel zurück, Euthymios verschwand in einer Klosterzelle, nachdem man ihn unter Mißhandlungen zum Verzicht auf das Patriarchat gezwungen hatte. Der Chronist berichtet, daß im Verlauf dieser Tätlichkeiten beträchtliche Teile seines ehrwürdigen Patriarchenbartes in den Fäusten seiner Gegner verblieb. — Nikolaos bestieg zum zweiten Male den Patriarchenstuhl und mit ihm triumphierte seine Anhängerschaft, die »Nikolaiten« über die »Euthymianer«. Diese bekamen allerdings wieder Auftrieb, als nach einem Jahr Alexander starb und Nikolaos die Vormundschaft über Konstantin übernahm, denn die Kaiserin Zoe erzwang sich die Rückkehr an den Hof und übernahm selbst die Regentschaft. Nikolaos wurde nur mit Rücksicht auf seinen mächtigen Anhang auf dem Patriarchenstuhl gelassen. Erst 920, Zoe war schon wieder im Kloster eingesperrt und Euthymios gestorben, fand das zeitweilig in blutige Verfolgungen ausgeartete Schisma ein Ende. Auf einem Konzil in Konstantinopel wurde eine vierte Heirat grundsätzlich verurteilt und man ließ Leons Ehe mit Zoe als einmalige Ausnahme gelten. Der von Nikolaos verfaßte »Tomus unionis« wurde von allen Parteien unterzeichnet; sie hatten einsehen müssen, daß es besser war, den Hader zu begraben, denn dem Reich drohten Gefahren, die alles andere überschatteten.

Der verhängnisvollste Mißgriff, den Alexander während seiner kurzen Regierungszeit zu tun Zeit gefunden hatte, war seine Weigerung, den Bulgaren den Tribut weiterzu-

zahlen, zu dem sich Byzanz nach der Niederlage von Bulgarophygon 896 verpflichtet hatte. Symeon rüstete sofort zum Kriege und marschierte mit seinen Truppen auf Konstantinopel. Der Bulgarenfürst hatte die Zwischenzeit nicht ungenutzt verstreichen lassen. Es war ihm gelungen, seinen Machtbereich bis zur Adria auszudehnen und die Südgrenze seines Reiches bis nach Epiros und in Makedonien bis dicht an die Mauern von Thessalonike vorzuschieben. Die Verwaltung seines Staates war nach byzantinischem Muster organisiert, Wirtschaft und Kultur standen auf einer Höhe, wie sie Bulgarien bis dahin noch nicht erlebt hatte. Symeons Ehrgeiz aber ging weiter und nichts konnte ihm willkommener sein, als die durch Alexanders Torheit heraufbeschworene Auseinandersetzung mit Byzanz. Ohne die Folgen seines Leichtsinns noch erfahren zu haben, starb Alexander im Juli 913, zwei Monate später stand Symeon unter den Mauern der Hauptstadt. Er hätte kaum zu einem für Byzanz ungelegeneren Zeitpunkt erscheinen können; die Regierung führte ein Regentschaftsrat unter dem Patriarchen Nikolaos, der gerade vollauf damit beschäftigt war, den Thron des 8jährigen Kaisers Konstantin gegen den Usurpationsversuch des Gardegenerals Konstantinos Dukas zu verteidigen. Dukas hatte sich schon des Palastes bemächtigt, als er und seine Anhänger in blutigen Straßenkämpfen überwunden werden konnten. Nikolaos, dem gelehrten Kirchenmann, oblag nun die Abwehr des weit gefährlicheren Gegners vor den Mauern. Da er über eine ausreichende Streitmacht nicht verfügte, tat er das Klügste, was er in dieser Lage tun konnte; die Verteidigung wurde so gut es ging organisiert und im übrigen verließ man sich auf die so oft erwiesene Unbezwinglichkeit des gigantischen, dreifachen Mauerringes. Tatsächlich sah sich Symeon außerstande, die Stadt, das ersehnte Ziel seines Ehrgeizes, in Besitz zu bringen, andererseits gab es aber auch für die Byzantiner keine Möglichkeit, das bulgarische Heer durch militärische Mittel zum Abzug zu zwingen. Nach dem strategischen Unentschieden mußten also beide Seiten versuchen, durch Verhandlungen ihrem Ziele näherzukommen. Symeon bat um eine Unterredung und wurde unter unerhörtem Prunk in die Stadt seiner hochfliegenden Träume geleitet und vom Patriarchen und dem jungen Kaiser empfangen. Der Khan zögerte nicht, seine Forderungen auf den Tisch zu legen: Die Kaiserkrone aus der Hand des Patriarchen und die Heirat seiner Tochter mit dem jungen Konstantin VII. Als Mitkaiser und Schwiegervater des unmündigen Herrschers hätte Symeon sein Ziel fast erreicht, das ihm vorschwebte, nämlich die Schaffung eines neuen römisch-byzantinischen Reiches auf slawisch-bulgarischer Grundlage.
Der Patriarch glaubte, Symeons Forderungen nicht zurückweisen zu können. Er stimmte dem Heiratsplan zu und krönte Symeon, wenn auch nicht zum Mitkaiser, so doch zum »Zaren« von Bulgarien. Trotz dieser Einschränkung, die er nur als vorläufig betrachtete, gab sich Symeon zufrieden und kehrte mit seinem Heer triumphierend nach Preslav zurück; er sah keinen Grund, die Dinge zu überstürzen, die er in einem nächsten Anlauf mit Leichtigkeit zu erringen gedachte.
In Byzanz löste die Nachgiebigkeit des Patriarchen allerdings tiefe Bestürzung und heftigen Protest aus. Die energische Zoe, unterstützt von einem nicht unbeträchtlichen Anhang kaisertreuer Gefolgsleute, trat auf den Plan, schob Nikolaos beiseite und übernahm selbst die Regentschaft. Symeon wurde mitgeteilt, daß er sich keine Hoffnungen auf die Verwirklichung seines Heiratsplanes machen solle und daß man die Kaiserkrönung nicht als gültig betrachte, gleichzeitig wurden umfangreiche Vorbereitungen zum Kriege gegen Bulgarien getroffen. Man schloß Frieden mit den Arabern, verlegte die kleinasiatischen Truppen nach Europa, trat in Verhandlungen mit den Petschenegen und schloß ein Bündnis mit ihnen. Das Heer wurde dem Oberbefehl des Leon Phokas unterstellt, die Flotte dem tüchtigen armenischen Emporkömmling Romanos Lakapenos. Es war höchste Zeit — Symeon eroberte die Stadt Adrianopel und verwüstete Thrakien und Makedonien. 917 marschierte das byzantinische Heer unter Leon Phokas die Küste des Schwarzen Meeres entlang nach Norden, um von dort direkt in das Zentrum des Bulgarenreiches mit der Stadt Preslav vorstoßen zu können. Da kam die böse Nachricht, daß die Petschenegen, die den Bulgaren in den Rücken fallen sollten, wieder umgekehrt waren. Schlimmer aber war, daß Leon Phokas dem Großadmiral ebenso

wenig traute, wie dieser dem Phokas. Jeder verdächtigte den anderen, in einem geeigneten Augenblick die Herrschaft an sich reißen und den Thron usurpieren zu wollen. Daher waren beide mehr damit beschäftigt, den Rivalen im Auge zu behalten, als den Feind.

□ Da brachte einer von der Leibwache Leon die Nachricht, der Admiral Romanos habe die Anker gelichtet und segele in voller Fahrt mit günstigem Wind gegen Byzanz, da es ihn nach der Alleinherrschaft gelüste. Bestürzt über diese Unglücksbotschaft soll Leon die Kampfreihen aufgelöst, den Mysern (Bulgaren) den Rücken gekehrt haben und in die Hauptstadt geeilt sein, in der Hoffnung, daß es ihm vielleicht gelänge, der Landung des Romanos zuvorzukommen und die Herrschaft über das Reich an sich zu reißen. Als aber Symeon die unbegründete und überraschende Flucht der Rhomäer gesehen habe, sei er zunächst in Zweifel gewesen, ob es sich nicht doch nur um eine tückische Kriegslist handle, die den nachfolgenden Mysern verderblich werden könnte. Bald jedoch habe er sich überzeugen können, daß sie ihren Rückzug nach Kräften beschleunigten, und habe sie während der Verfolgung erbarmungslos niedergemetzelt. Noch jetzt (80 Jahre später) sind bei Anchialos, wo das Rhomäerheer damals auf der Flucht unrühmlich vernichtet wurde, ganze Haufen von Gebeinen zu sehen. (L. Diak.) □

Romanos gewann das Wettrennen und war nun vollauf beschäftigt, seine Pläne voran zu treiben. Während in Konstantinopel Intrige gegen Intrige und Beschuldigung gegen Beschuldigung ausgespielt wurde, hatte Symeon freie Hand. Kaum behindert durchzog er das Reichsgebiet, brach in Nordgriechenland ein und stieß bis zum Golf von Korinth vor, dann bekämpfte er die Serben und trat überall als »Kaiser der Bulgaren und Rhomäer« auf. Auf dem Schlachtfeld unbesiegt, aber doch unfähig, sich der kaiserlichen Stadt zu bemächtigen, blieben seine Siege letztlich fruchtlos. Zudem entwickelten sich in Konstantinopel die Dinge vollständig anders, als er es erwartet hatte. Romanos Lakapenos hatte es verstanden, sich immer mehr nach vorn zu schieben, die Anhänger der Zoe-Partei nach und nach auszuschalten und schließlich hatte er das Glück, daß sich der inzwischen 15jährige Konstantin in seine schöne Tochter Helena verliebte. 919 wurde die Ehe geschlossen und Romanos, wie einst der Schwiegervater Leons VI., Zautzes, mit dem Titel »Basileopator« geschmückt. Gegen Ende des Jahres 920 wurde er dann zunächst zum Caesar und schließlich zum Mitkaiser ernannt. Zoe verschwand im Kloster und Byzanz hatte endlich den so dringend notwendigen kraftvollen Herrscher, freilich nicht den rechtmäßigen. Der legitime Herrscher Konstantin VII. fristete weiterhin ein wenig beachtetes Dasein im Palast und konnte sich noch glücklich schätzen, daß sein allmächtiger Schwiegervater ihn nicht kurzerhand beseitigte. Diese lobenswerte Milde entsprang nun weniger seiner Menschlichkeit als der Einsicht, daß er, der Usurpator, mit dem heftigsten Widerstand der Öffentlichkeit zu rechnen hatte, wenn er etwas Unrechtes gegen den letzten Sproß der ruhmreichen Makedonischen Dynastie unternehmen würde. Das hinderte Romanos aber nicht, für alle Fälle auch seine Söhne zu Mitkaisern zu krönen, zuerst Christophoros und wenig später Stephanos und Konstantinos. Der jüngste Sohn, Theophylaktos, war für die geistliche Laufbahn vorgesehen und sollte einmal das Patriarchenamt übernehmen. So hatte auch Basileios seinerzeit die Nachfolgefrage geregelt.

Wie bei allen Usurpatoren, die sich nicht auf das Legitimitätsprinzip berufen können, war die Herrschaft des Romanos I. Lakapenos von seinen Erfolgen abhängig. Er wurde geduldet, weil man von ihm die dem Reiche dringend notwendige Hilfe erwarten konnte. Er enttäuschte diese Erwartungen nicht. Wie einstmals der Bauernsohn Basileios besaß auch dieser armenische Parvenu die naturgegebenen Talente, die ihn befähigten, das raffinierte Spiel der Diplomatie ebenso vollendet zu spielen, wie im richtigen Moment mit Energie zur Tat zu schreiten. Niemals waren seine Maßnahmen Stückwerk; mit Zähigkeit und Beharrlichkeit verfolgte er seine festgesteckten Ziele.

In Konstantinopel war Romanos' Aufstieg zur Kaiserwürde ohne große Widerstände vor sich gegangen. Der, dem diese Vorgänge einen ungeheuren Schlag versetzten, saß in Preslav. Symeon sah sich um die Früchte seiner jahrelangen Bemühungen betrogen und er dachte nicht daran, sich mit dem Geschehenen abzufinden und es als vollendete

Tatsache hinzunehmen. Dem Patriarchen Nikolaos hatte er 913 sichere Zusagen abgehandelt, der Versuch Zoes, ihn militärisch zu überwinden, war kläglich gescheitert und Symeon hatte gelaubt, daß ihm das Kaisertum in absehbarer Zeit zufallen müsse. Und nun hatte ihm kurz vor dem Ziel dieser armenische Emporkömmling den Rang abgelaufen, hatte die Krone errungen und war Schwiegervater des jungen Kaisers geworden. Romanos selbst war sich völlig darüber im klaren, welcher Art die Reaktion des Bulgarenzaren sein würde.

Symeon brach sofort in das byzantinische Territorium ein und fand kaum Widerstand, denn die Folgen der Katastrophe von 917 waren noch nicht überwunden. Makedonien und Thrakien wurden abermals verwüstet, wieder fiel Adrianopel in die Hand des rachelüsternen Bulgarenherrschers. Freilich wußte dieser sehr gut, daß ihn die Eroberung noch so großer Gebiete keinen Schritt seinem Ziele, der Herrschaft über Byzanz, näherbringen konnte, solange er es nicht vermochte, Konstantinopel in seinen Besitz zu bringen. Der Erfahrungen von 913 eingedenk, plante er, sich durch ein Bündnis mit den Arabern der Unterstützung der starken ägyptischen Flotte zu versichern, die die Stadt von der Seeseite her angreifen sollte. Als Symeon 924 wieder vor den Mauern von Konstantinopel stand, war allerdings von der arabischen Flotte weit und breit nichts zu sehen: byzantinisches Gold hatte die arabischen Seefahrer von den Annehmlichkeiten der heimatlichen Häfen vollständig überzeugt. Und auch in Symeons Rücken war die byzantinische Diplomatie aktiv. König Tomislav von Kroatien war ein Freund der Byzantiner geworden und hatte von dieser Freundschaft nicht wenig profitiert, denn Byzanz übertrug ihm die Verwaltung der dalmatinischen Städte. In Serbien griff byzantinischer Einfluß ebenfalls immer mehr um sich und unter dem Fürsten Zacharias schwenkte es ganz in das byzantinische Fahrwasser. Eine nach Serbien entsandte bulgarische Armee wurde geschlagen. So stand Symeon zwar vor Konstantinopel, war aber so weit wie je von seinem Ziel entfernt. Er erbat eine Unterredung mit Kaiser Romanos und dieser empfing ihn mit einer väterlich-vorwurfsvollen Mahnrede:

□ »Ich kenne dich als frommen Menschen und wahren Christen, aber ich sehe, daß die Werke mit den Worten nicht übereinstimmen. Denn es gehört sich für einen frommen und christlichen Menschen, für den Frieden und die Liebe zu wirken, da gesagt wird, daß Gott die Liebe ist, und daß den Unfrommen und Ungläubigen die Freude am Morden und unrecht vergossenem Blut eigen ist. Wenn du ein rechter Christ bist, wie wir erfahren haben, mach ein Ende mit dem unrechten Morden und dem verbrecherischen Blutvergießen und schließe mit uns Christen Frieden, der du auch ein Christ bist und heißt, und beflecke nicht die Hand der Christen mit dem Blute gleichgläubiger Christen. Auch du bist ein Mensch, den der Tod erwartet und die Auferstehung und der Spruch der Gerechtigkeit und die Vergeltung. Und wie du heute lebst, so bist du morgen zu Staub zerfallen, ein Fieber wird den Atem löschen. Wie wirst du dich vor Gott verantworten und dein unrechtes Gemetzel? Mit welcher Miene wirst du dem furchtbaren und gerechten Richter ins Auge sehen? Wenn du Reichtümer willst, dann werde ich dich mit allem, was du wünschst, in Fülle versehen; nur beherrsche deine rechte Hand! Bewahre den Frieden, liebe die Eintracht, auf daß auch du ein friedliches Leben führest, unblutig und ruhig, und die Christen werden dem Unheil und dem Hinmorden der Christen ein Ende machen; denn es ist nicht recht, daß sie die Waffen gegen die Glaubensbrüder erheben.« Nachdem der Kaiser alles das gesagt hatte, schwieg er und weil Symeon sich wegen seiner Schwäche und wegen der Worte des anderen schämte, willigte er ein, Frieden zu schließen. Nachdem sie sich geküßt hatten und Symeon vom Kaiser kostbare Geschenke empfangen hatte, verabschiedeten sie sich. (Th. cont. VI.) □

Symeon sah seine Illusionen zerstört. Die Ereignisse auf dem Balkan zwangen ihn, von Byzanz abzulassen und sich nach Norden zu wenden, wo ihn wenige Jahre später sein Schicksal ereilte. Es gelang ihm zwar noch, Serbien zu unterwerfen und mit unerhörten Grausamkeiten und Verwüstungen zu strafen. Damit aber erreichte er die Grenzen des byzantinerfreundlichen Kroatenreiches, so daß der Konflikt mit König Tomislav nicht ausbleiben konnte. Die bulgarische Armee rückte in Kroatien ein, wurde aber von Tomislav vollständig vernichtet. Wenig später starb Symeon (Mai 927), der über dreißig Jahre lang dem Kaiserreich schwersten Schaden zugefügt hatte, letztlich aber mit seinem Ehrgeiz an der Unüberwindlichkeit der Hauptstadt scheitern mußte. — Mit Symeons schwachem Sohn und Nachfolger Peter schloß Romanos I. einen Frieden, der über sechzig Jahre lang anhielt. Der »Basileus«-Titel, selbstverständlich auf Bulgarien beschränkt, wurde Peter belassen, dieser selbst erhielt eine Enkelin des Kaisers zur Frau und wurde dadurch an das byzantinische Herrscherhaus gebunden. Sogar zu regelmäßigen Tributzahlungen verpflichtete sich der Kaiser. Der Frieden war beiden Seiten hochwillkommen. Zar Peter hatte mit inneren Schwierigkeiten zu kämpfen; sein Reich war durch die dauernden Kriege geschwächt und ausgeblutet, die erste zaghafte Blüte einer bulgarischen Kultur war vor ihrer vollen Entfaltung geknickt, Handel und Wandel lagen darnieder. Die Krisenstimmung begünstigte die Verbreitung der Bogomilensekte: ihre diesseitsfeindliche, streng dualistische Lehre fand in den Herzen der von Not geplagten einfachen Bevölkerung ein immer stärker werdendes Echo. Alle Unterdrückungsversuche von seiten der Kirche oder des Staates konnte die Gemeinden der »Gottesfreunde« nicht zum Verschwinden bringen. Auch militärisch kam Peters Reich nicht zur Ruhe, wiederholte Einfälle der Petschenegen und Ungarn brachten es an den Rand des Zusammenbruchs.

Den Byzantinern gewährte der Frieden von 927 freie Hand im Osten. Seit Jahren schon kämpfte hier der hervorragende Feldherr Johannes Kurkuas gegen die Araber, hatte aber keine entscheidenden Fortschritte machen können, da der größte Teil der Streitkräfte dauernd im Westen gebunden war. Das wurde nun anders. In den folgenden rund 15 Jahren wurde die Ostgrenze des Reiches bis zum Tigris vorgeschoben, Armenien, und Georgien vom islamischen Druck befreit und die byzantinische Herrschaft im Osten wieder zu höchstem Ansehen gebracht.

Hauptgegner des Kurkuas waren die Hamdaniden in Syrien, eine Dynastie, die sich unter Ausnutzung der Schwäche der abbassidischen Kalifen von Bagdad eine selbständige, starke Herrschaft geschaffen hatte. Die syrischen Emire hatten sich in ihren Hauptstädten Mossul und Aleppo Residenzen von märchenhaftem Luxus geschaffen und herrschten machtvoll von Armenien und Mesopotamien bis Syrien. Kurkuas erster Vorstoß richtete sich nach Osten, 931 eroberte er die wichtige Festung Melitene und unterwar die Provinzen am oberen Euphrat. Von nun ab übernahm Byzanz die Führung in allen Feldzügen und Kämpfen, die trotz einzelner Rückschläge doch im ganzen erfolgreich waren. Der Hamdanide Saif-ad-Daulah, Emir von Aleppo, hatte den größten Teil der Last des Kampfes zu tragen, doch war er ein Mann, dem es weder an Mut und Verwegenheit, noch an Ausdauer fehlte, den Kampf gegen Kurkuas aufzunehmen. Er konnte aber nicht verhindern, daß im Laufe der 40er Jahre eine große Zahl der wichtigsten Städte seines Emirats sich dem Ansturm des byzantinischen Feldherrn ergeben mußte. Nacheinander fielen Martyropolis, Amida, Dara, Nisibis und 944 stand Kurkuas vor der großen, wohlbefestigten Stadt Edessa, die in ihren Mauern eine kost·

Kaiser Romanos I. (920—44) empfängt das Mandilion

bare Reliquie, das »Mandilion« barg. Der Legende nach hatte einst Christus dem König von Edessa, Abgar, ein Tuch mit dem durch Abdruck entstandenen Bild seines Antlitzes zugesandt, welches seitdem in der Stadt aufbewahrt wurde. Durch Verhandlungen gelang es, die Araber zur Herausgabe des Heiligtums zu bewegen, woraufhin Kurkuas die Belagerung abbrach und nach Konstantinopel zurückkehrte. Dort wurde er und die heilige Reliquie mit prächtigen Feierlichkeiten und gewaltigem Jubel empfangen. Von Kaiser Romanos allerdings erntete der erfolgreiche Feldherr keinen Dank; er begann die Beliebtheit seines Domestikos zu fürchten und entsetzte ihn seines Amtes.
In der Zwischenzeit waren die Russen wiederum vor Konstantinopel erschienen. Im Reich von Kiew war nach Olegs Tod der Rurikide Igor (912—945) zur Herrschaft gelangt. Trotz der Schwierigkeiten in seinem Reich riskierte er 941 einen Zug über das Schwarze Meer, hatte doch die Pracht der Hauptstadt »Zargrad« und ihr Reichtum, von dem in den Hütten der russischen Steppe die phantastischsten Legenden umgehen mochten, ihre Anziehungskraft auf die Barbaren noch keineswegs verloren. Die altrussische Chronik berichtet über das Unternehmen nur kurz:

□ Igor zog gegen die Griechen. Und die Bulgaren schickten Nachricht an den Kaiser, daß die Russen gegen Zargrad zögen mit 10 000 Booten. Die kamen herangefahren und begannen Bithynien zu verheeren und plünderten die Küsten am Pontos bis Herakleia und Paphlagonien hin und verheerten die ganze Gegend von Nikomedia und verbrannten den ganzen Sud. Von denen, die sie gefangen nahmen, kreuzigten sie die einen, andere stellten sie als Zielscheiben auf und schossen nach ihnen; anderer ergriffen sie, banden ihnen die Hände auf dem Rücken zusammen und schlugen ihnen eiserne Nägel in den Kopf. Viele heilige Kirchen übergaben sie dem Feuer, Klöster auch und Ansiedlungen verbrannten sie und erbeuteten nicht wenig Habe auf beiden Seiten des Sud. Als dann aus dem Osten das Heer herangekommen war, Pantherios Domestikos mit 40 000 Mann, Phokas Patrikios mit den Makedonen, Theodoros Stratelates mit den Thrakern und mit ihnen auch bojarische (adlige) Würdenträger, schlossen sie die Russen vollkommen ein. Da hielten die Russen Rat und gingen bewaffnet gegen die Griechen vor: und es entstand zwischen ihnen ein erbitterter Kampf, und mit Mühe nur siegten die Griechen. Die Russen aber kehrten gegen Abend zu ihrer Druschina zurück, bestiegen nachts ihre Boote und fuhren davon. Theophanes aber begegnete ihnen auf Chelandien mit Feuer und begann durch Röhren auf die russischen Boote Feuer zu schleudern: da gab es ein schreckliches Schauspiel. Als die Russen die Flammen sahen, warfen sie sich ins Meer, um sich zu retten: und so kehrte der Rest in die Heimat zurück. Als die in ihr Land gekommen waren, erzählte ein jeder den Seinen von dem Geschehnis und dem Schiffsfeuer: »Blitze, wie sie am Himmel sind, haben die Griechen bei sich, und das auf uns loslassend, verbrannten sie uns; und darum konnten wir sie nicht besiegen.« (Nest.) □

Tatsächlich waren die Griechen durch den unerwarteten Angriff in ärgste Bedrängnis geraten. Die kaiserliche Flotte war bei Kreta gebunden, die Armee focht in Syrien. Durch Feuertelegraphen wurden Kurkuas und seine Armee sofort nach Konstantinopel beordert und in Eilmärschen marschierte man zum Bosporus. Die kleine in Konstantinopel befindliche Flotte von nur 15 Chelandien (Kriegsschiffe) kämpfte mit äußerster Tapferkeit unter Führung des Admirals Theophanes. Was das »griechische Feuer« nicht vernichtete, wurde in Bithynien von Kurkuas Truppen überfallen und ins Meer getrieben. Igor entkam mit Not, seine Niederlage war vollkommen. Die durch die unerhörten Greuel der Barbaren erbitterten Rhomäer töteten die gefangenen Russen bis auf den letzten Mann.
Doch der Unternehmungsgeist und der Mut Igors waren noch nicht gebrochen.

□ Igor sammelte ein großes Heer, Waräger, Russen und Poljanen und Slowenen und Krivischen und Tivercen, und warb Petschenegen an und nahm Geiseln von ihnen; und er zog in Booten und zu Pferd wider die Griechen, da er sich rächen wollte (944). Als das die Leute von Korsun (Cherson auf der Krim, in byzantinischem Besitz) hörten, schickten sie zu Romanos und sprachen: »Die Russen kommen, unzählige Schiffe, das Meer haben sie mit Schiffen bedeckt.« Desgleichen schickten auch die Bulgaren Kunde und sagten: »Die Russen kommen und haben die Petschenegen für sich angeworben.« Als das der Kaiser hörte, schickte er die vornehmsten Bojaren zu Igor, bittend und sprechend: »Ziehe nicht weiter, sondern nimm den Tribut, den Oleg empfing; und ich will diesen Tribut noch vergrößern.« Desgleichen schickte er auch den Petschenegen Pavoloken und viel Gold. Da rief Igor, als er an die Donau gekommen war, seine Druschina zusammen und hub an mit ihr zu beraten, und erzählte ihnen, was der Kaiser gesagt hatte. Da sprach Igors Druschina: »Wenn der Kaiser also redet, was wollen wir denn mehr, da wir ohne Kampf Gold und Silber und Pavoloken bekommen? Wer kann denn wissen, wer siegen wird, wir oder sie? Oder wer hat mit dem Meere einen Bund geschlossen? Denn siehe, wir ziehen nicht über Land, sondern über die Tiefe des Meeres. Und gemeinsam ist allen der Tod.« Und Igor hörte auf sie und befahl den Petschenegen, Bulgarien zu verheeren; er selbst nahm von den Griechen Gold und Pavoloken, auch für alle seine Krieger, kehrte um und kam nach Kiew heim. (Nest.) □

Im nächsten Jahr wurde zwischen Igor und Romanos ein neuer Handelsvertrag abgeschlossen, der eine für Byzanz günstigere Neufassung des mit Oleg geschlossenen Vertrages von 911 darstellt.

□ Wir Gesandten und Kaufleute vom Volk der Russen: ... gesandt von Igor, dem russischen Großfürsten und der ganzen Fürstenschaft und von allem Volk des russischen Landes. Und von diesen ist uns anbefohlen, den alten Frieden zu erneuern, der von dem das Gute hassenden und die Zwietracht liebenden Teufel seit vielen Jahren zerstört ist, und die Freundschaft zwischen Griechen und Russen zu befestigen.

Und unser Großfürst Igor und seine Fürsten und Bojaren und das ganze russische Volk haben uns zu Romanos und Konstantinos und Stephanos, den großen griechischen Kaisern geschickt, Freundschaft zu schließen mit den Kaisern selbst und mit der ganzen Bojarenschaft und dem ganzen griechischen Volk für alle Zeiten, so lange die Sonne scheint und die Welt steht. Und wer von russischer Seite die Freundschaft zu stören gedenkt, alle so die Taufe empfangen haben, sollen Strafe empfangen von Gott, dem Allherrscher, Verdammnis in diesem Leben und im zukünftigen; alle aber, die nicht getauft sind, sollen keine Hilfe haben von Gott oder von Perun: ihre eigenen Schilde sollen sie nicht beschützen, durch ihre eigenen Schwerter und durch ihre Pfeile und ihre übrigen Waffen sollen sie fallen und Sklaven sein in diesem Leben und im zukünftigen.

Der russische Großfürst und seine Bojaren sollen nach Griechenland zu den großmächtigen griechischen Kaisern Schiffe senden, so viel sie wollen, mit Gesandten und Kaufleuten. Wie für sie festgesetzt ist, trugen die Gesandten goldene Siegel, die Kaufleute aber silberne; jetzt aber hat unser Fürst erkannt, eine Urkunde an unsere Majestät zu senden. Die von ihnen abgesandt werden als Gesandte und Kaufleute, sollen die Urkunde beibringen, in der also geschrieben steht: soviel Schiffe habe ich abgesandt; und so werden wir wissen, daß sie in friedlicher Absicht kommen. Wofern sie ohne Urkunde kommen, sollen sie uns übergeben werden, daß wir sie festhalten und verwahren, bis unser Fürst davon in Kenntnis gesetzt ist. Wenn sie sich nicht unterwerfen und Widerstand leisten, sollen sie erschlagen werden, und ihr Tod soll von eurem Fürsten nicht geahndet werden; wenn sie aber entfliehen und nach Rußland kommen, werden wir an euren Fürsten schreiben, und er wird mit ihnen verfahren, wie es ihm beliebt. Wenn die Russen ohne Kaufmannsgut herkommen, sollen sie den Monatsunterhalt nicht bekommen. Der Fürst soll seinen Gesandten und den hierherkommenden Russen verbieten, in den Dörfern und in unserem Lande Schaden anzurichten. Und wenn sie hier anlangen, sollen sie beim heiligen Mamas wohnen; dann soll unsere kaiserliche Majestät schicken, daß man eure Namen aufschreibe, und dann werden sie ihren Monatsunterhalt bekommen, die Gesandten den Botenunterhalt und die Kaufleute den Monatsunterhalt, zuerst die von der Stadt Kiew, sodann die von Tschernigov und Perejaslavl. Und sie sollen mit einem kaiserlichen Aufseher durch ein bestimmtes Tor in die Stadt kommen, unbewaffnet, je 50 Mann, und Handel treiben, wie es ihnen erforderlich ist, und sollen wieder zurückkehren. Und der Aufseher eurer kaiserlichen Majestät soll sie schützen. Und wenn ein Russe oder ein Grieche Unrecht tut, soll er es wieder gut machen. Die in die Stadt kommenden Russen sollen keine Ungesetzlichkeiten verüben, und sie dürfen Pavoloken nicht für mehr als für 50 Zolotnik kaufen. Und wer Pavoloken kauft, soll sie dem kaiserlichen Aufseher vorzeigen, der siegelt sie und folgt sie ihnen aus. Und wenn die Russen von hier abziehen, werden sie von uns die Nahrung erhalten, die sie für die Reise brauchen, und was die Boote brauchen, wie das früher festgesetzt ist, und so sollen sie heil in ihr Land zurückkehren. Aber beim hl. Mamas dürfen sie nicht überwintern.

Wenn ein Sklave aus Rußland entflieht, und man kommt in das Land eurer kaiserlichen Majestät ihn zu holen, oder wenn er vom heiligen Mamas entläuft und man findet ihn, so soll man ihn ergreifen. Wenn er nicht aufgefunden wird, sollen unsere christlichen Russen gemäß ihrem Glauben einen Eid leisten, die Nichtchristen aber gemäß ihrem Brauch, und dann bekommen sie von uns seinen Preis, wie früher festgesetzt ward, zwei Pavoloken für den Sklaven.

Wenn einer von den Leuten eurer kaiserlichen Majestät oder einer aus eurer Stadt oder aus anderen Städten zu uns oder einer unserer Sklaven zu euch flieht und etwas mitbringt, so soll man ihn zurückgeben, und wenn das, was er mitbrachte, ganz unversehrt ist, soll man für ihn zwei Zolotnik erhalten.

Wenn es sich ereignet, daß ein Russe einem Griechen oder ein Grieche einem Russen etwas stiehlt, ziemt es sich, nicht nur die Sache selbst, sondern auch ihren Wert zurückzuerstatten. Wenn das Gestohlene sich als verkauft erweist, soll er dessen Wert doppelt erstatten und nach griechischem Gesetz und griechischer Verordnung und nach russischem Brauch bestraft werden.

Wenn die Russen christliche Gefangene aus unserem Lande herbringen, wenn es ein Jüngling oder ein gutes Mädchen ist, so soll man 10 Zolotnik geben und ihn nehmen; ist es einer von mittlerem Alter, so soll man 8 Zolotnik geben und ihn nehmen; ist er alt oder ein Kind, so soll man 5 Zolotnik geben.

Wenn sich Russen bei Griechen als Sklaven dienend finden, wenn es Gefangene sind, können die Russen sie für 10 Zolotnik loskaufen; hat ihn der Grieche gekauft, so soll er schwören, daß er seinen Preis nehme, wieviel er für ihn bezahlt hat.

Vom Korsuner Lande. Soviel Städte in diesem Lande sind, dem russischen Fürsten soll es nicht erlaubt sein, in diesen Gebieten Krieg zu führen, und dieses Land soll euch nicht untertan sein. Dann, wenn der russische Fürst uns um Krieger bittet, sollen wir ihm geben, wieviel er braucht.

Und darüber: Wenn die Russen an irgendeiner Stelle eine gestrandete griechische Galeere finden, sollen sie ihr keinen Schaden tun. Wenn jemand etwas von ihr wegnimmt oder einen Menschen in Sklaverei wegführt oder tötet, der soll nach russischem und griechischem Gesetz bestraft werden.

Wenn die Russen in der Dnjeprmündung Leute von Korsun beim Fischfang antreffen, sollen sie ihnen nichts Böses antun.

Und die Russen sollen nicht befugt sein, in der Dnjeprmündung, in Beloberezje, auch nicht beim hl. Eleutherios zu überwintern; sondern wenn der Herbst kommt, sollen sie nach Rußland zurückkehren.

Und darüber: Wenn die Schwarzen Bolgaren (turkotatarischer Volksstamm zwischen Don und Dnjepr) kommen, das Korsuner Land zu verwüsten, verlangen wir vom russischen Fürsten, er solle nicht zulassen, daß sie dem Lande Schaden tun.

Wenn es sich ereignet, daß irgendein Verbrechen seitens der unter der Herrschaft unserer kaiserlichen Majestät stehenden Griechen geschieht, sollt ihr nicht das Recht haben, sie zu strafen, sondern auf Befehl unserer kaiserlichen Majestät soll er gemäß seiner Tat bestraft werden.

Tötet ein Christ einen Russen oder ein Russe einen Christen, so soll der Mörder von den Verwandten des Ermordeten ergriffen werden, und man soll ihn töten.

Wenn der Mörder entspringt und entflieht, so sollen, wenn er Besitz hat, die Verwandten des Ermordeten seinen Besitz nehmen. Hat der Mörder keinen Besitz und entweicht, so soll man ihn suchen, bis man ihn findet; wenn er gefunden wird, soll er getötet werden.

Wenn ein Russe einen Griechen oder ein Grieche einen Russen mit Schwert oder Speer oder irgendeiner Waffe schlägt, soll er für dieses Vergehen nach russischem Brauch fünf Pfund Silber zahlen. Wenn er keinen Besitz hat, soll so viel wie möglich verkauft werden, und sogar die Kleider, in denen er geht, sollen ihm abgenommen werden; außerdem soll er gemäß seinem Glauben einen Eid leisten, daß er nichts besitze, und dann soll er freigelassen werden.

Wird unsere kaiserliche Majestät von euch Krieger gegen unsere Feinde fordern und an euren Großfürsten schreiben, so wird der uns so viel schicken, wie wir wollen: und daraus werden die anderen Länder erkennen, welche Freundschaft Griechen und Russen untereinander haben.

Diesen Vertrag haben wir auf zwei Pergamenten niedergeschrieben ... (Nest.) □

Das russische Quartier im Stadtviertel des hl. Mamas wurde für Hunderte von Jahren der Knotenpunkt des russisch-byzantinischen Handels. Byzantinische Industrieerzeugnisse wurden nach Rußland verkauft, während man von dort vor allem Felle, Wachs und Honig einführte. — Es fällt auf, daß im Gegensatz zum Vertrag von 911 nun schon ausdrücklich zwischen christlichen und nichtchristlichen Russen unterschieden wird; ein Zeichen, welche Fortschritte die Mission in den letzten 34 Jahren gemacht hatte.

Mittlerweile war Konstantin VII., Leons des Weisen Sohn, fast vierzig Jahre alt geworden, blieb aber nach wie vor von der Regierung ausgeschlossen. Er mußte sogar damit rechnen, niemals den ihm zustehenden Thron besteigen zu können, denn die Söhne des Usurpators, Stephanos und Konstantin — Christophoros war inzwischen gestorben —, waren ja gleichfalls »Mitkaiser« des alten Romanos und es war sicher, daß sie auf das Nachfolgerecht, mochte es auch anfechtbar sein, keinesfalls verzichten würden.

Man kann verstehen, daß Konstantin seinem Schwiegervater nicht wohlgesinnt war und man kann kaum von ihm verlangen, daß er zu einer gerechten Würdigung der Leistungen Romanos I. bereit gewesen wäre und die Einsicht gehabt hätte, daß Romanos die brennenden Probleme, die dem Reich während der Regierungszeit des Usurpators zu schaffen machten, hervorragend gelöst hat und daß man bezweifeln kann, ob Konstantin selbst, ein feiner, gutmütiger Mensch und hochgebildeter Literat, diese Probleme gleich gut gelöst hätte. Doch hatte Konstantin eine nicht unbedeutende Anhängerschaft und er war beim Volke sehr beliebt. Dieser Umstand erweckte in den Romanos-Söhnen Befürchtungen, die sie im Dezember 944 zu rascher Tat hinrissen. Um einer Designation des legitimen Kaisers, des »Porphyrogennetos«, zuvorzukommen — und das mußten sie befürchten, denn der alte Kaiser schätzte seine nichtsnutzigen Söhne ganz richtig ein —, setzten sie ihren Vater gefangen und schickten ihn als Mönch auf die Insel Prote im Marmarameer in die Verbannung. Doch nun zeigte sich, wie stark der Anhang Konstantins wirklich war. Die Empörung, die in der Öffentlichkeit mit aller Gewalt ausbrach, richtete sich weniger gegen die Absetzung des alten Romanos, sondern gegen den Versuch, die Herrschaft der Lakapenen auf Kosten des legitimen Herrschers auch in der zweiten Generation aufrecht zu erhalten. Das falsche Gerücht von Konstantins Ermordung brachte die Massen auf die Beine. Das wütende Volk versammelte sich vor dem heiligen Palast und schrie nach seinem Kaiser Konstantin. Beruhigung trat erst ein, als dieser, blaß und wirren Haares, auf dem Balkon erschien und sich dem Volke zeigte. Die 25 Regierungsjahre des Lakapenos hatte trotz ihrer Erfolge nicht vermocht, die Sympathie für Konstantin und die Anhänglichkeit an das Herrscherhaus der Makedonen zum Erlöschen zu bringen. Romanos hatte man geduldet, seine Söhne wollte man nicht ertragen. Sie wurden festgenommen und auf Befehl Konstantins VII. sechs Wochen nach der Deportation ihres Vaters auf dieselbe Insel verbannt, wo der Alte sie mit einer galligen Hohnrede empfangen haben soll. Romanos starb einige Jahre später, seine Söhne fanden einen gewaltsamen Tod.

So war Konstantin VII., seit 33 Jahren gekrönter Kaiser, endlich zur Regierung gelangt. Dieser menschlich so anziehende Kaiser war als Herrscher eher unbedeutend. Es war sein Glück für das Reich — und nicht minder für ihn —, daß alle großen Kämpfe erfolgreich ausgefochten waren; es war so gefestigt, daß es sich einen »schwachen« Kaiser leisten konnte und während seiner 15jährigen Regierungszeit keinen Schaden nahm. Gleichwohl ist Konstantin VII. einer der berühmtesten Kaiser der byzantinischen Geschichte geworden und er hat zum Ruhm von Byzanz in der Nachwelt beinahe mehr beigetragen, als jeder andere Kaiser. Vornehmlich ihm verdankt das mittelalterliche Byzanz seinen glänzenden Ruf als Hort der Wissenschaft, Literatur und Kunst, als Zentrum der Kultur und der höchsten Zivilisation und nicht zuletzt verdankt der Historiker seiner emsigen archivalischen Sammlertätigkeit eine Fülle von Schriften der Vergangenheit, die ohne ihn womöglich verloren gegangen wären.

Christus
krönt Kaiser Konstantin VII. (913–59)

Im Gegensatz zu dem Neugründer der Konstantinopler Universität, dem rührigen Caesar Bardas, beschränkte sich der Kaiser nicht auf bloßes Mäzenatentum und wohlwollende Unterstützung der wissenschaftlichen Tätigkeiten, sondern er war selbst, begünstigt durch die langen Jahre unfreiwilliger Muße, ein äußerst fruchtbarer Schriftsteller auf den verschiedensten Wissensgebieten. Seine enzyklopädische Bildung und Belesenheit umfaßte von der Geschichte, Geographie, Völkerkunde, Landwirtschaft, Diplomatie, Strategie, Medizin, Zoologie, Rechtswissenschaft und Rhetorik alle Bereiche des

damaligen Wissens. Berühmt ist das umfangreiche Sammelwerk über das Zeremonienwesen am byzantinischen Hof (de caerimoniis aulae byzantinae), das eine Fülle von kulturhistorisch außerordentlich interessanten Details des Hoflebens und seines Zeremoniells enthält.
Das Zeremonienwesen war der genaue Ausdruck der byzantinischen Auffassung von der Staatsgewalt, die vom Kaiser ausging. Der durch minutiös vorgeschriebene Regeln bestimmte Ablauf aller Staatsaktionen dient der Verherrlichung der von Gott verliehenen Kaisermacht. Ein Abbild der göttlichen Hierarchie ist der Kaiserhof, an dessen Spitze, erhaben und unnahbar, der Autokrator thront. Auf ihn ist alles bezogen, die Erhöhung seiner geheiligten Person läßt die Kaisermacht in höherem Glanz erstrahlen. Die sakral anmutenden Formen der Zeremonien finden ihre Entsprechung in der Liturgie des Gottesdienstes. Welche Bedeutung Konstantin selbst dem Zeremonienwesen beimißt, geht aus der Einleitung seines Werkes hervor:
☐ Viele Dinge neigen dazu, im Laufe der Zeit unterzugehen ..., darunter auch eine große und kostbare Sache, nämlich die Erklärung und Beschreibung der kaiserlichen Zeremonien ...
Wenn der Körper eines Menschen nicht anmutig gebildet ist, wenn seine Glieder unharmonisch und wie zufällig angeordnet sind, würde man sagen, daß das Ergebnis Unordnung und Chaos sei. Dasselbe gilt für die Einrichtungen des Kaisertums: wenn sie nicht durch rechte Ordnung geführt und regiert werden, unterscheiden sie sich in keiner Weise von dem alltäglichen Betragen einer Privatperson.
Damit dieses nicht eintrete und wir nicht in den Verdacht geraten, die Majestät des Kaisertums durch ungebührliches Verhalten zu mißachten, haben wir es für nötig befunden, mit mühevollem Bestreben von vielen Seiten die Zeremonien zu sammeln, die von den Alten eingeführt worden sind oder durch Augenzeugenschaft überliefert wurden, oder von uns selbst beobachtet und in unserer Zeit aufgekommen sind; und wir haben beschlossen, das, was wir zusammengetragen haben, in diesem Werk in einer leicht verständlichen Form darzustellen. So möchten wir unseren Nachfahren die Überlieferung der ererbten Gebräuche, die vernachlässigt und übersehen werden, klärlich darlegen. Indem wir so einen Strauß von Blumen sammeln, möchten wir ihn der kaiserlichen Pracht als einen unvergleichlichen Schmuck darbringen. Wir möchten inmitten unseres Palastes so etwas wie einen klaren, geschliffenen Spiegel aufstellen, der dem Auge alles das zeigt, was dem Amt des Kaisers schicklich ist, wie auch alles, was dem Senat zukommt, und so werden wir die Regierungsorgane in die Lage versetzen, mit Ordnung und Anstand die Geschäfte zu führen ...
... Möge das Kaisertum solcherweise die Harmonie und den Gang des Universums wiederspiegeln, wie es von seinem Schöpfer kommt; und möge es in dieser Form unseren Untertanen in einer noch großartigeren Majestät erscheinen und ihnen dadurch noch angenehmer und ihren Augen noch bewundernswerter sein ... ☐
Das Zeremonienbuch bringt dann in langer Reihe die Aufzählung aller regelmäßig wiederkehrenden Veranstaltungen und Feste und beschreibt die bei jedem Anlaß zu beachtenden Formalitäten. Besonders wichtig sind selbstverständlich die großen Feiern im Kaiserhaus; Taufe, Kaiserkrönung, Geburtstagsfeiern, Hochzeiten und Begräbnisse. Beschrieben wird die Ordnung der Festtagsgottesdienste in der Hagia Sophia, die Organisation von Prozessionen und profanen Festen, Banketten, Empfängen (vgl. S. 117) und Ausfahrten. Die Teilnehmer bei allen diesen Veranstaltungen waren genau bestimmt, ebenso ihre Kleidung, der Ort ihrer Aufstellung, ihre Bewegungen; Anreden, Begrüßungen und Zurufe erfolgten in festen Formeln. Auch gewisse traditionelle Volksfeste waren dem Zwang des Zeremoniells unterworfen, wenn der Kaiser bei ihnen anwesend war. Das jährliche Wettrennen im Hippodrom zur Erinnerung an die Gründung der Stadt (11. Mai 330) hat nach dem Zeremonienbuch folgendermaßen zu verlaufen:
☐ Am folgenden Tage, wo das Rennen stattfinden soll, verläßt der Kaiser sein Gemach und steigt unter dem üblichen Vortritt empor zu der kaiserlichen Loge, und sobald alles zum Rennen vorbereitet ist, meldet es der Zeremonienmeister dem Ober-

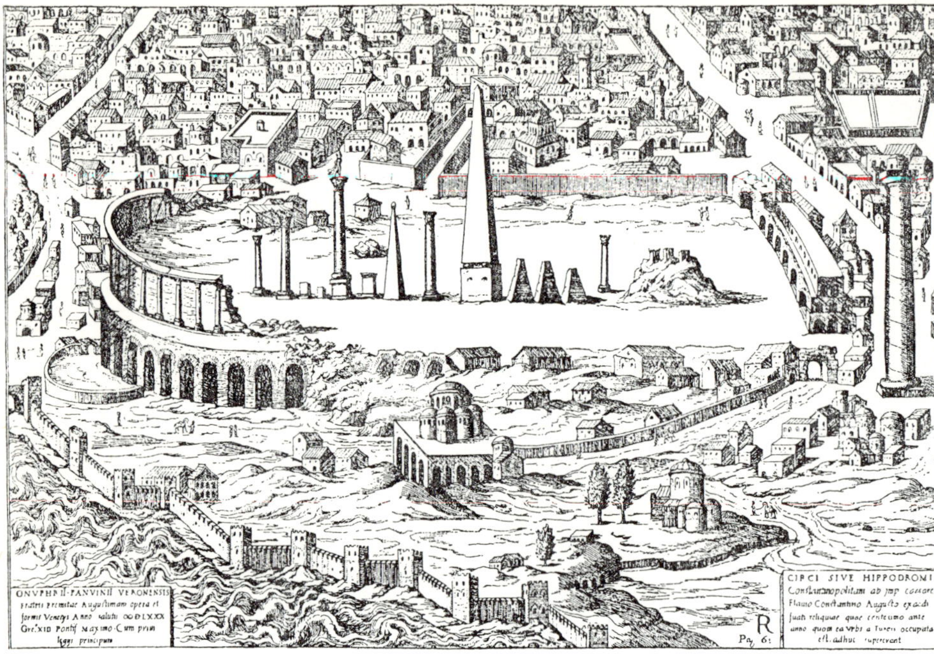

Die Ruinen des Hippodroms, wie sie im Jahre 1450 aussahen

kammerherrn und dieser dem Kaiser. Dieser geht nun die steinerne Treppe herab und spricht zu dem Oberkammerherrn: »Ordne den Umzug an!«, was der letztere laut nachspricht. Darauf geht der Kaiser in sein Gemach, der Oberkammerherr läßt die Ankleidebeamten zu sich berufen, die hineingehen und dem Kaiser den Festmantel umlegen, worauf ihm der Oberkammerherr die Krone aufsetzt ... Dann winkt der Herrscher dem Oberkammerherrn und dieser dem Zeremonienmeister, welcher ruft: »Gebt den Befehl!«, wonach alle einfallen mit dem Rufe: »Auf viele und glückliche Jahre!«. Hierauf erfaßt der Zeremonienmeister den Saum des kaiserlichen Mantels, macht einen Bausch daraus und übergibt ihn dem Kaiser, der zu seinem Sitz emporsteigt. Alsdann steigt der Herold zu den Sitzreihen der »Grünen« empor und nimmt auch das Faß mit (ein Faß mit Gemüse und Kuchen; eine Spende an das Volk), wobei ihm Vertreter der Parteien (der »Grünen« und »Blauen«) das Geleit geben. Nachdem er allen seinen Begleitern das Siegel des Präfekten am Faß vorgewiesen hat, leert er es aus, sie gehen nun wieder nebst dem Herold hinunter und legen das Gemüse in derselben »Kahre« haufenweise zusammen und darüber die Kuchen. In der entgegengesetzten Runde der Rennbahn und an verschiedenen Stellen des Euripos (die Wasserbassins an der »Spina«, der Zielsäule) hat man schon einen Tag vor dem Rennen Gemüse und Kuchen aufgespeichert, weshalb dieser Rundteil bewacht werden muß. Nun fahren die Rennwagen am Preisrichterplatz auf, und nachdem der Kaiser auf seinen Logenplatz hinausgetreten ist, das Kreuzeszeichen über das Volk gemacht und sich niedergesetzt hat, der Huldigungsakt der Patrizier und der Generäle, wenn sie anwesend sind, vorüber ist, ziehen die Anführer der Demen mit rosenumwundenen Kreuzen ein und stellen sich an den Durchgängen auf. Hierauf gibt der Festordner einen Wink, und die Wagen werden abgelassen. Sobald die Wagenführer die Platte vor der kaiserlichen Loge erreicht haben, jubeln sie dem Kaiser zu. Dann gibt der Festordner ein Zeichen, und die kaiserliche Orgel fängt an zu spielen. Wenn sie am Ziel angelangt sind, steigen sie ab; wo die Demen stehen, empfangen beide ihre Kränze und entfernen sich. Die genannten

Anführer der Parteien folgen ihnen, überreichen die Kreuze und entfernen sich ebenfalls, nachdem sie dem Kaiser die Ovation dargebracht haben... Sind die vier Rennsiege gefeiert, legen die Sieger im Wagenrennen die öffentlichen Ehrenkleider an und besteigen von den Eingängen aus die Wagen, während die Mitglieder der siegreichen Partei Lorbeerzweige von der Tribüne nehmen, die Wagenführer auf ihren Sitzen in Gegenwart ihrer Partei empfangen und sie im Laufschritt bis zu dem Wendepunkt und wieder zurück zum Ziele begleiten. Währenddessen wird den Rangaufsehern ein Zeichen gegeben, worauf sie herunterkommen und sich an den Biegungen sowie an den übrigen vorerwähnten Punkten des Euripos aufstellen, da, wo die Gemüse und Kuchen aufgeschichtet liegen. Wenn die Wagenlenker mit den Parteiführern am Ziele angekommen sind, stellen sie sich auf die Wagensitze und bringen dem Kaiser Ovationen dar, nach deren Beendigung er diesen siegreichen Wagenlenkern durch den Festordner Kränze übersendet... Alsbald bittet die Partei um Erlaubnis, in die Arena zu ziehen und Reigentänze aufzuführen; wenn der Kaiser diese erteilt hat, treten sie in die Mitte. Hierauf erhebt sich der Kaiser, und sogleich strömt die Volksmenge herunter, und jeder nimmt von den aufgestapelten Vorräten Gemüse und Kuchen. Währenddessen bringt man auf einem Wagen ein Boot herein, reich beladen mit Fischen, die auf dem Boden der Rennbahn ausgeschüttet und von der Volksmenge aufgelesen werden. Hat sich der Kaiser erhoben, so schreitet er unter Vortritt der inneren Palastbeamten durch die Reihen der Patrizier und Generäle hindurch, die in dem Festsaale aufgestellt sind, in dem er an demselben Tage speist, und die ihn empfangen mit dem Ruf: »Auf viele und glückliche Jahre!« Nun begibt er sich in sein Privatgemach, der Oberkammerherr nimmt ihm die Krone ab, die Ankleidebeamten treten ein, ziehen ihm den Festmantel aus und entfernen sich. □

In seinem Traktat »Über die Themen« (de thematibus) geht Konstantin anhand der Quellen den Anfängen der byzantinischen Themenorganisation nach und bietet wertvollstes Material zur Geographie und Geschichte der frühbyzantinischen Epoche. Aus der von ihm verfaßten Biographie seines Großvaters Basileios I. wurden oben mehrere Abschnitte mitgeteilt (S. 60, 67, 74). Für seinen Sohn und designierten Nachfolger Romanos II. verfaßte er eine eigene didaktische Abhandlung über die Nachbarvölker des byzantinischen Reiches (de administrando) und gibt darin Ratschläge für die Außenpolitik und wertvolle Hinweise auf die Praktiken der byzantinischen Diplomatie. In der Vorrede schreibt Konstantin:

□ Ein einsichtiger Sohn macht einen Vater glücklich und ein liebevoller Vater freut sich über einen verständigen Sohn. Denn der Herr gibt Verstand, zur rechten Zeit zu sprechen und gibt dazu ein Ohr zu hören; bei Ihm ist der Schatz der Weisheit und von Ihm kommt jede vollkommene Gabe. Er setzt Könige auf ihren Thron und gibt ihnen die Herrschaft über alles. Daher höre mir nun zu, mein Sohn, und wenn du in den Dingen, die ich hier lehre, wohl erfahren sein wirst, dann wirst du weise sein unter den Einsichtigen und unter den Weisen für einsichtig gehalten werden; das Volk wird dich segnen und die Menge der Völker wird dich gesegnet nennen. Sei unterrichtet über das, was sich vor allem anderen zu wissen geziemt und ergreife kundig das Ruder der Regierung. Studiere die Dinge, wie sie jetzt sind und wisse, wie sie sein sollten, so daß du Erfahrung mit gesundem Urteil sammelst, und du wirst in deinen Geschäften tüchtig sein. Siehe, ich lege dir eine Lehrschrift vor, so daß du, durch sie in Erfahrung und Kenntnis bereichert, in deinem Rat und dem allgemeinen Wohl nicht fehlen mögest; zunächst erkläre ich, in welcher Hinsicht jede Nation den Rhomäern nützlich sein kann und worin sie ihnen Schaden zufügen kann, und wie und durch welche andere Nation jede einzelne im Kriege bekämpft und unterworfen werden kann; dann behandle ich die unmäßige und unersättliche Natur dieser Nationen und die übertriebenen Geschenke und Zugeständnisse, die sie unbilligerweise (von uns) fordern. Dann stelle ich auch die Unterschiede zwischen anderen Nationen dar, ihren Ursprung, ihre Sitten, ihre Lebensweise, die Natur ihres Landes, in dem sie wohnen, und sein Klima. Ich beschreibe die Geographie eines jeden Landes und seine Ausmaße und schließlich erwähne ich die Ereignisse, die sich zu irgendeiner Zeit zwischen diesen Nationen und den Rhomäern zu-

getragen haben. Danach versuche ich, zu erklären, welche Reformen von Zeit zu Zeit in unserem Staat und im ganzen Römerreich durchgeführt worden sind. Alles das habe ich mit meinem eigenen Verstande erforscht und habe beschlossen, es dir bekannt zu machen, mein geliebter Sohn, so daß du den Unterschied zwischen all diesen Völkern kennst und weißt, wie man sie behandelt und als Freunde gewinnt, oder wie man sie mit kriegerischen Mitteln bekämpft. Denn dann werden sie vor dir zittern als einem, der durch Weisheit mächtig ist, und wie vor dem Feuer werden sie vor dir fliehen; ihre Lippen werden in Zaum gehalten werden und wie Pfeile werden deine Worte sie zu Tode verwunden...
Und der Allmächtige wird dich mit Seinem Schild decken und dein Schöpfer wird dich mit Einsicht beschenken; Er wird deine Schritte lenken und dich auf einen sicheren Grund stellen... □
Einen guten Einblick in die byzantinische Staatskunst gestattet besonders das Kapitel 13, das, von der Vorrede abgesehen, der einzige längere zusammenhängende Text dieses Werkes ist, das ganz aus der Feder des Kaisers stammt.
□ Folgende Nationen sind den Türken (gemeint sind die Magyaren) benachbart; an ihrer Westseite das Frankenland, im Norden (eigtl. Süden!) die Petschenegen und an der Südseite (eigtl. Nordseite!) Großmähren, das Land des Sphendoplokos (Swatopolk), welches jetzt von diesen Türken völlig verwüstet und besetzt worden ist. An der Gebirgsseite sind die Kroaten den Türken benachbart.

Errichtung eines Grenzsteins

Richte, mein Sohn, das Auge deines Verstandes auf meine Worte und studiere die Dinge, die ich dir zu lernen gebiete, und du wirst im rechten Moment in der Lage sein, die Fülle der Weisheit zu offenbaren und den Reichtum deines Verstandes zu beweisen. Wisse daher, daß alle Völker des Nordens, gleichsam als wäre es ihnen von der Natur eingepflanzt, eine gefräßige Gier nach Gold besitzen, die niemals genug hat, und daher verlangen sie nach allem und sehnen sich nach allem und kennen keine Grenze und Beschränkung, sondern fordern immer mehr und begehren für geringe Dienste großen Gewinn und Vorteil. Und so müssen also diese zudringlichen Forderungen und die mit frecher Stirn vorgebrachten Ansprüche zurückgewiesen werden durch glaubwürdige Reden und vernünftige und geschickte Vorwände, welche ungefähr in folgender Weise vorgebracht werden können: Sollten sie, seien es Chazaren oder Türken oder Russen oder irgend ein anderes Volk aus dem Norden, oder Skythen, fordern und verlangen — was oft genug geschieht —, daß man ihnen als Gegendienst für irgend eine Gefälligkeit oder Dienstleistung einige kaiserliche Gewänder oder Kronen oder Staatskleider zusendet, dann mögest du dich folgendermaßen entschuldigen: »Diese Staatsgewänder und Kronen, welche ihr ›kamelaukia‹ nennt, sind nicht von Menschen geschaffen, noch durch menschliche Kunst erdacht oder gearbeitet, sondern, wie wir es in geheimen Berichten der alten Geschichte geschrieben finden, als Gott den damaligen Konstantin den

Großen zum Kaiser machte, der der erste christliche Kaiser war, sandte Er ihm diese Staatsgewänder und die Kronen, die ihr ›kamelaukia‹ nennt, durch Seinen Engel zu, und forderte ihn auf, sie in der großen und heiligen Kirche Gottes niederzulegen, die nach dem Namen der wirklichen Weisheit, die Gott eigen ist, Hagia Sophia genannt wird. Und (Er befahl), daß er sich nicht täglich damit bekleide, sondern nur bei den großen öffentlichen Festen des Herrn. Und so legte er sie auf Gottes Befehl dort nieder und sie hängen über dem heiligen Altar im Allerheiligsten derselben Kirche und dienen dem Schmuck der Kirche. Und die anderen kaiserlichen Gewänder und Kleider liegen auf diesem Altar ausgebreitet. Und wenn ein Festtag unseres Herrn und Gottes Jesu Christi ist, nimmt der Patriarch diejenigen von den Staatskleidern und Kronen, die bei dieser Gelegenheit passend und angemessen sind und schickt sie dem Kaiser und dieser trägt sie in der Prozession, und zwar nur bei dieser Gelegenheit, als Diener und Werkzeug Gottes und danach läßt er sie wieder in der Kirche und dort werden sie wieder niedergelegt. Überdies ist dort auf dem Altar der Kirche eine Verwünschung eingegraben, die gemäß dem Auftrag Gottes durch den Engel besagt, daß ein Kaiser, der zu irgend einem Zweck oder von einem unschicklichen Wunsch getrieben auf den Gedanken kommt, sie von dort wegzunehmen, um sie entweder selbst zu mißbrauchen oder sie anderen zu überlassen, als ein Feind und Widersacher Gottes verflucht sein und aus der Kirche ausgestoßen werden soll ...« (Es folgt die oben wiedergegebene Geschichte von Kaiser Leon IV., der plötzlich verstarb, als er sich eine der in der Hagia Sophia aufgehängten Votivkronen aufsetzte, worin Konstantin VII. die Erfüllung des Fluchs erblickte).

Ähnliche Umsicht und Sorgfalt mußt du hinsichtlich des flüssigen Feuers walten lassen, welches aus Rohren geschossen wird, so daß du, falls man es von dir fordern wird, wie man es von uns oft genug getan hat, solches in dieser Weise ablehnen kannst: »Auch dieses ist dem großen und heiligen Konstantin von Gott durch einen Engel geoffenbart worden, und auch hierüber erhielt er von demselben Engel wichtige Maßregeln, was uns durch das glaubhafte Zeugnis unserer Väter und Vorväter bestätigt wird, daß es nämlich nur von Christen und in der von ihnen regierten Stadt hergestellt werden darf und nirgendwo anders, noch daß es an welche Nation auch immer verschickt werden darf, oder sie in der Herstellung unterwiesen werden dürfen. Und um dieses seinen Nachfolgern einzuprägen, ließ der große Kaiser Verwünschungen auf den Altar der heiligen Kirche Gottes einschreiben, daß derjenige, der es wagen sollte, von diesem Feuer an andere Nationen weiterzugeben, nicht mehr Christ genannt werden soll, daß er keines Ranges und Amtes würdig sein solle, und wenn er ein solches innehabe, soll er daraus vertrieben werden und verflucht sein und als ein (warnendes) Beispiel für alle Zeiten gelten, sei er nun Kaiser oder Patriarch oder was für ein Mann auch immer er sei, Herrscher oder Untertan ...«

›Doch komme nun und wende‹ und erfahre eine andere Art von Forderung, ungeheuerlich und unschicklich — finde du selber passende und schickliche Worte dafür —! Denn wenn eins von jenen ungläubigen und ehrlosen Völkern des Nordens jemals eine Heiratsverbindung mit dem Kaiserhaus der Rhomäer verlangen sollte, sei es, daß er (ihr Fürst) seine (des Kaisers) Tochter zum Weibe nehmen will, sei es, daß er seine Tochter dem Kaiser oder dem Sohn des Kaisers zur Frau geben will, — ein solch ungeheuerliches Verlangen sollst du ebenfalls zurückweisen und sagen: »Was diese Angelegenheit betrifft, so ist auch darüber auf dem Altar der gemeinsamen Kirche der Christenheit, der Hagia Sophia, ein ehrwürdiger und verbürgter Auftrag und Befehl des großen und heiligen Konstantin eingeschrieben, daß niemals ein Kaiser der Rhomäer eine Heiratsverbindung mit einem Volke eingehen soll, dessen Sitten verschieden von denen der Rhomäer und ihnen fremd sind, besonders nicht mit einem, das ungläubig und ungetauft ist, außer mit den Franken allein; denn nur diese wurden von jenem großen Mann, dem heiligen Konstantin, ausgenommen, weil er seinen eigenen Ursprung aus jenen Gegenden ableitete; denn es gibt viele Beziehungen und viel Verkehr zwischen den Franken und den Rhomäern. Und warum befahl er, daß der Kaiser der Rhomäer nur mit ihnen allein eine Heiratsverbindung schließen kann? Wegen des althergebrachten Ruhmes und des Adels jener Länder und Rassen. Doch mit jedem anderen Volk soll es nicht gestattet sein, und der, der es zu tun wagt, soll als ein Fremdling aus der Christenheit ausgestoßen werden und dem Fluch verfallen als ein Übertreter althergebrachter Gesetze und des kaiserlichen Befehls. Und jener obengenannter Kaiser Leon (IV.), der auch, wie oben beschrieben wurde, unerlaubterweise und unbesonnen und ohne Zustimmung dessen, der zu seiner Zeit Patriarch war, die Krone aus der Kirche nahm, sie aufs Haupt setzte und sofort vollkommen für seinen gottlosen Übergriff bestraft wurde, dieser Leon also wagte es, die Sache leicht zu nehmen und auch *den* Befehl jenes heiligen Kaisers zu mißachten, der, wie schon erklärt wurde, auf dem Altar eingeschrieben ist, und da er nun einmal die Ehrfurcht vor Gott und seinen Gesetzen abgeworfen hatte, so schloß er auch ein Ehebündnis mit dem Chazaren-Khan und nahm dessen Tochter zur Frau (der Kaiser verwechselt hier Leon IV. mit seinem Vater Konstantin V., der in erster Ehe mit einer Chazarenprinzessin verheiratet war), weil er die althergebrachten Vorschriften aufhob und mißachtete; war er doch auch nicht einmal ein orthodoxer Christ, sondern ein Häretiker und Bilderstürmer ... « Doch wenn man einwendet: »Wie konnte denn der Herr Romanos, der Kaiser, sich mit den Bulgaren ehelich verbinden und seine Enkelin dem Herrn Peter von Bulgarien zur Frau geben?«, so muß das folgendermaßen beantwortet werden: »Der Herr Romanos, der Kaiser, war ein gewöhnlicher, ungebildeter Mann und kam nicht aus dem Kreise jener, die im Palaste aufgewachsen sind und von Kind auf nach römischer Tradition erzogen werden, er war nicht von kaiserlicher oder adliger Abstammung, und daher war er in den meisten seiner Handlungen anmaßend und despotisch und in diesem Fall beachtete er nicht einmal das Verbot der Kirche, noch befolgte er den Befehl und die Vorschrift des großen Konstantin, sondern, anmaßend wie er war, eigenwillig und in der Tugend ungeübt und nicht willig, dem Richtigen und Guten zu folgen oder sich den von den Vorvätern überlieferten Vorschriften unterzuordnen, wagte er es, dergleichen zu unternehmen und er führte als scheinbare Entschuldigung an, das geschehe, weil durch diese Handlung so viele christliche Gefangene die Freiheit wiedererlangten und daß die Bulgaren Christen vom gleichen Glauben seien wie wir, und daß jedenfalls diejenige, die zur Ehe (mit Peter) gegeben worden war, nicht die Tochter des obersten und gesetzmäßigen Kaisers war (nämlich seine eigene), sondern die des dritten und jüngsten (Konstantin), der noch untergeordnet war und an der Regierung keinen Teil hatte ... « (In Wirklichkeit war es die Tochter des ältesten Sohnes!) Denn jede Nation hat verschiedene Gebräuche und unterschiedliche Gesetze und Einrichtungen, daher muß sie auch an ihrer Eigenart festhalten und die zur Erhaltung des Lebens nötigen Gemeinschaften aus dem eigenen Volk heraus schließen. So wie jedes Tier sich mit seinesgleichen vereinigt, soll billigerweise auch jedes Volk die Eheschließung nicht mit stamm- und sprachfremden Elementen vornehmen, sondern mit seinen Stammes- und Sprachgenossen ... □

Die Byzantiner mußten sich, wie man sieht, mancherlei Märchen einfallen lassen, um die Begehrlichkeit der Barbaren zurückweisen zu können, ohne sie zu beleidigen. Selbstverständlich hatte der »große und heilige Konstantin« weder hinsichtlich der kaiserlichen Gewänder, noch über das griechische Feuer, das zu seiner Zeit noch gar nicht erfunden worden war, jemals irgendwelche Vorschriften gemacht. Doch mußte der auch bei den »ehrlosen Völkern« des Nordens legendär gewordene Kaiser die Interessen der Nachfahren wahren helfen. Daß man die Ausfuhr des griechischen Feuers verhinderte, versteht sich von selber, denn das berührte unmittelbar die militärische Sicherheit. Die Weigerung, kaiserliche Purpurgewänder zu verschenken, hatte dagegen mehr irrationale Gründe. Der Staat hatte ein Monopol auf die Herstellung der kostbaren Seidengewänder und auf die Purpurherstellung. Der Purpur war als »kaiserliche« Farbe von vornherein dem ausschließlichen Gebrauch des Kaisers vorbehalten, er war ein Teil seiner Würdezeichen und kein Herrscher der Welt durfte sich rühmen, Purpur zu tragen und damit seine Würde der des Kaisers der Rhomäer gleichzustellen. – Die Frage der »Mischehe«, die Konstantin so ernst nimmt – er wäre ja selbst beinahe mit der Tochter des Zaren Symeon von Bulgarien verheiratet worden –, ist nie so streng gehandhabt

worden, zumindest, was die Ehefrauen byzantinischer Kaiser betrifft, und auch später fanden noch oft Heiraten von Kaisern mit Prinzessinnen mehr oder weniger barbarischer Abkunft statt. – (Ein weiterer Auszug aus »de administrando« s. S. 51). Eine große, in 53 Fachgebiete eingeteilte Exzerptensammlung, die Konstantin anlegen ließ, ist nur bruchstückweise überliefert. Hier ist besonders das Kapitel mit Gesandtschaftsberichten (de legationibus) von hohem historischen Interesse. Andere Kapitel befassen sich mit der Feldherrnkunst (de strategematis), den Kriegslisten (de insidiis), den Tugenden und Lastern (de virtutibus), »Sentenzen« (de sententiis) und öffentlichen Reden (de contionibus militaribus). Außerdem sind noch Reden, Predigten, Dichtungen und Briefe des Kaisers erhalten.
Konstantins Liebe zur Kunst verdankte die Kaiserstadt eine Reihe von neuen, prächtigen Gebäuden; auch soll er selber ein hervorragender Maler gewesen sein und es wird erzählt, daß er während der Zeit der Regentschaft sein Taschengeld durch den Verkauf eigener Malereien aufgebessert habe. Auch von seinem großen Interesse für die Musik wird berichtet, und daß er mit großer Kunst Instrumente gespielt habe.

Solidus Konstantins VII.

Des Kaisers Beispiel und seine Anregungen wirkten außerordentlich fruchtbar auf das geistige Leben; die Studien wurden gefördert wie selten zuvor und es war Konstantins erklärtes Ziel, daß die Bildung nicht nur den höchsten Schichten vorbehalten bleiben, sondern auch dem Volke zugute kommen sollte. Zu diesem Zweck setzte er den Studenten der Universität, an der Philosophie, Geometrie, Astronomie, Rhetorik, Arithmetik, Musik, Grammatik, Jura und Medizin gelehrt wurden, ein Studentengehalt aus. Die Beliebtheit des Kaisers lag nicht zuletzt auch in seinem Charakter begründet. Er war ein liebenswürdiger, freundlicher Mensch, ein guter Familienvater, seinem Sohn und seinen fünf Töchtern gab er eine sorgfältige Erziehung, die allerdings bei den Töchtern besser anschlug als bei seinem Sohn Romanos. Eine der Töchter, Agathe, half ihrem Vater als Sekretärin bei seinen gelehrten Studien.
Dieses Familienidyll an der Spitze des Rhomäerreiches bleibt dank der ruhigen außenpolitischen Lage ungetrübt. Im Osten kommandiert der Domestikos Bardas Phokas als Nachfolger des Kurkuas die Truppen und hält den tollkühnen Saif-ad-Daulah in wechselvollen Kämpfen in Schach. Eroberungen und Rückzüge wechseln ab, ohne daß es zu einer Entscheidung kommt. Der ununterbrochene Kriegszustand ist zur Gewohnheit geworden, man hat sich mit dem Gegner »zusammengerauft«. Husarenstückchen mehr sportlicher Natur sind an der Tagesordnung. In Generationen ist auf beiden Seiten ein kampfgewohntes Geschlecht von Grenzbewohnern (»Akriten«) herangewachsen, das den Gegner kennt und achtet, das frei ist von religiösem oder nationalem Fanatismus, aber gewohnt, jederzeit zu den Waffen greifen zu müssen. Auf diesem Boden und in dieser Atmosphäre entstehen Legenden, Grenzergeschichten, die sich nach und nach zu einem großen, zusammenhängenden Epos verdichten, dem Heldenlied von »Digenis

Akritas«, das später zu dem byzantinischen Nationalepos schlechthin geworden ist. Die verschiedenen erhaltenen Fassungen gehen frühestens auf das 11.—12. Jahrhundert zurück, doch der historische Hintergrund ist der des 10. Jahrhunderts, wenn auch die handelnden Personen nicht mit bestimmten historischen Persönlichkeiten zu identifizieren sind. Der erste Teil beginnt mit dem Raub der Tochter eines byzantinischen Strategen durch den arabischen Emir Musur und schildert, wie die fünf Brüder der Entführten den Räuber verfolgen. Musur wird gefunden und im Zweikampf überwunden, will jedoch das Mädchen nicht herausgeben. Unter Tränen bitten sie den Emir:

□ »Gib uns unsere Schwester, Emir! Wo nicht, so töte uns! Keiner von uns kehrt ohne sie nach Haus zurück. Wir wollen uns alle um unserer Schwester willen hinschlachten lassen.« Als der Emir das hörte und ihre Klagen sah, begann er sie zu fragen: »Von wem stammt ihr und woher? Aus welcher Familie? Welche Provinz bewohnt ihr?« »Wir stammen aus der Provinz Anatolikon, von edlen Rhomäern. Unser Vater entstammt der Familie der Kinnamaden, unsere Mutter ist eine Dukas, aus der Familie des Konstantinos. Zwölf Strategen befinden sich unter unseren Vettern und Onkeln. Solcher Herkunft sind wir alle und unsere Schwester. Unser Vater lebt im Exil wegen einer dummen Sache, die ihm Verleumder eingewirtschaftet haben. Keiner von uns war bei deinem Einmarsch anwesend; denn auch wir waren als Kommandeure im Grenzgebiet. Wenn wir nämlich dort gewesen wären, wäre es nicht dazu gekommen. Ihr hättet niemals Gelegenheit gehabt, in unser Haus einzudringen. Da wir aber nicht dort waren, ist es jetzt leicht, sich zu brüsten. Nun, du mächtigster Emir und Fürst von Syrien, mögest du nach Bagdad wallfahren! (moham. Redefloskel) Sage auch du, wer du bist. Und wenn unsere Verwandten von ihrer Reise zurückkehren, und unseren Vater aus dem Exil mitbringen, wollen wir dich aufsuchen, wo immer du dich befindest. Denn deine Kühnheit werden wir wohl nicht ungestraft lassen.« »Ich, ihr guten Jungen«, erwiderte der Emir, »bin ein Sohn des Chrysoberges und der Pantheia. Mein Großvater war Ambron, mein Onkel Karoes. Denn mein Vater starb, als ich noch ein ganz kleines Kind war. Von meiner Mutter wurde ich zu arabischen Verwandten gegeben, die mich im Glauben Mohammeds erzogen. Als sie sahen, daß ich in allen Kämpfen erfolgreich war, machten sie mich zum Herrscher von ganz Syrien und gaben mir dreitausend auserlesene Speerkämpfer. Ganz Syrien unterwarf ich und eroberte Kufah — ich werde mich nur wenig brüsten, indem ich euch die Wahrheit erzähle — Herakleia (im Tauros-Gebirge) löschte ich bald darauf völlig aus. Amorion und Ikonion eroberte ich, Unmengen von Räubern bändigte ich und alle wilden Tiere. Mir konnten keine Strategen und Befestigungen widerstehen. Die allerschönste Frau aber hat mich besiegt, ihre Schönheit verbrennt mich, ihre Tränen verzehren mich, ihre Seufzer entflammen mich. Ich weiß nicht, was ich tun soll. Um ihretwillen habe ich versucht, von euch die Wahrheit zu erfahren; denn sie hört nimmer auf, um euch zu klagen. Ich spreche jetzt ganz offen mit euch und sage euch die Wahrheit: wenn ihr mich nicht für unwürdig haltet, euer Schwager zu sein, so will ich wegen der lieblichen Schönheit eurer Schwester Christ werden im Rhomäerreich. Und vernehmt die Wahrheit, beim großen Propheten: Sie hat mich weder geküßt, noch mit mir gesprochen. Kommt nun in mein Zelt! Seht sie, die ihr sucht!« □

Musur folgt den Rhomäern in ihre Heimat, wo nach seiner Taufe die Hochzeit mit Irene stattfindet. Der zweite Teil enthält die Abenteuer von Musurs und Irenes Sohn Digenis (»der Zwiegeborene« von einem arabischen Vater und einer byzantinischen Mutter), dem Akriten. Digenis besteht eine Reihe romanhafter Abenteuer, kämpft gegen Räuberbanden und Araber, vollführt zahlreiche fabelhafte Heldentaten und raubt sich schließlich eine Frau aus dem vornehmen Haus der Dukas. Am Ufer des Euphrat baut er ein märchenhaftes Schloß. Im Alter von 33 Jahren stirbt er an einer Krankheit. — Bemerkenswerterweise ist dieses Nationalepos ganz frei von Chauvinismus oder Geringschätzung des arabischen Gegners, ist doch der Held selbst ein »Mischling« und ein Produkt beider Kultursphären.

Dieses trotz des dauernden Kriegszustandes fast »kollegial« zu nennende Verhältnis zwischen Byzanz und den Arabern ist für das 10. Jahrhundert typisch. So hatte schon zur Zeit des Romanos I. der Patriarch Nikolaos Mystikos an den Emir von Kreta geschrieben:

□ Zwei Mächte, nämlich die der Sarazenen und die der Römer, übertreffen alle Mächte auf Erden und leuchten wie die zwei großen Lichter des Himmels. Aus diesem einen Grund, wenn aus keinem anderen, sollten wir Partner und Brüder sein. Weil wir in unserer Lebensweise, unseren Sitten und unserem Glauben verschieden sind, sollten wir darum doch nicht ganz und gar getrennt sein, noch sollten wir uns gegenseitig aus Mangel an persönlichem Verkehr auch der brieflichen Verbindung enthalten. Nach diesem Grundsatz sollten wir handeln und denken, auch wenn uns keine andere geschäftliche Notwendigkeit dazu zwingt ...

Eure Weisheit hat sicher nicht verfehlt zu bemerken, daß der größte unter den Hohepriestern Gottes, der berühmte Photios — mein Vater im hl. Geiste — mit dem Vater Eurer Hoheit durch Bande der Freundschaft verbunden war; und zwar so sehr, daß kein anderer Mann seines Glaubens und seines Landes dem Eurigen so freundlich geneigt war. Als ein Gottesmann von großer Kenntnis göttlicher und menschlicher Dinge wußte er, daß trotz der trennenden Mauer des Glaubens zwischen uns die Gaben der praktischen Vernunft, Weisheit und Beständigkeit, Kenntnis und alle die anderen Gaben, die die menschliche Natur durch ihre Anwesenheit schmücken und erheben, nichtsdestoweniger die Zuneigung jener gewinnen, die edle Dinge lieben; und daher, ohne den Glaubensunterschied zu beachten, liebte er Deinen Vater, der mit diesen Gaben gesegnet war. □

Als Nikolaos diesen schmeichelhaften Brief schrieb, stand es allerdings mit dem Glück der byzantinischen Waffen im Osten nicht zum besten. Zwanzig Jahre später glaubte man, auf eine captatio benevolentiae verzichten zu können und rüstete stattdessen eine große Expedition zur Befreiung der Insel aus, denn die kretischen Korsaren waren zu einer unerträglichen Plage geworden. Im Jahre 917 war es zwar gelungen, den berüchtigten Leon von Tripolis zu besiegen und seine Flotte zu vernichten, doch der Seeverkehr war nach wie vor äußerst gefährdet. Das großangelegte Unternehmen wurde jedoch dem falschen Mann anvertraut; der Oberbefehlshaber Gongylas, ein feiger Schwächling, führte die Armee ins Verderben. Sie wurde bis auf wenige Mann von den Kretern niedergemacht.

Der ununterbrochene Kriegszustand behinderte nicht den lebhaften diplomatischen Verkehr zwischen Byzanz und den arabischen Höfen in Mossul, Bagdad, Kahira und Cordoba. Auch der Kulturaustausch war rege. Griechische Mosaikkünstler wurden an arabische Emire »ausgeliehen«, damit sie ihre Residenzen schmückten. An den omajadischen Kalifen, den berühmten Abd-er-Rahman schickte Konstantin VII. als Geschenk 140 Säulen für seinen Palast in Cordoba.

Auch mit Otto I. bestanden diplomatische Beziehungen, desgleichen mit Italien. Im Jahre 949 schickte der ehrgeizige Markgraf Berengar von Ivrea eine Gesandtschaft nach Konstantinopel. Ihr Leiter, Berengars Kanzler Liutprand, der spätere Bischof von Cremona und Freund Ottos d. Großen, schildert uns Einzelheiten dieses Besuches in seiner späteren, gegen Berengar gerichteten chronikartigen »Antapodosis« (Vergeltung). Seine Audienz bei Kaiser Konstantin VII. ist besonders interessant:

□ Vor dem Throne des Kaisers stand ein eherner, aber vergoldeter Baum, dessen Zweige erfüllt waren von Vögeln verschiedener Art, ebenfalls von Erz und vergoldet, die sämtlich, ein jeder nach seiner Art, den Gesang der verschiedenen Vögel ertönen ließen. Der Thron des Kaisers aber war so künstlich gebaut, daß er in einem Augenblick niedrig, im nächsten größer und gleich darauf hoch erhaben schien. Löwen von ungeheurer Größe, ich weiß nicht ob aus Metall oder Holz, aber mit Gold überzogen, standen gleichsam als Wächter des Thrones, indem sie mit dem Schweife auf den Boden schlugen und mit offenem Rachen, mit beweglicher Zunge ein Gebrüll erhoben. In diesem Saale also wurde ich, unterstützt von zwei Verschnittenen, vor das Antlitz des Kaisers geführt. Bei meinem Eintritt brüllten die Löwen, und die Vögel zwitscherten jeder nach seiner Weise; mich aber ergriff weder Furcht noch Staunen, da ich mich nach all diesem bei Leuten, welche damit wohl bekannt waren, genau erkundigt hatte.

Als ich nun zum dritten Male niedergefallen war und den Kopf emporrichtete, da erblickte ich ihn, den ich vorher auf einer mäßigen Erhöhung hatte sitzen sehen, fast bis an die Decke der Halle emporgehoben und mit anderen Kleidern angetan als vorher. Wie dieses zugegangen, kann ich nicht begreifen, es sei denn, daß er in derselben Weise wie die Bäume der Kelterpresse gehoben wurde. Mit eigenem Mund sprach der Kaiser bei dieser Gelegenheit kein Wort; denn wenn er es auch gewollt hätte, so wäre solches wegen der großen Entfernung nicht anständig gewesen; durch seinen Logotheten aber oder Kanzler erkundigte er sich nach Berengars Leben und Wohlergehen. Nachdem ich darauf in gebührender Weise geantwortet hatte, trat ich auf den Wink des Dolmetschers ab und ward in die mir angewiesene Herberge geführt. □

Das Schauspiel, das sich dem Kanzler bietet, war selbstverständlich in allen Einzelheiten darauf berechnet, auf den Gesandten den größten Eindruck zu machen. Daß sich Liutprand vorher genau über alles erkundigt hatte, mußte freilich die Wirkung einigermaßen beeinträchtigen, doch kann man sich vorstellen, was in dem naiven Gemüt irgend eines barbarischen Gesandten vorgehen mußte, wenn sich vor seinen Augen die wunderbare Erhöhung des statuenhaft stummen Prunkbildes des Kaisers vollzog. Übrigens war die Erfindung des verstellbaren Thrones nicht neu; schon die Ptolemäer in Ägypten hatten ihrer Gottähnlichkeit mittels der Hebelgesetze nachzuhelfen gewußt.

In den Beziehungen zu Rußland schien eine Wendung zum Guten einzutreten. Fürst Igor war 945 erschlagen worden und seine energische Witwe Olga führte die Regentschaft für ihren Sohn Swjatoslaw. Mit fester Hand und Geschick hatte sie in ihrem Reich Ordnung geschaffen und reiste im Jahre 957 nach Konstantinopel, jedoch nicht mit kriegerischen Absichten, sondern um aus der Hand des Kaisers und des Patriarchen die Taufe zu empfangen. Das war der erste große Erfolg der unermüdlichen Tätigkeit griechischer Missionare, die seit damals, als Photios die ersten Priester nach Rußland schickte, in aller Stille ihr Werk weiter betrieben hatten. — Die altrussische Chronik schreibt:

□ Olga zog nach Griechenland und gelangte nach Zargrad. Damals war Konstantinos, Leons Sohn, Kaiser und Olga kam zu ihm; und als er sah, wie sehr schön von Antlitz und wie klug sie war, wunderte sich der Kaiser über ihren Verstand, unterhielt sich mit ihr und sagte zu ihr: »Du bist würdig, mit uns in dieser Stadt zu herrschen.« Sie, die das wohl verstand, sagte zum Kaiser: »Ich bin Heidin; wenn du mich taufen willst, so taufe du selbst mich; sonst lasse ich mich nicht taufen.« Und der Kaiser taufte sie und der Patriarch. Als sie erleuchtet war, freute sie sich mit Seele und Leib. Und der Patriarch unterwies sie im Glauben und sprach zu ihr: »Gesegnet bist du unter den russischen Frauen, denn du gewannst das Licht lieb und verwarfest die Finsternis. Dich werden Rußlands Söhne bis in das letzte Geschlecht deiner Enkel segnen.« Und er gab ihr Kunde von der Kirchenordnung und vom Gebet und vom Fasten, vom Almosen und von der Reinerhaltung des Leibes. Sie aber stand geneigten Hauptes da, nahm wie ein Schwamm, der getränkt wird, die Unterweisung in sich auf, verneigte sich vor dem Patriarchen und sprach: »Durch deine Gebete, hochwürdiger Herr, möge ich vor dem Netz des Bösen bewahrt bleiben.« Und in der Taufe gab man ihr den Namen Helena, wie auch die frühere Kaiserin, die Mutter des großen Konstantin hieß. Und der Patriarch segnete sie und entließ sie. Nach der Taufe rief sie der Kaiser zu sich und sprach zu ihr: »Ich will dich zum Weibe nehmen.« Doch sie entgegnete: »Wie willst du mich zum Weibe nehmen, da du selbst mich getauft und deine Tochter genannt hast? Unter Christen ist das nicht Brauch, das weißt du selbst.« Da sagte der Kaiser: »Du hast mich überlistet, Olga.« Und er gab ihr viele Geschenke: Gold und Silber und Pavoloken und verschiedenartige Gefäße und entließ sie, seine Tochter sie nennend. Da sie nun heimziehen wollte, ging sie zum Patriarchen, bat um seinen Segen für ihr Haus und sprach zu ihm: »Mein Volk und mein Sohn sind Heiden; möge Gott mich vor jeglichem Bösen bewahren.« Und der Patriarch sagte: »Gläubiges Kind, in Christus bist du getauft und Christus hast du angezogen. Christus wird dich bewahren, wie er Henoch bewahrte in den ersten Geschlechtern und hernach Noah in der Arche, Abraham vor Abimelech, Lot vor den Sodomitern, Mose vor Pharao, David vor Saul, die drei Jünglinge vor dem Feuerofen, Daniel vor den wilden Tieren: so wird er auch dich retten vom Bösen und seinen Netzen.« Und der Patriarch segnete sie. Und sie zog in Frieden in ihr Land und kam nach Kiew. Dies nun geschah, so wie zu Zeiten Salomos die Königin von Äthiopien zu Salomo kam, um die Weisheit Salomos zu hören. (Nest.) □

Natürlich ist der Heiratsantrag Konstantins eine Legende, die wohl nur ausdrücken soll, welche Schätzung und Hochachtung die Großfürstin beim Kaiser genoß. Diese Wertschätzung ist ja auch schon in rein politischer Hinsicht verständlich, den Konstantin konnte wohl ermessen, was es bedeutete, wenn Rußland einmal das Christentum aus den Händen von Byzanz empfangen würde. Er setzte sich auch sogleich hin und verfaßte eine Beschreibung des Empfanges des hohen Gastes für sein Zeremonienbuch:

□ Am Mittwoch, dem 9. September, fand der feierliche Empfang aus Anlaß des Besuches der Großfürstin Olga von Rußland statt. Sie trat mit den Fürstinnen, ihren Verwandten und ihren Hofdamen ein. Sie selbst an der Spitze aller Damen, und diese hinter ihr im geordneten Zuge. Sie blieb auf dem Platz stehen, wo der Logothet tou dromou die üblichen Fragen stellt. Nach ihr traten die Abgesandten der russischen Fürsten und Kaufleute ein und stellten sich hinter den Vorhängen auf und das weitere vollzog sich wie bei dem vorher beschriebenen Empfang. Dann entfernte sie sich durch den Laubengang und den großen Speisesaal ..., schritt durch das Portal des Augusteums und nahm dort Platz. Der Kaiser betrat nun nach der üblichen Etikette wieder den Palast, und es fand ein zweiter Empfang in folgender Weise statt. In dem Justinianischen Saale stand eine mit dunkelrotem Purpurstoff bekleidete Tribüne, darauf der große Thron des Kaisers Theophilos und seitwärts davon ein goldener Kaisersessel; unterhalb davon die Orgeln der beiden Parteien vor den beiden Vorhängen; denn hinter den Vorhängen standen die Bälgetreter. Von der Kaiserin aufgefordert, durchschritt die Großfürstin die inneren Durchgänge des Augusteums und ließ sich in der Skyla nieder. Die Herrscherin setzte sich auf den vorerwähnten Thronsessel und ihre Schwiegertochter auf den Sessel. Nun trat die ganze Palastgarde ein, und die verschiedenen Rangklassen wurden von dem Oberkammerherrn und den Türhütern hereingeführt ... Hierauf kam die Großfürstin herein unter Führung des Oberkammerherrn und zweier Türhüter; sie selbst ging voran, und ihre Verwandten und Hofdamen folgten ihr. Nun wurde vom Oberkammerherrn im Namen der Kaiserin eine Frage an sie gerichtet, worauf sie hinausging und in der Skyla Platz nahm. Die Kaiserin aber erhob sich vom Thron ... und begab sich durch den neuen Saal in ihr Gemach. Inzwischen trat die Großfürstin mit ihren Verwandten und Hofdamen ... in den neuen Saal und machte dort Rast. Dann nahm der Kaiser bei der Kaiserin und dem Prinzen Platz, die Großfürstin wurde aus dem neuen Saal ebenfalls dorthin gebeten, setzte sich auf Befehl des Kaisers und plauderte mit ihm nach Belieben. — Am selben Tage fand im großen Justinianischen Festsaale Tafel statt: Die Kaiserin und ihre Schwiegertochter saßen auf dem erwähnten Thron, und die Großfürstin stand an ihrer Seite. Als dann von dem Logotheten in der üblichen Form die Fürstinnen hineingeführt worden waren und ihre Huldigungen dargebracht hatten, neigte die Großfürstin ein wenig das Haupt, während sie auf ihrem Platz stehenblieb; danach setzte sie sich mit ihren ersten Hofdamen der Sitte gemäß an den besonderen Tisch. Bei diesem Festmahl sangen Kirchensänger die Kaiserlieder und spielten allerlei Orchesterinstrumente. In dem Goldenen Festsaal fand eine zweite Tafel statt, an der alle Gesandten der russischen Fürsten nebst ihren Mannen, die Verwandten der Großfürstin und die Kaufleute speisten. Es empfingen ihr Vetter 30 Mark, ihre zwanzig Gesandten, die dreiundvierzig Kaufleute und die beiden Dolmetscher je 12 Mark, endlich die Dienstleute je 3 Mark und der Dolmetscher der Großfürstin 15 Mark. Nachdem der Kaiser die Tafel aufgehoben hatte, wurde in dem Frühstückszimmer der Nachtisch eingenommen: man stellte den kleinen goldenen Tisch aus dem Pentapyrgion auf und auf Tellern von Glasschmelz mit Edelsteinen ausgelegt trug man Süßigkeiten auf ... Dabei empfing die Großfürstin auf einem goldenen Teller mit Edelsteinen 500 Mark, ihre sechs Verwandten je 20 Mark und ihre achtzehn Hofdamen je acht Mark. □

Nachdem Olga-Helena längere Zeit in Konstantinopel geweilt hatte, reiste sie nach Rußland zurück, hatte dort aber bei ihren Bemühungen, ihren Sohn zur Annahme des Christentums zu bewegen, keinen Erfolg. Swjatoslaw, der fürchtete, sich bei seiner »Druschina« lächerlich zu machen, wollte von der Taufe nichts wissen, trotzdem blieb das Beispiel der Fürstin nicht ohne Wirkung im Volke. Viele Menschen ließen sich taufen, obwohl man sie deswegen verspottete, »denn den Ungläubigen ist der christliche Glaube eine Torheit«.

Innenpolitisch brachte der Sturz der Lakapenen und der Regierungsantritt Konstantins keine bedeutenden Änderungen. Der Patriarch Theophylaktos, der als 16jähriger von seinem Vater Romanos auf den Patriarchensitz erhoben worden war, blieb in seinem Amt, das er, ein fanatischer Pferdenarr und Parforce-Reiter, nur soweit ausübte, wie es ihm sein weit und breit berühmter Pferdestall erlaubte. Er starb 956 — wie nicht anders zu erwarten — an den Folgen eines Sturzes vom Pferd. Ein anderer Lakapene, der Eunuch Basileios, blieb einflußreich und sollte in der Zukunft noch eine bedeutende Rolle spielen. Schließlich war auch noch die Kaiserin Helene, die Romanos-Tochter, stark an den Staatsgeschäften beteiligt, woran sie der Kaiser nicht hinderte, konnte er sich doch umso ungestörter seinen gelehrten Studien widmen.
Doch einem Problem durfte auch er sich nicht verschließen, das die innere Substanz des Staates in gefährlichem Ausmaße bedrohte. Seit langem schon war nämlich infolge des Aufblühens der großen Adelsgeschlechter der Bauernstand in ernste Bedrängnis geraten. Die Magnaten Kleinasiens kauften den von der Steuerschraube unbarmherzig ausgepreßten Bauern ihr Land ab und erwarben sich so riesige Latifundien, während die Masse der kleinen Landbesitzer immer mehr verarmte und sich dem Patronat eines Großgrundbesitzers umso leichter unterstellte, als sie durch den Verkauf ihres Landes dem Zugriff der Steuerbehörde ein für allemal entrinnen konnten. Daß sie damit ihre Freiheit aufgaben und zu Hörigen wurden, mußte unter diesen Umständen, wo die Freiheit eine unerträgliche Last bedeutete, als das geringere Übel betrachtet werden. Solche Vorgänge waren nicht neu im byzantinischen Reich. In der frühbyzantinischen Zeit waren Großgrundbesitzer allerorts anzutreffen, unter Kaiser Theodosios hatte eine ähnliche Entwicklung um sich gegriffen (Patroziniumsbewegung, s. o.), der Bauernstand wurde empfindlich geschwächt. Entscheidende Änderungen brachten die Umwälzungen des 7. Jahrhunderts mit ihren Bevölkerungsverschiebungen und den systematischen Umsiedlungen von Bauern. Eine gewaltige Stärkung des freien Bauernstandes aber erfuhr das Reich durch die Einrichtung der Soldatengüter unter Kaiser Herakleios (vgl. S. 26). Die Reformen unter Nikephoros I. dienten der Sicherung dieser für Byzanz lebenswichtigen Einrichtung. Es zeigte sich jedoch, daß der Landhunger der Magnaten nicht so leicht zu zügeln war. Der erste Kaiser, der die Gefahr klar erkannte und die ersten Gegenmaßnahmen traf, war Romanos Lakapenos gewesen. Er erließ mehrere Gesetze, die den Schaden so gut wie möglich reparieren oder zumindest am Fortschreiten hindern sollten. Des Kaisers Romanos Novelle von 922 bestimmt, daß Verwandte und Anrainer eines verkaufswilligen Landinhabers das Vorkaufsrecht haben, daß Großgrundbesitzer weder Land kaufen oder eintauschen, noch als Erbe oder Geschenk annehmen dürfen und daß alle in den letzten 30 Jahren verkauften Stratiotengüter entschädigungslos zurückzugeben seien. Die Durchführung dieses Gesetzes scheiterte unter anderem an der verheerenden Hungersnot und Seuche der Jahre 927/28, die von den Großgrundbesitzern dazu ausgenutzt wurde, den hungernden Bauern das Land für ein Stück Brot abzukaufen. Im Jahre 934 sah sich der Kaiser veranlaßt, seine Anordnungen zu wiederholen, doch auch jetzt blieben sie letztlich unwirksam. Die byzantinische Aristokratie, die großen Familien der Dukas, Phokas, Maleinos, Skleros, Argyros usw. waren nicht mehr so leicht aus dem Sattel zu heben. Alle Maßnahmen, die die Einschränkung ihrer Macht zum Ziele hatten, mußten von vornherein an der Tatsache scheitern, daß die Beamtenschaft, der ja die Durchführung der Gesetze oblag, sich aus Mitgliedern eben jener mächtigen Geschlechter rekrutierte, wie denn auch der hauptstädtische Beamtenadel längst grundbesitzend geworden war. So konnten denn auch die bittersten

Vorwürfe, die Romanos in seiner Novelle von 934 den »Mächtigen« macht, nicht weiterhelfen, denn es fehlte ihm das Instrument, seinen Forderungen Nachdruck zu verleihen.
So war die Situation unter Konstantin womöglich noch schlimmer als zuvor. Der Kaiser mußte feststellen, daß die Gesetze nicht befolgt worden waren und er erließ selbst zwei Novellen, die im wesentlichen die gleichen Bestimmungen enthalten wie die seines Vorgängers. Es wird noch einmal eingeschärft, daß die Soldatengüter unveräußerlich sind und einen amtlich festgesetzten Mindestwert von vier Pfund Gold haben müssen, so daß der Stratiot Unterhalt und Ausrüstung daraus bestreiten kann. Wenn der Gesamtwert höher liegt, so darf der Überschuß verkauft werden, aber nur, wenn er nicht in der Stammrolle eingetragen ist. Die Soldatengüter können auch nicht konfisziert werden. Verkaufte Soldatengüter sind entschädigungslos zurückzuerstatten. — Konstantins Gesetze brachten ebenfalls keine Abhilfe; das Problem wurde auch in weiterer Zukunft nicht gelöst.

Obwohl die Regierung Konstantins VII. keine spektakulären Erfolge aufweisen konnte, hat ihm das Volk ein besseres Andenken bewahrt als manchem Heldenkaiser vor ihm. Dem gottgeliebten Basileus Konstantin verdankte man das Bewußtsein, in einem Zeitalter der Fülle zu leben; man verehrte ihn wegen seiner Menschenfreundlichkeit, bewunderte seinen wissenschaftlichen Ernst und erfreute sich an seinem integren Charakter. Als der Kaiser 959 starb, übertrug man zunächst die Sympathie auf seinen Sohn und Nachfolger Romanos II., der ein ähnlich liebenswerter Mensch war, gut aussehend, und mit einer märchenhaft schönen Frau verheiratet war, mit der es allerdings seine eigene Bewandtnis hatte. Sie war eine Schenkwirtstochter gewesen, Romanos hatte sie irgendwie entdeckt und sein guter Vater hatte dem Sohn die Liebesheirat mit Anasto nicht verwehren wollen. Als Gemahlin des Kronprinzen nannte sie sich fortan Theophano, denn Anasto hießen eben nur Schenkwirtsmädchen. Wie 400 Jahre vor ihr die große Theodora entdeckte auch Theophano bald ihr Talent für die große Politik. Romanos stand ihr dabei kaum im Wege, denn die Erwartungen, die man an ihn gestellt hatte, erfüllten sich in keiner Weise:
□ Nach seinem Regierungsantritt erwies er sich den Untertanen gegenüber als ein milder, gerechter und wohltätiger Herrscher. Da schmeichelten sich verkommene Menschen, Sklaven des Bauches und dessen, was darunter liegt, listig bei ihm ein, gewannen seine Gunst und verdarben den edlen Charakter des jungen Mannes; sie gewöhnten ihn an üppiges Leben und zügellosen Sinnengenuß und weckten in ihm widerwärtige Leidenschaften und Triebe. (L. Diak.) □
So kam es auch unmittelbar nach dem Regierungsantritt des Kaisers zu einem Skandal, allerdings mehr familiärer Natur. Die Witwe Konstantins wurde auf Befehl ihres Sohnes mitsamt ihren Töchtern gewaltsam aus dem Palaste entfernt und gegen ihren Willen ins Kloster gesperrt, eine Maßnahme, die mit Sicherheit auf die Anstiftung der Kaiserin zurückzuführen war. Es half den Damen nichts, daß sie sich mit Händen und Füßen gegen den Haarschnitt wehrten, die Nonnengewänder herunterrissen und sich in ihren Zellen Steaks grillten. Schließlich gestattete man ihnen einen angemessenen Lebensstil, aber im übrigen blieb Theophano unerbittlich. Jetzt gab es nur noch einen Vertreter der Makedonischen Dynastie am Hofe, Romanos, und dieser mochte in Theophanos Augen nicht viel zählen.
Romanos hatte das Glück, daß zwei Männer für ihn tätig waren, die beide in hervorragender Weise ihr Handwerk verstanden. Die Zivilverwaltung leitete der bewährte Parakoimomenos Joseph Bringas, ein Eunuch von überdurchschnittlicher staatsmännischer Begabung. Die Armee dagegen kommandierte der Sohn des alten Bardas Phokas, der Domestikos der Scholen, Nikephoros Phokas, der »Napoleon des 10. Jahrhunderts«. Wenn die vier Regierungsjahre des Kaisers Romanos überhaupt eine Bedeutung haben, dann ist das nur diesen Männern zu verdanken, und was Nikephoros Phokas betrifft, so waren seine großen Erfolge nur die Vorstufe zu den noch größeren, die er später als Kaiser erfechten sollte.

Kaiser Romanos II. (959–63) und seine Frau Eudokia

Die erste große Unternehmung, zu der Romanos seinen Generalissimus ausschickte, war die Rückgewinnung Kretas, an der Gongylas vor zehn Jahren so kläglich gescheitert war. Mit 1000 Dromonen, 2000 kleineren Schiffen, die mit griechischem Feuer ausgerüstet waren, und 360 Transportern wurde im Sommer 960 die kleinasiatische Armee nach Kreta übergesetzt. Die Landung konnte man schnell erzwingen und Nikephoros machte sich an die Belagerung der Hauptstadt Chandax, die durch ihre natürliche Lage auf einem Felsplateau leicht zu verteidigen, aber schwer zu erobern war.

□ Da er nun erkannt hatte, daß die Stadt, wie schon gesagt, stark befestigt und geradezu uneinnehmbar sei, ergriff er gegen sie folgende Maßnahmen: Er ließ auf dem Festland von der südlichen Küste bis zum gegenüberliegenden Ufer eine Mauer errichten, gab auf diese Weise der Hauptstadt der Kreter nur den Zugang zum Meere hin frei, so daß die Barbaren nicht mehr, sooft sie es wünschten, ohne Schwierigkeit ins Hinterland gelangen konnten, und es in seiner Hand lag zu entscheiden, ob man kämpfen solle oder auch nicht, falls er einmal das letztere für richtiger hielt. (L. Diak.) □

Eines Tages erfährt er von arabischen Gefangenen, daß in der Nähe ein 40 000 Mann starkes Heer der Barbaren lagert.

□ Als der Feldherr dies gehört hatte, ließ er seine auserlesene Schar einen ganzen Tag ausruhen; am späten Abend aber brach er unter der Führung ortskundiger Eingeborener auf und marschierte beim Schein des Vollmondes mit großem Kraftaufwand und unverminderter Eile weiter, bis er den Hügel, wo die Barbaren in tiefem Schlummer lagen, erreichte und ihn von allen Seiten umzingelte. Darauf befahl er, mit Pauken und Trompeten das Zeichen zum Angriff zu geben, und stürmte die Anhöhe. Als die Feinde den Waffenlärm vernommen hatten, suchten sie, ungerüstet und unvorbereitet wie sie waren, ihr Heil in der Flucht. Doch da gab es kein Entrinnen, denn die Rhomäer hatten den ganzen Hügel umzingelt. So wurden in kürzester Zeit alle vierzigtausend Barbaren kampflos Mann für Mann von den Waffen der Rhomäer niedergemetzelt. Doch diesem Triumph fügte unser Feldherr noch eine weitere Siegestat hinzu. Er ordnete nämlich an, den Gefallenen die Köpfe abzuhauen, sie in den Reisesäcken zu bewahren und so ins Lager zu schaffen, Er versicherte ihnen, er wolle jeden, der einen Kopf mitbringe, mit einem Silberstück belohnen. Erfreut nahm das ganze Heer seinen Befehl entgegen, ganz besonders die Truppen der Armenier, und sie taten nach seinen Worten. In der Nacht kehrte Nikephoros wieder ins Lager zurück.

Als tags darauf die Sonne am Horizonte aufging und zum Himmelsgewölbe emporwanderte, befahl der Feldherr, einen Teil der abgeschlagenen Barbarenköpfe auf die Lanzen aufzuspießen, und diese längs der Mauer, die er hatte errichten lassen, nebeneinander in den Boden zu pflanzen, den anderen Teil aber vermittels der Wurfmaschinen in die Stadt zu schleudern. Sobald aber die Kreter die in einer Reihe aufgestellten Lanzen und die darauf befestigten Köpfe erblickten und sahen, wie andere (Köpfe) in die Stadt hinein flogen oder gegen die Zinnen der Mauern schlugen, und deutlich erkannten, daß es die Köpfe ihrer Landsleute und Blutsverwandten waren, da packte sie plötzlich das Grauen, ihr hochmütiger Sinn verwandelte sich in tiefste Niedergeschlagenheit, und sie erstarrten bei diesem unerwarteten und bejammernswerten Anblick. (L. Diak.) □

Die Belagerung von Chandax zog sich über den ganzen Winter hin. Erst im März, als die Stadt schon unter starkem Mangel litt, befiehlt Nikephoros Phokas den Sturmangriff, nachdem die Belagerungsmaschinen Bresche gelegt und durch unterirdische Stollen zwei Türme zum Einsturz gebracht worden waren. Da wird die Aufmerksamkeit der Belagerer eines Tages auf eine merkwürdige Szene gelenkt:

□ Während aber der Feldherr die vorderen Linien verstärkte und die Truppen zu einem Viereck zusammenschloß, beugte sich eine abgefeimte und verkommene, über alle Maßen kecke und schamlose Dirne über die Schutzwehr hinaus und sprach unter allerlei geheimnisvollen Gebärden gewisse Zauberformeln. Man sagt, die Kreter ließen sich sehr leicht durch Weissagungen und andere derartige Possen und Verirrungen fesseln, die sie schon seit altersher von den Manichäern und von Mohammed übernommen hätten. Doch nicht nur auf diese Weise zeigte jenes freche Weibsbild seine zügellose Unverschämtheit, sondern sie hob überdies noch ihr kurzes Gewand höher, als es schicklich ist, entblößte so einen Teil ihres Körpers, wobei sie den Feldherrn mit beißendem Spott übergoß und Flüche gegen ihn ausstieß. Da spannte ein treffsicherer Bogenschütze die Sehne und schoß einen Pfeil gegen das dreiste Frauenzimmer ab; sie stürzte vom Turm in die Tiefe, blieb mit zerschmetterten Gliedern auf dem Boden liegen und hauchte ihre Seele aus. So büßte sie mit diesem jammervollen Ende ihren sträflichen Übermut. (L. Diak.) □

Wenig später gelingt nach äußerst harten Kämpfen die Eroberung der Stadt. Bei der Plünderung werden unvorstellbare Schätze — in 140 Jahren erfolgreicher Seeräubertätigkeit zusammengetragen und aufgestapelt — von den Soldaten erbeutet. Reich beladen kehrte die Flotte nach Konstantinopel zurück. Auf der Insel wurden Griechen und Armenier angesiedelt, das reiche, fruchtbare Land wurde wieder byzantinisches Territorium und die Piraterei hatte ein Ende. Die arabischen Einwohner mußten entweder die Insel verlassen oder wurden zu Leibeigenen. Der hl. Nikon aus Kleinasien traf in Kreta ein und mußte die Insel von Grund auf wieder christianisieren.

Nikephoros aber und seinem siegreichen Heer wurden in Konstantinopel ein triumphaler Empfang zuteil:

□ Er feierte seinen Triumph im Hippodrom vor den Augen des versammelten Volkes, das die Fülle und die Schönheit der Beute bestaunte. Man sah Gold und Silber in großen Mengen, barbarische Münzen aus reinem Gold, goldbestickte Gewänder, purpurfarbene Teppiche, allerlei kostbare Gegenstände, mit höchster Kunst verfertigt, funkelnd von Gold und Edelsteinen; vollständige Rüstungen, Helme, Schwerter und Harnische, alles vergoldet; zahllose Speere, Schilde und zurückschnellende Bogen. Jedermann, der diesem Schauspiel beiwohnte, hätte wohl sagen können, daß damals der ganze Reichtum des Barbarenlandes im Hippodrom beisammen war; so ungeheuer groß war die Menge all dieser Dinge, daß sich dem Auge das Bild eines reichlich fließenden Stromes darbot. Und nun folgten noch endlose Reihen kriegsgefangener Barbaren. (L. Diak.) □

Der letzte Emir von Kreta beschloß seine Tage als Staatspensionär in Konstantinopel, sein Sohn trat in die Dienste des Kaisers. — Ein Jahr später zog Nikephoros Phokas an den Kriegsschauplatz zurück, auf dem er sich schon unter Kaiser Konstantin die ersten Lorbeeren erworben hatte, nach Kleinasien. Hier war noch die alte Rechnung mit dem scheinbar unverwüstlichen Saif-ad-Daulah zu begleichen. In einem Siegeszug ohnegleichen eroberte Nikephoros in kürzester Zeit fast alle bedeutenden Städte und Festungen Syriens und stand schließlich vor der Hamdanidenresidenz Aleppo, die sich nach härtester Belagerung ergeben mußte. Wieder einmal fiel unermeßliche Beute in die Hand des Siegers, der den Märchenpalast Saifs abreißen ließ und die elfenbeinernen Tore und goldenen Gitter als Trophäen nach Konstantinopel schickte. — Nach dreißig Jahren Krieg war Saif-ad-Daulah in einem einzigen, brillant geführten Feldzug entscheidend geschlagen worden und am Ende. Er starb wenig später — eine Gestalt wie aus Tausend und einer Nacht, legendenumwoben, ein Krieger, Liebhaber, Kunstfreund und Genießer ohnegleichen, dessen Taten der Dichter Motenabbi zu besingen nicht müde wurde. Mit seinem Tode neigt sich das arabische Heldenzeitalter seinem Ende zu.

Die Eroberung Kretas und die Siege in Syrien hatten die zwei gefährlichsten Unruheherde in unmittelbarer Nähe des Reichsterritoriums ausgeschaltet bzw. unter Kontrolle gebracht. Der Name Nikephoros Phokas wurde für die Araber zu einem schreckeneinflößenden Begriff, so wie er für seine Soldaten das Symbol für Siege und Beute wurde und entsprechend von ihnen vergöttert wurde. — Als der Feldherr von Syrien nach Konstantinopel heimkehrte, fand er seinen Kaiser nicht mehr unter den Lebenden. Gerüchte gingen um, daß Theophano an seinem Tode nicht ganz unschuldig gewesen sei, wie man auch schon vor Jahren gemunkelt hatte, daß der plötzliche Tod Konstantins nur durch ihre Nachhilfe zu erklären sei. Daß Theophano tatsächlich eine gewisse Neigung zu Mordtaten hatte, wurde aber erst später ganz offenbar. Jetzt hatte sie der Tod des Gatten an die Regierung gebracht; die 22jährige Witwe führte die Regentschaft für ihre beiden Söhne, den 5jährigen Basileios und den 2jährigen Konstantin. Sie wußte genau, daß dieser Zustand nicht von Dauer sein konnte. Die Macht des intelligenten und verschlagenen Bringas und die Beliebtheit des Kriegshelden Nikephoros Phokas mußte sie bei ihren Plänen in Rechnung stellen, zumal Bringas schon eine fieberhafte Tätigkeit entfaltete, die auf die Ausschaltung des Phokas zielte. Dieser war daraufhin in Konstantinopel seines Lebens nicht mehr sicher. Durch Fürsprache des Patriarchen und des Senats und mit Einverständnis Theophanos wurde er erneut mit dem Oberbefehl über die kleinasiatischen Truppen betraut und machte sich sofort dorthin auf den Weg, wo er vor den Anschlägen des Bringas sicher war. Dieser gab jedoch nicht so schnell auf. Er hatte im Sinn, einen eigenen Kandidaten aufzustellen und seine Wahl fiel auf den Feldherrn Johannes Tzimiskes, einen Neffen des Phokas. (Bringas selbst war als Verschnittenem die Kaiserkrone verwehrt). Als tüchtiger und beliebter Kommandeur, bekannt für seinen tollkühnen Mut, schien Tzimiskes der einzige zu sein, dem man es zutrauen konnte, Nikephoros zu überwältigen. So erhielt Tzimiskes eines Tages einen versiegelten Brief folgenden Inhalts:

□ Die Feindseligkeit und Bosheit des Phokas gibt mir Anlaß zu gewissen Befürchtungen. Da ich die verderblichen Pläne, die er schmiedet, vereiteln will, entschloß ich mich, Deiner Durchlaucht ein Geheimnis zu enthüllen; vielleicht gelingt es mir mit Deiner Hilfe, seinen zügellosen Ungestüm zu bändigen. Er will sich nämlich bei nächster Gelegenheit widerrechtlich die unumschränkte Herrschergewalt im Reiche aneignen. Um seinem hochverräterischen Treiben ein Ende zu setzen, werde ich ihm unverzüglich den Oberbefehl über die Heere entziehen und Dich, den berühmten Feldherrn, damit betrauen. Dann aber, wenn dies geschehen ist, werde ich Dir in Kürze zur kaiserlichen Würde verhelfen. Du aber mache den vermessenen Prahler Phokas zu Deinem Gefangenen und schicke ihn so schnell wie möglich zu mir!« □

Der Absender war natürlich niemand anders als Bringas. Tzimiskes steckt den Brief ein und eilt sofort zu seinem Onkel.

□ In seinem Zelte ließ er sich neben ihm nieder — Johannes war nämlich mütterlicherseits ein naher Verwandter des Nikephoros — und sprach: »Du schläfst, mein Lieber, tiefer noch als Endymion, wie man sagt, während der Verwalter des kaiserlichen Palastes, der gute Joseph, in seiner rasenden Blutgier einen Mordanschlag gegen dich plant. Und soweit es an ihm liegt, ist der unbesiegbare Feldherr der Rhomäer schon verloren und sein Blut schon vergossen. Und dies alles müssen wir uns von einem unmännlichen Zwitterwesen gefallen lassen — o Mühsale des Krieges, Kämpfe und Tapferkeit, wie wenig werdet ihr geschätzt! —, von einem künstlich gemachten Weibsbild, dem nur das bekannt ist, was im Frauenpalaste vorgeht und nicht mehr! Erhebe dich daher, mein Freund, dann wollen wir unsere Gegenmaßnahmen treffen, damit wir nicht als Sklaven zugrunde gehen, sondern uns als tapfere Männer zur Wehr setzen, und damit es Joseph oder sonst ein Gleichgesinnter erfahre, daß sie nicht mit schwachen und zarten Weiblein zu kämpfen haben, wohl aber mit unbezwinglichen Männern, die den Barbaren Angst und Bewunderung einflößen!« Nach diesen Worten zog er aus seinem Gewandbausch das Schreiben und übergab es dem Feldherrn. Dieser überflog es, und als er sich von seinem kränkenden und verderblichen Inhalt überzeugt hatte, verharrte er wie ohnmächtig eine Weile in Schweigen — seine Gesundheit war gerade etwas angegriffen. Bald aber erhob er sich wieder und sprach: »Sage mir, du tapferer Mann, was in dieser Angelegenheit zu unternehmen wäre!« Darauf jener: »Was? Überlegen willst du noch, was du tun sollst? Wach doch endlich auf, mein Lieber, wenn es auch schon reichlich spät ist, und reibe dir den Schlaf aus den Augen! Wir befinden uns in einer Gefahr, aus der es kein Entrinnen zu geben scheint, und du fragst noch, was zu tun sei? Ich behaupte, daß ein entscheidender Kampf um das Ganze ausgefochten werden muß; wir besitzen doch ein schwerbewaffnetes Heer, erfüllt von tapferer Gesinnung und stolz auf seine Kraft. Es scheint mir nämlich gänzlich verkehrt und unerträglich zu sein, daß die Feldherren der Rhomäer von einem kläglichen Eunuchen, der sich aus der Wüste Paphlagoniens zum Unglück aller in die Staatsverwaltung eingeschlichen hat, hin und her getrieben und wie Sklaven an der Nase herum-

Das Athos-Kloster Watopedi

geführt werden. Beeile dich vielmehr, mir zu folgen, wenn du nicht lebendig gefangen werden und das Schlimmste erleiden willst.« (L. Diak.) □

Wenige Tage später wurde Nikephoros Phokas vom versammelten Heer zum Kaiser der Rhomäer ausgerufen. Dieser wollte zunächst die Würde nicht annehmen und schlug seinerseits seinen Kameraden Tzimiskes als Kaiser vor. Tzimiskes jedoch und das Heer stimmten dem Vorschlag nicht zu und so willigte Phokas in die Wahl ein.

Die anfängliche Weigerung des Feldherrn, der Erhebung zuzustimmen, war keineswegs eine Bescheidenheitsfloskel von rein formaler Bedeutung. Kurz zuvor hatte er dem Patriarchen schwören müssen, nichts gegen den Willen der Regierung, d. h. der kaiserlichen Familie und des Senats zu unternehmen, auch lagen seinem rechtschaffenen Charakter Usurpationsgelüste fern. Phokas war durch und durch Soldat, aus härtestem Holz geschnitzt, der Glanz des Diadems konnte ihn nicht blenden. Er verkehrte kaum mit Würdenträgern und Aristokraten, obwohl er selbst aus einer der größten aristokratischen Familien stammte. Außer den Soldaten waren Mönche und heilige Männer seine liebste Gesellschaft, aus deren Gesprächen der von tiefer Frömmigkeit durchdrungene Feldherr die größte Befriedigung gewann. Er war 51 Jahre alt, Witwer, sein kaum erwachsener einziger Sohn war durch einen tragischen Unglücksfall ums Leben gekommen. So war es gekommen, daß Nikephoros mit dem Diesseits schon beinahe abgeschlossen hatte, und begann, für sein Seelenheil Sorge zu tragen. Er lebte wie ein Asket, trug eine härene Kutte unter dem Panzer, aß seit Jahren kein Fleisch mehr und schlief wie der Geringste auf steinernem Boden. Sein vertrauter Freund, der hl. Athanasios vom Berge Athos, der das erste Großkloster, die Lavra, auf dem heiligen Berg gegründet hatte, hielt ihm dort schon eine Zelle reserviert, wo der alte Krieger einmal seine Tage im Herrn beschließen wollte. Seine Erhebung zum Kaiser gestattete nun nicht länger, frommen und beschaulichen Träumen nachzuhängen. In Konstantinopel mobilisierte Bringas wutschnaubend alle ihm erreichbaren Truppen, um Nikephoros am Einmarsch in die Hauptstadt zu hindern. Seine bewaffneten Scharen zogen durch die Straßen und bedrohten alle Anhänger Phokas. Nikephoros Vater Bardas mußte sich in einer Kirche verbergen, sein Bruder Leon konnte heimlich aus der Stadt entweichen und zu Nikephoros gelangen, der jenseits des Bosporus sein Lager aufgeschlagen hatte. Da entschied Basileios, der uneheliche Sohn des alten Romanos, mit Umsicht und schneller

Entschlossenheit die Lage für den neuen Kaiser. Er lieferte die feuerspeienden Dromonen dem Kaiser aus und besetzte mit seinen Leuten den Kaiserpalast. Joseph Bringas mußte fliehen, Nikephoros konnte in die Hauptstadt einziehen (14. August 963).

☐ Da nun Nikephoros alles wunschgemäß in Erfüllung gegangen war, legte er seine gewöhnliche Kleidung ab, warf sich den kaiserlichen Mantel um und verlieh seiner Person ein majestätischeres Aussehen: er bestieg ein feuriges weißes Roß, das mit glänzenden Metallplatten, wie sie nur Pferde des Kaisers zu tragen pflegen, und mit purpurnen Decken geschmückt war, und zog durch das Goldene Tor in die Stadt ein, vom ganzen Volke und von den Würdenträgern mit rauschendem Beifall begrüßt und geehrt... Der erste Weg führte ihn zum weltberühmten Gotteshaus (Hagia Sophia); nachdem er dort von den versammelten Priestern die gebührenden Ehrungen entgegengenommen hatte, legte ihm der Patriarch Polyeuktes das kaiserliche Diadem um das Haupt... Mit diesem geschmückt, hielt er nun, geleitet von der Menge und den Beamten, seinen Einzug in den Palast und ließ sich auf dem Thron nieder. Damals hätte man sehen können, wie das Schicksal frohlockte über die Verwirklichung seiner Pläne und stolz darauf war, daß alles menschliche Tun und Lassen seinem Walten unterworfen und keines der irdischen Dinge ausschließlich Eigentum eines Menschen ist.
Als er nun die Herrschaft angetreten hatte und ihr Steuer furchtlos und sicher in den Händen hielt, erhob er seinen Vater Bardas zur Würde eines Caesar, Johannes Tzimiskes aber, der von allem Anfang an seine Bestrebungen unterstützt hatte, beförderte er zum Domestikos des Ostens und zum Magistros. Seinen Bruder Leon machte er zum Kuropalates und erhob ihn zum Magistros; und schließlich zeichnete er Basileios, der, wie ich erzählt habe, Joseph gestürzt hatte, mit dem Ehrenamte eines Proedros (Senatsvorsitzenden) aus (L. Diak.) ☐

Es ist nicht mit Sicherheit bekannt, in welcher Weise und in wieweit die Kaiserin Theophano bei all diesen Ereignissen ihre Hand im Spiele hatte, doch kann man nicht daran zweifeln, daß die Entwicklung durchaus mit ihren Wünschen übereinstimmte. Der ihr verhaßte Eunuch Bringas, über den sie — verständlicherweise — keine Gewalt gehabt hatte, war ihr im Wege gewesen und entfernt worden. Nun war sie bereit, dem erfolgreichen Nikephoros zur Legitimation seiner Kaiserwürde die Hand zu reichen. Einer Frau wie Theophano sich zu verweigern, war unmöglich, selbst wenn man es gewollt hätte. Ihre unwiderstehliche Schönheit zog auch den alternden, herben, harten Krieger in ihren Bann. So wurde sie, die eine »wahre Lakedämonierin« d. h. eine zweite Helena war, seine Frau und Kaiserin. Es war ein ungleiches Paar, das sich da zusammengefunden hatte — Mars und Venus auf dem byzantinischen Kaiserthron —; während die Schönheit der Kaiserin für sich sprach, konnte Nikephoros zwar durch seine gewaltigen Kriegstaten Eindruck machen, nicht aber durch seine Erscheinung, worin er mit anderen großen Feldherren, wie Prinz Eugen, Friedrich II. und Napoleon, übereinstimmte.

☐ Seine Gesichtsfarbe war eher bräunlich als hell, das Haar dicht und dunkel, die schwarzen, nachdenklichen Augen lagen unter buschigen Augenbrauen; die nicht übermäßig starke Nase war leicht gekrümmt; der Bart hatte den richtigen Wuchs und zeigte an den Wangen da und dort graue Stellen. Sein Körper war stämmig und kräftig, die Brust und die Schultern auffallend breit. (L. Diak.) ☐

Diese knappe Beschreibung eines Byzantiners wird ergänzt durch das Bild, das uns der übellaunige Liutprand von Cremona gezeichnet hat; wohl nicht ohne Übertreibungen, aber doch im ganzen wahr:

☐ Ein Mensch von ganz abenteuerlichem Aussehen, pygmäenhaft, mit dickem Kopfe und kleinen Augen wie ein Maulwurf, entstellt durch einen kurzen, breiten, dichten, melierten Bart, garstig durch einen zollangen Hals. Sein langes, dichtes Haar gibt ihm das Aussehen eines Schweines, an Gesichtsfarbe gleicht er einem Neger. Er ist so einer, dem man um Mitternacht nicht begegnen möchte. Dazu hat er einen aufgedunsenen Bauch, magere Lenden, Schenkel, die für seine kleine Statur unmäßig lang sind, kurze Beine und entsprechende Fersen und Füße. Er war angetan mit einem kostbaren Prachtkleid, das aber übermäßig alt und von langem Gebrauch übelriechend und verblichen war, und mit sikyonischen Schuhen. ☐

Blick auf Mopsuestia und den Ceyhan (Pyramos)

Seine Zeitgenossen bemerken nicht ohne leisen Spott, wie nun der vormals so finstere, verschlossene und asketische Mann seine Lebensweise ändert. Der heilige Berg Athos schien vergessen, die härene Kutte verschwand und die kaiserliche Tafel war nicht weniger reichhaltig als zu anderen Zeiten. Vor allem aber überschüttete er seine junge Frau mit Geschenken aller Art; Landgüter, Schlösser, Kostbarkeiten und Geschmeide »in unbeschreiblichen Mengen« empfängt sie aus seinen Händen. 963 unternimmt der Kaiser keinen Kriegszug, er schickt seinen Domestikos Johannes Tzimiskes nach Osten, wo dieser sich auf das beste bewährt.

Doch im Frühling des folgenden Jahres machte der Kaiser sich wieder selbst auf den Weg nach Kilikien. Die beiden starken Festungen Mopsuestia und Tarsos waren sein Angriffsziel; dabei war es seine Absicht, den Feind im Osten durch eine Reihe wohlgezielter Schläge ein für allemal außer Gefecht zu setzen, wie er es in einem Brief an den Kalifen von Bagdad in schroffstem Ton ankündigte:

□ In den Kämpfen um die (kilikischen) Pässe haben wir Deine Armee wie eine Tierherde gehetzt... Die hohen Gebäude sind zerstört und ihre Ruinen, einst voll von blühendem Leben, sind zu unwirtlichen Einöden geworden. Nur der Schrei der Eule und sein Echo von den Säulen erfüllt die Einsamkeit.

Antiocheia ist nicht weit... und bald werde ich es mit großer Heeresmacht erreichen. O Du, der Du die Sandwüsten bewohnst, Fluch über Dich. Kehre zurück in das Land Sana, Deine ursprüngliche Heimat. Bald werde ich Ägypten mit dem Schwerte erobern und seine Reichtümer werden mir zur Beute werden...

Ich werde den ganzen Osten und den Westen erobern und die Religion des Kreuzes in allen Weltgegenden ausbreiten. Jesus hat Seinen Thron hoch über alle Himmel erhoben,... während Dein Prophet in der Erde begraben liegt. Mögen seine Knochen zu Staub zerfallen und seine Söhne von Tod, Gefangenschaft und Schande heimgesucht werden! □

Man könnte den groben Ton, der für ein diplomatisches Sendschreiben wohl einmalig ist, für plumpe Aufschneiderei und Großsprechertum halten, wenn der Verfasser eben nicht Nikephoros Phokas gewesen wäre, der durchaus fähig war, den Worten die Tat folgen zu lassen. Seiner Zähigkeit und unerbittlichen Härte in der Kriegsführung widerstanden weder Mopsuestia, das verhältnismäßig schnell fiel, noch Tarsos, wo der Kaiser zunächst auf starke Gegenwehr stieß.

□ Gehoben durch die frühen Siege über die Rhomäer, zeigten sich die Bewohner von Tarsos noch immer kühn und übermütig und waren außerstande, ihren Kampfgeist zu bändigen: sie kamen aus der Stadt heraus, bildeten den Unseren gegenüber eine dicht geschlossene Kampfreihe und legten, bevor sie sich im Kampfe erprobt hatten, ein dreistes und mehr als zuversichtliches Benehmen an den Tag. Aber auch der Kaiser führte alles, was im Heere wehrfähig und bei Kräften war, aus dem Lager und stellte seine Truppen in der Mitte zwischen diesem und den Feinden auf. Die erste Linie bildeten die schwergepanzerten Reiter, dahinter standen die Bogenschützen und Schleuderer, die den Befehl hatten, auf die Feinde zu schießen. Der Kaiser selbst befehligte an der Spitze einer Abteilung von zehntausend Berittenen den rechten Flügel; am linken kämpfte Johannes Tzimiskes, ausgezeichnet mit der Würde eines Dux, ein Mann voll unbändigen Eifers, außerordentlich verwegen und feurig wie kein anderer, obwohl auffallend klein, gleich dem sagenhaften Streiter Tydeus; es wohnte jedoch in seinem unscheinbaren Körper ein heroischer Mut und Tatendrang.
Als auf kaiserlichen Befehl das Kampfsignal ertönte, hätte man sehen können, wie sich unsere Phalangen in einer wunderbaren Ordnung in Bewegung setzten und wie die ganze Ebene im Glanz der Waffen erstrahlte. Einer solchen Macht vermochten die Tarser nicht standzuhalten. Durch einen dichten Schwarm von Wurfspießen und durch Geschosse, welche die Bogenschützen und Schleuderer aus weiter Entfernung von hinten gegen jene sandten, wurde ihr Widerstand gebrochen, sie ergriffen Hals über Kopf die Flucht und wurden unter vielen Verlusten unrühmlich in die Stadt zurückgedrängt. Denn ganz gewaltig sank ihr Mut, als sie ein so großes, geübtes und erfahrenes Heer heranrücken sahen. Sie besetzten die Stadtmauern, sicherten diese mit Wurfmaschinen und erwarteten dahinter verborgen standhaft den Angriff der Feinde.
Da es dem Kaiser Nikephoros natürlich gut bekannt war, daß ein gewaltsames Eindringen in die schwer zugängliche Stadt nahezu unmöglich sei, wollte er keinen ungewissen Kampf wagen, sondern beschloß, die Bewohner der Hungersnot preiszugeben, deren bitterem Zwang sich die Stadt, wenn auch noch so ungerne, fügen müßte; und er umstellte sie mit aufmerksamen Wachen. Solange der Hunger den Tarsern nicht allzu hart zusetzte, schleuderten sie unentwegt ihre Geschosse gegen die Rhomäer. Als sie aber schon ganz jämmerlich abgemagert und ihre Körper aus Mangel am Allernotwendigsten entkräftet waren, da bemächtigte sich der Stadt eine gewaltige Ratlosigkeit und entsetzliche Verzweiflung, und man konnte leichenblasse Menschen sehen, nur noch Schattenbilder ihrer selbst. Denn Hunger ist das traurigste und verderblichste Unheil: er zehrt an den Kräften des Körpers, nimmt ihm alle Wärme, bewirkt, daß die Haut wie ein Spinnengewebe die Knochen umspannt und führt in Kürze den Tod herbei. Da sie gegen die unüberwindliche Hungersnot und gegen ein so mächtiges Heer nicht mehr anzukämpfen imstande waren, schlossen sie Frieden mit dem Kaiser und unterwarfen sich unter der Bedingung, daß es jedem, der dies wünschte, gestattet sei, sich ungehindert ins Innere Syriens zu begeben. Der Kaiser erklärte sich damit einverstanden und forderte sie auf, die Stadt nur mit dem, was sie am Leibe trugen, schleunigst zu verlassen. So eroberte er Tarsos und überließ einen Teil der Beute, bestehend aus unermeßlichen Schätzen, seinen Soldaten. Die aus Gold und Edelsteinen angefertigten Kruzifixe, die bei verschiedenen Niederlagen des Rhomäerheeres den Feinden in die Hände gefallen waren, sammelte er ein, sicherte Tarsos durch eine ausreichende Besatzung und kehrte eilends in die Kaiserstadt zurück. Nach dem begeisterten Empfang, den ihm das Volk bei seinem Einzug bereitet hatte, legte er die erbeuteten Kruzifixe als Weihgeschenke im weltberühmten Tempel Gottes nieder und widmete sich sodann eine Zeitlang den Pferderennen und anderen Spielen, die er zur Unterhaltung der Leute aufführen ließ. Denn die Einwohner von Byzanz sind schaulustig wie kein anderes Volk. (L. Diak.) □
Im selben Jahr wurde Zypern nach fast hundertjähriger arabischer Besetzung von der Flotte zurückerobert, während der Kaiser weiter nach Syrien vorstieß. Adana, Anabarzos waren schon vor Tarsos erobert worden, jetzt fielen Edessa, Mempetze, Arka und im Oktober 966 stand der Kaiser vor der alten, berühmten Weltstadt Antiocheia.

Des Kaisers Kriegsruhm stieg ins Legendäre. Sein Name verbreitete Schrecken beim Feinde, keine Festung konnte ihm widerstehen, seine Truppen waren unbesiegbar. Fassungslos schreibt ein arabischer Chronist, daß seine Feldzüge für seine Soldaten Vergnügungsmärsche gewesen seien, daß er marschiert sei, wohin es ihm gefiele, denn niemand wage ihn noch anzugreifen oder sich ihm entgegenzustellen, er zerstöre, was er wolle, es gäbe keinen einzigen unter den Muslims mehr, der ihn an der Durchführung seiner Pläne hindern könne. Seine Landsleute nannten ihn den »bleichen Tod der Sarazenen«.

Der Krieg gegen die Araber war für ihn zu einer heiligen Sache geworden. Er fühlte sich als Werkzeug Gottes, ausersehen, die Welt von den Ungläubigen zu befreien und das christliche Römerreich in neuem Glanze wiedererstehen zu lassen. Kreuzzugsstimmung beseelte den Kaiser und teilte sich seinem gesamten Heer mit. Des Kaisers Glaube an seine heilige Mission drückte sich in seiner Absicht aus, die im Krieg gegen die Sarazenen gefallenen Soldaten unter die Märtyrer zu rechnen.

Die Eroberung Antiocheias, seit dem Jahre 636 in arabischer Hand, gelang nach langer Belagerung 969. Die Patriarchenstadt wurde mit großen Teilen Syriens wieder dem byzantinischen Territorium einverleibt, die sarazenischen Einwohner vertrieben und das Land und die Städte mit griechischen und armenischen Kolonisten besiedelt. Andere Teile Syriens traten unter byzantinische Oberhoheit und wurden dem Reich tributpflichtig.

Der einzige, der noch nicht begriffen hatte, mit wem er es zu tun hatte, war Zar Peter von Bulgarien. Eines Tages erschienen seine Gesandten bei Nikephoros und verlangten mit naiver Unverfrorenheit Tribut. Unter Kaiser Romanos I. waren den Bulgaren gewisse Ehrengeschenke zugesichert worden; diese nun von Nikephoros zu verlangen, bedeutete jedoch, die Situation völlig falsch einzuschätzen. Die Reaktion des Kaisers war entsprechend:

□ Von einem ganz ungewöhnlichen Zorn gepackt — er hatte nämlich sonst einen ruhigen Charakter und gab im allgemeinen nicht so leicht einer leidenschaftlichen Regung nach —, rief Nikephoros, maßlos aufgebracht, mit einer viel lauteren Stimme, als man bei ihm gewohnt war: »Sehr schlecht steht es mit den Rhomäern, wenn sie nach ihren Siegen über alle Gegner einem armen und schmutzigen Skythenstamm wie Sklaven Abgaben leisten müssen!« Und als wäre er darüber im unklaren, fragte er, zu seinem Vater Bardas gewandt, der als Caesar neben ihm thronte, was es mit dieser Zahlung, die die Myser (Bulgaren) von den Rhomäern forderten, für eine Bewandtnis habe: »Hast du mich etwa, ohne das ich es bisher gewußt habe, als Sklaven gezeugt? Soll ich, der erhabene Kaiser der Rhomäer, einem verwahrlosten Volk von Bettlern untertan und tributpflichtig sein?« Er befahl, die Gesandten schleunigst mit Backenstreichen zu züchtigen und sagte: »Geht und meldet eurem mit Ziegenfell bekleideten Fürsten, diesem Hungerleider: Der großmächtige Kaiser der Rhomäer kommt unverzüglich in dein Land, um dir die gesamten Abgaben zu entrichten, auf daß du, Erzsklave, der du bis ins dritte Glied von Sklaven abstammst, lernest, die Herrscher der Rhomäer als deine Gebieter anzuerkennen und nicht, als wären sie deine Knechte, von ihnen Tribut zu fordern!« Nach diesen Worten jagte er sie in ihre Heimat zurück. (L. Diak.) □

Da sich Nikephoros vorerst nicht vom Krieg im Osten ablenken lassen wollte, schickte er den Patrikios Kalokyres mit 1 500 Pfund Gold zu den Russen, um sie zum Krieg gegen die Bulgaren zu bewegen. Olgas kriegerischer Sohn Swjatoslaw ließ sich nicht lange bitten. 967 rückte er in das Land Peters ein und besiegte die Bulgaren ohne große Schwierigkeiten. Zwar nötigte ihn ein Einfall der Petschenegen in sein Land zur eiligen Rückkehr, doch bald erschien Swjatoslaw wieder an der Donau, nahm Boris II., den Sohn des inzwischen verstorbenen Peter, gefangen und machte nicht die geringsten Anstalten, das Land wieder zu verlassen, wie es die Byzantiner natürlich gern gesehen hätten. Er war nämlich inzwischen auf den Gedanken gekommen, sich für immer in dem wirtlichen Bulgarien niederzulassen. Diese Idee hatte ihm der treulose Kalokyres eingegeben, der mit dem Fürsten der »Tauroskythen« Freundschaft geschlossen hatte und gedachte, seinen mächtigen Freund für seine Zwecke zu benutzen. Er hoffte nämlich nichts Geringeres, als sich mit Unterstützung Swjatoslaws der byzantinischen Kaiserkrone bemächtigen zu können, und hatte ihm dafür große Mengen Gold versprochen. Swjatoslaw hatte dem Handel begeistert zugestimmt, »denn das ganze Volk der Skythen ist überaus gierig und zu allem bereit, wenn es sich davon einen Gewinn verspricht«. Dank der Treulosigkeit des Kalokyres hatte Byzanz nun statt eines schwachen Bulgarenreiches die gefährlichen Russen zum Nachbarn. Nikephoros erkannte die Bedrohung sofort und disponierte unverzüglich um. Jetzt galt es, den Bulgaren, die man gerade mittels der Russen gezüchtigt hatte, wieder aufzuhelfen, damit sie mit Unterstützung von Byzanz sich der Russen erwehren könnten.

□ Er beschloß, eine Gesandtschaft zu den Mysern zu entsenden, die Christen waren wie der Kaiser selbst. Er schickte also den Patrikios Nikephoros, mit dem Beinamen Erotikos, und Philotheos, den Bischof von Euchaita, als Gesandte zu ihnen, erinnerte sie an ihren gemeinsamen Glauben — denn die Myser huldigen der christlichen Lehre ohne Widerspruch — und bat sie um zwei Jungfrauen aus königlichem Geschlechte, die er mit den beiden Söhnen des Kaisers Romanos (II.) vermählen wolle; durch diese Eheschließung würde die Aussöhnung zwischen den Rhomäern und den Mysern unverbrüchlich sein und ihre Freundschaft ewig dauern. Erfreut nahmen die Myser die Gesandtschaft auf, ließen Mädchen aus königlichem Blut einen Reisewagen, wie sie die mysischen Frauen zu benützen pflegen, besteigen und geleiteten sie zu Kaiser Nikephoros mit der flehentlichen Bitte, ihnen rasche Hilfe angedeihen zu lassen und das Beil der Taurier, welches ihrem Nacken drohe, abzuwehren und es unwirksam zu machen. (L. Diak.) □

Den weiteren Verlauf dieser Entwicklung hat Nikephoros Phokas nicht mehr erlebt.

Ein Jahr vor der Thronbesteigung des Nikephoros war in Rom Otto I. zum Kaiser des Heiligen Römischen Reiches Deutscher Nation gekrönt worden. Der hieraus abgeleitete Anspruch auf die Beherrschung Italiens stand naturgemäß in Widerspruch zu den byzantinischen Ansprüchen, die durch die Präsenz byzantinischer Truppen in Kalabrien und Apulien aufrechterhalten und unterstrichen wurden. Um eine kriegerische Auseinandersetzung zu vermeiden, suchte Otto I. durch die Heirat seines Sohnes mit einer byzantinischen Prinzessin zum Ziele zu kommen. Doch so billig waren die süditalienischen Provinzen nicht zu haben. Nikephoros dachte nicht daran, die Provinzen preiszugeben, erst recht nicht für die ihm sehr zweifelhafte Ehre, mit den Liudolfingern in Gevatterschaft zu treten. Wie jeder andere byzantinische Kaiser vor und nach ihm hielt auch Nikephoros an dem Grundsatz fest, daß Italien Reichsland sei, rhomäisches, d. h. römisches Land, unveräußerlich und unabtretbar. Pandulf, der »Eisenkopf«, Herzog von Benevent, wurde von den Byzantinern als Hochverräter gefangengenommen, als er mit dem deutschen Kaiser gemeinsame Sache zu machen versuchte. Ein mißglückter Angriff Ottos I. auf die byzantinische Hafenstadt Bari verschlechterte das Verhältnis noch mehr. Auf dem Tiefpunkt der Beziehungen schickte Otto eine Gesandtschaft nach Konstantinopel, um das Heiratsbündnis wieder ins Gespräch zu bringen, wobei — der Sachse blieb ein hoffnungsloser Optimist — die süditalienischen Provinzen als standesgemäße Mitgift mit Freuden angenommen werden würden —, nach den jüngsten Ereignissen ein recht kühnes Begehren. Otto vertraute diese heikle Mission einem Mann an, der sich gewisser Erfahrungen im Umgang mit Byzantinern rühmte; Liutprand von Cremona, der Konstantinopel aus den friedlichen Tagen des milden, freundlichen Konstantin Porphyrogennetos noch in allerbester Erinnerung hatte. Der neue Herrscher aber hieß Nikephoros Phokas! — Als Liutprand nach vier Monaten die Kaiserstadt verläßt, haben seine Gefühle eine gründliche Wandlung erfahren. Zu Hause angekommen, setzt er sich hin und macht in einem langen Bericht an seinen kaiserlichen Herrn seinem gequälten Herzen Luft. Es brauscht nicht erst gesagt zu werden, daß seine Mission gänzlich gescheitert war, doch seine Erlebnisse, niedergeschrieben in einer drollig wirkenden Mischung aus Enttäuschung, Empörung, Spott, Überheblichkeit und gekränkter Eitelkeit, sind lesenswert.

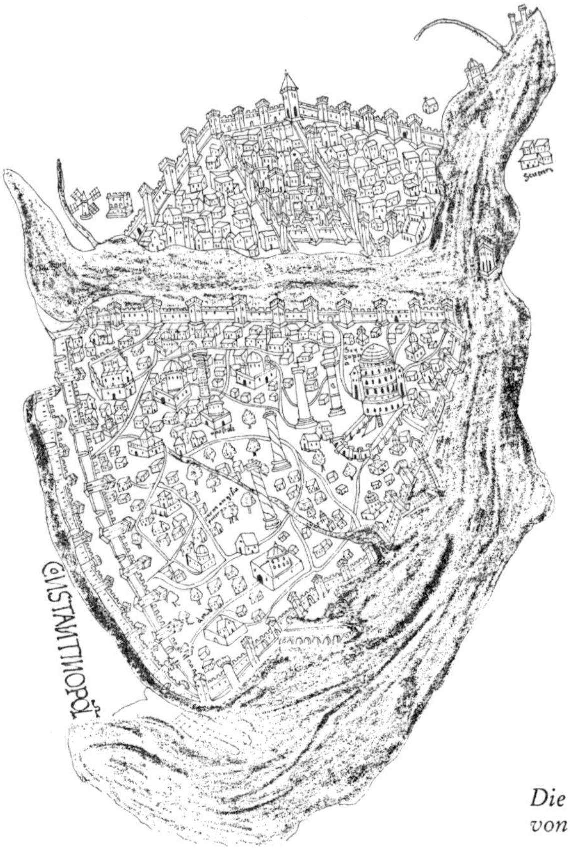

Die älteste erhaltene Gesamtansicht von Konstantinopel

☐ Warum Ihr (Kaiser Otto) bisher weder Berichte noch Boten von mir erhalten habt, wird sich aus nachfolgender Darstellung erklären. Am 4. Juni langten wir zu Konstantinopel an und wurden daselbst, Euch zur Schmach, mit Unehren empfangen, und schmählich und mit Unehren sind wir behandelt worden. Man sperrte uns ein in eine freilich recht große, offene Pfalz, die weder gegen die Kälte noch gegen die Hitze Schutz gewährte. Bewaffnete Krieger wurden als Wächter aufgestellt, den meinen den Ausweg, allen anderen den Eingang zu verwehren. Diese Herberge aber, die nur uns Eingesperrten zugänglich war, lag von dem kaiserlichen Palast so weit ab, daß uns der Atem verging, wenn wir uns dorthin nicht etwa zu Pferde, sondern zu Fuß begeben mußten. Zu unserem Ungemach kam noch das hinzu, daß der griechische Wein, weil sie ihm Pech, Harz und Gips beimischen, für uns nicht zu genießen war. Im Hause selbst gab es kein Wasser, und nicht einmal für unser Geld konnten wir Wasser bekommen, um unsern Durst zu stillen. Dieser großen Plage gesellte sich noch eine zweite Plage bei, nämlich unser Hüter, der für unseren täglichen Bedarf zu sorgen hatte: Wer seinesgleichen suchen wollte, der würde ihn auf Erden nicht, aber vielleicht in der Hölle finden. Denn dieser Mensch ergoß auf uns wie ein überströmender Gießbach, was er nur an Unheil, Prellereien, Erpressungen, Plackereien und Kränkungen ersinnen konnte. Von 120 Tagen verging nicht einer, der uns nicht Seufzer und Jammer gebracht hätte. Am 4. Juni langten wir, wie gesagt, zu Konstantinopel vor dem Kareischen Tore an und warteten mit unseren Pferden unter strömendem Regen bis zur elften Stunde. Um diese Stunde gab Nikephoros den Befehl, daß wir kommen sollten; doch achtete er uns, die doch Euere Gnade so hoch geehrt hat, nicht für würdig, unseren Einzug zu Pferde zu halten, und so führte man uns denn in jenes schon erwähnte marmorne, verhaßte, wasserlose, überall offene Haus. Am 6. Juni aber, Sonnabend vor Pfingsten, wurde ich dem Hofmarschall und Kanzler Leon, einem Bruder des Kaisers, vorgestellt, und hatte mit ihm einen großen Streit über Euern kaiserlichen Titel zu bestehen. Denn er nannte Euch nicht Kaiser, d. h. Basileus in ihrer Sprache, sondern geringschätzig Rex, d. h. König in der unsrigen. Als ich ihm die Bemerkung machte, die Bedeutung sei dieselbe und nur die Bezeichnung verschieden, da entgegnete er, ich sei nicht des Friedens, sondern des Streites halber gekommen, stand zornig auf und nahm Euern Brief auf wirklich beleidigende Art nicht eigenhändig, sondern durch den Dolmetscher in Empfang, ein Mensch, der von Statur ziemlich hoch gewachsen und voll erheuchelter Demut ist... □

Am Pfingsttag wird Liutprand eingeladen, der feierlichen Pfingstprozession beizuwohnen.

□ Es soll mich nicht verdrießen, diese »Proeleusis« zu beschreiben und meinen Herren möge es nicht zur Last sein, davon zu hören. Eine große Menge von Handelsleuten und gemeinem Volke hatte sich an diesem Feste zum feierlichen Empfange und zum Lobpreis des Nikephoros versammelt und hielt die beiden Seiten der Straße vom Palast bis zur Sophienkirche Mauern gleich besetzt, verunziert durch ganz kleine, dünne Schilde und erbärmliche Spieße. Die Unanständigkeit ihres Aufzugs wurde noch dadurch vermehrt, daß der größere Teil dieses Gesindels dem Kaiser zu Ehren barfuß aufmarschiert war. So, glaube ich, meinten sie die heilige ›Proeleusis‹ noch mehr zu zieren. Aber auch die Großen seines Hofes, welche mit ihm durch die Reihen dieses barfüßigen Pöbels zogen, waren mit weiten und vor Alter löcherigen Gewändern angetan. Viel anständiger wären sie in ihrer alltäglichen Kleidung erschienen. Es war keiner unter ihnen, dessen Vorfahr sich diesen Rock neu angeschafft hatte. Mit Gold oder Edelsteinen war niemand geschmückt als allein Nikephoros, der in den kaiserlichen, nach dem Maß seiner Vorgänger verfertigten Gewändern noch garstiger aussah. Ich schwöre bei Eurem Leben, welches mir teurer ist als mein eigenes, daß das Staatskleid eines Eurer Großen mehr wert ist als hundert und mehr solcher Anzüge. Man führte mich also zu der ›Proeleusis‹ und stellte mich auf einen erhöhten Platz neben den Psalten, d. h. den Sängern.

Und als er nun wie ein kriechendes Ungeheuer dahinschritt, riefen die Psalten mit niedriger Schmeichelei: »Siehe, da kommt der Morgenstern! Der Luzifer (›Lichtbringer‹ = Morgenstern) geht auf! Sein Blick ist ein Widerschein der Sonnenstrahlen! Der bleiche Tod der Sarazenen, Nikephoros ›Medon‹ d. h. Herrscher!« Deshalb wurde auch gesungen: »›Medonti‹, d. h. dem Herrscher Nikephoros ›polla ete‹, d. h. viele Jahre! Ihr Völker, beuget euch vor diesem, verehret ihn, huldiget diesem großen Fürsten!« Wieviel passender wäre es gewesen, wenn sie so gesungen hätten: »Du ausgebrannte Kohle, komm, ›melle‹ (zögere), schleichend wie ein altes Weib, häßlich wie ein Waldteufel, du Tölpel, du Schmutzfink, du ziegenfüßiger, gehörnter Halbmensch, du borstiger, störrischer, bäurischer Barbar, du unverschämter, zottiger, widerspenstiger Kappadokier!« Durch solche lügenhafte Lobgesänge aufgeblasen, betritt er also die Kirche der hl. Sophia, während seine Herren, die Kaiser (Romanos II. Söhne Basileios und Konstantin), ihm von ferne nachfolgen und sich beim Friedenskuß bis zur Erde vor ihm verbeugen. □

Eine Unterhaltung mit dem Kaiser nimmt recht aggressive Formen an, der Kaiser zeigt bemerkenswerte Geduld gegenüber dem ungeniert loswetternden Prälaten.

□ An demselben Tage befahl er mir, sein Gast zu sein; da er mich aber nicht für würdig achtete, den Rang vor einem seiner Großen einzunehmen, so kam ich auf den 15. Platz von ihm zu sitzen und hatte kein Tischtuch vor mir. Keiner von meinen Begleitern saß mit an der Tafel, ja sie bekamen nicht einmal die Halle zu sehen, in der ich zu Gaste war. Während der garstigen und widerwärtigen Mahlzeit, die nach der Sitte der Trunkenbolde mit Öl und mit einer anderen abscheulichen Fischlake reichlich getränkt war, tat er an mich vielerlei Fragen über Eure Macht, Eure Staaten und Euer Heer.

Als ich ihm antworten und seiner Prahlerei nach Gebühr erwidern wollte, ließ er es nicht zu, sondern fügte wie zum Hohne hinzu: »Ihr seid gar keine Römer, sondern Langobarden!« Er wollte weiterreden und winkte mit der Hand, daß ich schweigen sollte; allein ich rief zornig: »Von Romulus, dem Brudermörder, von dem die Römer ihren Namen haben, hat die Geschichte verzeichnet, daß er porniogenitus, d. h. im Ehebruch gezeugt war und daß er eine Freistätte errichtete, in welcher er insolvente Schuldner, entlaufene Sklaven, Mörder und allerlei Verbrecher, die das Leben verwirkt hatten, aufnahm und so eine Anzahl von dergleichen Volk zusammenbrachte, welches er dann Römer nannte. Das waren die hohen Ahnen jener, die ihr ›Kosmokratores‹, d. h. weltbeherrschende Kaiser nennt; wir aber, wir Langobarden, Sachsen, Franken, Lothringer, Baiern, Schwaben und Burgunder verachten diese so sehr, daß wir für unsere Feinde, wenn wir recht zornig sind, kein anderes Schimpfwort haben als Römer. Denn mit diesem einzigen Namen, nämlich dem der Römer, bezeichnen wir alles, was es von Niederträchtigkeit, Feigheit, Geiz, Lüsternheit, Lügenhaftigkeit, ja überhaupt von allen Lastern nur gibt. Weil du aber behauptest, wir seien unkriegerisch und verständen nicht zu streiten, wenn die Sünden der Christen es verdienen, weil du in deinem harten Sinn verharrst, so werden es euch die nächsten Schlachten zeigen, was ihr für Leute seid und wie wir zu kämpfen wissen.« Durch diese Rede aufgebracht, gebot Nikephoros mit der Hand, daß ich schweigen sollte, ließ die lange, schmale Tafel wegbringen und befahl mir, in das verhaßte Haus oder, die Wahrheit zu sagen, mein Gefängnis zurückzukehren. Daselbst verfiel ich zwei Tage darauf in eine schwere Krankheit. □

Einige Zeit später findet der wackere Gesandte wieder Gelegenheit, sich heftig über die unwürdige Behandlung seiner Person zu beklagen.

□ ... An diesem Tage befahl Nikephoros, daß ich, dem sehr unwohl war, nebst den Gesandten der Bulgaren, die tags vorher angelangt waren, ihm in der Kirche der heiligen Apostel aufwarten sollte. Als wir nun nach der Ableierung der Lobgesänge und der Feier der Messe zur Tafel geladen wurden, da setzte er an das obere Ende des langen, schmalen Tisches auf den Platz vor mir den Gesandten der Bulgaren, der nach ungarischer Weise geschoren, mit einer ehernen Kette umgürtet und m. E. ein Katechumene (noch ungetauft) war, Euch, meine Herren und Kaiser, zum offenen Schimpfe! Mit Euch traf mich Hohn, mit Euch Kränkung, mit Euch Verachtung! Aber ich danke dem Herrn Jesus Christus, dem ihr von ganzem Herzen dient, daß ich wert erfunden ward, um Euretwillen Schmach zu leiden. Aber, meine Herren, weil ich bedachte, daß die Beleidigung nicht mich, sondern Euch treffen würde, so verließ ich die Tafel. Und da ich voll Unmut fortgehen wollte, kamen der Hofmarschall Leon, des Kaisers Bruder, und Simeon, der Staatssekretär, hinter mir her und bellten mich mit folgenden Worten an: »Als Peter, der Basileus der Bulgaren, sich mit der Tochter des Kaisers Christophoros vermählte, wurden ›Symphona‹, d. h. übereinstimmende Artikel, beschworen, kraft deren die Gesandten der Bulgaren bei uns den Rang vor den Gesandten aller anderen fremden Völker haben und mehr Ehre und Liebe genießen sollten als alle anderen. Jener Gesandte der Bulgaren, wenngleich wie du sagst und wie es in Wahrheit der Fall ist, geschoren, ungewaschen und mit einer ehernen Kette gegürtet, hat doch den Rang eines Patrikios, und über diesen einen Bischof, besonders einen fränkischen, zu setzen, das erkennen und erklären wir für unstatthaft. Da wir aber sehen, daß du dies übel aufnimmst, so lassen wir dich jetzt nicht, wie du wohl meinst, in deine Herberge zurückkehren, sondern wir zwingen dich, in einem Gasthause mit den Dienern des Kaisers zu speisen.« □

Da kommt eines Tages ein wohlgemeinter Brief des Papstes Johannes XIII. in Konstantinopel an, der die diplomatische Mission, die schon längst zur Groteske geworden war, unterstützen sollte. Doch dem gequälten Bischof erwächst daraus nur neues Ungemach. Der Papst bittet nämlich den »griechischen Kaiser«, er möge Freundschaft und Schwägerschaft mit Otto I. schließen. Die Benennung »griechischer Kaiser« schlug wie eine Bombe ein; Konstantinopel stand Kopf. Den Kaiser des Römischen Reiches »griechischen Kaiser« zu nennen, war einfach der Gipfel der Unverschämtheit und den Rhomäern schlechtweg unfaßbar!

□ Die Griechen schalten das Meer, verwünschten den Ozean und wunderten sich über die Maßen, daß die Wellen so ein Greuel getragen, daß sie nicht klaffend das Schiff (das den Brief brachte) verschlungen hätten. »Ein Barbar, so riefen sie, ein armer Schlucker in Rom untersteht sich, den alleinigen, großen und erhabenen Kaiser der Römer Nikephoros einen griechischen Kaiser zu nennen! O Himmel! O Erde! O Meer! Was aber sollen wir mit diesen verruchten, frevelhaften Menschen (den beiden Boten) anfangen? Es sind arme Schelme; wenn wir sie umbringen, beflecken wir unsere Hände mit gemeinem Blute; es sind zerlumpte Kerle, es sind Knechte, es sind Bauern; wenn wir sie peitschen, so trifft die Schande uns und nicht sie, die ja der vergoldeten römischen Peitsche (Abzeichen der byzantinischen Palastdiener) und solcher Strafe gar nicht wert sind. O wäre doch der eine ein Bischof, der andere ein Markgraf! Dann würde man sie tüchtig mit Ruten streichen, ihnen das Haar und den Bart ausrupfen, sie dann in Säcke nähen und ins Meer werfen. Doch diese, sagten sie, mögen am Leben bleiben und in hartem Gefängnis schmachten, bis der Greuel dem heiligsten Kaiser der Römer Nikephoros gemeldet ist.« Die päpstlichen Boten wurden also nur ins Gefängnis gesteckt, und jener sündige Brief dem Nikephoros nach Mesopotamien geschickt ... □

Neue Unannehmlichkeiten und Schikanen begegnen Liutprand, der wie ein Gefangener von der Außenwelt isoliert wird. Vom Dach seines Hauses beobachtet er die Ausfahrt einer Flotte, die Truppenverstärkungen nach Apulien bringen soll. Er bekommt zwar keinen Mann des Heeres zu Gesicht, doch seine grenzenlose Erbitterung macht ihn sogar für die kriegerische Macht des Kaisers blind. Er schreibt seinem Herrn:

□ Ihr könnt es mir glauben, und ich weiß gewiß, Ihr werdet es mir glauben, daß vierhundert Eurer Krieger hinreichen, jenes ganze Heer niederzumachen, falls es sich nicht hinter Gräben und Mauern verbirgt. Zu ihrem Anführer aber hat Nikephoros, ich glaube, Euch zum Hohne, ein gewisses Mensch ernannt, ich sage, »ein gewisses«, weil er aufgehört hat, ein Mann zu sein, und doch kein Weib werden kann. □

Liutprand weiß ganz gut, daß ein großer Teil der hervorragendsten byzantinischen Feldherren Verschnittene waren; auch weiß er, welche Großtaten der Kaiser und seine Armee in Syrien vollbracht haben. Trotzdem — er ist nun einmal in permanent gereizter und übler Laune — veranlaßt ihn wenig später der Abzug der Truppen, die zum letzten großen Feldzug nach Syrien aufbrechen und in der Hauptstadt eingeschifft werden, lediglich zu ein paar verächtlichen Äußerungen. Er glaubt, keine Menschen zu sehen, sondern bloß Schattenbilder, er behauptet, der Kaiser sehe nicht auf die Beschaffenheit der Truppe, sondern nur auf die Zahl, das werde er mit zu später Reue einsehen, wenn seine Schwächlinge erst einmal von seinen – Ottos – wenigen, aber kriegsgewohnten Streitern zermalmt worden seien.

Nach vier Monaten wird Liutprand endlich, krank und verbittert, »in Gnaden« entlassen, nachdem er noch peinliche Schikanen der Zollbehörde durchzustehen hatte. – Das Gespräch zwischen Osten und Westen war für die nächste Zeit unterbrochen.

Ein Mann wie Nikephoros Phokas war nicht dazu geschaffen, Sympathien zu erwecken. Seine Rauheit, seine asketische Strenge und sein verschlossener Ernst gewannen ihm keine Freunde. Die Begeisterung über seine Siege konnte auf die Dauer nicht die Unzufriedenheit übertönen, die sich vor allem aus wirtschaftlichen Schwierigkeiten ergab. Die Armee kostete viel Geld, die Steuern wurden mit unerhörter Härte eingetrieben. Mißernten brachten Hungersnot, Teuerung und schließlich sogar Münzverschlechterung. Man mag an Liutprands Behauptung zweifeln, derzufolge Nikephoros selbst »im Bunde mit den Feldmäusen« die Preise dadurch noch höher trieb, daß er Getreide aufkaufte und für den doppelten Preis weiterverkaufte, wie es sein Bruder Leon ganz ungeniert tat; wahr aber ist, daß er der Expansion des Großgrundbesitzes — er stammte ja selbst aus einer Magnatenfamilie — nicht mit der erforderlichen Energie entgegentrat, so daß der freie Bauernstand während seiner Regierungszeit ärger bedrängt wurde als zuvor. Hinsichtlich der Soldatengüter führte er eine folgenreiche Neuordnung ein, indem er den Mindestwert des Stratiotenbesitzes von bisher vier auf zwölf Pfund Gold anhob. Der Inhaber eines solchen Gutes war aber schon nicht mehr als ein einfacher

Soldat zu betrachten. Aus diesen kleinen Gutsbesitzern entwickelte sich in Zukunft eine neue soziale Schicht, der Kleinadel.

Mit dem Klerus verdarb es der Kaiser gänzlich, als er, woran ihn seine Frömmigkeit nicht hinderte, durch Gesetz versuchte, der übermäßigen Anhäufung von Grundbesitz in toter Hand entgegenzutreten. Seine 964 veröffentlichte Novelle hierzu ist in außerordentlich schroffer Form verfaßt und in ihrer Radikalität einmalig in der byzantinischen Geschichte.

☐ Das Wort des ewigen Vaters, der Erlöser, welcher uns den Weg des Heils zeigt, hat Reichtümer für ein wesentliches Hindernis der Seligkeit erklärt, indem er vor allem Überflüssigen so ernstlich warnte, daß er uns sogar verbot, einen Stock und einen Ranzen zu tragen, zwei Oberkleider zu besitzen und im voraus für den kommenden Tag zu sorgen. Nunmehr aber, wenn ich ins Auge fasse, wie es heutzutage in Klöstern und anderen heiligen Häusern zugeht, weiß ich gar nicht, wie eine gewisse schwere Krankheit — denn wahrlich, eine Krankheit ist es, was ich meine — geheilt werden mag. Haben die heiligen Väter, die Leuchten des Glaubens, ihr Leben damit zugebracht, Schätze über Schätze aufzustapeln? Nein, das taten sie nie, aber wohl machen es diejenigen so, welche Schüler, Nachfolger dieser Heiligen zu sein behaupten. Täglich, ja stündlich ist ihr Dichten und Trachten darauf gerichtet, unermeßliche Landgüter zu erlangen, prächtige Bauten aufzuführen, Herden von Ochsen, Pferden, Kamelen, Kleinvieh zu erwerben. Das Gebaren dieser Mönche und Kleriker unterscheidet sich in nichts von dem weltlichen Treiben; während doch der Erlöser das Gegenteil anbefiehlt. Steht nicht im Evangelium: »Ihr sollt nicht sprechen: Was werden wir essen, was werden wir trinken?« und hält er uns nicht die Sorglosigkeit der Sperlinge zum Muster vor? Sagt nicht der große Apostel (Apg. 20, 34): »Diese meine Hände haben mir und denen, die bei mir waren, den nötigen Unterhalt verdient.« Schreibt er nicht (1. Timoth. 6, 8): »Wenn wir Nahrung und Kleidung haben, so lasset uns begnügen.« In der Tat haben die göttlichen Väter, die einst in Ägypten, in Alexandrien, in Palästina und anderen Orten weilten, so sehr allen Überfluß gemieden, daß sie gleichsam nur für die Seele lebten und an Bedürfnislosigkeit den Engeln nacheiferten... In Hinblick auf diese Tatsachen muß man bekennen: das Leben und Treiben der heutigen Geistlichen ist ein wahrer Spott auf die Lehren des Evangeliums. Jesus Christus hat gesagt: »Verkauf dein Hab und Gut und schenke den Erlös den Armen.« Jene aber sinnen auf nichts als Klöster, Spitäler, Zufluchtshäuser für Arme, Fremdlinge, Greise zu erbauen. Es mag immerhin sein, daß zu einer Zeit, da es noch keine Anstalten der Art oder nur wenige gab, die Gründung derselben nicht ohne Verdienst war. Aber jetzt ist allenthalben kein Mangel an solchen Häusern, im Gegenteil sind sie in solcher Menge vorhanden, daß viele aus Fahrlässigkeit wieder zusammenfallen. Darum kann es nur Eitelkeit, nur unvernünftige Sucht, die Welt von sich reden zu machen, sein, was gewisse Leute hinreißt, die Errichtung neuer zu betreiben.

Aus diesen Gründen verordnen wir wie folgt: 1. So lange es verfallene Anstalten der beschriebenen Art gibt, sollen die überflüssigen Grundstücke der reichen geistlichen Stiftungen an Laien verkauft werden, damit man aus dem erlösten Geld nicht Äcker und Ländereien, sondern Hörige, Ochsen, Kleinvieh zur Ausstattung der abgegangenen Häuser anschafft. 2. Für ebenso lange ist jede Schenkung von Äckern, Feldern, Landgütern an alle geistlichen Stifte, was auch ihr Name sei, Klöster, Spitäler, Krankenhäuser, Bistümer und Metropolen, gänzlich untersagt. 3. Was diejenigen älteren Stiftungen betrifft, die durch liederliche Wirtschaft so herunterkamen, werden wir, wenn man gebührend unsere Erlaubnis einholt und sich nach unseren Befehlen richtet, nicht entgegen sein, daß dem Mangel derselben in geeigneter Weise und, insoweit uns nötig dünkt, abgeholfen werde; 4. Einsiedeleien und sog. Zellen mag, wer Lust dazu hat, immerhin an wüsten Orten errichten, wir werden solche nicht nur nicht hindern, sondern sogar beloben, aber nur unter der einen Bedingung, daß das zu begründende Stift nirgends an das Gut eines anderen Besitzers stoße.

Wohl weiß ich, daß viele über diese meine Verfügungen Ach und Weh schreien werden; aber ich bin nichtsdestoweniger entschlossen, dieselbe aufrecht zu erhalten, und

der große Apostel Paulus selbst ist es, der mich bestimmt, so zu handeln, denn schreibt er nicht: »Ihr sollt nicht den Menschen, sondern Gott zu gefallen euch bestreben.« Im übrigen tröste ich mich, daß alle, deren Blick nicht auf der Oberfläche haften bleibt, sondern die scharfsichtiger in das Wesen der Dinge einzudringen vermögen, diese meine Verordnung, als dem öffentlichen Wohle entsprechend, billigen und segnen werden. □
Der puritanische Eifer des Kaisers gegen den übertriebenen Reichtum der Kirche und für das evangelische Armutsideal, dem er selbst sein Leben lang gefolgt war, mutet fast protestantisch an. Natürlich konnte er nicht erwarten, daß dieses Gesetz wie auch die anderen Vorgänge ihm Sympathien eingebracht hätten; der Erfolg war vielmehr, daß er sich in zunehmendem Maße isolierte, was für einen Herrscher immer Gefahren mit sich bringt. Seine ursprüngliche Beliebtheit schwand zusehends, Vorwürfe wurden laut, er spürte Feindschaft, Haß. Der Historiker Kedrenos faßt zusammen, wessen man den Kaiser beschuldigte.

□ Trotz seiner Triumphe zog sich Nikephoros allgemeinen Haß zu und zwar erstlich darum, weil er zu Anfang seiner Regierung den Soldaten, die ihn auf den Thron erhoben, jede Ungebühr nachsah, welche sie an den Bürgern Konstantinopels verübten; zweitens darum, weil er die Steuern in jeder Weise steigerte. Nicht nur behielt er einen Teil der Besoldungen, die sonst den Senatoren ausgezahlt zu werden pflegten, für die Staatskasse zurück, behauptend, daß es derselben am nötigsten Gelde fehle, sondern auch die von älteren gottesfürchtigen Kaisern an die Kirche gemachten Stiftungen tastete er an, indem er ein Gesetz erließ, daß hinfort keine unbeweglichen Güter an geistliche Anstalten geschenkt werden durften. Nikephoros beschönigte diese Verordnung durch den Vorwand, daß die Armengelder übel von den Bischöfen verwaltet und an unnützen Pöbel verschleudert würden, während der Soldat, der doch dem Staat allein treue Dienste leiste, in Armut lebe und darbe. — Ja, Nikephoros erließ noch ein zweites Gesetz, das, so ruchlos es auch war, einige der kriechendsten Hofbischöfe gutzuheißen nicht ermangelten. Dasselbe besagte, daß ohne des Kaisers Wille und Befehl keine bischöfliche Wahl vorgenommen, kein Stuhl besetzt werden dürfe. War ein Bischof gestorben und folglich sein Bistum erledigt, so sandte er einen der kaiserlich gesinnten Kleriker hin, wies ihm einen bestimmten Teil des Einkommens an und strich das übrige für die Krone ein. □
Der Kaiser, immer einsam, wurde noch einsamer, er konnte sich kaum noch auf die Straße wagen. Eines Abends,

□ als der Kaiser zu seinem Palast zurückritt, bedachten ihn die Byzantiner ganz öffentlich mit Schimpfworten. Ein Frauenzimmer und ihre Tochter ließen sich sogar zu einer solchen Wahnsinnstat hinreißen, daß sie vom Dach den Kaiser mit Steinen bewarfen. Am nächsten Tag wurden die beiden vom Prätor festgenommen und büßten ihr Verbrechen in einer Vorstadt namens Anaratai mit dem Feuertode. (L. Diak.) □
Die Zeichen standen auf Sturm. Der mißtrauische Kaiser ließ den Palast mit einer hohen Mauer umgeben, doch sein Tod war schon beschlossen — im Palast.
Die Kaiserin Theophano war die Geliebte des schönen, feurigen und tollkühnen Johannes Tzimiskes geworden, der sich von seinem Onkel zurückgesetzt fühlte. Eines Tages wird dem Kaiser von einem Mönch ein Zettel zugesteckt: »Mir, der ich nur ein Wurm bin, wurde von der Vorsehung geoffenbart, o mein Gebieter, daß Du in drei Monaten, von dem jetzigen Monat September gerechnet, aus dem Leben scheiden wirst!« Der Kaiser erschrickt, der Bote ist spurlos verschwunden. Unhörbar, unsichtbar planen die Verschwörer in den entlegenen Gemächern des Palastes den Mord. In wahrhaft beklemmender Weise schildert Leon Diakonos die folgenden Ereignisse, wie er sie von Augenzeugen berichten hörte.

□ Es war damals gerade der 10. Dezember (969). Da soll ein Hofgeistlicher um die Zeit des Abendgottesdienstes dem Kaiser ein Schriftstück folgenden Inhalts überreicht haben: »Es sei Dir kundgetan, o Kaiser, daß Dich in dieser Nacht ein schreckliches Unheil bedroht! Damit aber die Wahrheit dieser Worte offenbar werde, befiehl, daß man den Frauenpalast durchsuche, und man wird darin bewaffnete Männer überraschen, die Dich mit eigenen Händen ermorden wollen.« Als der Kaiser diese Zeilen gelesen hatte, gab er Michael, dem Vorsteher des Schlafgemaches, den Auftrag, sorgfältig nach den Männern zu forschen. Dieser aber ließ, sei es aus Scheu vor der Kaiserin, sei es aus Pflichtvergessenheit, oder weil er, wie von Gott mit Blindheit geschlagen, vorbeiging, den Raum, in dem die Mörderbande saß, unbeachtet. Als aber schon die Nacht hereingebrochen war, suchte die Kaiserin ihrer Gewohnheit gemäß den Herrscher auf und sprach mit ihm über die Mädchen, die jüngst aus Mysien eingetroffen waren (vgl. S. 129). »Ich gehe jetzt«, sagte sie, »um das Nötige für ihre Betreuung zu veranlassen, dann aber komme ich zu dir; doch soll das Schlafzimmer offen bleiben und jetzt noch nicht versperrt werden! Hernach aber, wenn ich wieder zurückkehre, will ich es selbst schließen.« Mit diesen Worten verließ sie ihn. Der Kaiser aber sandte, solange er wach blieb, die üblichen Gebete zu Gott und vertiefte sich in die Heilige Schrift. Als aber sein Körper nach Schlaf verlangte, legte er sich auf den Boden vor den ehrwürdigen Ikonen der gottmenschlichen Gestalt Christi, der Gottesmutter und des hl. Vorläufers und Verkünders (Johannes d. Täufer) auf seinem Pantherfell und der scharlachroten Filzdecke zur Ruhe.

Die Helfershelfer des Johannes aber, welche die Kaiserin bei sich aufgenommen hatte, verließen bewaffnet das Gemach, um seine Ankunft zu erwarten, und spähten vom Dach des Kaiserpalastes in die Tiefe. Die Uhr zeigte schon die fünfte nächtliche Stunde an (11 Uhr nachts). Eisiger Nordwind herrschte in den Lüften, und es fiel dichter Schnee. Da löste sich aus der Finsternis ein Kahn, in dem Johannes und seine Mitverschworenen saßen; er fuhr hart an der Küste vorbei und legte dort an, wo der steinerne Löwe den Stier in seinen Pranken hält. Dieser Ort wird im Volksmund Bukoleon genannt (bous kai leon – Rind und Löwe). Seinen Handlangern, die vom Dach gespannt in die Dunkelheit lauschten, gab er sich durch einen Pfiff zu erkennen. Dieses Zeichen war nämlich von den Mördern vereinbart worden. Nun ließen sie an Seilen einen Korb hinab und zogen alle Verschwörer einzeln in die Höhe, zuletzt auch Johannes selbst. Nachdem sie so wider jede menschliche Erwartung hinaufgelangt waren, drangen sie mit gezückten Schwertern in das kaiserliche Schlafgemach ein; als sie aber zum Bett kamen und es leer fanden, da erstarrten sie vor Angst und wollten von der Mauer zum Meer hinabspringen. Doch ein dreistes Männlein von den Eunuchen aus dem Frauenpalaste, das sie führte, zeigte ihnen verstohlen den schlafenden Kaiser. Sie umringten ihn, stießen und traten ihn mit Füßen, und als er so aus dem Schlafe gerissen, seinen Kopf auf den Ellbogen stützte, versetzte ihm Leon Balantes mit dem Schwert einen heftigen Schlag. Infolge der Verwundung von gräßlichen Schmerzen gepeinigt — denn über die Augenbraue bis zum Lid drang das scharfe Eisen und zerschmetterte den Knochen, ohne jedoch das Hirn zu verletzen —, rief er mit lauter Stimme: »Hilf mir, Gottesmutter!« Sein ganzer Körper färbte sich rot von all dem Blut, das aus den vielen Wunden strömte. Johannes aber setzte sich auf das Lager des Kaisers und befahl, daß er zu ihm gebracht werde. Man schleppte ihn also hin, doch seine Riesenkräfte waren durch den Schwertstreich so sehr geschwächt, daß er sich nicht einmal auf die Knie erheben konnte, sondern zusammenbrach und hingestreckt auf dem Boden liegenblieb. Jener aber fragte ihn drohend: »Sage mir, du undankbarer und böswilliger Tyrann, bin nicht ich es gewesen, mit dessen Hilfe du zur Herrschaft über das mächtige Reich der Rhomäer gelangtest? Wie konntest du solche Verdienste in Vergessenheit geraten lassen und mir, deinem Wohltäter, neiderfüllt und von unbändiger Wut getrieben, bedenkenlos den Oberbefehl über die Heere entreißen? Ja noch mehr, wie einen verachteten, heimatlosen Fremdling jagtest du mich hinaus auf die Felder, damit ich mit den Bauern untätig mein Dasein friste; ich, ein so überaus edler Mann, viel tüchtiger als du! Ich, der Schrecken der feindlichen Heerscharen, aus dessen Händen dich niemand befreien wird. Doch sprich, wenn du diesen gerechten Vorwürfen irgend etwas entgegenzusetzen hast!«

Allein der Kaiser, dessen Kräfte bereits dahinschwanden und der niemanden hatte, der ihm in seiner Not beigestanden wäre, flehte ohne Unterlaß die Gottesmutter um Hilfe an. Da ergriff Johannes seinen Bart und riß unbarmherzig an ihm, die Verschworenen aber zerschlugen ihm mit ihren Schwertgriffen auf grausame und unmenschliche

Weise das Kinn, so daß die Zähne aus den Kiefern herausfielen. Als sie endlich seiner Qualen überdrüssig geworden waren, trat ihm Johannes auf die Brust, zückte das Schwert und stieß es ihm mitten durch den Schädel, wobei er die übrigen anfeuerte, dem Mann tödliche Wunden zu schlagen, was sie ohne Erbarmen taten . . .
Als Johannes diese gottverhaßte und ruchlose Untat vollführt hatte, schritt er in den Prunksaal des Palastes — man nennt diesen Raum Chrysotriklinos —, legte die rote Fußbekleidung an (Abzeichen der Kaiserwürde), setzte sich auf den Kaiserthron und überlegte, wie er die ganze Macht im Staate an sich reißen und es verhindern könnte, daß einer von den Blutsverwandten des Kaisers sich gegen ihn erhebe.
Unterdessen rückte die Leibwache des Nikephoros, die erst ziemlich spät von dem Anschlag auf ihn erfahren hatte, in fieberhafter Eile aus, um ihm beizustehen; man vermutete nämlich, er sei noch am Leben, und versuchte mit aller Kraft, das eiserne Tor zu sprengen. Doch Johannes befahl, das Haupt des Nikephoros herbeizubringen und es durch eine Öffnung des Tores seinen Leibwächtern zu zeigen. Ein gewisser Atzypotheodoros trat hinzu, schlug das Haupt ab und zeigte es der aufgebrachten Menge. Bei diesem gräßlichen und unerwarteten Anblick ließen sie die Schwerter fallen, gingen zu Johannes über und riefen ihn einstimmig zum neuen Kaiser der Rhomäer aus. □

Haupt des ermordeten
Nikephoros II. Phokas (763–69)

Nikephoros' grausiges Ende erschütterte die Byzantiner zutiefst. Plötzlich kam ihnen wieder zu Bewußtsein, was er geleistet hatte. »Die Rhomäer«, schreibt Leon Diakonos, »hatten einen Führer verloren, wie ihn das Rhomäerreich vordem nicht besaß. Wäre nämlich durch seine Ermordung nicht ein Umschwung in ihrem bisherigen Glück erfolgt, so hätte ihn, wenn er noch lebte, nichts daran gehindert, die Grenzen des Imperiums bis zur aufgehenden Sonne nach Indien und wiederum bis zur untergehenden ans Ende der Welt zu erweitern.« Und der Dichter Johannes Kyriotes von Melitene faßte die Totenklage um den Kaiser zugleich mit dem Ausdruck der Angst um die Zukunft in folgende Verse:

Ihn, der in Schlachten standhielt, stärker als das Schwert,
Ihn fegte leicht hinweg sein eignes Weib durchs Schwert.
Er, der mit seiner Macht der ganzen Welt gebot,
Der ist jetzt klein, und klein der Raum auch, der ihn birgt!
Ihn, der den Tieren selbst — ich glaubs — ehrwürdig war,
Erschlug sein eignes Weib, das eins doch mit ihm schien!
Er, der in Nächten kaum den Schlummer sich gegönnt,
Der hat in seiner Gruft des Schlummers nun genug.
O bittres Schauspiel! — Aber steh jetzt auf, o Herr!
Und treib sie an, dein Fußvolk, deine Reiterei,
Die Bogenschützen, deine Schar in Reih und Glied!

Denn Rußlands ganze Streitmacht stürmt heran auf uns
Der Skythen Stämme schnauben voller Mordbegier
Und plündernd dringen in die Stadt die Horden ein,
Die zu verscheuchen schon dein Bild genügte einst,
Wenn wir es zeigten vor den Toren von Byzanz.
Ja, Herr, laß es nicht zu! Wirf ab den Stein, der dich
Gefangen hält, verjag der Heiden wildes Vieh
Mit Steinen und gib deinem Volk den Felsengrund,
Der nimmer wankt! Doch wenn du auch auf kurze Zeit
Die Grabeskammer nicht verlassen willst, dann laß
Die Heiden deine Stimme hören aus dem Grab!
Vielleicht verjagst du durch die Stimme sie allein.
Wenn du auch dies nicht willst, dann nimm uns auf ins Grab,
Uns alle; denn dann bleibt der tote Nikephor
Als letzte Rettung uns und allem Christenvolk,
Er, den sein Weib allein, nichts andres sonst besiegt.

Als Johannes Tzimiskes in jener stürmischen Dezembernacht die roten Schuhe anlegte und sich auf den Thron im Chrysotriklinos setzte, mochte er voraussehen, daß es bis zur Krönung und unbestrittenen Anerkennung seiner Herrschaft noch manche Schwierigkeiten zu überwinden gäbe. Die Reaktion der Öffentlichkeit war ungewiß, fast regelmäßig kam es bei gewaltsamen Thronwechseln in der Hauptstadt zu Unruhen und blutigen Zusammenstößen. Die höchsten Staatsämter waren in den Händen von Anhängern und Verwandten des ermordeten Kaisers. Als der Morgen anbrach, begab sich Johannes mit seiner nicht eben beträchtlichen Anhängerschar auf die Straßen, um die obligatorische Ausrufung des neuen Kaisers vorzunehmen. Da tauchte plötzlich eine große Schar junger Adliger auf und stimmte zur großen Freude und Erleichterung der Tzimiskes-Gefolgschaft in ihre Akklamation ein. Und dann trat aus ihrer Mitte ihr Anführer hervor — er war kein anderer als der Senatsvorsitzende und Parakoimomenos Basileios, der schon vor sechs Jahren bei der Thronbesteigung des Nikephoros eine entscheidende Rolle gespielt hatte. Dieser scharfsichtige und gerissene Staatsmann — ein Talleyrand des 10. Jahrhunderts — war in die Pläne des Tzimiskes eingeweiht gewesen, hatte sich aber unter dem Vorwand der Krankheit während des blutigen Aktes im sicheren Hintergrund gehalten. Jetzt, wo Nikephoros tot war, trat er mit seiner ansehnlichen Gefolgschaft offen auf die Seite des neuen Kaisers, dem in diesem Augenblick kein anderer willkommener gewesen sein mochte. Durch klugen und umsichtigen Rat und sofortige energische Maßnahmen für die öffentliche Sicherheit wurden unverzüglich alle Probleme auf das beste geregelt, Unruhen wurden vermieden und die Ordnung in der Stadt wurde aufrecht erhalten. Noch am selben Morgen wurden alle Verwandten des Nikephoros ihrer Posten enthoben und teils verbannt, teils auf ihre Landgüter abgeschoben. Schneller als erhofft saß Kaiser Johannes fest im Sattel und sein Steigbügelhalter Basileios hatte sich auch nicht zu beklagen: die gesamte Zivilverwaltung ging in seine Hände über, was ihm Gelegenheit gab, seiner maßlosen Habgier in unbedenklichster Weise nachzugeben.
Nun fehlten nur noch zwei Dinge zum vollen Erfolg: die Kaiserkrönung durch den Patriarchen und die Heirat mit seiner Geliebten, der zweifachen Kaiserwitwe Theophano. Da erhielt Johannes von dem Patriarchen Polyeuktes den Bescheid, daß er ihm den Eintritt in die Kirche verwehren würde, solange die Ausführenden der Mordtat an Nikephoros nicht bestraft seien und die Kaiserin Theophano als Urheberin nicht aus dem Palaste verwiesen werde. Außerdem verlangte er die Aufhebung des umstrittenen Kirchengesetztes des Nikephoros. Die Erfüllung der ersten Bedingung fiel dem Kaiser nicht allzu schwer. Er opferte seinen Mitverschworenen Leon Balantes, der den ersten Streich gegen Nikephoros geführt hatte, und ließ ihn in die Verbannung schicken. Die zweite Bedingung war freilich sehr hart, und doch blieb Johannes keine Wahl. Er verzichtete zugunsten des Diadems auf Theophano, sie wurde auf die Insel Prote im Mar-

marameer verbannt. Doch so leicht ließ sich diese Frau nicht beisete schieben. Wenig später — Johannes war gekrönt und in unangefochtenem Besitz der Kaiserkrone — gelang ihr die Flucht; sie kehrte nach Konstantinopel zurück, begab sich in die Hagia Sophia und verlangte eine Unterredung mit dem Kaiser. Es war ihr Unglück, daß ihr alter Feind Basileios die Affäre in die Hand nahm. Er ließ sie unter Verletzung des Asylrechtes aus der Kirche holen, gestattete ihr allerdings eine kurze Unterredung mit Johannes — in seiner Anwesenheit. Die Zusammenkunft fand statt, die tief beleidigte Kaiserin überhäufte ihren Geliebten mit Vorwürfen, wandte sich dann plötzlich gegen Basileios und in einem Ausbruch rasender Wut überfiel sie diesen mit Faustschlägen, bis man sie mit Mühe entfernen konnte. Ihre letzte Hoffnung, in einem Gespräch unter vier Augen ihre Macht über den Geliebten zurückzugewinnen — sie war 29 Jahre alt und immer noch von vollendeter Schönheit —, war an der Wachsamkeit des klugen Parakoimomenos gescheitert. Theophano, Gattin zweier Kaiser, Geliebte des dritten, Mutter zweier zukünftiger Kaiser, wurde in ein Kloster im fernen Armenien verbannt, von wo sie erst nach dem Tode des Tzimiskes zurückkehrte, ohne jedoch jemals wieder eine Rolle zu spielen. Die Karriere des Schankwirtmädchens aus dem Hafenviertel war zu Ende.
Keinen Grund zu zögern gab es für Tzimiskes bei der Erfüllung der dritten Forderung des Patriarchen. Es ist nicht mit Sicherheit zu entscheiden, ob es sich um das Gesetz gegen die Vermehrung der Kirchengüter handelt oder das bei Kedrenos erwähnte über die Einsetzung der Bischöfe, dessen Aufhebung der Patriarch von Tzimiskes verlangte. Die Zugeständnisse des Kaisers waren keineswegs geringfügig, und es ist bezeichnend für Tzimiskes Streben nach Spannungsausgleich, daß er nicht etwa, wie es wohl die meisten Kaiser getan hätten, die Forderung des Patriarchen mit seiner Absetzung beantwortete, sondern sich um den Frieden zwischen Staatsgewalt und Kirche bemühte. Hierzu paßt eine Rede des Kaisers, die er wenig später anläßlich der Amtseinführung des Nachfolgers des verstorbenen Polyeuktes vor der versammelten Geistlichkeit hielt:
☐ »Eine Gewalt kenne ich, die höchste und erste, die aus dem Nichts den Bau der sichtbaren und unsichtbaren Welt ins Sein gerufen hat; zwei aber sehe ich in diesem Leben hier unten auf Erden: die priesterliche und die kaiserliche; jener hat der Schöpfer die Sorgen um die Seelen, dieser die Herrschaft über die Leiber anvertraut, damit kein Teil vernachlässigt und für beide Sorge getragen werde. Da nun der Lenker der Kirche den Weg alles Irdischen gegangen ist, ist es Sache des (göttlichen) Auges, dem nichts entgeht, und das die menschlichen Pläne, noch bevor sie ersonnen werden, deutlich sieht, den Würdigsten in das heilige Amt einzusetzen ... « (L. Diak.) ☐
Das entspricht genau der in der Epanagoge niedergeschriebenen Zweigewaltenlehre des Photios, die ja nicht unbedingt dem Herrschaftsideal der byzantinischen Kaiser entsprach. Es ist vorstellbar, daß es doch gewisse Schuldgefühle waren, die den Kaiser zu solch weitgehenden Zugeständnissen gegenüber der Kirche veranlaßten.
Als Johannes Tzimiskes die Bedingungen des Patriarchen erfüllt hatte, wurde er in der Hagia Sophia unter dem Jubel der Bevölkerung zum Kaiser der Rhomäer gekrönt. Der neue Kaiser hatte mit seinem Vorgänger auf den ersten Blick nicht viel gemeinsam. Er sah blendend aus, obwohl von kleiner Statur, war ein vollendeter Kavalier, freundlich, großzügig, liebenswürdig. Auch liebte er frohe Feste, auf denen es recht ausgelassen zuging. Das Wohlwollen der Öffentlichkeit gewann er gleich in den ersten Tagen seiner Regierung durch seine verschwenderische Großzügigkeit, eine Eigenschaft, die vorteilhaft von der Knauserei des alten Nikephoros abstach. Er teilte sein beträchtliches Privatvermögen in zwei Teile; die eine Hälfte stiftete er zum Ausbau und Unterhalt eines Leprosenhospitals, die andere überwies er an arme Bauern. Die Beamtenschaft gewann er durch Gehaltserhöhungen. Es machte ihm Freude, zu schenken und wenn Basileios seine Freigiebigkeit nicht gezügelt hätte, wäre die Staatskasse bald leer gewesen. Durch schnelle und reichliche Getreidezufuhr beseitigte er die Hungersnot, die seit den Mißernten unter Nikephoros um sich gegriffen hatte. Seine Vormundschaftspflichten gegenüber den beiden heranwachsenden Kaisersöhnen Basileios und Konstantin erfüllte er nicht minder gewissenhaft als sein Vorgänger, ihre Tante Theodora, eine

der fünf Porphyrogennetos-Töchter, die vor Jahren gegen ihren Willen ins Kloster gesperrt worden waren, nahm der Kaiser zur Frau. Es war eine reine Vernunftheirat; »Theodora zeichnete sich zwar nicht gerade durch Schönheit oder sonstige körperliche Vorzüge aus, übertraf an Sittsamkeit und verschiedenen anderen Tugenden jedoch unbestritten alle Frauen« — die Ehe mit der Makedonenprinzessin war für Johannes Tzimiskes die letzte Bestätigung des Kaisertums und seiner Legitimität. Schließlich hatte Theodora auch den nicht zu unterschätzenden Vorzug, daß man an ihrer Seite ungefährlicher lebte als mit der schönen Giftmischerin Theophano.

Johannes I. war 45 Jahre alt, als er die Regierung übernahm.

□ Er hatte eine helle, gesunde Gesichtsfarbe, blondes, vorne an der Stirne schütteres Haar, strenge, lichtblaue Augen; seine Nase war fein und gleichmäßig, der Bart rötlich und an der Seite kurzgehalten, nach unten von der üblichen Länge und nicht gestutzt. Von kleiner Gestalt, hatte er dennoch eine mächtige Brust und breite Schultern. Er war stark wie ein Riese und seine Hände zeichneten sich durch Geschicklichkeit und unwiderstehliche Kraft aus; in diesem kleinen Körper wohnte ein furchtloser und unerschrockener Heldenmut, der ihn zu tollkühnen Wagnissen befähigte. Denn er zögerte nicht, allein gegen eine feindliche Schlachtreihe zu stürmen, und kehrte, nachdem er viele getötet, in fliegender Eile ohne Verletzungen zu den eigenen Reihen zurück. Im Springen, Pferdeballspielen (Polo), Speerkampf und Bogenschießen war er allen seinen Zeitgenossen überlegen. Man erzählte, er habe vier Rennpferde in einer Reihe aufgestellt und sich, als wären ihm Flügel gewachsen, im Sprung über alle hinweg auf den Rücken des äußersten Pferdes gesetzt. Auch soll er mit dem Pfeile sein Ziel nicht um Haaresbreite verfehlt haben, so daß er imstande war, das Geschoß durch die Öffnung eines Fingerringes zu lenken. Damit überbot er sogar ganz beträchtlich jenen Inselbewohner (Odysseus), der bei Homer damit großtut, daß er einen Pfeil durch die Löcher in den Äxten zu schießen vermochte. Es wird auch folgendes von ihm berichtet: Einen Lederball legte er auf den Boden eines Gefäßes aus Glas, gab darauf dem Pferd die Sporen und schlug, vorbeigaloppierend, mit einem Stock auf den Ball, so daß dieser emporschnellte und hinausflog, das Gefäß aber unbeweglich und unversehrt auf seinem Platz zurückblieb. (L. Diak.) □

Persönlicher Mut und Verwegenheit waren es aber nicht allein, was Johannes I. im Kriege auszeichnete. Wie sein Vorgänger war er ein genialer Feldherr, und der Siegeszug der byzantinischen Truppen setzte sich unter seiner Führung mit unvermindertem Elan fort. Darüber hinaus war er aber auch — anders als Nikephoros — ein geschickt operierender Realpolitiker, der es verstand, unnötige Konflikte zu vermeiden und die Waffen dort ruhen zu lassen, wo die Diplomatie eine befriedigende Lösung herbeizuführen versprach, während Nikephoros alle Probleme mit dem Schwerte lösen zu können glaubte. Es war ein unwahrscheinlicher Glücksfall für das Reich, daß dem großen Kaiser ein vielleicht noch größerer folgte.

Swjatoslaw freilich glaubte, daß mit dem Tode des Nikephoros seine Stunde gekommen sei. Er überschritt mit Heeresmacht das Balkangebirge und bemächtigte sich der Stadt Philippopolis (Plowdiw) am Hebros, wo er 20 000 Einwohner niedermetzeln ließ. Tzimiskes, der gehofft hatte, auf dem Verhandlungswege die Russen zur Rückkehr in ihre Heimat bewegen zu können, empfing von dem Russenfürsten eine Botschaft, in der dieser nichts weniger forderte als den Rückzug der Byzantiner nach Kleinasien und die Überlassung der europäischen Reichshälfte mitsamt der Hauptstadt in Swjatoslaws Hände. Nur unter dieser Voraussetzung werde er zum Frieden bereit sein. Nun kam es dem Kaiser gerade sehr ungelegen, in einen langwierigen Krieg verwickelt zu werden, denn zu dieser Zeit warf sich ein Neffe des Nikephoros, Bardas Phokas zum Rächer seines Onkels auf und ließ sich von einer nicht geringen Anhängerschar zum Kaiser ausrufen. Johannes schrieb daher Swjatoslaw einen Brief:

□ »Den von den Vätern auf uns überkommenen, unverletzten Frieden, den wir Gott verdanken, glauben wir nicht selbst brechen zu dürfen. Denn wir sind überzeugt, daß es die Vorsehung ist, die alles lenkt, und achten die christliche Sitte. Daher empfehlen wir euch als Freunden dringend und raten euch, das Land, das euch gar nicht gehört, ohne Zögern und ohne Widerstand zu räumen; denn wisset: nicht wir wären es, die die von alters her zwischen uns bestehenden freundschaftlichen Bande zerreißen, sondern ihr selbst, wenn ihr diesen wohlmeinenden Rat nicht beachten solltet. Wir wollen jedoch nicht den Anschein erwecken, als würde unsere Antwort einer hochfahrenden Gesinnung entspringen: Im Vertrauen auf Christus, den ewigen Gott, hoffen wir zuversichtlich, daß wir euch, falls ihr das Land nicht freiwillig verlaßt, mit Gewalt daraus vertreiben werden. Du denkst doch wohl noch, wenigstens glaube ich es, an die Niederlage deines Vaters Ingor (Igor), der sich leichtfertig über Verträge hinweggesetzt hatte, an die er durch Eide gebunden war; er unternahm einen großen Kriegszug, lief mit unzähligen Schiffen gegen die Kaiserstadt aus und kehrte mit kaum zehn Kähnen als Bote seines eigenen Unglücks an den kimmerischen Bosporus zurück. Ich will sein beklagenswertes Ende gar nicht erwähnen, daß er nämlich auf seinem Kriegszug gegen die Germanen gefangengenommen, an zwei Baumstämme festgebunden und in zwei Teile zerrissen wurde. Und auch du, glaube ich, dürftest wohl nicht in deine Heimat zurückkehren, solltest du die ganze bewaffnete Macht der Rhomäer zum Kampf mit dir herausfordern, sondern würdest hier mit deinem ganzen Heer zugrunde gehen, so daß sich nicht einmal ein Feuerträger nach Skythien retten könnte, um von eurem grausamen Lose Kunde zu bringen.« (L. Diak.) □

Die Antwort des Swjatoslaw zerstörte die Hoffnung auf Frieden völlig Er schrieb:

□ »Ich sehe für den Kaiser der Rhomäer keine zwingende Notwendigkeit, uns zu besuchen; er möge daher seine Kräfte durch eine Reise zu uns nicht verschwenden; denn es wird gar nicht lange dauern, bis wir vor den Toren der Stadt Byzanz unsere Zelte aufgeschlagen und die Stadt mit einem festen Wall eingeschlossen haben. Ihn selbst aber werden wir bei einem etwaigen Ausbruchsversuch, falls er sich überhaupt zu einem solchen Gefecht entschließen sollte, mutig empfangen und ihn durch Taten belehren, daß wir nicht Handwerksleute sind, die von ihrer Hände Arbeit leben, sondern Männer des blutigen Kampfes, die ihre Feinde mit Waffen bekriegen. Er selbst beurteilt freilich in seiner völligen Unwissenheit die russische Kraft, wie wenn wir untätige Weiber wären, und versucht uns mit Drohungen zu erschrecken, wie man Säuglinge an der Mutterbrust mit allerhand Popanzen schreckt.« (L. Diak.) □

Das bedeutete, daß der Krieg unvermeidbar war. Der Kaiser berief seinen Schwager Bardas Skleros zum Oberkommandierenden einer relativ kleinen, aber erfahrenen Truppe von ca. 10 000 Mann und schickte ihn an die bulgarische Grenze, damit er den Vormarsch der Russen zum Stehen brächte. Bei Arkadiopolis traf das 60 000 Mann starke russische Heer, verstärkt durch bulgarische und magyarische Hilfstruppen, auf Bardas Skleros. Der überaus harte Kampf wurde durch die überlegene byzantinische Taktik für die Rhomäer entschieden. Unter Hinterlassung von 20 000 Toten zog sich Swjatoslaw nach Bulgarien zurück.

Der tapfere Bardas Skleros hatte für eine Weile Luft geschafft und mußte sofort eine neue Aufgabe übernehmen; die Bekämpfung des aufständischen Bardas Phokas. Durch geschicktes Vorgehen verstand es Skleros, einen großen Teil von Phokas' Heer und viele seiner Mitverschworenen durch Geld und Versprechungen auf seine Seite zu ziehen und schrieb ihm selber einen Brief, in dem er ihm im Falle der Unterwerfung Straffreiheit zusicherte. Phokas antwortete:

□ »Daß ein guter Rat eine vortreffliche und göttliche Sache ist, weiß ich sehr wohl, denn auch ich habe die Bücher der Alten gelesen. Doch hat dieser, so scheint mir, nur dann einen Sinn, wenn es für eine Abhilfe noch nicht zu spät ist. Sobald aber die äußerste Gefahr droht und man das Schlimmste zu erwarten hat, ist ein Ratschlag nach meiner Meinung völlig wertlos. Wenn ich nämlich bedenke, in welches Unglück der ruchlose, mit dem Blute seiner Opfer befleckte Johannes meine Familie gestürzt hat, als er den Kaiser, meinen Oheim und seinen Wohltäter, wie einen schlafenden Löwen erbarmungslos erschlug und mich ohne jede Veranlassung außer Landes verwies, meinen Erzeuger aber und meinen leiblichen Bruder mit unmenschlicher Grausamkeit völlig grundlos blendete, dann halte ich mein Leben nicht mehr für lebenswert. Verschwende daher nicht Deine Mühe durch Aufforderungen, ich solle mein Leben den Händen meines Todfeindes überlassen, denn Du wirst mich nicht überreden. Vielmehr werde ich als Mann, mit einem Schwerte bewaffnet, diesen Kampf den Toten meiner Familie zuliebe ausfechten. Mein Los ist freilich unsicher und schwankt zwischen zwei Möglichkeiten, von denen nur eine eintreffen wird: Entweder werde ich die Kaiserwürde erlangen und an den Mördern furchtbare Vergeltung üben, oder mutig mein Schicksal auf mich nehmen und im Tode die Befreiung von dem blutbefleckten, ruchlosen Tyrannen feiern.« (L. Diak.) □

Er tat aber weder das eine noch das andere. Er verschanzte sich zwar zunächst mit wenigen Getreuen in ein Kastell, zog es aber dann angesichts seiner aussichtslosen Lage doch vor, an die Gnade des kaiserlichen Feldherrn zu appellieren und sich zu ergeben. Johannes ließ den Aufrührer zum Mönche scheren und verbannte ihn mit seiner Familie auf die Insel Chios.

Bardas Skleros und seine Armee wurden sofort nach Thrakien zurückbeordert, denn der Kaiser plante für das nächste Frühjahr eine große Offensive gegen die Russen, die nach dem Abzug ihres Gegners schon wieder begonnen hatten, Makedonien und Thrakien zu beunruhigen. Den ganzen Winter über wurden umfangreiche Rüstungen veranstaltet und die Armeen durch dauernde Waffenübungen in den denkbar besten Stand versetzt. Der Kaiser sammelte die hervorragendsten Kämpfer aus verschiedenen Einheiten und vereinigte sie zu einer Elitetruppe, die er die »Unsterblichen« nannte.

Im April 971 war es soweit. Nach feierlichen Gottesdiensten in den bedeutendsten Kirchen der Kaiserstadt begab sich Johannes in den Palast, um das Auslaufen der kaiserlichen Flotte zu beobachten. Mehr als 300 Schiffe, darunter viele mit griechischem Feuer ausgerüstet, fuhren aus der Bucht des Goldenen Hornes in den Bosporus und nahmen Kurs auf das Schwarze Meer. Ihr Auftrag war, die Donau aufwärts zu fahren, um den Russen in den Rücken zu fallen bzw. ihnen den Rückweg abzuschneiden.

Der Kaiser selbst brach mit dem Landheer nach Adrianopel auf, um von dort die Offensive zu eröffnen. Durch Kundschafter brachte man in Erfahrung, daß die gefürchteten Engpässe, die in das bulgarische Land führten und die schon manchem siegesgewissen Heer zum Verhängnis geworden waren, wegen der frühen Jahreszeit nicht besetzt waren. Johannes drängte daher seine Generäle, die günstige Gelegenheit auszunützen, unverzüglich die Pässe zu überqueren und das gefährliche Gebirge hinter sich zu bringen, bevor die Russen den Einmarsch bemerkten. Den Offizieren jedoch erschien dieser Vorstoß allzu riskant, niemand wagte, dem Vorschlag des Kaisers zuzustimmen. □ Nachdem sie längere Zeit geschwiegen hatten, ergriff der Kaiser von neuem das Wort und sprach voller Zorn: »Daß es große Gefahren in sich birgt und ein schreckliches Unheil heraufzubeschwören pflegt, wenn man ohne zu überlegen, sondern eigensinnig und tollkühn in den Krieg zieht, ist auch mir nicht unbekannt, der ich von jung auf die meiste Zeit meines Lebens in Kämpfen zugebracht habe und, wie ihr wißt, viele Siege und Triumphe gefeiert habe. Daß man aber dann, wenn die Entscheidung auf des Messers Schneide steht, nicht so handeln kann, wie man es wohl wünschen würde, sondern die Gelegenheit, so wie sie sich bietet, ergreifen muß, um den Ausgang der Sache zum eigenen Vorteil zu wenden, werdet — so glaube ich wenigstens — auch ihr mir zugeben, die ihr euch aus den unberechenbaren Wechselfällen der Kriege eine große Erfahrung gesammelt habt. Wenn ihr nun meinen guten Rat befolgen wollt, dann laßt uns, solange die Skythen in ihrer Gleichgültigkeit unsere Ankunft nicht bemerken, die Gelegenheit nützen, und der Sieg wird nach Überwindung des Engpasses unser sein. Falls sie uns aber bei unserem Durchzugsversuch überraschen und uns in den Hohlwegen mit einer Kriegsschar entgegentreten, wird nicht der Sieg, sondern Not und Bedrängnis das Ende unseres ganzen Unternehmens sein. Faßt daher neuen Mut, bedenkt, daß ihr dem Volk der Rhomäer angehört, das sich in früheren Zeiten alle Feinde mit Waffengewalt unterworfen hat, folgt mir unverzüglich nach und beweist eure Tapferkeit durch Taten!«

Nach dieser Ansprache bestieg er in glänzender Waffenrüstung ein stolzes, feuriges Roß, schulterte einen langen Speer und machte sich auf den Weg; vor ihm marschierten in geschlossenen Reihen die sogenannten »Unsterblichen«, alle vortrefflich gepanzert, hinter ihm fünfzehntausend der streitbarsten Hopliten und dreizehntausend Reiter. (L. Diak.) □

Diese letzten Zahlen machen das Zögern der Offiziere verständlich. Das kaiserliche Heer war keineswegs groß. Schon erheblich stärkere Armeen waren in den Wäldern und Schluchten des Bulgarenlandes zugrunde gegangen. Gegenüber den rund 100 000 Mann Russen, Bulgaren und Hilfsvölkern mochte sich die byzantinische Armee mit ihren höchstens 40 000 Soldaten wirklich nicht sehr imposant ausnehmen. Des Kaisers Entschlossenheit machte sich aber bezahlt; unbehelligt passierte das Heer die »Klissuren«, die Paßsperren, und rückte auf die Hauptstadt Preslav, wo ein Teil der russischen Armee unter dem Befehl von Swjatoslaws Unterfeldherr Swjatogor stationiert war. Auch der Verräter Kalokyres hielt sich dort auf. Noch immer waren die Russen sorglos, da sie nicht glaubten, daß der Kaiser vor dem Osterfest den Feldzug beginnen würde. Daher war die Überraschung groß, als die byzantinische Armee plötzlich eine Woche vor

Kaiser Johannes I. Tzimiskes (969–76) vor Prelav

Ostern vor Preslav erschien. Die verwirrten Russen stellten sich eiligst zur Schlacht, wurden aber nach hartem Kampf überwältigt. Die Reste des geschlagenen Feindes retteten sich in die Stadt. Am Gründonnerstag ließ der Kaiser das Signal zum Sturm auf die Mauern geben, am Abend war die Stadt genommen, unzählige Russen hatten nach zähester Gegenwehr den Tod gefunden, viele wurden gefangengenommen. Zar Boris II. mitsamt seiner Familie fiel in die Hände des Siegers. Kaiser Johannes nahm ihn freundlich auf, begrüßte ihn als Herrscher der Bulgaren und erklärte ihm, daß er gekommen sei, des Zaren Land von den Russen zu befreien und die Schandtaten der Russen zu rächen. Diese Worte waren so viel wert wie eine gewonnene Schlacht. Boris, wieder in Freiheit, vermochte seine Landsleute, die zum großen Teil auf Seiten der Russen kämpften, zum Abfall zu bewegen und damit erhielt die national-bulgarische Sache, die die christlichen Glaubensbrüder aus Byzanz so wirkungsvoll zu unterstützen und zu vertreten schienen, plötzlich starken Auftrieb.

Swjatogor, den die Byzantiner Sphenkelos nannten, hatte sich mit Kalokyres zu Swjatoslaw geflüchtet, der mit seiner Hauptmacht in der Donaustadt Silistria (Dorystolon) lagerte. Die Kunde von der Niederlage in Preslav versetzte den cholerischen Fürsten in rasenden Zorn. Als er bemerkte, wie die Bulgaren sich von ihm abzuwenden begannen, ließ er dreihundert der vornehmsten von ihnen unter dem Beile sterben. Dann zog er alle seine Truppen, an die 60 000 Mann zusammen und marschierte dem Kaiser entgegen. Nicht weit von Silistria traf das byzantinische Heer auf die Schlachtreihe der Russen, hinter mannshohen Schilden gedeckt, die schwere Streitaxt, ihre Hauptwaffe, und mächtige Lanzen schwingend.

□ Als die beiden Heere handgemein wurden und eine heiße Schlacht entbrannte, brachte das Ringen nach den ersten Zusammenstößen zunächst noch keine Entscheidung.

Den Russen war der Gedanke, den Ruf ihrer Unbesiegbarkeit, in dem sie bei den Nachbarvölkern standen, zu verlieren, wenn sie nun den Rhomäern unterliegen sollten, schrecklich und unerträglich; sie kämpften daher mit dem Mute der Verzweiflung. Die Rhomäer dagegen fürchteten sich vor der Schmach und Schande, die sie treffen müßte, wenn sie, die sich alle Widersacher mit Waffengewalt und vermöge ihrer Tapferkeit unterworfen hätten, jetzt wie Leute, die im Kriegshandwerk gänzlich ungeübt sind, von einem Volke von Fußkämpfern, das überhaupt nicht zu reiten verstand, besiegt in die Flucht geschlagen würden und in einem einzigen Augenblick ihres herrlichen Ruhmes verlustig gehen sollten. Solche Überlegungen spornten beide Heere zu mutigem Kampfe an. Getrieben von ihrer angeborenen tierischen Wildheit und blinden Wut, stürzten sich die Russen voller Ungestüm, brüllend und wie außer sich auf die Rhomäer. Diese jedoch schritten den Feinden erfahren und nach den Regeln der Kriegskunst entgegen. Nicht wenige fielen auf beiden Seiten, und der Sieg schien, während der Kampf hin und her wogte, bis zum späten Nachmittag ungewiß. Schon neigte sich die Spenderin des Lichtes dem Westen zu, als der Kaiser die Reiterei im Galopp auf die Feinde warf und das Selbstvertrauen seiner Leute durch den Zuruf stärkte, sie möchten als Rhomäer durch Taten ihre Tüchtigkeit beweisen. Mit ungewöhnlicher Heftigkeit griffen sie nun an, die Trompeten bliesen zum Kampfe, und alle zusammen erhoben ein lautes Kriegsgeschrei. Diesem gewaltigen Ansturm konnten die Skythen nicht standhalten; sie ergriffen die Flucht und wurden unter vielen Verlusten in die Stadt getrieben. Die Rhomäer aber stimmten den Siegesgesang an und priesen ihren Herrscher, der mit reichlich verteilten Beförderungen und einer großzügigen Bewirtung des ganzen Heeres dessen Kampfbereitschaft noch steigerte. (L. Diak.) □

Wieder waren die berserkerhafte Wildheit und die gewaltige Kampfkraft der russischen Krieger an der überlegenen Taktik der schwächeren kaiserlichen Truppen gescheitert. Wohlberechneter Einsatz der verschiedenen Waffengattungen, das Eingreifen der Reserven im rechten Augenblick und nicht zuletzt die Disziplin und Kampferfahrung der Byzantiner hatten den wütenden, aber regellosen Ansturm des Feindes wirkungslos gemacht.

Während der Kaiser zur Belagerung der Stadt schritt, erschien zum Jubel der Byzantiner die kaiserliche Flotte auf der Donau und riegelte die Stadt von der Flußseite hermetisch ab. Die Russen, die die Niederlage des Fürsten Igor vor genau dreißig Jahren durch das griechische Feuer wohl in Erinnerung hatten, sahen sich in einer Falle, aus der es kein Entrinnen gab. Sie versuchten mehrere Ausbrüche, wurden aber jedesmal blutig zurückgeschlagen. Swjatogor fand bei einer solchen Gelegenheit durch einen Wurfspieß den Tod. Nach einem solch verlustreichen Kampf bot sich eines Nachts den Rhomäern ein schauriges Schauspiel.

□ Als schon die Nacht hereingebrochen war, kamen die Skythen beim Licht des Vollmondes aus der Stadt wieder in die Ebene und suchten nach den Leichen ihrer Gefallenen; sie trugen sie vor der Mauer zusammen und verbrannten sie auf zahlreichen Scheiterhaufen, wobei man nach der hergebrachten Sitte viele Kriegsgefangene, Männer und Frauen, ihnen zu Ehren schlachtete. Es wurden auch Säuglinge und Hähne als Totenopfer in den Fluten des Istros (Donau) ertränkt. Man sagt, die Skythen hielten an den religiösen Bräuchen der Heiden fest, indem sie auf ihre Art und Weise den Dahingegangenen blutige Opfer und Trankspenden darbrächten. (L. Diak.) □

Swjatoslaw, in verzweifelter Situation, beschloß, eine Entscheidung zu erzwingen, sei es zum Guten, sei es zum Schlimmsten. Aus tiefster Niedergeschlagenheit sich aufraffend, versammelte er am Morgen des 24. Juli seine immer noch zahlenmäßig überlegene Mannschaft vollzählig und zog aus der Stadt den Rhomäern entgegen. Mit dem Mute der Verzweiflung stürzten sich die Russen auf die griechischen Schlachtreihen.

□ Als der Kampf entbrannte, gingen die Skythen mutig auf die Rhomäer los, bedrängten sie mit ihren Wurfspießen, verwundeten ihre Pferde mit den Pfeilen und brachten die Reiter zu Fall. Da erblickte Anemas, der sich tags zuvor durch seinen Sieg über Ikmor (den russischen Befehlshaber nach Swjatoslaw) ausgezeichnet hatte, den Sphendosthlabos, der wie ein Rasender in blinder Wut über die Rhomäer herfiel und seine Truppen anfeuerte. Sofort trieb er sein Pferd voran — es war dies seine gewohnte Kampfart, und auf diese Weise hatte er früher gar vielen Feinden das Leben genommen –, ließ dem Pferd die Zügel schießen, hieb mit dem Schwert nach seiner Schulter und warf ihn kopfüber aus dem Sattel, ohne ihn jedoch töten zu können. Denn sein Kettenpanzer und sein Schild, die er aus Angst vor den rhomäischen Lanzen trug, gewährten ihm hinreichenden Schutz. Anemas, ein Mann, den keiner seiner Altersgenossen durch kriegerische Heldentaten übertraf, wurde von einer Skythenschar umzingelt und von diesen an Ort und Stelle niedergemacht, nachdem sein Pferd durch zahlreiche Speertreffer zu Boden gestreckt worden war und er selbst viele Angreifer erschlagen hatte.

Sein Tod flößte den Russen neuen Mut ein, sie erhoben ein lautes und wildes Kriegsgeschrei und schlugen die Rhomäer zurück, die dem ungewöhnlich heftigen Ansturm der Skythen wichen und die Flucht ergriffen. Als der Kaiser die wankende Schlachtreihe sah, fürchtete er, sie könnte, eingeschüchtert durch den unerwartet stürmischen Vorstoß der Skythen, eine vernichtende Niederlage erleiden; er feuerte daher seine Leibwache an, umklammerte fest den Speer und rückte den Feinden entgegen. Zugleich wurden die Trommeln gerührt, und die Trompeten riefen zum Kampf. Durch das Vordringen des Kaisers fühlten sich die Rhomäer beschämt, rissen ihre Pferde herum und drangen voller Ungestüm auf die Skythen ein. Im selben Augenblick erhob sich ein Gewittersturm, der über das ganze Gefilde dahinbrauste und den Feinden die ersten Regentropfen und den aufgewirbelten Staub ins Gesicht peitschte, so daß ihre Augen geblendet wurden. Da soll, so erzählt man, ein Reiter auf weißem Roß plötzlich erschienen sein, den Rhomäern voranreitend und sie zum Angriff gegen die Skythen anfeuernd. Er durchbrach auf wunderbare Weise die Schlachtordnung der Feinde und verwirrte sie gänzlich. Weder vor noch nach dem Kampfe soll ihn irgend jemand im Heere gesehen haben. Wohl ließ der Kaiser nach ihm forschen, um sich ihm durch Geschenke nach Gebühr erkenntlich zu zeigen und ihn für seine Mühe zu belohnen. Doch man konnte ihn trotz eifrigen Suchens nicht finden. Man vermutete daher allgemein, daß es der große Märtyrer Theodoros gewesen sei, den der Kaiser in seinen Kämpfen um seinen Beistand anzurufen pflegte, damit er ihn und sein Heer beschütze und errette ...

Die Rhomäer aber, die dem gottgesandten Mann nachstürmten, wurden mit den Feinden handgemein, und es entbrannte ein heißer Kampf. Die Skythen konnten dem ungestümen Angriff der Reiterei nicht standhalten, und wandten sich, als ihnen von seiten des Magistros Bardas, mit dem Beinamen Skleros, und seiner Truppen die Umzingelung drohte, zur Flucht. Bis an die Mauern wurden sie verfolgt, wobei viele unter die Hufe unserer Pferde gerieten und so ein unrühmliches Ende fanden. Selbst Sphendosthlabos, der infolge seiner Verwundung viel Blut verloren hatte, wäre beinahe gefangengenommen worden, hätte ihn nicht das Dunkel der hereinbrechenden Nacht schützend eingehüllt. Es sollen in dieser Schlacht fünfzehntausendfünfhundert Skythen getötet, sowie zwanzigtausend Schilde und unzählige Schwerter erbeutet worden sein. Von den Rhomäern wurden angeblich dreihundertfünfzig erschlagen und viele verwundet. So groß war der Sieg, den die Rhomäer in diesem Kampfe davongetragen haben. (L. Diak.) □

Jetzt sah Swjatoslaw ein, daß das Spiel verloren war — er gab auf. Er sandte eine Botschaft an den Kaiser, in der er versprach, Silistria zu übergeben, die Gefangenen auszuliefern und sich nach Rußland zurückzuziehen. Als einziges erbat er, daß man ihm Lebensmittel zur Verfügung stelle und ihn während des Abzugs über die Donau nicht mit dem verheerenden griechischen Feuer angreife. Der Kaiser willigte ein und Swjatoslaw unterschrieb einen Freundschaftsvertrag.

□ Abschrift des Freundschaftsvertrages, der geschlossen ward unter Swjatoslaw, dem russischen Großfürsten und Swenald, geschrieben unter Theophilos Synkellos an Johannes, genannt Tzimiskes, den griechischen Kaiser in Dorystolon, im Monat Juli, im 14. Indikationsjahr, im Jahre 6479 (971).

Ich, Swjatoslaw, russischer Fürst, wie ich geschworen habe, so bekräftige ich diesen Vertrag mit meinem Eid: ich will Frieden haben und vollkommene Freundschaft mit Johannes, dem großen griechischen Kaiser, und mit Basileios und mit Konstantinos, den von Gott erleuchteten Kaisern, und mit eurem ganzen Volke, ich sowie alle Russen, die unter mir sind, Bojaren und die übrigen, bis ans Ende der Welt. Niemals werde ich auf einen Angriff gegen euer Land sinnen, auch keine Heerscharen sammeln, noch ein anderes Volk heranführen wider euer Land und wider die, so unter griechischer Herrschaft stehen, noch gegen das Gebiet von Korsun, und soviel es Städte hat, auch nicht gegen das bulgarische Land. Und wenn irgend ein anderer wider euer Land einen Angriff sinnt, so will ich sein Gegner sein und mit ihm kämpfen. Wie ich geschworen habe den griechischen Kaisern und mit mir die Bojaren und alle Russen, so wollen wir die rechten Verträge halten, ich und die mit mir und unter mir sind, so mögen wir von Gott, an den wir glauben, und von Perun und von Volos, dem Gott des Viehs, verflucht werden, und wir sollen gelb werden wie Gold und durch unsere eigenen Waffen umkommen. Dieses nehmet nun in Wahrheit an, wie wir es mit euch vereinbart und auf diesem Pergament geschrieben und mit unseren Siegeln besiegelt haben. (Nest.) □

Kaiser Johannes ließ an die russischen Soldaten — 22 000 waren übriggeblieben — je zwei Scheffel Getreide austeilen. Da äußerte Swjatoslaw den Wunsch, den Kaiser zu sehen und mit ihm zusammenzutreffen. Die denkwürdige Begegnung fand am Ufer der Donau statt.

□ Ohne zu zögern, erschien dieser (Johannes) hoch zu Roß in goldener Rüstung am Ufer des Istros mit einer zahlreichen Schar von goldgeschmückten, wohlbewaffneten Reitern. Sphendosthlabos aber kam in einem skythischen Boot herangefahren; die Hand am Rudergriff, ruderte er mit den anderen, als wäre er einer von ihnen. So sah er aus: Sein Wuchs hatte das rechte Maß, weder zu groß noch zu klein. Er hatte buschige Augenbrauen, helleuchtende Augen und eine Stumpfnase; das Kinn war glatt, während er an der Oberlippe einen überaus dichten und langen Schnurrbart trug. Sein Kopf war ganz kahl; nur an den beiden Seiten hingen Haarlocken herab, als Zeichen seiner adeligen Abstammung. Er hatte einen kräftigen Nacken, eine breite Brust und auch sonst eine schöne, ebenmäßige Gestalt. Dennoch war sein ganzes Wesen finster und deutete auf eine gewisse tierische Grausamkeit hin. An dem einen Ohr hing ein Ohrring, mit zwei Perlen geschmückt, in deren Mitte sich ein Karfunkel befand. Sein weißes Gewand stach von den anderen nur durch seine Sauberkeit ab. Nachdem er kurze Zeit mit dem Kaiser über die Friedensbedingungen gesprochen hatte, nahm er seinen Platz auf der Ruderbank wieder ein und stieß vom Lande ab. So endete nun der Krieg zwischen den Rhomäern und den Skythen. (L. Diak.) □

Wir wissen nicht, welchen Eindruck Johannes Tzimiskes auf den Barbarenfürsten gemacht hat, doch läßt sich denken, wie er gestaunt haben mochte beim Anblick dieses kleinen, liebenswüdigen Mannes, der ihn, der sich für unüberwindbar hielt, besiegt hatte. Der Triumph des Kaisers war unvergleichlich. Ganz Bulgarien in der Hand der Byzantiner, unermeßliche Beute, die Russen vollständig geschlagen! Es wurde ihm und seinem Heer in Konstantinopel ein überwältigender Empfang zuteil. Die Freigiebigkeit des Kaisers kannte keine Grenzen, Dankgottesdienste und Feste wechselten einander ab. Nur Zar Boris sah sich in seinen Erwartungen getäuscht. Von einer Wiedereinsetzung in seine Würde konnte keine Rede sein. Johannes zeichnete ihn mit wohlklingenden Titeln aus, aber Purpurgewand, Krone und die roten Schuhe mußte er ablegen. Bulgarien wurde rhomäische Provinz, das bulgarische Patriarchat aufgehoben.

Swjatoslaw hingegen sollte seine Heimat nicht wiedersehen. Auf dem Rückmarsch wurde er an den Stromschnellen des Dnjepr von den Petschenegen überfallen und mit den meisten seiner Krieger erschlagen. »Und sie nahmen seinen Kopf und machten aus seinem Schädel einen Becher, indem sie seinen Schädel einfaßten, und sie tranken aus ihm.«

Johannes Tzimiskes Größe als Staatsmann liegt nicht zuletzt darin begründet, daß er, obwohl er der hervorragendste Feldherr seiner Zeit war, keine einseitige Politik der Stärke verfolgte. Er wich mit Vorbedacht der Gefahr einer Verzettelung der Kräfte aus und seine Feldzüge gingen nicht zu Lasten der Staatskasse wie unter Nikephoros. Seiner klugen Mäßigung gelang es, auch die ungeklärte Lage im Westen zu beiderseitiger

Kaiser Otto II. (973–983)
und seine Gemahlin Theophano

Zufriedenheit zu regeln. Der Kaiser ließ 970 den gefangenen Herzog Pandulf von Benevent frei und schickte ihn mit dem Auftrag an Kaiser Otto I., das abgebrochene Gespräch wieder in Gang zu bringen. Über den Verlauf der Verhandlungen ist wenig bekannt, doch kamen die Kämpfe in Italien zur Ruhe und 971 erschien eine Gesandtschaft Ottos I. mit dem Erzbischof Gero von Köln an der Spitze in Konstantinopel. Sie wurde ehrenvoll empfangen und mit kostbaren Geschenken bedacht, darunter die Reliquien des Hl. Pantaleon, für die der Erzbischof später in Köln ein großes Gotteshaus errichtete.— Das Klima hatte sich seit der Zeit Liutprands von Cremona vollständig geändert. Das Heiratsbündnis zwischen beiden Herrscherhäusern wurde perfekt, die ebenso schöne wie gebildete und kluge Theophano reiste als Braut Ottos II. nach Italien, wo am 14. April 972 in Rom die Hochzeit stattfand. Theophano, die sich im Heiligen Römischen Reich Deutscher Nation verdientermaßen Liebe und Verehrung erwarb, war allerdings keine »purpurgeborene« Prinzessin des Makedonenhauses, sondern eine Nichte des Kaisers Tzimiskes, doch für Otto war dieser Unterschied unerheblich. Die leidige Frage der süditalienischen Besitzungen hat offensichtlich zu keinen neuen Schwierigkeiten geführt; Apulien und Kalabrien, Salerno und Neapel blieben unangefochten in byzantinischem Besitz.

Im Osten freilich konnte Byzanz sich keine Ruhe gönnen. Im Jahre 972 unternahmen die Rhomäer Feldzüge nach Mesopotamien, doch die Hauptgefahr drohte von Süden. Seit wenigen Jahren herrschte in Ägypten die Dynastie der Fatimiden, die energisch ihre Macht nach Palästina und Syrien auszudehnen bestrebt waren. Die Fatimiden erkannten den Kalifen von Bagdad nicht mehr als Oberherrn an, übernahmen selbst den Kalifentitel und somit den Anspruch, die »Beherrscher der Gläubigen« zu sein. Als die Ägypter bis nach Syrien vordrangen und das erst kürzlich von Nikephoros Phokas wiedergewonnene Antiocheia angriffen, zog Tzimiskes persönlich an den östlichen Kriegsschauplatz. In den Jahren 974 und 975 führte er zwei außerordentlich erfolgreiche Feldzüge durch, die die Sarazenen glauben machten, der schreckliche Nikephoros sei aus dem Grabe auferstanden. Gegen Ende des Jahres 975 schrieb der Kaiser eine hochgestimmte Siegesbotschaft an seinen Bundesgenossen, den Armenierkönig Aschot III., und informierte ihn über den Verlauf der so überaus glücklichen Kämpfe.

☐ »Aschot, Schah inschah, mein geistlicher Bruder, höre und erfahre die Wunder, die Gott an uns getan hat, und unsere wunderbaren Siege, die zeigen, daß die Tiefe der göttlichen Güte unausmeßbar ist. Wir wollen Dir die glänzenden Gunsterweisungen, die Er in diesem Jahre durch unsere Majestät seinen Kindern zukommen ließ, bekannt machen, o Aschot, mein Sohn, und Dir darüber berichten; denn Du als Christ und treuer Freund unserer Majestät wirst Dich daran erfreuen und Du wirst die erhabene Größe unseres Herrn Christus preisen. Du weißt, daß Gott der beständige Beschützer der Christen ist, Er, der unserer Majestät gestattet hat, den ganzen persischen Orient zu unterwerfen. Du wirst hören, wie wir von Nisibis, der sarazenischen Stadt, die Reliquien des hl. Patriarchen Jakob hinweggenommen haben; wie wir sie gezwungen haben, den uns schuldigen Tribut zu zahlen und wie wir von ihnen Geiseln erhalten haben. Unser Feldzug hatte auch zum Ziele, den Hochmut und Dünkel des Emirs al-Mumenin, des Herrschers in Afrika, zu züchtigen, der sich uns mit beträchtlichen Streitkräften entgegengestellt hatte. Im ersten Augenblick hatten sie unsere Armee in Gefahr gebracht, aber schließlich haben wir sie überwunden dank der unwiderstehlichen Kraft (des Heeres) und der Hilfe Gottes, und sie haben sich schimpflich zurückgezogen, wie unsere anderen Feinde auch. Nun sind wir Herren im Inneren ihres Landes geworden und die Einwohner zahlreicher Provinzen haben die Schärfe unseres Schwertes zu spüren bekommen. Nach all diesem haben wir rasch den Rückzug angetreten und uns in die Winterquartiere begeben.

Zu Beginn des Monats April (des nächsten Jahres 975) haben wir unsere ganze Reiterei in Marsch gesetzt, den Feldzug eröffnet und sind in Phönizien und Palästina einmarschiert, um die fluchwürdigen Afrikaner zu verfolgen ... Wir sind mit unserer ganzen Armee von Antiocheia aufgebrochen und in direktem Vormarsch haben wir das Land durchquert, das einstmals uns gehörte und wir haben es wieder in unsere Gewalt gebracht, hohen Tribut auferlegt und Gefangene gemacht. Als wir vor der Stadt Emesa ankamen, sind die Einwohner des Landes, die uns tributpflichtig waren, zu uns gekommen und haben uns ehrenvoll empfangen. Von dort haben wir uns nach Baalbek begeben, das auch Heliopolis, d. h. Stadt der Sonne genannt wird, eine berühmte Stadt, prächtig, mit allem versehen, unermeßlich groß und sehr reich. Die Einwohner kamen mit feindlichen Absichten herausgezogen, doch unsere Truppen schlugen sie in die Flucht und überwältigten sie mit der Schärfe des Schwertes. Nach einigen Tagen begannen wir mit der Belagerung und wir entrissen ihnen eine Menge Gefangene, junge Männer und junge Mädchen. Die unsrigen erbeuteten viel Gold und Silber und auch eine große Menge Vieh. Von dort setzten wir unseren Vormarsch fort und wandten uns gegen die große Stadt Damaskus mit der Absicht, sie zu belagern; doch ihr Kommandant, der ein sehr kluger Greis war, schickte an unsere Majestät eine mit reichen Geschenken versehene Gesandtschaft mit dem Auftrag, uns demütig anzuflehen, daß wir sie nicht in Knechtschaft führen und in die Sklaverei verschleppen möchten, wie die Bewohner von Baalbek, und daß wir ihr Land nicht verwüsten sollten wie bei jenen. Sie boten uns prächtige Geschenke an, eine Menge kostbarer Pferde und schöne Maultiere mit herrlichen, gold- und silberverzierten Geschirren. Den Tribut, den wir in Höhe von 40 000 Goldstücken von den Arabern bekamen, verteilten wir an unsere Soldaten. Die Einwohner übergaben uns ein Schriftstück, in dem sie versprechen, für immer und ewig unter unserer Oberhoheit verbleiben zu wollen. Wir setzten einen Kommandanten in Damaskus ein, einen hervorragenden Menschen aus Bagdad namens Thurk, der mit fünfhundert Reitern gekommen war, uns zu huldigen, und der den christlichen Glauben angenommen hat. Er hatte schon vorher unsere Herrschaft anerkannt. Sie verpflichteten sich auch durch einen Schwur, uns einen dauernden Tribut zu zahlen und sie riefen: Ehre der kaiserlichen Majestät! Ebenfalls verpflichteten sie sich, gegen unsere Feinde zu kämpfen. Unter diesen Bedingungen beschlossen wir, sie in Frieden zu lassen. Von dort wandten wir uns zum See Tiberias, wo unser Herr Jesus Christus mit zwei Fischen und fünf Gerstenbroten sein Wunder vollbracht hat. Wir beschlossen, die Stadt zu belagern, doch die Bewohner kamen, uns ihre Unterwerfung zu verkünden und uns, wie jene von Damaskus, zahlreiche Geschenke und eine Summe von 30 000 Goldstücken zu übergeben, gar nicht zu reden von den vielen anderen Dingen. Sie baten uns, einen der Unsrigen als Kommandanten der Stadt einzusetzen und sie gaben uns ein Schreiben, in dem sie sich verpflichteten, uns treu zu bleiben und uns einen dauernden Tribut zu zahlen. So haben wir sie also vom Joch der Knechtschaft verschont und darauf verzichtet, ihre Stadt und ihr Land zu verwüsten. Wir haben ihnen die Plünderung erspart, weil es die Heimat der heiligen Apostel ist. Das gleiche geschah in Nazareth, wo die Gottesmutter, die heilige Jungfrau Maria aus dem Munde des Engels die frohe Botschaft vernahm.

Als wir zum Berge Tabor gekommen waren, stiegen wir auf zu dem Ort, wo Christus, unser Herr, verklärt ward. Während wir uns dort aufhielten, kamen Leute aus Ramleh und Jerusalem zu uns, um uns günstig zu stimmen und unsere Gnade anzurufen. Sie erbaten ein Oberhaupt, unterwarfen sich der Tributpflicht und willigten ein, unsere Oberhoheit anzuerkennen; wir gewährten ihnen, was sie wünschten. Unser Wunsch war, das heilige Grab Christi von der Beleidigung durch die Mohammedaner zu befreien. Wir setzten in allen Bezirken, die von uns unterworfen worden waren und Tribut zu zahlen hatten, Militärkommandanten ein, in Bethsan, das auch Dekapolis heißt, in Genezareth und in Akkon, das auch Ptolemais genannt wird. Ihre Einwohner verpflichteten sich schriftlich, uns jährlich einen fortwährenden Tribut zu zahlen und unter unserer Oberherrschaft zu verbleiben. Von dort brachen wir nach Cäsarea auf, welches am Ufer des Meeres liegt und unterworfen wurde; und wenn die fluchwürdigen Afrikaner, die dort ihre Residenz hatten, sich nicht in die Küstenbefestigungen zurückgezogen hätten, wären wir mit Gottes Hilfe in die heilige Stadt Jerusalem einmarschiert und hätten an den verehrungswürdigen Plätzen unsere Gebete verrichtet. Die Bewohner der Meeresküsten hatten die Flucht ergriffen und wir unterwarfen den oberen Teil des Landes der rhomäischen Oberherrschaft und setzten einen Kommandanten ein. Wir zogen die Einwohner auf unsere Seite, jene jedoch, die sich widerspenstig zeigten, wurden gezwungen, sich zu ergeben. Wir folgten der Straße, die das Meer entlang geradewegs auf Berytos zu führt, der berühmten Stadt, die durch viele starke Befestigungen geschützt ist und heute den Namen Beyruth führt. Nach einem sehr harten Kampf haben wir sie erobert. Wir nahmen Tausende von Afrikanern gefangen, darunter auch Nuzeiry (Nasir), den General des Emirs al-Mumenin, und andere Offiziere von höchstem Rang. Diese Stadt wurde einem Kommandanten unserer Wahl anvertraut. Wir beschlossen dann, auf Sidon zu marschieren; als jedoch die Einwohner unsere Absicht bemerkten, schickten sie ihre Ältesten zu uns. Sie kamen, unsere Majestät anzuflehen und zu bitten, daß wir ihnen Tribut auferlegen möchten und sie für ewig als unsere demütigen Sklaven betrachten sollten. Nach diesen Versicherungen erhörten wir ihre Bitten und erfüllten ihre Wünsche. Wir erhoben einen Tribut von ihnen und setzten Kommandanten ein.

Wieder setzten wir uns in Marsch und wandten uns nach Byblos, einer alten und mächtigen Festung, die wir im Sturm nahmen und deren Besatzung wir in die Sklaverei führten. So machten wir es weiter bei allen Küstenstädten, die wir plünderten und deren Einwohner wir zu Sklaven machten. Wir haben die schmalsten Wege passiert, auf denen niemals Reiterei marschiert ist, schreckliche Wege und äußerst mühsame ...

Wir haben die Provinz Tripolis ganz und gar verwüstet, die Weinberge völlig zerstört, die Olivenbäume und die Gärten. Überall haben wir Verwüstung und Zerstörung verbreitet. Die Afrikaner, die dort stationiert waren, wagten es, gegen uns zu marschieren, sogleich stürzten wir uns auf sie, wir haben sie bis zum letzten Mann vertilgt. Wir haben uns der großen Stadt Djouel bemächtigt, auch Gabaon (Gabala) genannt, der Städte Ballanaiai, Sehun, wie auch der berühmten Stadt Borzo, und bis Ramleh und Cäsarea ist kein Stück Land oder Meer übriggeblieben, das nicht von uns unterworfen worden wäre ...

Unsere Eroberungen erstrecken sich bis zur großen Babylon (Kairo) und wir haben den Einwohnern unser Gesetz auferlegt und sie zu unseren Sklaven gemacht; denn im Laufe von fünf Monaten haben wir das Land mit zahlreichen Streitkräften durchquert, Städte zerstört, Provinzen verwüstet, ohne daß der Emir al-Mumenin es gewagt hat, Babylon zu verlassen, uns entgegenzutreten oder die Reiterei seinen Truppen zu Hilfe zu schicken: und wenn die Hitze nicht so entsetzlich und die Wege, die zu jener Stadt

führen, nicht so wasserlos wären, wie Du wissen mußt, wären wir auch bis dorthin gelangt ...
Jetzt sind ganz Phönizien, Palästina und Syrien von der Tyrannei der Sarazenen befreit und gehorchen den Rhomäern. Außerdem hat sich das Bergland des Libanon unserem Gesetz unterworfen. Alle Araber, die es bewohnten, sind in sehr großer Zahl als Gefangene in unsere Hände gefallen und wir haben sie unter unsere Reiterei verteilt ...
Du sollst wissen, daß Gott den Christen Erfolge geschenkt hat wie niemals je zuvor. Wir haben in Gabaon die heiligen Sandalen Christi gefunden, die er getragen hat, als er auf der Erde wandelte, sowie auch das Bildnis des Erlösers, das vorzeiten von den Juden durchbohrt worden war und aus dem im gleichen Augenblick Blut und Wasser floß; doch haben wir keinen Lanzenstich darauf entdecken können. In dieser Stadt fanden wir auch die Haare des hl. Johannes des Täufers.
Diese Reliquien haben wir an uns genommen und mit uns geführt, um sie in unserer gottbeschützten Stadt aufzubewahren. Im September haben wir unsere Armee nach Antiocheia zurückgezogen. Wir haben Deiner Herrlichkeit diese Tatsachen zur Kenntnis gebracht, damit Du, wenn Du diesen Bericht liest, an ihnen teilhabest und damit Du Deinerseits die unendliche Güte Gottes preisen mögest; auf daß Du wissest, welch herrliche Taten in dieser Zeit vollbracht worden sind und wie groß ihre Zahl ist. Die Herrschaft des heiligen Kreuzes erstreckt sich bis in die entferntesten Gegenden, an allen Orten; in allen Ländern wird der Name Gottes gelobt und gepriesen; überall ist unser Kaisertum in Glanz und Herrlichkeit aufgerichtet. Auch unser Mund hört nicht auf, Gott die feierlichsten Danksagungen zu erweisen, der uns solch überwältigende Triumphe geschenkt hat. Der Herr, der Gott Israels sei gepriesen bis in alle Ewigkeit!« □
Natürlich war nicht ganz Palästina in der Hand des Kaisers, vor allem Jerusalem nicht, die heilige Stadt. Doch wenn Johannes Tzimiskes die Eroberung Palästinas als vollendete Tatsache hinstellt, war er insofern dazu berechtigt, als es sich ja nur um eine Frage der Zeit handeln konnte. Die Eroberungen des Jahres 975 allein waren so bedeutend, so viele Städte waren kampflos in seine Hand gefallen, die Araber in einem solchen Grade in Angst und Schrecken versetzt, daß der Gedanke an die Eroberung Jerusalems durchaus nicht übermütig und vermessen war. Das Kreuz mußte über die heidnischen Greuel des Islam triumphieren, die Zeit, die heiligen Stätten zu befreien, war gekommen — das war die unerschütterliche Überzeugung, die der Kaiser ausspricht und die sein ganzes Heer beseelte; das Schicksal jedoch hatte anders entschieden.

Nach Beendigung des Feldzuges von 975 machte sich der Kaiser im Herbst auf den Weg nach Konstantinopel. In Kilikien traf er auf riesige, bebaute Ländereien mit vielen Dörfern und unermeßlichen Viehherden. Er fragte, wessen Eigentum dies alles sei und er erfuhr, es gehöre alles dem allmächtigen Parakoimomenos Basileios. »So«, sagte der Kaiser daraufhin bitter, »ich habe mich also wie ein Söldner geplagt und meine Armeen abgenutzt, um einen habgierigen Eunuchen zu bereichern!« Diese Worte wurden dem Parakoimomenos hinterbracht, und es heißt, daß dieser daraufhin dem Kaiser Gift beibringen ließ, noch bevor dieser die Stadt erreichte.
□ Am folgenden Tag waren seine Glieder gelähmt, und es stellte sich eine allgemeine Körperschwäche ein, gegen die die ärztliche Kunst sich als wirkungslos erwies, da sie nicht imstande war, die Symptome dieser plötzlichen Krankheit richtig zu deuten. Als der Kaiser fühlte, daß ihn die Riesenkräfte, über die er bisher verfügt hatte, plötzlich verließen, beschleunigte er seine Rückkehr nach Byzanz. Er ordnete auch an, daß der Sarkophag, den er für seinen Leichnam in der von ihm selbst erbauten Erlöserkirche hatte vorbereiten lassen, möglichst schnell vollendet werde. So gelangte er auf schnellstem Wege nach Byzanz, wo er von den Bewohnern der Stadt freudig empfangen wurde. Doch es war nur noch wenig Leben in ihm, und er litt an schwerer Atemnot. Als er im Palast ankam, zwang ihn das Gift, das an seinem Körper zehrte, aufs Krankenlager. Er merkte, daß er sich von dieser Krankheit nicht mehr erholen werde — denn das Gift in ihm zerfraß unter gräßlichen Schmerzen seine Eingeweide —, und ließ darum großzügig aus der kaiserlichen Schatzkammer Geschenke an die Armen verteilen,

besonders an jene, deren Körper von der heiligen Krankheit (Lepra) entstellt waren, die er mehr als alle anderen Armen bemitleidete. Dann bat er Nikolaos, den Bischof von Adrianopel, einen heiligmäßigen und ehrwürdigen Mann, zu sich und enthüllte ihm unter einem Strom von Tränen alle Fehler, die er im Laufe seines Lebens begangen hatte, und wusch dadurch seine Seele vom Schimpf und Makel der Sünden rein. Er rief auch die heilige Gottesgebärerin an, daß er bei ihr Schutz fände am Tage des Gerichtes, wenn die Taten der Menschen vor dem Angesicht ihres göttlichen Sohnes mit unbestechlicher Waage gewogen werden. Nach dieser Beichte, die einer aufrichtigen Gesinnung und einem zerknirschten Herzen entsprang, verschied er und ging ein in die ewige Ruhe des Jenseits am zehnten Januar in der vierten Indiktion, im Jahre 6485 (976). Begraben ist er im Tempel unseres Heilands in der Chalke, den er von Grund auf in großer Pracht hatte neu erstehen lassen. Ein solches Lebensende fand Kaiser Johannes, ein Mann, klein von Gestalt, doch stark wie ein Held, tapfer und unbezwinglich im Kriege, in Gefahren unerschrocken und kühn. Er lebte einundfünfzig Jahre und herrschte sechs Jahre und dreißig Tage über das Reich. (L. Diak.) □
Ob Johannes Tzimiskes wirklich an Gift gestorben ist oder an Typhus, ist nicht mehr zu erweisen. Die Trauer des Volkes jedenfalls war groß und wieder stand man vor der ungewissen Frage, was nun werden soll, wo dieser Unüberwindliche dahingegangen war.

Der Parakoimomenos Basileios hätte seinen Ruf als weitblickender Staatsmann nicht verdient, wenn er nicht für die neu eingetretene Situation — gleichgültig, ob er sie selbst herbeigeführt hat oder nicht — schon einen fertigen Plan in Bereitschaft gehabt hätte. Er, der Sohn des Usurpators Romanos Lakapenos, der Berater und Helfer der Usurpatoren Nikephoros Phokas und Johannes Tzimiskes, hatte jetzt allerdings ganz anders disponiert, als man erwartet hatte. Die Herrschaft von Mitkaisern, die die eigentliche Macht ausübten, war in Byzanz beinahe zur Gewohnheit geworden, seit über 70 Jahren waren die großen und entscheidenden Taten nicht von den Angehörigen des Makedonischen Kaiserhauses getan worden, sondern von den Vertretern des kleinasiatischen Militäradels. Das Reich hatte davon nur profitiert; es waren jeweils die besten Männer gewesen, die überhaupt zur Verfügung standen. Auch nach dem Tode des Tzimiskes fehlte es nicht an Bewerbern für die Kaiserkrone. Tzimiskes selbst hatte auf dem Totenbett seinen besten General und treuesten Freund Bardas Skleros zu seinem Nachfolger bestimmt. Der Minister und Senatsvorsitzende Basileios jedoch hatte anders entschieden. Sein Kandidat war naheliegend, so naheliegend, daß seine Aufstellung fast überraschend war: Sein Mann war der junge Makedonenkaiser Basileios, der Sohn des Romanos II. und der Theophano, der seit seiner Kindheit die Krone des Reiches trug. Wie sein Großvater Konstantin VII. hatte der jetzt 18jährige zusammen mit seinem 16jährigen Bruder Konstantin VIII. kaum beachtet im Palast gelebt, gewisse Repräsentationspflichten erfüllt, im übrigen aber keinerlei Verantwortung getragen. Niemand hatte die Brüder auf eine eventuelle Regierungsübernahme vorbereitet, an den Feldzügen hatten sie nicht teilgenommen und bei den inneren Angelegenheiten hatte sich der Senatsvorsitzende Basileios niemals in die Karten schauen lassen. Das gedachte er selbstverständlich auch in Zukunft nicht zu tun und schon aus diesem Grunde war ihm der junge, unerfahrene Kaiser Basileios als Herrscher gerade recht. Mit Konstantin VIII. brauchte er überhaupt nicht zu rechnen, dieser war das völlige Ebenbild seines unbedarften Vaters Romanos II. Aber auch von Basileios glaubte der Parakoimomenos nichts befürchten zu müssen. Er war seine Kreatur und zunächst deutete auch nichts darauf hin, daß sein Großneffe die Bequemlichkeiten des Palastlebens mit den rauhen Stürmen der großen Politik zu vertauschen gewillt war.
Der Entschluß des Parakoimomenos, dem rechtmäßigen Kaiserhaus zur Regierungsgewalt zu verhelfen, blieb nicht ohne Widerspruch. Bardas Skleros fühlte sich betrogen und ließ sich in Kleinasien kurzentschlossen zum Kaiser ausrufen. Die ganze kleinasiatische Armee war auf seiner Seite, und es war sehr wahrscheinlich, daß dieser äußerst fähige und bewährte Heerführer ohne große Schwierigkeiten sein Ziel erreichen

würde. In wenigen Jahren unterwarf er ganz Kleinasien, eroberte Nikaia und stand kurz vor Konstantinopel. In dieser kritischen Situation holte der Parakoimomenos einen Mann aus der Vergessenheit hervor, dem man als einzigem zutrauen konnte, Skleros die Stirn zu bieten; den alten General Bardas Phokas, der seit acht Jahren als Verbannter in Chios lebte. Damals hatte er, der Neffe des Nikephoros, sich gegen Johannes Tzimiskes empört und war von Skleros überwunden worden. Nun bat man ihn, das kaiserliche Heer gegen den Empörer Skleros zu führen. Mit Freuden willigte Phokas in das Angebot, das ihm Gelegenheit gab, mit seinem alten Widersacher — diesmal mit vertauschten Rollen — abzurechnen. Der vorsichtige Basileios ließ ihn, bevor er ihm das Kommando übergab, die fürchterlichsten Eide schwören, daß er sich niemals des Verrates schuldig machen wolle.
Die kaiserliche Armee, die Phokas übernahm, war nicht bedeutend, aber der Ruf des Bardas Phokas als Feldherr war nicht zu unterschätzen. Der General war ein Riese von Wuchs, seine dröhnende Stimme brachte eine ganze Armee zum Zittern und man sagte, daß er mit einem Faustschlag einen Menschen töten konnte. Im März 979 standen sich die Rebellen und die Kaiserlichen in der Pankaleiaebene bei Amorion gegenüber.
□ Jede Seite war siegesgewiß angesichts des Feindes und die beiden Heerführer kamen überein, sich im Zweikampf zu messen. Also ritten sie auf den freien Platz zwischen den Linien, faßten sich gegenseitig ins Auge und ohne weitere Umstände wurden sie handgemein. Der Rebell Skleros, unfähig, sein natürliches Ungestüm zu zügeln, durchbrach die Regeln dieser Kampfart und schlug Phokas, der sich ihm näherte, mit aller Kraft auf den Kopf. Der Schlag war umso heftiger, als er im Angriff ausgeführt worden war. Phokas, sprachlos über diesen unerwarteten Streich, verlor für einen Augenblick die Kontrolle über sich selbst, sammelte sich aber wieder und gab dem Gegner den Schlag auf den gleichen Körperteil zurück. Daraufhin verlor dieser jegliches Interesse an diesem Kampf und ritt fliehend davon. (Ps.) □
Das Duell war kurz und wohl nicht besonders eindrucksvoll, doch entschied es den Kampf. Skleros Selbstsicherheit war dahin, seine Armee konnte gegen die kaiserlichen Truppen nichts mehr ausrichten. Da faßte der Rebell den verzweifelten Entschluß, mit seiner gesamten Heeresmacht auf arabisches Gebiet überzutreten und sich unter den Schutz des Kalifen von Bagdad zu begeben. Dieser, nicht erbaut von der Vorstellung, eine ganze kriegsstarke byzantinische Armee im Lande zu haben, hielt Skleros mehr als einen Gefangenen denn als Gast am Kalifenhofe fest. Phokas aber kehrte nach Konstantinopel zurück und durfte einen öffentlichen Triumph feiern.
Diese drei Jahre, in denen die Krone des Basileios ernstlich gefährdet war, hatten in dem jungen Kaiser eine merkliche Veränderung bewirkt. In ihm war der Wille erwacht, das ihm übertragene Amt auch wirklich auszuüben, und zwar nach seinen Vorstellungen und seinem Gutdünken. Der Mann, der ihm dabei am meisten im Wege stand, war der Parakoimomenos Basileios. Es hätte für den Kaiser viele Gründe gegeben, den mächtigen Mann zu schonen; er war ein Verwandter des Kaiserhauses, er hatte sich, trotz seiner maßlosen Habsucht, zweifellos auch große Verdienste erworben, aus seiner Erfahrung und Gewitztheit hätte Basileios großen Nutzen ziehen können, und er hatte es auch getan, denn schließlich war dieser es ja gewesen, der ihm den Weg zur Herrschaft eröffnet hatte. Doch das alles konnte den Kaiser nicht von seinem einmal gefaßten Entschluß abbringen. Hier gab Basileios II. zum erstenmal eine Probe seines eisernen Willens und seiner unbeugsamen Hartnäckigkeit, die er später noch oft in der Verfolgung seiner Ziele bewiesen hat. Auch daß er vor Grausamkeit nicht zurückschreckte, zeigte der Kaiser schon hier, und diese Tatsache hat die Chronisten nicht wenig irritiert. Fast hundert Jahre später schreibt der Gelehrte Psellos:
□ Als der Entschluß einmal gefaßt war, entließ er den Parakoimomenos und stürzte ihn mit einem Schlage. Was die Sache noch schlimmer machte, war die Tatsache, daß dieser Wechsel im Glück durch keinerlei Geste der Rücksicht gemildert wurde. Tatsächlich war die Handlungsweise des Kaisers unglaublich grausam, denn er ließ ihn in die Verbannung schicken.

Es zeigte sich aber, daß diese Schande noch nicht das Ende des Jammers für Basileios war. Sie war vielmehr das Vorspiel zu weiteren Mißgeschicken, denn der Kaiser begann, die Regierungsakten von seinem Herrschaftsantritt an durchzumustern. Er prüfte die verschiedenen Maßnahmen, die während dieser ganzen Epoche durchgeführt worden waren. Alles, was seinen eigenen Vorteil oder das Wohl des Staates anging, wurde unverändert gelassen. Andererseits wurden alle die Verordnungen aufgehoben, die die Bewilligung von Vergünstigungen, Ämtern und Würden bestrafen. Von den ersteren behauptete er, daß sie von ihm beglaubigt worden seien, wogegen er von den letzteren nichts gewußt habe. In allem versuchte er, des Eunuchen Fall und Unglück herbeizuführen. Zum Beispiel hatte der Parakoimomenos ein herrliches Kloster zu Ehren des hl. Basileios d. Großen, das damit auch seinen Namen trug, errichten lassen. Es war in großen Abmessungen erbaut, mit einem beträchtlichen Aufwand von Arbeit und es vereinigte auf schönste Weise verschiedene architektonische Formen. Überdies war der größte Teil der Baumaterialien durch großzügige und freiwillige Stiftungen beigetragen worden. Der Kaiser wünschte nun, daß dieses Gebäude bis auf den Grund zerstört werde. Doch da er den Verdacht der Unfrömmigkeit vermeiden wollte, wurden nur gewisse Teile des Gebäudes entfernt und nicht alle auf einmal; andere Teile zerstörte er auch und den Rest des Gebäudes, die Einrichtung und die Mosaiken behandelte er in der gleichen Weise. Er gab sich nicht zufrieden, bis, um seine eigenen spöttischen Worte zu gebrauchen, er »diesen Ort der Meditation zu einem Ort des Nachdenkens gemacht hatte, des Nachdenkens, das jene, die dort wohnen, jetzt auf die Erlangung der reinen Lebensnotwendigkeiten zu richten haben!«

Natürlich wurde der Parakoimomenos, solcherart Tag für Tag gequält, in Verzweiflung gestürzt. Es gab keine Erleichterung für seine Leiden, noch irgend einen Trost. Plötzlich, von einem Augenblick zum andern von seiner überragenden Machtstellung hinabgestoßen, wurde dieser große und mächtige Mann, dessen Herz einst mit Stolz erfüllt war, mit einem Male unfähig, seinen eigenen Körper unter Kontrolle zu halten. Seine Glieder waren wie gelähmt und er selbst ein lebender Leichnam. Nicht viel später starb er; sein Leben war ein Gegenstand für Geschichtenerzähler, oder soll ich sagen, ein Beispiel für die Unbeständigkeit alles Glückes dieser Welt? Basileios, der Parakoimomenos, hatte seine Bestimmung erfüllt. □

Der Sturz des Parakoimomenos (985) machte den Kaiser erst zum Selbstherrscher im eigentlichen Sinne. Von nun an ging er seinen Weg allein. Vierzig Jahre lang, ohne Freund, Berater, Vertrauten, ohne Familie. Aus dem ahnungslosen Palastknaben war ein Mann geworden, der die Gesellschaft nicht liebte, der den Prunk und den Aufwand verachtete. Mißtrauisch, schweigsam, ohne jegliche Neigung zur Gelehrsamkeit, für höfisches Leben, Kunst. Innerlich unabhängig von Traditionen, aber mit Scharfblick und Urteilsfähigkeit begabt. Mit zunehmendem Alter tritt die metallische Härte und Kühle seines Wesens immer stärker hervor, seine Menschenverachtung und seine unerbittliche Rücksichtslosigkeit gegen seine Widersacher.

□ Basileios Charakter war zwiespältig — schreibt Psellos —, denn er paßte sich nicht weniger schnell den Gefahren des Krieges an, als der Ruhe des Friedens. Tatsächlich, um die Wahrheit zu sagen, war er in Kriegszeiten eher ein ungehobelter Bauer, wie er in Friedenszeiten mehr Kaiser war. Ausbrüche des Zorns hielt er unter Kontrolle, und wie das sprichwörtliche »Feuer unter der Asche« hielt er es ängstlich im Herzen verborgen, aber wenn seine Befehle im Kriege nicht befolgt wurden, dann entzündete sich sein Zorn auf dem Rückweg zum Palaste und er zeigte ihn offen. Fürchterlich war dann die Strafe, die den Elenden traf. Gewöhnlich beharrte er auf seinen Meinungen, aber es gab auch Gelegenheiten, wo er sie änderte. In vielen Fällen verfolgte er die schlechten Taten und Verbrechen zurück zu den Ursprüngen und die letzten Glieder der Kette wurden dadurch entlastet. So erlangten Übertreter meistens Vergebung entweder durch mitfühlendes Verständnis, oder weil er sonst irgendein Interesse an ihren Geschäften hatte. Er war langsam im Aufnehmen eines Handlungsverlaufs, aber er würde niemals den einmal gefaßten Entschluß ändern wollen. Daher war sein Verhalten Freunden gegenüber immer gleich und unverändert, außer wenn er vielleicht durch

Kaiser Basileios II. Bulgaroktonos, der »Bulgarentöter« (976–1025)

die Notwendigkeit getrieben wurde, seine Meinung über sie zu revidieren. Gleicherweise konnte er seinen Unwillen nicht so leicht mäßigen, wenn irgend jemand einmal seinen Zorn erregt hatte. Welche Meinung er auch immer vertrat, für ihn war sie in Wirklichkeit ein unwiderrufliches und gotteingegebenes Urteil. □

Das Schicksal hat dem Kaiser Basileios nichts geschenkt. Das gewaltige Lebenswerk, das dieser kolossalste aller byzantinischen Kaiser geschaffen hat, ist mit zäher Verbissenheit und gegen stärkste Widerstände aufgebaut worden. Dem Kaiser blieb es nicht erspart, Niederlagen zu erleiden, Fehler zu machen, Verräterei zu erfahren. Er war kein Glückskind, er hat sein Lehrgeld voll bezahlen müssen. Basileios ist ein hervorragendes Beispiel für einen Mann, der erst durch Gefährdungen und drängende Probleme zu dem wird, was er ist; der trotz seiner kaiserlichen Herkunft alles nur sich selbst zu verdanken hat und sich dessen vollkommen bewußt war.

Seine äußere Erscheinung zeichnet uns wiederum Psellos:

□ Seine persönliche Erscheinung verriet den natürlichen Adel des Mannes, denn seine Augen waren hellblau und feurig, die Augenbrauen waren nicht überhängend noch finster, auch nicht wie bei einer Frau in gerader Linie gezogen, sondern schön geschwungen und ein äußeres Merkmal seines Stolzes. Die Augen waren weder tiefliegend (ein Zeichen von Leichtfertigkeit und Verschlagenheit), doch auch nicht vorstehend (ein Zeichen von Banalität), sondern sie leuchteten in männlichem Glanz. Sein ganzes Gesicht war rundlich und bildete einen vollkommenen Kreis und war mit den Schultern durch einen kräftigen, nicht zu langen Hals verbunden. Seine Brust war weder nach vorn gedrängt, noch hing sie sozusagen an ihm, noch war sie eingefallen oder beengt; vielmehr hielt sie die Mitte zwischen den Extremen und der übrige Körper stand damit harmonisch in Einklang.

Was seine Größe anbetrifft, so war er von kleinerem Wuchse als normal, doch waren alle Körperteile wohl proportioniert und er hielt sich straff aufrecht. Sah man ihn zu Fuß, würde man ihn wie andere Menschen gefunden haben, doch zu Pferd bot er einen unvergleichlichen Anblick; denn im Sattel erinnerte er an die Statuen, die die großen Bildhauer geschaffen haben ...

Im vorgeschrittenen Alter wurde der Bart unter seinem Kinn licht, aber von den Wangen floß der Bart dicht und reich herab. Es war eine Angewohnheit von ihm, ihn zwischen seinen Fingern zu rollen, und zwar besonders, wenn der Zorn in ihm aufstieg oder wenn er jemandem zuhörte, oder auch, wenn er tief in Gedanken versunken war. Das war eine häufige Gewohnheit; eine andere war, seine Hände in die Hüften zu stemmen und die Ellenbogen abzuwinkeln. Er war kein fließender Sprecher. Seine Sätze waren nicht abgerundet, noch zu Perioden ausgebildet. Er sprach in abgerissenen Worten, mit kleinen Pausen dazwischen — mehr wie ein Bauer als wie ein Mann von guter Erziehung. Sein Gelächter war laut und versetzte seinen ganzen Körper in Erschütterung. □

Welche Gefahren Byzanz von außen drohten, zeichnete sich bereits im ersten Jahr der Herrschaft des Kaisers ab, doch war seine Aufmerksamkeit zunächst von der Rebellion des Bardas Skleros in Anspruch genommen. In Makedonien, der Westhälfte des bulgarischen Reiches, in die Tzimiskes niemals vorgedrungen war, hatten die Söhne eines Provinzgouverneurs — die sog. Kometopuli — gegen die kaum befestigte byzantinische Souveränität rebelliert und sich eine eigene Herrschaft aufgebaut. Samuel, der jüngste der Brüder und nach manchen Zwistigkeiten der einzige Überlebende, konnte, begünstigt durch die byzantinischen Wirren, seine Position schnell festigen und krönte sich selbst zum Zaren des neuentstandenen (west-)bulgarischen Reiches. Er war ein Mann von unbändigem Unternehmungsgeist, eine Kriegernatur wie Symeon, doch im Gegensatz zu diesem von Kultur völlig unbeleckt. Er gründete eine neue bulgarische Hauptstadt in Prespa am Prespasee; auch zögerte er nicht, als Zeichen seiner Selbstherrlichkeit sofort das bulgarische Patriarchat wiederherzustellen, das in der Stadt Ochrid seinen Sitz nahm. Es fiel Samuel nicht schwer, seinen Machtbereich bald nach Osten in das altbulgarische Kernland hinein bis zum Schwarzen Meer auszudehnen. Nur an einigen festen Plätzen konnten sich die Byzantiner behaupten. Nach der Inbesitznahme der bulgarischen Gebiete trieb ihn seine unzähmbare Angriffslust nach Süden in das byzantinische Gebiet von Thessalien, wo es ihm gelang, die Stadt Larissa zu erobern. Eine schöne griechische Patrizierin, die ihm bei dieser Gelegenheit in die Hände fiel, wurde seine Frau. Samuels Feldzüge in Griechenland, die ihn bis nach Korinth führten, hatten ganz den Charakter eines Befreiungszuges zugunsten der in der Balkanhalbinsel ansässigen Slawen mit dem Ziel, diese nicht geringen Kontingente den Byzantinern abtrünnig zu machen.

Die Eroberung von Larissa fiel in das Jahr des Sturzes des Parakoimomenos Basileios und der junge Kaiser hielt es nun für an der Zeit, auch seinen außenpolitischen Gegnern entgegenzutreten. So zog er 986 zu seinem ersten Feldzug aus. Er stieß bis Sardika (Sofia) vor, konnte die Stadt aber nicht erobern, so daß er unverrichteter Dinge den Rückmarsch antreten mußte. Der Geschichtsschreiber Leon Diakonos berichtet als Augenzeuge:

□ Am folgenden Tag marschierten die Truppen durch ein waldreiches und zerklüftetes Tal und gelangten darauf in ein felsiges Bergland. Hier wurden die Rhomäer von den Mysern überfallen und verloren einen großen Teil ihrer Leute. Die Feinde erbeuteten das Zelt des Kaisers und seine Schätze sowie das Gepäck des Heeres. Ich selbst, der ich dieses traurige Ereignis beschreibe, war damals dabei, da ich zu meinem Unglück den Herrscher begleitete und als Diakon im Dienste des Kaisers stand. Und »beinahe wäre ausgeglitten mein Schritt« (Psalm 72, 2), und ich wäre dem skythischen Schwerte zum Opfer gefallen, hätte mich die göttliche Vorsehung nicht aus höchster Gefahr gerettet; sie war es nämlich, die mich im Galopp davonreiten ließ, bevor die Feinde den zerklüfteten Bergpfad erreicht hatten. Mit ihrer Hilfe gelang es mir, ihn in wilder Hast zu durcheilen und die Höhe zu erklimmen. Nur mit knapper Not entging das übrige Heer durch unwegsames Gebirge dem Überfall der Myser, nachdem es fast die ganze Reiterei und den mitgeführten Troß verloren hatte, und zog sich auf rhomäisches Gebiet zurück. □

Die schlechte Führung des Heeres, die Unerfahrenheit des Kaisers und die Lässigkeit der Offiziere hatten den ersten Feldzug des Basileios zur Katastrophe werden lassen. Und es blieb auch keine Zeit, die Anstrengungen zu wiederholen, denn aus dem Osten kamen Hiobsbotschaften; Bardas Skleros war durch einen Geniestreich mitsamt seiner ganzen Armee den Arabern entkommen und hatte sich auf byzantinisches Gebiet gerettet, wo er sich sofort zum Kaiser ausrufen ließ. Da machte Basileios den Fehler, wieder Bardas Phokas zu seiner Bekämpfung auszuschicken, obwohl er wissen mußte, daß dieser allen Grund hatte, mit seinem kaiserlichen Herrn unzufrieden zu sein, denn er hatte im Zusammenhang mit der Affäre des Sturzes des Parakoimomenos keine gute Behandlung vom Kaiser erfahren. So konnte es nicht weiter verwundern, daß er, sobald er den Oberbefehl über die kaiserliche Armee erhalten hatte, sich ebenfalls zum Kaiser ausrufen ließ, nachdem er sich mit den Häuptern des kleinasiatischen Grundbesitzertums abgesprochen und geeinigt hatte. In ihnen fand er einen starken und hochwillkommenen Rückhalt. Zunächst bemühte sich Phokas, mit Skleros ins reine zu kommen. Auf dem Verhandlungswege einigte man sich auf eine Teilung des Reiches: Phokas sollte die europäische Seite mit Konstantinopel bekommen, Skleros Kleinasien. Das Einvernehmen der beiden Rebellen währte indessen nicht lange. Im September 987 ließ Phokas den Skleros verhaften und ging nun mit Nachdruck an die Realisierung seiner Pläne. Im Laufe der Jahre 987/88 eroberte er ganz Kleinasien und näherte sich dann der Hauptstadt. Er schlug ein Feldlager Konstantinopel gegenüber bei Chrysopolis auf und wandte sich selbst gegen Abydos am Hellespont, um von dort auf die europäische Seite überzusetzen. Des Kaisers Lage war kritisch, doch hatte er Vorsorge getroffen. In Anbetracht der Tatsache, daß er praktisch kein Heer zur Verfügung hatte, war er rechtzeitig mit dem Großfürsten von Rußland, Vladimir in Verbindung getreten und hatte ihn, den Sohn Swjatoslaws, um militärische Unterstützung gebeten. Im Frühjahr 988 traf eine warägische Abteilung von 6 000 Mann in Konstantinopel ein. Wenig später — zum Abwarten blieb keine Zeit — setzte Basileios mit der russischen »Druschina« über den Bosporus. Ein Überfall auf die ahnungslosen Rebellen bei Chrysopolis wurde ein voller Erfolg. Nikephoros, ein Bruder des Bardas Phokas, wurde gefangengenommen, sein Heer vollkommen vernichtet. Am 13. April des folgenden Jahres stellte die kaiserliche Armee bei Abydos Phokas selbst zum Kampf, an der Spitze des Heeres Basileios und sein Bruder Konstantin VIII., »mit Brustpanzer und einem langen Spieß«.

□ So standen sich beide Heere gegenüber: auf der einen Seite, am Meer, die kaiserliche Streitmacht; auf der höhergelegenen anderen Seite die Rebellen und zwischen ihnen war ein großer Zwischenraum. Als Phokas bemerkte, daß Basileios und Konstantin sich in den Reihen des Gegners befanden, schob er den Kampf nicht länger auf. Dieser Tag, so beschloß er, sollte der Wendepunkt des Krieges sein, der Tag, an dem sich die Zukunft des Reiches zu entscheiden habe. Und so vertraute er seine Sache dem Glücke an. Das geschah gegen den Rat der Astrologen in seinem Gefolge, denn diese hätten ihn gern vom Kampf zurückgehalten. Ihre Zeichen ließen ganz deutlich die Narrheit des Unternehmens erkennen, doch er ergriff die Zügel seines Rosses und weigerte sich hartnäckig, sie anzuhören. Man hat gesagt, daß ihm böse Vorzeichen erschienen seien, wie auch den Astrologen, denn kaum hatte er das Pferd bestiegen, als es unter ihm ausglitt, und als er sich auf ein zweites setzte, geschah nach ein paar Schritten das gleiche. Da wechselte er die Farbe, sein Herz wurde mit Vorahnungen erfüllt und sein Kopf von Schwindel getrübt. Jedoch war Phokas nicht der Mann, der von einer Aufgabe so leicht abließ, und so ritt er an der Spitze seiner Armee, und während er sich immer in der Nähe der Kaiserlichen aufhielt, sammelte er einige Fußkämpfer um sich. Diese Männer waren die besten Kämpfer unter den Iberern, alles junge Leute, denen der erste Bart sproß, in der Blüte der Jugend, hochgewachsene Männer und alle von gleicher Größe, als ob man sie mit einer Elle abgemessen hätte, mit Schwertern bewaffnet und unwiderstehlich in ihrem Angriff. Mit diesen Kriegern um sich rückte Phokas zum Kampf vor seine ganze Armee. Mit wachsender Geschwindigkeit stürzte er sich geradewegs und mit einem wilden Schrei in die Richtung, wo der Kaiser stand, das Schwert in der Rechten hocherhoben, als wolle er Basileios sofort und auf der Stelle töten.

Während Phokas ihn so kühn angriff, ritt auch Basileios vor die Schlachtreihen seiner Armee. Dort stellte er sich auf, das Schwert in der Hand. In seiner Linken hielt er ein Bild der Gottesmutter umklammert und dachte, daß dieses Bild der beste Schutz gegen den furchterregenden Ansturm seines Gegners sein würde, Phokas raste heran wie eine von stürmischen Winden getriebene Wolke, die über die Ebene wirbelt. Inzwischen warfen die, welche an den Flanken aufgestellt waren, Wurfspieße gegen ihn. Zwischen den anderen, etwas vor der Hauptlinie, stand der Kaiser Konstantin, einen langen Spieß schwingend. Als Phokas seinen eigenen Männern ein Stück vorausgeritten war, glitt er plötzlich aus dem Sattel und fiel zu Boden. Von diesem Zeitpunkt ab werden die Berichte der verschiedenen Gewährsmänner widersprüchlich. Einige behaupten, daß er von den Speerwerfern getroffen worden und tödlich verwundet gefallen sei. Andere versichern, daß er infolge eines verdorbenen Magens von einer plötzlichen Schwäche befallen worden und deshalb aus dem Sattel geglitten sei. Welche Erklärung auch die richtige sein mag, Konstantin jedenfalls nahm den stolzen Ruhm, den Rebellen erschlagen zu haben, für sich in Anspruch. Die übliche Geschichte indessen und die man als die wahrscheinlichste betrachten darf, ist die, daß die ganze Begebenheit das Ergebnis einer Intrige war: Gift ist gemischt worden, Phokas hat es getrunken und als er sich bewegte, ist es plötzlich zur Wirkung gekommen, beraubte ihn des Bewußtseins und verursachte das Ausgleiten, das zu seinem Sturze führte ...

Wie dem auch gewesen sei — er fiel, er, den man bisher weder verwundet noch lebend ergreifen konnte, ein kläglicher und trauriger Anblick. Sobald die beiden Armeen sahen, was geschehen war, löste sich die eine sofort auf und zog sich zurück, ihre dichtgeschlossenen Reihen brachen auseinander, ihre Niederlage war vollkommen. Die kaiserliche Armee ihrerseits stürzte sich nach Phokas Fall plötzlich auf ihn, zerschmetterte seine iberische Leibwache und hackte ihn mit wiederholten Schwertschlägen in Stücke. Sein Kopf wurde abgeschlagen und Basileios gebracht. (Ps.) □

Nach Phokas Tod kam Bardas Skleros wieder in Freiheit. Er glaubte zunächst, er werde mehr Glück haben als sein Rebellen-Rivale Phokas, doch nach ein paar Monaten sah er ein, daß sein Kampf aussichtslos sein würde. Skleros war alt, seine Gesundheit nicht die beste. So willigte er schließlich in Basileios Aufforderung zur Unterwerfung ein.

□ Ein Abkommen wurde getroffen, und der Kaiser zog aus Konstantinopel auf eines seiner Güter, um dort den Rebellen zu empfangen und den Vertrag zu ratifizieren. Basileios setzte sich in das kaiserliche Zelt, Skleros wurde von den Wachen hereingeführt ... Skleros war ein sehr hochgewachsener Mann, aber er war auch ein alter Mann und er trat ein, indem ihn die Wachen beiderseits stützten. Als der Kaiser ihn so herankommen sah, wandte er sich an die Dabeistehenden und machte eine seiner berühmten Bemerkungen: »Das ist also der Mann, den ich gefürchtet habe, ein demütiger, kindischer Greis, unfähig, allein zu gehen!« Nun hatte Skleros, sei es wegen der Eile, sei es, weil er es irgendwie vergessen hatte, die Purpursandalen anbehalten, als er die anderen kaiserlichen Insignien abgelegt hatte, so daß es schien, als ob er sich immer noch einen Anteil an den kaiserlichen Privilegien anmaße. Jedenfalls, als er sich dem Kaiser näherte, trug er diese Sandalen. Basileios sah das alles schon von weitem und schloß mit Verdruß die Augen und weigerte sich, ihn zu sehen, bevor er nicht in allem wie ein gewöhnlicher Bürger gekleidet sei. Da zog also Skleros die Purpursandalen am Eingang des Zeltes aus und trat dann vor den Kaiser. Sobald Basileios ihn eintreten sah, erhob er sich und sie umarmten sich gegenseitig. Dann unterhielten sie sich, der eine bat um Verzeihung für seine Rebellion und legte die Gründe dar, warum er eine Verschwörung gegen den Kaiser angezettelt und ausgeführt hatte, der andere hörte die Verteidigungsrede ruhig an und schob alles, was geschehen war, dem Schicksal zu. Als man Trinkpokale brachte, führte der Kaiser den Becher des Skleros zuerst an seine Lippen und nahm einen Schluck, bevor er ihn seinem Gast darbot. So zerstreute er seinen Verdacht auf Gift und bekräftigte damit gleichzeitig die Heiligkeit ihres Übereinkommens. Danach fragte Basileios ihn als einen des Befehlens gewohnten Mann über das Kaiserreich und wie man es vor Zwistigkeiten bewahren könne. Skleros hatte wohl eine Antwort darauf, obwohl man seinen Ratschlag von einem General nicht erwartet haben würde; tatsächlich klang er eher wie ein zynischer Anschlag: »Beseitige die Statthalter, die übermütig werden«, sagte er, »sorge dafür, daß kein General während eines Feldzuges über zu viel Geld verfügt. Halte sie durch unrechte Forderungen in Atem und halte sie mit ihren eigenen Angelegenheiten beschäftigt. Laß keine Frau an den kaiserlichen Ratsversammlungen teilnehmen. Sei für niemanden zugänglich. Teile deine geheimsten Pläne nur mit wenigen Menschen.« (Ps.) □

Der alte Krieger durfte sein Leben auf seinen Gütern beschließen. Er starb nur wenig später. Dreizehn Jahre nach seiner Regierungsübernahme war Basileios nun endlich Herr im eigenen Haus. Vladimirs »Druschina« hatte ihm auf dem Weg dazu wertvolle Dienste geleistet.

Umsonst hatte Vladimir die Waräger dem Kaiser allerdings nicht überlassen. In der Not der Stunde hatte Basileios dem Großfürsten versprechen müssen, ihm seine Schwester Anna zur Frau zu geben unter der Bedingung, daß er sich taufen lasse. Anders als sein Vater Swjatoslaw sah Vladimir deutlich, daß man die alten Heidengötter Perun und Volos preisgeben mußte, wenn man auf die Anerkennung als zivilisierte Großmacht Wert legte. Das Christentum hatte in seinem Volk schon große Fortschritte gemacht, auch mit Rom hatte es schon Kontakte gegeben. Der Islam war ebenfalls in Rußland nicht unbekannt geblieben, und Vladimir, persönlich wohl indifferent, erwog die Angebote auf das sorgfältigste.

□ Die Bolgaren mohammedanischen Glaubens (turkotatarischer Volksstamm östlich der mittleren Wolga, der um 920 den islamischen Glauben angenommen hatte) kamen und sagten: »Du bist ein weiser und verständiger Fürst und kennst doch das Gesetz nicht. Glaube an unser Gesetz und verehre Mohammed.« Und Vladimir fragte: »Wie ist euer Glaube?« Sie antworteten: »Wir glauben an Gott, Mohammed aber lehrt uns, das männliche Glied zu beschneiden, kein Schweinefleisch zu essen, keinen Wein zu trinken. Nach dem Tode, sagt er, kann man mit den Frauen der Sinnenlust frönen: Mohammed wird jedem 70 schöne Frauen geben; eine schöne wird er auswählen und aller Schönheit auf die eine übertragen: die wird sein Weib sein. Aber auch hier, sagte er, kann man jegliche Unzucht treiben. Wer in dieser Welt arm ist, wird es auch dort sein; wer hier reich ist, wird es auch dort sein.« Und viel anderer Trug, den man nicht aufschreiben kann um der Scham willen. Vladimir hörte sie an, denn er liebte ja selbst die Frauen und trieb viel Unzucht: so hörte er mit Wohlgefallen zu; doch die Beschneidung und die Enthaltsamkeit von Schweinefleisch gefielen ihm nicht, und das vom Trinken ganz und gar nicht. Und er sagte: »Den Russen ist das Trinken eine Lust, ohne das können wir nicht sein.« Danach kamen Deutsche aus Rom, die sprachen: »Wir sind gekommen vom Papste gesandt;« und sie sagten zu ihm: »So läßt der Papst dir sagen: Dein Land ist wie unser Land, aber euer Glaube ist nicht wie unser Glaube; denn unser Glaube ist Licht: wir beten Gott an, der Himmel und Erde, Sterne, Mond und alles, was atmet, geschaffen hat; aber eure Götter sind Holz.« Vladimir fragte: »Wie ist euer Gebot?« Sie antworteten: »Fasten nach Kräften; ob jemand ißt oder trinkt, das alles ist zum Ruhme Gottes, sagte unser Lehrer Paulus.« Sprach Vladimir zu den Deutschen: »Gehet weg, denn unsere Väter haben das nicht angenommen.« Als das die chazarischen Juden hörten, kamen sie und sprachen: »Wir haben gehört, daß Bolgaren und Christen gekommen sind, ein jeder von ihnen dich seinen Glauben lehrend. Die Christen glauben an den, den wir gekreuzigt haben, wir aber glauben an den einigen Gott Abrahams, Isaaks, Jakobs.« Und Vladimir fragte: »Wie ist euer Gesetz?« Sie antworteten: »Sich beschneiden zu lassen, Schweinefleisch und Hasenfleisch nicht zu essen, den Sabbat zu heiligen.« Er fragte: »Und wo ist euer Land?« Sie antworteten: »In Jerusalem.« Er fragte weiter: »So ist es auch jetzt noch dort?« Sie sagten: »Gott hat sich über unsere Väter erzürnt und uns über die Lande zerstreut um unserer Sünden willen, und unser Land ward den Christen übergeben.« Da sagte er: »Wie lehrt ihr denn andere, ihr selbst aber seid von Gott verworfen und zerstreut? Wenn Gott euch liebte und euer Gesetz, so wäret ihr nicht zerstreut worden über fremde Lande. Wollt ihr etwa, daß auch uns dasselbe treffe?«

Danach sandten die Griechen einen Philosophen zu Vladimir, der also sprach: »Wir haben gehört, daß die Bolgaren gekommen sind und dich lehren wollten ihren Glauben anzunehmen: aber ihr Glauben besudelt Himmel und Erde; mehr als alle anderen Menschen sind sie verflucht, ähnlich sind sie geworden Sodom und Gomorra: auf die ließ Gott brennendes Gestein fallen und versenkte sie, und sie versanken. So wartet auch ihrer der Tag des Verderbens, wenn Gott kommen wird die Erde zu richten und alle zu vernichten, die unrecht tun und Greuel begehen: diese nämlich waschen ihren After und gießen es in den Mund und schmieren es sich um den Bart, Mohammed anrufend. Desgleichen begehen auch ihre Frauen dieselben Greuel und noch anderes Schlimmeres, da sie vom Beischlaf des Mannes und der Frau genießen.« Als das Vladimir vernahm, spie er auf die Erde und sagte: »Das ist ein unsauberes Treiben.« Sagte der Philosoph: »Wir haben auch davon gehört, daß Leute aus Rom gekommen sind, euch ihren Glauben zu lehren. Ihr Glaube ist um ein Weniges von dem unseren verschieden: sie verrichten nämlich ihren Gottesdienst mit ungesäuertem Brot, das heißt mit Oblaten, was Gott nicht überliefert hat: vielmehr hieß er mit Brot zu feiern und übergab es den Aposteln, indem er das Brot nahm und sprach: ›Dies ist mein Leib, der für euch gebrochen wird.‹ In gleicher Weise nahm er auch den Kelch und sprach: ›Dies ist mein Blut des Neuen Testamentes.‹ Diese aber tun das nicht und haben den rechten Glauben nicht durchgeführt.« Da sprach Vladimir: »Zu mir kamen die Juden und sagten: Die Deutschen und die Griechen glauben an den, den wir gekreuzigt haben.« Der Philosoph sprach: »Wahrlich, wir glauben an ihn; denn ihre Propheten haben geweissagt, Gott solle geboren werden, andere aber, er solle gekreuzigt und begraben werden und am dritten Tage auferstehen und gen Himmel fahren. Und als ihre Prophezeiung erfüllet ward, stieg er auf die Erde herab und empfing die Kreuzigung; und auferstanden fuhr er gen Himmel. Er wartete 46 Jahre auf ihre Reue, und sie taten nicht Buße. Da sandte er wider sie die Römer, die zerstörten ihre Städte und sie haben sie selbst über die Lande zerstreut: so sind sie dienstbar in fremden Ländern.« Vladimir fragte: »Warum ist denn Gott auf die Erde gekommen und hat solches Leiden auf sich genommen?« Der Philosoph antwortete und sprach: »Wenn du hören willst, will ich es dir von Anfang an erzählen, warum Gott auf die Erde herabkam.« Vladimir sprach: »Ich will es gerne hören.« □

Der »Philosoph« berichtet nun Vladimir in aller Ausführlichkeit von den Begebenheiten der ganzen Heiligen Schrift, von der Erschaffung der Welt bis zu Christus, den Aposteln und dem Jüngsten Gericht. Die Rede macht Eindruck auf den Großfürsten, doch zur Taufe entschließt er sich noch nicht.

□ Vladimir rief seine Bojaren und die Ältesten der Stadt zusammen und sprach zu ihnen: »Zu mir kamen die Bolgaren und sagten: ›Nimm unser Gesetz an.‹ Danach kamen die Deutschen, auch die lobten ihr Gesetz; nach diesen kamen die Juden. Schließlich kamen die Griechen, die alle Gesetze tadelten, ihr eigenes aber lobten; und sie redeten viel und erzählten von der Erschaffung des Weltalls vom Weltbeginn an. Und sie sprechen klug, und jedem ist es wunderbar und angenehm sie anzuhören; und sie sagen, es gäbe eine andere Welt: ›und wenn jemand‹, sagen sie, ›sich unserem Glauben anschließt, so wird er auferstehen, wenn er auch gestorben ist, und ewiglich leben. Wenn er aber ein anderes Gesetz annimmt, muß er in jener Welt im Feuer brennen.‹ Wem neigt nun euer Sinn zu, was erwidert ihr?« Sprachen die Bojaren und Ältesten: »Du weißt, Fürst, daß niemand das Seine tadelt, sondern lobt. Willst du es genau erforschen, so hast du ja deine Mannen: sende sie aus und erforsche eines jeglichen Gottesdienst, und wie er Gott dient.« Und diese Rede gefiel dem Fürsten und allen Leuten. Man wählte gute und verständige Leute aus, zehn an der Zahl, und sprach zu ihnen: »Geht zuerst zu den Bolgaren und erforschet ihren Glauben.« Sie gingen hin; und als sie angelangt waren, sahen sie ihre garstigen Handlungen und das Verneigen in der Moschee; und kehrten in ihr Land zurück. Und Vladimir sprach zu ihnen: »Geht nunmehr zu den Deutschen, beobachtet sie in gleicher Weise, und von da geht zu den Griechen.« Sie kamen zu den Deutschen, beobachteten ihren Gottesdienst, kamen nach Zargrad und gingen zum Kaiser. Der Kaiser fragte, um welcher Ursache willen sie gekommen seien; und sie erzählten ihm alles, was geschehen war. Als das der Kaiser hörte, freute er sich und bereitete ihnen große Ehrungen am selben Tage. Am anderen Morgen schickte er zum Patriarchen, also sprechend: »Die Russen sind gekommen, unseren Glauben zu erforschen. Richte also die Kirche her und den Klerus und lege selbst das Bischofsornat an, damit sie die Glorie unseres Gottes sehen.« Als das der Patriarch hörte, ließ er den Klerus zusammenrufen, und sie feierten gemäß ihrem Brauche das Fest und zündeten Weihrauch an, ließen Gesänge und Chöre erschallen. Und er ging mit ihnen in die Kirche, und man stellte sie an einem geräumigen Platz auf, wies ihnen die Schönheit der Kirche, die Gesänge, das bischöfliche Hochamt und das Ministrieren der Diakone und erklärte ihnen, wie sie ihrem Gott dienen. Da gerieten sie in großes Staunen, wunderten sich und lobten ihren Gottesdienst. Und die Kaiser Basileios und Konstantinos riefen sie zu sich und sprachen zu ihnen: »Ziehet in euer Land.« Und entließen sie mit reichen Geschenken und in Ehren. So kehrten sie in ihr Land zurück. Und der Fürst berief seine Bojaren und die Ältesten. Sprach Vladimir: »Die Männer, so wir aussandten, sind zurückgekehrt; hören wir nun von ihnen, was geschehen ist.« Und er sprach: »Erzählet vor der Druschina!« Da sprachen sie: »Wir gingen zu den Bolgaren und beobachteten, wie sie sich in ihrem Tempel, nämlich in der Moschee, verneigten, ohne Gürtel dastehend; nachdem einer sich verneigt hat, setzt er sich und blickt hierhin und dorthin, wie ein Besessener, und keine Fröhlichkeit herrscht unter ihnen, sondern Trübsal und großer Gestank. Ihr Gesetz ist nicht gut. Und wir kamen zu den Deutschen und sahen sie in der Kirche vielmals den Gottesdienst abhalten, aber wir haben gar nichts Schönes gesehen. Da gingen wir zu den Griechen, und sie führten uns dorthin, wo sie ihrem Gott dienen; und wir wissen nicht, waren wir im Himmel oder auf der Erde: denn auf der Erde gibt es solche Schau und solche Schönheit sonst nicht. Wir sind nicht imstande, davon zu berichten; nur das wissen wir, daß dort Gott mit den Menschen ist, und ihr Gottesdienst ist besser als bei allen anderen Völkern. Wir können diese Schönheit nicht vergessen; denn kein Mensch, der Süßes gekostet, mag hernach Bitteres zu sich nehmen. So wollen auch wir hier nicht mehr leben.« Antworteten die Bojaren und sprachen: »Wäre der griechische Glaube schlecht, so hätte ihn deine Großmutter Olga nicht angenommen, die doch die weiseste aller Frauen war.« Da antwortete Vladimir und sprach: »Wo wollen wir die Taufe empfangen?« Sie antworteten: »Wo es dir lieb ist.« (Nest.) □

Diese legendär ausgeschmückte Erzählung über den Wettstreit der Religionen ist wohl nur in ihren Grundzügen historisch. Vladimir mußte von vornherein wissen, daß ihm die Übernahme des Christentums, und zwar von den Byzantinern, die meisten Vorteile versprach, und der Großfürst war durchaus der Mann, der auch in Religionsfragen das Interesse seines Reiches sehr wohl zu wahren wußte. Auch war er sich klar darüber, daß die Heirat mit einer byzantinischen Prinzessin einen ungeheuren Prestigegewinn bedeutete. So hatte er mit Freuden dem Vorschlag des Kaisers Basileios zugestimmt und seine Waräger auf Reisen geschickt. Basileios jedoch glaubte nun, da die Gefahr beseitigt war, er habe dem Russenfürsten zuviel geboten und zögerte, sein Versprechen einzuhalten. Niemals war eine purpurgeborene Prinzessin mit einem fremden Herrscher verheiratet worden, gar nicht zu reden von einem Barbarenfürsten vom Schlage Vladimirs. Als dieser merkte, daß man in Byzanz Schwierigkeiten machte, rückte er kurzerhand mit Heeresmacht in die byzantinischen Besitzungen auf der Krim ein und bemächtigte sich der Stadt Cherson (989).

□ Und als das die Kaiser hörten, schickten sie ihre Schwester und einige Würdenträger und Priester. Sie aber wollte nicht gehen: »Wie in die Gefangenschaft«, sagte sie, »gehe ich; besser wäre es, ich stürbe hier.« Doch ihre Brüder sprachen zu ihr: »Durch dich wird ja Gott das russische Land zur Buße bekehren, und du wirst das griechische Land von einem schlimmen Kriege befreien. Du siehst doch, wieviel Böses die Russen den Griechen getan haben. Und wenn du jetzt nicht gehst, wird man uns das gleiche tun.« Und mit Mühe nur konnten sie sie überreden. Da bestieg sie eine Galeere, küßte unter Weinen ihre Verwandten und zog übers Meer. Und sie kam nach Korsun (Cherson) und die Korsuner zogen heraus, sie zu begrüßen und führten sie in die Stadt, und wiesen ihr eine Wohnung im Palaste an. Zu dieser Zeit erkrankte durch göttliche Fügung Vladimir an den Augen und konnte nichts sehen und härmte sich sehr und wußte nicht, was tun. Und die Kaisertochter sandte zu ihm und sprach: »Willst du von dieser Krankheit genesen, so laß dich alsbald taufen; sonst wirst du davon nicht genesen.« Als das Vladimir hörte, sprach er: »Wenn das in Erfüllung geht, ist in Wahrheit der Christengott groß.« Und er befahl, daß er getauft werde. Der Bischof von Korsun samt den Priestern der Kaisertochter taufte Vladimir, nachdem er ihn unterwiesen hatte. Und als er die Hand auf ihn legte, ward er alsbald sehend. Wie nun Vladimir diese plötzliche Heilung bemerkte, pries er Gott und sprach: »Jetzt erst habe ich den wahren Gott erkannt.« Als das seine Druschina sah, ließen sich viele taufen. (Nest.) □

Hagia Sophia in Kiew, begonnen 1037, rekonstruierte Außenansicht

Die Taufe des Großfürsten Vladimir, den die russische Kirche später als Heiligen verehrte, war ein großer Erfolg der byzantinischen Kirchenpolitik, denn das riesige Land öffnete sich nun weit dem griechischen Einfluß. Der in Kiew eingesetzte Metropolit unterstand der Gerichtsbarkeit des Konstantinopler Patriarchen, die slawische Bibel, hundert Jahre zuvor von Kyrill geschaffen, wurde das Lehrbuch der Religion. Vladimir war eifrig bemüht, sein Reich der Kultur und der Zivilisation zu erschließen und gewährte den griechischen Priestern volle Unterstützung. Was es bedeutete, die Russen zum Feind zu haben, das hatten die Byzantiner wiederholt und bitter genug erfahren müssen; ihre Freundschaft und Bundesgenossenschaft war daher ein gar nicht zu überschätzender Gewinn.

Niemals haben dagegen die Russen vergessen, wem sie ihre Religion und den ersten, wichtigsten Grundstein ihrer Kultur zu verdanken hatten. Konstantinopel — Zargrad — ist für sie zur »heiligen Stadt« geworden, und die Tradition des römisch-byzantinischen Staatsgedankens ist nach dem Untergang von Byzanz nirgendwo anders so getreu weitergeführt worden wie im »heiligen Rußland« der Zaren von Moskau, dem »dritten Rom«.

Die Verschwägerung der Makedonen mit dem Rurikidenhaus hatte also für beide Seiten nur Vorteile. Unter anderem blieb auch die Warägergarde, durch immer neuen Zuzug aus dem Norden ergänzt, weiterhin in kaiserlichen Diensten und bewährte sich als schlagkräftigen Elitetruppe an allen Kriegsschauplätzen.

Basileios, dessen kriegerische Erfolge man nur mit denen des Nikephoros Phokas und Johannes Tzimiskes vergleichen kann, unterschied sich von diesen in einem wesentlichen Punkt. Beide hatten als Vertreter der übermächtigen kleinasiatischen Magnatengeschlechter verständlicherweise niemals die brennenden sozialen Probleme beachtet, die der Aufschwung des Großgrundbesitzertums mit sich gebracht hatte. Ein Emporkömmling wie Romanos Lakapenos hatte als erster die Gefahren erkannt und die ersten Gesetze zu ihrer Beseitigung erlassen, Konstantin VII. Porphyrogennetos war ihm darin nachgefolgt. Nun war es Basileios, der den schwierigen Komplex wieder anzurühren wagte, denn er sah nicht nur mit aller Deutlichkeit die verhängnisvollen Auswirkungen auf den Fiskus einerseits und auf die Wehrkraft des Reiches andererseits, sondern er hatte ja selbst dreizehn Jahre lang gegen die Verschwörungen des Skleros und Phokas, die auch die Unterstützung anderer Magnaten erfahren hatten, gekämpft und mit Mühe seinen Thron gegen sie behauptet. So ist es nicht verwunderlich, daß der Kaiser sich die Entmachtung des Großgrundbesitzes zum Ziele setzte. Persönliches Ressentiment spielte dabei eine nicht geringere Rolle als die objektive Einsicht in die Notwendigkeit durchgreifender Reformen. Die Verquickung der Motive ist typisch für sein Vorgehen und war vielleicht auch der Grund, daß er es keineswegs mit papierenen Erlassen bewenden ließ. Basileios, der Menschenverächter, hatte verlernt, auf irgend jemanden Rücksicht zu nehmen, er scheute sich nicht, sich mit den mächtigen Herren anzulegen und seine Forderungen in unmißverständlicher Deutlichkeit und Schärfe vorzubringen.

Im Jahre 996 erließ der Kaiser eine Novelle, die sich mit diesen Problemen befaßt; in ihrem einleitenden Passus wird die Situation dargelegt:

☐ Seitdem unserer Majestät die kaiserliche Gewalt von Gott verliehen worden ist, hat sie sich darum bemüht, die Streitfälle zwischen den Reichen und den Armen zu bereinigen; wir haben dabei festgestellt, daß die Mächtigen sich dadurch Vorteile verschaffen, daß sie die Verjährungsfrist von 40 Jahren als ein bequemes Mittel zur Legalisierung ihrer Wünsche benutzten, indem sie eifrig bestrebt waren, diese Frist durch Geschenke (Bestechung) oder auch durch ihre Machtmittel unbeschadet zu überbrücken, und sich so in den Besitz von Gütern brachten, die sie unrechtmäßig den Armen genommen haben. Deswegen hat die kaiserliche Gewalt die diesbezüglichen Gesetze in Kraft gesetzt, damit 1. das Geschehene wieder in die richtige Ordnung gebracht werde und 2. die augenblicklich Mächtigen in ihre Schranken gewiesen und die nachkommenden Generationen daran gehindert werden, das gleiche zu tun, da sie dann wissen, daß sie keine Unterstützung finden werden. Das, was wir im folgenden hier niederlegen, möge zeigen, daß unsere Majestät die bisher Mächtigen nicht sinnlos und ohne triftige Gründe unterdrückt, sondern daß sie sich der Armen erbarmt, für die Allgemeinheit sorgt, das Recht pflegt und die böse Leidenschaft der Habgier zu heilen gewillt ist. Und wirklich hat uns das Schicksal der Armen oft beunruhigt und oft haben wir das ihnen zugefügte Unrecht mit eigenen Augen gesehen, wenn wir durch die Provinzen unseres Kaiserreiches reisten. Wird das Unrecht dadurch in Recht verwandelt, daß der Mächtige das ihm nicht zustehende Gut schon lange Zeit in Besitz hat, seinen Nutzen daraus zieht und schließlich seine Macht und seine Reichtümer seinen Erben hinterläßt? Und wenn er ein Magistros oder Domestikos der Scholen wäre und seine Nachfolger wären ebenso mächtig und sogar dem Kaiserhaus verwandt, und wenn er seinen Reichtum schon seit 70 oder 100 Jahren besäße – sollten wir dann etwa nicht gegen ihn vorgehen und den Armen, denen alles genommen wurde, nicht zu seinem Recht verhelfen? Jedenfalls ist es ganz klar, daß der Arme das Recht hat, gegen jenen, der ihn übervorteilt und ihm alles genommen hat — also den, der ganze Dörfer oder mehr in seinen Besitz gebracht hat, weil er die Macht dazu hatte —, und gegen seinen Nachfolger in Reichtum und Macht gerichtlich vorgehen kann, weil er, wieviel Zeit auch vergangen ist, sein Eigentum zurückverlangen und zurückerhalten muß. Und wenn wir nicht so handeln, geben wir dem Reichen Veranlassung zu denken: wenn ich jetzt (mit unrechtem Besitz) ungestört und friedlich lebe und der Arme kann nicht gegen mich prozessieren, und mein Sohn lebt ungestört und friedlich, bis die im Gesetz vorgeschriebene Frist abgelaufen ist, dann besitzen wir das Erworbene unangefochten und der unrechtmäßige Erwerb bringt uns Nutzen. Und müssen wir dazu nicht auch jenen rechnen, der früher arm war und jetzt reich geworden und zu höchsten Ehren gelangt ist? Arm, solange er unter den Armen ist; und wir werden ihm gestatten, daß die Zeit ihm hilft. Als Reichen werden wir ihn betrachten, sobald er zu Ehren gelangt ist; und wir werden ihm zeigen, daß die Zeit ihm nicht länger hilft. Solche Fälle kann man täglich beobachten und ein solcher ist vor kurzem auch von uns selber entdeckt worden. So fanden wir einen gewissen Philokales, der anfangs ein Bauer war unter den Bauern und ein Armer unter den Armen, später aber reich und ehrenwert unter den Reichen und Ehrenwerten geworden ist. Solange er arm war, lebte er unter seinen Mitbauern und nahm keine Neuerungen vor; nachdem ihm aber Gott zur Würde eines Hebdomadarios, dann eines Koitonites und schließlich eines Protovestiarios verholfen hatte, nahm er das ganze Dorf in Besitz, schuf sich so ein großes Landgut und änderte auch den Namen des Dorfes. Nun, wo er so hoch gestiegen ist — sollen wir gestatten, daß die Zeit ihm hilft und ihm das lassen, was er sich zu Unrecht genommen hat? Keinesfalls! Deswegen hat unsere Majestät, als sie in jene Gegend kam und von der Sache durch die Beschwerden der Armen Kenntnis bekam, seine Gebäude, obwohl sie prächtig waren, bis zum Grund niederreißen lassen und den Armen das Ihrige zurückgegeben. Wir ließen ihm das, was er von Anfang an besessen hatte, und machten ihn wieder zu einem Bauer unter Bauern. □

Der Kaiser bestimmt, daß alle Erwerbungen der Großgrundbesitzer seit der ersten diesbezüglichen Novelle des Kaisers Romanos I. von 922 entschädigungslos zurückgegeben werden müssen, wenn die Rechtmäßigkeit des Besitzes nicht durch schriftliche Beweise oder ausreichende Zeugenschaft nachgewiesen werden kann. Dem Fiskus gegenüber ist überhaupt keine Verjährung möglich, der Staat kann seine Forderungen bis in die Zeit des Kaisers Augustus aufrecht erhalten!

Ein anderes Gesetz des Kaisers betraf das Allelengyon, d. h. die Verpflichtung der Dorfgemeinde, für den Steuerausfall aufzukommen, der durch die Zahlungsunfähigkeit armer Gemeindemitglieder entstand. Basileios übertrug nun diese Haftpflicht kurzerhand auf die Großgrundbesitzer, denen dadurch unerwartet eine recht beträchtliche finanzielle Belastung aufgebürdet wurde. Allen Widerständen zum Trotz setzte der Kaiser dieses Gesetz durch, denn er war der Meinung, daß man das Geld von dort holen müsse, wo es am reichlichsten vorhanden ist — ein Grundsatz, der seinen Zeitgenossen indessen nicht ohne weiteres einleuchtete. Daß Basileios sich zum Ziel gesetzt hatte, den Großgrundbesitz systematisch zu ruinieren, zumindest in seinen extremen Formen, geht

auch aus dem Schicksal des Eustathios Maleinos hervor. Dieser reiche kappadokische Magnat hatte einmal den Kaiser, der von einem Feldzug in Syrien zurückkam, mit seinem gesamten Heer als Gäste aufgenommen und aufs reichste bewirtet. Daraufhin wurde der spendable Gastgeber gezwungen, nach Konstantinopel zu kommen und dort in einer Art Ehrengefangenschaft zu bleiben. Nach seinem Tode wurden seine riesenhaften Besitzungen vom Staate eingezogen.
So konsequent und unbarmherzig Basileios gegenüber den »Mächtigen« war, so großzügig erwies er sich gegenüber den Armen und finanziell Schwachen. Die Steuereinziehung wurde selten so lax gehandhabt wie unter Basileios, manche Jahre wurden überhaupt keine direkten Steuern erhoben, was umso erstaunlicher ist, da die fast ununterbrochenen Kriege gewaltige Geldsummen verschlangen. Dafür verzichtete der Kaiser auf alles, was seinem realistischen Sinn als überflüssig erschien. Höfischen Luxus gab es unter ihm nicht, er stiftete keine kostbaren Kirchen oder sonstige Gebäude, seine persönlichen Ansprüche waren denkbar gering.

Auf den drei Kriegsschauplätzen, an denen Byzanz in Permanenz beschäftigt war, herrschte auch unter Basileios keine Ruhe. Im Osten gab es zwar keine akute Bedrohung, denn die Siege des Nikephoros Phokas und des Johannes Tzimiskes hatten einen gewaltigen Respekt vor den byzantinischen Waffen geschaffen. Doch zu kürzeren Feldzügen und plötzlichen Überfällen kam es wiederholt. In Süditalien gab es vorläufig nur örtliche Händel. Dafür konzentrierte Basileios alle seine Kräfte auf den Kampf mit dem Bulgarenzaren. Dreißig Jahre brauchte der Kaiser, um mit der ihm eigenen Zähigkeit und Hartnäckigkeit die Macht Samuels Schritt für Schritt zu zermürben und seinen Widersacher endlich zu Fall zu bringen. Wie sehr sich Basileios sich in diese seine Aufgabe verbissen hatte, zeigt die Tatsache, daß er die meiste Zeit, d. h. wenn andere Probleme ihn nicht abriefen, die byzantinische Armee selbst gegen die Bulgaren führte. Es war, als wolle er die Schlappe seines ersten Feldzuges von 986 hundertfach auswetzen. Auch hier scheint sich bei Basileios ein rein persönliches Motiv mit eingeschlichen zu haben; der gekränkte Stolz verlangte Genugtuung und die konnte nur die restlose Vernichtung des Gegners verschaffen. Basileios war nicht der Mann, der eine Kränkung vergessen und verwinden konnte. Dabei war es nicht in erster Linie sein Herrscherbewußtsein oder gar Caesarendünkel, was ihn keine Demütigung ertragen ließ; es lag bei ihm tiefer und in seinem Charakter begründet, der durch die bitteren Erfahrungen seiner Jugend bis zur Grausamkeit verhärtet war, sein Ehrgefühl jedoch bis zur Empfindlichkeit gesteigert hatte. Daher war Basileios Rücksichtslosigkeit frei von Niedertracht und Bosheit, seine Härte und zeitweilige Grausamkeit hatte nichts mit barbarischem Sadismus zu tun.
Unmittelbar nach der Niederwerfung der Phokasrebellion begab sich der Kaiser nach Thessalonike, um dort die erforderlichen militärischen Maßnahmen gegen Samuel vorzubereiten. Den Oberbefehl über die byzantinischen Truppen in Makedonien erhielt Gregorios Taronites, der in den nächsten Jahren die Überfälle der Bulgaren erfolgreich abwehrte. Als aber eine Niederlage der Byzantiner in Syrien die Anwesenheit des Kaisers im Osten erforderlich machte, gelang es Samuel, Taronites in einer Schlacht zu besiegen, in der der byzantinische General selbst den Tod fand. Damit stand Samuel der Weg in das byzantinische Territorium offen. 996/97 durchzog er plündernd ganz Griechenland bis zur Peloponnes, das Land verwüstend. Nur die festen Städte vermochten ihm zu widerstehen. Basileios schickte Samuel seinen Feldherrn Nikephoros Uranos entgegen. Während die Bulgaren durch Böotien nach Norden zurückmarschierten, zog Uranos durch Thessalien nach Süden und gelangte in dem Augenblick am nördlichen Ufer des Spercheios-Flusses an, als Samuel das südliche Ufer erreichte. Der Fluß war durch die herbstlichen Regengüsse zu einem reißenden Strom angeschwollen, was die Bulgaren in trügerische Sicherheit wiegte. Uranos aber konnte nächtlicherweise eine Furt ausfindig machen und überfiel unvermittelt das ahnungslose bulgarische Heerlager. Samuel erlitt eine vollkommene Niederlage, er selbst wurde verwundet und konnte sich nur mit Mühe in Sicherheit bringen.

Kaiser Basileios II. vor Pliska

Da Basileios nicht in der Lage war, den Sieg sofort auszunutzen, konnte Samuel sich erholen und schon im nächsten Jahr Dyrrhachion (Durazzo) erobern. Er unterwarf die mit Byzanz verbündeten Serben und dehnte seine Macht kräftig nach Nordwesten aus. Noch war der Kaiser im Osten gebunden; 999 kämpfte er mit Glück gegen die Fatimiden in Syrien und schloß endlich einen Vertrag mit dem ägyptischen Kalifen Al Hakim. Daraufhin wandte er sich nach Armenien und Georgien. Im Jahre 1001 hatte Basileios alle anderen Probleme soweit geregelt, daß er sich endlich wieder gegen Samuel wenden konnte. Der nun folgende Krieg dauerte siebzehn Jahre und erfuhr nur kurze Unterbrechungen. Mit unnachgiebiger Zähigkeit trieb Basileios seinen Widersacher systematisch in den Untergang.
Sein erster Vorstoß führte in das Zentrum des Bulgarenreiches, nach Sardika (Sofia), so daß Samuel von der Osthälfte seines Herrschaftsgebietes, dem bulgarischen Stammland, abgeschnitten wurde. Ohne Schwierigkeiten konnte der kaiserliche Feldherr Theodorokanos die Donaugebiete in seinen Besitz bringen, Preslaw und Pliska erobern und die byzantinische Oberherrschaft wiederherstellen. Samuel sah sein Territorium schlagartig auf Makedonien beschränkt, vermochte auch nicht zu verhindern, daß Basileios im nächsten Jahr Südmakedonien besetzte und die wichtigen Festungen Berrhoia, Servia und Vodena eroberte; damit war der Kaiser schon in die Nähe von Samuels Hauptstadt Ochrid gelangt. Dem Kaiser lag aber nicht daran, es mit einer bloßen Machtdemonstration bewenden zu lassen. Unbeirrt verfolgte er seinen Plan der schrittweisen, aber totalen Zerschmetterung der bulgarischen Macht. Sein nächstes Ziel war die Festung Vidin an der Donau. Acht Monate hielten die Belagerten stand. Samuel versuchte, durch ein überraschendes Ablenkungsmanöver den Kaiser zur Aufhebung der Belagerung zu zwingen und zum Abzug aus Makedonien zu bewegen; er brach in Thrakien ein und eroberte Adrianopel, das er furchtbar verwüstete. Basileios ließ sich nicht beirren. Erst nach dem Fall von Vidin eilte er nach Süden auf Skoplje zu und zwang nun seinerseits Samuel, Thrakien zu verlassen, um sein Stammland zu schützen. Bei Skoplje trafen Rhomäer und Bulgaren aufeinander und Samuels Heer wurde vollständig geschlagen. Der bulgarische Troß fiel in die Hand des Kaisers und mit ihm die Beute und die Gefangenen, die Samuel bei seinem Überfall auf Adrianopel gemacht hatte. Die Stadt Skoplje öffnete den Byzantinern kampflos die Tore, wenig später fiel auch Dyrrhachion wieder dem Kaiser zu. 1004 war die erste, wichtigste Etappe des Bulgarenkrieges erfolgreich abgeschlossen. Samuel war in die Verteidigung gedrängt, während die Byzantiner die Initiative vollständig in ihrer Hand hatten. In den folgenden zehn Kriegsjahren, über deren Verlauf keine Einzelheiten bekannt sind, wurde Samuel immer stärker in die Enge getrieben, das von den Byzantinern gewonnene Land durch Festungen gesichert und in rhomäische Verwaltung genommen. Basileios ließ sich Zeit, er wollte das Land nicht nur erobern, sondern auch integrieren. Die Neuordnung Bulgariens und Makedoniens wurde mit der nötigen Umsicht und Konsequenz vorbereitet; große Mengen von Bulgaren wurden nach Armenien verpflanzt, dafür griechische und armenische Kolonisten in Bulgarien angesiedelt.

Im Jahre 1014 endlich hielt Basileios die Zeit für gekommen, seinen letzten, vernichtenden Schlag zu führen. Von Thessalonike aus marschierte er nach Norden, wo Samuel mit seinem Heer in der Nähe von Strumitza lagerte.

□ Da Samuel auf dem flachen Land keinen Widerstand leisten konnte und auch wegen seiner beschränkten Machtmittel keine offene Feldschlacht wagte, kam er auf den Gedanken, dem Kaiser den Einmarsch nach Bulgarien durch die Anlegung von Gräben und Schanzen zu verwehren. Er wußte, daß der Kaiser gewöhnlich durch den sogenannten Kimba Longa Paß einmarschierte, und er hielt es daher für das beste, diesen Engpaß zu sperren und den Kaiser am Durchmarsch zu hindern. Als die Schanzen fertiggestellt und mit tüchtigen Wächtern versehen waren, wartete er die Ankunft des Kaisers ab. Basileios kam und versuchte durchzubrechen, doch die Verteidiger leisteten tapferen Widerstand und wehrten die Angreifer durch wohlgezielte Pfeilschüsse ab. Da ergriff den Kaiser Ratlosigkeit, denn er sah keine Möglichkeit, den Einmarsch zu erzwingen. Zu dieser Zeit kam der damalige Stratege von Philippopolis, Nikephoros Xiphias, zum Kaiser und schlug ihm vor, er, der Kaiser, solle die Belagerung fortsetzen und unermüdlich angreifen, während er selbst abziehen und etwas Zweckmäßiges zu ihrem Heile unternehmen wolle. Also nahm er seine Truppen, kehrte um und marschierte um einen hohen Berg herum, der sich im Süden des Engpasses befindet und Balasitsa genannt wird. Nach Eilmärschen und der Überwindung der Bergeshöhen gelangte er von oben in den Rücken der Bulgaren. Diese, von dem unerwarteten Angriff überrascht, ergriffen die Flucht; der Kaiser durchbrach nun die verlassenen Schanzen und verfolgte den Feind. Viele fanden den Tod und noch mehr wurden gefangengenommen. Nur Samuel gelang die Flucht mit Hilfe seines Sohnes (Gabriel), der mutig die Verfolger abwehrte, Samuel auf ein Pferd setzte und ihn in die Festung Prilep führte. Und der Kaiser ließ die gefangenen Bulgaren, 15 000 Mann wie man sagt, blenden und schickte sie zu Samuel, immer hundert unter Führung eines Einäugigen. Als Samuel sie kommen sah, wurde es ihm schwarz vor Augen und er fiel ohnmächtig zu Boden. Die Umstehenden suchten vergeblich, ihn durch Wasser und Balsam wieder zu beleben. Als er aber wieder zu sich kam, verlangte er kaltes Wasser zu trinken; er erhielt es und trank, erlitt einen Herzschlag und starb zwei Tage später. (Ked.) □

Noch vier Jahre dauerte es, bis Basileios unumstrittener Herr Makedoniens war. Samuels Sohn Gabriel leistete noch verzweifelten Widerstand, bis er kurze Zeit später von seinem Vetter Iwan Vladislaw ermordet wurde. Dieser riß die bulgarische Krone an sich, rief die Petschenegen zu Hilfe und entfesselte eine fanatische, freilich aussichtslose Aufstandsbewegung gegen die Byzantiner. Erst nach seinem Tode 1018 brach die bulgarische Macht endgültig zusammen. Basileios »Bulgaroktonos« — der »Bulgarentöter« — marschierte nach Ochrid, wo ihm die Zarenwitwe die Schlüssel der Residenz und den Kronenschatz auslieferte. Ganz Bulgarien bis zur Sawe und Drau war in rhomäischer Hand, eine kaiserliche Flotte in der Adria gewann die dalmatinischen Küstenstädte. Die gewaltigen territorialen Gewinne wurden dem Reich einverleibt, das Land wurde in Themen eingeteilt oder blieb, wie die Gebiete von Rascien, Bosnien und Zachlumien, unter der Herrschaft ihrer Fürsten, jedoch im engen Vasallenverhältnis zu Byzanz.

Bei der Behandlung der unterworfenen Bulgaren erwies sich der Kaiser als milde und großmütig. Die Vornehmen wurden an den Hof nach Konstantinopel gezogen und mit Würden ausgezeichnet, das Volk wurde nicht bedrückt, sogar der Steuersatz blieb so, wie er unter Samuel gewesen war, außerdem konnten die Steuern weiterhin in Form von Naturalabgaben entrichtet werden. Natürlich wurde das bulgarische Patriarchat abgeschafft, doch als Erzbistum blieb es autokephal. Das Recht, den Erzbischof zu ernennen, blieb beim Kaiser, wodurch die Sonderstellung der bulgarischen Kirche betont wurde, denn ihre unmittelbare Abhängigkeit vom Kaiser bedeutete ja auch ihre Unabhängigkeit von Patriarchen in Konstantinopel.

Basileios Siege hatten die Landkarte sehr verändert. Bulgarien hatte als Staat zu existieren aufgehört und es dauerte 167 Jahre, bis es den Bulgaren gelang, sich von der Herrschaft der Byzantiner zu befreien und einen neuen Staat zu gründen (1185). Die

europäische Reichshälfte, die in ihrer Bedeutung bisher immer hinter den kleinasiatischen Territorien zurückgestanden hatte, war zu einer Ausdehnung gelangt, die sie dem Osten gleichwertig machte.
Nach Regelung der bulgarischen Angelegenheiten marschierte Basileios nach Süden und besuchte Griechenland. 1019 traf er in Athen ein, das seit fast vierhundert Jahren kein Kaiser mehr betreten hatte. Der Kaiser machte der Stadt reiche Geschenke und feierte im Parthenon, der Metropolitankirche von Athen, einen feierlichen Gottesdienst. Dann kehrte er nach Konstantinopel zurück und zog in einem glänzenden Triumphzug in seine Hauptstadt ein.

Basileios hatte das höchste Ziel seines Strebens erreicht, doch er dachte nicht daran, sich zur Ruhe zu setzen. 1021 begab er sich nach Armenien, um dort die nach dem Tode des Armenierkönigs Gagik I. ausgebrochenen Unruhen niederzuschlagen. Ein Teil Armeniens wurde dem Reich einverleibt, der Rest blieb in Abhängigkeit von Byzanz. Der König von Ani setzte den byzantinischen Kaiser zum Erben seines Königreiches ein. 1024 kehrte der unermüdliche Basileios nach Konstantinopel zurück, um sich auf eine militärische Expedition nach Süditalien vorzubereiten.

König Gagik I. von Armenien (989–1020)

In den ersten Jahren seiner Regierung hatte sich der Kaiser wegen der Aufstände in Kleinasien kaum um die süditalienischen Besitzungen kümmern können, obwohl sie von zwei Seiten ernsthaft bedroht waren. Die sizilischen Araber setzten wiederholt über die Meerenge von Messina, führten Raubzüge in Kalabrien und Apulien durch und stießen bis in das Herrschaftsgebiet der Ottonen vor. Otto II. dagegen drang von Norden in die byzantinischen Besitzungen ein und eroberte Bari und Trient. Bei Cotrone in Kalabrien traf das deutsche Heer unter Ottos Führung auf die Sarazenen. Als die Schlacht schon beinahe für Otto entschieden war, – der arabische Emir war gefallen

— wandte sich durch einen verwegenen Angriff einer sarazenischen Abteilung das Glück vollständig. Ottos Heer wurde vernichtet, der Kaiser selbst rettete sich mit knapper Not auf ein byzantinisches Schiff und entkam, starb aber schon ein Jahr später. Damit war den Byzantinern eine Atempause vergönnt, denn Otto III., der Sohn der Theophano, war erst drei Jahre alt. Die bald wiederauflebende Aktivität der Sarazenen brachte jedoch neue Unruhe, so daß sich Kaiser Basileios veranlaßt sah, das Verwaltungssystem Süditaliens umzugestalten. Die Provinzen wurden einem Oberbefehlshaber (Katepano) unterstellt, der zivile und militärische Befugnisse in seiner Hand vereinigte und mit großen Vollmachten ausgestattet war. Während die Araber weiterhin gefährlich blieben, suchte der herangewachsene Kaiser Otto III., der von tiefer Bewunderung für die byzantinische Kultur und die römisch-christliche Reichsidee erfüllt war, mit Konstantinopel ins Einvernehmen zu kommen. Eine Gesandtschaft wurde mit dem Auftrag nach Byzanz geschickt, eine purpurgeborene Prinzessin für Otto III. zu werben. Die Gesandtschaft hatte Erfolg, aber als 1002 die byzantinische Prinzessin in Italien eintraf, war Otto kurz zuvor gestorben und sie reiste in ihre Heimat zurück.
Die Aufrechterhaltung der byzantinischen Herrschaft in Süditalien war darum besonders schwierig, weil sie keine Stütze im Volke hatte. Von schweren Steuern belastet, jedoch unbeschützt vor den sarazenischen Raubzügen, wuchs die Unzufriedenheit in der Bevölkerung immer mehr. Im Jahre 1009 kam es zum Aufstand; er wurde niedergeschlagen, seine Häupter, Dattus und Melo, flüchteten zum Papst, mit dessen Hilfe Melo einige Jahre später erneut in Apulien erschien, diesmal mit einer Streitmacht französischer Normannen, die ihm der Papst vermittelt hatte. Doch in der Zwischenzeit war der Bulgarienkrieg zu Ende gegangen, die byzantinische Armee in Italien verstärkt worden. Auf dem alten Schlachtfeld von Cannä führte der Katepan Boioannes seine russischen Waräger gegen die Normannen des Melo und besiegte sie vollständig. Dieser Erfolg und der anschließende Vormarsch der Griechen rief Heinrich II. auf den Plan, der von Deutschland kommend mit einem großen Heer den Rhomäern entgegenzog. Doch er erreichte nicht mehr als die Eroberung der kleinen Grenzfeste Troja. Krankheiten und Hitze zwangen den Kaiser zu schnellem Rückzug — immerhin hatte er den Vormarsch der Byzantiner zum Stehen gebracht.
Diesem unentschiedenen Zustand wollte Kaiser Basileios ein Ende machen, als er im Winter 1024/25 umfangreiche kriegerische Vorbereitungen traf. Da starb der Kaiser im Dezember 1025 nach einer fast fünfzigjährigen Regierungszeit. Er hinterließ das Reich in einer Größe, wie es sie seit dem 7. Jahrhundert nicht mehr gehabt hatte, stark und in sich gefestigt, wirtschaftlich gesunder als unter seinen Vorgängern. Wieder einmal hatte Byzanz der Welt seine Überlegenheit bewiesen, sich zu imponierender Macht aufgeschwungen. »Noch immer waren jetzt, wie vor Jahrhunderten, zuletzt alle Völker und Staaten aufgerieben worden und verfallen, die sich gegen die Rhomäer versucht hatten. Die fanatischen Massen der tapferen Araber, die eisernen Regimenter der Bulgaren, die Korsarenflotten von Kreta, selbst die Hünen der deutschen Völkerwelt, selbst die geistlichen Waffen des großen Priesters am Tiber hatten zuletzt bei der Berührung mit den gefeiten Waffen, mit dem Seefeuer, mit der Diplomatie der Rhomäer den kürzeren gezogen. Fast überall in der damaligen Welt — mochte man die Byzantiner hassen oder lieben, mochte man als schlauer Staatsmann oder naiver Natursohn, oder mit den wilden Instinkten der Steppenwölfe ihnen und den Schätzen, die ihre Krieger und Flotten hüteten, gegenüberstehen —, man fühlte die Bedeutung dieses Reiches als des Zentrums der Kulturwelt dieser Jahrhunderte. Die Arbeit der byzantinischen Diplomatie wurde überall empfunden. In Bagdad und Kahira, in Kairwan und Palermo, in Cordova und an allen Höfen Unteritaliens —, und wieder an den Höfen der deutschen Kaiser, der neu emporkommenden slawischen Machthaber in Kroatien, in Desnica, bei den Magyaren, in den Zelten des Großkhans der Petschenegen, bei Russen, Chazaren und Türken arbeiteten das Gold und die geschmeidige Klugheit der griechischen Agenten, der Zauber der kostbaren Produkte des griechischen Südens und des asiatischen Ostens, in dem weiten Lande zwischen den Karpathen und den Wiesengeländen des Don nun auch die stille Macht der anatolischen Kirche, nach allen Richtungen fühlbar

für die Interessen des alten Kaisertums der Rhomäer.« So drückte es im Stil des 19. Jahrhunderts der Historiker G. F. Hertzberg aus.

Unter Basileios II. war das Reich zu seiner höchsten Blüte gelangt. Hundertfünfzig Jahre früher hatte der makedonische Stallknecht Basileios I. die Grundlage dazu geschaffen, seinem Ururenkel Basileios II. blieb es vorbehalten, den stolzen Bau zu vollenden. Sein Tod bedeutet einen scharfen Einschnitt in die Geschichte des byzantinischen Reiches. Die Epoche der kraftvollen Expansion nach außen und der Festigung nach innen war zu Ende. Nicht die Araber waren es, noch die Bulgaren, die in der Zukunft das Reich bedrohten, sondern neue Völkerschaften, die bisher wenig oder gar nicht in Erscheinung getreten waren: die Seldschuken im Osten, die Petschenegen und Uzen im Norden und die Normannen und »Lateiner« im Westen. Sie waren es, die die alten, müde gewordenen oder unterworfenen Widersacher von Byzanz ablösten und mit frischen Kräften das Reich der Rhomäer in die Zange nahmen und schließlich zugrunde richteten. Man hat Basileios und seine Leistungen oft mit denen des Herakleios im 7. Jahrhundert verglichen, der die Avaren und Perser vernichtete. Herakleios hatte noch erleben müssen, daß mit der Niederringung des Perserreiches den Arabern der Weg geebnet worden war; ebenso hatte der Untergang des Avarenreiches das Vordringen der Bulgaren begünstigt. Nun war die Situation ähnlich. Die Schwäche des Kalifates von Bagdad erleichterte den Vormarsch der Seldschuken, und der Fall Bulgariens brachte Byzanz in die gefährliche Nachbarschaft der Petschenegen. Doch während der Einbruch der Araber zu Herakleios Zeiten wie eine plötzliche, unerwartete Katastrophe hereinbrach, schritt nun das Unheil vergleichsweise langsam voran, dafür aber auf die Dauer unaufhaltsam.
Doch nicht nur der Feind von außen betrieb das Zerstörungswerk; fortschreitende Auflösungserscheinungen im Innern, die Basileios vorausgesehen hatte, schwächten den Staatsorganismus in verhängnisvoller Weise. Zwar trat seit dem Ende des 11. Jahrhunderts unter den Komnenenkaisern eine Erholung ein, doch konnte der Niedergang letztlich nicht aufgehalten werden. Es erstand kein neuer Basileios mehr.

Nur in einem Bereich wirkte die Blüte der Makedonen-Epoche über Basileios hinaus und noch in fernere Zukunft fort: die kulturelle Führungsrolle blieb nach wie vor uneingeschränkt. Noch immer arbeiteten und wirkten in Konstantinopel die größten Gelehrten, die geistreichsten Schriftsteller, die besten Wissenschaftler, Historiker und Dichter. Von Basileios II. selbst hatte die geistige Elite zwar keine besondere Beachtung erfahren, er umgab sich zur Verwunderung seiner Zeitgenossen mit eher ungebildeten Menschen, die von ausgefeilter Rhetorik und klassischem Stil nicht viel Ahnung hatten, doch tat das dem geistigen Leben keinen wesentlichen Abbruch.
Die Eigenart des Byzantinertums im 10.—11. Jahrhundert spiegelt sich vor allem in der Dichtung. Das große »Akritas«-Epos, das Heldenlied des tapferen, kriegsgewohnten Grenzers und seiner abenteuerlichen Kämpfe gegen Araber und Banditen wurde schon erwähnt. Dem gegenüber steht eine reiche höfische und volkstümliche Dichtung, wobei unter der letzteren die satirische Dichtung einen großen Raum einnimmt. Die sprichwörtliche Spottlust der Byzantiner, der nichts heilig war, trieb hier ihre farbigsten Blüten. Das Repertoire reicht von der feinsten, in vollendete Form gegossenen Ironie bis hin zur plumpen, burlesken Travestie. Die zwei folgenden Proben stammen von dem kaiserlichen Sekretär und Patrikios Christophoros Mitylenaios (ca. 1000—1050):

Auf einen leichtgläubigen Reliquiensammler.
Es sagen viele — ob es wahr ist, weiß ich nicht,
Doch sagen sie es und ich glaub es ihnen auch —
Daß du, ehrwürd'ger Vater, herzlich dich drob freust,
Wenn einer dir Reliquien verehrt
Von Heldenmännern oder heil'gen Märtyrern.
Solch heil'ger Reste hast du manchen Kasten voll

Und zeigst in Ehrfurcht öffnend deinen Freunden sie:
So von Prokop dem Märtyrer der Hände zehn,
Kinnladen fünfzehn von dem heil'gen Theodor,
Von Nestor sollst du Füße haben an die acht
Und von St. Georgshäuptern so im ganzen vier ...
(Es folgt eine lange Aufzählung der unmöglichsten Reliquien)

Auf einen eingebildeten Arzt.
Herr Doktor, bildet Euch nur allzu viel nicht ein!
Denn wenn Ihr's Euch so richtig, ehrlich überlegt,
Woher Ihr Euch den Lebensunterhalt verschafft,
Dann wird Euch bald ein wenig grausen vor Euch selbst,
Denn was Euch Brot verschafft, ist doch Urin und Kot.
Drum wär es gut, wenn Ihr den stolzerhob'nen Blick
Ein bißchen senktet auf die Kübel und die Töpf',
Daraus Euch Nahrung fließt und Lebensunterhalt ...

An dieser Stelle sei auch der alte General Kekaumenos zitiert, der sich im Laufe eines langen Lebens eine eigene Meinung über die Ärzte gebildet hatte:
☐ Bete zu Gott, daß du nicht in die Hände eines Arztes fällst, wenn er auch noch so gescheit ist. Er wird dir auf jeden Fall das Unrichtige verschreiben. Ist deine Krankheit geringfügig, so wird er sie vergrößern und behaupten, du brauchtest teure Heilpflanzen. »Immerhin, ich werde dich heilen!« Gibst du ihm Geld, so wird er behaupten, es reiche nicht für den Kauf der Medikamente. Dann bekommt er nochmals Geld. Und weil er sich bei dir gesund machen möchte, wird er dir Speisen anraten, die dir bei deiner Krankheit nicht bekommen, und er wird damit die Krankheit erst recht zum Ausbruch bringen. Dann wird er dich weiter kurieren und deine Schmerzen verlängern, und so wird er es immer wieder machen und dir abnehmen, was er braucht, und sich kaum jemals um dich sorgen ... ☐
Hundert Jahre nach Mitylenaios lebte der überaus fruchtbare und vielseitige Schriftsteller Theodors Prodromos, der neben Versromanen, Traktaten, Dialogen, Parodien usw. eine große Zahl Gelegenheitsgedichte schrieb. Auf ihn wird auch eine eigene Dichtungsgattung zurückgeführt, die sog. Bettelgedichte, die in mehr oder weniger humorvoller Art die materielle Not des Verfassers beklagen und den Adressaten — sei es der Kaiser oder andere hochgestellte Persönlichkeiten — an seine Mäzenatenpflicht erinnern und um Unterstützung bitten.

Mein Nachbar ist ein Siebmacher; uns trennt ein Zaun von Brettern.
Ganz nahe seh ich seinen Herd, wie drauf das Feuer lodert,
Wie oft der Bratendampf entweicht von seinen Fleischgerichten
Und wie er in der Kohlenglut, im riesig großen Becken
Sich Fische brät, o Kaiser, ja in Haufen gute Fische.
Und ich muß schmachten hier nach Brot; umsonst ist's, wenn ich bett'le.
Für mich gibt's nichts als groben Spott und schändliche Beschimpfung.
Sie sagen: »Deine Weisheit friß, Schulmeister, bis du satt wirst!
Von deinen Büchern nage ab, du abgehetzter Schlucker!
Doch wenn dir deine Schulweisheit so gar kein Glück will bringen,
Dann zieh ihn aus, den Pfaffenrock, und treib ein ehrlich Handwerk!«

Eine der berühmtesten byzantinischen Satiren ist der »Timarion«. Nach dem Vorbild des Lukian schildert sie die Erlebnisse eines Besuchers der Unterwelt, was zu witzigen und bissigen Seitenhieben auf Persönlichkeiten der Gegenwart und Vergangenheit Gelegenheit bietet. In der Vorgeschichte der eigentlichen Erzählung findet sich eine farbige Schilderung der großen Messe von Thessalonike, die einmal jährlich in der Stadt des heiligen Demetrios abgehalten wurde und Kaufleute und Händler aus allen Weltgegenden anzog.

□ Diese (die Messe) beginnt sechs Tage vor dem Feste (des hl. Demetrios, am 26. Oktober) und hört mit dem Montag unmittelbar danach auf.
Die Demetrien sind ein Fest, wie einst in Athen die Panathenäen und in Milet die Panionien, und sie geben zugleich die bedeutendste Messe für die Makedonier ab. Nicht allein eine Menge Volks desselben Landes und Stammes strömt dabei zusammen, sondern aus allen Weltgegenden kommen Griechen jeder Art, dann die mannigfachen Stämme der anwohnenden Mösier aus den Ländern an der Donau und an den Grenzen Skythiens, auch Campanier und andere Italiener, Iberier, Lusitanier und Kelten (Franzosen) von jenseits der Alpen, ja, um es kurz zu sagen, die Küsten des fernen Ozeans senden andächtige Wallfahrer und Beter zu den Altären des Märtyrers; so groß ist sein Ruhm durch ganz Europa weit und breit. Ich aber, als Kappadokier, in Bezug auf dieses Fest ein ausländischer Barbar, der es noch nie mitgemacht hatte, sondern es nur vom Hörensagen kannte, beschloß es so einzurichten, daß ich das ganze Schauspiel zugleich übersehe und ja nichts meinen Blicken entginge. Ich begab mich deshalb auf eine den Meßplatz beherrschende Anhöhe, wo ich von meinem Sitz aus alles mit Muße durchmustern konnte. Hier nun bot sich mir folgender Anblick dar:
Die Kaufmannsbuden waren in geraden, gleichlaufenden Reihen einander gegenüber aufgeführt, und die so gebildeten, weithin sich ausdehnenden Gassen gewährten in der Mitte für das Hindurchströmen der Volksmenge einen hinlänglich breiten Raum. Diese dichten und regelmäßig laufenden Zeltreihen sahen aus wie Linien, die man von entgegenstehenden Punkten aus weithin nach der Schnur gezogen. In der Quer stießen hieran wieder andere Zeltreihen, doch nicht weithin, so daß sie sich etwa ausnahmen wie die Füße gewisser Reptilien. Und es war wirklich ein merkwürdiger Anblick wie das, was in der Tat zwei Zeltreihen waren, in Bezug auf Dichte und regelmäßige Stellung einem einzigen Tier ähnelte; denn man glaubte, ein Gewürm von Buden zu sehen, welchem jene Quergäßchen als Füße dienten. Ich wenigstens mußte, bei meiner Treu, wie ich so von der Höhe herab den Plan der ganzen Budenstadt überblickte, dabei unwillkürlich an einen Tausendfuß denken, der bei verhältnismäßig langem Leibe unter dem Bauche eine Unzahl winziger Füße ausstreckt.
Fragst du nun, mein neugieriger Freund, was es in den Buden gab, als ich später von meiner Höhe herunterkam, um mich näher umzusehen, so denke dir jedwede Art von Waren, alles, was an Geweben und Gespinsten von Männer- und Weiberhand, alles, was aus Boiotien und der Peloponnes aufgestapelt war, und was aus Italien die Handelsschiffe den Griechen zugeführt hatten. Auch Phoinikien und Ägypten senden Waren in Fülle, ebenso Spanien und die Säulen des Herakles (Südspanien-Marokko), woher besonders die trefflichsten gewirkten Teppiche kommen. Das alles bringen die Kaufleute unmittelbar aus ihren Ländern nach Altmakedonien und Thessalonike. Die Länder am Pontos Euxinos (Schwarzes Meer) aber senden ihre Erzeugnisse zunächst nach Byzanz und tragen so gleichfalls zur Verherrlichung der großen Messe bei, indem von dort Pferde und Maultiere in Menge die Waren herbeiführen. Dies alles besah ich mir, nachdem ich hinuntergegangen war; doch schon, als ich noch auf meinem Hügel saß, bewunderte ich die verschiedenen Arten und die Menge der Tiere und lauschte auf das seltsam verworrene Geräusch ihrer Stimmen, das zu meinen Ohren drang, auf das Wiehern der Pferde, das Brüllen der Rinder, das Blöken der Schafe, das Grunzen der Schweine und das Bellen der Hunde; denn auch diese folgen ihren Herren hierher als eine Schutzwache gegen Wölfe und Diebe.
Nachdem ich mir alles mit Muße beschaut, begab ich mich, voll von dem Eindruck des Gesehenen, in die Stadt zurück, wohin jetzt das Verlangen nach einem anderen Schauspiele, nämlich der heiligen kirchlichen Feier, mich führte. Diese dauert drei ganze Nächte hindurch unter Mitwirkung einer Menge von Priestern und Mönchen, die, in zwei Chöre geteilt, Hymnen zum Preise des Märtyrers anstimmen. Die Oberleitung hat dabei der Erzbischof, nach dessen Anordnung die Feier vor sich geht, und der dafür sorgt, daß die heiligen Gebräuche gehörig beobachtet werden. Alles dies geschieht aber nachts beim Scheine der Kerzen und Fackeln. Doch »als die dämmernde Eos mit Rosenfingern emporstieg«, wie es bei Homer heißt, begab sich der Statthalter des Landes

nach dem Tempel, begleitet von einer zahlreichen und glänzenden Leibwache, von einem ansehnlichen Trupp Reiter und einer stattlichen Schar Bewaffneter zu Fuß, die den Pomp seines Aufzuges vergrößerten.
Da schon eine Menge Volks vor dem Tore neugierig auf die Ankunft des Statthalters wartete, ging auch ich mit mehreren Schaulustigen hinaus. Etwa einen Feldweg von der Stadt entfernt trafen wir mit dem Zuge zusammen, dessen Anblick mir nicht wenig Vergnügen machte. Daß ich bei der übrigen namenlosen Menge sowohl von Land- als Stadtbewohnern mich aufhalte, wirst du nicht verlangen. Aber die Kernsoldaten des Statthalters, eine Schar ihm mit Leib und Leben ergebener Leute, zogen gar herrlich einher, samt und sonders in der Blüte der Jugendkraft, des kriegsgewaltigen Ares Schüler und Schützlinge, mit seidenen buntschimmernden Waffenröcken stattlich angetan, mit krausem blondlockigem Haar (es handelt sich wahrscheinlich um normannische Waräger), bei dessen Anblick man wohl der Worte des Dichters (Homer) gedenken mochte, wie die Natur ihnen vom Scheitel »goß das geringelte Haar wie die Blum' Hyakinthos«. Sie ritten auf stolzen arabischen Rossen, die durch ihren leicht schwebenden Schritt andeuteten, wie sie von der Erde hinweg nach dem Äther emporstrebten. Sie schienen auch des Glanzes, der von dem Golde und Silber ihres reichen Geschirres umherstrahlte, sich bewußt, und, wie erfreut über ihre eigene Pracht, drehten und wandten sie die schimmernden Hälse. So kamen sie in gemäßigtem Trabe in kriegerischer Haltung heran. In kurzem Zwischenraum folgte dann der Dux, in heiterer Ruhe daherziehend, doch als seine Vorläufer und sein Gefolge kamen mit ihm Eroten, Musen und Grazien. □

Miriams Tanz

Die letzten Makedonen
und die Dynastie der Dukas

Fünfzig Jahre lang hatte Basileios II. regiert; in den folgenden sechsundfünfzig Jahren gelangten dagegen nicht weniger als dreizehn Kaiser auf den Thron von Byzanz: ein paar recht tüchtige, die zumindest von gutem Willen erfüllt waren, mehrere nichtssagende, leichtsinnige Genießer, einige eitle Möchtegern-Tyrannen und zu allem Überfluß auch noch zwei wunderliche alte Damen. Sie alle zehrten mehr oder weniger an der Substanz des Reiches, dessen Macht und innere Kraft man für unerschütterlich halten mochte. Auf die Epoche des Kampfes folgte nun die Epoche des raffinierten, aber auch bedenkenlosen Lebensgenusses. Wohl selten ist das Leben in Konstantinopel so verführerisch und elegant, so frivol und von einem fast rokokohaften Geist erfüllt gewesen. Der kaiserliche Hof entfaltete eine überwältigende, verschwenderische Pracht und zog die bedeutendsten und geistreichsten Köpfe der Zeit in seinen Bannkreis. Der hervorragendste unter ihnen, Michael Psellos, wurde der adäquate Chronist dieser äußerlich so glänzenden Epoche, in der das Reich schließlich an den Rand des Untergangs geriet. In seiner »Chronographia«, einer äußerst lebendig geschriebenen Zeitgeschichte, entwirft Psellos mit Scharfblick und Witz ein farbenprächtiges Bild der Zeit, in der er selbst nicht nur als unvergleichlicher Polyhistor, beachtlicher Philosoph und geistreicher Literat sich einen überragenden Ruf erwarb, sondern auch als kaiserlicher Vertrauter und Ratgeber sowie als Politiker eine höchst zweifelhafte Rolle spielen sollte. Überhaupt fehlte es dieser Zeit durchaus nicht an bedeutenden Männern jeder Art, wahrscheinlich gab es sogar mehr als in der vorhergehenden Zeit. Doch die widerstreitenden Interessen und die mit Eifer ausgetragenen Auseinandersetzungen, die für das geistige Leben so fruchtbar waren, mußten auf dem politischen Sektor katastrophale Folgen haben. Die tonangebende Beamtenaristokratie der Hauptstadt, Träger der Bildung und der Kultur, hat aufgrund ihrer Abneigung gegen die Militäraristokratie Kleinasiens den Niedergang der Wehrkraft des Reiches verschuldet und durch eine unkluge Verwaltungspolitik seine innere Solidität gefährlich ausgehöhlt.

Nach dem Tode des Kaisers Basileios II. fiel die Regierung seinem jüngeren Bruder Konstantin VIII. zu, der, seit er damals in der Schlacht gegen Bardas Phokas so eifrig seinen langen Spieß geschwenkt hatte, die letzten fünfzig Jahre untätig im Palast verbracht und sich das eintönige Leben so gut es ging mit Festgelagen und Zirkusspielen versüßt hatte. Er war ein jähzorniger Greis, charakterlos und wankelmütig. Dabei war er nicht dumm und konnte seine Zuhörer durch seine wohlgesetzten und gutfundierten Reden in Erstaunen versetzen. Doch hatte er die schlechte Angewohnheit, Übeltäter und solche, die er dafür hielt, ohne nähere Untersuchung und auf der Stelle mit glühenden Eisen blenden zu lassen. Im übrigen kümmerte er sich nicht sehr um die Regierung, sondern ließ nun seiner Leidenschaft für Spiele und Gastereien die Zügel schießen; hatte ihm doch sein sparsamer Bruder einen überreich gefüllten Staatsschatz von 200 000 Talenten Gold hinterlassen. Mit vollen Händen verschleuderte er das Geld durch reiche Geschenke an Freunde und Schmeichler.

Konstantin, der letzte männliche Vertreter der Makedonendynastie, hatte drei Töchter, die ohne rechte Erziehung im Palaste aufgewachsen waren. Basileios, der Junggeselle, hatte seine Nichten sehr geliebt, war aber zu sehr von anderen Dingen beansprucht, als daß er sich um ihre planmäßige Ausbildung hätte kümmern können. Die älteste, Eudokia, deren Gesicht durch Blattern entstellt war, hatte sich in ein Kloster zurückgezogen. Zoe, die zweite, war sehr schön, wenn auch schon hoch in den Vierzigern. Theodora, die jüngste schließlich, war ein langes, mageres Geschöpf mit einer scharfen Zunge. Mit Geistesgaben waren sowohl Zoe als auch Theodora nicht gesegnet. Sie waren beide unverheiratet und sahen einer völlig ungewissen Zukunft entgegen, als sich zum Ende des Jahres 1028 ihr Vater Konstantin zum Sterben niederlegte. Dem Kaiser, der über seinen Vergnügungen nie Zeit gefunden hatte, sich über die Zukunft seiner Töchter Gedanken zu machen, fiel nun auf dem Totenbette ein, daß die Frage seiner Nachfolge geregelt werden müsse und suchte in aller Eile nach einem passenden Schwiegersohn.

☐ Unter den in Betracht kommenden Personen war ein hochgestellter Senator, der das Amt des Eparchen innehatte — eine kaiserliche Würde, der nur das Vorrecht des Purpurs abgeht —, doch da er seit langem verheiratet war, schien er kaum ein passender

Kandidat zu sein. Hinsichtlich seiner Familie und seiner Stellung war er zwar allen anderen Bewerbern vorzuziehen, doch in den Augen der Kirche war seine Ehe ein entscheidendes Hindernis, und man war sich allgemein darüber einig, daß er nicht ernsthaft in Frage käme. Da aber die Umstände keine weiteren Beratungen zuließen und der nahende Tod des Kaisers keine Gelegenheit mehr ließ, die Vorschläge von verschiedenen Leuten im einzelnen zu prüfen, erklärte er (der Kaiser) alle anderen Bewerber einer kaiserlichen Heirat für unwürdig und setzte alles auf seinen Kandidaten Romanos. Er wußte, daß sich die Frau des Romanos dem Plan widersetzen würde und daher gab er vor, ihr Mann habe seinen heftigsten, unversöhnlichsten Zorn erregt. Boten wurden gesandt, um angeblich furchtbare Rache an ihm zu nehmen und sie ins Kloster zu sperren. Sie, die den geheimen Anschlag nicht durchschaute, und nicht wußte, daß der Zorn des Kaisers nur eine Maske war, ergab sich sofort in ihr Schicksal. Ihr Haar wurde geschoren, man kleidete sie in das schwarze Nonnengewand und schloß sie in ein Kloster, während ihr Mann zum Palast gebracht wurde, damit er in die kaiserliche Familie einheirate. Die schönste der Konstantin-Töchter wurde seine Braut, kaum, daß sie ihn zu Gesicht bekommen hatte. Und ihr Vater, der gerade noch lange genug lebte, um die Hochzeitszeremonie zu sehen, verschied und überließ das Kaisertum seinem Schwiegersohn Romanos. (Ps.) □

Die Wahl Konstantins war weder gut noch schlecht. Romanos III. entstammte der vornehmen Familie der Argyros. Ihm, einem stattlichen, gebildeten Patrizier, fehlte es nicht an einer hohen Auffassung der ihm so unvermutet zugefallenen Würde. Trotz seines fortgeschrittenen Alters, er war weit über sechzig, wiegte er sich in Träumen von einer neuen, ruhmreichen Dynastie, die er begründen wollte und sah sich selbst als neuer Augustus oder Mark Aurel. Er übersah dabei zwei Hindernisse vollkommen; das erste waren seine eigenen beschränkten Fähigkeiten als Herrscher und das zweite das Alter der Kaiserin, das ihr freilich nicht anzusehen war. Ihre Schönheit, so wird berichtet, war auch im Alter makellos, ihr Körper war glatt und straff und ohne jede Falte, so daß man sie für ein junges Mädchen halten konnte.

□ Romanos versprach sich eine langjährige Herrschaft und glaubte, eine Familie gründen zu können, die den kaiserlichen Thron auf viele Generationen vererben würde. Offensichtlich fiel es ihm nicht ein, daß die Tochter Konstantins, mit der er verheiratet worden war, für eine Empfängnis zu alt und bereits unfruchtbar war, denn sie war in ihrem fünfzigsten Jahr, als sie ihn heiratete. Doch selbst angesichts dieser naturgegebenen Unmöglichkeit arbeitete er umso eifriger auf sein Ziel los, von seinem Vertrauen auf die Zukunft geleitet, so daß er nicht einmal die physischen Voraussetzungen für eine Empfängnis berücksichtigte. Nichtsdestoweniger nahm er auch die Ratschläge von Fachleuten in Anspruch, die sexuelle Störungen behandeln und behaupten, Unfruchtbarkeit herbeiführen oder auch heilen zu können. Er behandelte sich selbst mit Salben und Massagen und veranlaßte seine Gattin, das gleiche zu tun. Tatsächlich ging sie noch weiter: sie ließ sich in die meisten der geheimen Praktiken einweihen, befestigte kleine Amulette an ihrem Körper, behing sich mit Talismanen, trug Ketten und putzte sich mit dem lächerlichsten Unfug heraus. (Ps.) □

Als alle Bemühungen erfolglos blieben, erlosch schließlich das Interesse des Kaisers und er vernachlässigte sie gänzlich. Die Kaiserin, die, wenn auch spät, die Freuden der Liebe entdeckt hatte, verfolgte ihn daraufhin mit schwelendem Haß, der alles Maß überstieg, als Romanos durch Kürzung ihrer Apanage ihren Hang zur Verschwendung zügelte.

Da es nun mit einer ruhmreichen Dynastie nichts werden wollte, beschloß Romanos, wenigstens für seine Person unsterblichen Ruhm zu erwerben. Der beste Weg dazu schien ihm ein Feldzug gegen die Araber zu sein, obwohl man mit ihnen gerade im tiefsten Frieden lebte. Bevor er sich mit einem gewaltigen Heer auf den Weg machte, ließ er in Konstantinopel schon die goldenen Ehrenkronen anfertigen, die er bei seiner triumphalen Rückkehr zu tragen gedachte. Die Araber, die mit Staunen ein riesiges Heer in ihr Land einmarschieren sahen, erkundigten sich höflich, ob sie etwa einen Vorwand zum Kriege gegeben hätten. Romanos aber wollte »seinen« Krieg und die Araber begannen notgedrungen zu rüsten. Als das rhomäische Heer von Aleppo aufbrach, wurde es von einer kleinen Abteilung sarazenischer Reiter angegriffen. Ihr Kriegsgeschrei und die Ungewißheit über die Zahl der Angreifer stürzten die Rhomäer in Verwirrung. Ohne daß es überhaupt zu einer richtigen Schlacht kam, wandte sich alles zu wilder Flucht und im Nu war das gewaltige Heer zerstoben wie Spreu vor dem Wind. Die über das unerwartete Ergebnis ihres Angriffs maßlos verblüfften Sarazenen machten eine riesige Beute, darunter das mit Kostbarkeiten aller Art angefüllte kaiserliche Zelt. Der Kaiser selbst, der nur knapp der Gefangenschaft entgangen war, versammelte einige seiner Feldherren um sich, fragte sie betrübt, was nun geschehen solle und stimmte erleichtert ihrem Vorschlag zu, nach Konstantinopel zurückzukehren. — Des Kaisers zwar nicht folgenschwere, aber blamable Schlappe wurde kurze Zeit später durch die erfolgreichen Feldzüge des Georgios Maniakes wettgemacht, dem es 1032 gelang, Edessa zu erobern und damit die überlegene Position der Rhomäer wiederherzustellen. Inzwischen sah sich Romanos nach einem neuen, seiner Würde angemessenen Betätigungsfeld um. Dieses Mal waren es die berühmten Bauten Salomos und Justinians, die seinen Ehrgeiz zum Wetteifer reizten. Er spendete große Geldmittel zum Wiederaufbau der im Jahre 1009 von dem Kalifen Al Hakim zerstörten Grabeskirche in Jerusalem und in Konstantinopel begann er mit dem Bau einer Muttergotteskirche, mit der er die Hagia Sophia Justinians übertreffen wollte. Die Gestaltung und Ausschmückung nahm ihn und die Staatsfinanzen für die nächste Zeit voll in Anspruch; aber auch der Hagia Sophia machte er großzügige Stiftungen. Bei anderen Gelegenheiten setzte er sich gern mit gelehrten Männern zusammen, und als ein zweiter Mark Aurel philosophierte er mit ihnen über Gott und die Welt.

Romanos offene Hand kam nicht nur der Kirche zugute. Eine großzügige Geste gegenüber den Großgrundbesitzern war die Aufhebung des von Basileios II. neugefaßten Allelengyon-Gesetzes, das den »Mächtigen« für den durch die Zahlungsfähigkeit armer Bauern entstehenden Steuerausfall haftbar machte. Durch die Aufhebung dieses Gesetzes beraubte er den Fiskus einer beträchtlichen Einnahmequelle und begünstigte darüberhinaus auch das Wiedererstarken des unter Basileios II. niedergehaltenen Großgrundbesitzes, wodurch das Kleinbauerntum dem Untergang geweiht war.

Romanos war von seinen vielfältigen und geräuschvollen Tätigkeiten so in Anspruch genommen, daß er nicht merkte, was hinter seinem Rücken im Palaste vorging. Die Kaiserin, die in ihren alten Tagen die Freuden des Lebens und der Liebe kennengelernt hatte, fand keinerlei Reiz darin, sich nun, wo der Kaiser sie kaum noch beachtete, in ein geruhsames Matronendasein zu fügen. Wieder war es einer jener zahlreichen und verschlagenen Eunuchen, der jetzt in den Lauf der Geschichte eingriff. Johannes Orphanotrophos, der als Oberaufseher der kaiserlichen wohltätigen Einrichtungen eine hohe und einflußreiche Stellung bekleidete, durchschaute die Situation und wußte sie zu nutzen. Eines Tages führte er seinen Bruder Michael, einen jungen, hübschen und liebenswürdigen Mann, dem Kaiserpaar vor. Vom Kaiser mit Wohlwollen akzeptiert, erregte er in der Kaiserin mehr als Wohlwollen. Der schlaue Eunuch hatte richtig gerechnet; die Kaiserin erkundigte sich immer häufiger bei ihm nach seinem Bruder und Johannes ermunterte diesen seinerseits, gegenüber der Kaiserin nicht allzu schüchtern zu sein. So dauerte es nicht lange, bis Zoes Liebe ebenso zum Ziele kam, wie die Absichten des Johannes Orphanotrophos. Zoe gab sich keine sonderliche Mühe, ihr Verhältnis zu Michael geheim zu halten, und bald sprach die ganze Stadt darüber. Als schließlich auch der Kaiser davon erfuhr, berief er Michael zu sich und stellte ihn über die umlaufenden Gerüchte zur Rede. Michael stritt alles ab, versicherte seine Unschuld mit einem feierlichen Eid, und der Kaiser glaubte ihm. Er glaubte ihm umso leichter, als er wußte, daß Michael zeitweilig unter epileptischen Anfällen litt, und er der Meinung war, daß eine solch schreckliche Krankheit diesen zur Liebe untauglich machen müsse.

Wenig später befiel den Kaiser selbst eine rätselhafte Krankheit. Sein Gesicht schwoll an, die Haare fielen ihm in Büscheln aus und er bot den Anblick eines wandelnden Leichnams. Die folgenden Ereignisse beschreibt Psellos:

☐ Ob das Liebespaar selbst und seine Komplizen ein fürchterliches Verbrechen an ihm begangen haben, kann ich nicht mit Sicherheit sagen; denn es fällt mir schwer, eine solche Anklage in Dingen vorzubringen, die ich selbst nicht gut genug kenne. Jedenfalls wurde allgemein angenommen, daß sie ihn zuerst mit Drogen behext haben und schließlich zu Nießwurz griffen. Ich kann darüber jetzt nicht urteilen — es kann wahr sein oder auch nicht —, aber ich behaupte, daß Zoe und Michael die Ursache seines Todes waren. So wie sein Gesundheitszustand war, bereitete sich der Kaiser auf das Fest der Auferstehung vor, die uns alle erwartet. Zur selben Zeit machte er sich für die öffentlichen Veranstaltungen am Karfreitag fertig. Vor der Morgendämmerung begab er sich in eines der Bäder, die sich in der Nähe des Palastbezirkes befinden. Es war niemand da, der ihm half, und er war zu dieser Zeit sicher noch nicht sterbenskrank. In ganz normaler Weise brachte er es fertig, sich zu salben und zu baden und seine Erfrischungen einzunehmen. So betrat er das Bad. Zuerst wusch er den Kopf, dann den Körper, atmete tief und begab sich zum Schwimmbassin, das sich in der Mitte des Raumes befindet. Anfangs schwamm er ruhig an der Oberfläche und erfrischte sich mit größtem Behagen. Später kamen einige seines Gefolges, um ihm zu helfen und ihn zu unterstützen, wie er selbst angeordnet hatte. Ob sie einen Anschlag auf des Kaisers Leben unternommen haben, nachdem sie das Bad betraten, kann ich nicht mit Überzeugung behaupten. Jedenfalls sagen jene, die zwischen diesen Ereignissen und den folgenden einen Zusammenhang sehen, daß diese Männer in dem Augenblick, als der Kaiser nach seiner Gewohnheit den Kopf unter Wasser tauchte, alle zusammen ihn am Nacken gepackt und eine beträchtliche Zeit unter Wasser gehalten hätten, worauf sie ihn dann sich selbst überlassen hätten und fortgegangen wären. Die Luft in seinem Körper trieb ihn gleichwohl wieder an die Oberfläche und atemlos trieb er wie ein Korken umher. Als er sich ein wenig erholt hatte und spürte, in welch schlimmem Zustand er sich befand, streckte er seine Hand aus und bat, daß man ihm zu Hilfe kommen und wieder auf die Füße bringen solle. Tatsächlich kam ihm auch ein Mitleidiger zu Hilfe. Indem dieser Mann den Arm um ihn legte, zog er ihn aus dem Wasser, schleppte ihn zu einem Sopha und legte ihn dort so wie er war — in einem beklagenswerten Zustand — nieder. Dann hörte man Lärm; verschiedene Leute kamen in den Raum, unter ihnen die Kaiserin ohne Leibwache und augenscheinlich in tiefer Besorgnis. Indessen verschwand sie sofort wieder, nachdem sie einen Blick auf den Kaiser geworfen und sich davon überzeugt hatte, daß er ein sterbender Mann war. Romanos stieß einen heftigen, tiefen Klagelaut aus, dann schaute er sich um, unfähig zu sprechen, doch deutete er durch Gesten und Winke an, was er wollte. Als ihn niemand verstand, schloß er die Augen und begann, schwerer zu atmen. Plötzlich öffnete sich sein Mund und eine dunkle, geronnene Masse quoll hervor und nach zwei oder drei Atemzügen verschied er. (11. April 1034) □

Die resolute Kaiserin regelte das weitere mit atemberaubender Geschwindigkeit. Noch am gleichen Tage fanden die Trauerfeierlichkeiten für den toten Kaiser statt und noch bevor diese beendet waren, wurde Michael IV. »der Paphlagonier« zum Kaiser proklamiert. Es waren noch keine vierundzwanzig Stunden seit dem Tode des Romanos vergangen, so wurde auch die Hochzeit Zoes mit Michael vollzogen.

Der neue Kaiser war dem herrschenden Beamtenadel durchaus nicht willkommen, doch der Familiensinn seines Bruders Johannes und die Liebe der Kaiserin zu dem schönen Jüngling hatten alle Widerstände schnell überwunden. Für Zoe war es belanglos, daß er schlichter, bäuerischer Herkunft war; für sie war er der Mann, dem zuliebe sie alles aufs Spiel gesetzt hatte. Dabei war die Wahl der Kaiserin gar nicht die schlechteste, jedoch in einem ganz anderen Sinne als sie meinte, denn Michael nahm seine Herrscherpflichten ernster als seine Ehepflichten. Schon kurze Zeit nach der Kaiserkrönung wurde das Mißverständnis zwischen den Ehegatten offenbar. Während Zoe die Kaiserwürde vornehmlich als Auszeichnung und Dekoration des Geliebten betrachtete, hatte Michael in Zoe nur ein Mittel zur Erlangung der Kaiserwürde gesehen. Man kann diese Handlungsweise Michaels als grausame Heuchelei und Treulosigkeit hinstellen, aber es gab auch entlastende Umstände genug. Zoe ging auf die sechzig zu, daran änderte auch ihr jugendliches Aussehen nichts. Doch das war nicht einmal das entscheidende; der Tod des Kaisers Romanos hatte ihm deutlich vor Augen geführt, wozu die Kaiserin fähig war. Zwar liebte sie ihn — im Gegensatz zu Romanos —, aber noch war ihr nicht bekannt, unter welch furchtbarer Krankheit er litt. Er mußte annehmen, daß sich ihre Gefühle wandeln könnten, sobald sie es erführe und schon aus diesem Grund durfte sie es nicht erfahren. Also mußte er sie meiden. Dazu kamen Schuldgefühle, denn er war der Meinung, wie übrigens auch die anderen Eingeweihten, daß die Verschlimmerung seines Leidens die Strafe des Himmels für seinen Meineid gegenüber Romanos sei. Kurz, wieder sah sich die Kaiserin vernachlässigt und in ihren Gemächern beinahe wie eine Gefangene gehalten. Der eigentliche Nutznießer des Thronwechsels war, wie nicht anders zu erwarten, Johannes Orphanotrophos, der die gesamte Zivilverwaltung in seine Hände brachte und nach dem Vorbild des Parakoimomenos Basileios kräftig zu seinem Vorteil wirtschaftete.

□ Obwohl einige seiner Taten lobenswert waren, gab es doch andere Dinge in seinem Leben, die man nicht allgemein billigen kann. Sein Charakter war vieldeutig. Er hatte einen schnellen Verstand und wenn jemals ein Mann scharfsinnig war, so war er es; der durchdringende Blick seiner Augen verriet diese Eigenschaft. Seine Pflichten versah er mit gewissenhaftester Sorgfalt; tatsächlich ließ er bei ihrer Erfüllung übertriebenen Eifer walten. Seine Erfahrung in allen Zweigen der Verwaltung war groß, doch in der Verwaltung der öffentlichen Finanzen offenbarte sich seine Klugheit und sein Scharfsinn am deutlichsten. Er belästigte niemanden böswillig, doch gleichzeitig reizte es ihn, wenn jemand seine Bedeutung unterschätzte. Wenn er auch keiner Seele etwas zuleide tat, so maßte er sich doch im Umgang mit den Leuten eine grimmige Ausdrucksweise an, die alle und jeden in Schrecken versetzte ... Die meisten schauderte es schon bei seinem Anblick und ließen von ihren bösen Taten ab. So war Johannes ein wahres Bollwerk für den Kaiser und ein wirklicher Bruder, denn er ließ nie in seiner Wachsamkeit nach, sowohl bei Tag als auch bei Nacht. Niemals ließ sein Pflichteifer nach, auch zu Zeiten, die er dem Vergnügen widmete, oder bei Gelegenheiten, wenn er an Banketten, öffentlichen Zeremonien und Festen teilnahm. Nichts entging seiner Aufmerksamkeit, und niemand, wenn er sich auch noch so sehr bemühte, ihm auszuweichen, denn jeder fürchtete ihn und zitterte vor seiner Oberaufsicht. Zu den unmöglichsten Nachtstunden konnte es geschehen, daß er sich zu Pferde aufmachte und jeden Winkel und jede Ecke der Hauptstadt durchstöberte und wie ein unvermuteter Blitzschlag alle Wohnbezirke auf einmal überprüfte. Niemand konnte jemals wissen, wann er solche Inspektionen durchführte und so wurden alle nervös und vorsichtig. Da es unmöglich war, sich in der Öffentlichkeit zu treffen, blieben die Menschen daheim und lebten ihr Leben zu Haus. (Ps.) □

Als Emporkömmling hatte Johannes Orphanotrophos keine Bindungen zu den Magnatengeschlechtern, die daher also aus seiner Verwaltung keinen Gewinn ziehen konnten. Das war eine positive Seite seines Wirkens, doch seine Finanzpolitik richtete dafür erheblichen Schaden an. Die bisher so lässig gehandhabte Steuerschraube wurde aufs äußerste angezogen. Darüber hinaus wurde bestimmt, daß die Bulgaren die Steuern nicht wie bisher in Naturalien, sondern in Gold zu zahlen hätten. Diese Maßnahme brachte den kaum befriedeten Balkan in neue Unruhe. Hier hatte schon der Fürst Stephan Voislaw von Zeta (Diokleia), der in einem engen Vasallenverhältnis zu Byzanz gestanden hatte, ein gefährliches Beispiel gegeben, als er die byzantinische Oberherrschaft abschüttelte und sich für unabhängig erklärte. Die Flamme des Aufruhrs griff schnell nach Bulgarien über. Ein Enkel des Zaren Samuel, Peter Deljan, machte sich zum Haupt der Empörung und die Bulgaren strömten ihm in hellen Scharen zu. 1040 wurde er in Belgrad zum Zaren ausgerufen. Der Aufstand nahm solche Ausmaße an, daß das Lebenswerk des Basileios in Frage gestellt schien. Peters Truppen belagerten Thessalonike, drangen in die Balkanhalbinsel vor.

Zu diesem Unglück kam, daß sich der Gesundheitszustand des Kaisers so rapide verschlechtert hatte, daß man um sein Leben fürchtete. Immer häufiger traten Anfälle auf, dazu ließ die Wassersucht seinen Körper anschwellen.

□ Aus diesen Gründen erschien er kaum noch in der Öffentlichkeit ... Immer wenn er eine Audienz zu geben oder sonst eine der üblichen Zeremonien durchzuführen hatte, wurden bestimmte Personen damit betraut, auf ihn zu achten und ihn zu bewachen. Diese (Beamten) hingen rote Vorhänge an beiden Seiten (des Kaisers) auf und sobald sie bemerkten, daß er seinen Kopf leicht bewegte oder nickte oder irgend ein anderes Zeichen gab, von dem sie wußten, das es den Beginn eines Anfalls ankündigte, forderten sie die Anwesenden sofort auf, den Raum zu verlassen, zogen die Vorhänge zu und bemühten sich im Verborgenen um ihn. Die Anfälle traten schnell auf, aber er erholte sich auch schnell und hinterher konnte man keine Spur der Krankheit in seinem Verhalten erkennen ... Wenn er zu Fuß oder zu Pferde ausging, umgab ihn ein enger Kreis von Leibwächtern, und wenn ihm ein Anfall zustieß, umringten sie ihn von allen Seiten und so konnte man sich um ihn kümmern, ohne fürchten zu müssen, daß ein Fremder Zeuge seines Elends werden könne. Aber bei manchen Gelegenheiten sah man ihn doch, wie er vom Pferd geworfen wurde. Als er eines Tages über eine Brücke ritt und die Leibwächter, nichts Böses ahnend, etwas zurückgeblieben waren, rollte er plötzlich aus dem Sattel und das Volk sah ihn, wie er sich in Krämpfen auf dem Boden wand. Niemand wagte es, ihn aufzuheben, aber alle wurden von Mitleid über sein Unglück erfüllt ... (Ps.) □

Auf die Nachricht vom Aufstand der Bulgaren raffte sich der Kaiser mit bewunderungswürdiger Energie auf und bereitete sich und seine Armee auf einen Feldzug vor. Das Glück kam den Rhomäern zu Hilfe. Vor Beginn der eigentlichen Offensive wurde Peter Deljan von seinem Verwandten und Mitverschwörer Alusianos geblendet. Damit war der Zusammenbruch der Befreiungsbewegung besiegelt. Alusianos zog es vor, sich zu unterwerfen und die letzten Reste des Widerstandes konnten von den Byzantinern ohne große Mühe zerschlagen werden (1041).

Nach Abschluß dieses Feldzuges war Michael körperlich und seelisch am Ende. Er hielt noch einen prächtigen Triumph in seiner Hauptstadt ab, dann gab er auf und verschloß sich im Kloster der Anargyroi, der heiligen Ärzte, und ließ sich zum Mönche scheren. Als die Kaiserin das erfuhr, lief sie zu Fuß zum Kloster und verlangte eine Unterredung mit Michael. Dieser aber weigerte sich, auch nur einen Menschen zu sehen und er starb noch am Abend desselben Tages.

Die Nachfolgefrage war schon vor dem Bulgarenfeldzug gelöst worden. Johannes Orphanotrophos hatte in Anbetracht der fortschreitenden Krankheit Michaels rechtzeitig seine Pläne ausgearbeitet. Er hatte den Kaiser von der Notwendigkeit überzeugt, durch die Ernennung eines Caesars die Nachfolge sicherzustellen. Natürlich kam dafür nur ein Familienmitglied in Betracht und seine Wahl war auf seinen Neffen Michael gefallen, den Sohn seiner Schwester, die mit einem ehemaligen Handwerker verheiratet war. Dieser Mann hatte es inzwischen dank der Protektion seines allmächtigen Schwagers von einem tauglichen Bootsanstreicher zum untauglichen Admiral gebracht. Daß sein Sohn Michael ein nichtsnutziges Bürschchen war, konnte seinem Onkel nur recht sein. — Johannes wußte wohl, daß die Ernennung Michaels zum Caesar auf Schwierigkeiten stoßen würde, jedenfalls konnte die Kaiserin Zoe dabei nicht übergangen werden. Auf den Rat seines Bruders übernahm es der Kaiser, den Neffen der Kaiserin vorzustellen und sie dazu zu bewegen, ihn zu adoptieren. Zoe, die alle Wünsche des Kaisers erfüllte, stimmte zu und so konnte Michael als Adoptivsohn der Kaiserin mit der Würde des Caesars ausgezeichnet werden.

Als nun Michael IV. im Sterben lag, wurde sein Neffe von Johannes schnell in den Palast berufen, um allen anderen Prätendenten zuvorzukommen. Die Krönung verlief reibungslos und Michael gab sich alle Mühe, der Kaiserin Zoe angenehm zu erscheinen. Dazu mußte er sich schon überwinden, denn er hatte sich verpflichtet, lediglich im Namen der Kaiserin die Regierung zu führen, deren Vorrang als legitime Herrscherin er in keiner Weise anzutasten befugt war. Das verächtliche Urteil der Öffentlichkeit über den neuen Kaiser drückte sich in dem Beinamen »Kalaphat« = der Kalfaterer (nach dem Beruf seines Vaters) aus.

Die Familienpolitik des schlauen Eunuchen hatte einen neuen Erfolg errungen. Seine zahlreiche Familie war aufs beste versorgt und er selbst als Ältester und Klügster leitete und überwachte alles nach seiner überlegenen Einsicht und Weisheit. Nur eines hatte er nicht vorausgesehen; daß er sich selbst in Michael einen Herrn geschaffen hatte, der ihm durchaus nicht günstig gesinnt war, und daß das wachsende Selbstvertrauen des Kaisers sich schließlich über die bisher so treu gepflegte Familiensolidarität hinwegsetzte. Wie einstmals der Parakoimomenos Basileios mußte Johannes Orphanotrophos nun erleben, daß der Mann, der ihm alles verdankte, gegen ihn zu wirken begann und ihn unvermutet die volle Wucht der kaiserlichen Ungnade spüren ließ. Der einzige Unterschied bestand darin, daß Michael wohl das genaue Gegenteil des Kaisers Basileios war, das Ergebnis jedoch war das gleiche. Johannes wurde von seiner überragenden Machtstellung herabgestürzt und in die Verbannung geschickt. Wenig später, unter dem Nachfolger des undankbaren Michael, wurde er geblendet und kurz darauf umgebracht. Michael hatte nicht begriffen, daß er sich selbst durch den Sturz seines Onkels seiner besten und zuverlässigsten Stütze beraubt hatte, denn unter den anderen zahlreichen Mitgliedern seiner Sippe war niemand, der in Erfahrung und Klugheit mit Johannes auch nur hätte verglichen werden können. Ermutigt durch seinen Erfolg, kehrte der Kalfaterer nun immer unverhohlener den Tyrannen heraus. Sein vertrauter Freund und Berater war Konstantin, ein Bruder des Orphanotrophos und des vorigen Kaisers. Michaels nächster Plan war die Beseitigung der Kaiserin Zoe, die seiner vollen Selbstherrschaft im Wege stand. Zunächst schränkte er sie wie eine Gefangene in ihrer Bewegungsfreiheit ein und ließ sie von Posten bewachen — ein Schicksal, das sie nun schon mehr oder weniger hart unter dem dritten Kaiser erleiden mußte. Nach gründlicher, aber nicht sehr weiser Beratung ließ der Adoptivsohn Zoe ergreifen, nach der Insel Prinkipo schaffen und dort zur Nonne scheren. Es zeigte sich aber sehr schnell, daß sich Michael V. mit dieser herzlosen Tat, die Johannes Orphanotrophos sicher nicht gebilligt hätte, selber den Boden unter den Füßen weggezogen hatte. Die Bevölkerung von Konstantinopel war für eine kurze Zeit vor Entsetzen über die Tat gleichsam wie erstarrt, dann aber brach ein Sturm los, der den arroganten Emporkömmling vom Thron fegte wie eine hohle Puppe. Die folgenden Ereignisse schildert Psellos als Augenzeuge.

□ Es war, also ob die natürliche Harmonie der Stadt plötzlich gestört worden sei. Zunächst war da eine untergründige Besorgnis, die bald überall fühlbar zu Tage trat. Jeder zeigte sich über die Deportation der Kaiserin beunruhigt. Tief in ihren Herzen hatten die Menschen finstere Vorahnungen und sie begannen, offen darüber zu sprechen. Als die Nachricht von ihrer Situation allgemein bekannt wurde, trauerte sichtbar die ganze Stadt... Am zweiten Tag hielt keiner mehr seine Zunge im Zaum. Die herrschenden Schichten, der Klerus, ja sogar die kaiserliche Familie und der Hofstaat sprachen darüber. Sogar die, welche in Geschäften tätig sind, bereiteten sich auf kühne Taten vor und nicht einmal die Freunde und Verbündeten, die auf der Seite des Kaisers zu stehen pflegten — ich meine die Tauroskythen (Warägergarde) — waren fähig, ihren Zorn zurückzuhalten. Die Empörung war tatsächlich allgemein und alle waren bereit, ihr Leben für Zoe hinzugeben.

Was die große Masse betrifft, so befand sie sich schon in Bewegung, in Aufregung versetzt durch die Aussicht, ihn, der den Tyrannen spielte, ihrer eigenen Willkür zu unterwerfen. Und die Frauen — aber wie kann ich es Leuten erklären, die sie nicht kennengelernt haben? Ich selbst sah einige von ihnen, die niemand jemals außerhalb der Frauengemächer gesehen hatte, in der Öffentlichkeit erscheinen, schreien und sich an die Brust schlagen und entsetzlich über der Kaiserin Unglück klagen, andere gebärdeten sich wie Mänaden und bildeten keine geringe Schar, fähig, sich dem Beleidiger zu widersetzen. »Wo mag sie sein«, schrien sie, »sie, die allein ein edles Herz hat und allein schön ist? Wo mag sie sein, die von allen Frauen allein frei ist, die Herrin der ganzen kaiserlichen Familie, die rechtmäßige Erbin des Reiches, deren Vater Kaiser war, deren Großvater davor Kaiser war — ja, und ihr Urgroßvater auch? Wie konnte dieser Bursche niedriger Abkunft seine Hand gegen eine Frau solcher Abstammung erheben? Wie konnte er nur einen so niederträchtigen Gedanken gegen sie aussinnen? Keine andere Erdenseele würde von so etwas auch nur geträumt haben ... !« □

Nach kurzer Zeit war die ganze Stadt bewaffnet und das Volk strömte zum Kaiserpalast.

□ Es war, als ob die ganze Masse eine übermenschliche Begeisterung erfaßt habe, als ob ihre Persönlichkeiten ausgewechselt seien. In ihrem Laufen und Rennen war etwas wie Wahnsinn, mehr Kraft war in ihren Händen, der Blitz ihrer Augen war feurig und leidenschaftlich, die Muskeln ihres Körpers waren kraftvoller. Sie dazu bestimmen zu wollen, sich würdiger zu verhalten oder gar von ihren Absichten abzulassen, konnte niemand versuchen. Jeder, der einen solchen Rat gab, blieb ungehört.
Zuerst wurde beschlossen, die kaiserliche Familie anzugreifen und ihre stolzen und prächtigen Wohnungen niederzureißen. Mit diesem Ziel gingen sie also zum Generalangriff vor und zerstörten alles bis auf den Grund ... □
Während der Aufruhr durch die Stadt tobt und die Soldaten von den Zinnen des Palastes mit Pfeilen und Speeren in die rasende Volksmenge schießen, wird Zoe eiligst von Prinkipo zurückgeholt. Mit ihrer Hilfe hofft Michael des Aufstandes Herr zu werden. Er führt sie auf den Balkon, damit die Masse sie sehen und sich davon überzeugen kann, daß sie am Leben und zurückgekehrt war. Doch es ist zu spät. Der Sturz des Kaisers war beschlossene Sache. Zoe befand sich zwar in der Gewalt Michaels und konnte für ihn als Geisel nützlich sein, wie er glaubte. Aber seine Pläne und Hoffnungen wurden durch einen von ihm unerwarteten Vorgang zunichte gemacht. War Zoe in der Gewalt des Tyrannen, so lebte doch noch ihre Schwester Theodora, seit vielen Jahren im Kloster eingeschlossen und fast vergessen. Eine Abordnung erschien plötzlich bei ihr und forderte sie auf, die Führung der Opposition gegen Michael zu übernehmen. Die erschrockene alte Dame weigerte sich entschieden, da schleppte man sie kurzentschlossen aus der Kirche, legte ihr ein Purpurgewand um und hob sie auf ein bereitstehendes Pferd. So zog sie, vom Volk umjubelt, als rechtmäßige Herrscherin in Konstantinopel ein.
Für Michael ist damit sein Faustpfand Zoe wertlos geworden. Zusammen mit seinem Onkel Konstantin verläßt er heimlich den Palast an der Seeseite und flüchtet in ärmlichen Kleidern in die Kirche des Studios-Klosters. Inzwischen sammeln sich in der Sophienkirche, wo Theodora »residiert«, die Häupter des Aufstandes, d. h. alles, was Rang und Namen hat. Als die Nachricht von der Flucht des Kaisers eintrifft, schickt Theodora eine Abteilung Soldaten aus, ihn gefangenzunehmen. Bei ihrer Ankunft am Kloster finden die Offiziere das Gebäude von einer Menschenmenge umlagert. Man bahnt sich den Weg zum Eingang, die Offiziere treten in die Kirche ein, mit ihnen eine große Menge Volk. Sobald man der beiden ansichtig wird, wie sie, dem Asylrecht der Kirche vertrauend, am Altare stehen, ergießen sich wüste Beschimpfungen über sie. Dann führt man sie aus der Kirche und gefolgt von einer johlenden Volksmenge werden sie durch die Straßen geleitet. Inzwischen spricht in der Sophienkirche Theodora das Urteil über sie aus. Die befreite Zoe ist zur Vergebung geneigt, doch ihre Schwester bleibt unerbittlich. Der Henker wird ausgesandt, um die beiden Übeltäter zu blenden. Er begegnet dem Zug mit den Gefangenen im Stadtzentrum, verkündet der Menge das Urteil und macht sich sofort an die Vorbereitung zur Exekution. Eisen werden geschärft und glühend gemacht. Während der Kalfaterer jammert und um Gnade fleht, läßt sein Onkel Konstantin die grausige Prozedur schweigend über sich ergehen. Nach ihm wird der sich sträubende Michael zu Boden geworfen, gebunden. Als der Henker auch an ihm sein Werk getan hat, ist die Wut der Volksmenge verraucht; alles strömt zum Palast, um den Kaiserinnen zu huldigen.
Michael V. wurde später in ein Kloster eingeschlossen, das weitere Schicksal Konstantins ist unbekannt geblieben.

Die Revolution, die 3 000 Tote gefordert hatte, war beendet. Die Ursache ihres Ausbruchs ist denkwürdig genug. Im Laufe der Jahrhunderte war das Volk von Konstantinopel oft Zeuge von blutigen Verbrechen gegen die kaiserliche Familie gewesen, ohne daß es zu Aufständen gekommen wäre. Wie viele Kaiser waren ermordet worden, unter ihnen Helden wie Nikephoros Phokas, und nicht ein Finger hatte sich gerührt. Doch die Tatsache, daß nun eine etwas schrullige alte Dame ins Exil geschickt worden war, wurde als eine unerträgliche Zumutung empfunden und ließ den Sturm mit der Kraft

Kaiser Konstantin IX. Monomachos (1042–55) und seine Gemahlin Zoe

einer Naturgewalt losbrechen. So stark war die Anhänglichkeit der Byzantiner an diese letzten Mitglieder der Makedonischen Dynastie, daß deren persönlichen Eigenschaften gar keine Rolle spielten. Die Liebe zu den beiden alten Damen wurde weder durch die Eitelkeit und Einfältigkeit Zoes, noch durch die giftige, scharfzüngige Herbheit und Bigotterie ihrer Schwester beeinträchtigt. Sie waren die Symbole des Kaisertums, überlebende Relikte einer großen Zeit, die, wie man wohl spürte, vergangen war. So war das Verhältnis der Byzantiner zu Zoe und Theodora tief im Emotionalen verankert und brachte die Massen auf die Beine, wie es noch so viele Vernunftgründe nicht vermocht hätten.

Nun, da alles so gut abgelaufen war, hatte man zwar keinen Kaiser mehr, dafür aber zwei Kaiserinnen. Natürlich war es nicht möglich gewesen, Theodora wieder ins Kloster zurückzuschicken; der Senat beschloß daher, daß beide zusammen regieren sollten, wobei Zoe als der Älteren der Vorrang eingeräumt wurde. Dieser Zustand war ein Unikum in der Geschichte, und obgleich man bei der gegenseitigen Feindschaft der Schwestern und ihrer Unfähigkeit voraussehen konnte, daß er keinen Bestand haben würde, so war doch das Volk von Byzanz von diesem Idyll auf dem Kaiserthron begeistert. Weniger begeistert war Zoe, die ihre strenge, asketische Schwester nicht ertragen konnte. Nur kurze Zeit spielte sie das Spiel mit, dann war sie zu der festen Überzeugung gelangt, daß an die Spitze des Reiches ein Mann — und möglichst ein schöner — gehöre, und sie begann, Heiratspläne zu schmieden. Senat und Öffentlichkeit begegneten dieser Absicht mit dem größten Wohlwollen. Niemandem fiel ein, daß eine dritte Ehe von der Kirche verboten war — Mütterchen Zoe durfte alles. Unter ihren Verehrern der letzten fünfzehn Jahre war Zoe besonders ein Mann im Gedächtnis geblieben, ein Aristokrat bester Rasse: Konstantin Monomachos. Konstantin war ein hochgebildeter, glänzender Weltmann, dazu mit dem Kaiserhaus entfernt verwandt, eine blendende Erscheinung und von liebenswürdigster Lebensart. Schon zu Romanos III. Zeiten hatte die Kaiserin eine große Zuneigung zu ihm gefaßt, von dem eifersüchtigen Michael IV. war er daraufhin ins Exil nach Lesbos geschickt worden. Auch er war zum zweiten Male verwitwet, aber wie bei Zoe selbst sah niemand darin ein Hindernis. Eilig wurde Konstantin herbeibeordert, sein Einzug in die Stadt glich einem wahren Triumphzug und entwickelte sich zu einem regelrechten Volksfest. Am 11. Juni 1042, noch nicht zwei Monate nach des Kalfaterers Sturz, wurde in der Hagia Sophia die Hochzeit Konstantins mit der 64jährigen Zoe gefeiert, die Kaiserkrönung fand am folgenden Tage statt.

☐ Die Natur hatte in diesem Mann ein Wunder von Schönheit geschaffen; so richtig proportioniert war er und so harmonisch gebildet, daß man keinen Menschen unserer Zeit mit ihm vergleichen könnte. Neben seiner Wohlgestalt schenkte sie ihm eine robuste Kraft, als ob sie für das wunderbare Gebäude ein festes Fundament habe gründen wollen. Die Kraft, die sie ihm gab, zeigte sich nicht in großen Händen und der Mächtigkeit seiner Glieder oder anderer Körperteile, vielmehr glaube ich, daß sie sie ihm tief ins Herz gegeben hat, denn an den sichtbaren Teilen offenbarte sie sich nicht. Diese zeichneten sich eher durch ihre Schönheit und Wohlgestalt aus als durch ungewöhnliche Größe. Seine Hände waren nur mäßig groß und das gleiche galt von seinen Fingern: sie waren von mittlerer Größe, aber mit einer mehr als außergewöhnlichen Kraft begabt, denn es gab nichts Hartes oder Festes, was er nicht mit Leichtigkeit in seinen Händen zerdrücken und in Stücke brechen konnte. Ein Arm, den er umfaßte, schmerzte tagelang. Man sagt auch, daß er ein sehr guter Reiter gewesen sei und ein sehr schneller Läufer, geschmeidig und leicht, und im Fünfkampf ganz außer Konkurrenz, so stark war er und behende und hurtig zu Fuß. (Ps.) □

Die Herrschaft des neuen Kaisers ließ sich ausnehmend gut an. Konstantin liebte Scherz, gute Unterhaltung und frohe Gesichter um sich. Stets war ein wohlwollendes Lächeln auf seinen Lippen zu sehen. Zoe wurde von ihm mit der größten Aufmerksamkeit behandelt, er schränkte ihre Verschwendungssucht in keiner Weise ein, sondern ließ sie freundlich gewähren und stand selbst ihrer Freigebigkeit in keiner Weise nach. Mit vollen Händen gab er das Geld aus, denn der von Basileios II. angehäufte Staatsschatz war trotz aller redlichen Bemühungen seiner Nachfolger noch immer nicht erschöpft. Die Beamtenaristokratie der Hauptstadt erlebte ihre besten Tage. Ehrungen, Würden und Ämter wurden auf das großzügigste verliehen und mancher brave Handwerksmann durfte sich plötzlich dank des reichlich und breit fließenden Gnadenstroms stolz Senator nennen.

Natürlich gab es Leute, die das alles irritierte, doch versöhnlich wirkte wieder die Tatsache, daß auch die geistige Elite des Kaisers Gunst in vollem Maße genoß. Konstantin IX. zog alle Männer von Bedeutung nach Konstantinopel; Philosophen, Rhetoren, Wissenschaftlern aller Art gewährte er seine Unterstützung und betraute sie mit hohen Stellungen in der Staatsverwaltung. Die Hochschule der Hauptstadt wurde neu organisiert, den juristischen Zweig leitete der hervorragende Rechtsgelehrte Johannes Xiphilinos, ein Freund des Psellos, die philosophische Fakultät, die in die Fächer Grammatik, Rhetorik und Dialektik als untere (Trivium) und Arithmetik, Geometrie, Musik und Astronomie als obere Stufe (Quadrivium) eingeteilt war, leitete der junge Psellos selbst als »Konsul der Philosophie«. Die Namen dieser Männer garantierten das Niveau des Unterrichts und den guten Ruf der Universität, so wie einstmals der Name Photios die Hochschule des Caesar Bardas zu höchstem Ansehen gebracht hatte; und so wie damals nahm auch jetzt das geistige Leben einen faszinierenden Aufschwung.

Den Künstlern gegenüber erwies sich Konstantin als ein wahrer Mäzen; die Stadt wurde mit neuen Gebäuden und Kirchen geschmückt — nicht, weil sich der Kaiser wie Romanos III. als ein zweiter Salomo oder Justinian fühlte, sondern weil er mit einem echten Sinn für die Kunst begabt war. Konstantin IX. mußte seinen Untertanen wie ein Wirklichkeit gewordener Märchenkönig erscheinen, wie der ideale Herrscher schlechthin, und doch war seine Regierung in vieler Hinsicht verhängnisvoller als die seiner unbedeutendsten Vorgänger. Psellos drückt das später so aus:

□ Ein gesundes Tier mit einer durch und durch kräftigen Konstitution zeigt keine Veränderung, wenn die ersten Symptome einer Krankheit auftreten. So war es mit dem Reich unter der Regierung Konstantins: Es war in keiner Weise sterbenskrank und sein Atem ging noch kräftig; die Vernachlässigung, unter der es litt, schien kein Gegenstand zu sein, der der Aufmerksamkeit wert war, bis in kleinen Schritten die Krankheit wuchs und zu einer Krisis gelangte, die den Patienten in äußerste Verwirrung und vollkommene Auflösung warf. Dieses letzte Stadium war freilich noch nicht eingetreten und der Kaiser, der sich um die Pflichten der Machtausübung wenig Gedanken machte, sondern in einer Vielzahl von Vergnügungen Erholung suchte, bereitete den noch gesunden Körper seines Reiches für tausend Anfälligkeiten vor, die bestimmt waren, ihn in den folgenden Jahren zu überfallen. □

Natürlich konnte Psellos später aus der Rückschau die Folgen überblicken; ob er selbst schon zu Konstantins Zeit die verderblichen Symptome erkannt hat, darf man bezweifeln. Daß unter seiner Regierung der Militäradel Kleinasiens nicht recht zum Zuge kam, war ja an sich noch nicht schlimm, daß das Heer selber eingeschränkt und vernachlässigt wurde, war zwar richtig, doch die Behauptung, daß dadurch die Wehrkraft des Reiches bedenklich herabgesetzt sei, schienen die großartigen Erfolge des Georgios Maniakes Lügen zu strafen, der in Sizilien Fuß gefaßt hatte und auf dem besten Wege war, die Insel zurückzuerobern. Daß die Steuererhebung neuerdings Steuerpächtern übertragen wurde, hatte doch als erstes und unmittelbares Ergebnis, daß die Steuern pünktlicher in Konstantinopel einliefen als bisher. Warum sollte man in Anbetracht dieser erfreulichen Tatsache den Steuerpächtern nicht gönnen, daß auch sie ihren Profit machten? Und was konnte es schaden, wenn der Kaiser verdienten Männern Landgüter zur lebenslänglichen Nutzung (Pronoia) überließ und auch gewisse Immunitätsrechte, die bisher fast ausschließlich Kirchen und Klöstern zustanden, an Landbesitzer vergab? Alles das rief wohl in niemandem ernste Bedenken wach, höchstens die Militärkaste mochte darüber grollen, daß man in Konstantinopel jetzt lieber Verse als Schwerter schmiedete.

Was das Volk und die Öffentlichkeit aufregte, war etwas ganz anderes. Konstantin hatte die Jahre seines Exils in der angenehmen Gesellschaft einer jungen Dame verbracht, einer Nichte seiner zweiten Frau und Enkelin des alten Rebellen Bardas Skleros, die sowohl schön von Gestalt als auch gescheit war. Als Konstantin, der die Krone als das ideale Mittel zu einer angenehmen Lebensführung betrachtete, Kaiser geworden war, sah er nicht ein, warum er nun auf seine treue Begleiterin aus schlechten Zeiten verzichten sollte. Erstaunlicherweise schlug Zoe, im Alter durch manche bittere Erfahrungen duldsam geworden, ihrem Gemahl diesen Wunsch nicht ab, sondern lud die Dame selbst ein, am Hofe zu erscheinen. Sklerena wurde ein Haus zur Verfügung gestellt und der Kaiser hielt sich fortan häufiger dort auf als im heiligen Palast. Natürlich war das auf die Dauer unbequem und daher machte Konstantin eines Tages Zoe den Vorschlag, Sklerena in den Palast übersiedeln zu lassen. Wieder stimmte Zoe zu, Sklerena wurde in den Palast gerufen und mit dem Titel »Augusta« geschmückt. Die Zimmerordnung ließ sich leicht regeln: Konstantin hatte sein Privatgemach in der Mitte, Zoe und Theodora die ihrigen links von ihm und rechts lagen die Räume der Augusta. Die beiden alten Damen waren mit der Zeit ein wenig absonderlich geworden. Theodora hatte eine Art Geldkomplex und zählte tagaus-tagein Goldmünzen, die sie in Kisten in ihren Zimmern aufbewahrte. Zoe dagegen hatte sich ganz dem Dienst ihrer Schönheit geweiht und ihr Zimmer in ein chemisches Laboratorium verwandelt. Brennöfen, Gläser, Kolben, Flaschen und andere Gefäße in großen Mengen dienten ihr dazu, Salben, Tinkturen, Parfums und Essenzen aller Art herzustellen. Sie erwies sich als recht erfinderisch, entwickelte neue Rezepte und verbesserte schon bekannte. Psellos sagt, daß es in ihrem Zimmer wegen der ununterbrochen brennenden Öfen im Winter angenehm warm gewesen sei, im Sommer jedoch habe eine unerträgliche Hitze geherrscht, gegen die Zoe aber offenbar unempfindlich gewesen sei. — Konstantin hatte also seine beiden Kaiserinnen beschäftigt, und wenn er — Kavalier wie er war — ihnen eine Freude machen wollte, schenkte er der einen ein paar Goldmünzen zum Zählen, der anderen einige seltene Kräuter oder Essenzen.

War die Kaiserin Zoe duldsam geworden, so war es das Volk aber nicht. Man fürchtete, sicher zu Unrecht, daß Konstantin den beiden Alten etwas antun könnte; bei einer Prozession rottete sich die Masse zusammen und schrie: »Wir wollen keine Sklerena, wir wollen unsere Mütterchen!« Es kam zu Handgreiflichkeiten und nur mit Mühe konnte sich der Kaiser in Sicherheit bringen. Bevor der gespannte Zustand sich zu einer Krise entwickeln konnte, löste sich einige Zeit später das Problem von selbst, als die Augusta starb. Es dauerte nicht lange, so war eine neue Augusta gefunden und Konstantin war diesmal so klug, seine Liebschaft so gut es ging unter dem Mantel des Geheimnisses zu verbergen. Die Erwählte war eine Alanenprinzessin mit schneeweißer Haut und unwahrscheinlich großen Augen. Konstantins Generosität als Liebhaber nahm beängstigende Formen an. Ströme von Gold und Juwelen ergossen sich über die kleine Barbarin. Was diese von dem überreichlichen Segen nicht für sich selbst benötigte, schickte sie in ihre Heimat, wo man solche Reichtümer noch nie kennengelernt hatte.

Schiffsladungen von Schätzen gelangten nach Alanien — kurz, im Kaukasus brachen herrliche Zeiten an.

Trotz aller seiner Liebenswürdigkeit konnte der Kaiser doch mit einer Klasse nicht ins reine kommen; die Militärkaste Kleinasiens blieb dem Kaiser feindlich gesinnt. Sie konnte ihre Zurücksetzung nicht verschmerzen, wobei das Motiv des Ausgeschlossenseins von der Macht eine nicht geringere Rolle spielte als die ehrliche Sorge um die Zukunft des Reiches. Ein Mann wie Georgios Maniakes, der im Begriff war, Sizilien dem Reich zurückzugewinnen, mochte sich dem weichlichen und vergnügungssüchtigen Kaiser haushoch überlegen fühlen. Sein geheimer Groll gegen die tonangebenden Zivilisten der Hauptstadt kam offen zum Ausbruch, als er aufgrund der Verleumdung seines unfähigen Mitfeldherrn Romanos Skleros, eines Bruders der Augusta, seines Oberkommandos enthoben wurde. Das war zuviel für einen Mann seines Schlages.

□ Ich habe diesen Mann selbst gesehen und ihn bewundert, denn die Natur hatte in ihm alle Eigenschaften eines Mannes vereinigt, der zum Kommandieren bestimmt ist. Er war zehn Fuß groß und die Leute, die ihn sahen, mußten zu ihm aufblicken wie zu einem Hügel oder einer Bergspitze. Es gab nichts Sanftes oder Gemessenes in der Erscheinung des Maniakes. Tatsächlich war er eher wie ein feuriger Wirbelwind, mit einer Donnerstimme und mit Händen, die stark genug waren, Mauern zum Wanken zu bringen oder Tore aus Erz zu erschüttern. Er hatte die schnellen Bewegungen des Löwen, und der finstere Blick seines Antlitzes war furchtbar anzusehen. Alles an diesem Mann stimmte mit diesen Zügen überein. Das Gerücht steigerte noch seine Erscheinung und die Barbaren lebten in Furcht vor ihm, sei es, daß sie ihn selbst erblickt hatten, sei es, daß sie haarsträubende Geschichten von seiner Tapferkeit gehört hatten. (Ps.) □

Der kaiserliche Abgesandte, der Maniakes seine Absetzung zu verkünden hatte, stach in ein Wespennest; er wurde von den aufgebrachten Anhängern des Feldherrn auf der Stelle umgebracht. Dann sammelte Maniakes sein Heer.

□ Es war nicht überraschend, daß eine so große Menge sich einem Mann von solcher Tapferkeit und einem solch überragenden Feldherrn wie Maniakes anschloß, und zwar nicht nur Leute im Dienstalter, sondern auch Jünglinge und Greise. Er wußte, daß Siege nicht durch die Überzahl der Soldaten errungen werden, sondern durch die Kriegskunst und die Erfahrung, und daher suchte er für sein Heer diejenigen aus, die die größten praktischen Kenntnisse im Kriege hatten, Männer, mit denen er viele Städte erobert und zahlreiche Schätze und Gefangene gewonnen hatte. Dann setzte er mit dem Heer auf das gegenüberliegende Festland (Dalmatien) über. Keiner seiner Feinde wagte ihn anzugreifen, ohne Ausnahme zogen sie sich in sichere Entfernung zurück; so erschreckt waren sie.

Inzwischen rüstete der Kaiser, als er von dem Mord an dem Gesandten und von Maniakes wahnwitzigem Verhalten erfuhr, eine riesige Armee zu seiner Bekämpfung aus. Dann trat das Problem auf, wer diese Streitmacht führen sollte. Konstantin fürchtete, daß die Unterwerfung des Feindes der Anlaß zu einer neuen Rebellion werden könnte; sein eigener General könnte sich gegen ihn wenden, der ihm das Kommando übertragen hatte und ein zweiter Usurpator dürfte sich — mit der frisch aufgestellten Armee und den frischen Lorbeeren des Sieges — als noch gefährlicher erweisen als der erste. Der ausgewählte Mann war also kein irgendwie ausgezeichneter Soldat, sondern ein treuer Diener des Kaisers, ein Eunuch und eine Person, die auch bei den Truppen keinen Resepekt besaß. Dieser Mann also brach aus der Hauptstadt auf und zog mit der Armee den Rebellen entgegen. Maniakes erfuhr, daß die ganze rhomäische Streitmacht sich gegen ihn in Marsch befand, aber diese Neuigkeit erregte ihn nicht weiter; weder die Überzahl des Gegners, noch dessen strategisch günstige Position konnte ihn von seinem Plan abbringen. Sein Ziel war, seine Feinde unvermutet zu packen, und bevor sie ihn erwarteten, ging er mit seinen leichtbewaffneten Truppen zum Angriff über.

Die kaiserlichen Streitkräfte konnten nur langsam ihre Schlachtreihen aufbauen, und als sie endlich fertig standen, waren sie mehr darauf bedacht, Maniakes selbst zu beobachten, als am Kampfe teilzunehmen, obwohl die meisten niemals eine Gelegenheit hatten, ihn zu sehen, denn er bewegte sich zu schnell. Kommandoworte donnernd, die Reihen auf und ab reitend, erfüllte er die Herzen aller, die ihn erblickten, mit Schrecken, und sein selbstsicheres Gebaren überwältigte unsere Überzahl gleich von Anfang an. Trotzdem konnte er seinem Sturz nicht entgehen. Es war eine jener Handlungen Gottes, deren Gründe jenseits unseres Gesichtskreises liegen. Er umkreiste unsere Einheiten und verbreitete Verwirrung überall: er brauchte nur anzugreifen, und die dichten Reihen gaben Raum, die feste Mauer der Truppen zog sich zurück. Unsere ganze Armee war in kleine Gruppen aufgesplittert und so gut wie vernichtet. Da — plötzlich — erhielt er einen Stoß an der rechten Seite. Es war keine oberflächliche Schramme, und das Blut floß auf einmal frei aus der tiefen Wunde. Offensichtlich gab er zunächst nicht darauf acht, doch als er das Blut hervordringen sah, versuchte er, es mit der Hand zurückzustauen. Es kam ihm zu Bewußtsein, daß er tödlich verwundet war und verzweifelt versuchte er, sich bis zu seinen eigenen Linien zurückzuziehen. Er gewann auch wirklich einigen Abstand von unserer Armee, doch da er nun nicht mehr fähig war, sein Pferd zu lenken — sein Körper verlor alle Kraft und er sank in Ohnmacht —, stieß er eine schwache Wehklage aus, machte eine letzte Gebärde, ließ die Zügel fallen und sank aus dem Sattel zu Boden — ein beklagenswerter Anblick. (Ps.) □

Durch diese unerwartete Wende der Dinge (1043) fiel dem kaiserlichen Heer ganz ohne Verdienst der Sieg zu. Der irregeleitete Pfeil eines namenlosen Soldaten verhinderte im letzten Augenblick einen entscheidenden Umschwung im Verlauf der byzantinischen Geschichte. Maniakes, ein letzter Vertreter jener Heldengeneration des 10. Jahrhunderts, mußte fallen; das Heldenzeitalter war seit Basileios' Tod versunken, solche Vollblut-Kriegernaturen gab es nach Maniakes nicht mehr. So war etwa der Anstifter der zweiten großen Erhebung gegen Konstantin, der Patrikios Leon Tornikes nicht aus gleichem Holz geschnitzt wie Maniakes. Mehr stolz und hochfahrend als wirklich kraftvoll und begabt, entfesselte Leon von Makedonien aus einen Aufstand gegen den Kaiser, der allerdings diesmal in noch größere Gefahr geriet (1047). Tornikes zog überraschend mit einem bunt zusammengewürfelten Heer nach Konstantinopel und begann, die Stadt zu belagern, die völlig unzureichend mit Truppen versehen war. Als es den Rebellen trotzdem nicht gelang, die Stadt im ersten Ansturm zu nehmen, ließ Tornikes wertvolle Zeit verstreichen, so daß Konstantin durch allmähliche Truppenverstärkung seine Position verbessern und Tornikes schließlich zum Abzug zwingen konnte. Wenig später wurde der Rebell, von seinem Anhang im Stich gelassen, gefangen und geblendet. Seine Unentschlossenheit hatte den Kaiser gerettet.

Doch nicht nur Revolten und Verschwörungen hinderten Konstantin daran, seine Herrschaft in ungestörtem Wohlleben zu genießen, wie es seinen Wünschen entsprochen hätte. 1043, im gleichen Jahr, in dem der Aufstand des Maniakes stattfand, schickte der Großfürst von Kiew, Jaroslaw »der Weise« eine Flotte zu einer »Strafexpedition« nach Byzanz aus. Bei einem Tumult in Konstantinopel war ein russischer Edelmann getötet worden, Konstantin hatte als Buße eine große Summe Geld geboten, aber die Russen waren zum Vergeltungskrieg entschlossen. Als die riesige Armada, besser gerüstet als die primitiven Flotten Olegs und Igors, im Bosporus erschien, bot der Kaiser noch einmal eine Entschädigung an, aber die maßlosen Forderungen des Feindes machten alle Hoffnungen auf eine friedliche Lösung zunichte. Die byzantinische Flotte lief aus und griff die Russen an, konnte aber noch keinen Erfolg erzielen. Erst in der zweiten Schlacht tat das »griechische Feuer« sein Werk: die russische Flotte wurde vernichtet, 15 000 Mann verloren ihr Leben. Die Byzantiner machten zahlreiche Gefangene, die teils geblendet, teils durch Abhauen der rechten Hand verstümmelt wurden. Auf der Rückfahrt wurden die Reste der russischen Flotte durch Stürme weiter dezimiert und nur ein kleiner Teil der stolzen Armada kehrte nach Kiew zurück. Dieser Angriff war der letzte, den Byzanz von den Russen zu erleiden hatte, in dem kurz darauf geschlossenen Friedensvertrag wurden die alten, guten Beziehungen wiederhergestellt und blieben auch in Zukunft bestehen.

War der Russenangriff eine Episode, so hatte die gegen Ende der 40er Jahre einsetzende kriegerische Aktivität der Petschenegen weittragende Folgen. Dieser volkreiche Stamm türkischer Rasse hatte, von Osten kommend, seine Wohnsitze zwischen dem

Unterlauf der Donau und dem Dnjepr aufgeschlagen. Byzanz hatte schon seit langer Zeit verstanden, die kriegerische Tüchtigkeit dieses Volkes für seine Zwecke zu benutzen. Als Nachbarn der Russen einerseits und der Bulgaren andererseits konnten die Petschenegen gegen den jeweiligen Gegner von Byzanz zu Hilfe gerufen werden, was auch oft genug mit beträchtlichem Erfolg geschehen war. Schon Kaiser Konstantin VII. hatte in seiner Schrift »de administrando« auf die Wichtigkeit eines guten Verhältnisses zwischen Byzanz und den Petschenegen nachdrücklich hingewiesen (s. S. 51), wie es ja immer gute Tradition der byzantinischen Diplomatie gewesen ist, mit dem Nachbarn des bösen Nachbarn Freundschaft zu pflegen. Nach der Vernichtung des Bulgarenreiches waren nun die unruhigen Petschenegen zu unmittelbaren Nachbarn geworden, was naturgemäß die Freundschaft in ernste Gefahr brachte. Ihre angeborene Raublust bekam nun Byzanz selbst zu spüren, das sich bald einer Bedrohung gegenüber sah, die kaum geringer war als zur Zeit der Bulgarenzaren.
Es begann damit, daß der petschenegische Häuptling Kegen, der sich mit dem Großkhan Tirach überworfen hatte, mit 20 000 Mann auf byzantinisches Gebiet übertrat und dem Kaiser seine Dienste anbot. Hocherfreut empfing ihn Konstantin, verlieh ihm den Rang eines Patriziers und siedelte ihn mit seinen Leuten an der Donau an, stellte ihm auch drei Grenzfestungen zur Verfügung. Daraufhin fühlte sich Kegen stark genug, kräftige Ausfälle gegen seine Stammesgenossen jenseits der Donau zu unternehmen. Der Kaiser ließ ihn gewähren, ohne zu bedenken, daß er für die Unternehmungen seines neuen Lehnsmannes verantwortlich war und daß die Rache der Petschenegen sich nicht nur gegen Kegen, sondern im gleichen Maße gegen die Rhomäer richten würde. Tirachs Gegenangriff ließ denn auch nicht lange auf sich warten. Im Winter 1048 überschritt der Khan mit Heeresmacht die zugefrorene Donau und begann, den Balkan in schimmster Weise zu verheeren. Erst als Hunger und Seuchen den Feind geschwächt hatten, gelang es den Rhomäern mit Hilfe Kegens, die Petschenegen zur Kapitulation zu zwingen. Tirach selbst und viele seiner Großen wurden gefangen nach Konstantinopel gebracht, wo sie die Taufe empfingen und von dem menschenfreundlichen Kaiser in milder Gefangenschaft gehalten wurden. Das gefangene Heer wurde auf dem Balkan angesiedelt. Damit war der Friede aber noch nicht wieder hergestellt. Wenig später wurde eine petschenegische Heeresabteilung von 15 000 Mann im Dienst der Rhomäer zur Verstärkung der griechischen Truppen nach Armenien gebracht. Unterwegs jedoch meuterte die Armee, kehrte um und schlug sich in einem abenteuerlichen Marsch durch Kleinasien bis nach Bulgarien durch, ohne daß die Byzantiner sie daran hätten hindern können. In Bulgarien angekommen, entfachten sie unter den dort angesiedelten Petschenegen die Flamme des Aufruhrs. Wieder zogen sie raubend und brennend durch Bulgarien, Makedonien und Thrakien. Tirach, vom Kaiser ausgesandt, seine Landsleute zum Frieden zu bewegen, brach seinen Eid und stellte sich an die Spitze der Raubscharen und in mehreren Schlachten wurden die Byzantiner besiegt. Erst 1054 willigte Tirach in einen Friedensschluß, der die Byzantiner für eine längere Weile von der petschenegischen Geißel befreite. Trotzdem blieb der angerichtete Schaden ungeheuer und vor allem hatte sich mit erschreckender Deutlichkeit gezeigt, daß die byzantinische Armee, seit längerer Zeit schon auf die Unterstützung russischer und skandinavischer Waräger angewiesen, nur mit größter Mühe in der Lage war, plündernden Nomadenhorden die Stirn zu bieten. Die militärfeindliche Politik der hauptstädtischen Bürokratie und der Niedergang bzw. die Verminderung der Soldatengüter, aus denen sich früher die Elite der Armee rekrutiert hatte, machten sich bemerkbar. Der immer umfangreichere Einsatz von Hilfstruppen verschiedenster Provenienz, vorläufig ein offensichtlich wirkungsvoller, wenn auch kostspieliger Ersatz, blieb doch auf die Dauer gesehen eine zweifelhafte Lösung, wie die Meuterei der petschenegischen Abteilung gezeigt hatte.
Im Osten erlangte das Reich durch die Erwerbung des armenischen Teilstaates von Ani seine größte Ausdehnung (1045), doch der Wert dieses Gewinns wurde einmal durch die unvorteilhafte Verlängerung der Grenze vermindert, zum anderen durch die unkluge Politik der Konstantinopler Behörden, die nicht nur die Einwohner durch die Auferlegung von direkten Steuern verärgerten, sondern auch die bewährten armenischen

Lokalmilizen auflösten. Damit aber wurde dem kaiserlichen Heer eine neue Verpflichtung aufgebürdet, denn es dauerte nur wenige Jahre, als ein gefährlicher, bisher unbekannter Feind an den Grenzen Armeniens auftauchte, die Seldschuken.

Die Seldschuken waren ein Teilstamm der türkischen Oghusen, die von Mittelasien aus nach Persien und Vorderasien vorgedrungen waren. Unter ihrem Anführer Tugril Beg (1039—1063) gewannen sie eine außerordentliche Macht, eroberten Irak und Aserbeidschan und gaben dem müde gewordenen islamischen Eroberungsgeist neue Schwungkraft. Im Jahre 1048 erschienen die ersten seldschukischen Reiterscharen in Armenien. Die Stadt Erzerum wurde von ihnen erobert und zerstört, die Einwohner, soweit sie nicht unter dem Schwert gefallen waren, in die Sklaverei verschleppt. Die starken, von Basileios angelegten Festungen vermochten sie jedoch nicht zu nehmen. So wichen die Scharen einstweilen wieder nach Persien zurück. Doch ebenso wie zuvor bei den Petschenegen konnte man sich unschwer vorstellen, daß die mit Mühe wiederhergestellte Ruhe nicht von Dauer sein würde und man sich auf neue, größere und gefährlichere Einbrüche gefaßt machen mußte.

Nach der Abberufung des Maniakes war auch die Lage in Süditalien und Sizilien nicht sehr hoffnungsvoll. 1030 hatten die ruhelosen Normannen zwischen Capua und Neapel die Grafschaft Aversa gegründet, die auch von Kaiser Konrad II. anerkannt wurde. Dieses erste normannische Territorium auf italienischem Boden zog viele abenteuernde Normannen an und wurde das Zentrum einer unerhörten kriegerischen Aktivität. Die wegen ihrer Wildheit gefürchteten Riesen aus dem Norden kämpften gegen Byzantiner, gegen Kaiser und Papst, schlossen Bündnisse mit Byzantinern, Kaiser und Papst und dehnten durch kluge Politik und unwiderstehliche Kampfkraft ihre Macht immer weiter nach Süden aus und eroberten fast das ganze Herzogtum Benevent; die byzantinischen Besitzungen in Süditalien waren in ernster Gefahr.

In Rom hatte seit 1049 Leo IX. den päpstlichen Thron inne. Als Anhänger der cluniazensischen Reformbewegung war er unermüdlich für die Verbesserung der kirchlichen Zustände und für die Verwirklichung seines Ideals eines christlichen Imperiums tätig, worin er von Kaiser Heinrich III. unterstützt wurde. Mit Leo beginnt die moralisch-geistige Wiederherstellung des Papsttums, das wenig später unter Gregor VII. sich zu seiner höchsten Macht erhebt. — Die nach Süden vordringenden Normannen nahmen auf die Rechte des Papstes in Benevent keine Rücksicht. So tauchte der Plan eines römisch-byzantinischen Bündnisses zur Vernichtung der Normannenmacht auf. Leo brachte tatsächlich ein Heer auf die Beine, das aber, bevor es sich mit der byzantinischen Armee vereinigen konnte, 1053 von den Normannen vollständig geschlagen wurde, wobei Leo in die Hände seiner Feinde fiel. Krank und gebrochen durfte er schließlich nach Rom zurückkehren, wo er im April 1054 starb. Ein Vierteljahr später trat in der Folge dieser Vorgänge ein Ereignis ein, das Leo sicher nicht gewollt und vorausgesehen hatte: die endgültige Kirchentrennung zwischen Rom und Konstantinopel.

Seit langer Zeit hatte die Auseinandersetzung über die strittigen kirchlichen Fragen zwischen Rom und Konstantinopel geruht. Das ungesäuerte Brot, das Zölibat der Priester, Sabbatfasten und das »filioque« waren keine Streitpunkte, die einen Bruch rechtfertigten, und Roms Anspruch auf den ersten Platz unter den Kirchen des Ostens und des Westens war, wenn auch nicht aufgegeben, so doch seit langer Zeit nicht mehr ausgesprochen worden. Die Päpste des 10. Jahrhunderts hatten andere Sorgen gehabt. Das Verhältnis zwischen beiden Kirchen spitzte sich jedoch zu, als zwei Männer die Angelegenheit in die Hände nahmen, die sich an übersteigertem Ehrgeiz, Stolz und Kampflust in nichts nachstanden: in Konstantinopel der Patriarch Michael Kerullarios und in Rom der Kardinal und Freund Leos IX. Humbert von Silva Candida. Im Jahre 1050, als sich der Papst vorübergehend mit den Normannen geeinigt hatte, war Humbert zum Erzbischof von Sizilien ernannt worden, das allerdings noch in arabischer Hand war; doch rechnete man damit, daß die normannische Eroberung der römischen Kirche den Weg nach Süden eröffnen würde. Nun unterstanden freilich Sizilien und Unteritalien seit dreihundert Jahren der Obödienz des Konstantinopler Patriarchen, und Kerullarios reagierte denn auch sofort auf diese Verletzung seiner Rechte. Die Kirchen der »Latei-

ner« in Konstantinopel wurden geschlossen und der Patriarch schickte ein Schreiben nach Italien, in dem alle strittigen Punkte, in denen man mit der römischen Kirche und ihrem Ritus nicht übereinstimmte, säuberlich aufgezählt waren. Die Antwort Humberts war ein äußerst scharfes, herausforderndes Pamphlet, das zum Glück niemals in Konstantinopel ankam. Inzwischen war der Bruch zwischen Normannen und Papst eingetreten und der Papst suchte die Verständigung mit Konstantinopel. Konstantin IX. war von dem Plan, die Normannen zusammen mit dem Papst, hinter dem der deutsche Kaiser Heinrich III. stand, zu unterwerfen, durchaus angetan, hatte also kein Interesse an einem Streit mit Rom. Im Jahre 1054, Leo IX. war soeben gestorben, traf eine Gesandtschaft des Papstes in Konstantinopel ein und überbrachte je ein Schreiben des Papstes an den Kaiser und an den Patriarchen. Der Leiter der Gesandtschaft war niemand anders als — Humbert von Silva Candida, und beide Schreiben waren von seiner Hand. Sie enthielten kaum etwas Bemerkenswertes über die Normannenfrage, dafür aber umso mehr Anklagen gegen den griechischen Ritus, über den Vorrang der römischen Kirche, und alles das war in einem schroffen, beleidigenden Ton gehalten, der für den weiteren Verlauf der Verhandlungen nichts Gutes verhieß.
Humbert und seine Begleiter, der päpstliche Kanzler Friedrich von Lothringen und der Erzbischof Peter von Amalfi wußten, daß der Kaiser keinen Bruch wollte, daher hofften sie, daß Konstantin um des Friedens willen seinen Patriarchen opfern würde. Möglicherweise hat auch Konstantin mit dem Gedanken gespielt, doch er war nicht der Mann, einen Kerullarios beiseitezuschieben und Kerullarios war nicht der Mann, der sich beiseiteschieben ließ. Er verstand es, in der Öffentlichkeit den Haß gegen die »Lateiner« zu schüren, und indem er sich zum Vorkämpfer für die Rechtgläubigkeit aufwarf, schuf er sich eine unangreifbare Position. Dazu verhalf ihm auch die Ungeschicklichkeit der päpstlichen Legaten, die sich nicht scheuten, alle jene neuralgischen Punkte hochzuspielen, von denen sie wußten, daß sie die Griechen besonders empfindlich trafen. Sie erreichten schließlich aber damit nichts anderes, als daß sie selbst Kerullarios die schärfsten Waffen in die Hand gaben. Kerullarios wollte die Verständigung mit den Lateinern nicht, denn seiner Meinung nach konnte ein Zusammengehen mit dem Papst der griechischen Kirche keinerlei Vorteile bringen, worin er möglicherweise Recht hatte. So legte er es von vornherein darauf an, die Verhandlungen mit den päpstlichen Legaten zum Scheitern zu bringen. Konstantin war zu schwach, den Verlauf der Dinge in eine ihm genehme Bahn zu lenken, er konnte nicht einmal durchsetzen, daß überhaupt eine Aussprache zwischen seinem Patriarchen und den Legaten stattfand. Schließlich riß den Römern die Geduld. Am 16. Juli 1054 legten sie morgens vor der Messe auf dem Altar der Hagia Sophia eine Urkunde nieder, in der es hieß:
□ Wir Humbert, Kardinalbischof der heiligen römischen Kirche, Wir Peter, Erzbischof von Amalfi und Wir Friedrich, Diakon und Kanzler, tun hiermit allen Söhnen der katholischen Kirche kund, daß der Apostolische römische Stuhl, welchem, als dem allgemeinen Haupte, die Sorge obliegt, über das Wohl sämtlicher Kirchen zu wachen, Uns als seine Gesandte in diese Kaiserstadt geschickt hat, um nachzusehen, ob das Geschrei, welches von hier aus zu ihm drang, wahr sei oder nicht. Der Kaiser, der Klerus, der Senat, die Gemeinde dieser Stadt sowie die ganze katholische Kirche mögen wissen, daß Wir hier Anlaß zu großer Freude, aber auch zu bitterem Leid gefunden haben. Christlich gesinnt und rechtgläubig ist der Hof und der weisere Teil der Bürgerschaft; was aber Michael, der sich zu Unrecht Patriarch nennt, und die Anhänger seiner Torheit betrifft, so fanden Wir, daß eine üppige Saat von ketzerischem Unkraute in ihrer Mitte wuchert ... Daher also unterschreiben Wir in Abscheu vor den Gewalttätigkeiten und Beleidigungen gegen den heiligen und ersten Apostolischen Stuhl, und da Wir sehen, daß der katholische Glaube in mannigfaltiger Weise verletzt wird, im Auftrage der heiligen und unteilbaren Dreieinigkeit und des Apostolischen Stuhles, dessen Beauftragte Wir sind, und aller rechtgläubigen Väter der Sieben Konzilien diesen Bannfluch, den Unser Herr, der ehrwürdigste Papst über den besagten Michael und über alle seine Nachfolger, soweit sie sich nicht bußfertig zeigen, verhängt hat, in folgender Weise: Michael, der Pseudo-Patriarch, der Neophyt, der das klösterliche Gewand ohne mensch-

liche Ehrfurcht angelegt hat und nun als der Urheber furchtbarer Verbrechen erkannt worden ist; und mit ihm Leo, der sogenannte Bischof von Ochrid, und Nikephoros, Kanzler des genannten Michael, der angesichts aller den Ritus der Lateiner mit Füßen getreten hat; und alle, die ihnen in den obengenannten Ketzereien und Verbrechen nachfolgen: sie sollen verflucht sein zusammen mit Simonianern, Valesianern, Arianern, Donatisten, Nikolaiten, Severianern und Manichäern, und mit ihnen jene, die die Verwandlung des gesäuerten Brotes lehren und mit allen anderen Häretikern, ja selbst mit dem Teufel und seinen Genossen; es sei denn, sie lassen (von der Häresie) ab. Amen, Amen, Amen. □

Die Legaten reisten sofort ab, wurden aber von Konstantin, der vielleicht noch nicht alles verloren glaubte, zurückgerufen. Es war jedoch zu spät. Kerullarios hatte dafür gesorgt, daß der Wortlaut des römischen Bannfluchs überall bekannt wurde, der, wie erwartet, den Klerus und die Öffentlichkeit in helle Empörung versetzte. Der Kaiser mußte einen Aufstand fürchten, wenn er die Römer noch länger unterstützte. Es blieb ihm nichts anderes übrig, als ihnen selbst die schleunigste Abreise zu empfehlen. Fünf Tage nach dem Bannspruch der Legaten versammelte Kerullarios die Metropoliten und sprach nun seinerseits den Bann über die römische Kirche aus. Das Schisma, das die Kirchen des Ostens und des Westens bis auf den heutigen Tag trennt, war eingetreten, doch merkwürdigerweise war sich damals niemand darüber im klaren, welche Tragweite dieses Ereignis haben würde; von keinem einzigen byzantinischen Geschichtsschreiber wird die Kirchenspaltung von 1054 auch nur erwähnt. Seit Jahrhunderten hatte man sich so weit auseinandergelebt, daß der endgültige Bruch nicht als einschneidende Veränderung in das Bewußtsein der Zeitgenossen trat. Kerullarios war sogar der Meinung, ein großes Spiel gewonnen zu haben, denn in der Tat war seine Autorität im Osten gewaltig gestiegen. Er durfte sich nun als uneingeschränkter Herr der gesamten orthodoxen Kirche betrachten, denn er hatte dem Konstantinopler Patriarchat die Autonomie erkämpft, jegliche Einflußnahme Roms war abgeschnitten, was besonders in den Gebieten wichtig war, wo römische Interessen mit denen des Patriarchen zusammenstießen, wie auf dem Balkan.

Was die vieldiskutierte Frage nach der »Schuld« betrifft, so kann man sie weder den Römern, noch den Griechen allein zuschieben. »Es kann kein Zweifel sein, daß der Patriarch das Scheitern der Verhandlungen wollte, die Römer aber den Bruch vollzogen« (Haller). Letztlich war die Trennung nicht zu vermeiden, wenn auch nicht in der schroffen Form, wie sie 1054 eintrat. So wie die politische Spaltung des Imperium Romanum auf die Dauer nicht hatte verhindert werden können, weil die ethnischen, politischen und wirtschaftlichen Differenzen unüberbrückbar wurden, so mußte auch der Universalismus der christlichen Kirche an den gleichen Gegensätzen zerbrechen. Der faktischen Aufhebung des römischen Staatsuniversalismus durch die Kaiserkrönung Karls d. Großen im Jahre 800 folgte notwendig die Aufhebung des Kirchenuniversalismus, der seit langem schon nur noch reine Theorie war. Das Verhängnisvollste dabei war, daß zu der politisch bedingten Entfremdung nun durch die religiöse Trennung gegenseitige Feindschaft und unversöhnlicher Haß hinzukamen, die schließlich auch die noch bestehenden politischen Bindungen vergifteten und zersetzten. Mit einem »nur« politischen Feind kann man immer noch reden und verhandeln, mit einem Häretiker nicht, auch wenn er keine feindlichen Absichten hat. In den Kreuzzügen zeigte sich bald in erschreckender Weise, wohin die gegenseitige Verketzerung noch führen sollte.

Im Jahre 1050 war die Kaiserin Zoe im Alter von 72 Jahren gestorben; vom Alter gebeugt, mit zitternden Händen, aber immer noch von makelloser Schönheit, hatte sie ihre letzten Jahre zwischen ihren Salben und Tinkturen ruhig verbracht. Fünf Jahre später, nur ein halbes Jahr nach dem Schisma, folgte ihr im Januar 1055 der Kaiser, der glänzende Kavalier, der verständnisvolle Freund der Philosophen, der Sportsmann, Mäzen und großzügige Philanthrop, dessen einziger Fehler die Schwäche seines Charakters war. Von Verschwörungen umgeben, von Krankheit gequält, beschloß er sein Leben, das er ungestört hatte genießen wollen, ohne seine Mitmenschen zu belästigen. Vorsätzlich Böses hat er kaum getan, aber auch das Notwendige zu tun unterlassen, und darin liegt seine Schuld. Wenige Jahre später sagte der General Kekaumenos über ihn, er habe das Reich der Rhomäer zugrunde gerichtet.

Kurz vor dem Tod des Kaisers geschah etwas Merkwürdiges. Die Kaiserin Theodora ließ ihr Geldzählen und zog in den Palast ein, den sie vor Jahren verlassen hatte, um völlig zurückgezogen zu leben. Mit erstaunlicher Energie brachte die 75jährige es fertig, die maßgebenden Persönlichkeiten auf ihre Seite zu ziehen und unangefochten nahm sie nach Konstantins Tod die Regierung in ihre Hand. So stark war die Anhänglichkeit der Byzantiner an die ruhmreiche Dynastie der Makedonen, daß sie auch diese letzte purpurgeborene Vertreterin der Familie, obwohl wegen ihres Alters und Mangels an Regierungstalent als Selbstherrscherin kaum am richtigen Platz, willig akzeptierten. Wie ein Erinnerungsstück aus besseren Zeiten, wie einen Talisman trug man die alte Kaiserin; solange noch ein Mitglied der Dynastie am Leben war, konnte nicht alles verloren sein. Ein Jahr ohne Krieg und eine überreiche Ernte vermochten dieses Vertrauen noch zu verstärken.

Doch die Tage der Kaiserin waren gezählt. Im Sommer 1056 ging es mit ihr zu Ende. Auf ihrem Totenbett übergab sie die Krone des Reiches dem Mann, der das Vertrauen der herrschenden Senatspartei und des Beamtenadels besaß, »die beste Wahl, die man treffen konnte, außer, daß er ein Mann war, weniger geeignet zu herrschen, als von anderen beherrscht zu werden«, sagt Psellos; also war er genau das, was die Zivilpartei wünschte. Michael VI. war selbst ein höherer Beamter gewesen und befand sich schon in vorgerücktem Alter. Der Dank des Kaisers an seine Parteigänger blieb nicht aus. »Im Falle des alten Michael überschritt die Verleihung von Würden alle Grenzen des Angemessenen. Er beförderte Personen nicht etwa nur in die nächst höheren Positionen, sondern erhob sie gleich in einen höheren Stand oder noch darüber hinaus ... Seine Großzügigkeit führte zum Zustand eines allgemeinen Durcheinanders.«

Auch die Armee schickte eine Abordnung von höheren Offizieren nach Konstantinopel in der Erwartung, ebenfalls Auszeichnungen zu erlangen. Ihre Anführer waren die Generale Isaak Komnenos, Katakolon Kekaumenos, Michael Burtzes und die Brüder Johannes und Konstantin Dukas.

□ Ein Tag wurde bestimmt, an dem sie vom Kaiser in Audienz empfangen werden sollten und ich (Psellos) war bei dieser Gelegenheit anwesend und stand neben dem Kaiser. Die Männer, die hereinkamen, waren Krieger vom besten Adel und Männer von hervorragendem Ruf. Nachdem sie sich vor dem Kaiser verbeugt und die übliche Akklamation geleistet hatten, standen sie auf des Kaisers Befehl auf und warteten, bis sie an die Reihe kamen. Nun hätte er (der Kaiser) sie einzeln beiseite nehmen und die Unterredung mit freundlichen Worten eröffnen müssen in einer Weise, die seiner Würde entsprochen hätte. Stattdessen begann er damit, daß er an allen zusammen etwas auszusetzen fand — ein denkbar unwürdiges Verhalten. Als er dann den Anführer der Gruppe zusammen mit seinen Unterführern vortreten ließ — Isaak Komnenos war der Führer der Abordnung und der andere war Kekaumenos von Kolonos — goß er einen Sturzbach von Schmähungen über Isaak aus. Er beschuldigte ihn, Antiocheia verloren zu haben und die Armee zu verderben; daß er keine Beweise von Tapferkeit und Feldherrntalent gezeigt habe, daß er im Gegenteil für seine eigenen Zwecke Gelder in der Bevölkerung erhoben habe und daß er, anstatt sein Kommando dazu zu benutzen, Ruhm zu erwerben, es als Vorwand benutze, seine persönliche Habgier zu befriedigen. Angesichts dieser plötzlichen Schläge stand Isaak wie gelähmt. Er war gekommen, weil er eine Beförderung erwartet hatte, stattdessen war er aufs gröbste beleidigt worden. Als seine Generale ihn verteidigen wollten, verbot der Kaiser ihnen sogar zu sprechen. Wenn er die anderen schon verachtete, hätte er wenigstens Isaak des Anhörens wert halten müssen. Doch wie den anderen wurde auch ihm diese Gnade verweigert. — Alles das machte auf die Soldaten einen gewaltigen Eindruck und ihre Erhebung gegen Michael ist auf diese Unterredung zurückzuführen. Die Wirkung, die dieses tragische Ereignis hervorrief, war nichts weniger als niederschmetternd. Obwohl die Saat der Unzufriedenheit damit schon gesät war, wurde nicht etwa sofort ein Versuch unternommen, die Macht zu erringen. Zunächst wurde eine zweite Unterredung versucht in der Hoffnung, daß der Kaiser sich freundlicher erweisen würde. Doch als sie ihn um Brot baten, gab er ihnen Steine und als sie Einspruch erhoben, wurden ihnen auch die Steine verweigert. Sie wurden zurückgewiesen und verworfen. □

Die Generale kehrten nach Kleinasien zurück, zum Handeln entschlossen. Wenige Wochen später wurde Isaak Komnenos von seinen Freunden und der Armee zum Gegenkaiser ausgerufen (Juni 1057). Es kostete ihn keine Mühe, den seit langem unzufriedenen Militäradel auf seine Seite zu ziehen. Mit einem gut organisierten und kampferprobten Heer machte sich Isaak auf und schlug sein Lager in der Nähe Konstantinopels bei Nikaia auf. Eine vom Kaiser gegen ihn ausgeschickte Armee konnte er mit Leichtigkeit besiegen, der verängstigte und ratlose Michael sah sich gezwungen, mit dem Rebellen in Unterhandlung zu treten. Er hoffte, mit Isaak einen Kompromiß schließen zu können. Michael Psellos und sein Freund Konstantin Leichudes, unter Konstantin Monomachos erster Staatsminister, wurden mit Briefen Michaels zu Isaak ins Feldlager bei Nikomedia geschickt, wo Isaak inzwischen Stellung bezogen hatte. Der Kaiser bot dem Rebellen die Caesarwürde, die Thronfolge und außergewöhnliche Vorrechte als Caesar an. So könne er sein Ziel erreichen, ohne mit dem Odium des Rebellen behaftet zu sein. Interessant ist die Schilderung des Psellos von seinem Empfang bei Isaak.

□ (Psellos und Leichudes werden vor ein riesiges Zelt geführt)

Außen stand rundherum eine große Menge von Männern, nicht lässig und verstreut, sondern in Reihen und konzentrischen Kreisen aufgestellt mit einem kleinen Zwischenraum zwischen jeder Gruppe. Einige waren mit Schwertern bewaffnet, andere mit den schweren, eisernen »Rhomphaia« (einschneidiger Säbel), andere mit Lanzen. Nicht ein Laut war von irgendeinem von ihnen zu hören. Jeder Mann stand unbeweglich ... und ihre Augen waren auf den Soldaten gerichtet, der an der Zelttür Dienst tat. Dieser war der Hauptmann der persönlichen Leibwache des Kaisers, ein beherzter, energischer Mann von schnellem Verstand, gut im Sprechen, besser im Schweigen und am besten im Beraten und Planen — der Dux Johannes (Isaaks Bruder), der von einer langen Reihe von Vorfahren einen tapferen und beständigen Geist geerbt hatte.

Wir wurden herangeführt, dieser Mann (Johannes) hieß uns am Eingang stehen bleiben und ging selbst hinein. Nach einer kleinen Weile kam er wieder heraus und ohne ein Wort an uns zu richten, warf er plötzlich die Zelttür auf. Der Anblick, der sich innen unseren Augen bot, war erstaunlich. Er war so unerwartet; wirklich war es ein kaiserliches Schauspiel und geeignet, einen in Furcht zu versetzen. Zunächst wurden unsere Ohren von dem Gebrüll der Soldaten betäubt, aber ihre Stimmen erhoben sich nicht alle auf einmal: die erste Reihe akklamierte ihm (Isaak) zuerst, dann nahm die zweite den Ruf auf, dann die nächste Reihe usw. Jede Reihe stieß ihren eigenen Ruf aus, der von den anderen verschieden war. Als dann die letzte Reihe gerufen hatte, begann ein gemeinsames starkes Geschrei, das uns wie ein Donnerschlag traf.

Bis wieder Ruhe eintrat, gaben sie uns Muße, zu beobachten, was im Innern des Zeltes war (denn wir waren nicht sofort eingetreten, als die Tür aufgeworfen wurde, sondern standen in einiger Entfernung und warteten auf das Zeichen zum Eintreten). Ich will diese Szene beschreiben. Der Kaiser selbst saß auf einem Sopha mit zwei Kopflehnen. Das Sopha stand auf einer erhöhten Plattform und war mit Gold bedeckt. Unter seinen Füßen war ein Fußschemel. Ein wunderbares Gewand gab ihm ein äußerst würdevolles Ansehen. Er hielt den Kopf sehr stolz erhoben und die Brust gebläht (eine Anstrengung, die auf seinen Wangen eine tiefrote Färbung hervorrief), während seine Augen mit ihrem abwesenden Blick deutlich zeigten, daß er tief in Gedanken versunken und ganz seinen eigenen Betrachtungen hingegeben war. Dann löste sich die Starre des Blicks und es war, als ob er von der Unruhe des Meeres zu der Stille eines Hafens gelangt sei. Rings um ihn herum standen Kreis um Kreis die Soldaten. Der nächste und kleinste Kreis bestand aus den bedeutendsten Persönlichkeiten, den führenden Repräsentanten des Adels, Männer, die mit der würdevollen Größe antiker Heroen wetteiferten. Da standen sie und gaben in ihrer hohen Stellung einen Anreiz für die Jungen. Um sie herum standen die Leutnants und die Krieger der ersten Schlachtreihe, in einem zweiten Kreis gruppiert. Nahe bei diesen standen einige Soldaten von niedrigeren Einheiten und einige höhere Kompanieführer an der linken Seite des Kaisers. Um diese herum sahen wir die leichtbewaffneten Truppen ohne Waffen und hinter diesen alle die verbündeten Streitkräfte, die sich ihm aus verschiedenen Völkern angeschlossen hatten. Da waren Italiener (Normannen aus Italien) und Tauroskythen (russische Waräger), Männer von furchterregendem Aussehen, in eine schreckliche Tracht gekleidet und beide schauten gleich grimmig um sich. In anderer Hinsicht waren sie nicht gleich, denn der eine Stamm schminkt sich und zupft die Augenbrauen aus, die anderen behalten ihre natürliche Farbe; die einen greifen in der Schlacht an, wie es ihnen der Geist eingibt, sind ungestüm und lassen sich von ihrem Impuls leiten, die anderen kämpfen mit einer wilden Raserei; die einen sind im ersten Ansturm unwiderstehlich, verlieren aber schnell ihr Feuer, die anderen dagegen sind weniger ungeduldig, kämpfen aber mit rücksichtsloser Hingabe und unter völliger Mißachtung ihrer Wunden. Das also waren die Krieger, die den Kreis von Schilden abrundeten, bewaffnet mit langen Spießen und einschneidigen Streitäxten. Die Äxte trugen sie über der Schulter und mit den Speerspitzen, die vor und hinter ihnen vorragten, wurden die Abstände zwischen den Reihen sozusagen überdacht. □

Psellos, der alte Fuchs, ließ sich von der pompösen Schau nicht so leicht einschüchtern, wie die kleinen ironischen Streiflichter erkennen lassen. Die Verhandlungen mit Isaak zogen sich in die Länge und waren noch nicht zum Abschluß gekommen, als die Nachricht eintraf, Michael habe abgedankt. Auch in Konstantinopel hatte sich nämlich der Geist des Aufruhrs ausgebreitet; der Kaiser hatte es nicht verstanden, sich des Wohlwollens des mächtigen Patriarchen Kerullarios zu versichern, obwohl Psellos ihm dringend dazu geraten hatte. So war der ehrgeizige Kirchenfürst nun zum Haupt der Opposition geworden, der zu widerstehen Michael sich nicht stark genug fühlte. Er resignierte und zog sich als Privatmann von der Politik zurück, in der er eine so unglückliche Hand gezeigt hatte. Der Weg für Isaak war frei. Wie ein Erretter umjubelt hielt er seinen Einzug in die Hauptstadt und empfing am 1. September 1057 aus der Hand des Patriarchen die Kaiserkrone.

Isaak Komnenos entstammte einem hochangesehenen Magnatengeschlecht, das ursprünglich in Makedonien beheimatet war, später aber große Besitzungen in Paphlagonien erworben hatte. Isaak, der das fünfzigste Lebensjahr schon überschritten hatte, hatte als junger Mann noch unter Basileios II. gedient und war durch seine Heirat mit der Tochter des letzten Bulgarenzaren Iwan Vladislaw zu großen Reichtümern gelangt. — Mit seiner Kaiserkrönung war ein vollständiger Wechsel in der byzantinischen Politik zu erwarten, vor allem galt es, den übermäßig angeschwollenen bürokratischen Apparat einzuschränken und die Wehrkraft des Reiches zu heben. Natürlich konnte er sich nicht erlauben, durch hemmungslosen Radikalismus die immer noch starke Zivilpartei zu verärgern, was ihm sehr bald den Thron hätte kosten können. Er mußte sich Mäßigung auferlegen; eine Geste der Toleranz war es zum Beispiel, daß er Psellos, den typischen Vertreter der Zivilpartei, zum Senatsvorsitzenden und Konstantin Leichudes wieder, wie unter Monomachos, zum ersten Staatsminister machte. Trotzdem sah der Kaiser genau, wo die schlimmsten Schäden lagen, und er zögerte nicht, an ihrer Beseitigung zu arbeiten. Eine der dringendsten Aufgaben war die Sanierung der zerrütteten Staatsfinanzen. Der maßlosen Verschwendung wurde ein Ende gemacht, das verschleuderte Krongut durch Konfiszierungen wieder vergrößert, die zahllosen Stiftungen, Dotationen und Sinekuren wurden eingeschränkt. Die Armee wurde reorganisiert und zahlreiche Offiziere, die ihren Rang nicht ihrer Tüchtigkeit, sondern ihrer hohen Geburt oder guten Beziehungen verdankten, wurden aus dem Heer entfernt.

Trotz aller Vorsicht konnte der Kaiser nicht vermeiden, daß ihm vom Bürgertum, das sich unter dem schlaffen Regiment seiner Vorgänger beträchtliche Vorteile gesichert hatte, in steigendem Maße Ablehnung und Feindschaft entgegengebracht wurde. Der Senatsvorsitzende Psellos warf ihm vor, seine gewiß nützlichen Reformen zu überstürzt und zu unrechter Zeit durchgeführt zu haben, und dahinter steckte sicher der Wunsch, daß zumindest ein Teil der Reformen besser gar nicht vorgenommen worden wäre. Nach dem milden Klima der Vergangenheit empfand man die rauhere Luft, die nun wehte, als unerträglich, auch wenn man in der Theorie einsah, daß es so wie früher nicht weitergehen konnte.

Dem Patriarchen gegenüber hatte sich der Kaiser nach seiner Regierungsübernahme als dankbar erwiesen. Isaak übertrug ihm die Verwaltung der Hagia Sophia, die bisher den Kaisern oblag, und räumte ihm auch sonst noch verschiedene Vorrechte ein, die ihm innerhalb des kirchlichen Bereichs ein bisher nicht gekanntes Maß an Selbständigkeit gegenüber der Staatsgewalt verliehen. Dem machtbesessenen Patriarchen genügte das aber noch nicht. Nur wenige Jahre vor Gregor VII. verfiel er auf den Gedanken, die geistliche Macht über die staatliche zu erheben und er gab seinem Anspruch dadurch sichtbaren Ausdruck, daß er die Purpurschuhe anlegte, die ausschließliches Vorrecht des Kaisers und Symbol der höchsten Gewalt waren. Als Isaak im Zuge seiner Sanierungsmaßnahmen seine Hand auf Kirchengüter legte, war das für Kerullarios das Signal, offen gegen den Kaiser aufzutreten, wobei er sich zu der Drohung verstieg, Isaak abzusetzen. Die Popularität, die der Patriarch genoß, zwang den Kaiser, bei seinen Maßnahmen gegen den Kirchenfürsten Vorsicht walten zu lassen. Erst als Kerullarios einmal die Stadt verließ, wagte er zuzugreifen. Im November 1058, knapp neunzehn Jahre vor Canossa, wurde der Patriarch verhaftet und auf einer Synode zur Verantwortung gezogen. Der wendige Psellos verfaßte die Anklageschrift, das Urteil lautete auf Absetzung und Verbannung. Noch vor Abschluß der Synode starb Kerullarios, von Psellos in seinem Nachruf als Muster eines hervorragenden und gerechten Kirchenfürsten gefeiert — einen Psellos brachte so leicht kein Auftrag in Verlegenheit! Für seine vielseitigen Verdienste erhielt er denn auch das Amt des ersten Staatsministers, als Konstantin Leichudes als Nachfolger des Kerullarios den Patriarchensitz übernahm.

Aber der Sieg des Kaisers über den Patriarchen war kein Sieg. Die Opposition der Öffentlichkeit gegen Isaak wurde durch diese Ereignisse nur verstärkt. Nach der Rückkehr von einem erfolgreichen Feldzug gegen Petschenegen und Magyaren in Bulgarien kehrte der Kaiser krank nach Konstantinopel zurück. Die zwei Jahre seiner Herrschaft hatten ihn überdies enttäuscht, deprimiert und zermürbt. Auf Anraten des Psellos resignierte er, legte den Purpur ab (Dezember 1059) und trat als Mönch in ein Kloster ein, wo er zwei Jahre später — als Pförtner — starb.

Der Rücktritt des Kaisers Isaak bedeutete den Zusammenbruch der Herrschaft des Militäradels. Nun konnte die hauptstädtische Bürokratie wieder zum Zuge kommen. Der neue Kaiser hieß Konstantin Dukas, sein intimer Freund war Psellos, der auch bei seiner Erhebung zum Kaiser eine entscheidende Rolle gespielt hatte. Konstantin X. war Zivilist durch und durch und hatte für das Militär nicht das geringste Interesse, was für seine Anhänger schon als Beweis seiner Qualifikation zum Kaiser ausreichte. Er beschäftigte sich vor allem mit juristischen Angelegenheiten und war für Männer wie Psellos von tiefster Bewunderung erfüllt. Für Literaten und Schönredner brachen wieder einmal herrliche Zeiten an. Als Mensch war Konstantin eine durchaus respektable Persönlichkeit. Er schaffte die Todesstrafe und die Strafe der Verstümmelung ab, zwar nicht durch Gesetz, aber durch bewußte Nichtanwendung. Er war ein umgänglicher Mensch, sehr fromm, ohne irgendwelche hervorragende Eigenschaften. Er hatte einmal gesagt, daß er sich lieber als Gelehrter Ruhm erworben hätte denn als Kaiser. Was er als Gelehrter geleistet hätte, können wir nicht wissen, doch daß er sich als Kaiser keinen Ruhm erwarb, ist ganz sicher. Zu mancher anderen Zeit hätte seine Herrschaft als eine Epoche des Wohlergehens und der Gerechtigkeit in die Geschichte eingehen können, doch das Schicksal wollte es, daß in den sieben Jahren seiner Regierung von allen Seiten Katastrophen über das Reich hereinbrachen, zu deren Abwendung der Kaiser kaum einen Versuch unternahm.

Konstantins Abneigung gegen die Armee ging so weit, daß er zu der selbstmörderischen Maßnahme griff, die Truppen auf ein Minimum zu reduzieren, die Soldzahlungen zu verzögern und für Ausrüstungen, Waffen und Instandhaltung der Grenzfestungen die Ausgaben zu sperren. Der Kaiser hielt sich nämlich für einen tüchtigen Finanzmann und hatte den an sich lobenswerten Plan, die leere Staatskasse wieder zu füllen. Zu diesem Zwecke wurde von Steuerverpachtung und Ämterverkauf im größten Umfang Ge-

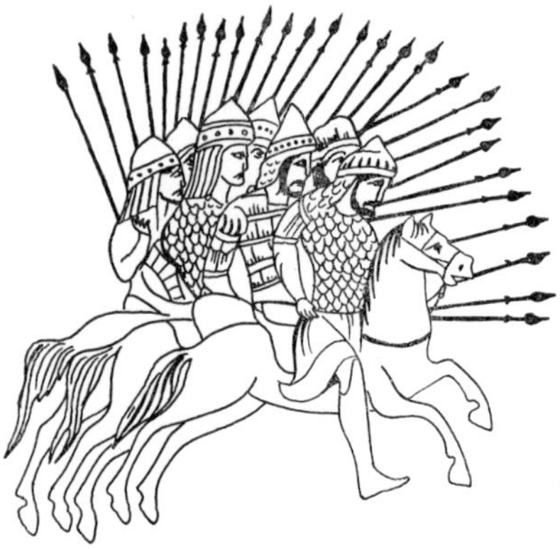

Reiterangriff

brauch gemacht. Konstantin war der Meinung, daß eine volle Kasse ein Heer entbehrlich mache, weil man mit Geld jederzeit den Frieden erkaufen könne. Nun sprach es sich bald bei den Nachbarn von Byzanz herum, daß man mit ein bißchen Waffenklirren die Konstantinopler Geldquellen zum Fließen bringen konnte; und da das eine das andere nicht ausschließt, konnte man das Honorar für Wohlverhalten schließlich auch jederzeit noch durch ein paar Plünderungszüge nach oben abrunden.
Doch es waren nicht lediglich Plünderungszüge, die das Reich wie eine Heimsuchung überfielen. 1059 hatten sich die Normannen mit der Kurie versöhnt. Ihr Anführer, der kolossale Robert Guiskard, der einige Jahre früher begonnen hatte, Kalabrien zu erobern, wurde vom Papst mit Apulien, Kalabrien und dem noch zu erobernden Sizilien belehnt, wofür der Normanne dem Papst den Treueid leistete und sich verpflichtete, dem derzeitigen – Nikolaus II. – und allen seinen Nachfolgern Schutz und Unterstützung zu gewähren. Dieses für die Kurie nicht ungefährliche Bündnis gab dem unberechenbaren Normannenfürsten die Legitimation für alle seine Eroberungen. Unaufhaltsam drang er in Süditalien vor und reduzierte die griechische Macht trotz zähester Gegenwehr von Tag zu Tag. Nach wenigen Jahren war Kalabrien ganz in der Hand der Normannen, die seit 1061 auch auf Sizilien festen Fuß gefaßt hatten. In Apulien blieben dem Kaiser außer der Hauptstadt Bari nur wenige feste Plätze, doch war es nur eine Frage der Zeit, wann der letzte byzantinische Soldat in Italien die Waffen würde strecken müssen.
Wenn man Italien lediglich als nicht lebensnotwendige »Außenbesitzung« betrachtete, so hätten doch die Ereignisse im Osten den Kaiser aus seiner Ruhe aufschrecken müssen. Der Seldschukenkhan Tugril Beg war 1055 in Bagdad einmarschiert und hatte den Kalifen gezwungen, ihm den Sultantitel zu verleihen. Als »König des Ostens und des Westens« machte er sich mit unermüdlicher Energie daran, ein Reich aufzubauen, das das alte Kalifat von Damaskus bzw. Bagdad mit neuem Leben erfüllte. Die Machtzusammenballung an der byzantinischen Ostgrenze nahm immer bedrohlichere Formen an. Hauptzielpunkt des seldschukischen Druckes war naturgemäß der byzantinische Außenposten Armenien, wo bald chaotische Zustände herrschten. Auch in Mesopotamien geriet die byzantinische Herrschaft durch die Angriffe Tugril Begs ins Wanken. 1060 stieß er bis Edessa vor und kräftige Schläge gegen die rhomäischen Grenzbefestigungen ließen voraussehen, daß sein Drang nach Westen nicht an den Grenzen des Reiches haltmachen würde. Tugril Begs Tod 1063 brachte keine Erleichterung; im Gegenteil, denn sein Sohn und Nachfolger Alp Arslan war eine Kriegernatur sondergleichen. Die byzantinische Herrschaft in Armenien empfing ihren tödlichen Schlag, als die Türken 1065 das feste Ani eroberten. Es erfolgte eine massenhafte Übersiedlung von Armeniern nach Kilikien, wo später das Königreich von »Kleinarmenien« entstand, das in den Kreuzzügen eine Rolle spielte. — Der Durchbruch der Seldschuken war irreparabel, Kleinasien lag offen vor ihnen. Mit der Eroberung von Kaisareia im Herzen Kleinasiens krönten sie ihren ersten, großen Feldzug in das byzantinische Kernland.

Alles das beunruhigte den Kaiser kaum, der in Konstantinopel mit Entzücken den wohlklingenden Elogen seines Privatsekretärs Psellos lauschte und sich an dessen Beredsamkeit labte. Daß inzwischen die Magyaren den Rhomäern Belgrad entrissen, mochte noch nicht als Tragödie erscheinen, aber eine wirkliche Katastrophe war der Einbruch des türkischen Stammes der Uzen, die 1064 die Donau überschritten und sich wie einst die Petschenegen in das Reichsland ergossen. Über eine halbe Million Menschen, mit Weibern, Kindern und Viehherden breiteten sich unter entsetzlichen Verheerungen über Makedonien und Thrakien aus, drangen in Griechenland ein und plagten das Land in solch unvorstellbarer Weise, daß, wie ein Chronist berichtete, die ganze Bevölkerung der europäischen Reichshälfte an Auswanderung dachte. Die endliche Beseitigung dieser Plage war kein Verdienst der byzantinischen Waffen; Seuchen und Hunger brachen die Kraft der Uzen, die Reste wurden von ihren alten Todfeinden, den Petschenegen, vernichtet. Viele Uzen traten in byzantinische Dienste und wurden als Kolonen angesiedelt. Kurz vor dem Untergang des Feindes hatte Kaiser Konstantin sich auf Druck des über seine Untätigkeit empörten Volkes zu einem Kriegszug bequemt. Mit einem mächtigen Heer war er aus Konstantinopel ausgerückt, doch inzwischen war die Gefahr schon vorbei; guten Gewissens konnte der Kaiser umkehren und einen unverdienten Triumph feiern.

Es gab kaum noch einen Byzantiner, dem es nicht mit der Zeit klargeworden war, daß die herrschende Kaste der Beamten und Literaten politisch abgewirtschaftet hatte. Selbst Psellos konnte sich des leisen Vorwurfs nicht enthalten, daß sein kaiserlicher Gönner die Armee mehr als vertretbar vernachlässigt habe. Es war keine Frage, daß es so nicht weitergehen konnte. Allerdings war es auch nicht leicht, die Verhältnisse zu ändern, wie das Schicksal Isaaks gezeigt hatte. Als Konstantin X. Dukas 1067 starb, übertrug er die Herrschaft seiner schönen und intelligenten Gattin Eudokia Makrembolitissa, einer Nichte des Kerullarios, und nahm ihr das Versprechen ab, sich nicht wieder zu verheiraten, damit ihren Söhnen Michael, Andronikos und Konstantin die Nachfolge gesichert bleibe. Auch der Senat mußte schwören, keinem anderen Kaiser die Krone zu übergeben. Doch das Verlangen der Öffentlichkeit nach einem tatkräftigen Mann an der Spitze des Reiches und die Gefühle der schönen Eudokia wirkten zusammen, um Eide und Versprechungen vergessen zu lassen. Die Kaiserin verliebte sich in den tapferen, ehrgeizigen und leidenschaftlichen General Romanos Diogenes und vermählte sich mit ihm ein halbes Jahr nach Konstantins Tod. Die Mehrheit war mit der Wahl der Kaiserin einverstanden, vor allem natürlich die Militärpartei, doch hatte er auch einflußreiche und gefährliche Feinde: den Caesar Johannes Dukas, Bruder des verstorbenen Kaisers mit seinen Söhnen Andronikos und Konstantin, die Söhne des Kaisers, den Patriarchen und — Psellos.

Das lebhafte, kriegerische Temperament des Kaisers ließ ihn nicht lange in der Hauptstadt rasten. Er brannte darauf, den entsetzlichen Heimsuchungen Kleinasiens durch die Reiterscharen Alp Arslans ein Ende zu bereiten. Wenige Monate nach seiner Kaiserkrönung zog er mit einem eilig angeworbenen Heer nach Osten. Die Armee bestand nur zum kleineren Teil aus rhomäischen Stratioten, die Hauptmasse bildete ein buntes Völkergemisch von Warägern, fränkischen Normannen, Petschenegen, Uzen usw. Der Feldzug war dennoch nicht ohne Erfolg, stellenweise konnten die Türken zurückgedrängt werden, die es allerdings vermieden hatten, sich auf eine Entscheidungsschlacht einzulassen. Im folgenden Jahr stand der Kaiser wieder im Osten und säuberte Kappadokien und Melitene von den Feinden, operierte in Armenien, aber wieder ließen sich die flinken seldschukischen Reitergeschwader nicht fassen, sondern wichen beharrlich einer Schlacht aus. Im nächsten Jahr zog der Kaiser nicht persönlich aus, doch im darauffolgenden marschierte er mit 100 000 Mann nach Armenien, wo Alp Arslan inzwischen die wichtige Grenzfestung Mantzikert erobert hatte. Die rhomäische Armee wurde geteilt, eine Heeresgruppe erhielt den Auftrag, Akhlat zu erobern, dem Kaiser selbst mit der Hauptarmee gelang es, Mantzikert zurückzugewinnen. Nun trat Alp Arslan selbst auf den Plan. Nachdem er die abgetrennte Heeresgruppe nach Westen abgedrängt hatte, wandte er sich gegen Romanos. Am 19. August 1071 kam es zu einer mörderischen Schlacht, die für die Rhomäer mit einem bösen Vorzeichen begann, indem die Hilfstruppen der Uzen geschlossen zu ihren türkischen Stammesverwandten überliefen. Das Ringen dauerte den ganzen Tag. Bevor eine Entscheidung fiel, wurde das rhomäische Heer durch den Verrat des Andronikos Dukas, des Sohnes des Caesars Johannes Dukas, in Verwirrung gestürzt: ohne Grund gab er den ihm unterstellten Reservetruppen den Befehl zum Rückzug, woraufhin sich die Hauptmasse der kämpfenden Truppe zur Flucht wandte. Der Kaiser versuchte, die Lage zu retten und stürzte sich mit heldenhaftem Mut in das stärkste Getümmel, wurde aber verwundet und von den Türken gefangengenommen. Das fliehende Heer wurde zum größten Teil von den türkischen Reitern niedergemacht. — Die vernichtende Niederlage von Mantzikert entschied über die Zukunft der asiatischen Reichshälfte. Byzanz war nicht mehr fähig, sein Kernland zu schützen — Kleinasien lag den Seldschuken endgültig offen.

Kaiser Romanos schloß in der Gefangenschaft mit Alp Arslan einen Friedensvertrag, denn im Augenblick hatte dieser andere Kriegspläne und wünschte daher vorläufig keine Fortsetzung der Feindseligkeiten mit Byzanz. Romanos verpflichtete sich, Tribut zu zahlen, alle seldschukischen Kriegsgefangenen freizulassen und Hilfstruppen zu stellen. Schon nach einer Woche erhielt Romanos die Freiheit wieder, nicht ahnend, welch grausamem Schicksal er entgegenging.

Bei der Nachricht von der Katastrophe von Mantzikert hatte die kaiserfeindliche Dukaspartei sofort gehandelt. Da man über das Schicksal des Kaisers noch im Ungewissen war, wurde auf Betreiben des Psellos Eudokia Makrembolitissa zusammen mit ihrem ältesten Sohn Michael mit der Regierung betraut. Als kurz darauf Romanos seine Rückkehr ankündigte, machte der Caesar Johannes kurzen Prozeß. Unterstützt von Psellos forderte er von Eudokia, sie solle Romanos der Krone für verlustig erklären, und als die Kaiserin ablehnte, ließ er sie kurzerhand in ein Kloster sperren und seinen Neffen Michael VII. als Alleinherrscher ausrufen. Nun entbrannte ein regelrechter Bürgerkrieg. Andronikos, der Verräter von Mantzikert, führte seine Truppen gegen die des Romanos in Kilikien und bedrängte ihn hart. Schließlich gab Romanos auf. Er dankte ab und nahm das Mönchsgewand, nachdem ihm durch das Ehrenwort des Andronikos und ein Garantieschreiben der Erzbischöfe von Chalkedon, Herakleia und Koloneia persönliche Sicherheit garantiert worden war. Doch bevor noch der Gefangene Konstantinopel erreichte, wurde er auf Befehl des Caesars Johannes geblendet. Der Henker vollbrachte diese Freveltat — mit Hilfe glühender Zeltstangen — so gründlich, daß Romanos wenige Tage später starb. Seine Witwe durfte ihm ein prächtiges Grabmal errichten.

Der junge Michael VII. war der Zögling des Psellos gewesen und dieser war überaus stolz auf das Produkt seiner pädagogischen Bemühungen. Er sah in ihm »eine Natur von solcher Göttlichkeit, einen Mann, der alle anderen übertrifft, die man jemals kennengelernt hat. Es ist mir unmöglich, ihn nicht zu bewundern.« Um aber der Wahrheit die Ehre zu geben, muß gesagt werden, daß Michael eine der armseligsten und kläglichsten Figuren gewesen ist, die jemals den Thron von Byzanz verunziert haben. In vielem seinem Vater Konstantin X. ähnlich, stand er ganz unter dem Einfluß von Psellos, der über ihn schreibt:

Michael VII. Dukas (1071–78)

□ Der Leser möchte wahrscheinlich gern wissen, was des Kaisers Lieblingsbeschäftigungen waren und worauf er besonders stolz war. Nichts gefiel ihm mehr als das Lesen von Büchern über alle Arten von gelehrten Sachen, das Studium literarischer Abhandlungen, markige Sprüche, Sprichwörter. Er erfreute sich an elegant formulierten Texten, an feinen Wortverbindungen, Stilunterscheidungen, neuen Wortprägungen, poetischer Diktion ... □

Dieses »Wunder unserer Generation«, wie ihn Psellos einmal nennt, verbrachte also seine Zeit mit der Abfassung von Reimen, von denen andere Chronisten versichern, daß sie kindisch und dürftig gewesen seien. Das Regieren überließ er seinem niederträchtigen Onkel Johannes und dem nicht minder niederträchtigen Logotheten Nikephoritzes, welcher auf die verhängnisvolle Idee verfiel, den Getreidehandel zum Staatsmonopol zu machen. Diese Maßnahme diente nicht etwa dazu, die Brotversorgung sicherzustellen, sondern dem Staat und vor allem Nikephoritzes selbst eine neue Einnahmequelle zu erschließen. Die Folge war, daß eine Teuerung eintrat, so daß man für ein »Pinakion« (Münzeinheit) nur noch ein Viertel der gewöhnlichen Getreidemenge erhielt. Das brachte dem Kaiser den Spottnamen »Parapinakes« ein und das Volk an den Rand einer Hungersnot.

Der auswärtige Feind hatte wieder einmal leichtes Spiel. 1071 fiel Bari, die letzte Bastion der Byzantiner in Süditalien, in die Hände Robert Guiskards. Alp Arslan, durch den Tod des Romanos Diogenes von dem mit ihm geschlossenen Friedensvertrag entbunden, verwüstete systematisch die Ostprovinzen und nach seinem Tode setzte sein Sohn Malik Schah die Eroberungspolitik mit neuem Schwung fort. Den Kampf mit den Byzantinern übertrug er seinem Verwandten Suleiman mit dem Recht, auf den eroberten rhomäischen Territorien eine eigene, dem groß-seldschukischen Reich nur lose verbundene Herrschaft zu gründen. Die Fortschritte Suleimans in Kleinasien wurden dadurch besonders begünstigt, daß er seinen griechischen Untertanen, die infolge der Ausbreitung des Großgrundbesitzes Hörige geworden waren, die Freiheit wiedergab und den christlichen Glauben tolerierte. In kürzester Zeit konnte Suleiman seine Herrschaft bis an die Westküsten Kleinasiens ausdehnen.

Der Verlust Kleinasiens machte nicht nur in Byzanz, sondern auch im Westen einen tiefen Eindruck, und Papst Gregor VII. spielte mit dem Gedanken, den Byzantinern militärische Hilfe zukommen zu lassen. Die rhomäische Armee befand sich in einem desolaten Zustand; Meutereien und Usurpationsversuche waren an der Tagesordnung. Unter anderen trat auch der Caesar Johannes mit Unterstützung des normannischen Söldnerführers Ursel von Bailleul, den zu bekämpfen er eigentlich ausgezogen war, als Kronprätendent gegen seinen Neffen auf. Michael verfiel in dieser Notlage auf den Gedanken, die Hilfe der Türken anzurufen, die wiederum Ursel von Bailleul eigentlich hatte bekämpfen sollen. Den Seldschuken gelang es schnell, Johannes und Ursel zu schlagen und beide gefangenzunehmen. Sie wurden nach Konstantinopel ausgeliefert, der Caesar verschwand in einem Kloster, während der unentbehrliche Ursel bald wieder ein Kommando erhielt. Freilich hatten die Türken nicht vergessen, dem Kaiser für die geleisteten Dienste die Rechnung zu präsentieren: Michael mußte ihnen die bis dahin eroberten Gebiete formell abtreten, jenes Gebiet, das wenig später zum »Sultanat von Rum«, d. h. zum »Römischen Reich seldschukischer Nation« wurde.

Damit das Maß der Leiden voll werde, hatte man auch auf dem Balkan mit erheblichen Schwierigkeiten zu kämpfen, wo die byzantinische Macht unaufhaltsam abbröckelte. Kroatien entzog sich der byzantinischen Vorherrschaft vollständig und in Bulgarien waren Aufstände und Raubzüge der Petschenegen zur Gewohnheit geworden. Der tüchtige Nikephoros Bryennios, Dux von Dyrrhachion, konnte allerdings das Schlimmste verhüten.

Unter diesen Umständen mußte die Position des Verseschmieds Michael VII. unhaltbar werden. Das vom Feind wie von der eigenen Regierung erbarmungslos ausgeplünderte Volk begehrte auf, das Militär rebellierte. Ende 1077 ließ sich Nikephoros Bryennios zum Gegenkaiser ausrufen und zog mit einem aus Bulgaren, makedonischen Slawen, aus italienischen, griechischen, normannischen und uzischen Söldnern gebildeten Heer

Kaiser Nikephoros Botaneiates (1078–81) zwischen Gerechtigkeit und Wahrheit

vom Balkan aus nach Konstantinopel, während gleichzeitig von der kleinasiatischen Seite aus der Magnat Nikephoros Botaneiates mit einem durch türkische Hilfstruppen Suleimans verstärkten Heer auf die Hauptstadt marschierte, um ebenfalls die Kaiserkrone zu erlangen. Als er Nikaia erreichte, brach in Konstantinopel ein Aufstand aus, Michael wurde zur Abdankung gezwungen und der Blutsauger Nikephoritzes zu Tode gefoltert. Michael Psellos, der gelehrte Philosoph und eitle Intrigant, verschwand von der politischen Bühne; über sein weiteres Schicksal ist nichts bekannt.
Nikephoros Botaneiates kam Bryennios zuvor und bestieg im März 1078 den Kaiserthron. Der neue Kaiser vermochte dem Chaos nicht Einhalt zu gebieten, denn die einmal in Aufruhr geratene Generalität gab keine Ruhe mehr. Zunächst hatte der Kaiser seinen Rivalen Bryennios zu bekämpfen. Dazu versicherte er sich des Dienstes des hochbefähigten Generals Alexios Komnenos, eines Neffen des Kaisers Isaak, der Bryennios in einer Schlacht in Thrakien überwand. Kaum war dieser Sieg errungen, erhob sich ein neuer Prätendent, Basilakes, der sich in Thessalonike festgesetzt hatte. Auch diesen konnte Alexios besiegen, Basilakes wurde an den Kaiser ausgeliefert. Dann entfesselte der Bruder des entthronten Kaisers Michael, Konstantin Dukas, einen Aufstand, der aber kurz darauf wegen der völligen Unfähigkeit des Konstantin von selbst in sich zu-

Christus krönt Nikephoros III. Botaneiates (1078–81) und Maria von Alanien

sammenbrach. Gefährlich war dagegen die Erhebung des Nikephoros Melissenos, eines hochangesehenen, reichen kleinasiatischen Magnaten, der mit der Schwester des Alexios Komnenos verheiratet war. So wie schon vor ihm Nikephoros Botaneiates, hatte auch Melissenos mit den Türken einen Vertrag geschlossen, die ihm für die Überlassung bestimmter Territorien eine Hilfstruppe zur Verfügung stellten. Seinem Schwager begegnete Alexios nicht mit Heeresmacht, denn er hatte inzwischen seine eigenen, weiter ausgreifenden Pläne entworfen. Alexios war zu der Einsicht gekommen, daß mit militärischen Mitteln keine Befriedigung des Reiches und Beruhigung der aufgestörten Geister zu erreichen war; wichtiger war, die Gegensätze auszugleichen, die Rivalitäten gegenstandslos zu machen und die Feinde zu versöhnen. Das erforderte selbstverständlich ein außergewöhnliches diplomatisches Geschick, und Alexios hatte es. Er selbst war mit Irene Dukas verheiratet, einer Tochter des Verräters Andronikos, wodurch er die einflußreiche Dukas-Familie auf seiner Seite hatte. Die Kaiserin, die schöne Maria von Alanien, adoptierte Alexios in der Hoffnung, daß er die Thronfolge ihres Sohnes Konstantin sichern würde. Schließlich gelang es ihm auch, den Caesar Johannes Dukas auf seine Seite zu ziehen. Daraufhin konnte Alexios mit seinem Schwager Melissenos in Unterhandlung treten. Dieser verzichtete zugunsten seines Schwagers auf den Purpur, den zu erringen er gehofft hatte, und ließ sich mit der Aussicht auf den Caesartitel abfinden.
Nikephoros Botaneiates war nicht nur zu alt und hinfällig, diese Vorgänge unter Kontrolle halten zu können, sondern er bewies auch sowohl in der inneren Verwaltung wie auch in der Außenpolitik eine unglückliche Hand. Trotz der Aufhebung des staatlichen Getreidemonopols wollte die Wirtschaft nicht gesunden. Der Kaiser sah sich zu der gefährlichen Maßnahme einer Münzverschlechterung gezwungen, wodurch die jahrhundertelang wegen ihrer Stabilität berühmte byzantinische Währung einen empfindlichen Stoß erlitt. Der Kaiser selbst legte in seinen alten Tagen eine unverantwortliche Verschwendungssucht an den Tag, während er zugleich die Reichsverwaltung den dafür ungeeignetsten Personen überließ. Sein schlimmster Mißgriff jedoch war, daß er ohne Not die erbitterte Feindschaft des gefährlichen Robert Guiskard heraufbeschwor, der nach der glücklich beendeten Eroberung Süditaliens begann, begehrliche Blicke über die Adria nach Osten zu werfen. Byzanz und die Kaiserkrone der Rhomäer übten eine gewaltige Anziehungskraft auf ihn aus; die Macht, sie zu erringen, fehlte ihm nicht.
Im Frühjahr 1081 ging Alexios an die Ausführung seines wohlvorbereiteten Planes. Er ließ sich in Kleinasien zum Kaiser ausrufen und zog mit einem Söldnerherr nach Kon-

Kopf eines byzantinischen Kaisers

stantinopel. Die unbezwinglichen Mauern der Stadt im Sturm zu berennen, war allerdings ziemlich aussichtslos, zumal eine recht starke Garnison zur Verteidigung bereitstand. Da gelang es dem General Georgios Paläologos, einem Freund und Verwandten des Alexios Komnenos, den Kommandanten einer deutschen Söldnerschar, die den Mauerabschnitt im Blachernenviertel verteidigte, zu kaufen. In der Nacht zum 1. April konnten Alexios' Truppen durch das heimlich geöffnete Tor ungehindert in die Stadt eindringen, die von den buntgemischten Söldnerhaufen wie eine feindliche Stadt auf das schlimmste geplündert wurde. Bevor die Straßenkämpfe beendet waren, verlor Nikephoros Botaneiates den Mut. Er flüchtete in die Sophienkirche, entsagte dem Thron und wurde gezwungen, das Mönchsgewand zu nehmen, was er allerdings nur ungern tat, denn, wie er später oft sagte: »Das einzige, was mich stört, ist die Enthaltsamkeit von Fleisch, alles andere kümmert mich nicht weiter.« — Am 4. April kam die schwer heimgesuchte Stadt zur Ruhe und Alexios Komnenos wurde in der Hagia Sophia zum Kaiser gekrönt.

Die Dynastie der Komnenen

Nikephoros' Befriedigung, aller Pflichten ledig zu sein, ist nur zu verständlich, wenn man sich die Situation des Reiches bei der Regierungsübernahme des Alexios vor Augen führt. Wenn der Kaiser von seinem Palast über den Bosporus nach Kleinasien hinüberschaute, sah er in Feindesland; die europäische Reichshälfte war von Barbareneinfällen furchtbar heimgesucht und überdies erwartete man sozusagen täglich die Landung des gewaltigen Robert Guiskard, der in Süditalien ein riesiges Expeditionskorps zusammenzog. Alexios verfügte weder über ein ausreichendes Heer, noch über Geldmittel. Zudem war die Stimmung in Konstantinopel alles andere als gut, denn die rücksichtslosen Plünderungen der Söldner des Alexios und das Blutvergießen hatten helle Empörung hervorgerufen. Um den inneren Frieden wiederherzustellen, unterwarf sich Alexios und seine Familie einer strengen Kirchenbuße: vierzig Tage trug er unter dem Purpur ein Gewand aus Sackleinen, schlief auf dem nackten Fußboden und erfüllte den Palast mit lauten Klagen über seine Verfehlungen. Dann ging er an die Regelung der inneren Angelegenheiten.

Zunächst mußten die Helfer des Kaisers belohnt werden, denen er viele Versprechungen gemacht hatte. Er dachte nun nicht etwa daran, seine Versprechen zu brechen, doch wußte er durch geschickte Manipulationen sie teilweise zu umgehen. In der Stunde der Not hatte er seinem aufständischen Schwager Melissenos den Caesartitel in Aussicht gestellt, was diesen zum zweiten Mann im Staate gemacht hätte. Durch eine Umordnung des Titelwesens schuf der Kaiser nun eine neue Rangordnung, in der der Caesartitel abgewertet wurde. Der Caesar Melissenos rangierte nunmehr unter dem »Sebastokrator« Isaak, dem Bruder des Alexios. Dieser neugeschaffene Titel bezeichnete jetzt den Rang unmittelbar unter der Kaiserwürde. Michael Taronites, der die Schwester des Kaisers geheiratet hatte, erhielt den Titel »Protosebastos«, außerdem gab es nun auch noch so wohlklingende Titel wie »Panhypersebastos«, »Sebastohypertatos«, »Pansebastohypertatos«, »Protopansebastohypertatos«, »Entimohypertatos«, »Panentimohypertatos«, »Protopanentimohypertatos« usw. usw.

Heikler war die Frage, was aus der Kaiserin Maria, der Gattin Michaels VII. und danach des Nikephoros Botaneiates, werden sollte. Alexios war mit seiner Adoption durch die Kaiserin in etwa die Verpflichtung eingegangen, das Thronfolgerecht ihres siebenjährigen Sohnes Konstantin aus ihrer Ehe mit Michael Parapinakes zu respektieren und zu schützen. Schon aus diesem Grund konnte man Mutter und Kind nicht ohne weiteres aus dem Palast entfernen. Noch etwas anderes veranlaßte den Kaiser, Maria von Alanien mit dem größten Zartgefühl zu begegnen — ihre atemberaubende Schönheit. Sie machte auf Alexios einen solchen Eindruck, daß er, wie das Gerücht wissen wollte, mit dem Gedanken spielte, sich von seiner knapp fünfzehnjährigen Gattin Irene zu trennen und die schöne Alanin zu heiraten. Daher vielleicht wurde bei seiner Krönung Irene nicht gleich mitgekrönt. Natürlich rief das sogleich die Dukas-Sippe, der Irene angehörte, auf den Plan, mit der es Alexios nicht verderben durfte. Auf ihre dringenden Vorstellungen hin erfolgte dann auch acht Tage später die Kaiserkrönung der Irene. Die gefährliche Maria siedelte mit ihrem Sohn, dem nun und in Zukunft alle kaiserlichen Ehren erwiesen wurden, in den Manganenpalast über, wo sie ein standesgemäßes Leben führen konnte, und Alexios blieb bei seiner Irene im Bukoleonpalast. Eine Beschreibung des kaiserlichen Paares verdanken wir seiner gebildeten und begabten Tochter Anna, die später die Taten ihres Vaters in ihrem Buch »Alexias« mit Scharfblick, Klugheit und Gelehrsamkeit darstellt.

□ Die beiden Majestäten Alexios und Irene waren unglaublich schön und in jeder Beziehung unnachahmlich in ihrer Gestalt. Weder ein Maler hätte sie mit dem Blick auf dieses Urbild der Schönheit malen können, noch hätte ein Bildhauer die unbeseelte Materie so beleben können; ja sogar jener vielberufene Kanon des Polyklet wäre geradezu auf die Stufe der Kunstlosigkeit herabgesunken, wenn man diese schönen Bildwerke der Natur, ich meine die gekrönten Kaiser, und die Arbeiten jenes Polyklet prüfend verglichen hätte.

Alexios war nicht gerade ein Riese, besaß aber eine ebenmäßig breite Stattlichkeit. Im Stehen machte er keinen so imponierenden Eindruck, wenn er aber auf dem Kaiserthron

Kaiser Alexios I. Komnenos (1081–1118) und seine Gemahlin Irene

saß und seinen faszinierenden Blick erstrahlen ließ, dann schien er wie ein Blitz unwiderstehlichen Glanz von seinem Antlitz und seinem ganzen Körper(-bau) auszustrahlen. Schwarz wölbte sich die Augenbraue auf beiden Seiten; unter ihr lag das ehrfurchtgebietende und zugleich milde Auge, so daß man bei seinem Blick, dem Glanz der Stirn, der Würde seiner Wangen und der Röte, die sie (manchmal) überlief, sich zugleich fürchten und Mut fassen konnte. Die Breite seiner Schultern, die Stärke seiner Arme und die Wölbung seiner Brust erinnerten an einen Heros und waren durchaus geeignet, das freudige Staunen der Menge zu erregen. In der Erscheinung dieses Mannes verband sich jugendlicher Charme mit Würde und unnahbarem Stolz. Wenn er nun ins Gespräch kam und zu reden begann, konnte man leibhaftig den Feuerhauch der Beredsamkeit auf seinen Lippen sehen. Denn mit einem Schwall rhetorischer Kunstgriffe riß er die Herzen aller Hörer mit sich fort, und man konnte ihm nicht widersprechen, noch Widerstand leisten, ob es sich um die Zunge oder um den Arm handelte, ob es galt, den Speer zu werfen oder reine Zaubermittel (der Redekunst) auszusenden.
Die Kaiserin Irene, meine Mutter, war damals noch ein junges Mädchen und hatte das 15. Lebensjahr noch nicht überschritten. Sie war die kleine Tochter des Andronikos, des Erstgeborenen des Caesars (Johannes), von angesehener Herkunft, da sie ihre Abstammung auf die Andronikoi und Konstantinoi aus dem Hause Dukas zurückführte. Sie wuchs empor wie ein junger Baum, gerade aufwärts und immer grün, wobei ihre Glieder und Körperteile ebenmäßig, überall einander entsprechend, breiter und schmaler wurden. Sie war charmant anzusehen und charmant anzuhören, ein Wesen, an dem man sich tatsächlich nicht satthören und -sehen konnte. Ihr Antlitz glänzte wie das Mondlicht; es hatte aber nicht einen kreisförmigen Schnitt wie bei den Assyrierinnen (Türkinnen), noch war es andererseits in die Länge gezogen wie bei den Skythinnen, sondern wich nur ganz wenig von der genauen Kreisform ab. Von ihren Wangen strahlte der blühende Teint aus und ließ die Rosenfarbe auch die Fernstehenden erkennen. Ihr frohes, zugleich mit der Freude aber auch fürchterliches Auge blickte unverwandt, so daß sie die Augen derer, die sie sahen, durch die Freude und die Schönheit auf sich zog,

durch die Furcht aber zwang, sich zu schließen, da sie nicht wußten, wie sie hinsehen oder wie sie sich verbergen sollten. □

Wenn der Kaiser trotz der Schönheit seiner Frau sie zugunsten Marias von Alanien zu verlassen beabsichtigt haben sollte, so kann das möglicherweise auch darin begründet gewesen sein, daß Irene von einer etwas übertriebenen Frömmigkeit war. Zwar ist Frömmigkeit als solche noch nicht ehezersetzend — auch Alexios war sehr fromm —, aber wenn Irene, wie ihre Tochter berichtet, auch an der kaiserlichen Mittagstafel mit den Schriften der Kirchenväter unter dem Arm erschien, so läßt das doch darauf schließen, daß sie die Dinge einigermaßen übertrieb. Irene gebar dem Kaiser zunächst zwei Töchter, Anna und Theodora. Die kleine Anna wurde als Kind mit Marias Sohn Konstantin verlobt, so daß das Komnenenhaus wenigstens in weiblicher Linie an der Thronnachfolge beteiligt sein würde. Als aber etliche Jahre später Irene ihren Sohn Johannes gebar, übertrug der Kaiser sogleich ihm das Thronfolgerecht und ließ ihn noch als Kleinkind zum Kaiser krönen. Kurz darauf starb Konstantin, der Bräutigam Annas, und das Nachfolgerecht des kleinen Johannes war nun nicht mehr anzufechten; für hundert Jahre sollten die Geschicke des Reiches in den Händen der Komnenen ruhen.

Zur Zeit seiner Thronbesteigung hatte Alexios allerdings keine Zeit, langfristige Zukunftspläne zu schmieden. Im Augenblick sah es eher so aus, als sollte es für Byzanz kaum noch eine Zukunft geben. Im Mai 1081 landeten die Normannen bei Dyrrhachion (Durazzo), von wo aus die uralte Heerstraße — die Via Egnatia — über Thessalonike nach Konstantinopel führte. Im Gefolge des Normannenfürsten befand sich ein Mann, der sich für den abgesetzten Michael Parapinakes ausgab und dessen Wiedereinsetzung der Normanne als Kriegsziel angab. Daß dieser »falsche Michael« nur als Vorwand für das eigene Streben diente, daran zweifelten weder die Byzantiner, die ja den echten Michael in ihren Mauern hatten, noch die Normannen selber.

Robert Guiskard machte sich unverzüglich an die Unterwerfung der umliegenden Gebiete und schritt dann zur Belagerung der starken Festung Dyrrhachion. Alexios erkannte, daß Guiskard die augenblicklich größte Gefahr darstellte und daß er alles daran setzen mußte, die hochfliegenden Pläne des tatkräftigen und von dämonischem Ehrgeiz getriebenen Normannen zu durchkreuzen. Zunächst schloß er einen Frieden mit den Seldschuken und gab ihnen alles von ihnen eroberte Land »in Verwaltung«, was auf eine Verzichterklärung (mit dem heimlichen Vorbehalt des Widerrufs zu passender Stunde) hinauslief. Doch für den Kaiser gab es keine andere Wahl, er mußte den Rükken frei haben. Dadurch konnte zwar eine Teilung der Armee vermieden werden, andererseits war freilich die Armee auch als Gesamtheit viel zu schwach, den Normannen ernsthaften Widerstand entgegensetzen zu können. Daher suchte der Kaiser als nächstes nach geeigneten Bundesgenossen.

Der erste mögliche Helfer war der deutsche Kaiser Heinrich IV., der durch seinen Konflikt mit Papst Gregor VII. der natürliche Feind der Normannen war. Zweifellos hätte Heinrich gern etwas gegen die Normannen unternommen und er ließ auch seine grundsätzliche Bereitwilligkeit erkennen, aber der schwelende Investiturstreit hinderte ihn daran, solche Pläne weiter zu verfolgen. Einen Bundesgenossen, der sofort auf Alexios' Anfrage einging, fand Byzanz dagegen in Venedig. Die Seerepublik sah sich durch die Beherrschung der Adria durch die Normannen in ihren unmittelbaren Interessen bedroht. Für den Handel Venedigs war der freie Verkehr in der Adria lebensnotwendig und ein normannischer Riegel von Süditalien nach Illyrien hinüber hätte ihm den Lebensnerv abgeschnitten. Venedig strebte selbst nach der Herrschaft über die wichtigsten Stützpunkte in der Adria und zögerte daher nicht, eine tüchtige Flotte gegen die Normannen auszurüsten und nach Dyrrhachion in Marsch zu setzen.

Unter dem Kommando des treuen, tapferen Georgios Paläologos verteidigte sich die Stadt gegen den wütenden Ansturm des Feindes mit gutem Erfolg. Große Hoffnungen weckte ein Seesieg der Venezianer über die normannische Flotte. Robert Guiskards Mannen fingen an, unter Hunger und Krankheit zu leiden. Monatelang zog sich die Belagerung hin, ohne daß Fortschritte erzielt worden wären. Trotzdem wurden die Befestigungswerke Tag für Tag berannt.

☐ Georgios Paläologos machte Tag und Nacht Gegenangriffe, dann ließ er mit dem Mute der Verzweiflung die Tore aufreißen und begann einen wütenden Kampf mit dem Feind. Er war an verschiedenen Körperteilen schwer verwundet worden und am schwersten durch einen Pfeil, der seinen Kopf in der Nähe der Schläfe durchbohrt hatte. Nachdem er sich vergeblich bemüht hatte, ihn herauszuziehen, schickte er nach einem Fachmann, der das gefiederte Ende abschnitt und den anderen Teil in der Wunde stekken ließ. Dann stürzte er mit notdürftig verbundenem Kopf sich wieder in die Mitte der Feinde und kämpfte ohne zurückzuweichen bis zum Abend weiter ... Paläologos plante nun, Roberts riesigen Holzturm (Belagerungsturm) in Brand zu setzen, und hatte Naphta, Pech und Bündel von trockenem Holz und Wurfmaschinen aus den Mauern zusammengebracht und wartete auf den Angriff des Feindes. Als er Robert für den folgenden Tag erwartete, stellte er den hölzernen Turm, den er selbst in der Stadt errichtet hatte, genau dem mächtigen Turm, der von außen herankommen sollte, gegenüber auf; dann machte er die ganze Nacht hindurch Versuche mit dem Rammbaum, der von

Mittelalterlicher Belagerungsturm mit Fallbrücken

der Spitze seines Turmes hing und dazu bestimmt war, gegen die Tür des herankommenden großen Turmes gerammt zu werden; denn er wollte sich davon überzeugen, ob er leicht zu bewegen war und auch wirklich genau die Tür treffen würde, bevor man sie öffnete. Als er sicher war, daß der Baum sich leicht bewegte und seinen Zweck erfüllen würde, wartete er vertrauensvoll den Angriff ab. Am nächsten Tag befahl Robert allen, sich zu bewaffnen, und ließ über 500 Fußsoldaten und Reiter im Turm Aufstellung nehmen, und als dieser an die Mauer herangeschoben worden war, versuchten sie, plötzlich die Tür an der Spitze aufzuwerfen, damit sie sie als Zugbrücke zum Übergang in die Festung benutzen könnten. Da zog Paläologos von innen den riesigen Rammbaum mit Hilfe einer großen Menge kühner Männer nach vorn und ebenfalls die Maschinen, die er vorbereitet hatte, und machte so Roberts Turm nutzlos, denn der Baum kam dem Öffnen der Tür zuvor. Dann wurden die Franken, die oben auf dem Turm standen, mit einem Hagel von Geschossen überschüttet, dem sie nicht widerstehen konnten, und sie versteckten sich. Daraufhin befahl er (Paläologos), daß der Turm in Brand gesteckt werden sollte und bevor er ausgeredet hatte, stand er auch schon in Flammen. Die Männer, die oben standen, stürzten sich hinab und die unten stehenden öffneten die untere Eingangstür und flohen. Als Paläologos sie fliehen sah, machte er einen Ausfall durch das hintere Stadttor mit einer Truppe tapferer, wohlbewaffneter Soldaten und anderen mit Äxten, mit denen der Turm umgehauen werden sollte. Auch darin war er erfolgreich, denn der verbrannte obere Teil und der untere wurden durch ein paar Schläge mit Steinklopferwerkzeugen vollkommen zerstört. Daraufhin baute Robert mit Eifer einen zweiten mächtigen, hölzernen Turm, genau so wie den ersten, und bereitete Belagerungsmaschinen vor ... (A. K.) □

Inzwischen hatte Alexios in Konstantinopel ein Heer zusammengezogen, um den tapferen Verteidigern Dyrrhachions endlich Entsatz zu bringen. Mit 70 000 Mann, hauptsächlich Warägern, dänischen und angelsächsischen Kriegern aus England erreichte er im Herbst 1081 die belagerte Stadt. Trotz der Warnungen des erfahrenen Paläologos ließ sich der Kaiser von der Ungeduld seiner jüngeren Offiziere hinreißen, sofort eine Schlacht gegen Robert zu wagen. Die überlegene Taktik Robert Guiskards und der unwiderstehliche Ansturm seiner Scharen machten alle Anstrengungen des Kaisers zunichte. Sein Vasall, Fürst Bodin von Zeta, griff überhaupt nicht in den Kampf ein, die kaiserliche Armee wurde geschlagen und zerstreut, Alexios konnte sich nur mit knapper Not der Gefangennahme entziehen. Mit den Resten seines Heeres kehrte der Kaiser nach Thessalonike zurück, und die Verteidigung von Dyrrhachion trat in ein hoffnungsloses Stadium, denn Paläologos hatte die Stadt verlassen und den Kaiser auf seinem Rückzug begleitet. Wenig später öffneten die Einwohner der Stadt den Normannen die Tore und übergaben ihnen die Stadt.

Zu den hervorstechendsten Eigenschaften des Kaisers gehörte seine unerschütterliche Zielstrebigkeit, die ihn Augenblicke der Entmutigung schnell überwinden ließen. Mit zäher Verbissenheit ging er sofort daran, Maßnahmen zur Fortsetzung des Krieges gegen Robert Guiskard vorzubereiten. Wieder waren es dieselben zwei Dinge, die er dringend benötigte: Geld und Bundesgenossen. Es blieb nicht viel Zeit, denn die Normannen marschierten schon in das Innere der Balkanhalbinsel, eroberten Kastoria und näherten sich Thessalonike. Kaiser Alexios opferte sein Privatvermögen und das seiner Mutter Anna Dalassena, aber dies reichte bei weitem nicht aus. Daher sah er sich gezwungen, auf Besitztümer der Kirche zurückzugreifen. Sorgfältig genug wurde dieser Schritt beraten, denn es stand zu erwarten, daß man sich damit gefährliche Feinde schaffen würde.

□ Als sie zu diesem Beschluß gekommen waren, begab sich der Sebastokrator Isaak in die Große Kirche, wohin er den gesamten Klerus zu einer Versammlung hatte einberufen lassen. Die Mitglieder der heiligen Synode, die die Ratgeber des Patriarchen waren, wunderten sich, ihn zu sehen und fragten ihn, was ihn herführe. Er antwortete: »Ich bin gekommen, um mit Euch eine Angelegenheit zu besprechen, die in dieser schrecklichen Krise von Nutzen und das Mittel zur Erhaltung der Armee sein könnte.« Daraufhin begann er, die kirchlichen Bestimmungen über überflüssige kirchliche Geräte vorzutragen, und als er eine Menge darüber gesagt hatte, schloß er mit den Worten: »Ich bin gezwungen, die zu zwingen, die ich nicht zwingen möchte.« (A. K.) □

Nach Überwindung der erwarteten Widerstände konnte der Kaiser die Staatskasse mit Hilfe beschlagnahmter Kirchengüter nachfüllen und damit die Voraussetzung zur Aufstellung einer neuen Armee schaffen. Geld brauchte der Kaiser auch für die Werbung von Bundesgenossen, unter denen die Venezianer wieder eine hervorragende Rolle spielten. Die Venezianer waren Kaufleute und kühle, realistische Rechner; für sie war die

Hilfeleistung ein Geschäft wie jedes andere. Für die gewissenhafte Einhaltung ihrer Versprechungen verlangten sie Bezahlung. Das machte die Verhandlungen mit ihnen einerseits leicht, denn pünktliche und genaue Lieferung war ihnen Ehrensache, andererseits auch wieder schwer, denn ihre Preise waren hoch. Im Mai 1082 schloß Alexios mit dem Dogen einen folgenschweren Vertrag.

☐ Er bezahlte ihre Dienste mit großzügigen Geschenken und Vorrechten und ehrte den Dogen von Venedig mit dem Titel »Protosebastos« mit dem entsprechenden Gehalt und dem Patriarchen (von Grado) verlieh er den Titel »Hypertimios« mit dem entsprechenden Gehalt. Darüber hinaus bestimmte er, daß eine große Summe Geldes jährlich an alle Kirchen Venedigs aus dem kaiserlichen Schatz verteilt werden sollte und der Kirche, die nach dem Apostel und Evangelisten Markus benannt ist, machte er alle Geschäftsleute Konstantinopels, die aus Amalfi stammten, tributpflichtig. (Die Steuerbelastung der Amalfitaner begründet sich daher, daß Amalfi seit seiner Unterwerfung unter die Herrschaft der Normannen als feindliche Stadt angesehen wurde.) Er gab den Venezianern auch alle Landungsplätze zwischen dem alten hebräischen Ankerplatz bis zur sogenannten Bigla und alle Landungsplätze zwischen diesen zwei Plätzen sowie auch viel Grundbesitz nicht nur in der Hauptstadt und in der Stadt Dyrrhachion, sondern wo immer sie es wünschten. Doch als größtes Geschenk ordnete er an, daß alle ihre Handelswaren im ganzen Römischen Reich steuerfrei sein sollten, damit sie, wo sie wollten, frei Handel treiben konnten, ohne auch nur einen Obolus zu bezahlen, weder für Zoll, noch für irgendeine andere Steuer, die der Fiskus erhebt; sie sollten der rhomäischen Obrigkeit in keiner Weise unterworfen sein. (A. K.) ☐

Dieser Vertrag eröffnete den venezianischen Kaufleuten freien und ungehinderten Zugang nach Osten und verschaffte ihnen bedeutende Vorteile im Levantehandel gegenüber allen anderen beteiligten Kauffahrern. Die venezianische Kolonie in Galata — praktisch exterritoriales Gebiet — nahm unter diesen Umständen einen schnellen Aufschwung. Natürlich bedeuteten die Privilegien einen großen Schaden für den byzantinischen Handel, der nicht mehr konkurrenzfähig war, und damit auch wiederum für den Fiskus, der beträchtliche Steuerausfälle hinnehmen mußte. Die höchst verderblichen Folgen des Vertrages von 1082, dem bald ähnliche folgten, waren zur Zeit seiner Abfassung sicher noch nicht in ihrer vollen Tragweite zu überblicken, doch waren es diese immer weitergehenden Konzessionen, die die wirtschaftliche Lebensader des Reiches immer stärker abdrosselten und schließlich zur völligen Erstickung führten.

Auch mit Heinrich IV. trat Alexios wieder in Unterhandlung. Ein deutscher Graf erschien in Konstantinopel und sagte Unterstützung der byzantinischen Interessen zu. Im Frühjahr 1082 war Robert Guiskard nach Italien zurückgekehrt, um eine Erhebung in Apulien zu unterdrücken. Die Fortsetzung des Krieges gegen Byzanz hatte er seinem Sohn Bohemund übertragen. Alexios lag es daran, daß Robert in Italien festgehalten wurde und er veranlaßte Heinrich IV., einen demonstrativen Kriegszug nach Süditalien zu unternehmen. Tatsächlich war für Robert an eine Rückkehr nach Griechenland vorläufig nicht zu denken, denn 1083 wurde sein Lehnsherr Gregor VII. in Rom von Heinrich belagert. Zu dieser Zeit traf eine byzantinische Gesandtschaft in Rom bei dem deutschen Kaiser ein und überbrachte ihm die stattliche Summe von 144 000 Silberdinaren für geleistete und noch zu leistende Dienste gegen Robert und stellte noch größere Summen in Aussicht. Robert zog im folgenden Jahr mit einem riesigen Heer nach Norden, um den Papst, der sich in der Engelsburg verschanzt hatte, zu befreien. Heinrich räumte rechtzeitig das Feld vor dem überlegenen Normannenheer und dieses vollbrachte das »Befreiungswerk« so kräftig, daß die halbe Stadt in Trümmer sank, während die Schandtaten und Greuel der gewalttätigen Normannen in der heiligen Stadt die Zeitgenossen aufs tiefste erschütterten. Gregor mußte den Normannen nach Salerno folgen, wo er ein Jahr später unbeachtet und vereinsamt starb. Sein Beschützer Robert Guiskard spann inzwischen neue Pläne für den Osten.

Während Roberts Abwesenheit hatte sein Sohn Bohemund nicht viel Glück gehabt. In der ersten Zeit freilich machte er gute Fortschritte, er eroberte Skoplje, Berrhoia, belagerte Ochrid — allerdings ohne Erfolg —, nahm Trikkala, wandte sich schließlich nach

Thessalien und belagerte Larissa. Doch das schlug ihm zum Unheil aus. Sechs Monate lag er vor der Stadt, in der er überwintern wollte. Leon Kephalas verteidigte die Stadt mit Geschick und Ausdauer, und die Normannen, die unter Hunger, Winterkälte und Krankheiten litten, begannen, gegen Bohemund aufzubegehren. Kaiser Alexios nützte das halbe Jahr, ein neues Heer aufzustellen, diesmal gewann er sogar vom Sultan Suleiman 7 000 leichte türkische Reiter als Hilfstruppe. Im Juni 1084 erreichte der Kaiser Larissa und stellte die Normannen zum Kampf. Eine besondere Abteilung von Bogenschützen hatte den Auftrag, die Pferde der feindlichen Reiter niederzuschießen, da die schwergepanzerten normannischen Ritter zu Fuß kaum bewegungsfähig waren und leicht überwältigt werden konnten. Alexios errang einen vollständigen Sieg, Bohemund mußte sich zurückziehen und eilte nach Italien, um von seinem Vater Geld und Truppen zu fordern. In der Zwischenzeit konnte Alexios Kastoria und andere feste Plätze zurückgewinnen und als Bohemund in Salerno mit seinem Vater zusammentraf, waren kaum mehr als ein paar adriatische Küstenplätze noch in normannischer Hand. Ende 1084 segelte der alte Haudegen Robert mit einem neuen Heer nach Valona südlich von Dyrrhachion, wandte sich nach Süden und gewann Butrinto und Korfu. Von der venezianisch-griechischen Flotte zweimal zur See besiegt, zogen sich die Normannen schließlich in die Winterquartiere nach Vonitza zurück, wo sie durch Hunger und Seuchen furchtbar dezimiert wurden. Im folgenden Jahr schlugen Venezianer und Griechen erneut die normannische Flotte bei Butrinto. Als sich der Herzog dann an die Eroberung Kephallonias machte, da raffte den 70jährigen ein plötzliches Fieber hinweg. Der Gigant, der Alptraum der Byzantiner, war dahin, er, dessen Name allein Schrecken verbreitet hatte. Die Kaisertochter Anna schreibt über ihn:

□ Robert war, wie das Gerücht behauptet und viele versichern, ein überaus hervorragender Führer, schnell von Verstand, gut aussehend, höflich in der Unterhaltung, flink auch in der Antwort, mit einer starken Stimme, leicht zugänglich, von sehr großer Statur. Seine Haare waren immer kurzgeschnitten, sein Bart war lang, ständig war er darauf bedacht, die alten Sitten seiner Rasse zu wahren. Er bewahrte die vollkommene Schönheit seines Gesichtes und seiner Figur bis zu seinem Ende, und darauf war er sehr stolz, da er schon seiner Erscheinung wegen der Königswürde für wert erachtet wurde. Er war rücksichtsvoll gegen seine Untergebenen, besonders gegen jene, die ihm wohlgeneigt waren. Andererseits war er sehr sparsam und ein großer Freund des Geldes, sehr geschäftig und gierig nach Gewinn und dazu maßlos ehrgeizig; und da er ein Sklave aller dieser Wünsche war, hat er sich den ernsten Tadel der Menschheit zugezogen.

Manche Leute verleumden den Kaiser und sagen, daß er zaghaft gewesen sei und den Krieg mit Robert zu früh begonnen habe. Denn wenn er, behaupten sie, Robert nicht vor dem richtigen Augenblick angegriffen hätte, hätte er ihn leicht besiegen können, weil Robert von allen Seiten von den sogenannten Albaniern und den Einwohnern von Dalmatien belästigt worden wäre. Solche Bemerkungen kamen von Verleumdern, die weit vom Schuß standen und nun von ihren Lippen vergiftete Pfeile auf die Kämpfer schleudern. Denn alle erkennen Roberts Tapferkeit an, sein ungewöhnliches Geschick in Kriegsangelegenheiten und seinen festen Geist; und er war ein Mann, der nicht leicht überwunden werden konnte, sondern nur mit äußerster Kraftanstrengung, und nach einer Niederlage schien er sich mit erneuter Energie zu erheben. □

Gleich nach Roberts Tod entbrannte ein erbitterter Streit zwischen seinen beiden Söhnen, den Stiefbrüdern Roger und Bohemund um die süditalienischen Besitzungen; mühelos konnte Alexios alle normannischen Eroberungen in Epiros, Albanien und im Ionischen Meer zurückgewinnen. Schlagartig war die normannische Gefahr vorbei; mit Bohemund jedoch sollten die Byzantiner zehn Jahre später noch genauere Bekanntschaft schließen.

Während seines Aufenthaltes auf dem Balkan ergriff der Kaiser die Gelegenheit, scharf gegen die Bogomilen vorzugehen, und zwar nicht nur aus der angeborenen Abscheu des Rechtgläubigen vor den Häretikern, sondern auch aus Grimm darüber, daß ein bogomilisches Korps bei der Schlacht von Dyrrhachion desertiert war. Die Anführer der

Ketzer wurden gefangengesetzt, ihre Güter konfisziert. Viele wurden zur Taufe gezwungen und einige standhafte Bogomilenführer wurden auch dem Scheiterhaufen übergeben. Selbstverständlich zog sich Alexios dadurch den offenen Haß der Bogomilen zu, die bald Gelegenheit fanden, mit dem auswärtigen Feind gemeinsame Sache gegen Byzanz zu machen. — In Konstantinopel stand dem frommen Kaiser eine ernste Auseinandersetzung mit seiner eigenen Kirche bevor. Sein Griff nach den Kirchengütern war nicht vergessen worden. Eine außerordentliche Versammlung des Senats und des Klerus wurde einberufen, vor der sich Alexios verantworten sollte, denn für die Männer der Kirche war die Rettung des Reiches kein hinreichender Grund, über die Verletzung kanonischer Gesetze hinwegzusehen. In seiner Verteidigungsrede führte Alexios aus:
□ »Ich fand das Reich allseitig von Barbaren umringt und einen völligen Mangel an Hilfsmitteln, diesen Feinden zu widerstehen, die es furchtbar bedrückten; Ihr wißt, in wie viele Gefahren ich verwickelt war und nur knapp der Gefahr entronnen bin, von dem Schwert eines Barbaren erschlagen zu werden. Und fürwahr, die Feinde, die uns von allen Seiten angriffen, waren in den meisten Fällen viel zahlreicher als wir. Euch sind weder die Einfälle der Perser (Seldschuken), noch die Raubzüge der Skythen (Petschenegen) unbekannt geblieben und ihr habt nicht die Lanzen aus Lombardien (Italien) vergessen, die gegen uns geschliffen worden waren. Dagegen fehlte es uns sowohl an Waffen wie an Geld und der Umkreis unseres Herrschaftsgebietes war auf einen Punkt zusammengeschrumpft. Wie dann die ganze Armee gewachsen ist, geübt wurde, von allen Gegenden gesammelt und zu einem Ganzen verschmolzen wurde, wißt Ihr; und daß solche Dinge viel Geld erfordern, wißt Ihr alle, und auch, daß das, was ich ausgab, nach dem Beispiel des berühmten Perikles nützlich angelegt worden ist und der Erhaltung unserer Ehre gedient hat. Doch wenn es den Tadlern unter Euch so erscheint, als hätten wir gegen das Gesetz verstoßen, so ist das nicht überraschend. Denn wir lasen, daß der Prophet unter den Königen, David, als er in die gleiche Notlage geriet, mit seinen Soldaten die heiligen Brote aß, und er tat es, obwohl er wußte, daß es für einen Laien gesetzwidrig war, das den Priestern vorbehaltene Brot zu berühren. Und außerdem haben wir aus den heiligen Gesetzen erfahren, daß es bei bestimmten Gelegenheiten erlaubt ist, geheiligte Dinge zum Loskauf von Kriegsgefangenen zu veräußern. Wenn ich also, als unser Land der Sklaverei unterworfen war, als die Städte und sogar Konstantinopel selbst in Gefahr waren, erobert zu werden, wenn ich also unter diesem furchtbaren Zwang die Hand auf einige wenige Dinge gelegt habe, die überhaupt nicht an der Würde der heiligen Gegenstände teilhaben (Alexios meint, es handelte sich bei den beschlagnahmten Gegenständen nicht um sakrale Geräte im eigentlichen Sinne), und sie für unsere Befreiung gebrauchte, dann, so behaupte ich, habe ich meinen Verleumdern keinen ausreichenden Grund zur Anklage gegeben.« (A. K.) □
Trotzdem mußte sich der Kaiser zur Rückgabe aller Güter verpflichten und darüber hinaus ein Gesetz unterschreiben, das die Enteignung von Kirchengütern für alle Zukunft verbot. Damit war der Frieden mit der Kirche wiederhergestellt, den Alexios für die innere Sicherheit und für die Ruhe seines Gewissens dringend brauchte.

Nur kurz war der Friede, der dem Kaiser nach der Beseitigung der Normannengefahr gegönnt war. Auf dem Balkan fing es mit Aufständen der Bulgaren an, dann überschritten wieder einmal dichte Haufen von Petschenegen und Kumanen die Donau, wo die Bulgaren sich ihnen sofort anschlossen und gleichfalls die mit dem Kaiser verfeindeten Bogomilen. Ein byzantinisches Heer wurde besiegt, danach konnte sich der General Tatikios mit Erfolg wieder behaupten, wenig später aber überschritt der Khan Tzelgu mit 80 000 Petschenegen und Kumanen die Donau. Ein Sieg des Generals Mavrokatakolon brachte kaum eine Erleichterung, obwohl Tzelgu selbst in der Schlacht getötet worden war. Kritisch wurde die Situation, als Alexios mit einem großen Heer eine furchtbare Niederlage erlitt, die die wilden Raubscharen praktisch zu Herren des Balkan machten. Sie drangen bis in die Nähe des Ägäischen Meeres vor und konnten fast ungehindert das südöstliche Thrakien ausplündern und verwüsten. Die Ohnmacht des Kaisers war so groß, daß die Petschenegen 1090 bis vor die Mauern Konstantinopels ziehen konnten. Das allein wäre noch nicht gefährlich gewesen, denn die Mauern der Stadt boten genügenden Schutz, zumal die Petschenegen von einer systematischen Belagerungstechnik nichts verstanden. Da aber tauchte von See her die Piratenflotte des Emirs von Smyrna, Tzachas, auf und schloß die Stadt gleichzeitig von der Seeseite her ein. Tzachas war darum ein so gefährlicher Gegner, weil er ein guter Kenner der byzantinischen Strategie und Kriegskunst war. Ursprünglich Kriegsgefangener, war er unter Nikephoros Botaneiates Stabsoffizier in Byzanz geworden, hatte später Alexios den Dienst aufgesagt und mit einer Piratenflotte auf eigene Faust an der Westküste Kleinasiens gegen die Rhomäer operiert, Mytilene, Samos und Chios erobert und schließlich seine Residenz in Smyrna aufgeschlagen. Im Gegensatz zu den wilden Petschenegenhorden hatte Tzachas ein konkretes Ziel vor Augen, das er folgerichtig und mit den geeigneten Mitteln zu erreichen strebte: die Kaiserkrone von Byzanz. Während des ganzen Winters 1090/91 war die Stadt von der Land- und Seeseite fest eingeschlossen. Die eigenen Kräfte reichten nicht aus, den Ring zu sprengen — also mußte die altbewährte Diplomatie das Spiel übernehmen. Nichts lag näher, als die alten Feinde der Petschenegen, die Kumanen zu Hilfe zu rufen. Mit viel Gold und Versprechungen gelang es schließlich, eine kumanische Armee von 40 000 Mann für die Sache der Rhomäer zu gewinnen. Im Sommer traf sie mit dem Kaiser am Hebros zusammen, die Verträge wurden abgeschlossen. Dem Kaiser war keineswegs wohl bei dem Gedanken an seine neuen Bundesgenossen, denn er fürchtete, sie würden möglicherweise im entscheidenden Moment mit ihren Stammesverwandten gemeinsame Sache machen und sich gegen die Rhomäer wenden. Doch sein Mißtrauen war unberechtigt. In der Schlacht, die am 29. April 1091 am Fuß des Lebunion-Berges stattfand, überrannten die Kumanen zusammen mit den Rhomäern und ihren normannischen Hilfstruppen die petschenegische Armee im ersten Ansturm und richteten ein fürchterliches Blutbad unter ihren Feinden an.

□ An diesem Tage konnte man ein neues Schauspiel sehen, denn eine ganze Nation, nicht etwa nur Zehntausende stark, sondern alle Zahlen übersteigend, wurde zusammen mit Weibern und Kindern vollständig ausgelöscht. Es war der dritte Tag der Woche, der 29. April; deshalb machten die Byzantiner ein kleines Spottliedchen: »Nur um einen Tag haben die Skythen verpaßt, den Monat Mai zu sehen.« Als die Sonne sich zum Untergang neigte, und nahezu alle Petschenegen durch das Schwert gefallen waren, und auch — ich wiederhole es — die Frauen und Kinder und auch viele lebendig gefangen worden waren, ließ der Kaiser zum Sammeln blasen und kehrte ins Lager zurück ... Als die kumanischen und rhomäischen Truppen in ihre Quartiere zurückgekehrt waren und der Kaiser auf sein Nachtmahl wartete, kam ein Mann namens Synesios sehr ärgerlich herein und sagte zu dem Kaiser: »Was ist das für ein Unsinn und was bedeutet diese neue Anordnung? Jeder Soldat hat vierzig oder mehr petschenegische Gefangene. Die Masse der Kumanen ist uns ganz nah. Wenn nun unsere Soldaten in Schlaf fallen, was sie mit Sicherheit tun werden — hundemüde wie sie sind —, und die Skythen befreien sich gegenseitig, nehmen ihre Dolche und töten sie — was dann? Befiehl sofort, daß die meisten von ihnen auf der Stelle umgebracht werden!« Doch der Kaiser sah ihn ernst an und antwortete: »Wenn es auch nur Skythen sind, so sind sie doch auch Menschen; und obwohl sie auch unsere Feinde sind, sind sie doch der Barmherzigkeit würde. Und ich weiß wirklich nicht, was du dir vorstellst und einen solchen Unfug redest.« Als der andere auf seinem Vorschlag beharrte, entließ er ihn ärgerlich. Dann verkündete er den Soldaten, daß den Skythen alle Waffen genommen und an einem Platz gesammelt werden sollten und er ermahnte die Soldaten, ihre Gefangenen gut zu bewachen. Als er diesen Befehl erlassen hatte, verbrachte er den Rest der Nacht ohne Angst. Aber während der mittleren Nachtwache geschah es, sei es durch göttliche Eingebung oder aus sonst einem unbekannten Grund, daß die Soldaten wie auf eine Absprache hin fast alle von ihnen töteten. Als das dem Kaiser am frühen Morgen zu Ohren kam, fiel sein Verdacht sofort auf Synesios und rief ihn daher sogleich zu sich. Nachdem er ihn ernstlich getadelt hatte, drohte er ihm und sagte: »Das ist dein Werk!« Die Beteuerungen des anderen, daß er nichts davon gewußt habe, nicht beachtend, befahl er, ihn zu verhaften und in Ketten zu legen und sagte: »So wirst du erfahren, was für ein Übel schon allein die Ketten sind und lernen, nicht wieder Entscheidungen solcher Art über Menschen zu fällen.« (A. K.) □

Als die hilfreichen Kumanen mit der Beute abgezogen waren, kehrte der Kaiser nach Konstantinopel zurück. Die Vernichtung der Petschenegen beraubte Tzachas jeder Aussicht auf einen Erfolg der Belagerung; er zog sich zurück, belästigte die Rhomäer aber weiter durch seine tollkühnen Überfälle. Alle Versuche, ihn zur See zu besiegen, führten zu keinem Ergebnis, da die byzantinische Flotte dringend gebraucht wurde, Aufstände in Kreta und Zypern zu unterdrücken. Auch jetzt erreichte wieder die listenreiche byzantinische Diplomatie, was die Waffen nicht vermochten. Alexios schickte einen Brief an den Sultan von Rum, Kilidsch Arslan, der in Nikaia residierte. Kilidsch Arslan war der Sohn des 1085 ermordeten Suleiman und hatte mit seinen nach Unabhängigkeit strebenden Emiren eine nicht geringe Last. Obwohl er eine Tochter des Tzachas zur Frau hatte, begegnete er seinem allzu selbstherrlichen Schwiegervater darum nicht mit besonderer Sympathie. Auf dieses Mißtrauen baute der Kaiser seinen Plan, als er schrieb:

□ »Ruhmreichster Sultan Kilidsch Arslan, Du weißt, daß der Sultansrang Dir als Erbe zukommt. Nun bereitet Tzachas, Dein Verwandter durch Heirat, scheinbar einen Krieg gegen das Römische Reich vor und nennt sich selbst Kaiser, doch das ist lediglich ein fadenscheiniger Vorwand. Denn er ist zu welterfahren und zu gut unterrichtet, um nicht zu sehen, daß das Römische Reich nicht für ihn bestimmt ist und daß es ihm unmöglich ist, jemals sein Zepter zu ergreifen. Sein ganzer tückischer Plan ist in Wirklichkeit gegen Dich gerichtet. Es ist daher Deine Pflicht, nicht länger mit ihm Geduld zu haben und nicht zu zögern, sondern vielmehr aufzuwachen, wenn Du nicht willst, daß Du Deines Königtums beraubt wirst. Was mich betrifft, so will ich ihn mit Gottes Hilfe aus den Ländern römischer Oberhoheit verjagen und in meiner Zuneigung zu Dir beschwöre ich Dich, Deinerseits um Dein Königreich und Deine Macht Sorge zu tragen, und diesen Mann zur Unterwerfung zu bringen, sei es durch friedliche Methoden, sei es, wenn er sich widersetzlich zeigt, durch das Schwert.« (A. K.) □

Wenn Kilidsch Arslan schon von sich aus einen Verdacht gegen Tzachas hegte, so gab doch der Brief des Kaisers den Ausschlag. Der Sultan lud Tzachas zu einem Gastmahl und als der Emir dem Weine tüchtig zugesprochen hatte und seiner Sinne nicht mehr mächtig war, zog Kilidsch Arslan das Schwert und tötete ihn. Damit erwies er den Byzantinern einen großen Dienst und ersparte ihnen weitere Kriegsanstrengungen. Der Sultan selbst hatte vorläufig andere Sorgen, als sich mit Byzanz in Händel einzulassen; er schloß mit Alexios Frieden und damit trat endlich Ruhe ein.

Nur auf dem Balkan machte die feindselige Haltung des Fürsten Vukan von Rascien noch einmal ein militärisches Eingreifen des Kaisers nötig (1094), doch Vukan unterwarf sich schnell — der Respekt vor den byzantinischen Waffen war wieder gewachsen —, stellte Geiseln und versprach künftiges Wohlverhalten. Im selben Jahre ließen sich die Kumanen von einem Abenteurer, der sich für Romanos' III. Sohn Leon Diogenes ausgab (der echte Leon war schon vor einigen Jahren im Kampf gegen die Seldschuken gefallen), zu einem Feldzug gegen Byzanz bereden, und er führte die ehemaligen Bundesgenossen des Kaisers bis in die Gegend von Adrianopel. Hier gelang es, durch eine List des Prätendenten habhaft zu werden. Die führerlosen Kumanen wurden in einer Schlacht besiegt und kehrten zurück, soweit sie nicht in die Dienste des Kaisers traten. — Der falsche Leon war nicht der einzige, der versucht hatte, Alexios die Krone streitig zu machen. In der ausgedehnten Verwandtschaft des Kaisers gab es nicht wenige Leute, die sich mit solch ehrgeizigen Plänen trugen. Der Kaiser selbst zeigte sich merkwürdig nachlässig in der Unterdrückung von Verschwörungen. Besonders feindlich war ihm Nikephoros Diogenes gesinnt, ein — echter — Sohn des Kaisers Romanos III. Jeder wußte, daß er mit Attentatsplänen umging, der Kaiser jedoch achtete kaum darauf, denn, so behauptet Anna Komnene, er liebte den klugen und tapferen Mann sehr und hoffte immer, ihn durch sein offen gezeigtes Wohlwollen und Vertrauen auf seine Seite zu ziehen. Doch alles war vergebens. Einmal drang Nikephoros nachts mit dem

Schwerte in der Hand in das unbewachte kaiserliche Zelt ein, in dem Alexios und Irene schliefen. Das unvermutete Eintreten einer Dienerin, die gekommen war, mit einem Wedel die Mücken zu verscheuchen, verscheuchte auch ihn. Ein anderes Mal wollte er den Kaiser im Bade töten, wurde aber rechtzeitig entdeckt und davongejagt. Kurz darauf näherte sich dem Kaiser beim Polospiel ein Bittsteller, der plötzlich, als er vor dem Kaiser stand, sein Schwert ziehen wollte, was ihm aber nicht gelang, da es sich in der Scheide verklemmt hatte. Auch dieser Mann war von Nikephoros beauftragt worden. Schließlich wurde der notorische Attentäter geblendet, und auch das noch, wie Anna versichert, ohne Wissen und gegen den Willen des Kaisers. Immerhin wurde ihm sein beschlagnahmtes Vermögen bald zurückgegeben und er durfte unbehelligt auf seinem Landgut leben. Dort besuchte ihn die Kaisarissa Anna häufig, diskutierte mit ihm über mathematische Probleme und geometrische Lehrsätze und bewunderte den Blinden, dessen scharfer Verstand Dinge zu durchschauen vermochte, die ein Sehender nicht erkannte. Doch von seinem Haß auf Alexios ließ er nicht bis an sein Lebensende.

Wenn Alexios nach der Niederschlagung der letzten Unruhen auf dem Balkan auf die vierzehn Jahre seiner bisherigen Herrschaft zurückblickte, konnte er wohl zufrieden sein. Alle akuten Gefahren waren gebannt; übermenschliche Anstrengungen und große Opfer hatte es gekostet, das Reich vom Rande des Abgrundes zurückzureißen, Klugheit und diplomatisches Geschick hatten dabei wesentlich geholfen. Nun war man soweit, daß man wieder festen Boden unter den Füßen spürte. Die hoffnungslos verkommene Armee war wieder in einem guten Zustand und wenn man auch nicht auf die fremdstämmigen Söldner verzichten konnte, so hatte doch die einheimische Kerntruppe wieder an Bedeutung zugenommen. In Kleinasien waren gewisse Fortschritte gemacht worden und unter Ausnutzung der Rivalität der einzelnen Emirate hatte man verschiedene verlorene Städte und Landschaften ohne große Mühe zurückgewinnen können. Da die innerseldschukischen Streitigkeiten anhielten, durfte man sich für die nahe Zukunft bestimmte Hoffnungen machen. Da trat plötzlich und unvorhergesehen ein Ereignis von gesamteuropäischer Tragweite ein, das ganz andere Probleme hervorrief und das byzantinische Reich vor eine völlig neue Situation stellte: die Kreuzfahrer erschienen.

Die Frage nach den Ursachen und den vielschichtigen Beweggründen für die Entstehung der Kreuzzüge ist oft und ausführlich untersucht worden. Der auf rein religiösen Motiven basierende Grundgedanke an die Befreiung der heiligen Stätten Palästinas und insbesondere Jerusalems fiel bei Klerus und Laien auf so außerordentlich fruchtbaren Boden, weil er jeweils mit andersgearteten Motiven sich vereinigen ließ, die wirtschaftlich-sozialer ebenso wie auch rein politischer Natur sein konnten. Religiös-idealistische und weltliche Antriebe waren unauflöslich miteinander verquickt. Das Selbstbewußtsein des wiedererstarkten Reformpapsttums und sein Machtanspruch fand in den Kreuzzügen ebenso seinen Ausdruck wie die Ideale der christlichen Ritterschaft einerseits und die religiöse Inbrunst der Massen andererseits. Die Kreuzzugsbewegung als Gesamtheit gesehen kannte weder Grenzen zwischen sozialen Klassen, noch zwischen den Nationen Europas, sie war eine paneuropäische Bewegung, die keinen Menschen, sei er König oder Bauer, unberührt ließ.

Die religiöse Motivierung eines Krieges gegen Andersgläubige, Ungläubige war kein Novum, sie ist z. B. im Alten Testament zu finden; ein »heiliger Krieg« wurde von den Zeitgenossen schon seit längerer Zeit in Spanien gegen die »Mauren« geführt. Verglichen mit der spanischen »Reconquista« muß der Gedanke an die Wiedereroberung des heiligen Landes, das weitab von der heimatlichen Basis mitten in den islamischen Territorien lag und seit Jahrhunderten in Feindesland war, dem nüchternen Betrachter als ein an Wahnwitz grenzendes Unternehmen erscheinen, das nur von Menschen erdacht werden konnte, in denen sich ein Maximum an Enthusiasmus mit einem Mindestmaß an wirklicher Kenntnis der praktischen Gegebenheiten vereinigt und die darüber hinaus das unerschütterliche Vertrauen besitzen, daß Gott dem heiligen Werk seine Hilfe nicht versagen werde und den frommen Streitern Christi alle Hindernisse aus dem Weg räumen werde, notfalls durch Wunder.

In Byzanz dagegen hatte die Idee des »heiligen Krieges« nie so recht Fuß gefaßt. Wohl hatte es auf dem Syrienfeldzug des Kaisers Johannes Tzimiskes eine echte religiöse Begeisterung gegeben, die so etwas wie Kreuzzugsstimmung atmete, aber das war eine Ausnahme. Seit 400 Jahren lag man nun im Kampf mit den »Heiden«, die man gut genug kennengelernt hatte, um sie als Menschen nicht gering zu schätzen. Man führte nicht mit ihnen Krieg, weil sie »Ungläubige« waren, sondern weil sie das Reichsland bedrohten bzw. besetzt hatten — im übrigen war man froh, wenn man hin und wieder Ruhe vor ihnen hatte. Nur ein Träumer wie Romanos Argyros war auf den unglücklichen Gedanken gekommen, von sich aus ohne Not den Frieden mit den Arabern zu brechen und sich in ein gefährliches Abenteuer zu stürzen, und das auch nicht aus religiösen Motiven, sondern aus purer Ruhmsucht.
In den letzten Jahren hatte Alexios wiederholt Gesuche um militärische Hilfe an den Westen gerichtet, wobei er an Söldnerkontingente dachte, die zur Verstärkung seiner unzulänglichen Armee dienen sollten. Diese Hilferufe und der Eindruck, den die schnelle Eroberung Kleinasiens durch die Seldschuken auch im Westen gemacht hatte, riefen hier allerdings eine ganz andere Wirkung hervor, als Alexios beabsichtigt hatte. Im Jahre 1095 hielt Papst Urban II. in Piacenza ein Konzil ab, auf dem Gesandte des byzantinischen Kaisers erschienen und noch einmal die Bitte um militärische Unterstützung vortrugen. Um ihrem Gesuch Nachdruck zu verleihen, haben diese Leute die Situation sicher eher schwarz gefärbt. Für den Papst war der Kontakt mit Alexios schon aus dem Grunde interessant, da er hoffen konnte, bei der Erfüllung der kaiserlichen Wünsche diesen zu Verhandlungen über die Wiedervereinigung der Kirchen geneigt zu machen. Ein halbes Jahr später hielt der betriebsame Urban ein Konzil in Clermont ab, auf dem besonders die französische Geistlichkeit sehr stark vertreten war. Man ahnte, daß etwas Außergewöhnliches bevorstand, denn auf seinen vorhergehenden Reisen durch Südfrankreich hatte der Papst mit wichtigen Persönlichkeiten geheime Unterredungen gehabt. Am Schluß des Konzils hielt Urban II. vor einer großen Zuhörermenge eine Rede, in der er die trostlose Lage der Christen im heiligen Lande schilderte und die Schandtaten der Heiden in glühenden Farben malte. Er rief zur Befreiung der unterdrückten christlichen Länder auf und versprach jenen, die daran teilnehmen, kraft seines Amtes die Vergebung ihrer Sünden. Die Wirkung des Aufrufs war ungeheuer. Mit dem Ruf »Deus lo volt!«, Gott will es, drängte man sich, »das Kreuz zu nehmen«, d. h. das Stoffkreuz, das an die Schulter geheftet wurde und den Träger als »Kreuzfahrer« kennzeichnete. Unter den französischen Baronen, die das Kreuz nahmen, ragte Raimund von Toulouse hervor, der Graf Robert von Flandern, Graf Hugo von Vermandois, Herzog Robert von der Normandie, Graf Stephan von Chartres, Herzog Gottfried von Bouillon u. a., als kirchlicher Würdenträger der Bischof Adhémar von le Puy.
Es war Urbans Absicht gewesen, ein reines Ritterheer aufzurufen, Männer von Ansehen, Kriegserfahrung und ausreichenden Mitteln. Das hatte er erreicht. Doch der Widerhall seines Aufrufs lief weiter, ging in die Breite; Prediger und Mönche trugen ihn zu Ohren, die Urban nicht angesprochen hatte und nicht ansprechen wollte. Bewegungen gingen durch das Land. Ein verkrachter Ritter Walter »Habenichts« sammelte auf eigene Faust eine zwielichtige Schar, die zweifelhafte Persönlichkeit des Grafen Emich von Leiningen, der die Sündenvergebung wohl sehr nötig haben mochte, tat ein gleiches. Den größten Erfolg hatte aber der schon zu seinen Lebzeiten von Legenden umsponnene Peter von Amiens, ein Einsiedler, der, vor Schmutz starrend, auf einem Esel durch die Lande ritt und mit fabelhafter Beredsamkeit die Menschen zur Nachfolge aufrief. Kleine Leute, Bauern, Landstreicher, Bettler und allerlei Lumpengesindel schlossen sich ihm an, das heilige Grab zu befreien, die meisten zu Fuß, ohne Waffen und Vorräte. Viele dieser wilden Haufen, die sich an vielen Orten zusammenzogen, verschafften sich erst durch erbarmungslose Judenpogrome die Mittel zu ihrem heiligen Zweck, ungeachtet, daß sie fest davon überzeugt waren, Gott würde sie mit allem Nötigen versorgen und ihnen sogar die Fähigkeit geben, trockenen Fußes über Land und Meer ins heilige Land zu wandern.

Während Alexios im Jahre 1096 eine wohlverdiente Ruhepause in Konstantinopel genoß und zuversichtlich auf das Eintreffen von Hilfstruppen aus dem Westen wartete, kamen ihm die ersten Gerüchte über das Herannahen der Kreuzfahrer zu Ohren. Diese Gerüchte klangen keineswegs erfreulich, denn was da von Plünderungen und Gewalttaten berichtet wurde, ließ ihn das Schlimmste ahnen. Am 1. August war es soweit, die erste Truppe traf ein.
Alexios mag nicht schlecht gestaunt haben, als er die Ankömmlinge zu Gesicht bekam; nämlich einen verkommenen Strauchritter und einen schmutzigen Eremiten: Peter von Amiens und Walter Habenichts hatten es geschafft, mit ihren verwahrlosten und demoralisierten Haufen als erste in Konstantinopel einzutreffen. Niemand kann es dem Kaiser verdenken, wenn daher seine Meinung über die Kreuzzugsbewegung gleich von Anfang an mit beträchtlichen Zweifeln untermischt wurde und er sich daher eine gewisse Zurückhaltung auferlegte. Dabei war es noch ein Glück für ihn, daß die anderen regellosen Haufen, die von Frankreich und Deutschland aufgebrochen waren, wegen ihrer haarsträubenden Freveltaten schon unterwegs von den erbosten Ungarn niedergemacht wurden, so daß kein einziger Mann von ihnen jemals Byzanz erreichte. — Der Kaiser riet Peter, in einem Lager vor der Stadt die Ankunft des Hauptheeres der Ritter abzuwarten, da er und seine Leute gegen die Türken nichts würden ausrichten können. Doch als bald darauf die Horden Peters begannen, nach ihrer Gewohnheit zu plündern, zu rauben und zu morden, willigte der Kaiser gern in ihren Wunsch, nach Kleinasien übergesetzt zu werden. Dort verschanzten sie sich in einem kleinen, verlassenen Heerlager in der Nähe von Nikomedia.
□ (Der Sultan Kilidsch Arslan) bereitete an geeigneten Stellen Hinterhalte vor, so daß jeder, der vom Lager sich in Richtung Nikaia bewegte, unerwartet in sie hineinlief und getötet wurde. Außerdem schickte er, da er die Geldgier der Franken kannte, zwei entschlossene Männer in Kukupetros (Spitzname der Byzantiner für Peter von Amiens = Kapuzenpeter) Lager und ließ sie dort verkünden, die Normannen hätten Nikaia erobert und wären nun bei der Verteilung der Beute. Als sich diese Nachricht genügend unter Peters Leuten verbreitet hatte, gerieten sie in helle Aufregung. Kaum hörten sie die Worte »Verteilung« und »Geld«, als sie auch schon in ungeordneten Scharen die Straße nach Nikaia entlangströmten, ohne auf die militärische Erfahrung und die Disziplin zu achten, die für solche, die zum Kampf ausziehen, unumgänglich notwendig ist. Denn, wie gesagt, die lateinische Rasse ist immer überaus geldgierig und besonders, wenn es mit der Plünderung von Ländern zusammenhängt; sie verlieren dann ihren Verstand und haben sich nicht mehr in ihrer Gewalt. Als sie so weder in Reihen, noch in geschlossenen Abteilungen dahinliefen, fielen sie schimpflich in den türkischen Hinterhalt beim Drakon-Fluß und verdarben elendiglich. Eine solch große Menge von Franken und Normannen wurden Opfer des ismaelitischen Schwertes, daß sie, als man die Leichen der Erschlagenen aufschichtete, ich sage: nicht nur einen sehr großen Hügel oder Wall formten, sondern ein hohes Gebirge von beträchtlicher Tiefe und Breite. So groß war die Pyramide der Gebeine. Später bauten Menschen vom selben Stamm wie die Erschlagenen daraus eine Mauer und gebrauchten die Knochen der Toten, die Zwischenräume zu füllen, als wären sie Kieselsteine und so machten sie aus dieser Stadt(-mauer) gleichzeitig ihr Grab. Diese befestigte Stadt ist noch heute zu sehen mit ihren Mauern, die aus einer Mischung aus Knochen und Steinen erbaut sind. (A. K.) □
Peter selbst, der sich zur Zeit der Katastrophe nicht im Lager aufgehalten hatte, wurde mit ein paar Begleitern auf ein byzantinisches Schiff genommen und nach Konstantinopel gerettet. Der Kreuzzug des kleinen Mannes hatte ein schreckliches Ende genommen.

In den folgenden Wochen und Monaten trafen nach und nach die einzelnen Abteilungen des großen Ritterheeres in Konstantinopel ein, die auf verschiedenen Wegen ihr Ziel erreichten. Als erster erschien Hugo von Vermandois, der Bruder des französischen Königs, der sein Kommen dem Kaiser großspurig angekündigt hatte.
□ Hugo, der Bruder des Königs von Frankreich, und stolz wie Novatus (byzant. Redensart, entspricht dem deutschen »stolz wie Oskar«) auf seinen Adel, seine Reichtümer

und Macht, schickte, als er seine Heimat verließ, um angeblich das heilige Grab aufzusuchen, eine lächerliche Botschaft an den Kaiser, um im voraus schon seinen prächtigen Empfang in die Wege zu leiten. »Wisse, o Kaiser«, schrieb er, »daß ich der König der Könige bin und der größte von ihnen unter dem Himmel; und es ziemt sich für Dich, mir bei meiner Ankunft mit aller Pracht zu begegnen und mich in einer Weise zu behandeln, die meines Adels würdig ist.« Zu der Zeit, als diese Botschaft eintraf, war Johannes, der Sohn des Sebastokrators Isaak, Dux von Dyrrhachion, und Nikolaos Mavrokatakolon, der Dux der Flotte, hatte seine Schiffe rund um den Hafen von Dyrrhachion vor Anker liegen, machte von dort häufige Ausfahrten und Streifzüge auf dem Meer, so daß keine Piratenschiffe unbemerkt passieren konnten. Nach Erhalt dieses Schreibens schickte der Kaiser sofort Briefe an diese zwei und beauftragte den Dux von Dyrrhachion, auf Land und Meer auf die Ankunft der Franken achtzugeben, und den Kaiser bei ihrem Eintreffen durch schnelle Boten sofort zu benachrichtigen und bat ihn auch, Hugo mit allem zeremoniellen Aufwand zu empfangen und den Dux der Flotte zu ermahnen, in keiner Weise seine Wachsamkeit zu vernachlässigen, sondern alle Zeit auf der Hut zu sein. Als Hugo die Küste Lombardiens sicher erreicht hatte, schickte er von dort Gesandte an den Dux von Dyrrhachion, vierundzwanzig an der Zahl, mit goldenen Panzern und Beinschienen bedeckt, zusammen mit dem Grafen Tzerpenterios (Charpentier) und Elias, der dem Kaiser in Thessalonike entlaufen war. Sie sprachen also zum Dux: »Es sei dir kundgetan, Dux, daß unser Herr Hugo in Kürze eintreffen wird und von Rom die goldene Standarte St. Peters mit sich führt. Wisse auch, daß er der Führer der ganzen fränkischen Armee ist. Bereite daher einen würdigen Empfang für ihn und für die Streitkräfte vor, die ihm unterstehen, und mach dich bereit, ihm zu begegnen.« Während die Abgesandten so zum Dux sprachen, zog Hugo, wie gesagt, über Rom nach Lombardien, überquerte (zu Schiff das Meer) von Bari nach Illyrien und geriet in einen sehr starken Sturm, in dem er die meisten seiner Schiffe, Mannschaften, Soldaten und alles verlor. Nur das eine Schiff, auf dem er sich selbst befand, wurde sozusagen von den Wogen ausgespien und halbzerbrochen an die Küste zwischen Dyrrhachion und einem Palos genannten Ort geworfen. Als er derart wunderbarerweise gerettet worden war, fanden ihn zwei Männer, die nach ihm Ausschau zu halten hatten; sie sprachen ihn an und sagten: »Der Dux von Dyrrhachion wartet mit Ungeduld auf Eure Ankunft und wünscht dringend, Euch zu sehen.« Daraufhin bat Hugo sofort um ein Pferd, und der eine dieser beiden Männer stieg ab und überließ ihm willig das seine. So begegnete er dem Dux nach seiner Errettung. Dieser hieß ihn willkommen und fragte ihn nach seiner Reise und seinem Land und erfuhr von dem Mißgeschick, das ihn auf der Überfahrt betroffen hatte; da tröstete er ihn mit schönen Versprechungen und richtete schließlich ein herrliches Festmahl für ihn an. Danach entließ er ihn, aber nicht ohne Beaufsichtigung. Er unterrichtete den Kaiser schnellstens von den Ereignissen und wartete auf weitere Anweisungen. Nach Erhalt der Neuigkeiten schickte der Kaiser schnell den Butumites nach Dyrrhachion, Hugo herzugeleiten und in die Hauptstadt zu bringen; er sollte aber nicht die direkte Route (die Via Egnatia) nehmen, sondern von ihr abbiegen und über Philippopolis reisen. Denn er fürchtete die fränkischen Scharen und Armeen, die ihm nachzogen. Der Kaiser empfing ihn mit allen Ehren und erwies ihm viel Freundlichkeit und durch eine große Summe Geldes brachte er ihn dahin, sich dem Kaiser zu unterstellen und den bei den Lateinern üblichen Eid dazu zu leisten. □

Anna macht aus ihrer Abneigung gegen die »Franken« keinen Hehl und kann es sich nicht versagen, ihren Bericht mit ironischen Übertreibungen zu würzen, die die Überheblichkeit der Franken ins rechte Licht rücken sollen. — Mit dem zuletzt genannten Eid hatte es eine eigene Bewandtnis. Als es Alexios klargeworden war, was auf ihn zukam, hatte er allen Grund, beunruhigt zu sein. Zwar waren die recht gut disziplinierten und ausreichend ausgestatteten Truppen des Ritterheeres mit dem desperaten Haufen Peters überhaupt nicht zu vergleichen, doch was Alexios ursprünglich aus dem Westen erwartet hatte, waren Söldnertruppen, die in die byzantinische Armee eingegliedert werden konnten, keinesfalls aber eine solche riesige Masse von Kriegern unter dem

Oberkommando ihrer Grafen und Barone, die ihre selbstgesteckten Ziele verfolgten. Der Kaiser wußte, daß beispielsweise Gottfried von Bouillon seine gesamten Territorien einschließlich seiner Stammburg verkauft hatte, also nicht daran dachte, jemals in seine Heimat zurückzukehren. Raimund von Toulouse hatte seine ausgedehnten Besitzungen seinem Sohn übergeben und soll den Schwur getan haben, Frankreich nie wieder zu betreten. Der Schluß lag nahe, daß die Barone sich im Osten auf eigene Faust neue Territorien erobern wollten. Dieser Umstand mußte den Verdacht des byzantinischen Kaisers erregen, denn es stand zu befürchten, daß sie bei diesen Erwerbungen nicht die Gebiete respektieren würden, die eigentlich zum byzantinischen Reich gehörten. Alexios hatte nicht das geringste Interesse daran, daß die Kreuzfahrer byzantinisches Hoheitsgebiet nur zu dem Zweck von den Türken befreiten, um es selbst in Besitz zu nehmen. Um dieser Gefahr vorzubeugen, kam er auf den Gedanken, von den Fürsten und Rittern einen Eid zu fordern, daß sie alle Gebiete, Städte und Festungen, die sie auf ehemaligem byzantinischen Reichsgebiet zurückerobern würden, dem Kaiser auslieferten, wogegen dieser sich verpflichtete, das Heer mit Lebensmitteln zu versorgen und ihm alle Unterstützung angedeihen zu lassen. Alle östlich der (nicht näher definierten) ursprünglichen byzantinischen Grenze gemachten Landgewinne wollte der Kaiser an die Fürsten als Lehen vergeben. Durch diesen Eid behielt der Kaiser eine gewisse Kontrolle über die Unternehmungen des fremden Heeres, das ja im wesentlichen auf Reichsgebiet operieren würde. Doch mußte er auch damit rechnen, daß nicht alle Fürsten in die Eidesleistung willigen würden, die sie doch in etwa zu einem Werkzeug der byzantinischen Rückeroberungspolitik machen würde. Daß er eitle Hugo, durch die Liebenswürdigkeit des Kaisers außerordentlich geschmeichelt, den Lehnseid ohne langes Zögern ablegte, war für Alexios ein großer Erfolg und als Präzedenzfall von besonderer Bedeutung.

Als nächster traf Gottfried von Bouillon mit seinem Bruder Balduin und einem Heer von 10 000 Reitern und 70 000 Fußsoldaten vor Konstantinopel ein und schlug sein Lager in der Nähe des Marmarameeres auf. Als er erfuhr, daß Hugo dem Kaiser den Lehnseid geleistet hatte, zeigte er sich sehr verstimmt, und um dem Kaiser zu verstehen zu geben, daß er selbst nicht dazu bereit war, — wobei vielleicht auch die Erwägung eine Rolle spielte, daß er schon Lehnsmann des deutschen Kaisers war —, erschien er erst gar nicht bei Alexios. Dieser hatte allerdings auch Druckmittel. Zunächst schnitt er Gottfried die Lebensmittelzufuhr ab, darauf schritt der Franke zur Belagerung des Blachernenpalastes. Schließlich kam es zu einer regelrechten Schlacht vor den Toren Konstantinopels, in der Gottfried den kürzeren zog. Es blieb ihm also auch nichts anderes übrig, als den Eid zu leisten, anschließend wurde er mit seiner Armee über den Bosporus auf die kleinasiatische Seite geschafft, wo er in einem Militärlager bei Pelekanon einquartiert wurde.

Dann erschienen der Graf Robert von Flandern, Herzog Robert von der Normandie, der sein Herzogtum für 10 000 Mark Silber seinem Bruder Wilhelm, dem König von England verpfändet hatte, und Graf Stephan von Blois und Chartres, der Schwiegersohn Wilhelms des Eroberers. Auch Graf Raimund von Toulouse kam, dessen Heer von petschenegischen Scharen im Solde des Kaisers vorsorglich schon etwas gezaust worden war, und

□ nach ihm kamen andere unzählbare, verschiedenartigste Massen aus nahezu allen fränkischen Ländern mit ihren Anführern, Königen, Grafen, Herzögen und sogar Bischöfe. Der Kaiser schickte Leute aus, sie höflich zu empfangen und das Versprechen angemessener Hilfe zu überbringen, denn er war immer klug genug, in die Zukunft zu sehen und auf den ersten Blick zu erkennen, was der Augenblick erforderte. Auch gab er besonders zu diesem Zweck ausgesuchten Leuten den Auftrag, sie auf ihrem Marsch mit Lebensmitteln zu versorgen, so daß ihnen nicht aus irgendeinem Grund Vorwand zu Streitigkeiten gegeben werde. Und sie strömten alle zur Hauptstadt. Man hätte sie mit den Sternen am Himmel oder dem Sand am Meer vergleichen können. Denn diese Leute, die auf Konstantinopel zueilten, waren »an Zahl gleich den Blättern und Blumen im Frühling«, wie Homer sagt. Obwohl ich es sehr wünschte, kann ich die Namen ihrer Anführer nicht mitteilen. Denn meine Zunge versagt einmal wegen der

Unaussprechbarkeit dieser fremdartigen, unartikulierten Namen, und zum andern, weil ihre Zahl zu groß ist. Und warum sollten wir uns auch anstrengen, die Namen einer solchen Masse Pöbels anzuführen, bei deren Anblick sogar die damals Anwesenden mit Gleichgültigkeit erfüllt wurden? Als sie endlich alle die Hauptstadt erreicht hatten, lagerten sie ihre Heere auf Bitten des Kaisers in der Nähe des Kosmidionklosters und sie dehnten sich bis hinauf zum Hieron aus...

Nun war der Kaiser darauf bedacht, sie alle dazu zu bringen, den gleichen Eid wie Gottfried zu leisten; er lud sie also einzeln ein und sprach mit ihnen vertraulich über ihre Wünsche und bei den Hartnäckigeren gebrauchte er die Einsichtsvolleren als Vermittler. Als sie nicht einwilligen wollten, dafür aber durch dauernd neue Forderungen verschiedene Ausfluchtsmittel fanden, durchschaute der Kaiser ihre Vorwände sehr schnell und zwang sie durch verschiedene Druckmittel, Gottfrieds Eid doch zu leisten, und er ließ Gottfried von drüben holen, damit er bei der Eidesleistung anwesend sein möge. Als sie so alle versammelt waren, und der Eid von allen Grafen geleistet worden war, setzte sich ein verwegener Edelmann auf des Kaisers Thron. Der Kaiser ließ es wortlos geschehen, denn er kannte seit langem die anmaßende Art der Lateiner. Graf Balduin jedoch trat vor, nahm ihn bei der Hand, tadelte ihn ernsthaft und sagte: »Es ist ein großer Fehler, daß du so etwas tust, zumal du gerade dem Kaiser Treue geschworen hast; denn es ist nicht üblich, daß die Römischen Kaiser ihre Untertanen neben sich auf dem Thron sitzen lassen, und die, welche des Kaisers Vasallen geworden sind, müssen die Sitten des Landes beachten.« Der Mann antwortete Balduin nicht, warf aber einen wütenden Blick auf den Kaiser und murmelte in seiner Sprache ein paar Worte vor sich hin. »Seht diesen Flegel«, sagte er, »er bleibt sitzen, während so tapfere Heerführer um ihn herum stehen müssen!« Dem Kaiser entgingen die Mundbewegungen des Lateiners nicht, er rief einen der lateinischen Dolmetscher und fragte ihn nach der Bedeutung der Worte. Als er ihren Sinn erfahren hatte, sagte er zunächst nichts, behielt es aber im Gedächtnis. Als sie sich alle vom Kaiser verabschiedeten, sprach er jenen übermütigen und frechen Lateiner an und fragte ihn, wer er sei und aus welchem Land und Geschlecht. »Ich bin ein Franke vom besten Adel«, antwortete er, »und eins weiß ich: an einem Kreuzweg in meiner Heimat gibt es ein altes Heiligtum, wo jeder, der einen Zweikampf bestehen will, sich aufstellt, Gott um Beistand bittet und auf jenen wartet, der es wagt, mit ihm zu kämpfen. An diesem Kreuzweg habe ich oft gestanden und auf einen Gegner gewartet, aber niemals ist einer erschienen, der es gewagt hat, mit mir zu kämpfen.« Darauf antwortete der Kaiser: »Wenn du bisher keine Gelegenheit zu kämpfen gefunden hast, so wirst du sie nun im Überfluß bekommen; aber ich rate dir dringend, dich weder in die hinterste Reihe, noch vor euren Linien aufzustellen, sondern in der Mitte, denn ich habe eine langjährige Erfahrung in der türkischen Kampfesweise.« Solchen Rat gab er nicht diesem Mann allein, sondern auch allen anderen, denen er die Ereignisse ihres Marsches voraussagte, und er riet ihnen, den Feind, wenn Gott ihnen einen Sieg über sie verliehen habe, nicht zu weit zu verfolgen wegen der Gefahr, in einen Hinterhalt zu fallen und getötet zu werden. (A. K.) □

Für Alexios war das Gewimmel der Fürsten, Grafen und Ritter eine harte Nervenprobe.

□ Sowie die Sonne im Osten über den Horizont trat, saß er auf dem kaiserlichen Thron und gab Anweisung, daß alle Franken täglich frei eintreten sollten, teils weil er wollte, daß sie ihm ihre Wünsche vorbrächten, teils auch, weil er durch seine eigenen Argumente ihnen seine Wünsche nahezubringen hoffte.

Nun sind die fränkischen Grafen von Natur aus schamlos und gewalttätig und gleichfalls von Natur aus geldgierig und maßlos in allem, was sie wünschen und sie sind von einer Redseligkeit, in der sie jede andere menschliche Rasse übertreffen. Sie machten ihre Besuche beim Kaiser nicht in ordentlicher Weise, sondern jeder brachte gleich so viel Gefolge mit, wie es ihm paßte, jeder trat auch gleich hinter dem andern ein, sie teilten die Rede auch nicht nach der Wasseruhr ein, wie es bei Audienzen üblich ist, vielmehr soviel einer mit dem Kaiser sprechen wollte, diese Zeit nahm er sich eben. Da also ihr Charakter so beschaffen war und ihr Redefluß grenzenlos, und da sie keine

Ehrerbietung dem Kaiser gegenüber zeigten, noch den Zeitverlust berücksichtigten oder die Entrüstung der Anwesenden beachteten, so machte keiner von ihnen den Nachfolgenden Platz, sondern jeder setzte seine Rede ununterbrochen fort. Ihre Geschwätzigkeit und geckenhafte Redeweise ist allen bekannt, die sich für das Studium der menschlichen Arten interessieren; wir aber, die wir damals anwesend waren, lernten sie gründlicher durch die Erfahrung kennen. Sogar am Abend, wenn er, Alexios, der den ganzen Tag ohne Nahrung geblieben war, sich vom Throne erhob und sich in sein Schlafgemach zurückziehen wollte, blieb er noch immer nicht von der Belästigung durch die Franken befreit; denn unter denen, die aneinander vorbeidrängend hereineilten, waren nicht nur solche, die in der Audienz noch nicht gehört worden waren, sondern auch andere, die wieder zurückkamen, um noch einmal und immer noch mehr Wortargumente zu produzieren, während er unbewegt in der Mitte der Franken stand und ruhig ihr endloses Geschnatter ertrug... Sicher war das der Grund, daß den Kaiser die Schmerzen in seinen Füßen befielen; von jener Zeit an bis zu seinem Tode plagte ihn das Rheuma in wiederkehrenden Perioden und verursachte ihm außerordentliche Pein. Aber er ertrug es geduldig, niemals entfuhr ihm ein Wort der Klage, sondern er sagte nur: »Ich verdiene den Schmerz, er kommt über mich wegen der Menge meiner Sünden.« (A K.) □

Und dann kam auch noch ein alter, wenn auch unlieber Bekannter — Bohemund von Tarent. In Italien hatte seine Herrschaft wegen der Einengung durch seinen Bruder nicht recht florieren wollen, nun trieb ihn sein rastloser Geist und seine normannische Abenteuerlust nach Osten, wo sich ihm im Gefolge der Kreuzzügler verlockende Aspekte eröffneten. Von allen anderen Fürsten unterschied sich Bohemund durch seinen Geist, seine Phantasie und seine Verschlagenheit. Religiöse Motive lagen ihm fern, das heilige Grab interessierte ihn nicht sonderlich. Er war mit einem recht unbedeutenden Heer gekommen und mit Geldmitteln war es bei ihm auch nicht zum besten bestellt. Und doch übte dieser Mann, obwohl man ihm von allen Seiten mißtraute, eine unbeschreibliche Faszination auf jeden aus; ihm traute man alles das zu, wovon man selber träumte, es aber nicht riskierte. Schön wie Apoll, listenreich wie Odysseus und im Kampf ein Ares, dabei von absoluter Gewissenlosigkeit, hatte er etwas Luziferisches an sich. Die 14jährige Kaissarissa Anna Komnene erblickte ihn im Palast ihres Vaters und er ist der einzige von allen Kreuzrittern, dem sie trotz des Abscheus, den sie gegen ihn hegt, eine längere Beschreibung widmet, denn auch sie konnte sich der Gewalt seiner Persönlichkeit nicht entziehen.

□ Dieser Mann war, um es kurz zu sagen, ohnegleichen bei Freunden wie bei Rhomäern, sein Name ein Schrecken, sein Anblick eine Augenweide. Ganz schmal in den Hüften, breit in den Schultern, mit tiefem Brustkasten und muskulösen Armen, überragte der Barbar an Höhe noch um fast eine Elle jeden anderen seiner Art. Was den Gesamtzustand seines Leibes betrifft, so war er weder von Fleisch entblößt, noch mit diesem belastet, vielmehr vollkommen ausgewichtet und gebildet, gleichsam nach dem Kanon des Polyklet. Stark die Hände, ebenmäßig seiner Füße Tritt, Nacken und Rükken solid... Er hatte eine sehr weiße Hautfarbe, aber im Gesicht mischte sich das Weiß mit einer leichten Röte. Das blonde Haar hing ihm nicht weit in den Rücken hinab, wie bei den anderen Barbaren, sondern er trug es in der Höhe der Ohren gestutzt. Ob sein Bart rötlich war oder von anderer Farbe, kann ich nicht sagen, denn sein Gesicht blieb wohlrasiert, das Kinn so glatt wie Gips. In den blauen Augen lagen Temperament und Würde, und durch die Nüstern ging der Atem frei, die Brust entsprach seinen Nüstern und seine Nüstern der Breite seiner Brust. Ein gewisser Zauber ging von diesem Manne aus, der doch auf allen Seiten umstellt war von bestürzenden Eigenschaften, die in seinem Wesen beschlossen waren. Denn der ganze Mann war hart und wild, in seinem Wuchs wie in seinem Blick, und selbst sein Lachen ließ seine Umgebung schaudern. An Leib und Seele war er so beschaffen, daß sich in ihm Mut und Leidenschaft stritten, und beide waren auf den Krieg gerichtet. Sein Geist, vielseitig, ränkevoll, war jedem Angriff gewachsen. □

Empfang der Kreuzfahrer durch Kaiser Alexios und ihre Klage über Prinz Bohemund

Als Bohemund auftrat, gab es für den Kaiser kaum noch einen Zweifel, daß ihm das ganze fromme Unternehmen unabsehbare Scherereien verursachen würde, das konnte auch die Tatsache nicht ändern, daß Bohemund sich ganz in der Rolle des Gutwilligen gefiel, dem es ferne lag, irgendwelche Schwierigkeiten zu machen. Alexios wußte nur zu gut, daß unter dem Schafspelz der altbekannte Wolf sein Spiel trieb. Doch ließ er sich nichts anmerken.

☐ Als Bohemund eintrat, lächelte der Kaiser ihm freundlich zu und fragte ihn nach seiner Überfahrt und wo er die Grafen gelassen habe. Alles das erklärte Bohemund deutlich so, wie er es für am besten hielt und dann scherzte der Kaiser und erinnerte ihn an seine früheren Feindseligkeiten bei Dyrrhachion und an seine ehemalige Feindschaft. Darauf erwiderte der andere: »Obwohl ich damals Euer Feind und Gegner war, so komme ich doch jetzt aus freiem Willen als ein Freund Eurer Majestät.« Der Kaiser sprach über viele Dinge mit ihm, und als er merkte, daß er sich nicht weigern würde, den Lehnseid zu leisten, entließ er ihn und sagte: »Ihr werdet von Eurer Reise ermüdet sein, Ihr müßt nun gehen und Euch ausruhen; morgen können wir über alles sprechen, was wir beide wünschen.« So ging Bohemund nach Kosmidion, wo ein Quartier für ihn bereit und eine reiche Tafel für ihn aufgetragen war, die mit allen Arten von Fleisch und anderen Speisen beladen war. Die Köche brachten auch das rohe Fleisch von Landtieren und Vögeln und sagten: »Ihr seht, wir haben die Speisen nach unserer üblichen Weise angerichtet, doch wenn es Euch nicht gefällt, seht, hier ist rohes Fleisch, das in der Euch passenden Art zubereitet werden kann.« Denn sie bereiteten das Essen und sprachen so im Auftrag des Kaisers, der wunderbar geschickt war, den Charakter eines Menschen zu beurteilen, in sein Herz zu dringen und seine Gedanken aufzuspüren. Da er Bohemunds Verdacht und Tücke kannte, erriet er das richtige. Um also Bohemunds Verdacht zuvorzukommen, hatte er befohlen, daß ihm das rohe Fleisch gebracht werden sollte. Und er täuschte sich nicht in seiner Vermutung. Denn dieser fürchterliche Bohemund lehnte es nicht nur ab, das Fleisch zu kosten, ja, er berührte es nicht einmal mit den Fingerspitzen, sondern schob es einfach von sich und, ohne von seinem heimlichen Verdacht zu sprechen, verteilte es unter sein Gefolge und gab vor, ihnen damit eine Gefälligkeit zu erweisen, aber in Wirklichkeit, wenn man es recht betrachtet, mischte er einen Todesbecher für sie. Und er verbarg nicht einmal seine List, denn er behandelte seine Untergebenen mit Verachtung. Das rohe Fleisch jedenfalls ließ er von seinen eigenen Köchen auf fränkische Weise zubereiten. Am nächsten Tag fragte er die Leute, die das Abendessen gegessen hatten, wie sie sich fühlten. Als sie antworteten, sie fühlten sich hervorragend und hätten nicht das geringste Unwohlsein verspürt, entdeckte er seine verborgenen Gedanken und sagte: »Wenn ich mich an meine Kriege mit ihm erinnere und an jene furchtbare Schlacht, fürchtete ich, er hätte vielleicht meinen Tod beschlossen und Gift unter die Speisen gemischt.« Also sprach Bohemund. — Ich habe niemals einen bösartigen Menschen gesehen, der nicht in allen seinen Worten und Taten Falschheit gezeigt hätte; denn wenn ein Mensch jemals den Mittelweg im Handeln verläßt und welchem Extrem auch immer sich zuneigt, so steht er weit von der Tugend entfernt.

Der Kaiser ließ Bohemund zu sich kommen und forderte ihn auf, den Lehnseid der Lateiner zu leisten. Und dieser, eingedenk seiner eigenen Position, nämlich daß er nicht von altem Adel war, noch über viel Geld verfügte und aus diesem Grund auch nicht über viele Truppen, sondern nur über eine begrenzte Zahl fränkischer Gefolgsleute, und weil er von Natur aus immer bereit war, einen Meineid zu schwören, fügte sich sogleich dem Wunsch des Kaisers. Dann wählte der Kaiser einen Raum des Palastes und bedeckte den Boden mit allen Arten von Reichtümern ... und füllte den Raum mit kostbaren Gewändern, gemünztem Gold und Silber und anderen Dingen von geringerem Wert, so daß man wegen ihrer Menge nicht mehr darin gehen konnte. Und er befahl dem Mann, der Bohemund diese Dinge zeigen sollte, die Türen plötzlich aufzuwerfen. Bohemund war bei diesem Anblick hingerissen und rief aus: »Wenn all diese Schätze mein wären, könnte ich mich in kurzer Zeit zum Herrn über viele Länder machen!« und der Diener antwortete: »Der Kaiser schenkt Euch alle diese Dinge.« Bohemund war überglücklich und nachdem er für das Geschenk gedankt hatte, ging er zurück in sein Quartier. Doch als ihm diese Schätze gebracht wurden, die er vorher so bewundert hatte, war er zu einem anderen Entschluß gekommen und sagte: »Niemals habe ich geglaubt, daß mir der Kaiser eine solche Unehre antun würde. Nehmt sie weg und bringt sie dem, der sie geschickt hat!« Doch der Kaiser, der den Wankelmut der Lateiner kannte, zitierte die volkstümliche Redensart: »Laß die bösen Dinge auf ihren Herrn zurückfallen.« Als Bohemund das hörte, und sah, wie die Träger die Geschenke sorgfältig wieder aufluden, änderte er abermals seine Meinung — er, der die Träger vor einer Minute weggeschickt hatte und sie beschimpft hatte, gab ihnen nun liebliche Blicke, wie ein Polyp, der seine Form augenblicklich wechselt. Denn von Natur aus war der Mann ein Gauner und auf jeden Zufall gefaßt; in Gaunerei und Kühnheit war er allen anderen Lateinern, die damals kamen, weit überlegen, so wie er ihnen an Macht und Geldmitteln unterlegen war. Und obwohl er alle in seiner überwältigenden Aktivität in Übeltaten übertraf, war die Wankelmütigkeit wie eine natürlich angeborene lateinische Mitgift auch ihm zu eigen. So nahm er nachher mit großer Freude die Geschenke an, die er erst verschmäht hatte ...

Raimund von St. Gilles schätzte der Kaiser besonders wegen seiner überlegenen Klugheit und echten Aufrichtigkeit und seines tadellosen Betragens; auch, weil er erkannt hatte, daß dieser die Treue über alles hielt. Er leuchtete zwischen allen den Lateinern wie die Sonne unter den Sternen des Himmels. Darum behielt er ihn auch einige Zeit bei sich. Nachdem die Fürsten sich alle vom Kaiser verabschiedet und nach Überquerung des Marmarameeres Damalion erreicht hatten, und der Kaiser von dem Trubel erlöst war, berief er Raimund öfters zu sich und setzte ihm noch deutlicher auseinander, was seiner Meinung nach den Lateinern auf ihrem Marsch bevorstand und er offenbarte ihm auch seinen Verdacht, den er gegen die Absichten der Franken hatte. Er wiederholte Raimund diese Dinge oft und öffnete ihm sozusagen die Pforten seiner Seele und als er alles erzählt hatte, schärfte er ihm ein, immer vor Bohemunds Bosheit auf der Hut zu sein, und falls der letztere versuche, seinen Eid zu brechen, ihm Einhalt zu gebieten und mit allen möglichen Mitteln seine Pläne zum Scheitern zu bringen. Raimund antwortete dem Kaiser: »Bohemund hat Meineid und Verrat als altes Erbteil erworben, es wäre ein Wunder, wenn er seinen Eid hielte. Jedenfalls will ich mich bemühen, soweit es in meiner Macht steht, Deine Anordnungen durchzuführen.« Dann nahm er Abschied vom Kaiser und schloß sich dem fränkischen Heere an. (A. K.) □

Des Kaisers Freundschaft zu Raimund von Toulouse war echt und anhaltend. Dabei war dieser der einzige gewesen, der sich trotz des Zuredens der anderen Fürsten und besonders Bohemunds bis zuletzt geweigert hatte, den Lehnseid zu leisten und dazu bemerkt hatte, er sei nicht hierher gekommen, um einen anderen Herrn anzuerkennen oder für jemand anders zu kämpfen als den, für den er Vaterland und Besitz verlassen habe. Es gelang dem Kaiser nicht, ihn umzustimmen; schließlich konnte man ihn wenigstens bewegen, zu beschwören, Leben und Besitz des Kaisers zu respektieren. Doch dieses vage formulierte Versprechen hat der treue Raimund besser eingehalten als die anderen Kreuzfahrer ihre heiligen Schwüre, die sie mehr oder weniger bereitwillig geleistet hatten und später auch mehr oder weniger schnell gebrochen haben.

Das erste Ziel der Kreuzfahrer war Nikaia, die Hauptstadt Kilidsch Arslans. Der Sultan selbst befand sich nicht in der Stadt, als das Heer mit der Belagerung begann. Als er vierzehn Tage später mit seiner Armee heranrückte, glaubte er offenbar, die Franken leicht besiegen zu können — die Scharen Peters des Einsiedlers hatten ihm verständlicherweise keinen Respekt einzuflößen vermocht. Doch der Sultan hatte sich gründlich getäuscht; seine Armee wurde so kräftig geschlagen, daß er abziehen mußte und keinen Versuch zum Entsatz seiner Hauptstadt mehr machte, obwohl sich seine Familie und der Staatsschatz dort befanden.
Da die Stadt Nikaia wegen ihrer Lage am askanischen See nur unvollkommen vom Lande her eingeschlossen werden konnte, schickte Alexios, der in Pelekanon Beobachtungsposten bezogen hatte, den Kreuzfahrern eine große Zahl leichter Schiffe, die über Land transportiert werden konnten.

□ Man zog sie am Ufer aufs Trockene, dann spannte man drei oder vier Wagen hintereinander, wie es eben die Länge der Schiffe erforderte, lud diese darauf und zog sie im Verlauf einer Nacht bis zu dem See, auf eine Entfernung von sieben Meilen oder mehr, mit Hilfe von Tauen und der vervielfachten Kräfte der Menschen und Pferde. Als sie angekommen waren und man sie auf dem See flottgemacht hatte, empfand das christliche Heer unaussprechlichen Jubel; alle Führer liefen herbei zum See und ließen sogleich Leute kommen, die sich aufs Rudern und auf Schiffahrt verstanden; dann ließ man die Schiffe von Männern besteigen, die im Gebrauch der Waffen wohlgeübt und durch ihren Mut empfehlenswert waren, und gab sich ganz überzeugt der Hoffnung hin, mit Gottes Hilfe die Stadt bald in die Gewalt zu bekommen.

Die Belagerung Nikaias und Flucht der Gemahlin des Kilidsch

Als die Feinde auf dem See mehr Schiffe sahen als sonst, verwunderten sie sich sehr und fragten sich zuerst, ob es ein Geleitzug mit Lebensmitteln sei, der käme, ihnen Hilfe zu bringen, oder ob die Unseren neue Anstalten träfen. Als sie erfuhren, daß unsere Krieger diese Fahrzeuge vom Meer geholt und auf dem Landweg unter großen Mühen herbeigeschafft hatten, um sie in den See zu lassen, bewunderten sie die Klugheit und die Kraft, die ein so außergewöhnliches Unternehmen ausgedacht und durchgeführt hatten.
Als die Stadt nun von allen Seiten umzingelt war, beschlossen die Fürsten, aus dem nahen Wald alles nötige Material holen zu lassen und in aller Eile Maschinen zu bauen, Widder genannt, die zum Zertrümmern von Mauern dienen, Ballisten, die im Volksmund Manganen heißen, und andere Maschinen, um Steine zu schleudern. Gleichzeitig zogen sie Arbeiter zusammen und beschleunigten mit aller Macht die Ausführung dieser Arbeiten, um die Festung mit mehr Erfolg anzugreifen. (Wilh.) □

In der Zwischenzeit hatte Alexios die Fäden seiner Diplomatie spielen lassen. Er gedachte nicht, die Eidestreue der Franken auf die Probe zu stellen und verhandelte heimlich mit den Einwohnern der belagerten Stadt um ihre Übergabe in die Hand der Byzantiner. Er versprach ihnen Schonung und warnte sie gleichzeitig vor den fürchterlichen Gräueln, die eine gewaltsame Inbesitznahme durch das fränkische Heer unfehlbar nach sich ziehen würde. Dem General Butumites, einem Vertrauten des Kaisers, gelang es auch tatsächlich, die entmutigten Verteidiger zu bewegen, auf das Angebot des Kaisers einzugehen. Als die Kreuzfahrer am 19. Juni 1097 zum Sturmangriff antraten, sahen sie plötzlich zu ihrem größten Erstaunen das kaiserliche Banner auf den Türmen der Stadt wehen. Nikaia war fest in byzantinischer Hand, die Kreuzfahrer durften die Stadt nicht einmal betreten und damit war die Hoffnung auf den Lohn ihrer Mühen und Opfer, nämlich Plündern und Beutemachen, zerstört. Die Situation war einigermaßen delikat. Die Enttäuschung und Erbitterung der Kreuzfahrer über diesen »Verrat« des Kaisers war nicht gering, und doch hatte dieser nur sein Eigentum in Besitz genommen, dessen Respektierung die Franken ja beschworen hatten. Außerdem konnte dem Kaiser niemand verwehren, die Rückgewinnung durch diplomatische Schritte zu erleichtern. Nach dem Buchstaben des Vertrages hatte Alexios selbstverständlich keinen Verrat geübt, andererseits ist sehr wohl auch die Erbitterung der Krieger zu verstehen, denen im letzten Augenblick eine fette Beute vor den Zähnen weggeschnappt worden war. Die Wogen des Zorns beschwichtigte der Kaiser indessen bald durch die großzügige Verteilung von Schätzen und Geldbelohnungen, womit der Friede wiederhergestellt war.
Nach einer Wiederholung der feierlichen Eidesleistung — es waren inzwischen noch einige Nachzügler eingetroffen — brach die Streitmacht der Kreuzfahrer zu ihrem großen Marsch durch Kleinasien in das heilige Land auf. Ein byzantinisches Korps unter Führung des Generals Tatikios begleitete sie, um die zu erobernden Plätze in Besitz zu nehmen. Nach ein paar kräftigen Tagesmärschen gelangte man in die Nähe von Doryläon. Hier hatte Kilidsch Arslan ein neues Heer zusammengezogen und trat den sorglos dahinziehenden Franken unerwartet entgegen. Er hatte einen günstigen Augenblick gewählt, denn Gottfried von Bouillon und Raimund von Toulouse waren irrtümlich von der Hauptmacht abgekommen und marschierten auf einem anderen Weg in einigen Stunden Abstand. Am 30. Juni kam es zur Schlacht. Die Behendigkeit der berittenen Bogenschützen Kilidsch Arslans brachten die schwerfälligeren fränkischen Krieger in harte Bedrängnis. Mit Mühe hielt Bohemund die Truppen zusammen.

□ Schon stürzten sich von der anderen Seite des schilfbedeckten Sumpfes dichte Reitergeschwader der Türken in vollem Lauf auf unsere Zelte, plünderten unsere Bagage und machten unsere Leute nieder; aber plötzlich und dank dem Willen Gottes traf in ihrem Rücken die Vorhut Hugos, des Grafen Raimund und des Herzogs Gottfried auf dem Schauplatz dieses unglückseligen Geschehens ein; und da wir auf unserer Seite fliehend bis auf unsere Zelte zurückwichen, zogen sich diejenigen der Feinde, die mitten in unseren Troß eingedrungen waren, eiligst zurück, überzeugt, daß wir zurückkommen, um sie anzugreifen. Aber wo sie mit Kühnheit und Tapferkeit rechneten, hätten sie mit mehr Berechtigung Furcht erwarten können. Was soll ich noch hinzufügen? Aneinandergedrängt wie Hammel, die in einem Pferch eingeschlossen sind, zitternd und von Schrecken ergriffen, waren wir von allen Seiten von den Türken umzingelt und wagten um nichts in der Welt, auf irgendeinen Punkt vorzugehen ...

Die Luft hallte wider von den durchdringenden Schreien, die auf der einen Seite unsere Männer, unsere Frauen und Kinder ausstießen, auf der anderen Seite die Heiden, die sich auf uns stürzten. Schon verloren wir alle Hoffnung, unser Leben zu retten, wurden uns bewußt, alle Sünder und Verbrecher zu sein, und erflehten demütig das göttliche Mitleid. Unter den Pilgern befand sich der Bischof von Puy, unser Herr, und vier andere Prälaten, ebenso viele Priester, alle in weißen Ornaten, die unterwürfig den Herrn baten, die Macht der Feinde zu brechen und uns seine Barmherzigkeit zu schenken; alle sangen und beteten unter Tränen, und eine Menge Menschen, die den baldigen Tod fürchteten, warfen sich zu Boden und bekannten ihre Sünden. Inzwischen bemühten sich unsere Führer, Robert, der Graf der Normandie, Stephan von Blois und Bohemund mit aller Macht, die Türken, die ihrerseits kühn auf die Unseren eindrangen, zurückzudrängen und oft sogar anzugreifen. Und glücklicherweise versöhnt durch unsere flehentlichen Bitten, hob der Herr ... nach und nach unsern Mut und schwächte immer mehr den der Türken. Da wir in der Tat unsere Gefährten zu unserer Hilfe herbeieilen sahen, lobten wir Gott, gewannen unsere erste Kühnheit zurück und ordneten uns neu in Trupps und Kohorten und versuchten, dem Feind die Spitze zu bieten.

Wie ich gesagt habe, hielten uns die Türken von der ersten Stunde des Tages bis zur sechsten eng zusammengedrängt; aber nach und nach belebten wir uns wieder, unsere Reihen wurden dichter durch die Ankunft unserer Gefährten; die Gnade von oben offenbarte sich wunderbar zu unseren Gunsten, und wir sahen alle Ungläubigen uns den Rücken zuwenden und die Flucht ergreifen, wie von einer plötzlichen Bewegung fortgerissen. Da stießen wir hinter ihnen laute Schreie aus, verfolgten sie durch die Berge und Täler und hörten erst auf, sie vor uns herzutreiben, als unsere Vorhut bis zu ihrem Lager gelangt war; dort lud ein Teil der Unseren das Gepäck und sogar die Zelte des Feindes auf eine Menge Pferde und Kamele, die er in seinem Schrecken im Stich gelassen hatte, und bis zur Nacht stießen die anderen den Türken das Schwert in den Leib. Da aber unsere Pferde von Hunger und Anstrengung erschöpft waren, konnten wir nur wenige Gefangene machen. Was übrigens ein großes Wunder Gottes war, ist der Umstand, daß die Heiden in ihrer Flucht nicht einhielten, weder am nächsten, noch selbst am dritten Tag, obgleich nur noch der Herr allein sie verfolgte. (Ful.) □

Gottfried von Bouillon auf dem Weg ins Heilige Land

Das rechtzeitige Eintreffen Gottfrieds und Raimunds hatte die Situation gerettet und den Franken einen überwältigenden Sieg ermöglicht. Mit dem verlassenen türkischen Feldlager fielen ihnen reiche Schätze und Kostbarkeiten in die Hände, doch das entscheidende war, daß mit diesem Sieg der Weg nach Osten freigekämpft war. Kilidsch Arslan wagte keine neue Begegnung mehr, sondern beschränkte sich darauf, die Gebiete längs der Marschroute systematisch zu verwüsten, um die Versorgung des Heeres zu erschweren. Tatsächlich gab es auf dem Weitermarsch durch die Sommerhitze Anatoliens erhebliche Schwierigkeiten. Viele Pferde verendeten, Hunger und Durst plagten die ermüdeten Streiter, doch die Zuversicht war nicht gebrochen. »Wir verstanden uns selbst nicht, aber wir waren wie Brüder, einmütig in der Liebe; denn so geziemt es den Gerechten, die da pilgern.« Der Weg führte über Amorion, Philomelion nach Ikonion, wo man im August eine Woche Rast machte. In Tyana trennte sich das Heer. Balduin von Boulogne und Tankred, Bohemunds Neffe, wandten sich nach Süden zur kilikischen Pforte, um von dort nach Tarsos vorzustoßen, die Hauptarmee nahm die Route über Kaisareia, von dort über das »Teuflische Gebirge« nach Germanikeia in Syrien.
In Kilikien wurden Balduin und Tankred von der christlichen armenischen Bevölkerung als Befreier begrüßt und ohne Mühe gelang es ihnen, die türkischen Garnisonen zu vertreiben. Mit einer Handvoll von Rittern eroberte Tankred Tarsos, durchaus nicht in der Absicht, es dem byzantinischen Kaiser zu übergeben. Der mächtigere Balduin vertrieb ihn aber schnell aus seinem Besitz, ebenfalls nicht in der Absicht, die Stadt den Byzantinern zu überlassen. Schließlich wurde sie einem zufällig aufkreuzenden Piraten zu treuen Händen übergeben, da man nicht länger Zeit verlieren wollte. Der Streit und die Feindschaft Balduins und Tankreds war der erste Bruch in der bisherigen Einigkeit unter den Kreuzfahrern — bald sollten andere Zwiste folgen. Gemeinsam marschierte man noch bis Mopsuestia, dort wandte sich Balduin nach Nordosten und traf bei Germanikeia auf das Hauptheer, hielt sich aber nicht lange dort auf, sondern marschierte weiter nach Edessa, dessen König, der Armenier Toros, ihm ein hochwillkommenes Hilfegesuch geschickt hatte. In Edessa wurde Balduin von Toros glänzend empfangen und als Sohn adoptiert. Als kurz darauf Toros ermordet wurde, fiel Balduin die Herrschaft

Ruinen der Burg von Edessa

zu, die er mit Umsicht und Geschicklichkeit ausbaute und festigte. Für ihn war der Kreuzzug vorläufig zu Ende. Von einer Rückgabe der Stadt an den byzantinischen Kaiser war selbstverständlich nicht die Rede.
Die Hauptarmee, die in Germanikeia von der armenischen Bevölkerung begeistert empfangen worden war, hatte sich nach Süden gewandt und traf im Oktober 1097 vor Antiocheia ein, nachdem kurz vorher Tankred sich wieder mit ihr vereinigt hatte. Antiocheia, ehemals eine der größten und schönsten Städte des Imperiums, hatte auch unter türkischer Herrschaft nichts von seinem Ruhme eingebüßt. Am Bergeshang über der fruchtbaren Orontesebene gelegen, galt sie wie Konstantinopel durch ihre gewaltigen Befestigungswerke mit ihren 400 Türmen für praktisch uneinnehmbar. Trotz ihrer großen Menschenzahl gelang es den Kreuzfahrern nicht einmal, die Stadt vollständig einzuschließen. Herr der Festung war der Emir Yagi Siyan, ein kluger und energischer Kriegsmann.
In der ersten Zeit betrieben die Kreuzfahrer die Belagerung sehr nachlässig, sie genossen das angenehme Klima, schwelgten in lang entbehrten Genüssen; besonders Bohemund, sonst immer die treibende Kraft, schien es gar nicht eilig zu haben, die Stadt zu erobern. Als der Winter einbrach, war es freilich mit dem guten Leben vorbei. Dauerregen und Kälte zermürbten die Belagerer, die Lebensmitteltransporte blieben aus und man begann unter Hunger zu leiden. Krankheiten brachen aus. Im Kampfe zwar war

Belagerung von Antiocheia (1097)

man immer noch den Türken überlegen; verschiedene Entsatzversuche wurden erfolgreich abgeschlagen, auch Ausfälle der Belagerten blieben nach einigen empfindlichen Niederlagen aus. Mit der Zeit wurde das Heer auch durch neuen Zuzug über den Seeweg verstärkt und die Stadt konnte endlich fest umschlossen werden. Trotz allem war der Zustand des christlichen Heeres bedenklich. Desertionen häuften sich, Peter von Amiens machte sich in einer schwachen Stunde davon, wurde aber von Tankred unsanft ins Lager zurückgebracht. Stephan von Blois verließ das Heer und begab sich auf den Weg nach Konstantinopel, Tatikios mit seinem Korps war umgekehrt, angeblich durch Drohungen Bohemunds irregeführt und unsicher gemacht. Da traf die Nachricht ein, daß der mächtige Emir von Mossul, Kerbogha, mit einem nach Hunderttausenden zählenden Heer heranrückte, die Stadt zu entsetzen. Wenn Kerbogha vor Einnahme der Stadt eintraf, waren die Kreuzfahrer verloren. Nun schlug Bohemunds Stunde. Er versprach den Fürsten, ihnen in kürzester Frist Eingang in die Stadt zu verschaffen, wenn sie ihm dafür Antiocheia als Eigentum überlassen würden. Niemand wollte etwas davon wissen und Bohemund wartete in Ruhe ab. Als Kerbogha näherrückte und die Berichte über die Stärke seiner Armee immer bedrohlicher klangen, die Belagerung aber keinerlei Fortschritte machte, wiederholte Bohemund Angebot und Forderung. Nach vielen Diskussionen nahm man endlich trotz des energischen Widerspruchs Raimunds an und sicherte ihm die Überlassung der Stadt zu.

Bohemund wußte, was er versprach. Er hatte heimlich mit einem der türkischen Unterführer, einem armenischen Renegaten namens Fiduz, Freundschaft geschlossen und ihn überredet, ihn auf ein verabredetes Zeichen in die Stadt zu lassen. Fiduz befehligte den Eckturm an der Westseite der Stadt. Am Abend des 2. Juni führte Bohemund das Heer in einem großen Bogen um die Stadt bis zu dem Turm, am frühen Morgen wurden Bohemund und seine Gefährten über die Mauer gelassen und ein paar Augenblicke später ergoß sich das christliche Heer in die völlig überraschte Stadt. Die Türken wurden fast sämtlich niedergemacht, der Emir auf der Flucht erschlagen, nur sein Sohn rettete sich mit ein paar tausend Mann in die Zitadelle, die allen wütenden Angriffen der

Die Westseite der Festungsmauern von Antiocheia

Christen widerstand. Die Stadt aber war in sicherem Besitz der Ritter — eben noch zur rechten Zeit, denn drei Tage später war Kerbogha da, und die Belagerer wurden zu Belagerten.

Die Schlauheit Bohemunds hatte die Kreuzfahrer fürs erste gerettet, aber auch gleicherweise die Unklugheit Kerboghas, der volle drei Wochen bei der vergeblichen Belagerung Edessas verloren hatte. Doch auch jetzt befanden sich die Kreuzfahrer in keiner beneidenswerten Lage. Kerboghas zahllose Truppen umschlossen die Stadt so fest, daß die Lebensmittelzufuhr vollkommen abgeschnitten war. Pausenlos griffen die Türken von der Zitadelle aus mit immer frischen Truppen an. Hätte Bohemund nicht durch radikale

Mittel die Disziplin der Seinen wiederhergestellt, wären sie bald aufgerieben worden, zumal der Hunger die Kämpfenden immer mehr entkräftete. Nach ein paar Wochen war die Hoffnung auf Errettung auf ein Minimum gesunken; nur ein Wunder könnte die Kreuzfahrer noch retten. Und das Wunder trat ein.

□ In seiner Güte erwählte Gott einen armen Bauernjungen, einen Provenzalen, um uns alle wieder aufzurichten. Dieser suchte den Grafen (Raimund) auf und den Bischof von Puy und wandte sich an sie mit diesen Worten: »Andreas, der Apostel Unseres Gottes und Herrn Jesus Christus, hat mir viermal verkündet und befohlen, ich solle zu Euch gehen und Euch aus der Stadt die Lanze bringen, die die Seite des Erlösers öffnete. Als ich nämlich heute mit den anderen aus der Stadt zum Kampfe gezogen und verfolgt von zwei Reitern atemlos und halb ohnmächtig geflohen war, blieb ich traurig auf einem Stein sitzen. Als ich so saß, im Übermaß von Kummer und bedrückt von Schmerz und Furcht, trat der heilige Andreas vor mich hin mit seinem Begleiter. Er bedrohte mich sehr für den Fall, daß ich Euch nicht schnell die Lanze brächte.« Der Graf und der Bischof befahlen ihm, zu erzählen, unter welchen Umständen ihm die Offenbarung des Apostels geschah. Er antwortete: »Bei dem ersten Erdbeben, das in Antiocheia stattfand, als das Heer der Franken die Stadt belagerte, empfand ich einen solchen Schrecken, daß ich nichts sagen konnte außer: ›Herr, komme mir zu Hilfe!‹ Es war Nacht, ich hatte mich niedergelegt und unter dem Dach, das mich schützte, gab es niemanden, dessen Gesellschaft mich trösten konnte. Dieses Erdbeben nun dauerte lange, und mein Schrecken wurde nur noch größer, als zwei Männer in leuchtenden Gewändern vor mir standen: der eine, ältere, mit rotblonden Haaren, schwarzen Augen und angenehmem Gesicht, mit weißem, langem und vollem Bart und von mittlerer Größe; der andere, jünger und anziehender, das schönste der Menschenkinder. Und der Ältere sagte zu mir: ›Was tust du?‹ Ich hatte große Furcht, denn ich wußte, es war niemand da, und ich antwortete: ›Wer bist du?‹ Er sagte: ›Stehe auf und habe keine Furcht! Höre, was ich dir zu sagen habe. Ich bin der Apostel Andreas. Suche den Bischof von Puy auf, den Grafen von St. Gilles und Peter-Raimund von Hautpoul und sage ihnen: Warum unterläßt es der Bischof, zu predigen und das Volk jeden Tag zu ermahnen und mit dem Kreuz, das er trägt, zu segnen? Das würde ihnen sehr guttun‹ . . .

Ich bin also aufgestanden und ihm in die Stadt gefolgt, ohne andere Kleidung als mein Hemd. Er führte mich in die Kirche des Apostels Petrus. In der Kirche befanden sich zwei Lampen, die ein Licht gaben, als wäre es voller Mittag. Er sagte: ›Warte hier!‹ Er forderte mich auf, mich an die Säule zu setzen, die den Stufen am nächsten ist, auf denen man an der Südseite hinaufsteigt zum Altar. Sein Begleiter hielt sich nicht weit von den Stufen des Altars auf. Der heilige Andreas stieg unter die Erde, zog eine Lanze hervor, gab sie mir in die Hände und sagte: ›Hier ist die Lanze, die die Seite geöffnet hat, aus der das Heil der ganzen Welt kam.‹ Während ich sie, vor Freuden weinend, in den Händen hielt, sagte ich zu ihm: ›Herr, wenn du willst, werde ich sie dem Grafen bringen und übergeben.‹ Er sagte: ›Bald, denn die Stadt wird genommen werden. Du wirst mit zwölf Männern kommen und dort suchen, von wo ich sie genommen habe und wo ich sie von neuem verberge.‹ Und er legte sie an jenem Ort nieder. Als das geschehen war, führte er mich zurück durch die Mauer der Stadt in meine Behausung. Und sie zogen sich zurück. Dann, als ich meine Armut und Eure Herrlichkeit sah, hatte ich Furcht, mich Euch zu nähern. Einige Zeit später, als ich zu einem Ort in der Nähe von Reis (Ruiath) gegangen war, am ersten Tag der Fasten (10. Februar), erschien mir beim Hahnenschrei der heilige Andreas in demselben Gewand und mit demselben Begleiter, der das erste Mal mitgekommen war, und ein helles Licht erfüllte das Haus. Und der heilige Andreas sagte zu mir: ›Hast du ausgerichtet, was ich dir befohlen habe zu sagen?‹ Ich antwortete: ›Herr, habe ich dich nicht gebeten, einen anderen zu ihnen zu schicken? Ich habe Furcht gehabt wegen meiner Armut; ich habe nicht gewagt, mich ihnen zu nähern‹ . . . Daraufhin bin ich nach dem Hafen Mamistra gegangen; meine Absicht war, zur See Zypern zu erreichen, um Lebensmittel zu holen. Aber der heilige Andreas hat mir von neuem eine schwere Strafe angedroht, wenn ich nicht zurückkäme und ausrichtete, was er befohlen hatte. Als ich mich fragte, wie ich zum Lager zurück-

kommen sollte (dieser Hafen liegt ungefähr drei Tagesmärsche von der Stadt entfernt), begann ich bitterlich zu weinen ... Auf die Ermahnung meiner Reisegefährten haben wir das Schiff bestiegen und uns angeschickt, nach Zypern zu rudern. Während des ganzen Tages, durch die Ruder sowohl wie durch die günstigen Winde, sind wir bis zum Sonnenuntergang vorangekommen, dann hat sich der Sturm so stark aufgemacht, daß wir im Zeitraum einer oder zweier Stunden zurückgekommen sind zu dem Hafen, den wir verlassen hatten. Noch ein zweites und drittes Mal war uns die Überfahrt unmöglich, so daß wir zum Hafen des hl. Simeon gekommen sind. Dort bin ich sehr krank gewesen. Dann ist damals die Stadt genommen worden, und jetzt habe ich Euch aufgesucht. Macht den Versuch, um den ich Euch bitte!«
Der Bischof dachte, daß wären nur Worte; aber der Graf glaubte es sofort und gab den, der so gesprochen hatte, seinem Kaplan Raimund (dem Verfasser des Berichtes) in Obhut.
... Die Fürsten schworen nun, nicht aus Antiocheia zu fliehen und die Stadt nicht zu verlassen, wenn nicht mit Zustimmung aller. In jenem Augenblick nämlich dachte das Volk, die Fürsten wollten zum Hafen fliehen. Dieses Versprechen hat viele wieder aufgerichtet. In der voraufgehenden Nacht hatte es sehr wenige gegeben, die das Vertrauen bewahrt hatten und nicht zu fliehen versucht hätten. Wenn Bohemund nicht die Stadttore geschlossen hätte, wären nur wenige geblieben. Selbst Wilhelm von Grandmesnil, sein Bruder, und viele andere Geistliche und Laien flohen. Mehr als einem geschah es, daß er, unter großer Gefahr aus der Stadt entkommen, unter noch viel größerer Gefahr in die Hände der Türken fiel. In jenem Augenblick wurden uns mehrere Offenbarungen durch unsere Brüder, und am Himmel sahen wir ein wunderbares Zeichen. Während der Nacht erschien ein großer Stern über der Stadt; nach einem Augenblick teilte er sich in drei Teile und fiel auf das Lager der Türken.
Die Unsrigen erwarteten also, ein wenig schon getröstet, den fünften Tag, den der Priester angekündigt hatte. Als wir die nötigen Vorbereitungen getroffen hatten, taten wir uns an jenem Tag zu zwölf Männern mit demjenigen zusammen, der von der Lanze gesprochen hatte, und nachdem allen anderen der Zutritt zur Kirche Sankt Peters verwehrt war, fingen wir an zu graben. Bei uns befand sich der Bischof von Orange, ferner ich, Raimund, der Kaplan des Grafen ...
Vom Morgen bis zum Abend gruben wir; am Abend begannen wir, die Hoffnung aufzugeben, wir könnten die Lanze finden; der Graf war fortgegangen, sich um die Bewachung seines Lagers zu kümmern. Wir aber haben uns an seinen Platz gestellt und den der anderen, die es müde waren zu graben, und haben mutig das Geschäft fortgeführt. Als der junge Mensch, der von der Lanze gesprochen hatte, sah, daß wir ermüdeten, legte er seinen Gürtel und seine Schuhe ab, und barfüßig und im Hemd stieg er in die Grube, die wir gegraben hatten, und ermahnte uns, Gott zu bitten, er möge uns die Lanze geben zum Trost und Sieg seines Volkes. Endlich hat Gott in seiner Güte uns die Lanze gezeigt, und als erst die Spitze über der Erde erschien, habe ich, der ich dies schreibe, sie geküßt. Die Freude und der Jubel, die die Stadt erfüllten, kann ich nicht beschreiben. Es war der 14. Juni, als die Lanze gefunden wurde. (Rai.) □

Bohemund glaubte nicht an Wunder, aber an sinnvolles Planen und kluge Vorbereitung, er vertraute weniger der heiligen Lanze als seiner eigenen. Natürlich war ihm dies Ereignis nicht unwillkommen, er verstand, daß die wiederauflebende Zuversicht genutzt werden mußte, doch er vergaß darüber das andere nicht. Von den Grafen zum Oberbefehlshaber gemacht, ließ er die Soldaten zwei Tage lang beten und fasten, die Pferde aber gut füttern. Einer verzagten Kompanie, die den Kampf verweigerte, zündete er die Quartiere über den Köpfen an. Dann führte er das Heer aus der Stadt gegen Kerbogha. Seine geniale Taktik machte alle Versuche der türkischen Reiterei, die Christen in die Zange zu nehmen, zunichte. Am Abend des 28. Juni 1098 war Kerboghas riesiges Heer vollkommen geschlagen. Alle Gefahr war plötzlich vorbei, ein Siegestaumel ohnegleichen erfüllte die begeisterten Massen.

Die Frage, was mit Antiocheia zu geschehen habe, war aber, wie sich bald zeigte, keineswegs geklärt. Bohemund beanspruchte sie aufgrund der früheren Absprache für sich, doch einige der Fürsten, die ihm den Besitz der prächtigen und bedeutenden Stadt neideten, wollten sie ihm nicht überlassen. Raimund von Toulouse bestand als einziger darauf, daß sie dem Kaiser Alexios zu übergeben sei. Bohemund dagegen argumentierte, daß der Abzug des Tatikios — wahrscheinlich von ihm selbst betrieben — als Verrat zu betrachten sei, der sie ihrerseits von allen Verpflichtungen entbände. Während der Kämpfe in Syrien hatte Alexios mit seiner Armee in Kleinasien »Nachlese« gehalten, die byzantinische Herrschaft im westlichen Teil wieder aufgerichtet und gesichert. Nun war es seine Absicht, nach Syrien zu marschieren, um dort seine Besitzansprüche durchzusetzen. Bevor er aber dort ankam, traf er mit dem entwichenen Stephan von Blois zusammen, der von dem bevorstehenden sicheren Untergang des christlichen Heeres überzeugt war und dem Kaiser die Situation vor Antiocheia in den schwärzesten Farben schilderte. Die Berichte seines Generals Tatikios bestätigten das düstere Bild. Daraufhin kehrte Alexios nach Konstantinopel zurück, um sich nicht unnötig in Gefahr zu begeben. Als nun die Kreuzfahrer in Antiocheia ihren großen Triumph errungen hatten, war kein Byzantiner weit und breit zu sehen. Raimund schickte den Grafen Hugo von Vermandois nach Konstantinopel zu Alexios, damit er ihm Bericht erstatte, doch Hugo, der der ganzen Sache überdrüssig war, zog es vor, auf direktem Weg nach Frankreich zurückzukehren. So blieben die Fürsten in Antiocheia; niemand wagte aus Mißtrauen gegen den anderen weiterzuziehen, obwohl die Truppen zum Aufbruch in das heilige Land drängten. Provenzalen und Normannen bildeten bald zwei regelrechte feindliche Lager. Die Normannen konnten es nicht lassen, die Provenzalen und besonders den frommen Raimund wegen der sogenannten heiligen Lanze zu hänseln und ihnen sogar offenen Betrug vorzuwerfen, denn, wie jeder wissen mußte, lag die echte heilige Lanze seit langer Zeit in Konstantinopel. Schließlich erbot sich der Priester Bartholomäus, die Echtheit durch die Feuerprobe zu erweisen. Er überstand sie zwar lebend, starb aber drei Tage später, womit für die meisten kein Zweifel mehr blieb, daß das ganze ein frommer Betrug gewesen war.

Sommer und Herbst vergingen, Vorstöße in die benachbarten Emirate wurden unternommen und einige umliegende Städte erobert, aber an einen Aufbruch aus Antiocheia dachte niemand. Doch allmählich wurden die Widersprüche gegen Bohemunds Forderung immer kleinlauter. Schließlich bot man Raimund das Oberkommando an, wenn er das Heer nach Jerusalem führe. Er nahm an und im Januar 1099 brach man auf, Raimund schritt barfuß und im Büßerhemd voran, um die Kreuzfahrer an ihre eigentlichen Ziele zu erinnern. Bohemund zog nur ein kurzes Stück zum Schein mit, machte dann kehrt und nachdem er die provenzalische Garnison hinausgeworfen hatte, war er alleiniger und unbestrittener Herr der reichen und schönen Orontesstadt.

Während Bohemund seinen Besitz durch Feldzüge gegen die benachbarten Territorien kräftig ausdehnte, bewegten sich die Kreuzfahrer langsam auf Palästina zu. Am 19. Mai erreichte man fatimidisches Gebiet, zwei Wochen später besetzte Tankred Bethlehem und einen Tag danach erblickte man von den Höhen die Stadt Jerusalem. Die Belagerung war kurz, aber hart. Nach fünf Wochen schwerer Kämpfe konnten Gottfried von Bouillon und Tankred am Blumentor über einen Belagerungsturm auf der Stadtmauer Fuß fassen. Die Lothringer ergossen sich in die Stadt, alles niederschlagend, was sich ihnen in den Weg stellte, und erreichten, »bis zu den Knöcheln in Blut watend«, den Tempelplatz.

☐ Auf seiner Seite führte der Graf Raimund, der im Süden stand, den hölzernen Turm und sein Heer bis an die Stadtmauer heran. Aber zwischen dem Turm und der Mauer lag ein Graben, und man ließ ausrufen, jeder, der drei Steine in den Graben trüge, solle einen Denar erhalten. Um ihn auszufüllen, brauchte es drei Tage und drei Nächte. Endlich war der Graben voll, man führte den Turm gegen die Mauer. Die Verteidiger im Innern schlugen sich kräftig mit den Unsrigen, wobei sie Feuer und Steine verwendeten. Als der Graf erfuhr, daß die Franken in der Stadt waren, sagte er zu seinen Leuten: »Was zögert ihr? Seht, alle Franzosen sind schon in der Stadt!«

Die Grabeskirche

Der Admiral, der den Davidsturm befehligte, ergab sich dem Grafen und öffnete ihm das Tor, an dem die Pilger den Tribut zu zahlen pflegten (das Jaffator). In die Stadt eingedrungen, verfolgten unsere Pilger die Sarazenen bis zum Tempel des Salomo, wo sie sich gesammelt hatten und wo sie während des ganzen Tages den Unsrigen den wütendsten Kampf lieferten, so daß der ganze Tempel von ihrem Blut überrieselt war. Nachdem die Unsrigen die Heiden endlich zu Boden geschlagen hatten, ergriffen sie im Tempel eine große Zahl Männer und Frauen und töteten sie oder ließen sie leben, wie es ihnen gut schien ... Bald durcheilten die Kreuzfahrer die ganze Stadt und rafften Gold, Silber, Pferde und Maultiere an sich; sie plünderten die Häuser, die mit Reichtümern überfüllt waren.

Peter, der Eremit, betet am Heiligen Grabe

Dann, glücklich und vor Freude weinend, gingen die Unsrigen hin, um das Grab Unseres Erlösers zu verehren, und entledigten sich Ihm gegenüber ihrer Dankesschuld. Am folgenden Tag erkletterten die Unsrigen das Dach des Tempels, griffen die Sarazenen, Männer und Frauen, an, zogen das Schwert und schlugen ihnen die Köpfe ab. Einige stürzten sich von der Höhe des Tempels hinab. Dieser Anblick erfüllte Tankred mit Empörung.

Die Unsrigen beschlossen im Rat, jeder solle Almosen spenden und beten, damit Gott denjenigen wähle, von dem Er wünschte, daß er über die anderen herrsche und die Stadt verwalte. Man befahl auch, alle toten Sarazenen aus der Stadt zu werfen, wegen des unsäglichen Gestanks, denn die ganze Stadt war völlig mit ihren Leichnamen angefüllt. Die lebenden Sarazenen schleppten die Toten aus der Stadt und machten daraus häuserhohe Haufen. Niemand hat jemals von einem ähnlichen Blutbad unter dem heidnischen Volk gehört oder es gesehen. Scheiterhaufen gab es wie Ecksteine, und niemand außer Gott kennt ihre Zahl. (Gest. Fr.) □

Die Kreuzfahrer hatten ihr Ziel erreicht, ihr Gelübde erfüllt, und die meisten drängten nach Hause. Gottfried von Bouillon, der nicht an Rückkehr dachte, wurde zum »Beschützer des Heiligen Grabes« gewählt. Da traf noch gerade rechtzeitig die Nachricht ein, daß der fatimidische Wesir Al-Afdal von Ägypten mit einem großen Heer zur Befreiung der Stadt Jerusalem heranziehe. Im August führten Gottfried, Raimund und Robert von der Normandie ihre Truppen in die Gegend von Askalon, wo der Ägypter lagerte. Bevor dieser einen Zusammenstoß erwartete, fielen die Kreuzfahrer über seine Armee her und rieben sie vollständig auf. Al-Afdal entkam mit knapper Not über das Meer. Mit diesem Sieg war der Erfolg des Kreuzzuges ganz gesichert. Die Begeisterung über die großartigen Leistungen, die die tapferen Barone und Ritter vollbracht hatten, erfüllte bald das ganze Abendland. Die Heimkehrenden wußten die fabelhaftesten Dinge zu erzählen; ein reger Verkehr zwischen dem Westen und Palästina setzte ein, der Wunsch, die heiligen Stätten zu sehen, aber auch reine Abenteuer- und Beutelust führten Tausende in das heilige Land. Die Pisaner, Venezianer und Genuesen nahmen den aufblühenden Handelsverkehr und die Pilgertransporte in ihre Regie und machten glänzende Geschäfte.

Der einzige, dem die neue Situation hauptsächlich Ärger bereitete, war Alexios, dessen Befürchtungen sich bewahrheitet hatten. Besonders der Verlust Antiocheias war für ihn ein harter Schlag und er gedachte nicht, sich den vollendeten Tatsachen zu fügen. Noch im Jahre 1099 kam es zwischen Bohemund und byzantinischen Truppen zu Kämpfen in Kilikien, die dem Normannen schwer zu schaffen machten, da er sich gleichzeitig gegen die Türken zu verteidigen hatte. 1101 geriet Bohemund in einen Hinterhalt und wurde von dem Emir Malik Ghasi gefangengenommen. Seine Freunde kauften ihn zwar bald los, aber im Jahre 1104 wurde den Franken ein äußerst schwerer Schlag versetzt. In der Schlacht bei Harran wurden sie von den Türken vernichtend geschlagen. Alexios nutzte die allgemeine Verwirrung sofort und besetzte Tarsos, Adana, Mopsuestia und Laodikeia an der syrischen Küste. In dieser gefährlichen Lage entschloß sich Bohemund, in den Westen zu gehen, um dort Truppen und Geld zu sammeln. Über die List, durch die er von den Byzantinern unbehelligt die Überfahrt bewerkstelligte, berichtet Anna Komnene mit einer Mischung aus Entrüstung und Bewunderung.

□ Bohemund entwarf einen Plan, der sowohl in seiner Anrüchigkeit, wie auch in seiner Genialität außergewöhnlich war. Zuerst überließ er die Stadt Antiocheia seinem Neffen Tankred und ließ dann das Gerücht aussprengen, er sei gestorben; und während er noch quicklebendig war, tat er alles, damit die Welt glauben sollte, er sei tot. Und das Gerücht verbreitete sich schneller als ein Vogel fliegen kann und verkündete überall: Bohemund ist eine Leiche! Und als er merkte, daß das Gerücht seine Wirkung getan hatte, wurde ein hölzerner Sarg vorbereitet und ein Zweiruderer, auf den der Sarg verladen wurde, und so segelte also der lebende Leichnam von Sudei, dem Hafen Antiocheias, nach Rom ab. Auf diese Weise wurde Bohemund als Leiche über das Meer befördert, denn der Sarg und das Verhalten der Begleiter (überall, wo sie anlegten, rauften sie sich die Haare und beklagten ihn augenfällig) schienen zu beweisen, daß er

eine Leiche war — und drinnen (im Sarg) lag er ausgestreckt und atmete die Luft, die durch unsichtbar angebrachte Löcher eintreten konnte. Das geschah in den Häfen, doch wenn sie auf See waren, gaben sie ihm Speisen und Pflege und dann wiederholten sich die gleichen Klagelieder und Betrügereien. Und um der Leiche ein noch echteres Aroma zu geben, tötete man einen Hahn und legte ihn mit in den Sarg. Und wenn ein Hahn vier oder fünf Tage tot ist, ist sein Geruch für die, die einen Geruchsinn haben, äußerst widerlich. Und dieser Geruch schien jenen, die sich durch die äußere Erscheinung trügen lassen, der Geruch von Bohemunds Leiche zu sein; und dieser Schurke Bohemund hatte noch seinen Spaß an diesem Übel. Ich selbst kann mich nur darüber wundern, wie er diesen Angriff auf seine Geruchsorgane lebendig überstehen konnte...
Und ich habe daraus gelernt, daß das ganze Volk der Barbaren schwerlich von einer Unternehmung, die es sich einmal vorgenommen hat, abgebracht werden kann, und nichts ist für sie zu schwer und lästig, wenn sie einmal ein schwieriges Problem ihrer eigenen Wahl in Angriff genommen haben. Denn dieser Mann, der nicht wirklich, sondern nur angeblich tot war, schreckte nicht davor zurück, mit einem toten Körper zusammenzuleben. Des Barbaren Plan war zu unseren Zeiten einmalig in der Welt und hatte den Sturz der rhomäischen Oberherrschaft zum Ziel. Nie hat bis zu dieser Zeit irgendein Barbar oder Grieche einen derartigen Anschlag gegen seinen Feind unternommen, noch — glaube ich — wird so etwas zu unseren Lebzeiten je wieder gesehen werden. Als er Korfu erreichte und sich nun in Sicherheit befand, stand er vom Tode auf und verließ den Totenschrein, sonnte sich im Licht, atmete frische Luft und spazierte in der Stadt Korfu umher... □
Anna kann gar nicht genug Worte finden, um das unerhörte Geschehen, die Abscheulichkeit des Zwecks und des Mittels hinreichend anzuprangern, sie kann aber auch nicht den Eindruck verbergen, den der dämonische Geist dieses »Barbaren« auf sie machte. Es sei noch angemerkt, daß es sich bei der Geschichte von Bohemunds »Scheintod« höchstwahrscheinlich nur um eine der zahlreichen Legenden handelt, die über den Normannenfürsten in Umlauf waren und die man allgemein für bare Münze nahm. In einem Punkt hatte Anna allerdings recht: Bohemunds Pläne für die Zukunft waren unmittelbar gegen Byzanz gerichtet. In einem (wahrscheinlich in dieser Form auch nicht authentischen) Brief an Alexios setzte er diesen mit unverhüllter Arroganz davon in Kenntnis:
□ »Ich, Bohemund, Sohn von Robert, der ich Dir und dem rhomäischen Reich in diesen letzten Jahren gezeigt habe, wie groß mein Mut und meine Beharrlichkeit sind, schicke Dir diese Botschaft. Gott weiß, daß ich, wohin ich auch gehen mag und welcher Wechsel des Glücks mich auch betrifft, niemals das Unrecht geduldig ertrage, das man mir zugefügt. Denn seit ich durch das rhomäische Reich gezogen bin, Antiocheia gewonnen habe und mir durch mein Schwert ganz Syrien untertan gemacht habe, bin ich in allen meinen Hoffnungen getäuscht und in zahllose Mißgeschicke und Barbarenkriege verwickelt worden. Doch nun laß mich Dir mitteilen, daß ich, obwohl gestorben, von den Toten auferstanden und Deinen Händen entkommen bin. Denn unter der Maske eines Toten bin ich allen Augen und Händen entschlüpft und jetzt sende ich Dir als ein Lebender, sich Bewegender und Atmender aus der Stadt Korfu Nachrichten, die Eurer Majestät sehr mißfallen werden und die Du sicher nicht mit übergroßer Freude empfangen wirst. Antiocheia habe ich meinem Neffen Tankred anvertraut und habe ihn als würdigen Gegner Deiner Generale dort zurückgelassen. Aber ich selbst, der ich Dir als tot gemeldet wurde, gehe in mein eigenes Land als ein Lebender, voll mit bösen Absichten gegen Dich. Denn um das römische Reich, das unter Deiner Herrschaft steht, zu zerschmettern, starb ich, als ich lebte und kehrte ich ins Leben zurück, als ich tot war. Sobald ich das jenseitige Festland erreiche, und die Männer Italiens und alle Lateiner und Deutschen und die Franken — unsere Untertanen und äußerst kriegerische Männer — gesehen habe, werde ich Deine Länder mit Mord und Blutvergießen füllen, bis ich meine Lanze in Byzanz selbst aufgepflanzt haben werde.« (A. K.) □
Bohemund wurde im Westen begeistert empfangen, der Ruf seiner Heldentaten war ihm vorausgeeilt und seine Reise durch Italien und Frankreich glich einem Triumphzug.

An allen Orten hielt er feurige Ansprachen, warb für seinen Krieg gegen Byzanz und schilderte den Kaiser als einen tückischen Verräter am heiligen Werk der christlichen Ritterschaft. Er versäumte auch nicht, die Schätze und Reichtümer zu beschreiben, die in Byzanz aufgehäuft lagen; vom Kampfesruhm und Siegeslohn schwärmte er und der Erfolg blieb nicht aus. Tausende strömten herzu, sich dem »Kreuzzug« des Helden Bohemund anzuschließen. In Frankreich heiratete er Konstanze, die Tochter König Philipps, und ließ sich auch eine Prinzessin für Tankred mitgeben. Dem Papst in Rom stellte er ein paar oberflächlich getaufte Petschenegen als Musterexemplare der byzantinischen Armee vor. Ihr barbarisch wildes Aussehen und ihr beklagenswerter Mangel an christlicher Gesittung schockierten den frommen Paschalis II. zutiefst, so daß er nicht zögerte, dem Kreuzzug gegen Byzanz seinen allerhöchsten Segen zu erteilen. Nach Apulien zurückgekehrt, sammelte Bohemund seine Heerscharen, die ihm von allen Seiten zuströmten.

Alexios erkannte, welch ungeheuren Schaden Bohemunds Propaganda im Westen seinem Reich zufügte. Er sandte seinerseits fränkische Adlige, die ihm wohlgesonnen waren, in den Westen, damit sie dort den Verleumdungen Bohemunds entgegenträten, aber die Wirkung war nur gering; die antibyzantinische Propaganda war auf fruchtbaren Boden gefallen, die Saat war aufgegangen und trug hundert Jahre später ihre Früchte.

Schiffsbau

Im Oktober 1107 war Bohemund bereit. In Brindisi schiffte er 34 000 Mann auf 230 Transport- und Kriegsschiffen ein und landete ohne Zwischenfälle bei Valona. Von dort wandte er sich nordwärts nach Dyrrhachion, um an der Stelle wieder anzufangen, an der vor 28 Jahren sein Vater Robert Guiskard seinen Feldzug gegen Byzanz eröffnet hatte. In Konstantinopel war man auf die Landung der Normannen gefaßt, hatte alle nötigen Vorbereitungen getroffen und in Ruhe ihre Ankunft abgewartet. Eines Tages kommt atemlos ein skythischer Läufer angerannt, wirft sich dem Kaiser, der gerade von einer Jagd zurückkommt, zu Füßen und ruft, daß Bohemund gelandet ist. »Jeder stand wie erstarrt auf seinem Platz, denn schon bei dem Namen Bohemund verloren sie ihren Verstand. Doch der Kaiser, unerschrocken wie immer, löste seine Schuhriemen und sagte: ›Zunächst laßt uns zum Abendessen gehen, dann wollen wir sehen, was in der Angelegenheit Bohemund zu tun ist.‹«

Die an Wundern und Merkwürdigkeiten so reiche Stadt Konstantinopel hatte auch ihr hochoffizielles Haupt- und Staatswunder, das an jedem Freitag in der kaiserlichen Kapelle des Blachernenpalastes stattfand. An diesem Tage erhob sich nach Beendigung der Liturgie, wie von Geisterhand gezogen, der Schleier vor der Ikone der Gottesmutter, und ließ das Antlitz der Theotokos für eine Weile sichtbar werden. An dem Freitag vor dem Ausmarsch des Kaisers nach Dyrrhachion blieb nun zum großen Schrecken des Kaisers und der übrigen Anwesenden das Wunder aus. Bedrückten Herzens verschob der Kaiser den Aufbruch um eine Woche und betete am nächsten Freitag wieder in der Kapelle. Und nun hob sich der Schleier wieder wie gewöhnlich, das Wunder war eingetreten. Hocherfreut verließ der Kaiser die Kirche und machte sich hoffnungsvoll auf den Weg.

Inzwischen hatte Bohemund mit gewohnter Energie die Belagerung Dyrrhachions begonnen, doch Fortschritte machte er nicht. Alle seine mit wütendem Ungestüm durchgeführten Sturmangriffe brachen sich an den tapfer verteidigten Festungswerken. Seine Flotte hatte er selbst zerstört und aus dem Holz mächtige Belagerungstürme errichtet, die einer nach dem anderen durch den gezielten Einsatz des griechischen Feuers in Flammen aufgingen. Die feierspeienden Rohre rissen furchtbare Lücken in die Reihen der Angreifer, brennendes Naptha ergoß sich in die Minen, mit deren Hilfe die Mauern zum Einsturz gebracht werden sollten, und erstickten die grabenden Soldaten. Dann erschien Alexios und legte einen weiten Ring um die Stadt und die Belagerer, der sich langsam immer enger schloß, ohne Bohemund die Gelegenheit zu offener Feldschlacht zu geben. Da die Zufuhr abgeschnitten war, begann Hunger zu wüten, Unzufriedenheit machte sich bemerkbar, Desertionen fanden statt. Die byzantinische Flotte beherrschte die Adria und unterband die Überfahrt von Verstärkungen von Italien aus. Dann fielen Bohemund Briefe seiner Unterführer in die Hand, die auf ein geheimes Einverständnis mit Alexios schließen ließen. Sechs Tage grübelte Bohemund, was zu tun sei — dann fand er die richtige Lösung: die Briefe waren von Alexios in Auftrag gegebene Fälschungen, die das gegenseitige Mißtrauen in der Führerschaft der Normannen schüren sollten. In kleinen Scharmützeln erlitten die Franken manche Verluste. Eines Tages wurde eine Abteilung von hundert Normannen überfallen und gefangengenommen, unter ihnen war auch ein Neffe Bohemunds,

□ ein Mann von zehn Fuß Länge und so breit gebaut wie ein zweiter Herakles. Es war ein merkwürdiger Anblick, diesen Riesen zu sehen, der wirklich ungeheuerlich war, wie er von einem kleinen Zwerg von Petschenegen gefangen gehalten wurde. Als die Gefangenen weggeführt wurden, befahl (der General) Kantakuzenos, daß der petschenegische Pygmäe dieses Monstrum in Ketten gebunden zum Kaiser geleiten solle, weil er dachte, dem Kaiser einen Spaß zu bereiten. Sobald der Kaiser von ihrer Ankunft hörte, nahm er auf dem kaiserlichen Thronsessel Platz und befahl, die Gefangenen hereinzubringen. Unter anderen kam also auch der Petschenege und zog den riesigen Franken, dem er kaum bis zum Gürtel reichte, in Ketten hinter sich her. Sofort brachen alle Anwesenden in brüllendes Gelächter aus. (A. K.) □

Bohemund erkannte, daß sein Spiel verloren war, er saß rettungslos in der Falle und mußte sich unterwerfen. Er begab sich zum Kaiser, der ihn freundlich empfing und sich aller demütigenden Gesten enthielt. Man sprach nicht über die Vergangenheit, über gebrochene Schwüre und geschehene Feindseligkeiten, aber der Kaiser machte seine Bedingungen, auf denen er eisern bestand. Bohemund, der stolze, dem niemals jemand Bedingungen gemacht hatte, ritt grollend davon. Der Überredungsgabe und Überzeugungskraft des Caesars Nikephoros Bryennios, des Gatten der Kaisertochter Anna, gelang es endlich, den finster Brütenden zur Einsicht zu bringen. Am nächsten Tag legte Bohemund einen feierlichen Eid ab, der ihn zum Lehnsmann des Kaisers machte, und der so raffiniert formuliert und verklausuliert war, daß ein Umgehen nicht mehr möglich war.

□ ... Ich will der Lehnsmann Eures Szepters werden ..., Euer Diener und Untertan, so wie Ihr beschlossen habt, mich unter Eure rechte Hand aufzunehmen und mich zu Eurem Lehnsmann zu machen. Daher will ich von nun an gemäß dieses zweiten Vertrages, den ich für immer einzuhalten trachten werde und es bei Gott und allen seinen Heiligen beschwöre ..., der treue Lehnsmann Eurer Majestät und Eures geliebten Sohnes, des Herrn Johannes Porphyrogennetos zu sein. Und ich will meine rechte Hand gegen jeden bewaffnen, der Eurer Majestät widerstrebt, sei er ein Christ oder ein Fremder von jenen, die wir Heiden nennen ... Und es mag geschehen was will, nie werde ich diese Bedingung mißachten; ... Da ich ein ausdrücklich zu benennendes Gebiet im Osten erhalten soll, zugesichert durch ein Chrysobull Eurer Majestät und von Eurer Majestät mit Eurer Unterschrift in Purpurtinte unterzeichnet — von dem ich eine Abschrift erhalten werde —, empfange ich die mir übergebenen Ländereien als ein Geschenk von Eurer Majestät und mein Anrecht wird durch dieses Chrysobull in Kraft gesetzt, und als Gegenleistung für diese Ländereien und Städte sage ich Eurer Majestät meine Treue zu, das heißt Euch, dem großen Kaiser und Herrn Alexios Komnenos und Eurem Sohn, dem Kaiser und Herrn Johannes Porphyrogennetos, und diese Treue verspreche ich zu halten wie ein fester Anker, unerschütterlich und unbeweglich ... Und ich will die Waffen gegen die Feinde ergreifen, die sich gegen Euch und Eure Majestäten, die immer verehrungswürdigen, erhabenen Kaiser des Römischen Reiches erheben. Und wohin immer ich von Euch aufgefordert werde zu gehen, werde ich Euch ohne zu zögern und mit meiner ganzen Armee zu Diensten sein und Euren jeweiligen Wünschen entsprechen. Und gegen alle, die Eurem Kaiserreiche feindlich gegenüberstehen, vorausgesetzt, sie sind nicht wie die unsterblichen Engel oder mit diamantenen Leibern begabt, gegen alle jene werde ich Krieg führen zum Nutz und Frommen Eurer Majestät. Und solange ich mich körperlich guter Gesundheit erfreue und nicht gerade in einen Krieg gegen Türken oder Barbaren verwickelt bin, will ich selbst persönlich mit der Armee, die mir folgt, jeden Krieg zu Eurem Nutzen unternehmen. Doch wenn ich durch irgend eine ernste Krankheit behindert sein sollte, von denen uns viele tödlich befallen, oder ein drohender Krieg erfordert meine Anwesenheit, dann werde ich Euch eine Hilfstruppe zusenden, so groß, wie ich (entbehren) kann, die meine Abwesenheit ersetzen soll. Denn mein aufrichtiges Gelöbnis, das ich heute Euren Majestäten darbringe, soll besagen, daß ich entweder durch meinen eigenen Arm oder den der anderen, wie gesagt, die Bedingungen des Paktes unverletzt einhalten will. Und ich schwöre, daß ich dieses aufrichtige Gelöbnis sowohl allgemein, als auch insbesondere zum Nutzen Eures Reiches und Eures Lebens halten werde. Doch ich erstrecke mein Gelöbnis auch auf den Schutz Eurer Ehre, und wenn irgendein Feind einen Anschlag gegen sie plant, will ich mein bestes tun, ihn zu vernichten und seine üblen Pläne zu durchkreuzen. Auch werde ich zugunsten eines jeden Eurer Länder und jeder Stadt kämpfen, klein oder groß, und auch auf den Inseln, oder allgemein in jedem Land und auf jedem Meer, das Euch untertan ist, nämlich von der Adria bis zum fernsten Osten und quer durch ganz Asien, wo überall die römischen Grenzen verlaufen. Und ferner verspreche ich, und Gott soll mich hören und mein Zeuge sein, niemals zu irgendeiner Zeit ein Land in Besitz zu nehmen und zu behalten, das jetzt oder in früheren Zeiten unter Eurer Oberherrschaft steht oder gestanden hat, sei es im Osten oder Westen, ausgenommen solche, die mir ausdrücklich von den von Gott eingesetzten Majestäten übergeben werden und die mit Namen in dem vorliegenden Schreiben aufgeführt sind. Doch wenn ich jemals in die Lage komme, ein Land zu unterwerfen, das ehemals dem Reich angehört hat, indem ich die gegenwärtigen Besitzer daraus vertreibe, so bin ich verpflichtet, die Verwaltung dieses Landes Eurer Entscheidung anheimzustellen. Und wenn Ihr mich zum Verwalter des wiedereroberten Landes als Euren Lehnsmann und treuen Sklaven einsetzen wollt, dann geschehe es also; wenn nicht, werde ich es ohne Zögern dem Mann Eurer Bestimmung übergeben. Und wenn irgend jemand mir ein Land anbieten sollte, eine Stadt oder Kleinstadt, die zu irgendeiner Zeit der Jurisdiktion des Reiches unterstand, damit es mir gehöre, so werde ich es nicht annehmen. Sondern alles, was mit oder ohne Belagerung gewonnen wird, soll, wenn es Euer war, wieder Euer werden ... Darüber hinaus werde ich gegen Tankred, meinen Neffen, erbitterten Krieg führen, wenn er nicht einwilligt, seine Feindseligkeiten gegen Eure Majestät einzustellen und die Städte, die dem Reich gehören, von seiner Herrschaft befreien ... Außerdem verspreche ich, daß alle Krieger, die von Lombardien aus die Adria überqueren wollen, ebenfalls schwören und sich Eurer Majestät unterwerfen sollen, und sie sollen ihren Eid vor dem Manne ablegen, den Eure Majestät zu diesem Zweck über die Adria schicken wird. Und wenn sie den Eid nicht leisten wollen, werde ich ihnen nicht erlauben, die Überfahrt anzutreten ... Und es sollen die Länder und Städte, die Euer von Gott eingesetztes Kaisertum mir in dem Chrysobull überträgt, in dieser Schrift genannt werden. Es sind die folgenden: die Stadt Antiocheia in Syrien mit ihren Befestigungen und Außenbesitzungen zusammen mit dem am Meer gelegenen Sudei [es folgt eine lange Aufzählung aller Bezirke, Städte und Festungen in der Umgebung von Antiocheia, die Bohemund übergeben werden sollen] ...

Und von da an, wo ich Euer Lehnsmann sein werde, und dem Kreis Eures Reiches angehöre, ist es mein Recht, aus dem kaiserlichen Schatz ein jährliches Geschenk von 200 Talenten in vollgewichtigem, gemünztem Geld zu erhalten, das die Prägung des früheren Kaisers, des Herrn Michael trägt, und es wird mir durch einen Gesandten zugebracht werden, den ich von Syrien aus schicken werde, und der auch Briefe an Euch vorweisen wird, damit er das Geld für uns in Empfang nehme ... (A. K.) □

Dieser Vertrag mit seinen unzähligen Klauseln und ausgeklügelten Bedingungen, von denen hier nur der geringste Teil wiedergegeben ist, machte jedes Ausbrechen unmöglich. Das Fürstentum Antiocheia, auf Lebzeiten ihm übertragen, war der goldene Käfig, in den der Kaiser den Tiger lebenslänglich gefangensetzte und aus dem es kein Entrinnen gab. Wohl waren die Bedingungen ehrenvoll, der Kaiser hatte sich großzügig gezeigt; als reicher, angesehener Fürst durfte Bohemund nach Antiocheia zurückkehren. — Ob der Kaiser selbst daran geglaubt hat, aus einem Mann wie Bohemund einen treuen Vasall und untertänigen Diener machen zu können, wissen wir nicht; er kannte ihn und wußte, daß er nicht mit dem Maß gewöhnlicher Menschen zu messen war. Sein maßloser Eroberungsdrang, sein Zug zum Grenzenlosen, sein wilder Stolz ließen sich nicht domestizieren. Und er fand den einzigen Ausweg aus dem goldenen Käfig: er betrat ihn erst gar nicht. Er kehrte nach Apulien zurück, wo sich seine Spuren im Dunkeln verlieren, wenige Jahre später starb er, unbekannt, wo und wann. Wieder einmal war der Welt das Schauspiel geboten worden, wie die gern zitierte »Urkraft junger Völker« an diesem uralten, müden, schon halb zerbröckelten Reich von Ostrom scheiterte und zerbrach.

Bohemunds Rückzug zerstörte freilich auch die Hoffnung des Kaisers, Antiocheia auf friedlichem Wege zurückzugewinnen, denn Tankred dachte natürlich nicht daran, den Vertrag seines Onkels für sich als bindend anzuerkennen. Er hatte sogar, als die byzantinischen Truppen aus dem Osten nach Albanien abberufen werden mußten, die Gelegenheit ergriffen und Kilikien und Laodikeia wieder unter seine Herrschaft gebracht. Unter Aufwand großer Geldsummen versuchte nun der Kaiser, die Provenzalen in Syrien gegen die ihnen verhaßten Normannen zum Krieg zu bewegen, eine Einigung kam aber nicht zustande. Dagegen gelang es ihm, einen Bundesgenossen Tankreds auf seine Seite zu ziehen, nämlich die Pisaner, deren Flotte den Normannen bisher kräftige Unterstützung hatte zuteil werden lassen. Alexios bot den Pisanern 1111 einen günstigen Handelsvertrag an, der ihnen ähnliche, wenn auch nicht ganz so weitgehende Rechte wie den Venezianern einräumte. Natürlich mußte er in Kauf nehmen, daß die Venezianer, die ihr bisheriges Handelsmonopol im Osten nun mit Pisa zu teilen hatten, stark verärgert wurden. — Ein offensives Vorgehen gegen die Kreuzfahrerstaaten Palästinas und Syriens lag aber nicht im Bereich des Möglichen und Alexios war zudem in Kleinasien mit der Seldschukenabwehr hinreichend beschäftigt. Kilidsch Arslan hatte keinen Krieg mehr gegen Byzanz unternommen, doch unter seinem Sohn Malik-Schah griffen die Türken seit 1107 wiederholt an und erzielten tiefe Einbrüche nach Westkleinasien. Es bedurfte langer und harter Kämpfe, bis Westkleinasien bis zur Linie Ankyra—Philomelion wieder fest in byzantinischer Hand war.

Alexios durfte stolz auf sein Lebenswerk sein. Er hatte Großes geleistet. Verglichen mit seiner Ausgangsposition im Jahre 1081 hatte sich vieles entschieden zum Guten gewandelt. Der Kaiser hatte es verstanden, die noch vorhandenen Kräfte des Reiches zu aktivieren und geschickt einzusetzen. Armee und Flotte waren wiederhergestellt. Die Grenzen im Westen waren gesichert, im Osten waren große Gebiete zurückgewonnen worden. Und doch war das Reich nicht im eigentlichen Sinne gesundet. Die gewaltigen Kraftanstrengungen, die Alexios seinem Land abforderte, blieben nicht ohne schädliche

Der Geschichtsschreiber Niketas Choniates

Rückwirkungen. Das unter Nikephoros Botaneiates eingeführte verzweifelte Mittel der Münzverschlechterung wurde auch unter seiner Regierung weiter angewandt, wobei der Fiskus zwar zunächst gute Geschäfte machte, denn er forderte alle Zahlungen in vollwertiger Münze, zahlte aber selbst in schlechter Münze aus, was für den Steuerzahler kaum erträgliche Härten zur Folge hatte. Die venezianischen und später auch die pisanischen Handelsprivilegien fügten dem byzantinischen Handel einen unendlichen Schaden zu. Auch auf dem flachen Land wurden die Verhältnisse immer drückender, denn die Bevölkerung wurde mit der Verpflegung der Armee belastet, mußte Spanndienste leisten, wurde zum Festungsbau und anderen Leistungen rücksichtslos herangezogen. Anstelle des alten Systems der Stratiotengüter bildete sich unter Alexios das sog. Pronoiarsystem immer deutlicher heraus. Pronoiagüter wurden vom Kaiser verdienten Männern auf Lebenszeit verliehen, der Pronoiar war dafür verpflichtet, mit einem der Größe seines Gutes angemessenen Kontingent von Gefolgsmännern Heeresdienst zu leisten. Diese Einrichtung, die in der Folgezeit noch ausgebaut wurde, erinnert an das abendländische Lehnswesen, das dem byzantinischen Reich mit seinem zentralistisch gesteuerten Beamtenapparat ursprünglich fremd war. Das Aufkommen eines feudalistischen Kleinadels bedeutete einen ganz neuartigen Vorgang und schuf veränderte Grundlagen, konnte aber den Verlust des Stratiotengütersystems nur vorläufig in etwa ausgleichen. — Allgemein kann man sagen, daß der Kaiser die schweren inneren Schäden des Reiches kaum geheilt hat. Sei es, daß die Inanspruchnahme durch immer neu auftretende außenpolitische Probleme ihm keine Zeit dazu ließen, sei es, daß er keinen rechten Blick dafür hatte, jedenfalls stand die neu gewonnene Macht des Reiches auf nicht allzu festen Füßen. Alexios hatte mit Bravour und bewunderungswertem Erfolg die Symptome bekämpft, war aber nicht zur Wurzel des Übels vorgestoßen.

Nach 37 ereignisreichen Regierungsjahren legte sich der alte, von Rheuma und Gicht geplagte Kaiser zum Sterben nieder, doch ein friedlicher Tod war ihm nicht vergönnt; ein dramatischer Familienzwist verbitterte seine letzten Tage und Stunden. Gegenstand des Streites war die Frage der Nachfolge. Alexios' erstgeborener Sohn Johannes war kurz nach seiner Geburt (1092) zum Kaiser gekrönt und zum Nachfolger bestimmt worden, nachdem Annas Verlobter Konstantin, der ursprünglich als Nachfolger vorgesehen war, jung gestorben war. Für Anna war damit die Chance, Kaiserin zu werden, dahin, doch ihr brennender Ehrgeiz ließ es nicht zu, daß sie sich in ihr Schicksal fand. Im Todesjahr des Alexios war sie 35 Jahre alt und seit über zwanzig Jahren mit dem Caesar Nikephoros Bryennios verheiratet, einem hochgebildeten, zuverlässigen Mann von edelstem Charakter. Nun war es der Wunsch der Kaisarissa, daß Alexios ihren Gatten zum Nachfolger bestimme und seinen Sohn Johannes übergehe. Diese absurden Vorstellungen fanden Unterstützung bei ihrer Mutter Irene, die wiederholt dem Kaiser die Wünsche ihrer Tochter vortrug, Bryennios als Muster eines Herrschers darstellte und ihren eigenen Sohn verleumdete. Der Geschichtsschreiber Niketas Choniates berichtet diese und die folgenden Ereignisse, die Anna begreiflicherweise nur knapp und sehr beschönigt darstellt.

□ Alexios aber spürte aus solchen Worten (Irenes) die mütterliche Voreingenommenheit heraus und tat bald so, als achte er überhaupt nicht auf ihre Worte, indem er dringende Geschäfte vorschützte, bald auch versicherte er, er werde nach genauer Prüfung dieses Vorschlages ihre Bitte schon nicht übersehen. Einige Male aber sagte er auch zornig: »Weib, mit dem ich Lager und Herrschaft teile, wirst du nicht aufhören, mich zugunsten deiner Tochter umstimmen zu wollen und gegen die rechte und lobenswerte Ordnung anzukämpfen, als ob du nicht bei Sinnen wärest? Hör doch endlich auf damit! Oder überlegen wir lieber gemeinsam: Wer von allen Kaisern der Rhomäer hat jemals seinen eigenen, thronfähigen Sohn übergangen und seinem Schwiegersohn das Szepter übertragen? Und sollte sich das jemals ereignet haben, so wollen wir eine Ausnahme nicht als Regel betrachten. In meinem Fall würde auch das ganze Reich der Rhomäer laut auflachen und meinen, ich hätte den Verstand verloren, wenn ich, der ich nicht auf rechtmäßige Weise, sondern durch das Blut meiner Verwandten und unchristliche Empörung in den Besitz der Herrschaft gelangt bin, bei der Bestimmung des Nachfolgers mein eigen Fleisch und Blut überginge und diesen Makedonier einsetzte.« So nannte er nämlich Bryennios, weil er aus Orestias (Adrianopel) stammte, das ist eine der reichsten und mächtigsten makedonischen Landstädte. So sprach Alexios mit allem Nachdruck zur Kaiserin Irene; trotzdem tat er ein andermal wieder so, als hätte er sie keineswegs abgewiesen und überlege noch. Auf diese Weise hielt er seine Gemahlin hin ...

Als sein Lebensende nahte, lag er in den Prunkräumen des Manganapalastes schwer atmend im Todeskampf. Sein Sohn Johannes sah, daß es mit ihm zu Ende ging; er wußte, daß seine Mutter ihn nicht liebte und die Herrschaft seiner Schwester zuschanzen wollte. Da vertraute er sich seinen Verwandten, soweit sie ihm gewogen waren, an. Vor allem zählte er auf seinen Bruder Isaak. Unbemerkt von der Mutter betrat er das Krankenzimmer, warf sich, wie von Schmerz ergriffen, über seinen Vater und zog ihm heimlich den Siegelring vom Finger. Einige behaupten, er habe das im Einverständnis mit seinem Vater getan, und was ich im folgenden erzählen werde, legt diese Ansicht nahe. Sogleich scharte Johannes seine Vertrauten um sich, berichtete ihnen seinen Erfolg und begab sich auf raschem Roß, von Bewaffneten begleitet, in den Großen Palast. Im Manganapalast selbst und auf den Straßen der Stadt jubelten ihm seine Anhänger und andere auf diese Kunde hin zusammengelaufene Bürger als Kaiser zu.

Die Kaiserin Irene, von den Ereignissen überrascht und verwirrt, ließ Johannes zu sich bitten und auffordern, von seinem Vorhaben abzustehen. Johannes aber, bereits ganz im Handeln aufgehend, kümmerte sich überhaupt nicht um seine Mutter. Da machte sie Bryennios Mut, er solle sich der Herrschaft bemächtigen, sie werde ihm helfen. Als sie aber sah, daß sie ihrem Ziel auch so nicht näher kam, trat sie zu ihrem Gemahl, der auf einem Bett lag und nur noch schwache Lebenszeichen von sich gab, warf sich über ihn und schrie, »Tränen vergießend wie ein dunkler Quell«, mit schriller Stimme, sein Sohn sei ein Aufrührer, er greife nach der Herrschaft, während sein Vater noch unter den Lebenden weilt. Der Kaiser aber gab keine Antwort, ihn bedrängte mehr die Frage, wie lange ihm noch zu leben vergönnt sei, er bereitete sich auf die nicht mehr ferne Abberufung aus diesem Leben vor, seine Augen waren auf die »seelengeleitenden« Engel gerichtet. Doch die Kaiserin, unfähig zu ertragen, was ihr Sohn ihr angetan, hielt ihren Gemahl noch fester umschlungen. Da erhob Alexios mit einem kleinen gezwungenen Lächeln die Hände zum Himmel. Vielleicht freute er sich über ihren Bericht und dankte Gott für das Geschehene, oder er hatte ein bitteres Wort auf der Zunge und starrte mit verzerrten Lippen seine Gemahlin an, die von dem Zank um die Nachfolge sprechen konnte, während er seiner Auflösung harrte, oder er bat Gott um Verzeihung, daß sie ihn so unzeitig abgelenkt hatte.

Die Kaiserin glaubte ohne Zweifel, ihr Gemahl freue sich über ihre Mitteilung. Sie sah sich in allen ihren früheren Hoffnungen getäuscht und um alles Versprochene gebracht. Zornig aufstöhnend rief sie: »O mein Gemahl, im Leben übertrafst du alle an Verschlagenheit, immer wußtest du doppelzüngig zu reden, und nun, da du das Leben verläßt, hast du dich nicht im geringsten verändert!« ...

Das geschah am 15. August (1118). In der folgenden Nacht gab Kaiser Alexios seinen Geist auf, nachdem er 37 Jahre und viereinhalb Monate regiert hatte. In der Frühe ließ die Kaiserin sogleich Johannes zur feierlichen Bestattung der sterblichen Hülle seines Vaters entbieten, welche ohne Verzug in das von ihm gegründete Christus-Philanthropos-Kloster überführt werden sollte. Johannes jedoch leistete dem Gebot seiner Mutter keine Folge, nicht weil er ihr den kindlichen Gehorsam oder seinem Vater die letzte Ehre verweigern wollte, sondern weil er seiner noch nicht gefestigten Herrschaft nicht trauen konnte und seine Nebenbuhler fürchten mußte, die sich noch nicht geschlagen gaben. Deshalb klammerte er sich, wie ein Polyp an den Felsen, an den kaiserlichen Palast; aber die meisten seiner Verwandten entsandte er zum Begräbnis seines Vaters. □

Johannes, der durch Erbfolge und Willen seines Vaters legitimierte neue Kaiser, hatte also seinen Thron nicht etwa gegen übermütige Generale oder begehrliche Magnaten zu verteidigen, sondern gegen seine von Ehrgeiz zerfressene Schwester und seine irregeleitete Mutter, was immerhin schon ein ganz außergewöhnlicher Fall war. Außergewöhnlich war aber auch der Haß, den die Kaisarissa ihrem Bruder entgegenbrachte. Sein Name wird in der ganzen »Alexiade« nicht ein einziges Mal genannt, nur die Geburt des Johannes erwähnt sie und bemerkt, das Kind habe eine schwärzliche Gesichtsfarbe, eine breite Stirn und magere Wangen gehabt. – Allerdings konnte der völlig unmotivierte und unberechtigte Widerstand der Kaiserin und ihrer Tochter die Regierungsübernahme des Johannes nicht verhindern, zumal Nikephoros Bryennios selbst sich vollkommen passiv verhielt. Aber so leicht war Anna nicht zu unterdrücken; sie griff zum letzten Mittel und plante einen regelrechten Umsturz.

□ Noch war kein Jahr seit der Krönung verstrichen, da taten sich mehrere Mitglieder des Kaiserhauses, die Kaiser Johannes unbeschreiblich haßten und neidisch ansahen, zu einer gemeinsamen Verschwörung zusammen, um Bryennios auf den Thron zu heben. Diesem räumten sie nämlich wegen seiner Bildung, seines majestätischen Auftretens und weil er mit dem Kaiserhaus verschwägert war, den Vorrang ein. Denn, wie schon erwähnt, war er mit der Schwester des Kaisers, der Kaisarissa Anna, vermählt, die sich lebhaft mit Philosophie beschäftigte und auf allen Wissensgebieten gut bewandert war. Die Verschworenen hätten sich eines Nachts beinahe mit ihren Mordwaffen auf Kaiser Johannes gestürzt. Der Kaiser verbrachte die Nacht in dem nicht weit außerhalb der Landtore (beim Goldenen Tor) gelegenen Jagdschloß Philopation. Der Befehlshaber der Wachen am Stadttor war schon früher durch reichliche Geschenke bestochen worden, so daß der Anschlag gelungen wäre, wenn die übliche Schwerfälligkeit und Lässigkeit des Bryennios nicht alles vereitelt hätte. Er konnte sich nicht dazu entschließen, das Unternehmen fest in die Hand zu nehmen, vergaß alle Vereinbarungen und blieb auf dem Lande, was die Begeisterung der versammelten Verschwörer zum Erlöschen brachte. Damals soll die Kaisarissa Anna voll zorniger Empörung über die Schlaffheit ihres Gatten, wie von ungeheuren Schmerzen geschüttelt, mit den Zähnen geknirscht und die Natur gescholten haben, der sie es schwer anlastete, daß sie von ihr als Weib, Bryennios aber als Mann gebildet worden war. (Nik. Ch.) □

Dieses eine Mal in ihrem Leben gerät die große Dame Anna vollkommen aus der Fassung und ihre Verwünschung der ungerechten Natur faßte sie in Worte, die in ihrer

Drastik kaum zu überbieten sind. Eine in ihren Augen noch größere Kränkung tat ihr aber der Kaiser an, als er nach der Entdeckung der mißlungenen Verschwörung ohne langes Zögern zur Verzeihung bereit war, ihr das in der ersten Zornaufwallung beschlagnahmte Vermögen wieder zurückgab und gleichsam lächelnd über die Angelegenheit hinwegblickte, als habe es sich um eine nicht ernst zu nehmende Kinderei gehandelt. Verbittert zog sich Anna zurück und schrieb in ihrer jahrzehntelangen Muße die fünfzehn Bücher über die Taten ihres Vaters Alexios, die mit den Worten schließen: »So habe denn die Geschichte ein Ende, damit ich nicht, von eigenem Leide meldend, noch bitterer werden müßte als zuvor.«

Tatsächlich konnte nur Annas blinder Haß ihr die Augen vor den Qualitäten ihres Bruders Johannes verschließen, der einer der edelsten Männer auf dem byzantinischen Kaiserthron gewesen ist. Von offenem, geradem und fleckenlosem Charakter, dabei mild und großherzig, erwarb er sich allgemein Liebe und Zuneigung und bei seinen Feinden zumindest Achtung. Das Volk nannte ihn denn auch den »guten Johannes« = Kalojannis. Außerdem war er ein hervorragender Feldherr und von großer persönlicher Tapferkeit. Todesurteile und Verstümmelungsstrafen wurden unter seiner Regierung nicht verhängt, und der Geschichtsschreiber Niketas Choniates bezeichnet ihn als die »Krone aller Kaiser aus dem Hause der Komnenen«, der keinen Vergleich mit den großen Kaisern der Vorzeit zu scheuen brauche. Trotzdem wurde er von den byzantinischen Geschichtsschreibern eher stiefmütterlich behandelt; wir sind über seine Regierungszeit schlechter unterrichtet als über die seines Vaters oder die seines Sohnes Manuel I. Johannes war ein Soldatenkaiser wie weiland Nikephoros Phokas und Johannes Tzimiskes und verbrachte die längste Zeit seiner 25jährigen Regierung im Felde, wobei er die Wiedereroberungspolitik seines Vaters konsequent und mit Energie fortsetzte. Letzten Endes schwebte ihm nichts geringeres vor als die Wiederherstellung des byzantinischen Reiches in seinen alten Grenzen. Die Gefahren eines solchen Traumes wurden durch seine durchaus reale Einstellung zu den Erfordernissen der unmittelbaren Gegenwart ausgeglichen, er stürzte sich nicht in aussichtslose Abenteuer, sondern setzte behutsam Schritt vor Schritt und so blieb ihm der Erfolg treu. Seine Aufmerksamkeit richtete sich naturgemäß vor allem auf die östlichen Territorien, und sooft ihn nicht

Die Gottesmutter mit Kaiser Johannes II. Komnenos (1118–43) und Kaiserin Irene

andere Probleme oder Gefahren von dort abberiefen, war er auf dem kleinasiatischen Kriegsschauplatz zu finden. Seine ersten Feldzüge führten ihn in den Südwesten Kleinasiens, wo er das Gebiet zwischen Mäander und Attaleia von den Seldschuken befreite. Im Jahre 1122 mußte er aber seine Unternehmungen abbrechen und sich zum Balkan wenden. Die Petschenegen, die vor 30 Jahren am Lebunion-Berge eine vernichtende Niederlage erlitten hatten, machten sich zum ersten Male seit jener Zeit wieder bemerkbar. Sie überschritten im Herbst 1122 die Donau und in gewohnter Weise plündernd und mordend marschierten sie bis nach Thrakien, wo der Kaiser ihnen entgegentrat.
□ Der Kaiser sammelte die rhomäische Streitmacht und bewaffnete sie aufs vorzüglichste, nicht bloß wegen der beinahe unzählbaren Menge der Feinde, sondern auch, weil die Barbaren voll Selbstvertrauen und mit trotzigem Prahlen heranrückten. Johannes konnte bei diesem Zug bereits auf frühere Kriegstaten zurückblicken, die er während der Regierung des Alexios Komnenos gegen die Skythen vollbracht hatte, als Thrakien von ihnen besetzt war und der größte Teil Makedoniens verwüstet wurde.
Der Kaiser wandte zuerst eine kluge Diplomatie an: Durch sprachkundige Gesandtschaften versuchte er, das Heer der Skythen, das ja aus verschiedenen Stämmen unter eigenen Führern zusammengesetzt war, oder wenigstens einen Teil von ihm zum Verzicht auf eine Schlacht und zu einem Vertrag zu bewegen. So gelang es ihm, einige bei den Barbaren mächtige Männer auf seine Seite zu ziehen. Freilich mußte er vor ihnen all seine Freundlichkeit und Leutseligkeit zur Schau stellen: er setzte ihnen erlesene Tafeln vor, bezauberte sie mit seidenen Gewändern und schenkte ihnen silberne Becher und Schalen, um seine Absicht zu erreichen. Als er aber mit diesen Ködern in den Skythen hochgespannte Erwartungen geweckt hatte, hielt er den rechten Zeitpunkt für gekommen, um seine Streitmacht gegen sie zu führen und überraschend in Stellung zu bringen. Er wollte sie angreifen, solange sie eben noch unschlüssig wären und einerseits wegen der ihnen gemachten Versprechungen an einen Frieden mit den Rhomäern dächten, andererseits aber, seit jeher sieggewohnt, noch Lust zu einem Kampf hätten. Der Kaiser setzte also sein Heer vom Gebiet der Stadt Beroe (Stara Zagora), wo er gelagert hatte, in Marsch und griff in der Dämmerung die Skythen an. Es wurde ein grauenhaftes Treffen, die mörderischste Schlacht seit je. Denn die Skythen empfingen unser Heer unerschrocken mit Reiterangriffen, mit einem Regen von Geschossen und gräßlichem Geschrei. Sie schienen ein furchtbarer Gegner zu sein, aber die Rhomäer waren, sobald der Kampf begann, fest entschlossen, zu siegen oder zu fallen. Der Kaiser, von seinem Gefolge und seiner Leibwache umgeben, griff selbst überall, wo es nötig war, in den Kampf ein.
Die Skythen hatten jedoch in diesem Kampf — Not macht erfinderisch — für alle Fälle vorgesorgt, und zwar auf folgende, für die Unseren sehr lästige Weise: sie hatten alle Wagen im Kreis aufgestellt und mit einem beträchtlichen Teil ihrer Leute besetzt. In diesem Wall von Wagen hatten sie viele schräglaufende Eingänge ausgespart. Wurden sie nun von den Rhomäern bedrängt und mußten sich zur Flucht wenden, konnten sie sich ohne Verluste hinter die Wagen wie hinter eine feste Mauer zurückziehen und nach einer kurzen Atempause wieder hervorstürmen und gekräftigt weiterkämpfen. So war diese Schlacht eigentlich eine Belagerung mitten im freien Feld und die Truppen der Rhomäer mühten sich ohne Erfolg ab.
Da konnte man nun sehen, was für eine weise Anordnung Johannes den ihm Untergebenen erteilte; doch er war nicht nur klug und umsichtig im Befehlen, sondern er tat selbst als erster, was er seinen Heerführern und Soldaten auftrug. Das war etwas Neues und Ungewöhnliches, aber es legte Zeugnis ab von seiner großen Frömmigkeit: Als er nämlich sah, daß die Rhomäer ermatteten, weil die Feinde sie immer von neuem bedrängten und verwegen angriffen, umfaßte er mit mitleidheischender Gebärde die Ikone der Gottesmutter, die er mit ins Feld genommen hatte, hob klagend sein Angesicht zu ihr empor und die Tränen flossen ihm heißer als der Schweiß des Kampfes. Und nicht vergeblich war sein Bemühen. Sogleich schlugen seine Krieger, mit himmlischer Kraft bewaffnet, die Skythen in die Flucht, so wie einst Moses durch das Ausstrecken seiner Hände die Amalekiter vertrieben hatte. Mit Schwerbewaffneten, die, von gewaltigen

Schilden gedeckt, eine unerschütterliche Mauer bildeten und mit Beilen ausgerüstet waren, griff er sodann die Wagenburg der Skythen an und sprengte sie. So kam es wieder zu einem Handgemenge, die Skythen wandten sich zur schmählichen Flucht, die Rhomäer aber verfolgten sie siegestrunken. Zu Tausenden fielen die Barbaren und ihr Lager wurde geplündert. Unübersehbar war die Zahl der Gefangenen, unzählige liefen auch aus Sehnsucht nach ihren gefangenen Angehörigen freiwillig über. Mit diesen Leuten konnten einige Dörfer im Westen des Reiches besiedelt werden, wo sich Reste von ihnen bis heute gehalten haben. Einige wurden auch als Söldner angeworben, der größere Teil jedoch wurde vom Heer als Sklaven verkauft. (Nik. Ch.) □

Nach dieser Schlacht verschwanden die Petschenegen als Volk endgültig aus der Geschichte, ihre Wohnsitze jenseits der Donau nahmen die Kumanen ein.

In Rascien wurden die aufständischen Serben zur Anerkennung der byzantinischen Oberhoheit gezwungen. Damit rührte Byzanz unmittelbar an den Interessenbereich der aufstrebenden Königsmacht Ungarn, die sich in den letzten Jahrzehnten zu einer der stärksten Mächte Südosteuropas entwickelt hatte. Beziehungen verschiedener Art bestanden schon lange zwischen Byzanz und Ungarn, Alexios hatte seinen Sohn Johannes mit der ungarischen Prinzessin Pyriska verheiratet, der Tochter des Königs Ladislaus (1077—1099). König Koloman hatte seine Macht in Richtung auf die Adria ausgedehnt und Kroatien gewonnen. Um die Nachfolge seines Sohnes Stephan zu sichern, ließ er seinen Bruder Almos und dessen Sohn Bela blenden, der später nach Konstantinopel entweichen konnte. Wie schon bei früheren Gelegenheiten griff Byzanz auch jetzt in die dynastischen Streitigkeiten des ungarischen Königshauses ein und stellte sich auf die Seite des blinden Bela. Als Stephan II. (1114—1131) den Thron bestiegen hatte, eröffnete er 1128 einen Krieg gegen Byzanz und eroberte Belgrad. Johannes II. schickte seine Flotte donauaufwärts und führte selbst seine Armee in das Moravagebiet. Dem doppelten Angriff von der Donau und vom Lande her konnte Stephan nicht widerstehen. Er wurde geschlagen und schloß Frieden, der zwar die endgültige Lösung der Gegensätze nicht bringen konnte, aber für die nächsten Jahre Ruhe schaffte.

Weniger glücklich entwickelte sich das Verhältnis zu den Venezianern. Der Kaiser, der mit Recht die außerordentlichen Privilegien Venedigs als verderblich für das Reich betrachtete, hatte in den ersten Jahren seiner Regierung die Verlängerung der Verträge verweigert. Die Beziehungen zwischen den Partnern waren schon merklich kühler geworden, seit Alexios I. auch den Pisanern Privilegien verliehen hatte. Nun war der Doge entschlossen, eine Erneuerung der Verträge mit allen Mitteln zu erzwingen. Die venezianische Palästinaflotte erhielt den Auftrag, auf ihren Fahrten durch das ionische und ägäische Meer die griechischen Inseln und Küstengebiete überall anzugreifen und wenn möglich in Besitz zu nehmen. Rhodos wurde überrannt, dann Chios; Samos, Mytilene, Paros und Andros wurden gebrandschatzt. Daraufhin ließ Johannes alle Venezianer aus Konstantinopel ausweisen, aber das besserte die Lage natürlich nicht. Da der Kaiser nicht über eine ausreichende Flotte verfügte, mit der er den Venezianern mit einiger Aussicht auf Erfolg hätte entgegentreten können, mußte er schließlich einlenken. 1126 wurden die Verträge erneuert und die venezianischen Kaufleute wieder in ihre alten Rechte eingesetzt.

In den 30er Jahren konnte Johannes sich wieder dem Osten zuwenden. Seine ersten Feldzüge führten ihn nach Paphlagonien, wo er Kastamon südwestlich von Sinope wiedereroberte. 1133 feierte er einen Triumph in Konstantinopel. Auf dem vierspännigen, mit Silber und Gold geschmückten Triumphwagen nahm er aber nicht selbst Platz, wie es sonst üblich war, sondern er hatte die Ikone der Muttergottes darauf aufstellen lassen, der er alle seine Siege zu verdanken glaubte. Der Kaiser selbst schritt zu Fuß voraus, ein Kreuz in den Händen tragend.

Inzwischen hatte die Entwicklung in Süditalien für Byzanz beunruhigende Fortschritte gemacht. Im Jahre 1130 hatte sich Roger II. zum König von Apulien, Kalabrien und Sizilien krönen lassen und damit eine bedrohliche Macht in seinen Händen vereinigt. Johannes wußte nur zu gut, was von einem starken Normannenstaat zu erwarten war; Robert Guiskard und Bohemund waren nicht vergessen. Aber nicht nur Byzanz allein

Christus krönt König Roger II. von Sizilien (1132–40)

sah mit Mißtrauen nach Sizilien — auch den deutschen Kaiser erfüllte der neue Aufschwung der Normannen mit Sorge. Schließlich fürchtete auch Venedig, die alte Feindin der Normannen, und die Pisaner die Behinderung des Handelsverkehrs. Die natürlichen Widersacher Rogers fanden leicht zusammen. Auf dem Hoftag in Merseburg 1135 erschienen bei Lothar Gesandtschaften des byzantinischen Kaisers und Venedigs, um gegen einen finanziellen Zuschuß den Kaiser zu einem Feldzug gegen Roger zu veranlassen. Im folgenden Jahr schickte Kaiser Lothar eine Gegengesandtschaft unter Führung des Bischofs Anselm von Havelberg zu weiteren Verhandlungen über die gemeinsamen Ziele der beiden Kaiser nach Konstantinopel.

Johannes benutzte die Anwesenheit Anselms und anderer westlicher Kirchenmänner, um die Frage der Kirchentrennung zur Diskussion zu stellen — einer Frage, die ihm sehr am Herzen lag. Über die Wiedervereinigung der Kirchen waren schon in den 20er Jahren zwischen Johannes und Rom erste zögernde Verständigungsversuche gemacht worden, die aber zu keinem greifbaren Resultat geführt hatten. Die Hoffnung auf eine Lösung des Problems war aber keineswegs aufgegeben, wie des Kaisers Einladung zur Disputation zwischen östlichen und westlichen Theologen erweist. Anselm von Havelberg berichtet über den Verlauf dieses Gesprächs, bei dem der Kaiser selbst anwesend war. Der uneingeschränkte Herrschaftsanspruch Roms war einer der Punkte, die bei den Griechen auf besonderen Widerspruch stießen, und der Erzbischof Niketas von Nikomedia verhehlte seine Meinung darüber nicht.

□ »Wie sollen wir die päpstlichen Dekrete annehmen, die uns vorgeschrieben werden, ohne daß wir um Rat gefragt werden, ja ohne daß wir auch nur vorher von ihnen Kenntnis erhalten? Wenn nämlich der römische Pontifex vom hohen Throne seiner Erhabenheit her auf uns losdonnern und uns gleichsam von oben herab seine Mandate zuwerfen und nicht unseren Rat, sondern aus freier Willkür nach seinem Gutdünken über uns und unsere Kirchen richten und ihnen herrisch befehlen will — wo bleibt da die Brüderlichkeit, ja auch nur der väterliche Sinn? Wer wird das je gleichmütig ertragen können? Dann würde man uns mit Recht wahre Sklaven und nicht Söhne der Kirche nennen können. Wenn wir aber dennoch ein so hartes Los auf unseren Rücken nehmen müßten, dann würde es ja dahin kommen, daß die römische Kirche allein unbeschränkte Freiheit genösse, indem sie, allen anderen Gesetze erteilend, selbst keinem Gesetze unterworfen wäre, und sie würde dann nicht mehr als verehrungswürdige Mutter von Söhnen, sondern als harte und gebieterische Herrin von Knechten erscheinen.

Was hülfe uns dann unsere Schriftkenntnis, was unsere literarischen Studien, was die Gelehrsamkeit, was die herrlichen Geistestaten der griechischen Weisen?
Die Autorität des römischen Pontifex, die, wie du sagst, über alle erhaben ist, wiegt für sich allein das alles auf. Er sei alleiniger Bischof, Lehrer und Meister, er allein sei für die ihm anvertraute Gesamtheit Gott als einziger guter Hirte verantwortlich ... « □
Im ganzen gesehen, verlief die Disputation ohne Gehässigkeiten und gegenseitige Anklagen, was für die Verhältnisse der Zeit schon bemerkenswert ist, aber zu einer Einigung kam man natürlich nicht. Selbst wenn einige Kirchenfürsten zu einer Unterwerfung unter die römische Autorität bereit gewesen sein sollten, so hätte das die unübersteigbaren Schranken nicht beseitigen können. Für die Masse der Byzantiner war der konservative orthodoxe Kurs längst zu einer Sache der nationalen Selbstbehauptung geworden, daran konnten auch die politisch motivierten Verständigungswünsche der Kaiser nichts mehr ändern. — Kaiser Lothar zog im Sommer 1136 nach Italien und im folgenden Jahr gegen Roger, eroberte die wichtigsten Städte und Festungen Apuliens und zwang Roger zum Frieden. Als aber wenige Monate später Kaiser Lothar auf dem Rückmarsch starb, griff Roger sofort wieder nach Apulien hinüber und konnte in kurzer Zeit sein Reich wiederherstellen. Ein Feldzug des Papstes Innozenz scheiterte, der Papst selbst geriet in Gefangenschaft und mußte durch eine feierliche Belehnung die normannische Macht legitimieren.
Kaiser Johannes hielt es nicht lange in der Hauptstadt. 1137 marschierte er nach Kilikien, um in Syrien die ungelösten Fragen der Kreuzfahrerbesitzungen in Angriff zu nehmen. Vor seinem Einmarsch in Syrien mußte er aber zuerst gegen das armenische Königreich von Kilikien Krieg führen, das mit dem Fürstentum Antiocheia verbündet war. König Leon von Kilikien hatte sein Reich mit Zustimmung seiner Bundesgenossen kräftig auf Kosten der Byzantiner erweitert. Johannes' Marsch durch Kilikien wurde zu einem einzigen Siegeszug. Tarsos, Adana, Mopsuestia und alle anderen Festungen fielen im Laufe weniger Monate in die Hand der Rhomäer. Eine Episode, die sich während der Belagerung der Festung Vagha abspielte, erzählt Niketas Choniates.
□ Ein gewisser Konstantinos war die Seele des Widerstandes. Er stammte aus der ersten Familie Armeniens und übertraf alle an Tapferkeit und Stärke. Er setzte aber nicht nur Einwohner und Festung in Verteidigungsbereitschaft, sondern stellte sich oft in voller Rüstung auf den Abhang des Hügels, dessen Spitze die Natur durch Felsen, Menschenhand durch Mauern befestigt hatte. Von dort aus schmähte er voll aufreizender Überheblichkeit in griechischer Sprache den Kaiser und verhöhnte in unflätigster Weise seine Gemahlin und seine Töchter. Der Kaiser brannte darauf, diesen frechen Barbaren zu fangen und zu bestrafen. Der aber, voll protzigen Selbstvertrauens auf seine Kraft und Stärke, verspottete auch noch das Heer des Kaisers und war so unverschämt, den besten der Rhomäer zum Zweikampf zu fordern. Sogleich befahl der Kaiser seinen Obersten, einen kräftigen Soldaten zu bestimmen, der dem Armenier gewachsen wäre. Ein gewisser Eustratios aus der makedonischen Legion wurde dazu ausgewählt und mit einem mannslangen Schild und einem frisch geschliffenen, breiten Schwert ausgerüstet. So bewaffnet trat Eustratios vor die Front der Rhomäer. Am Fuße des Hügels blieb er stehen und rief dem Armenier zu, er solle ein Stück herunterkommen, damit sie unter gleichen Bedingungen ihre Kräfte messen könnten, wenn er überhaupt kämpfen wolle und seine Herausforderung nicht bloß eitle Prahlerei und leere Großsprecherei gewesen sei wie das übrige. Konstantinos fühlte sich durch diese Worte in seiner Ehre getroffen und stürzte sich wie ein herabfahrender Blitz oder wie eine berggewohnte Gazelle, die das Dickicht durchspringt, auf Eustratios, ebenso kühn wie stark, gedeckt durch einen runden, weißen Schild, dessen Mitte ein Kreuz zierte. Mit dem Schwert in seiner Rechten hämmerte er in rasendem Eifer auf den Schild des Makedoniers los und suchte ihn von vorne oder von der Seite zu treffen, in der Erwartung, daß ihm einmal der entscheidende Schlag werde gelingen müssen. Der Kaiser gab schon alles verloren, nicht nur die Hoffnung auf den so wünschenswerten Sieg, sondern auch den Makedonier. »Der kommt nicht mit dem Leben davon!« rief er laut. Aber trotz

der dröhnenden Schläge des Konstantinos feuerten die Rhomäer mit lautem Zuruf Eustratios an, zurückzuschlagen. Der holte auch oft mit der Hand aus, als wollte er einen Schlag gegen seinen Gegner führen, aber ganz wider Erwarten ließ er sie immer wieder sinken, als hätte ein böser Zauberer ihn verhext und seine tatendurstige Hand gebunden. Erst spät, nach manchem unentschlossenen Schwenken des Schwertes führte der Makedonier einen Streich und spaltete den Schild des Konstantinos in zwei Teile, und dabei war der riesig und eines Hektor würdig. Die Rhomäer gerieten darüber ganz außer sich und schrien laut auf. Der Armenier aber, seiner Schutzwehr so unerwartet beraubt, konnte nicht länger auf dem Kampfplatz zwischen den Heeren bleiben und suchte sein Heil in der Flucht. Er rannte den Hügel hinauf, und da er um sein Leben lief, war er schneller als sein Gegner.

In der Folgezeit aber blieb er in der Festung und ließ ab von seinem Übermut gegen die Rhomäer, auch gegen den Herrscher und sein Haus verschoß er nicht mehr seine giftigen Pfeile.

Als der Kaiser den Makedonier fragte, warum er denn nur so oft die Hand zum Schlag erwoben, aber nur einmal zugeschlagen habe, erwiderte dieser, es sei seine Absicht gewesen, mit einem einzigen Streich den Schild und den Armenier auseinanderzuhauen. Das habe er aber nicht verwirklichen können, weil sein Gegner den Schild weit vom Körper weggehalten habe. Darum habe er beschlossen, nicht länger nutzlos zu zögern, sondern bei einer günstigen Gelegenheit den Schild zu treffen und hierauf gegen den seiner Schutzwehr beraubten Feind vorzugehen. Diese Worte setzten den Kaiser in Erstaunen und er bedachte Eustratios mit reichlichen Geschenken. □

Im Sommer stand dem Kaiser der Weg nach Syrien offen, von den Franken wurde Johannes jedoch mit zwiespältigen Gefühlen erwartet. Herr von Antiocheia war Raimund von Poitiers, der Sohn Herzog Wilhelms IX. von Aquitanien. In Jerusalem residierte Fulko von Anjou als Nachfolger Balduins II. schon als dritter König von Jerusalem. Die erste Generation der Kreuzfahrer war schon längst dahin, doch ihre Herrschaften — Edessa, Antiocheia, Tripolis und Jerusalem hatten sich gehalten, ebenso die gegenseitige Eifersucht und das Mißtrauen. Dabei wäre Einigkeit sehr vonnöten gewesen, denn in dem Emir von Aleppo und Mossul, Imad ad-Din Zengi (1127—1146) war ihnen ein mächtiger Gegner erstanden. Das Erscheinen der byzantinischen Arme in Syrien zwang Zengi zur Zurückhaltung und die Kreuzfahrer verstanden sehr wohl, daß Johannes eine große militärische Stütze für sie bedeutete. Aber nicht deswegen war der Kaiser gekommen, sondern um seinen Besitzanspruch anzumelden. Aber auch er war in seinem Handeln nicht frei, denn es war schwer möglich, die Fürsten zur Anerkennung der byzantinischen Oberhoheit zu zwingen, ohne die Waffen einzusetzen — und das wollte Johannes eben nicht, denn es widerstrebte ihm, gegen Christen zu kämpfen, die selbst ununterbrochen mit dem gemeinsamen Feind, den Seldschuken und Arabern, Krieg führten. Für Johannes stellte sich also die schwierige Frage, wie man einen wertvollen Mitkämpfer durch sanften, aber unmißverständlichen Druck zum Vasallen machen konnte, ohne seinen Stolz zu verletzen.

Im August kam der Kaiser vor Antiocheia an. Ein paar Tage später erklärte sich Raimund bereit, die byzantinische Oberhoheit anzuerkennen und leistete den Lehnseid. Der Kaiser verpflichtete ihn, die Stadt auszuliefern, sobald er, der Kaiser, nach der geplanten Eroberung Aleppos, Saizars und Homs nach Antiocheia zurückkehren werde. Zusammen mit fränkischen Heeresabteilungen Raimunds und Joscelins II. von Edessa unternahm Johannes einen Feldzug gegen Aleppo, konnte die Stadt aber nicht gewinnen; nur einige kleinere Festungen wurden erobert. Auch in Saizar hatte Johannes kein Glück.

□ Die Einwohner von Saizar hatten aber ein riesiges Heer zusammengebracht; alle benachbarten Satrapen (Emire) hatten sich zu einer schlagkräftigen Kampfgemeinschaft und Waffenbrüderschaft vereinigt. Dieses Heer überschritt den Fluß, der dort einen Bogen macht, und griff mit schnellen Pferden und leichten Speeren aus (Bambus-)Rohr die Phalanx des Kaisers an. In dem Treffen trug aber der Kaiser auf der ganzen Linie den Sieg davon. Die Feinde wurden in den Fluß gedrängt oder aufgespießt, die Speere, die sie warfen, halfen ihnen gar nichts, sie waren zu leicht und schwach, so schwach wie ein schwankendes Rohr. Die Feinde zogen sich hinter die Mauern zurück und ließen sich nicht mehr außerhalb der Stadt blicken, nur auf den Lehmdächern der Stadt konnte man sie stehen sehen. Von dieser günstigen Stellung aus trotzten sie den Rhomäern und ließen ruhig zu, daß das flache Land verwüstet und geplündert wurde und ihre Festungen in die Hände der Rhomäer fielen. Da sie sich so verhielten, »sonderte« der Kaiser seine Truppen »nach Völkern und nach Geschlechtern, daß ein Stamm dem anderen helfe« (Homer, Ilias 2, 362). In einer Abteilung vereinigte er die Makedonier, in einer anderen die Skythen (Kumanen), und wieder in einer anderen die Perser (Seldschuken), die in den früheren Kriegen zu ihm übergelaufen waren; eine Abteilung bestand aus ausgewählten Soldaten. Infolge dieser reinlichen Sonderung trat die Vielfalt des Heeres und seiner Waffen besser hervor. Die Furcht der Feinde wurde größer, ihr Widerstandswille sank, sie gaben die äußeren Schanzen preis und zogen sich auf den inneren Mauerring zurück. Viele Tage lang wurde auf beiden Seiten erbittert gerungen, gestürmt und abgewehrt, angegriffen und verfolgt, die Besten maßen sich im Zweikampf, und immer zeigten sich die Rhomäer als die Stärkeren. Aber wenn auch ihre Gegner die schwereren Verluste hatten, wenn sie auch vor den rhomäischen Schwertern reihenweise hinsanken, die Pfeile noch so vielen die Augen auf immer schlossen, die Steine der Geschütze sie in Stücke rissen und Mauern und Brustwehren zerstörten: die Belagerten hielten unerschüttert stand, denn sie hatten immer noch genug Menschen und sie kämpften ja um ihr eigenes Leben, für ihre Frauen und Kinder und auch für ihren reichen, mannigfaltigen Besitz. Doch in kurzer Zeit wäre auch Saizar und all sein Reichtum dem Kaiser in die Hände gefallen, und die Rhomäer hätten sich durch die Einnahme dieser Stadt größeren Ruhm erworben als mit ihren bisherigen Erfolgen, wenn nicht beunruhigende Nachrichten den Kaiser sehr gegen seinen Willen zum Abzug gezwungen hätten. Edessa, so hieß es, sei von den Persern eingeschlossen und in höchster Gefahr, wenn der Kaiser nicht so schnell wie möglich Hilfe bringe. Der Kaiser ließ sich also von den Belagerten einen glänzenden Tribut entrichten und hob die Belagerung auf. Und zwar erhielt er die herrlichsten Edelsteine, hochnackige, edle Pferde und golddurchwirkte seidene Stoffe und einen sehenswerten Tisch. Als kostbarstes Stück empfing er ein Kreuz aus Lychnit (wahrscheinlich Bergkristall), ein herrliches Werk, wie man selten eines sieht, die reinste Augenweide. Vollendete Kunst hatte hier wahrheitsgetreu die göttliche Schönheit erstehen lassen. Die Sarazenen von Saizar behaupteten, dieses Kreuz aus strahlendem Stein und der kostbare, wunderbare Tisch seien einst als Ehrengaben in den Besitz der rhomäischen Kaiser gekommen. Ihre Vorfahren hätten sie erbeutet, als sie das Lager des Usurpators Diogenes Romanos einnahmen und das Kaiserzelt plünderten. (Nik. Ch.) □

Über die Wirkung der byzantinischen Steinschleudern bei der Belagerung von Saizar berichtet der arabische Emir Usama.

□ Sie (die Griechen) hatten gegen den Ort fürchterliche Kriegsmaschinen in Stellung gebracht, die sie aus ihrem Land mitgebracht hatten. Sie schleuderten Steine im Gewicht von 20 bis 25 Pfund in eine Entfernung, die nicht einmal von hölzernen Pfeilen übertroffen werden konnte. Eines Tages trafen die Griechen das Haus eines meiner Freunde namens Jussuf, Sohn des Abut-Garib. Durch einen einzigen Stein wurde es vollkommen zerstört.

Auf der Zitadelle in der Residenz des Emirs hatte man einen Lanzenschaft aufgepflanzt, an dessen Spitze ein Banner wehte. Der Weg, auf dem man zur Zitadelle hinaufstieg, führte darunter vorbei. Ein Stein von einem Katapult traf das Lanzenholz, zerbrach es in der Mitte und fiel auf die Spalte, die das Eisen hielt. Das Eisen fiel hinab auf die Straße, als gerade einer der unsrigen vorbeiging. Durch die Höhe und das Gewicht des halben Lanzenschaftes zu großer Wucht gesteigert, drang das Eisen diesem Mann durch das Schlüsselbein und trat am Rücken wieder aus und tötete ihn.

Chotloch, ein Mameluck meines Vaters, hat mir das folgende mit eigenen Worten erzählt: »Während der Belagerung von Saizar durch die Griechen ruhten wir uns einmal in der Eingangshalle der Festung mit Ausrüstung und Waffen aus. Plötzlich kam ein alter Mann zu uns und rief im Laufen: ›O Muselmanen, verteidigt eure Frauen, die Griechen sind (in die Stadt) eingedrungen!‹ Wir machten uns eilig daran, unsere Schwerter zu ergreifen und hinauszueilen, jene zu treffen, die über ein ungedecktes Mauerstück, in das die Katapulte eine Bresche gerissen hatten, hereingekommen waren. Wir schlugen sie mit den Schwertern, trieben sie hinaus, verfolgten sie, verjagten sie und kehrten dann zurück. Ich blieb bei dem Alten, der uns die Schreckensnachricht gebracht hatte. Er blieb stehen und drehte sein Gesicht zur Mauer um zu spucken. Ich verließ ihn, hörte aber sogleich das Geräusch von einem Fall. Ich wandte mich um und sah, daß der Kopf des Alten von einem Katapultstein vom Rumpf getrennt und an die Wand geheftet worden war, während sein Gehirn über die ganze Wand verspritzt war ... «

Ein Katapultstein traf einen unserer Kameraden und zerschmetterte seinen Fuß. Man brachte ihn zu meinem Onkel, der in der Eingangshalle der Festung saß. »Laßt den Bader kommen«, sagte mein Onkel. Es gab nun in Saizar einen Chirurgen namens Yahya, der es meisterhaft verstand, Verrenkungen einzurichten. Man brachte ihn herbei. Er bemühte sich, den Fuß des Verletzten zu richten und dazu stellte er sich mit ihm an einen geschützten Platz außerhalb der Zitadelle. Trotz dieser Vorsichtsmaßnahme traf ein Stein den Kopf des Verletzten und riß ihn in Stücke ... □

Des Kaisers unfreiwillige Verbündete, die Franken, hatten ihn vor Saizar in Stich gelassen, da sie nicht auf Rechnung der Byzantiner kämpfen wollten. Johannes mußte sich nach Kilikien zum Überwintern zurückziehen. Im nächsten Jahr hielt er dann seinen feierlichen Einzug in Antiocheia, mußte aber noch vor Eintreffen der Armee die Stadt schleunigst verlassen, denn Joscelin hatte die Bewohner der Stadt zu einer Revolte aufgestachelt.

Der Kaiser gab seine syrischen Pläne nicht auf, verbrachte aber die folgenden Jahre in Kleinasien mit Kämpfen gegen die Danischmendiden von Melitene. Während dieser Zeit geschah es, daß sein Neffe Johannes wegen einer angeblichen Beleidigung durch den Kaiser zum Feind übertrat, den islamischen Glauben annahm und die Tochter des Sultans Masud I. von Ikonion heiratete. Dreihundert Jahre später behauptete der Sultan Mehmed II., der Eroberer von Konstantinopel, ein Nachkomme dieses Komnenen zu sein.

Im Jahre 1142 erschien Johannes wieder vor Antiocheia, entschlossen, nun die Barone zur Unterwerfung zu zwingen und Syrien wie auch Palästina in Besitz zu nehmen.

□ Für die Öffentlichkeit wurde als Zweck des Zuges angegeben, der Kaiser wolle die bei dem ersten Feldzug in Armenien gemachten Eroberungen sichern und fester untereinander und mit dem Reich verknüpfen. Der wahre Grund aber, der jedoch mit Bedacht vor dem Heer sorgsam geheimgehalten wurde, war folgender: Es war der langgehegte Wunsch des Kaisers, Antiocheia mit Konstantinopel zu vereinigen und von dort aus ins heilige Land zu ziehen, das Heilige Grab, aus dem der Herr lebendig auferstanden, mit Geschenken zu überhäufen und das ganze Gebiet ringsum von Barbaren zu säubern. Deshalb ließ er nichts unversucht, die Lateiner irgendwie zu einem freiwilligen Verzicht auf die berühmte Stadt Antiocheia zu bewegen, oder, wenn das nicht gelingen sollte — er kannte nämlich das törichte, hochfahrende und unzugängliche Wesen der Lateiner —, wenigstens die Kilikier und Syrer auf seine Seite zu ziehen. Während des ganzen Anmarsches schrieb er Briefe und kündigte den Antiochenern seine Ankunft an. Daher empfing ihn, noch ehe er die Grenzen Syriens erreicht hatte, eine antiochenische Gesandtschaft, was ihn gute Hoffnung für seine Pläne schöpfen ließ. Als er aber vor Antiocheia erschien, fand er die Italier ganz anders gesonnen, als er erwartet hatte, denn die Fama hatte verbreitet, was tief im Kaiser verborgen war, und hatte seine geheimsten Pläne kundgemacht. Jedenfalls fand der Kaiser den Zugang nach Antiocheia von unerwarteten Schwierigkeiten gehemmt und versperrt. Man verlangte nämlich von ihm vor dem Betreten der Stadt eidliche Zusicherungen, die seinem Herzenswunsch gänzlich zuwiderliefen. Der Kaiser mußte einsehen, daß er sich unter diesen Umständen nur wenige Tage, wenn auch mit allen gebührenden Ehren behandelt, in der Stadt würde aufhalten können und nicht die geringste Möglichkeit haben würde, in die staatlichen Angelegenheiten Antiocheias einzugreifen und den bestehenden Zustand zu ändern. Der Kaiser war erbittert wegen dieser Enttäuschung, aber trotzdem hielt er es für unstatthaft, den Zugang zu erzwingen, weil er einen Krieg gegen Christen vermeiden wollte. Er lagerte in den Vorstädten und ließ sein Heer plündern, was es nur wegtragen konnte. Der Plünderungsbefehl erstreckte sich auch auf fruchttragende Bäume. Unter dem Vorwand, es fehle an nötigem Brennstoff, warf man sie in das Lagerfeuer. So nahm der Kaiser versteckte Rache und wandte sich dann zur kilikischen Grenze. (Nik. Ch.) □

Raimund hatte nicht gewagt, das Verlangen des Kaisers rundweg abzuschlagen, hatte aber seine Barone zu der Erklärung bewogen, daß sie sich einer Übergabe der Stadt widersetzen würden, auch wenn ihr Fürst dazu geneigt wäre. Wegen der fortgeschrittenen Jahreszeit mußte Johannes sich wieder nach Kilikien zurückziehen, wo er für das folgende Jahr umfangreiche Vorbereitungen für seine Unternehmungen in Syrien und Palästina traf. Es kam jedoch alles anders. Eines Tages im April 1143 befand sich der Kaiser auf der Jagd und hatte mit seinem Spieß einen Eber getroffen und verwundet. Durch die heftigen Bewegungen des Tieres erhielt der Kaiser einen Stoß, die vergifteten Pfeile fielen aus dem Köcher und einer von ihnen verletzte den Kaiser an der Hand. Schnell breitete sich das Gift aus und nach ein paar Tagen war Johannes ein sterbender Mann. Er berief seinen jüngsten Sohn Manuel und die Offiziere seiner Armee zu sich. Nachdem er zu ihnen von den Erfolgen seiner Bemühungen um das Reich gesprochen hatte und über seine Zukunftspläne, deren Verwirklichung ihm durch den unerforschlichen Willen Gottes nicht mehr vergönnt sei, kam er auf die Frage der Nachfolge.

□ Da drängt es mich auch, ein Wort über meinen Nachfolger zu sagen, wer nach meinem Tod, der mir schon unentrinnbar bevorsteht, mein Amt übernehmen soll. Euch ziemt es, auf meine Worte zu achten. Daß das Kaisertum wie ein väterliches Erbe auf mich gekommen ist, brauche ich nicht zu betonen, das ist klar wie das Licht der Sonne. Ich sehe euch geneigt, die Erbfolge von Vater zu Sohn, wie sie zwischen meinem Vater und mir stattgefunden hat, auch auf meine Söhne auszudehnen und euch einem von ihnen — zwei sind noch am Leben, Isaak und Manuel — unterzuordnen. Überlaßt die Wahl nicht ihnen, hört auf mich! Ich denke so: Die Natur weist gewöhnlich dem früher geborenen Sohn den ersten Platz an, aber Gott liebt bei den wichtigsten Bestimmungen nicht immer diese Ordnung. Bedenkt, daß Isaak der Geburt nach hinter Ismael zurückstand, daß Jakob nach Esau dem mütterlichen Schoß entsprang, daß Moses jünger war als Aaron, daß David der kleinste und jüngste unter seinen Brüdern war, und viele andere desgleichen. Denn Gott sieht nicht wie ein Mensch auf das Gesicht (vgl. 1. Könige 16, 7), er gibt nicht den Lebensjahren die Ehre, er achtet nicht darauf, ob das Haar weiß oder schwarz ist. Gott freut sich über den Adel der Seele, er blickt auf die Milden und Sanftmütigen, auf den, der seine Gebote beachtet. Deshalb tue ich der Natur meist nicht den Gefallen, mich nach ihren Entscheidungen zu richten, sondern, wenn es die Verhältnisse erfordern, schiebe ich ihre Satzungen als die kleinlichen Vorschriften eines engherzigen Weibes zur Seite. Es treibt mich vielmehr, Gottes unbestechliche Gerechtigkeit nachzuahmen, vor der es kein Ansehen der Person gibt. Wenn also die Herrschaft auf Isaak, der dem Alter nach unbestreitbar Anrecht darauf hat, übergehen sollte, müßte ich mit keinem Wort euch die Wesensart meiner beiden Kinder vor Augen führen. Aber für die Kaiserwürde kommt eher Manuel, der jüngere, in Frage und darum muß ich darüber das Nötige sagen, um den gemeinen Verdächtigungen bei Adel und Volk zu entgehen, ich hätte aus väterlicher Voreingenommenheit und nicht in Hinblick auf die Tüchtigkeit dem jüngeren Sohn den Vorzug gegeben.

Der Charakter der Menschen ist verschieden wie ihr Äußeres, trotz der allen gemeinsamen menschlichen Natur. Jeder wandelt seine eigenen Wege, getrieben von seinen Leidenschaften und Wünschen. Könnten wir alle nur die gleichen Gedanken denken, fänden wir alle an dem Gleichen Gefallen, dann könnte weder Gott noch ein Mensch an unserem Lebenswandel etwas aussetzen. Auch meine Söhne, wenn sie auch von einem Vater stammen, sind verschieden geartet. Freilich, wohlgeraten sind beide, beide zeichnen sich durch Körperkraft, würdevolles Aussehen und Besonnenheit aus. Besser aber

eignet sich zur Leitung des Reiches, wie besonders ich beobachten konnte, der jüngere, Manuel. Denn Isaak zeigte sich mir schon oft jähzornig, und wenn er aus irgendeinem Anlaß aufbraust, ist er maßlos und unzurechnungsfähig. Unbeherrschtheit aber stürzt den Klugen ins Verderben und verleitet sehr viele zu Torheiten. Manuel hingegen, begabt mit allen Vorzügen, die Isaak besitzt, hat noch die eine schöne Eigenschaft, die Milde. Er gibt gerne nach, wo Nachgiebigkeit am Platze ist, und hört auf guten Rat. Da wir Menschen nun an einem Herrscher ein gutes Herz, wie es der König und Prophet David hatte, mehr lieben als eine starke Hand, und einsichtiges, behutsames Vorgehen gegen Unzukömmlichkeiten bei den Untergebenen, habe ich Manuel zum Kaiser ausersehen. Nehmt also diesen Jüngling an als Kaiser von Gottes Gnaden und als den von mir bestimmten Herrn! Daß auch Gott ihn zum Kaiser auserkoren und vorherbestimmt hat, dessen sind Zeugnis die vielen Prophezeiungen und Vorhersagen gottgeliebter Männer, die alle Manuel als Kaiser der Rhomäer ankündigen. Auch daß meine älteren Söhne, die ich zuerst für die Herrschaft ausersehen hatte, mir gestorben sind, daß Isaak, der gemäß seinem Alter nach ihnen zur Herrschaft berufen wäre, nicht anwesend ist, wie soll man das verstehen? Doch wohl als deutliches Zeichen, daß Gott das Szepter in keiner anderen Hand sehen will als in der Manuels.
Wer darauf achten will, wird auch bemerken, daß ich das Kaisertum keineswegs aus starrem Familiensinn meinem Sohn als Geschenk zukommen lasse, sondern daß es der Lohn seiner Tüchtigkeit ist. Ihr wißt ja, wie er sich bei Neokaisareia trotz seiner Jugend ausgezeichnet hat, ihr wißt, wie kühn er sich auf die Perser stürzte. Ich, sein Vater, zitterte um mein geliebtes Kind, aber den Rhomäern gab er neuen Mut.« (Nik. Ch.) □
Die Offiziere stimmten dem Entschluß des Kaisers zu; während seine Boten nach Konstantinopel eilten, um dort alles für die Regierungsübernahme Manuels I. vorzubereiten, starb Kaiser Johannes II. am 8. April 1143 im Alter von 55 Jahren.

Der Regierungsantritt des 21jährigen Manuel vollzog sich ohne Schwierigkeiten, nachdem sein älterer Bruder Isaak, von dem man Widerstand hätte erwarten können, vorsorglich in Haft genommen worden war, aus der er dann nach kurzer Zeit wieder entlassen wurde. — Der junge Kaiser erfreute sich allgemeiner Beliebtheit. Seine an Tollkühnheit grenzende Tapferkeit und seine hervorragenden Führereigenschaften im Felde hatten ihm die Zuneigung der Offiziere und Soldaten erworben, mit denen er alle Strapazen und Entbehrungen des Lagerlebens teilte. Liebenswürdig und umgänglich wie sein Vater und wie dieser von rastloser Energie, übertraf er Johannes an Phantasie und feurigem Temperament, ohne jemals in unbeherrschte Zügellosigkeit zu verfallen. Seine Zeitgenossen bewunderten seinen scharfen Verstand und seine glänzende Redegabe. Manuels lebhafter Geist schreckte vor großen Plänen nicht zurück, in ihm lebte noch einmal das Bewußtsein von der Größe und Bedeutung des römischen Imperiums wieder auf. Dabei ist es typisch für diesen impulsiven, vorurteilsfreien Mann, daß ihn der Blick auf den verblichenen Glanz des Imperiums nicht etwa zu einem starren, trockenen Konservativismus verführte, sondern daß er aus der Situation seiner Zeit heraus dachte und plante. Es war ja längst kein Geheimnis mehr, daß Byzanz nicht mehr das Universalreich war, das als einziger Hort der Zivilisation und der Kultur sich der rings umherschwärmenden Barbarenhorden zu erwehren hatte. Europa war zu einem mehr oder weniger ausbalancierten Staatensystem geworden, dessen einzelne Machtfaktoren man zu respektieren hatte. Vielleicht ist Manuel I. der erste byzantinische Kaiser gewesen, der statt der imperialen Politik alten Stils bewußt eine europäische Politik betrieb; der den erodierten erratischen Block Byzanz durch eine aktive Teilnahme am gesamteuropäischen Geschehen verjüngen und dadurch zu einem Machtfaktor ersten Ranges innerhalb des europäischen Staatensystems machen wollte. Natürlich hätte Manuel kein Byzantiner sein dürfen, wenn er nicht auch von der ideelen Überlegenheit des römischen Staatsuniversalismus vollkommen überzeugt gewesen wäre, und diese Vorstellung war auch letztlich der Motor seines Handelns.

Wenn solche Gedanken überhaupt zu verwirklichen waren, so wäre Manuel der geeignete Mann dazu gewesen. Er paßte wenig in das traditionelle Bild eines byzantinischen Autokrators, sondern entsprach vielmehr dem Ritterideal im abendländischen Sinne. Statt an irgendwelchen zeremoniellen Repräsentationen Genüge zu finden, zog er es vor, sich auf dem Turnierplatz zu tummeln und im ritterlichen Zweikampf seinen Gegner in den Sand zu setzen. Diese und andere abendländische Sitten trafen nicht bei allen Byzantinern auf Zustimmung und in den konservativen Kreisen fand man bald viele Anlässe, die Entwicklung mit größter Skepsis zu verfolgen. — Des Kaisers enge Beziehungen zu den »Lateinern« entsprangen nicht nur einer persönlichen Vorliebe, sie waren die logische Konsequenz aus den bestehenden Zuständen. Nie war der Kontakt mit dem Abendland so intensiv gewesen wie jetzt. Seit dem 1. Kreuzzug und den venezianischen und pisanischen Handelsverträgen hielten sich dauernd Tausende von Abendländern in Konstantinopel auf. Gesandtschaften des Papstes, der deutschen Kaiser und anderer Herrscher erschienen im dauernden Wechsel. Der kulturelle Austausch stand in voller Blüte; griechische Handschriften aller Art wurden ins Lateinische übersetzt und im Westen bekannt und verbreitet. Die Anwesenheit so vieler Lateiner in Byzanz konnte, auch wenn man sich dagegen sträubte, nicht ohne Wirkung bleiben, doch lag es in der Natur der Sache, daß die Wirkung auf die große Masse vorwiegend negativer Art war, und zwar auf beiden Seiten. Das hat Manuel nicht rechtzeitig erkannt. Seine 37jährige, ereignisreiche Regierung hat letzten Endes zu keinem dauernden Erfolg geführt, aber ihr Glanz strahlte wie die untergehende Sonne noch einmal über ganz Europa. Manuel, der letzte große Kaiser in der letzten großen Epoche der byzantinischen Geschichte, von seinen Zeitgenossen bewundert wie kein anderer, ging bald in das Reich der Legende ein.

Kaiser Manuel I. Komnenos (1143–80)
und seine 2. Gemahlin Maria von Antiocheia

Zunächst führte Manuel die Politik seines Vaters folgerichtig weiter. Die unter Johannes II. geknüpften Beziehungen zu dem Staufer Konrad III. führten 1146 zur Eheschließung des Kaisers mit Konrads Schwägerin Berta von Sulzbach, einer schlichten, tugendhaften Frau, die zum Erstaunen des Hofes auf Puder, Schminke, Untermalung der Augen und auf Mieder verzichtete. Manuel achtete sie hoch, »aber die Ehre des Ehebettes verletzte er oft. Denn Manuel war jung und leidenschaftlich, ... er kostete alle Genüsse der Jugend und frönte der Liebe, wo sich ihm Gelegenheit bot«. Drei Jahre später erhielt der Herzog von Bayern und spätere Herzog von Österreich Heinrich Jasomirgott Manuels Nichte Theodora zur Frau. — Wie sein Vater pflegte Manuel das Bündnis mit dem deutschen König, um durch diesen auf die gefährlichen Normannen Siziliens Druck ausüben zu können. Der Kaiser selbst kämpfte in den ersten Jahren in Kleinasien gegen den Sultan Masud von Ikonion, während eine byzantinische Flotte und eine Heeresabteilung auf Antiocheia vorrückte, um den eidbrüchigen Raimund von Poitiers zum Gehorsam zu zwingen. Im selben Jahr eroberte Zengi, der Herrscher von Aleppo und Mossul, die Stadt Edessa und beraubte die Kreuzritter damit ihrer nordöstlichen Bastion. Raimund eilte nach Konstantinopel und unterwarf sich dem Kaiser. Der Fall Edessas, des ältesten Fürstentums der Lateiner im Orient, machte im Westen einen gewaltigen Eindruck und veranlaßte Papst Eugen III. zu einem neuen Kreuzzugsaufruf. Die diesbezügliche päpstliche Bulle tat allerdings gar keine Wirkung; erst als der Abt Bernhard von Clairvaux im Auftrage des Papstes seine mitreißenden Kreuzzugspredigten in Frankreich hielt, nahmen Tausende voller Enthusiasmus das Kreuz, an ihrer Spitze König Ludwig VII. von Frankreich. Damit wäre Bernhards Auftrag erfüllt gewesen, aber der Eifer des frommen Abtes war nun nicht mehr zu bremsen. Er ging nach Deutschland und predigte den Kreuzzug auch hier, obwohl der Papst aus guten Gründen die Deutschen nicht teilnehmen lassen wollte. Er brauchte König Konrad — wie die Byzantiner —, um Roger II. von Sizilien in Schach zu halten. Konrad war auch gar nicht bereit, sich am Kreuzzug zu beteiligen, doch Bernhard, dessen politische Einsicht seiner Rednergabe nicht im entferntesten gleichkam, hatte sich in blindem Eifer zum Ziele gesetzt, auch Konrad zu gewinnen. Am Ende einer gewaltigen Rede in Speyer geschah dann, was Bernhard selbst »das Wunder der Wunder« nannte: überwältigt sprang Konrad auf und rief: »Jetzt erkenne ich Gottes Gnadengeschenk, ich will ihm dienen, sooft er mich ruft!« — In Rom war man über dieses »Wunder« tief bestürzt, aber es ließ sich nun nicht mehr rückgängig machen.

In Regensburg versammelte sich im Februar 1147 das Kreuzheer, und es »strömte eine solche Menge von Spitzbuben zusammen, daß jeder vernünftige Mensch an diesem Eifer, sich zu bekehren, staunend die Hand des Herrn bewundern mußte«. Natürlich kamen nicht nur Spitzbuben, sondern auch ehrenfeste Männer genug. Im Mai brach König Konrad mit einem Heer von ca. 70 000 Mann auf, um auf dem Landweg über Ungarn Konstantinopel zu erreichen. Ein paar Wochen später folgten die Franzosen auf demselben Wege. Ludwig hatte zuerst geschwankt, ob er den Landweg oder den Seeweg über Italien wählen sollte. Abgesandte König Rogers versuchten mit allen Mitteln, Ludwig zum Seeweg zu überreden, versprachen freien Transport nach Syrien und Teilnahme Rogers und seiner Normannen. Daß sich der Kreuzzug dadurch leicht in eine antibyzantinische Demonstration hätte verwandeln können, verstand Ludwig wohl — und noch besser Manuel, der seinerseits durch Gesandte den König von den Vorteilen des Landweges zu überzeugen suchte. Da Ludwig sich nicht gänzlich vom Heere Konrads trennen wollte, entschloß er sich, wie dieser den »Weg Gottfrieds von Bouillon« zu wählen.

Während die Armeen nach Konstantinopel auf dem Marsch waren, gedachte Roger, die Gelegenheit nicht ungenützt verstreichen zu lassen. Er rechnete damit, daß Manuels Aufmerksamkeit von der Ankunft der Kreuzfahrer voll in Anspruch genommen sein würde und unternahm einen überraschenden Vorstoß nach Griechenland. Er eroberte Korfu, segelte in den Golf von Korinth und plünderte die Küsten unbarmherzig aus. Aber damit begnügte er sich nicht.

□ So fiel Roger über das Land des Kadmos (Böotien) her, plünderte im Vorbeimarsch die Dörfer und stürzte sich auf das siebentorige Theben, eroberte es und wütete unmenschlich gegen die Einwohner. Denn seit alters steht die Stadt in dem Ruf, reiche Bürger zu haben, und das reizte seine unersättliche Gier nach Geld. Seiner Habsucht war nichts zuviel; erst dann wolle er Ruhe geben, sagte er, wenn von der Last des Goldes alle Schiffe bis zum Bordrand einsinken. Er preßte die Handwerker aus und verschmähte in seiner Kleinlichkeit selbst schmutzige Obolen nicht, er verfolgte die Mächtigen und Vornehmen, ehrwürdige Greise und hochgeachtete Würdenträger mit den verschiedensten Drangsalen, er kannte keine Scham und keine Schonung, er scheute sich nicht, allen ein Abscheu zu werden, er dachte nicht daran, daß ihn die Macht eines Adrastos ereilen könnte, er fürchtete nicht, einen sogenannten Kadmossieg errungen zu haben. Schließlich ließ er die Heilige Schrift bringen und zwang jeden, dem man seine Wohlhabenheit ansah, in voller Standestracht hinzutreten und seine Vermögenslage unter Eid zu offenbaren; wenn einer eidlich versicherte, er habe nichts mehr, durfte er weggehen. Auf diese Weise wurde alles Gold, alles Silber und die golddurchwirkten Gewänder weggetragen und auf die Schiffe verladen. Aber nicht einmal die Leiber jener, denen er das Letzte genommen, schonte Roger, sondern er ließ alle die Vornehmsten festnehmen und wählte alle Frauen aus, die schön und »tiefgegürtet« (homerischer Ausdruck) waren, die oft im herrlichen Dirkequell (berühmte Quelle bei Theben) gebadet hatten und ihre Haare wohlgeordnet trugen und sich gut auf feine Weberei verstanden. So segelte er von dort ab.

Da ihm so alles gut und glatt vonstatten ging und niemand ihm entgegentrat, nicht auf dem Land und nicht auf dem Meer, fuhr er nach Korinth, der reichen Stadt am Isthmos, welcher zwei Häfen Wohlstand bringen: der eine nimmt die aus Asien kommenden Schiffe auf, der andere die aus Italien kommenden. So geht in Korinth die Ein- und Ausfuhr von Waren und der gegenseitige Warenaustausch mühelos vor sich. Roger fand aber das Emporion (»Handelsplatz«) — so wird die untere Stadt genannt — verlassen vor, weil alle Einwohner ihre gesamten Lebensmittel und alle ihre Schätze, ihr eigenes sowie das Kirchengut, nach Akrokorinth hinaufgeschafft hatten. Deshalb beschloß Roger, Akrokorinth anzugreifen und wenn möglich zu erobern.

Akrokorinth war die Akropolis der alten Stadt Korinth, heute aber ist es eine starke Festung. Der Berg (auf dem es liegt) ist hoch und unter dem Gipfel sehr steil; oben auf ihm ist ein viereckiger ebener Platz, der mit Mauern stark gesichert ist. Innerhalb der Mauern sind nicht wenige Brunnen mit klarem Trinkwasser sowie die Peirenequelle, welche Homer in seinem Gedicht erwähnt (Irrtum des Niketas: die Peirenequelle wird bei Homer nicht erwähnt, sie befindet sich auch nicht auf Akrokorinth, sondern in der Unterstadt). So ist Akrokorinth sicher und unangreifbar, denn die Lage macht im Verein mit der nicht zu durchbrechenden Mauer die Festung schwer einnehmbar, wenn nicht überhaupt uneinnehmbar.

Und trotzdem drangen die Sizilianer ohne sonderliche Mühe ein, sie mußten nur kurz auf die Übergabe der Festung warten. Und das ist gar nicht befremdend und verwunderlich, denn Festungsmauern allein genügen nicht; ohne Besatzung und kampfkräftige Verteidiger kann auch die stärkste Festung angreifende Feinde nicht zurückschlagen. Es gab zwar der Zahl nach viele Verteidiger in Akrokorinth, aber keinen tüchtigen Mann, um den sie sich zum Schutze der Stadt hätten scharen können. Es waren kaiserliche Soldaten mit ihrem Anführer Nikephoros Chaluphes und die vornehmen Korinther in der Festung, auch waren aus den Dörfern der Umgebung beträchtliche Abteilungen nach Akrokorinth als der besten Zufluchtsstätte gekommen.

Als nun der Trierarch (Flottenführer) Roger in die Festung eingedrungen war und sah, wie unzugänglich sie eigentlich überall gewesen wäre, da sagte er, er habe mit Gottes Hilfe gekämpft, Gott sei es, der ihm einen so festen Ort in die Hände gespielt habe. Er verspottete die Besatzung und überschüttete sie mit Hohn für ihr schwächliches Kämpfen, besonders den Chaluphes, den er zimperlicher nannte als ein Frauenzimmer, das nie aus der Spinnstube herausgekommen ist. Auch von dort schaffte Roger die Schätze auf die Schiffe, führte die vornehmsten Korinther in die Knechtschaft, nahm die schönsten, »tiefbusigen« Frauen gefangen und verschonte nicht einmal das Bild des größten Märtyrers und berühmten Wundertäters Theodoros Stratelates, sondern holte es aus seiner Kirche, wo es seinen Platz hatte, weg.

Einen günstigen Wind ausnützend, segelte er samt der Beute ab, machte in Korfu halt und baute die Burg dort noch fester aus. Wenn einer damals die sizilianischen Schiffe sah, hätte er treffend bemerken können, das seien keine Piratenschiffe, sondern plumpe Lastkähne; denn mit vielen herrlichen Sachen schwer überladen, versanken sie beinahe bis zu den oberen Ruderbänken im Wasser. (Nik. Ch.) □

Webende Frau

Dieser schamlose Überfall Rogers, der auf solche Weise seinen Nutzen aus der Kreuzzugsbewegung zog, fügte der byzantinischen Wirtschaft einen empfindlichen Schlag zu. Die in Korinth und Theben heimische Seidenindustrie erlitt durch die Plünderung nicht nur unmittelbaren Schaden, sondern die Verschleppung der »tiefgegürteten« Seidenweberinnen und der Färber brach das byzantinische Seidenmonopol. Dagegen entwikkelte sich in Sizilien in Zukunft eine leistungsfähige Seidenindustrie, die die byzantinische Produktion bald überflügelte.
Manuel, dem die Hände durch die Ankunft der Kreuzfahrer gebunden waren, mußte mit Erbitterung diese Dinge geschehen lassen und seine Stimmung gegen die Deutschen und Franzosen war denkbar schlecht. Um zu einem baldigen Vergeltungsschlag gegen die Normannen gerüstet zu sein, schloß er mit Sultan Masud einen Frieden. Dies wiederum verwirrte die Kreuzfahrer, die ja gerade zum Kampf mit den Ungläubigen ausgezogen waren, und erweckte in ihnen den Verdacht, daß Manuel gemeinsame Sache mit dem Feind mache. Manuel selbst fürchtete nicht ohne Grund, daß vor allem die Franzosen im Sinne haben könnten, sich Konstantinopels zu bemächtigen, denn er kannte die byzantinerfeindliche Stimmung im Heere König Ludwigs ganz genau. So waren die Voraussetzungen für eine freundschaftliche Verständigung so gering wie nur möglich. Manuel schickte seinem unwillkommenen Schwager eine Geleittruppe entgegen, die als Nachhut dafür zu sorgen hatte, daß keiner der Kreuzfahrer zurückblieb, um Beute zu machen. Mit dieser »Feldgendarmerie« kam es wiederholt zu kleinen Gefechten und kurz vor der Ankunft wurde Konrads Heer auch noch von einer Naturkatastrophe schwer heimgesucht.

□ Nach einigen Tagen gelangte man in die choirobakchische Ebene (die Ebene von Tschataldscha). Die Alamanen schlugen hier ihr Lager auf, legten aber nicht Wall und Graben an; das unterließen sie überhaupt während des ganzen Marsches im Vertrauen auf die mit den Rhomäern geschlossenen und beschworenen Verträge. Durch die Ebene fließt nun ein weder breiter noch tiefer Bach, Melas mit Namen. Im Sommer führt er wenig Wasser und schrumpft zu einem sumpfigen Rinnsal zusammen, denn der Boden der Ebene ist nicht sandig, sondern großschollig und beim Pflügen tief aufbrechend. Im Winter aber oder nach heftigen Wolkenbrüchen wird das kleine Bächlein riesengroß; das armselige, brackige Wässerlein schwillt zum tiefwirbelnden Strom an, will kein Fluß mehr sein, sondern will sich an Wildheit mit dem brausenden Meere messen; so weit ergießt es sich über die Ebene und kann nicht mehr durchwatet werden, sondern könnte Schiffe tragen. Vom Sturm aufgewühlt, wirft das Wasser hohe, gischtende Wogen, fällt wild und ungebärdig über das angrenzende Ackerland her, reißt die harte Arbeit des Landmanns fort und verlegt dem Wanderer den Weg. Und meist wird der Melas ganz unvermittelt zu einem so gräßlichen Ungeheuer.
Auch damals führte er infolge eines Regens viel Wasser und trat in der Nacht (vom 7. auf den 8. September 1147) plötzlich über die Ufer, überschwemmte alles, als hätten sich für ihn die Schleusen des Himmels geöffnet, und riß vom Lager der Alamanen

nicht bloß Waffen, Kleidung, Pferdegeschirr und anderes Gepäck mit, sondern sogar Pferde, Maultiere und die Reiter selbst. Es war ein erbarmungswürdiges, ein jammervolles Bild: die Männer fielen, aber nicht vor dem Feind; sie kamen um, aber nicht im Kampf; da half nicht rüstige, riesige Größe, da rettete nicht die kampferprobte Rechte vor dem Verderben; das Wasser schwemmte alles fort wie Gras, wie dürre Spreu, wie Flocken von Wolle. Um mit dem Psalmisten zu sprechen: »Ihren Laut raffte der Fluß hinweg«, ihr barbarisches Geschrei verschluckte der Strom, und auch ihren rauhen und wilden Gesang, der gar nicht den honigsüßen Hirtenflöten gleich war und den sie von den Hügeln und Höhen, an die sie angeschwemmt wurden zu Gott emporsandten. Ja, wer das sah, hätte meinen können, der Zorn Gottes sei auf das Lager der Alamanen herabgefahren, da ja das Wasser so viele verschlang, daß nicht einmal die Leichen geborgen werden konnten. So fanden viele den Tod; und wer mit dem Leben davonkam, beklagte den Verlust und die Vernichtung seiner Habe.
Dieses Unglück schuf dem König arges Leid und er mäßigte ein wenig sein hochfahrendes Benehmen. Verwundert fragte er sich, ob denn selbst die Elemente sich den Rhomäern beugten und ihrem Wunsche gefügig seien, und ob die Jahreszeiten bei den Rhomäern, wenn diese es nötig haben, als folgsame Diener ihre Rollen tauschten. Dann brach er von dort auf und zog weiter. (Nik. Ch.) □

Als die Deutschen Konstantinopel erreichten, plünderten die beutelustigen Scharen zunächst einmal die kaiserlichen Palast- und Parkanlagen von Philopation vor den Mauern der Stadt und setzten dann nach Galata über. Die Verstimmung zwischen den verbündeten Schwägern Manuel und Konrad war so weit gestiegen, daß sich die beiden Herrscher nicht einmal zu Gesicht bekamen. Der Kaiser wollte das Heer vor der Ankunft der Franzosen nach Kleinasien übersetzen lassen und halb mit List, halb mit Gewalt, setzte er das schließlich auch durch. Konrad, der sein Kreuzzugsgelübde wohl schon insgeheim bereute und die Fahrt so schnell wie möglich beenden wollte, wartete nicht die Ankunft der Franzosen ab, sondern brach auf und gelangte Anfang Oktober nach Nikaia. Hier wurde das Heer geteilt: das Ritterheer nahm den Weg in Richtung Dorylaion, um über Ikonion nach Syrien zu gelangen, die andere Gruppe unter Bischof Otto von Freising zog die Küste entlang Richtung Ephesos. In der Gegend von Dorylaion, wo vor fünfzig Jahren Bohemund und Gottfried von Bouillon die Seldschuken entscheidend geschlagen hatten, traf man zum erstenmal auf den Feind. Mit Ungestüm stürzten sich die gepanzerten Ritter auf die seldschukischen Reiterscharen, die nach ihrer bekannten Taktik sofort zurückwichen und erst dann wieder angriffen, als die ermüdeten Pferde der Deutschen anhielten. Unter blutigen Verlusten wurden die Rittergeschwader zurückgeschlagen, ohne daß diese den Gegner auch nur zu fassen bekamen. Unter der Schockwirkung dieser schweren Niederlage verlor das Kreuzheer allen Mut zur Fortsetzung des Unternehmens und man beschloß den Rückzug. Dieser Rückmarsch nach Nikaia wurde zu einer einzigen Katastrophe. Hilflos den ununterbrochen angreifenden Seldschukenschwärmen ausgesetzt, erreichte nur ein geringer Teil die schützenden Mauern. Von den Überlebenden hatten die meisten die Lust am Kreuzzug vollständig eingebüßt und kehrten auf dem schnellsten Wege in die Heimat zurück. Das Kontingent unter Otto von Freising erlitt bei Laodikeia am Lykos-Fluß eine erste schwere Niederlage und wurde schließlich in Pamphylien vollständig vernichtet. Otto selbst entkam mit wenigen Begleitern zu Schiff nach Syrien.
Zwei Wochen nach dem Abmarsch der Deutschen trafen die Franzosen vor Konstantinopel ein. Unter den fränkischen Baronen gab es eine mächtige byzantinerfeindliche Partei, die auf eine sofortige Inbesitznahme der Stadt drängte. Ludwig war zwar für solche Vorschläge unempfänglich, doch Manuel war über die Gesinnung dieser Leute gut informiert. Er empfing den König mit ausgesuchter Höflichkeit, bewirtete ihn aufs prächtigste und drängte sanft, aber nachdrücklich auf die Überfahrt über den Bosporus. Übrigens verlangte Manuel von den französischen Baronen wie ehemals sein Großvater Alexios den Eid, alles rhomäische Gebiet dem Kaiser zurückzuerstatten, und die Mehrzahl legte den Eid auch ab. Als die Franzosen mit dem Übersetzen säumten, griff der Kaiser zu einer List. Er ließ das Gerücht ausstreuen, die Deutschen hätten bereits ge-

waltige Eroberungen gemacht, Ikonion genommen und unermeßliche Schätze gewonnen. Manuel hoffte, mit diesen Nachrichten die sprichwörtliche Goldgier der Lateiner zu reizen, und er hatte sich nicht verrechnet. Plötzlich verlangten die Franzosen stürmisch den Aufbruch, um beim Beutemachen nicht ins Hintertreffen zu geraten. Mitte Oktober setzte Ludwig VII. mit seiner Armee auf die asiatische Seite über und marschierte nach Nikaia. Dort traf er unvermutet auf seinen Mitstreiter Konrad mit seinem Häuflein erschöpfter und abgekämpfter Gottesstreiter. Die beiden Könige sanken sich weinend in die Arme und setzten nun ihren Marsch gemeinsam fort. Erschreckt durch das furchtbare Schicksal der deutschen Kreuzfahrer wählte man eine andere Marschroute und beschloß, durch West- und Südkleinasien vorzustoßen und sich in der Nähe der Küste zu halten. Unbehelligt gelangte man über Adramyttion, Pergamon und Smyrna bis Ephesos, wo Konrad erkrankte. Da erreichte ihn eine hochwillkommene Einladung Kaiser Manuels, zur Erholung nach Konstantinopel zurückzukehren. Mit Erleichterung nahm Konrad an und verbrachte den Winter 1147/48 in der Hauptstadt, wo er unter der persönlichen Pflege Manuels bald wieder zu Kräften kam und die alten guten Beziehungen zu seinem Schwager wiederherstellte.

Das französische Heer war nach der Umkehr der Deutschen mit gutem Erfolge vorangekommen, bis man in der Nähe des Ortes, wo Otto von Freising seine erste Niederlage erlitten hatte, von den Sarazenen überfallen wurde und schwere Verluste in Kauf nehmen mußte. Mit Mühe kämpfte man sich bis Attaleia an der pamphylischen Küste durch. Wegen totaler Erschöpfung der Truppen war an einen Weitermarsch vorläufig nicht zu denken, und man erbat von den Byzantinern Schiffe. Es kamen aber nur so wenige, daß gerade der König mit seinem engsten Anhang Platz fand. Die Masse der Pilger erklärte sich bereit, den Marsch über Land fortzusetzen. Während Ludwig nach Antiocheia segelte und dort von seinem Onkel Raimund von Poitiers glänzend empfangen wurde, fielen die Zurückgebliebenen bis auf den letzten Mann dem Schwert der Seldschuken zum Opfer.

Im März 1148 verließ Konrad Konstantinopel und traf zu Schiff in Palästina ein. Er begab sich nach Jerusalem, wo wenig später auch Ludwig erschien, der empört Antiocheia und seinen Onkel verlassen hatte, als dieser mit der leichtlebigen Königin Eleonore einen Liebeshandel anknüpfte. Übrigens ließ sich der König bald scheiden und Eleonore wurde später durch ihre Heirat mit Heinrich Plantagenet Königin von England. — Auf einer großen Versammlung der einheimischen Barone und der neuangekommenen Könige, Fürsten und Ritter wurde beraten, was nun zu unternehmen sei. Sehr viel konnte man sich nicht zumuten, denn die Könige waren nur mit äußerst spärlichen Truppen erschienen; aber irgend etwas mußte man ja tun, dazu war man schließlich hergekommen. Da verfiel man auf die grenzenlos törichte Idee, Damaskus anzugreifen, das mit den Lateinern verbündet war, weil der Emir von Damaskus mit dem gefährlichen Machthaber von Aleppo, Zengis Sohn und Nachfolger Nur-Eddin in Feindschaft lebte.

☐ Zu dieser Belagerung warb der römische König Konrad ein neues Heer durch große Summen Geldes, die von allen Seiten nach Jerusalem gekommen waren. So schritt man zur Belagerung, und zwar die Könige von Rom und Frankreich und ihre Heere, und dazu der König von Jerusalem und alle Reisigen aus dieser Stadt. Und unser König war in dem Glauben, daß alles ehrlich und redlich zugehe, er brach in die Gärten der Stadt ein und schlug das Lager außerhalb der Mauer auf, denn er war ein tüchtiger Mann und wollte das Werk tüchtig durchführen. Die anderen aber errichteten ihr Lager anderswo an Stellen, die bequemer und weiter entfernt waren. Bei dieser Belagerung wurde endlich offenbar, in welcher Absicht die von Jerusalem die ganze Welt zu dem Zuge aufgeregt hatten, und daß sie in der ganzen kummervollen Bewegung der ganzen Welt, in so vielem Christentod durch Schwert und Pfeil der Heiden, durch Hunger und Kälte, durch Krankheiten, durch Überschwemmung der Flüsse und Meeressturm nicht Frieden für sich gesucht hatten, den sie ohnedies zur Genüge hatten, sondern Mehrung ihrer Schätze von Gold und Silber. Denn sobald die Stadt durch die Belagerer eingeschlossen war, fingen die Bürger innerhalb der Mauern an, mit denen von Jerusalem über Frieden und Ende der Belagerung zu unterhandeln. Bald boten sie diesen auch viel Gold und erreichten so ihren Willen. Die von Jerusalem schlossen also heimlichen Vertrag, nahmen große Geldsummen und traten von der Belagerung zurück, überredeten auch den König von Frankreich dazu. So ließen sie den römischen König mit den Seinen allein über der Belagerung. Als dieser sah, daß mit ihm betrügerisch gespielt worden sei, gab auch er die Belagerung auf, weil ihm nichts anderes übrig blieb. — Und das ist kläglich und zugleich wunderlich und erbärmlich, daß von einem Heere, welches auf 700 000 geschätzt wurde, kaum wenige Reste zurückkehrten und durch so große Anstrengung kein Sieg erreicht wurde.

Das war also das Ende, die Frucht, die Folge so großer Anstrengungen. Aber wie Gott zuweilen auch hier gerecht richtet, so hatten die von Jerusalem nicht Ursache, sich über die unrechtmäßige Annahme so großer Summen zu freuen; denn die viele getäuscht hatten, wurden selbst bei diesem Gelde getäuscht, statt des Goldes empfingen sie zum größten Teil vergoldetes Kupfer, und zu spät reute sie, daß sie so vieles Christenblut um so schnöden Preis verkauft hatten. Jerusalem, Jerusalem, einst hast du die Propheten gesteinigt, welche zu dir gesandt waren — was fiel dir ein, daß du neuen Mord der Christen zu dem alten häuftest? Wolltest du das Maß, das deine Väter zur Hälfte gefüllt haben, durch Christenblut voll machen? Dies waren die Früchte, die aus der verruchten Wurzel der Habsucht von Jerusalem sproßten. Dies war das vergossene Blut, dessen die Habsucht, das schnöde Tier, schuldig wird. Aber auch ein anderes Ungetüm, der Hochmut des Hauses der Hospitaliter, brachte vielen Seelen Verderben, wie der Geiz den Leibern. Mit diesem Ungetüm trat die römische Kirche, die hierin und in ähnlichen Dingen mehr eine Markthalle als eine Kirche ist, durch Geben und Nehmen in Gemeinschaft, sie nahm Gold und Silber von diesem Ungetüm und gab ihm bei seiner Empörung gegen Gott Beistimmung und Bestätigung.

Das Heilige Grab

Aber wenn wir die Habsucht der Leute von Jerusalem anklagen, können wir auch die Unsern nicht ganz rechtfertigen. Denn oft und viel hatten sie die evangelische Lehre vernommen, welche ihnen befahl, mäßig, gerecht und treu zu leben; sie aber hatten den Wert der Wahrheit, die ihnen Heil bringen konnte, nicht begriffen, deshalb sandte ihnen Gott Werke des Irrtums, auf daß alle ihre Lügen glaubten und verurteilt würden, weil sie nicht der Wahrheit geglaubt, sondern der Ungerechtigkeit beigestimmt hatten. Denn auch lügenhafte Zeichen und Vorbedeutungen fehlten in dieser Zeit nicht, ja, sie wurden einigen Männer jener Notzeit, auch durch einige Genossen jener ganz verlorenen Fahrt in solcher Menge gemacht, daß diese Wundermänner vor den Haufen, welche auf sie einstürmten und Zeichen oder Genesung heischten, kaum Zeit behielten, ihr Brot zu essen. (Gerh.) □

Der gänzlich gescheiterte Kreuzzug stürzte die Christenheit in tiefste Enttäuschung. Der Hinweis auf »Gottes unerforschlichen Ratschluß«, mit dem sich unter anderem Bernhard von Clairvaux seinen Kritikern gegenüber rechtfertigte, reichte nicht aus, dieses unerhörte Dilemma zu erklären. Zweifel an der Gottwohlgefälligkeit des ganzen Unternehmens wurden laut: »Wenn es unserem Herrn Christus so großes Leidwesen wäre, daß die Sarazenen an seiner Grabstätte herrschen, so hätte er ja allein die Macht, das heidnische Volk zu demütigen und er bedürfte nicht unserer Hände.« Einige gingen sogar so weit, den ganzen Kreuzzugsaufruf als ein Werk des Bösen hinzustellen, der die Christenheit verderben wollte.

□ ... Es kamen in das Land falsche Propheten, Söhne Belials, Eideshelfer des Antichrist, welche durch nichtige Worte die Christen verführten und durch eitle Predigt alles Volk der Menschen antrieben, zur Befreiung Jerusalems gegen die Sarazenen zu ziehen. Ihre Predigt hatte so seltsame Wirkung, daß fast alle Bewohner der Landschaft mit einmütigem Gelöbnis sich freiwillig zum gemeinsamen Verderben darboten. Und nicht nur gemeine Leute, sondern auch Könige, Herzöge, Markgrafen und die übrigen Würden dieser Welt waren in dem Wahne, daß sie dadurch Gott dem Herrn Folge leisteten; in demselben Irrtum gesellten sich Bischöfe, Erzbischöfe, Äbte und die übrigen Diener und Prälaten der Kirche, alle begierig, sich in unermeßliche Gefahren der Seelen und Leiber zu stürzen ...

Es lief also untereinander Volk von beiderlei Geschlecht, Männer und Weiber, Arme und Reiche, Fürsten und Große der Krone mit ihren Königen, Weltgeistliche und Mönche mit ihren Bischöfen und Äbten. Der eine hatte dies, der andere hatte das Begehren. Denn manche waren gierig nach Neuem und zogen, um das neue Land zu beschauen, andere zwang die Armut und dürftiges Hauswesen, diese waren bereit, nicht nur gegen die Feinde des Kreuzes Christi zu kämpfen, sondern auch gegen jeden guten Freund des Christentums, wenn es sich tun ließ, um ihrer Armut abzuhelfen. Andere wieder wurden durch Schulden bedrängt oder gedachten, die Dienste zu verlassen, die sie ihrem Herrn zu leisten hatten, oder sie erwarteten die verdiente Strafe für ihre Missetaten; diese alle heuchelten Gotteseifer, aber sie waren nur eifrig, die Last ihrer großen Bedrängnis abzuwerfen. Kaum, daß man wenige fand, die ihre Knie nicht vor Baal beugten, die durch fromme und heilbringende Absicht geleitet wurden, und durch die Liebe der Majestät Gottes so weit entzündet, daß sie für das Allerheiligste ihr Blut vergießen wollten. Aber nähere Erörterung dieser Sache überlassen wir dem Herrn, der die Herzen durchschaut, nur die Bemerkung fügen wir noch hinzu: Gott kennt die Seinen am besten. (Ann. Herb.) □

Allgemein war man sich jedenfalls darüber einig, daß »der Gemeinde Gottes kein erwähnenswerter und sichtbarer Vorteil aus so vielem vergossenen Menschenblut und so großer Niederlage der Christen gekommen ist«. Niemandem war das schärfer zu Bewußtsein gekommen als König Konrad, der sich kurz nach der Farce von Damaskus verbittert und enttäuscht nach Konstantinopel einschiffte. In Thessalonike traf er im Oktober mit Manuel zusammen und man schloß einen Vertrag gegen König Roger II. von Sizilien. Konrad sollte einen Feldzug nach Süditalien unternehmen, und Manuel wollte ihn dabei unter Mitwirkung der Venezianer mit Geld und Hilfstruppen unterstützen. — Im folgenden Jahr reiste auch König Ludwig von Palästina ab und nahm seinen Weg über Sizilien, wo er mit Roger eine antibyzantinische Koalition schloß. Roger schlug einen neuen Kreuzzug vor, der diesmal Konstantinopel zum Ziele haben sollte. In Deutschland würden die Welfen mit den Normannen gemeinsame Sache machen, mit dem Beitritt Ungarns und Serbiens war sicher zu rechnen. So war als ein anderes unerfreuliches Ergebnis des Kreuzzuges auch noch die Aufspaltung Europas in zwei feindliche Lager eingetreten. Doch Rogers hochfliegende Pläne scheiterten einerseits an der Kriegsmüdigkeit der französischen Ritterschaft und zum anderen an der Weigerung des Papstes, der antibyzantinischen Koalition beizutreten, weil dieser allen Grund hatte, die Normannen mehr zu fürchten als die Byzantiner.

Manuel hatte, sobald die Welle der Kreuzfahrer verrauscht war, die Wiedereroberung Korfus ins Auge gefaßt. Im März 1148 schloß er mit den Venezianern einen Vertrag, der ihnen neue, erweiterte Privilegien für eine Flottenunterstützung in Aussicht stellte. Aus der Präambel des Vertrages spricht noch einmal die ganze Empörung des Kaisers über den hinterhältigen Überfall Rogers.

☐ Sie (die Venezianer) haben die angestammte Treue und Ergebenheit wie ihre Vorväter auch dem rhomäischen Reiche und Unserer kaiserlichen Majestät gegenüber bewiesen und sind auf Unseren Ruf bereitwillig erschienen zum Kampf gegen den Machthaber Siziliens, sein Heer und sein Land. Der besagte Herr Siziliens, Roger, hatte nämlich kaum erfahren, daß die Teile Unseres Reiches, die gegen Griechenland und der Peloponnes zu liegen, und die Inseln, die diesen Ländern benachbart sind, ungeschützt dalagen, weil Unsere Majestät damit beschäftigt war, die unzähligen Scharen der Deutschen und Franzosen, die durch Unser Reich zogen, aufzunehmen und zu geleiten, ja Unsere kaiserliche Majestät sich sogar anschickte, mit ihnen gegen die ungläubigen Agarener auszuziehen und ein Heer auszusenden, als er auch schon besagte Länder Unserer kaiserlichen Majestät zu überfallen, zu plündern und zu verheeren sich unterfing, auf jede Weise, wie ihm dies irgend möglich war. Doch sobald die Kunde davon den besagten Venezianern zu Ohren kam, erhoben sich diese wie ein Mann, als ob der Schaden, den er tat, ihnen selbst zugefügt worden wäre, und trafen eiligst Anstalten, Uns zu Hilfe zu kommen ... ☐

Die Belagerung der starken Festung Korfu zog sich sehr in die Länge, denn die Normannen verteidigten sich tapfer und waren hinter den mächtigen Mauern für die Geschosse der Belagerer praktisch nicht erreichbar. Dazu kam, daß sich die Venezianer zu Tätlichkeiten gegen die Byzantiner hinreißen ließen, so daß es zu regelrechten Kämpfen zwischen den Verbündeten kam.

☐ Als der Kaiser aber gar keinen anderen Ausweg sah, beschloß er, in einem Meereseinschnitt, der tief hinein gut befahrbar und zugänglich war, eine (auf Schiffen stehen-

Belagerungsturm auf Schiffen

de) ringsum wie ein Festungsturm verkleidete Leiter heranzuführen. Also wurden Schiffsplanken verbunden und Masten großer Schiffe darauf befestigt, und wenn einer zu kurz war, wurde ein anderer mit Klammern angestückelt. Als nun diese Turmleiter soweit gediehen war, daß sie aufgerichtet und an die Festung herangefahren werden konnte, reichte sie bis zu der Spitze der schroffen Klippe, wo das beginnende Mauerwerk den Rhomäern beim Verlassen der Leiter eine Möglichkeit zu bieten versprach, Fuß zu fassen und die Feinde auf der Mauer zu bekämpfen. Der Unterbau der Leiter stand, fest verbunden und gefügt, so daß sie nicht wanken konnte, auf Schiffen.

Sorgfältig wurden nun die Leute ausgewählt, welche die Leiter besteigen sollten, die besten und tapfersten von allen. Der Kaiser selbst hatte ausgerufen: »Wer den Kaiser liebt und sich auszeichnen will, besteige die Leiter!« Aber dieser Ruf lockte keinen einzigen, alle sträubten sich, alle trugen wegen der Größe der Gefahr Bedenken, bis die vier Brüder Petraliphes, eingewanderte und in der Gegend von Didymotoichon ansässige Franken, als erste dem Ruf des Kaisers folgten und die Leiter bestiegen. Da diese also als erste solchen Mut zeigten und weil vor allem Pupakes, einer aus der Leibwache des Großdomestikos, voll Begeisterung für dieses Unternehmen noch vor ihnen die Leiter hinaufsprang, wollten auch viele andere nicht zurückstehen und folgten nach. Der Herrscher belobte alle für ihren Wagemut und ihren raschen Entschluß und wählte an die dreihundert aus, die er als bewährte und ungestüme Kämpfer kannte. Bevor der Kaiser sie in die schwimmende Turmleiter einsteigen ließ, sprach er zu ihnen, ermahnte sie nachdrücklich zur Tapferkeit und verhieß ihnen und ihren Kindern reichliche Geschenke und dankbares Wohlwollen. »Wenn ihr«, sagte er, »den bevorstehenden Kampf tapfer auskämpft, wenn ihr dieser Gefahr entrinnt und am Leben bleibt, werdet ihr an mir über alle eure Erwartungen hinaus anstatt eines Kaisers und Herrn einen sorgenden Vater haben. Solltet ihr aber zur Ehre des Vaterlandes und zu eurem Ruhm das Leben einbüßen, auch dann werde ich mich nicht von euch abkehren, sondern tun, was ihr von mir in diesem Fall erwartet: ich werde so gut Sorge tragen für euer Haus, für eure Kinder und Frauen, daß die Überlebenden sie beneiden und glücklich preisen werden und ihr selbst euch trösten könnt, wenn die Kunde davon zu euch ins Reich des Todes hinabdringt.«

Als erster begann also Pupakes, nachdem er sich bekreuzigt hatte, die Leiter hinaufzusteigen, hinter ihm gingen die Brüder Petraliphes, dann folgten die übrigen, bis der Leiterbau alle aufgenommen hatte. Alle, die zusahen, schrien auf, denn dieses unerhörte Unternehmen ließ ihnen das Herz stille stehen, Tränen traten ihnen in die Augen, sie schlugen sich an die Brust und flehten zu Gott.

Und es war in der Tat ein Anblick, der das Auge der Zuschauer bannen konnte: die Rhomäer hielten ihre großen Schilde zum Schutz über den Kopf, rissen die Schwerter heraus, sobald sie an die Verteidiger herangekommen waren, und schlugen hitzig auf sie ein, diese wieder bedienten sämtliche Schleudern und schossen mit faustgroßen Steinen. Aber es half ihnen nichts. Denn wenn die Geschosse auch auf die Rhomäer prallten wie Hammerschläge auf den Amboß, sie ließen sich nicht erschüttern und vertreiben, ihre Kraft ließ nicht nach und die nahe Gefahr verwirrte sie nicht. Und dieser Kampf hätte ein herrliches Ende genommen und den Rhomäern vielfältigen Ruhm gebracht, aber der schmähliche Zufall, der sich den größten Taten an die Fersen heftet und das Gewaltige immer irgendwie beeinträchtigt, versagte diesem Unternehmen, das den besten Anfang genommen hatte, dem kurz das Glück gelächelt hatte, unbilligerweise den ersehnten Erfolg. Schon war Pupakes von der Leiter gesprungen, schon hatte er beide Füße fest auf den Felsen gesetzt und kämpfte von dort aus mit den Verteidigern der Mauer, da brach die Leiter. Die anderen alle stürzten »kopfüber auf Schultern und Schädel« (Homer Ilias 5, 586) herab — ein jammervoller Anblick! Man hätte gern aus Erbarmen seinen eigenen Augen nicht getraut! —, sie fielen ins Meer und gingen elendiglich zugrunde, sie zerschellten an den Klippen und auf den Schiffen, die Wurfgeschosse von oben verschütteten sie und so entkamen nur wenige von diesen vielen dem Unheil. Pupakes aber verscheuchte die Feinde, fand ein kleines Türchen offenstehen, entsprang und kam zum Heer zurück.

Die Rhomäer und der Kaiser waren fassungslos vor Entsetzen, die Feinde vor Staunen. Diesen muß allerdings der Vorwurf der Unmenschlichkeit und Herzensroheit gemacht werden, weil sie die von der Leiter Gestürzten von oben beschossen. Aber sie scheuten endlich doch vor einer solchen Unmenschlichkeit zurück und hörten auf (Nik. Ch.) □

Nach monatelanger Belagerung wurde die Festung schließlich gegen freien Abzug der Besatzung übergeben. Der Kaiser begrüßte die tapferen Verteidiger freundlich und nachdem »er vielen von ihnen die Rechte geschüttelt, ermahnte er sie, zu tun, was sie für gut und nützlich hielten. Es sei nicht seine Art, sagte er, und er halte es auch sonst für eines edlen Herrschers unwürdig, einen, der bleiben wolle, fortzuschicken oder einen, der weggehen wolle, zurückzuhalten. Viele blieben nun beim Kaiser, vor allem der Kommandant Theodor; die übrigen fuhren in ihre Heimat nach Sizilien«.

Roger war indessen nicht müßig gewesen, die antibyzantinische Koalition wirksam werden zu lassen. Zunächst veranlaßte er seinen Freund, den Herzog Welf VI., zu einem Aufstand gegen den mächtigsten Bundesgenossen der Byzantiner, den Staufer Konrad. Daher konnte dieser vorläufig nicht an den mit Manuel verabredeten Feldzug nach Süditalien denken. Erst 1150 gelang es ihm nach der Schlacht bei Flochberg, den Welfen zum Frieden zu zwingen. König Roger begnügte sich aber nicht damit, Konrad aus Italien fernzuhalten, sondern seine Agenten schürten in Serbien und Ungarn die Feindschaft gegen Byzanz. Der Zupan von Rascien, obwohl byzantinischer Vasall, eröffnete die Feindseligkeiten gegen Manuel, der daraufhin von Korfu direkt weiter nach Serbien zog und den Rebellen schnell unterwerfen konnte (1149). Aber schon im nächsten Jahr erhoben sich die Serben aufs neue, diesmal von den Ungarn kräftig unterstützt. Auch jetzt schlug Manuel den Feind und zwang die Serben zu vollständiger Unterwerfung. Dann rückte der Kaiser unmittelbar anschließend zu einer Strafexpedition nach Ungarn ein, als König Geza II., der Sohn des blinden Bela, sich gerade in Rußland aufhielt. Semlin bei Belgrad wurde erobert und 1151 kehrte Manuel nach Konstantinopel zurück. In den folgenden Jahren wurde der Krieg jedoch fortgesetzt, bis 1155 ein günstiger Frieden mit Geza zustande kam.

Nach dem Frieden mit Herzog Welf war König Konrad bereit, seinen lang geplanten Feldzug nach Italien und gegen Roger zu unternehmen. Auch Papst Eugen III., der mit großen Schwierigkeiten zu kämpfen hatte, rief ihn zu Hilfe und stellte ihm die Kaiserkrönung in Aussicht. Für den Sommer 1152 plante man den Zug, aber im Februar dieses Jahres starb Konrad. Sein Nachfolger wurde Friedrich I. Barbarossa. Anders als sein Onkel Konrad war Friedrich aus persönlichen, vor allem aber aus politischen Gründen kein Freund der Byzantiner, erhielt aber die freundschaftlichen Beziehungen zunächst aufrecht, ja es wurde sogar über eine Heirat des Staufers mit einer byzantinischen Prinzessin verhandelt. 1153 schlug Manuel Barbarossa ein Bündnis gegen Roger II. vor. Da sich aber Friedrich und der Papst gerade vorher gegenseitig versprochen hatten, dem »König der Griechen« keine territorialen Zugeständnisse in Italien zu machen, fehlten für eine Verständigung mit Manuel, der Süditalien selbstverständlich immer noch als byzantinisches Reichsland betrachtete, die allerersten Voraussetzungen. Die Bezeichnung »König der Griechen« läßt erkennen, daß Friedrich den Universalitätsanspruch des byzantinischen Kaisertums nicht anerkannte, dafür dokumentierte er aber durch seine Kaiserkrönung in Rom 1155 seine Auffassung von der Wiederherstellung des Römischen Reiches durch ihn selbst.

Als König Roger im Jahre 1154 starb und die Ungarnfeldzüge zu einem erfolgreichen Abschluß gebracht worden waren, beschloß Manuel, die Normannenfrage selbst zu lösen und gleichzeitig seine Ansprüche auf Süditalien aus eigener Kraft durchzusetzen. Aufstände in Süditalien gegen Rogers Nachfolger Wilhelm I. ließen den Zeitpunkt zum Eingreifen günstig erscheinen.

□ ... Er (Manuel) stattete einen tatkräftigen Mann aus dem hohen Adel, und zwar Michael Paläologos, reichlich mit Hilfsgeldern und Vollmachten aus, übergab ihm ein hinlänglich großes Heer und schickte ihn gegen Sizilien.

Michael fuhr gemäß dem Auftrag des Kaisers zuerst nach Venedig. Dort warb er ein beträchtliches Söldnerheer an, und auch aus den übrigen italienischen Ländern traten viele Lanzenkämpfer in seinen Dienst. Als er genügend stark war, segelte er gegen Longibardia (Unteritalien), kämpfte dort mit den Streitkräften des Königs (Wilhelm) und errang glänzende Siege. Bei allen Unternehmungen hatte er einen wackeren Bundesgenossen, und zwar einen gewissen Komes Alexander (Graf von Conversano), der aus der gleichen Familie stammte wie der König und, weil er sich Untaten des Königs widersetzt hatte, kurz vorher zu den Rhomäern übergegangen war. Paläologos drang immer weiter vor, verteilte überall freigiebig Geld und schuf dadurch dem König empfindliches Leid. So war er auf dem besten Weg, dem König nicht wieder gutzumachenden Schaden zuzufügen. Sehr viele Städte besetzte er in jenem Gebiet, teils im Einverständnis mit den Einwohnern, teils mit Gewalt. (Nik. Ch.) □

Der Erfolg des Unternehmens war überwältigend: ganz Apulien, die Ostküste von Ancona bis Tarent waren in byzantinischer Hand. Was man in kühnsten Träumen nicht zu hoffen gewagt hatte, war innerhalb kürzester Zeit gelungen. Vielleicht glaubte Manuel wirklich daran, daß sich ihm mit diesem Gewinn justinianische Aspekte eröffnen würden, doch darin hatte er sich getäuscht. Schon im nächsten Jahr zeigte sich, daß der Überraschungserfolg der byzantinischen Waffen nicht aufrecht erhalten werden konnte. Die Armee war zu schwach, um dem Gegenangriff König Wilhelms lange standhalten zu können. In ebenso kurzer Zeit, wie man Apulien gewonnen hatte, ging es wieder verloren. Eine zur Unterstützung ausgeschickte Flotte wurde von den Normannen besiegt.

□ Die Kunde davon fiel als Wermutstropfen in die Seele Manuels und tilgte mit ihrer Bitterkeit den früheren Jubel. Und es war zu verstehen, daß er das Unglück nicht gelassen hinnahm, sondern sich sehr kränkte. Aber er war kein schwächlicher Feigling und nahm Schicksalsschläge nicht einfach hin. So wenig er den Kopf unziemlich hoch trug, wenn günstiger Fahrwind wehte, so wenig ließ er ihn ergeben sinken, wenn ein Ungewitter hereinbrach. So war Manuel auch damals eifrig bestrebt, gegen das harte Mißgeschick etwas zu unternehmen. Er rüstete eine neue Flotte aus und ernannte Konstantinos Angelos zu ihrem Befehlshaber. Konstantinos stammte aus Philadelphia, aus keiner sehr angesehenen und vornehmen Familie; da er aber stattlich war und ein außerordentlich schönes Gesicht sein eigen nannte, hatte er das Glück, daß seine Schönheit ihm Theodora, eine Tochter von Manuels Großvater, dem Kaiser Alexios, als Gattin zuführte. Kaiser Manuel glaubte wie fast alle Machthaber alter und neuer Zeit, daß Glück und Unglück im Menschenleben von Sternen abhängen, von ihren Vor- und Rückläufen, von den Stellungen und Gruppierungen der Planeten, ihrem Zueinander- und Auseinandertreten und all dem anderen, von dem die törichten Sterndeuter schwatzen und damit die Wahrheit über die göttliche Vorsehung entstellen, weil sie unvermerkt Begriffen, wie »es war vorherbestimmt« und »es ist von der Notwendigkeit unabänderlich und unwiderruflich verhängt«, Eingang verschaffen.

Kaiser Manuel berechnete also dem Angelos genau einen günstigen Zeitpunkt für die Ausfahrt. Aber was geschieht, als Angelos sich schon von Manuel verabschiedet hatte? Die Sonne war noch nicht untergegangen und Konstantinos mußte auf Befehl des Kaisers zurückkommen. Die Stunde sei, gab Manuel als Ursache an, der Ausfahrt noch nicht günstig; es stimme nicht, daß eine günstige Sternstellung zur Abfahrt rate; eine genaue Nachmessung auf dem Himmelsglobus gebe keinen Anhaltspunkt dafür; sondern dumme Schwätzer hätten das behauptet, die plump an diese feinen Berechnungen herangegangen seien und sich daher beim Suchen nach der richtigen Stunde für die Abfahrt geirrt hätten. Nochmals wurden also die Stellungen der Sterne untersucht und nachgemessen. Nach gründlicher Beobachtung und Erforschung der Gestirne brach dann Angelos auf, von allen glückbringenden Sternen dazu aufgefordert. Und der ganze, große Erfolg der fehlerlosen Berechnung war, daß Konstantinos, statt den Unfall der früheren Befehlshaber gutzumachen und eine Wendung zum Besseren herbeizuführen, sogleich in die Hände der Feinde fiel. Er fuhr nämlich ohne die nötige Vorsicht nach Sizilien, wurde von sizilischen Wachtschiffen aufgebracht und als Gefangener zum König geführt. Der König belobte die Leute, die diesen Fang gemacht hatten, sagte, das sei die allerschönste Jagdbeute, und ließ auch diesen Gefangenen in Gewahrsam bringen. (Nik. Ch.) □

Manuel hatte seine Kräfte überspannt und sich außerdem neue Feinde geschaffen. Die Venezianer waren nicht daran interessiert, daß Byzanz wieder die Adria beherrschte und Kaiser Friedrich faßte Manuels Vorstoß nach Italien als herausfordernden Einbruch in seine Rechte auf und brach alle Beziehungen zum »griechischen König« ab. Er zeigte auch kein Interesse mehr an einer byzantinischen Prinzessin und heiratete 1156 Beatrix von Hochburgund. Das Bündnis zwischen den zwei Kaiserreichen existierte nicht mehr; sie waren zu Feinden geworden. Manuel selbst konnte froh sein, als es durch die Vermittlung des Papstes zu einem Frieden mit den Normannen kam. Die byzantinischen Truppen zogen aus Italien ab, die Kriegsgefangenen wurden freigelassen, nur die »schönen und tiefgegürteten« Seidenweberinnen blieben in Sizilien.

Manuels rastloser Eifer ließ ihn nicht lange ruhen. Im Jahre 1158 brach er auf, um in Syrien die Interessen des Reiches wahrzunehmen. Dort waren in der Zwischenzeit einige Veränderungen eingetreten. Raimund von Antiocheia war gestorben und das Fürstentum wurde von seiner Witwe Konstanze regiert, die sich einige Jahre später sehr zum Mißfallen der syrischen und palästinensischen Barone mit dem Ritter Rainald von Chatillon wiederverheiratete, einem hübschen, gewissenlosen Abenteurer, der neben anderen Streichen mit seinen Spießgesellen die Insel Zypern barbarisch ausplünderte. Nur-Eddin hatte Damaskus erobert — oder vielmehr hatten ihm die Einwohner, durch den sinnlosen Angriff der Kreuzfahrer erschreckt, freiwillig die Tore geöffnet. So war also durch die blamable Belagerung von Damaskus gerade das eingetreten, was man hatte verhindern wollen: die Ausdehnung der Macht Nur-Eddins. Die Beziehungen zwischen den Höfen von Jerusalem und Konstantinopel hatten dagegen freundschaftlichen Charakter angenommen, Balduin III., der Sohn Fulkos und der Königin Melissende, heiratete 1158 eine Nichte Manuels, Theodora.

Siegel Balduins III., König von Jerusalem (1143–1163)

Auf dem Hinmarsch sah sich Manuel genötigt, den aufständischen König Toros von Kleinarmenien zu unterwerfen, was in kurzer Zeit geschah. Auf die Nachricht vom Erscheinen des Kaisers packte Rainald von Chatillon die Angst und er zog es vor, sich als reumütiger Sünder vor Manuel zu demütigen. Er hatte allerdings Grund, den Zorn des Kaisers zu fürchten, denn sein Zypernüberfall lag nicht lange zurück und er war es auch gewesen, der Toros zum Widerstand gegen Manuel angestiftet hatte. Als der Kaiser noch in Kilikien weilte, erschien er barfüßig und im Büßergewand und warf sich vor dem Kaiser in den Staub. »Er schrie um Gnade und er schrie so lange, daß es jedermann übel wurde und viele Franken ihn deswegen verachtet und beschimpft haben.« Er unterstellte sich dem Kaiser als Vasall und versprach, die Zitadelle zu übergeben und einen griechischen Patriarchen einzusetzen. — Gesandtschaften aus dem ganzen Orient strömten in Mopsuestia zusammen, um den Kaiser zu begrüßen bzw. mit ihm in Verhandlung zu treten. Balduin III. erschien und wurde von Manuel freundlich empfangen. Auch er erkannte die Oberhoheit des byzantinischen Kaisers an. Im folgenden Jahr marschierte der Kaiser dann nach Antiocheia.

☐ Die Antiochener waren zuerst über das Herannahen des Kaisers nicht erfreut, sondern hielten in ihrem Unwillen nach Mitteln Ausschau, wie sie ihn fernhalten könnten.

Da sie aber den Beschluß des Kaisers nicht vereiteln und seine Ankunft nicht verhindern konnten, strömten sie ihm in ihrer knechtischen Gesinnung mit unterwürfigen Gebärden scharenweise aus den Stadttoren entgegen. Sie hatten sogar auch für einen prachtvollen Einzug alles vorbereitet: Die Straßen und Plätze waren mit Bildteppichen und kostbaren Geweben geschmückt und mit frischen Zweigen geziert, die Lieblichkeit blühender Wiesen hatten sie mitten in die Stadt verpflanzt und allen Ehrgeiz für ein gutes Gelingen des festlichen Einzuges aufgewendet. Und zwar nicht nur der eine oder andere, sondern alle insgesamt: Der syrische Schlemmer war ebenso dabei wie der isaurische Räuber und der kilikische Pirat, und der lanzenbewehrte italische Ritter hatte sein hochnackiges Roß und seinen stolzen Sinn daheim gelassen und schritt zu Fuß in diesem Triumphzug.

Manuel wußte aber, daß sich die Lateiner mit ihren Lanzen und deren geschickter Handhabung brüsteten, und vereinbarte deshalb einen Tag, um Kampfspiele mit stumpfen Lanzen auszutragen. Als dieser Tag erschien, führte er die besten Lanzenkämpfer seines Heeres und seine Verwandten auf die Kampfstätte, eine breite Ebene, die Platz genug bot, um zwei Reiterhaufen einander gegenüberzustellen. Ein kleines Lächeln auf den Lippen, blickte er aufgeräumt auf seine Leute. Er trug den Speer hoch erhoben und hatte einen kleinen, sehr feinen Mantel übergeworfen, den über der rechten Schulter eine Spange zusammenhielt, so daß sich die Rechte darunter frei bewegen konnte. Er saß auf einem mit Gold gezäumten, langmähnigen Streitroß, das den Hals leicht gebogen hielt, ungeduldig tänzelte und an Glanz und Pracht mit seinem Herrn wetteifern konnte. Auch seinen Verwandten und allen, die zum Kampf mit den Italienern ausgewählt worden waren, hatte der Kaiser aufgetragen, so prächtig wie möglich zu erscheinen.

Auch der Fürst Gerardios (irrtümlich für Rainald von Chatillon) ritt heran auf einem schneeweißen Pferd, angetan mit einem bodenlangen, geschlitzten Rock und das Haupt mit einem goldübersäten Barett bedeckt. Mit ihm kamen seine Ritter, lauter kräftige, hochgewachsene Männer.

Als die »lanzenstarrende«, unblutige »Schlacht sich erhob« (Hom. Il. 13, 339), stürmten von beiden Seiten die Kämpfer mit ihren Lanzen hitzig aufeinander los und wichen den Speeren der Gegner aus. Da sah man einen in dieser erzlosen Schlacht »kopfüber auf Schulter und Schädel« (Hom. Il. 5, 586) stürzen, dort flog einer in hohem Bogen aus dem Sattel, der eine fiel zur Seite herunter, der andere rücklings, wieder ein anderer warf das Pferd herum und floh eiligst davon; der eine erbleichte aus Angst vor der Lanze des Gegners und begrub sich ganz hinter seinem Schild, der wieder bekam Mut, wie er den anderen sich niederducken sah. Die Luft war von Getöse erfüllt, die Rosse jagten dahin, die Fähnchen flatterten und knatterten laut.

Beim Anblick dieses großartigen Schauspiels hätte man sich, ohne geschmacklos zu sein, die Bemerkung erlauben dürfen, Aphrodite verbinde sich mit Ares, Enyo mit den Chariten; so vielgestaltig und schön waren diese Spiele. Gewaltig steigerte den Kampfeifer bei den Rhomäern, daß sie sich den Lateinern überlegen zeigen wollten, noch dazu im Speerstechen, und daß die Augen ihres Kaisers als Kampfrichter ihre Leistungen vermerkten, und die stolzen und hochmütigen Italier kämpften noch hitziger, weil sie einen Sieg der Rhomäer im Lanzenkampf keinesfalls hinzunehmen gesonnen waren. Der Kaiser setzte selbst zwei Ritter auf einmal auf die Erde: gegen einen sprengte er, die Lanze eingelegt, an und der riß im Sturz noch seinen Nebenmann mit; so wuchtig hatte ihn Manuel getroffen.

So erfüllte der Kaiser die Antiochener mit Staunen, da sie mit eigenen Augen seine Tüchtigkeit sahen, von der sie bislang nur gehört hatten. (Nik. Ch.) □

Worum sich sowohl Alexios I. als auch Johannes II. vergeblich bemüht hatten, gelang Manuel auf Anhieb. Das Scheitern des zweiten Kreuzzuges und der imposante Aufmarsch der kaiserlichen Truppen in Syrien hatten die stolzen Lateiner davon überzeugt, daß ihnen wirksame Unterstützung nur vom byzantinischen Kaiser zuteil werden konnte. Der große Erfolg der Byzantiner war aber nicht nur eine Folge der militärischen Potenz, sondern ebenso sehr den persönlichen Qualitäten Manuels zuzuschreiben,

der das tiefeingewurzelte Mißtrauen der fränkischen Barone zu überspielen wußte und durch seinen Charme, seine Ritterlichkeit und sein ungezwungenes, heiteres und geselliges Wesen sich Achtung und Freundschaft erwarb.
Nur-Eddin war inzwischen von einer schweren, langwierigen Krankheit genesen, die ihn an jeglicher Aktivität gegen die Kreuzfahrerstaaten gehindert hatte. Nun erwarteten die Barone, daß Manuel durch einen Feldzug seinem Angriff zuvorkommen und sie dadurch vom Druck ihres ärgsten Gegners befreien würde. Dieses Ansinnen bezeugt, daß die Franken von staatspolitischer Einsicht weit entfernt waren und von der Kunst des geschickten Ausbalancierens der Mächte, wie sie Manuel beherrschte, keine Ahnung hatten. Der Kaiser brauchte den leisen Druck Nur-Eddins, um die Barone bei der Stange zu halten, der Druck durfte aber nicht so weit gehen, daß er die Existenz der Kreuzfahrerstaaten in ernsthafte Gefahr brachte. Also mußten die überschüssigen kriegerischen Kräfte des Emirs auf ein anderes Objekt gelenkt werden. Was lag näher, als sie gegen die Seldschuken Kleinasiens zu wenden, die alten Feinde von Byzanz? Eine solche Kombination könnte man für eine unrealistische Träumerei halten; dank Manuels Geschicklichkeit wurde sie aber doch verwirklicht. Er schloß mit Nur-Eddin einen Vertrag, der für alle Parteien Vorteile enthielt. Der Frieden in Palästina und Syrien wurde in den nächsten zwanzig Jahren nicht ernsthaft gestört. Nur-Eddin brauchte Manuel nicht mehr zu fürchten und Manuel bewahrte seine Schutzherrschaft über das heilige Land unangefochten aufrecht und erfuhr darüber hinaus die Unterstützung Nur-Eddins im Kampf gegen die Seldschuken von Ikonion. Außerdem wurden Tausende von Christen aus der Gefangenschaft der Sarazenen entlassen. Dieser Vertrag, ein Meisterwerk der Staatsklugheit und politischen Weisheit, stieß bei den Franken nicht sogleich auf Verständnis und wieder einmal ging die Parole vom »Verrat« des byzantinischen Kaisers um, bis auch sie einsahen, welchen Nutzen das ganze fein ausgeklügelte Arrangement ihnen brachte. 1161 band der Kaiser die Beziehungen zu Syrien noch fester, als er nach dem Tode der Kaiserin Berta die Tochter von Raimunds Witwe Konstanze, Maria von Antiocheia, heiratete. Sein nunmehriger Stiefschwiegervater Rainald von Chatillon war ein Jahr vorher in sarazenische Gefangenschaft geraten, in der er 16 Jahre verbleiben sollte.

In Kleinasien war Sultan Masud I. von Ikonion gestorben und hatte sein Reich unter seinem Sohn Kilidsch Arslan II. und seinem Schwiegersohn Jakub Arslan geteilt, die, wie nicht anders zu erwarten, sich bald aufs heftigste bekriegten. Manuel tat alles, damit der Konflikt sich möglichst in die Länge ziehe, gab Kilidsch Arslan gute Worte und lieferte Jakub Arslan Waffen. Kilidsch Arslan behauptete sich schließlich und Manuel beeilte sich, mit ihm einen Vertrag zu schließen. Wenig später stattete der Sultan höchstpersönlich der Hauptstadt der Rhomäer einen Staatsbesuch ab und Manuel gab sich die größte Mühe, auf den Gast Eindruck zu machen.
□ Um diese Zeit kam auch Kilidsch Arslan aus freien Stücken nach Byzanz, um den Kaiser in Sachen, die ihm von Nutzen waren, anzugehen — ein hohes, über die Maßen wichtiges Ereignis, ein meines Wissens den Römern früher nie sonst widerfahrendes Glück. Denn welche — selbst die größte Auszeichnung überschreitet es nicht, daß ein Mann, der ein so großes Land beherrscht und so vielen Völkern gebietet, sich dem Kaiser der Römer in Knechtgestalt vorstellte? Um aber den Lernbegierigen zu berichten, wie es damals gehalten wurde: es war eine glänzende Bühne aufgeführt, worauf ein merkwürdiges Schaustück, ein weit über die Erde erhabener Stuhl stand. Derselbe war ganz aus Gold gearbeitet und rings um ihn eine unermeßliche Menge von Karfunkelsteinen und Hyazinthen angebracht; die Perlen aber konnte man nicht einmal zählen. Denn es lief eine Menge derselben um jeden der Steine, die einzeln in mäßigen Zwischenräumen befestigt waren. Sie bildeten genau einen Kreis und waren weißer als der Schnee. Voll solcher Lichter war der Thron. Aber sein oberster, das Haupt weit überragender Teil, übertraf die anderen so sehr an Glanz, als das ihm nahe Haupt selbst die übrigen Glieder übertraf. Auf ihm saß der Kaiser und nahm ihn mit der ganzen Größe

seines wohlgebauten Körpers ein. Ein Purpurgewand umgab ihn, ein Werk von außerordentlicher Beschaffenheit. Denn von oben bis ganz zur Fußsohle glühte es von Karfunkeln und glänzte von Perlen, und das nicht ohne besondere Anordnung; vielmehr eine wunderbare Zeichnung verschönte dieselben, indem nämlich die Kunst auf dem Gewande eine frische Aue darstellte. Vom Hals bis zur Brust hing an goldenen Ketten ein Stein von ungewöhnlicher Größe und Farbe, rötlich wie eine Rose und an Form zumeist einem Apfel zu vergleichen. Von dem Schmuck des Hauptes zu erzählen, halte ich für überflüssig. Zu beiden Seiten des Stuhles stand dem Herkommen gemäß der Hofstaat, wo jedem Geburt und Stand Platz und Stellung zuwies. So verhielt es sich mit dem Kaiser. Als Kilidsch Arslan in ihre Mitte trat, geriet er ganz und gar in Staunen und als der Kaiser ihn zum Sitzen aufforderte, weigerte er sich anfangs auf das hartnäckigste. Wie er den Kaiser noch mehr darauf dringen sah, setzte er sich endlich auf eine niedrige, unten stehende Bank, trug das Passende vor, hatte das nämliche zu hören und begab sich nach der im Palast ihm angewiesenen Wohnung . . .
Der Kaiser begab sich nach dem im Süden der Stadt gelegenen Palast, ehrte jenen (Kilidsch Arslan) mit einem herrlichen Gastmahl und erzeigte ihm jegliche Freundlichkeit. Hierauf ergötzte er ihn mit Pferderennen, verbrannte mit flüssigem Feuer einige Boote und Barken und gewährte dem Mann zur Genüge das Schauspiel von Wettrennen, womit man besonders die Größe der Städte (Einwohnerzahl) zu zeigen pflegt. Nachdem er sich in der Stadt hinreichend aufgehalten, und das Vorangegangene durch neue Eidschwüre bekräftigt hatte, ging er wieder in sein Land. (Kin.) □

Kilidsch Arslan schien sich in Konstantinopel recht wohl zu fühlen, denn er blieb drei Monate, vom Kaiser mit immer neuen Attraktionen unterhalten. Auch geizte Manuel nicht mit Geschenken, um sich den verschlagenen Sultan zum Freund zu machen, aber auch, um ihm vor den Machtmitteln und dem Reichtum der Byzantiner gehörigen Respekt einzuflößen.

□ Nachdem der Sultan als hochgeehrter Gast einige Zeit bei Kaiser Manuel zugebracht und aus dem Schatz des Kaisers viele herrliche Geschenke erhalten hatte, von deren Wert und Menge er so überwältigt war, daß er zweifelte, ob dem Kaiser ebenso viele und so wertvolle Schätze geblieben seien, zog er reichbeladen und frohen Sinnes wieder heim. Der Kaiser wußte nämlich, daß kein Barbar dem Golde widerstehen kann. Deshalb wollte er vor Kilidsch Arslan großtun und ihn zum Staunen über den Reichtum des rhomäischen Kaisertums bringen. Er ließ in einem der prächtigsten Säle seines Palastes der Reihe nach alles das aufstellen, was er dem Sultan zu schenken gedachte. Das war zu Münzen geprägtes Gold und Silber, prächtige Kleidung, silberne Becher und goldene Trinkschalen, Stoffe aus dem allerfeinsten Gewebe und anderer auserlesener Schmuck, lauter Dinge, die ein Rhomäer sich leicht beschaffen kann, ein Barbar aber meist noch nie gesehen hat und nur sehr selten besitzt. Der Kaiser betrat also den Saal, ließ den Sultan hereinbitten und fragte ihn, ob er etwas von den aufgestellten Schätzen zum Geschenk haben wolle. Als jener antwortete, ihm werde alles erwünscht sein, was ihm der Kaiser zu schenken geruhe, fragte er weiter, ob wohl einer von seinen Gegnern dem Angriff der Rhomäer widerstehen könnte, wenn er diesen Schatz für sein eigenes Heer und für Söldner aufwendete. Der Sultan versicherte bewundernd, wenn er selber Herr dieser so großen Schätze wäre, hätte er schon längst alle seine Feinde ringsum unterworfen. Da sagte der Kaiser: »Es wird mir eine Ehre sein, dir das alles zu schenken, damit du siehst, daß ich gern schenke und reichlich schenke und damit du weißt, über welche Mittel einer verfügt, der mit so vielem und so wertvollem Gut einen einzigen beschenken kann.« Der Sultan geriet vor Freude und Staunen über diese Brosamen (die von der kaiserlichen Tafel für ihn abfielen) ganz außer sich und versprach, geblendet von diesem Geschenk, dem Kaiser Sebasteia und das dazugehörende Land abzutreten . . . (Nik. Ch.) □

Als 1161 König Geza II. von Ungarn starb, eröffneten sich für Byzanz hoffnungsvolle Perspektiven im Nordwesten, denn die beiden Brüder Gezas waren vor Jahren nach Konstantinopel geflohen, der ältere, Stephan, hatte sogar eine Nichte des Kaisers zur

Frau erhalten. Da in Ungarn die Regierungsnachfolge auf den Bruder durchaus üblich war, konnte Stephan auf die Königskrone Anspruch erheben. Das hätte Ungarn zum Verbündeten, wenn nicht gar zum Vasallen von Byzanz gemacht. Aber gerade deswegen widersetzten sich die ungarischen Adligen der Kandidatur Stephans und ernannten Gezas Sohn Stephan III. zum König. Manuel, der sich die Gelegenheit zur Einflußnahme in Ungarn nicht entgehen lassen wollte, antwortete mit Krieg. Er konnte zwar nicht erreichen, daß sein Schützling Stephan die Krone erhielt, dafür aber dessen Bruder Ladislaus. Dieser starb aber noch im selben Jahr und wieder mußte Manuel in Ungarn einschreiten, um seinen Kandidaten gegen die von Barbarossa unterstützte Opposition unter Stephan III. durchzusetzen. Schließlich kam ein Kompromiß zustande, nachdem Stephan IV. ermordet worden war. Stephan III. designierte seinen Bruder Bela zum Nachfolger, der Kroatien und Dalmatien zugesprochen erhielt und nach Konstantinopel geschickt wurde. Es bedurfte langwieriger Feldzüge, bis Manuel diese Gebiete unterwerfen konnte, aber 1167 waren die Ungarnkriege endlich erfolgreich abgeschlossen und Byzanz konnte einen bedeutenden Territorialgewinn verbuchen. – Manuel hatte zu dieser Zeit noch keinen Sohn. So bestimmte er Bela, der in Konstantinopel den Namen Alexios erhielt, zu seinem Nachfolger und verlobte ihn mit seiner Tochter Maria. Bela-Alexios würde also einmal als Kaiser das byzantinische Reich gleichzeitig in Personalunion mit Ungarn regieren. Den Byzantinern war freilich diese Regelung sehr unsympathisch und die Vorstellung, daß einmal ein Ungar die Krone von Byzanz tragen würde, rief eine lebhafte Opposition gegen des Kaisers Plan hervor. Als dann endlich im Jahre 1169 ein kaiserlicher Prinz geboren wurde, ließ Manuel denn auch den Plan fallen und löste die Verlobung Belas mit Maria. Drei Jahre später starb Stephan III. und Manuels Schützling Bela-Alexios bestieg unangefochten den ungarischen Thron. Der Kaiser hatte sein Ziel erreicht; Ungarn war zwar nicht byzantinisch geworden, stand aber völlig unter byzantinischem Einfluß.
Gleichzeitig mit den Unternehmungen gegen die Ungarn hatte der Kaiser auch wieder einmal Aufstände in Serbien zu bekämpfen. 1166 war Stephan Nemanja Groß-Zupan der Serben geworden und dieser führte die Politik des Kleinkrieges gegen Byzanz wie seine Vorgänger unausgesetzt weiter, unterstützt von Ungarn. Als mit Ungarn Frieden geschlossen worden war, konnte der Zupan dem Angriff der Byzantiner nicht länger widerstehen. Er unterwarf sich und wurde zum Vasallen des Kaisers gemacht (1172).

Manuel, der unermüdliche Kämpfer und überlegene Diplomat, hatte dem Reich wieder zu höchstem Ansehen verholfen und die wiedererweckte Kraft des Kaisertums eindrucksvoll demonstriert. War auch der Versuch, in Italien wieder Fuß zu fassen, gescheitert, so genügten doch die errungenen Erfolge im Orient, in Serbien und Ungarn, um Byzanz seine Rolle als tonangebende Macht in Europa wiederzugeben. Der Prunk und die Pracht der Hauptstadt faszinierte nach wie vor alle Fremden, die nach Konstantinopel kamen und den Ruf der kaiserlichen Metropole in alle Welt trugen. In den 70er Jahren besuchte der spanische Rabbiner Benjamin von Tudela auf seiner Orientreise Konstantinopel und er schrieb darüber in seinem Reisebericht:
☐ Die Stadt Konstantinopel liegt zwischen zwei Meerengen, die eine führt in das russische (Schwarze Meer), die andere in das spanische Meer (Ägäis). Hier finden sich Kaufleute ein aus Babylonien, Mesopotamien, Medien, Persien, Ägypten, Palästina, Rußland, Ungarn, Patzmakia, Budia, der Lombardei und Spanien. Ebenso werden Waren aus aller Herren Länder, bald zu Wasser, bald zu Land, dahin gebracht. Es ist eine rege Stadt, die außer Bagdad, dieser großen Stadt, welche den Arabern gehört, ihresgleichen in der Welt nicht hat. Dort befindet sich die St. Sophienkirche und der Sitz des Metropoliten der Griechen, indem sie den Papst zu Rom nicht anerkennen wollen. In der Kirche sind so viele Altäre als im Jahr Tage sind. Der Reichtum derselben ist ungeheuer. Sie bezieht jährlich eine Steuer von zwei großen Inseln und den umliegenden Städten und Dörfern. Keine Kirche der Welt hat einen ähnlichen Reichtum aufzuweisen. Die Säulen und Lampen sind teils aus Gold, teils aus Silber; und noch mehr des Sehenswerten, das kaum ein Mensch zu schildern vermag.

Konstantinopel

Neben dem kaiserlichen Palast befindet sich eine Rennbahn (Hippodrom). Alljährlich am Geburtstag Jesu des Nazareners findet ein Schauspiel, dem der Kaiser und die Kaiserin beiwohnen, statt. Es werden Maskenspiele, allerlei Menschen der Welt darstellend, veranstaltet, Tierkämpfe zwischen Löwen, Bären, Leoparden und Waldeseln, desgleichen zwischen Vögeln (Hahnenkämpfe) aufgeführt. Ein ähnliches Schauspiel wird in keinem Land mehr gesehen.
Der Kaiser Manuel hat sich einen Palast zu seiner Residenz am Ufer des Meeres bauen lassen, dem er den Namen Blachernen gab (der Blachernenpalast ist in Wirklichkeit älter). Die Wände und Säulen hat er mit Gold und Silber belegen lassen; die Malerei stellt die vormaligen Kriege wie auch diejenigen, die er selbst geführt hatte, dar. Sein Thron ist aus Gold, besetzt mit Edelsteinen; über demselben hängt an goldenen Ketten die Krone aus Gold, besetzt mit Juwelen, deren Wert unberechenbar ist, indem ihr Schimmer das Licht in der Nacht entbehrlich macht. — Außerdem besitzt er Paläste, die seine Vorfahren gebaut haben. Die sonstigen Bauwerke — wer vermag sie alle aufzuzählen? Das ganze griechische Reich muß einen jährlichen Tribut an den Staat bezahlen; die Burgen sind des Goldes, Purpurs und der Seide so voll, daß solche Gebäude mit entsprechendem Reichtum nirgends mehr zu sehen sind. Man behauptet, daß die Abgaben der Stadt allein 20 000 Goldstücke täglich betragen, der Zins für Geschäftslokale, Standgeld und Zolleinnahmen von fremden Händlern, gleichviel ob sie zu Wasser oder zu Lande kommen, mitgerechnet. Die Griechen, die eigentlichen Bewohner des Landes, sind enorm reich an Gold und Perlen; sie kleiden sich in Seide, durchwirkt und eingefaßt in Gold, reiten zu Roß, Fürstensöhnen gleich. Das Land ist sehr ausgedehnt, reich an Früchten; aber auch an Brot, Fleisch und Wein gibt es dort in Fülle, so daß kein zweites Land sich eines ähnlichen Reichtums zu rühmen vermag. Die Bewohner sind in der griechischen Literatur bewandert; kurz, sie leben glücklich, jeder unter seinem Weinstocke und Feigenbaum (Micha 4, 4). □
Was Versailles für die deutschen Fürsten des 18. Jahrhunderts war, war der kaiserliche Hof von Byzanz für die Herrscher des Abendlandes im 12. Jahrhundert. Der intensive diplomatische Verkehr zur Zeit Manuels ließ die festlichen Empfänge bei Hofe nicht abreißen und der liebenswürdige, gewandte und großzügige Kaiser bezauberte alle sowohl durch den Glanz seiner Hofhaltung wie auch durch seine Persönlichkeit, die eine wahrhaft herrscherliche Ausstrahlung besaß. Die Gestalt und Erscheinung Manuels beschrieb der Erzbischof Eustathios von Thessalonike mit einer leicht komisch wirkenden, pedantischen Umständlichkeit.
□ Seine Gestalt erreichte eine Größe, welche, wenn sie überschritten wird, einen zum Giganten stempelt. Im übrigen hatte die Natur ihn mit mehr als gewöhnlicher Stärke

begabt und ihn mit einem festen, gleichsam löwenartigen Knochenbau ausgerüstet, so daß, wer seine Gliedmaßen betrachtete, in Wahrheit erklären mußte, in ihnen seien nach der Sprache der Physiologen diejenigen Kennzeichen ausgedrückt, welche die männliche Kraft beurkunden. Und damit stimmten bei ihm auch die Maßverhältnisse überein. Außerdem beschwerte ihn keine übermäßige Beleibtheit, welche einem, der beständig der körperlichen Übungen pflegt, ganz besonders lästig fällt; denn bei ihm wurde die zu große Fülle auch dadurch ferngehalten, daß er die Forderungen der Natur auf die wahrhaft menschliche Weise befriedigte. Das Gewaltige der körperlichen Erscheinung war sein eigen; in rohem Kraftübermaß sich zu zeigen, lag ihm fern. Demgemäß ließ er auch den Haaren keine üppige Pflege angedeihen, und während sein Streben, dem der Erfolg entsprach, dahin ging, sich als Haupt der irdischen Wohlordnung geltend zu machen, vergaß er nicht, allen Lockenputz zu tadeln; wie denn auch die göttliche Weisheit der Natur, welche in dieser Beziehung ihre Helden mit reichlicher Ausstattung bedenkt, nicht willens war, seinem Haarwuchs ein Übermaß zu gewähren, da sie auch den wahrhaft königlichen Löwen nicht mit einer Wucht von Haaren belastet.
Mit diesem edlen Maße stand auch seine Gesichtsfarbe in Einklang. Keine Weiße, wie sie dem Weibe ziemt, zeichnete sein Antlitz; vielmehr hatte derselben die Gunst der Natur jene Zutat der Männlichkeit beigemischt, wie solche der alten Geschichte zufolge die Gymnastik nebst anderen Anstrengungen, vor allem die Sonne verleiht. Seine Sache war es nicht, sich im Schatten zu pflegen, dieweil auch sein Leben kein träges und weichliches war; vielmehr liebte er es, sich der freien Himmelsluft auszusetzen, wodurch sein Bild die Farbe der Mannhaftigkeit erlangte, da ihm nicht um das Aussehen von weibischen und weichlichen Menschen, sondern um ein solches zu tun war, welches der männlichen Kraft des Helden zur Zierde gereichen mag. □
Der König von Jerusalem Amalrich I., der Nachfolger des 1163 verstorbenen Balduin III., machte 1171 einen Staatsbesuch in Konstantinopel und bestätigte die Oberhoheit des Kaisers im heiligen Land. Im selben Jahr wurde Herzog Heinrich der Löwe auf seiner Reise nach Palästina vom Kaiser prunkvoll empfangen. Heinrich war ihm als Gegner Friedrich Barbarossas natürlich ein besonders lieber und angenehmer Gast.

Angesichts der überlegenen Machtstellung des Reiches unter Manuel hätte niemand vorausahnen können, daß Byzanz dreißig Jahre später zerschmettert am Boden liegen würde. Und doch mehrten sich gegen Ende der Regierungszeit Manuels die Vorzeichen des kommenden Zusammenbruchs. Eine Krise in Palästina und Syrien konnte nur vermieden werden, wenn alle Partner — Franken, Byzantiner und Araber — auf die Erhaltung des sorgsam ausgewogenen Gleichgewichts bedacht waren. Das Problem der Seldschuken in Kleinasien war nicht gelöst, beide Seiten waren einer Entscheidung bisher ausgewichen und hatten sich auf Kleinkrieg beschränkt. Schließlich waren sich Byzantiner und Abendländer trotz der vielen Kontakte auf verschiedenen Ebenen nicht wirklich nähergekommen. Das gegenseitige Mißtrauen hatte eher noch zugenommen und viel Zündstoff angehäuft, die religiöse Verketzerung der byzantinischen Kirche hielt an und daran konnte auch die konziliante Haltung des Kaisers nichts ändern; sie entfremdete ihn nur seinen eigenen Landsleuten. Das Parasitentum der durch ihre Privilegien geschützten Kaufleute aus Venedig, Pisa und Genua sog unaufhörlich am Lebensnerv der byzantinischen Wirtschaft und damit an der Finanzkraft des Reiches. Das waren die neuralgischen Punkte, von denen das Verderben seinen Ausgang nahm.

Die Schwäche des Kalifats der Fatimiden in Ägypten hatte König Amalrich I. dazu verlockt, seine Hand zum Nil auszustrecken. Wie erwartet, hatte er zunächst guten Erfolg, der aber nur so lange andauerte, bis Nur-Eddin seinen kurdischen General Schirkuh nach Ägypten schickte. Dieser zog 1169 in Kairo ein und machte sich zum Wesir, d. h. praktisch zum Regenten des Landes. Schirkuh starb nur wenige Monate später und hinterließ die Herrschaft seinem Neffen Salah ad-Din, den die Franken Saladin nannten (1169—1193). Seine erste Kriegstat in Ägypten war, die Kreuzfahrer,

Sultan Saladin (1169–93)

die die Stadt Damiette im Nildelta belagerten, zu vertreiben und die mächtige byzantinische Flotte, die von See her zur Unterstützung eingetroffen war, zum Abzug zu zwingen. Auf der Rückfahrt wurde die Flotte durch Stürme praktisch vernichtet. Das war schlimm genug, doch das Verhängnisvollste war, daß die Kreuzfahrerstaaten nun auch von Süden her von Saladin, der formell noch Nur-Eddin unterstellt war, energisch angegriffen wurden. Damit war das bisher ängstlich gehütete Gleichgewicht im nahen Osten zerstört. Saladin, dessen echt ritterlicher Sinn und Großmut auch von den Franken anerkannt wurden, war von einem tiefen Sendungsbewußtsein erfüllt; in ihm war der alte islamische Eroberungsgeist der früheren Jahrhunderte wieder lebendig geworden. Binnen kurzer Zeit errichtete er in Ägypten ein straffes Militärregiment und ein neues geistig-politisches Zentrum des Islam. Als 1174 sein Lehnsherr Nur-Eddin, der längst zu einem Rivalen geworden war, starb, besetzte Saladin Damaskus. Damit gerieten die Kreuzfahrerstaaten in eine tödliche Umklammerung. Im selben Jahr starb auch König Amalrich und sein Nachfolger wurde sein 13jähriger Sohn Balduin IV., der schon im Kindesalter von der Lepra befallen war. Saladin gewährte den Kreuzrittern noch eine Galgenfrist, da er zuerst seine Stellung in Syrien gegen seine islamischen Rivalen in Aleppo und Mossul zu behaupten bzw. sie zu überwinden hatte. — Um sich von dem so überaus schädlichen Handelsmonopol der Venezianer zu befreien, verfiel Manuel auf ein radikales Mittel. Aber schon der Umstand, daß er dazu den Pisanern und Genuesen vorsorglich neue Privilegien erteilen mußte, weil er sie als Bundesgenossen gegen die Venezianer brauchte, zeigt, wie wenig der Kaiser Herr im eigenen Hause war.

☐ Es gibt im Westen einen Meerbusen, Adrias genannt; gleichsam nur eine Ausbuchtung des Ionischen Meeres, in Wirklichkeit aber ein Meer für sich, welches sich von der Sizilischen See bis weit nach Norden hinzieht. Ganz im innersten Winkel der Adria wohnen die Eneter, die man auch mit dem Namen, den sie sich selbst geben, Venetiker nennen könnte. Sie sind Kinder des Meeres, Handelsleute wie die Phöniker, ein Volk, verwegen, listig und zu allem fähig. Die Rhomäer nahmen sie einst, weil sie ihrer Hilfe in einem Seekrieg bedurften, in ihr Reich auf. Wie Bienenschwärme vertauschten die Eneter ihre Heimat mit Konstantinopel und verbreiteten sich von hier aus über das ganze rhomäische Land. Sie bewahrten nur noch den alten Namen, in allem anderen wurden sie zu Landsleuten und Genossen der Rhomäer, wurden mächtig und zahlreich. Als sie nun großen Reichtum erworben hatten, wurden sie so eingebildet und unverschämt, daß sie sich nicht nur Rhomäern gegenüber Willkürlichkeiten erlaubten, sondern auch Weisungen und Drohungen des Kaisers mißachteten. Der Kaiser entzog ihnen daher seine Gunst. Und wenn er an die Ausschreitungen vor Korfu dachte oder einen anderen Beweis ihres Übelwollens geliefert bekam, wenn ein noch ärgeres Bubenstück seine Seele erregte, dann schäumte sein Zorn wie die Salzflut, die ein wilder, wütender

Sturm aufwühlt. Da ihm ihr ungebührliches Benehmen unerträglich schien, schickte er überallhin ins Rhomäerreich Briefe mit dem Auftrag, an einem angegebenen Tag die Venezianer zu ergreifen und ihre Habe in Beschlag zu nehmen. Als jener Tag erschien (12. März 1171), wurden alle Venezianer ergriffen und ihre Habe wurde, allerdings nur zum Teil, in die kaiserliche Schatzkammer gebracht, den größeren Teil eigneten sich die Gemeinde- und Bezirksvorsteher an. Die in der Hauptstadt ansässigen Venezianer, besonders die unverheirateten, sannen auf Flucht. Im Hafen lag ein Dreimaster vor Anker, angeblich das längste und geräumigste Schiff, das je ein Hafen (aufgenommen hat und) aufnehmen wird. Das bestiegen die Venezianer in der Nacht, lichteten die Anker, setzten die Segel und fuhren ab. Feuerschiffe und kaiserliche Trieren mit den Leuten bemannt, die Doppelbeile geschultert zu tragen pflegen (Waräger), verfolgten sie. Sie kamen dem Dreimaster wohl nahe, konnten aber nichts Rechtes unternehmen, denn der Wind trieb das große Schiff an, daß es zu fliegen, nicht zu segeln schien. Vor allem aber wegen der ungeheuren Höhe des Schiffes und wegen des verzweifelten Mutes, der die auf ihm Fahrenden beseelte, gaben sie die Verfolgung auf und der Dreimaster erreichte geraden Weges Venetia.

Im folgenden Jahr (in Wirklichkeit noch im Herbst 1171) rüsteten die Venezianer eine starke Flotte aus und überfielen die rhomäischen Inseln. Sie segelten nach Euböa und sperrten den Euripos (Meerenge zwischen Euböa und Böotien), vermochten auch einen Teil der dortigen Siedlungen einzunehmen und zündeten die Häuser an. Bei Frühjahrsbeginn (1172) segelten sie von dort zur Insel Chios. Als der Kaiser davon erfuhr, schickte er den Megas Dux Andronikos Kontostephanos mit rund 150 Trieren aus. Denn die Flotte der Venezianer war nicht geringer und keineswegs nur so aufs Geratewohl ohne gehörige Sorgfalt zusammengestellt. Im Gegenteil, die Venezianer hatten sich in jeder Hinsicht auf einen harten Kampf vorbereitet — es waren ja die Rhomäer, gegen die sie zu kämpfen vorhatten — und hatten auch von den Sthlavinern (den slawischen Dalmatinern) nicht wenige Hilfsschiffe zur Verfügung gestellt bekommen. Aber sowie sie die Kunde vom Auslaufen der rhomäischen Schiffe erhielten, rannten sie betroffen in die Schiffe und ruderten Tag und Nacht davon. Sie fuhren von Chios ab

Venezianische Galeere

und wandten sich zu anderen Inseln, von dort fuhren sie wieder zu anderen und waren ständig auf der Flucht. Sie mußten sich bei der Fahrt von Insel zu Insel hart abplagen, und die Rhomäer waren ungehalten, daß ihr Unternehmen nicht in Fluß kam und sie die Venezianer nicht ein einziges Mal vor die Kiele bekamen. Als Andronikos auf seiner zum Scheitern verurteilten Verfolgungsjagd — denn er fuhr wie hinter der Argo her — schon bis Maleon (Kap Malea, Südspitze der Peloponnes) gekommen war, kehrte er um und fuhr in den Hafen der Hauptstadt zurück.

Die Venezianer aber sahen, daß es ihnen mit ihrer Kriegsfahrt nicht befriedigend geglückt war, sich Rache zu verschaffen. Darum schlossen sie mit dem König von Sizilien ein Bündnis (1175), damit ihr Rachewerk besser vorwärtsschreite und sie einen Helfer hätten, wenn die Rhomäer sie angreifen sollten. Der Kaiser nahm das nicht gleichgültig zur Kenntnis, er wußte ja, daß eine geringe Ursache oft gewaltige Umwälzungen hervorruft und übermäßiges Unglück gebiert. Deshalb faßte er eine Erneuerung des alten Bündnisses mit den Venezianern ins Auge und bemühte sich, so sehr er konnte, deren Bündnis mit dem König Siziliens rückgängig zu machen. Als die Venezianer aber ihr Bündnis nicht lösten, zog er sie auch so auf seine Seite und gewährte ihnen auf ihre Bitten hin Nachsicht ihrer Untaten und Freundschaft. Sie erhielten die Gleichstellung mit den rhomäischen Bürgern und alle gewohnten Rechte erneut zugesichert und der Kaiser lehnte es auch nicht ab, ihnen alle ihre Habe zurückzugeben, die in seinen Schatzkammern lag. Als Kaufleute waren die Venezianer aber auf ihren Vorteil bedacht und verfielen auf einen schlauen, für sie einträglichen Ausweg, der weder für sie, noch für den Kaiser unangenehm war. Sie verzichteten auf die Rückgabe ihres Privatbesitzes, dafür kamen sie mit dem Kaiser überein, daß sie als Entschädigung für ihre gesamten Verluste 15 Kentenare Gold (1 500 Goldstücke) bekommen sollten. Freilich erhielten sie nicht alles auf einmal, sondern in Raten. □

Was der Geschichtsschreiber Niketas Choniates etwas gewunden und beschönigend beschreibt, bedeutet kurz und sachlich ausgedrückt, daß sich die Byzantiner der Strafexpedition der Venezianer nicht erwehren konnten, daß ihre Freibeuterflotten in Dalmatien und in der Ägäis fast ungehindert plünderten und Manuel schließlich durch das bedrohliche Bündnis der Venezianer mit dem Normannenkönig Wilhelm II. zum Nachgeben gezwungen wurde. Des Kaisers Versuch, sich der übermütigen Venezianer zu entledigen, war gänzlich gescheitert. Der einzige Lichtblick in dieser ganzen Affäre war die Tatsache, daß die Stadt Ancona, die eine byzantinische Besatzung hatte, einen Angriff der Venezianer glänzend abgewehrt hatte.

Ancona war für Byzanz ein wichtiger Brückenkopf in Italien, wo Manuel eine rege diplomatische Aktivität entfaltete, denn noch immer mochte er sich mit dem endgültigen Verlust Italiens nicht abfinden. Der Hauptgegner seiner Pläne war natürlich Friedrich Barbarossa, und seine Parteigänger waren die Gegner des deutschen Kaisers, nämlich die lombardischen Städte und Papst Alexander III. Mailand finanzierte seinen Widerstand gegen den Staufer mit byzantinischem Gold und mit byzantinischem Gold wurden die Mauern Mailands nach ihrer Zerstörung wieder aufgebaut. Papst Alexander in seinen Bedrängnissen ergriff gerne die dargebotene Hand Manuels, der ihm Hilfe versprach und außerdem die Vereinigung der Kirchen unter päpstlicher Oberhoheit in Aussicht stellte. Dafür verlangte Manuel die ausschließliche Anerkennung des byzantinischen Kaisertums. Die Verhandlungen zogen sich — mit Unterbrechungen — über Jahre hin. 1170 war man in der Frage der kirchlichen Differenzen schon fast zu einem positiven Ergebnis gelangt, doch der praktischen Durchführung standen unüberwindliche Schwierigkeiten entgegen. Die Wiederherstellung des byzantinischen Kaisertums in Italien konnte nicht durch einen Vertrag zwischen Alexander und Manuel realisiert werden, dazu fehlte jede politische Voraussetzung. Aber auch der Vertrag kam letztlich nicht zustande, denn Alexander mochte wohl die ungeheuren Schwierigkeiten voraussehen und fürchtete außerdem, sich Manuel in die Hand zu geben. Als 1177 in Venedig der Frieden zwischen Barbarossa und Papst Alexander geschlossen wurde, hatte Manuel seinen wichtigsten Bundesgenossen in Italien endgültig verloren. Sein Traum von der Rückgewinnung des Westens war ausgeträumt. Zerstoben war auch die Hoffnung auf eine Wiedervereinigung der Kirchen, die Manuel selbst sicher sehr gewünscht hat. Den zu erwartenden Widerstand seines Klerus getraute der Kaiser sich wohl zu überwinden. Manuel war nämlich von einer echt byzantinischen Leidenschaft für theologische Diskussionen besessen; dieser Feldherr und Haudegen verfügte über einen Scharfsinn und eine Redegabe, die jeden Gesprächspartner in die Enge zu treiben vermochte.

□ Obwohl er keinen Unterricht in der Logik genossen hatte, war er gleichwohl an natürlichem Scharfsinn und Großartigkeit des Denkvermögens allen Menschen unserer Zeit überlegen ... War ihm daran gelegen, etwas zu erklären, so trug er es mit einer außerordentlichen Überlegtheit, Deutlichkeit und Einfachheit des Ausdrucks vor, mochte die Untersuchung irgendwelchen Teil der Philosophie, die Physik, die Theologie oder sonst etwas betreffen. Denn er widmete sich den geistlichen und weltlichen Studien und hielt viel auf beide, den Ares und den Hermes, obwohl er fast nie freie Zeit von

Byzantinischer Patriarch

den Beschäftigungen des Krieges hatte. Auf diese Weise stimmte er durch seine natürliche Gewandtheit, wie schon bemerkt, viele derer, die mit ihm verkehrten, zu seiner Meinung um. Denn vorher fand sich niemand, der sich nicht auf der ihm entgegengesetzten Seite war (bei Gelegenheit eines bestimmten theologischen Streitfalles) ... Die anderen alle, als sie viele nach dem Gespräch unter vier Augen mit dem Kaiser von ihrem Verein abfallen sahen, waren der Meinung, er ziehe die meisten derselben in den Privatgesprächen durch die Überlegenheit seines Verstandes und die Gewandtheit der Zunge auf seine Seite, und sie vereinbarten untereinander, daß von ihnen keiner mehr allein und im geheimen mit dem Kaiser zusammenkommen wolle. (Kin.) □

Nicht selten brachte der Kaiser seine gewiß nicht unbeholfenen Kirchenmänner in Verlegenheit. Einen großen Streit verursachte z. B. die vom Kaiser aufgeworfene Frage, ob der Gott der Mohammedaner — von der falschen Lehre abgesehen — im Prinzip der gleiche sei wie der Christengott, oder ob es sich um einen zu verdammenden Abgott handele. Der Kaiser vertrat die Ansicht, daß auch der Mohammedaner, wenn auch unwissend und in falscher Weise, den wahren Gott anbetet. Er bemühte sich, nicht ohne Erfolg, seine Meinung durchzusetzen. Schließlich wurde ein entsprechendes Schriftstück dem hohen Klerus zur Unterschrift vorgelegt.

☐ (Der kaiserliche Schreiber Theodoros Matzukes hat das Schriftstück vorgelesen) Die Zuhörer waren aber weit davon entfernt, sich durch solch hochtrabende Worte einschüchtern zu lassen. Ganz im Gegenteil, der Erzbischof von Thessalonike, der gelehrte und wortgewaltige Eustathios, geriet über das Gehörte sogar so in Eifer und ertrug es so wenig, den wahren Gott für etwas Starr-Eines zu halten, wie es die Ausgeburt jenes elenden Geistes (des Mohammed) ist, daß er ausrief: »Ich müßte ja ein zertrampeltes Gehirn in meinen Fersen tragen und dieses meines priesterlichen Gewandes« — dabei deutete er auf seinen Bischofsmantel — »ganz und gar unwürdig sein, wenn ich diesen Knabenschänder, dieses alte Kamel, diesen Verführer zu jeglicher Abscheulichkeit für einen wahrhaftigen Gott hielte.« Alle waren starr über diese Worte, denn Eustathios hatte mit hallender Stimme gesprochen wie einer, der von heiligem Eifer durchglüht ist. Theodoros Matzukes stand einen Augenblick mit zusammengepreßten Lippen sprachlos da, machte dann kehrt und lief zum Kaiser. Manuel gellten die Worte des Eustathios, die ihm berichtet wurden, in den Ohren. Er begann sich auf umständliche Erklärungen zu verlegen und behandelte die Angelegenheit mit ungewöhnlicher Langmut: Er rechne auch sich zu den streng rechtgläubigen Christen und bekenne, daß er von sehr frommen Vätern abstamme. Damit suchte er den Tadlern und Lästerern zu entgehen. Er verlangte jedoch heftig, daß der Thessalonicher vor Gericht gestellt werde. »Wenn ich«, sagte er, »für gerecht befunden werde, weil ich an keinen knabenschänderischen Gott glaube und in Glaubensdingen keine falsche Münze in Umlauf setze, so werde ich ihn mit Recht bestrafen, weil er dann gegen Christus den Herrn diese seine Lästerung ausgestoßen hat. Werde ich aber verurteilt, weil ich an einen anderen Gott glaube und nicht denselben verehre wie die Christen, so werde ich umlernen zur Wahrheit und dem nicht wenig dankbar sein, der mich von einem Irrglauben befreit und mich in die Wahrheit einweiht.« Kurz darauf erschien der Patriarch vor Manuel und sprach passende, beschwichtigende Worte. Er bewirkte, daß der Kaiser von seinem Zorn ließ und dem Eustathios seinen Ausruf verzieh. Eustathios durfte seine Meinung rechtfertigen und Manuel sagte schließlich zu ihm: »Du darfst als weiser Mann keine so häßlichen Ausdrücke gebrauchen und solltest nicht so keck Unpassendes reden!«

Dann wurde die Schrift des Kaisers über jene Lehrmeinung verlesen. Alle billigten sie als gottesfürchtig und die Sache richtig darstellend und versicherten, sie würden sie mit Freuden unterschreiben. Dann löste sich die Versammlung auf. Die Zuhörer gingen voll Stolz nach Hause, weil sie, wie sie glaubten, mit ihrem Widerstand den Kaiser besiegt hatten; dieser freute sich, weil er jene doch unter seinen Willen gebeugt hatte... (Nik. Ch.) ☐

Nach einigen Modifikationen wurde Manuels Satzung akzeptiert und die Verdammung »Allahs« aus dem Katechismus gestrichen.

Der streitbare Erzbischof von Thessalonike war einer der führenden Geister der Kirche, ein Mann von tiefer Gelehrsamkeit — er schrieb Kommentare zu Homer, Pindar und Aristophanes — und ein wahrer Seelsorger, der aufopfernd für seine Gemeinde sorgte. Er scheute sich nicht, wie die Szene bei Hofe zeigt, seiner Meinung mit unverblümter Offenheit Ausdruck zu geben. Unermüdlich war er für die Verbesserung der Zustände in der Kirche tätig, ließ vor allem den Mönchen kräftige Ermahnungen zukommen und zieht gegen ihre Unwissenheit und ihr weltliches Gehabe zu Felde. Eine eigene Schrift »Betrachtungen über den Mönchsstand« widmete er den Mißständen in den Klöstern.

☐ Es ist ferner eingeräumt, das Mönchsleben sei die Kunst der Künste und die Wissenschaft der Wissenschaften, was aber auch der Begriff der Philosophie ist. Hiernach möchte einer, der sich in der Hoffnung auf Gott und sein Erkennen in die Einsamkeit eingebürgert hat, der wahre Philosoph sein. Wie kann aber einer philosophieren, der

Griechischer Bischof

keine hinreichende wissenschaftliche Bildung besitzt und auch nicht zur geistlichen praktischen Erleuchtung vorgedrungen ist? Was jedoch höher als alles andere ist: der eigentliche Mönch steht zur Seite Gottes und ist deswegen ein Schüler. Steht er zu seiner Seite, so schaut er ihn auch, nach dem Spruch: lernet und erkennet, nämlich Gott. Wie kann aber einer Gott erkennen, der auf beiden Augen blind ist, von dem das eine auf die Praxis, das andere auf die Theorie sich bezieht? Was in der Mitte liegt, ist wenig und so dünn wie ein Haar. Denn die vollkommene Theorie kann nicht außer Verbindung mit der Praxis stehen, und die Praxis ohne Theorie ist blind. Die Praxis lernt das meiste aus den Büchern kennen, in welchen die heiligen Dogmen, die höheren Geheimnisse und die heiligen Geschichten enthalten sind, sie, die selbst auch als göttliche Werke gelten mögen, als Bilder der Erziehung, Lichter edler Handlungen, Muster der Wohlanständigkeit, Antriebe zum rechten Wandel.

Ich wollte, jene Menschen (die Mönche) beschäftigten sich auch mit der Sammlung heidnischer Geschichten, Gedanken und Sinnsprüche, aus denen die heiligen Väter der Vorzeit ihren Honig sammelten, um daraus wie Bienen jene feinen Bücher zu verfertigen, in welchen sie ihre Sprüche, süßer denn Honigwaben, niederlegten und so auf eine Gott wohlgefällige Weise tätig waren. Ich möchte wünschen, daß die, die bei uns sich als Mönche zeigen, es ebenso machten. Daß sie jedoch außer den heidnischen Schriften auch die unsrigen geringschätzen, welche noch tiefer in das Wesen Gottes und die göttlichen Dinge eindringen, will ich ihnen jetzt zu Gemüte führen, damit sie endlich einmal ihrem Geifern ein Ziel setzen.

Himmel und Erde, welche Rede hatte ich einmal von einem solchen Mann zu vernehmen! Ich hörte, es sei irgendwo ein geistliches Buch vorhanden; sein Verfasser sei Gregorios, der auch der Theolog heißt (Gregor von Nazianz), jener Mann, welcher einst Feuer atmete und durch seine Beredsamkeit hervorleuchtete. Das Buch galt als etwas Ausgezeichnetes, sein Ruhm war überall verbreitet und es zog viele Leute herbei, die es als ein Wunder betrachteten. In der Tat konnte man es — so groß waren seine inneren und äußeren Vorzüge — nicht ohne Vergnügungen ansehen: es war eine Lust für die Seele und eine wahre Augenweide. So kam es, daß auch ich den Wunsch bekam, die Bekanntschaft dieses trefflichen Gregorios zu machen; war dabei aber nicht sehr glücklich. Das Buch, dachte ich, ist vielleicht verlegt worden. Die Sache war mir natürlich unangenehm und ich fragte den Abt, einen rechtschaffenen, wissenschaftlich gebildeten

Mann, wo das schöne Buch sei. Dieser bewegte seinen rechten Zeigefinger, als ob er einen Kreis beschreiben wollte, gab aber keine Antwort. Als ich in ihn drang und noch einmal freundlich mich darnach erkundigte, sagte er, das Buch sei verkauft. »Denn wozu«, war sein Ausdruck, »war es uns nütze?« Als das meinen Unwillen erregte, den ich auch gar nicht verhehlte, rückte der ehrwürdige Mönch deutlicher mit der Ursache heraus: »Wozu brauchen denn wir solche Bücher?« Bei diesen Worten ging mein Unmut in ein helles Gelächter über. Ich machte ihm Vorwürfe und fügte zuletzt bei: »Was werdet ihr ehrenwerten Mönche noch brauchen, wenn ihr solche Bücher für nichts achtet?« Der Mensch kehrte mir den Rücken, um sich zu entfernen, und sich sein ganzes Leben lang nicht mehr vor mir sehen zu lassen, vermutlich weil er an meiner großen Bücherliebhaberei Anstoß genommen hatte. So macht es ihr Mönche? So verachtet ihr die Theologen, ja überhaupt alle, die von ihrer Art sind? Sind euch die gottbegeisterten Männer so ganz unnütz? O Faustus, o Dalmatus, o Theodoros Studites, o Epiphanios von Kypros, o ihr andern heiligen Mönche von ihrer Art! Lebtet ihr ebenso? Achtetet ihr die theologischen Bücher so ganz und gar für nichts? O heiliger Ephraim, wozu die viele Philosophie, mit der du dich über Genüge erfülltest und zuletzt Gott im Gebet anflehtest, er möchte das Übermaß deiner Erkenntnis kleiner machen?

... Du trägst nicht nur kein Verlangen nach einem solchen Schatz, sondern du verfolgst auch Leute, die einen Wert darauf legen. Du rühmst dich, keine andere Dreiheit zu kennen als die Andacht in der Kirche, deine Zelle und den Tisch; wobei du übersiehst, daß dem echten Mönche das nicht zur Vollendung der Tugend genügt, sondern daß er gar sehr auch das Wissen nötig hat. Und damit meine ich nicht bloß das geistliche Wissen, sondern wie gesagt auch das geschichtliche, außerdem vielerlei anderes Wissen, um mittels desselben sich zum Umgang mit anderen zu befähigen.

Oder sage mir: wo sammelten jene großen Heiligen ihre Kenntnisse? Etwa, daß sie sich in Dörfern und Städten umtrieben, daß sie von der Länge der Straßen und Gassen Kenntnisse sammelten, daß sie in allen Landen zuhause waren? Oder dadurch, daß sie daheim blieben und sich mit allerlei Lektüre beschäftigten? Wodurch wußten auch Männer, welche ursprünglich keine solchen Beschäftigungen zu ihrer Sache machten, gleichwohl später eine Fülle von Weisheit zu sammeln, wie solche sich für Apostel Gottes geziemt, und Donnerworte vernehmen zu lassen, die bis zum Ende der Erde erschollen? Streiften sie auf den öffentlichen Plätzen umher? Trieben sie sich ohne Unterlaß herum? Zankten sie sich mit den Leuten auf dem Markte? Verstanden sie sich auf das Winkegeben, auf das Lispeln und dahin zu blicken, wohin man nicht blicken soll? Warfen sie nicht vielmehr ihre Augen in die Bücher oder beschäftigten sich wenigstens neben der Handarbeit mit dem Anhören nützlicher Vorträge? Bücher freilich hassen die trägen Gelehrten und wandeln nicht bloß auf dem Lebenswege wie auf Dornen — wie jener sagte, die Pfade der Trägen seien mit Dornen gepflastert —, sondern sie verachten sie geradezu. Sie sinnen nämlich auf nichts anderes, verstehen auch nichts anderes, als die Kopfbedeckung auf dem Markte fast bis zum Munde herabreichen zu lassen, um glauben zu machen, daß sie unbemerkt bleiben wollen. Läßt sich aber ein unnützes Geplauder hören, da schlagen sie die schwarze Hülle über die Stirn, ja bis zum Hinterkopf zurück, um mit freiem Gesichte sich ihre Frechheiten erlauben zu können, gerade als ob sie wie Huren aussähen. Da weiß jener Mensch, der immer nur auf den Boden schaut, die Augen aufzumachen, als wolle er Feuer und Flamme von sich geben. Er erlaubt sich das Ärgste, brennt vor Wut, versammelt den großen Haufen um sich und gibt sich alle Mühe, um nicht der öffentlichen Straße, die er liebt, durch schüchternes Wesen Schande zu machen.

Wie, mein Mönch, sollen wir dich in einem solchen Augenblick anreden? Als Stadtbewohner oder als Einsiedler? Als Menschen der geistlichen Zurückgezogenheit oder der bürgerlichen Öffentlichkeit? Als Dorfbürger oder als Bürger der Einöde? Ja, als einen solchen, meine ich, welcher die von ihm betretene Stadt zu einer Einöde des guten Beispiels macht. Irdisch sollst du sein in der äußeren Erscheinung, himmlisch im verborgenen Wesen, in der Liebe gegen Gott, den allgemeinen Vater, der in das Verborgene sieht und öffentlich vergilt. Dem Äußeren nach erhebst du dich wie einer, der gen Himmel strebt; in Wahrheit aber bist du der Erde zugebückt und an sie festgewachsen wie Alraun und sonst eine Pflanze, die man nur mit Mühe aus dem Boden ziehen kann. »Entweder Gott«, heißt es, »oder dem Mammon!« Wie auch anders? So gehört auch der wahre Mönch durchaus entweder der Welt oder dem Kloster. Denn wer wahrhaft allein ist, der kann nicht zu zweien werden. □

Tatsächlich befand sich das Klosterwesen in einem anstoßerregenden Zustand. Die Sitte der frommen Stiftungen hatte den Klöstern zu großen Reichtümern verholfen, die, abgesehen davon, daß sie die Mönche zum Wohlleben verführten, der Besteuerung durch den Staat entzogen waren. Eine Enteignung kam nicht in Frage; Manuel griff stattdessen auf das Beispiel der Kaiser Romanos I. Lakapenos und Nikephoros Phokas zurück und verbot die Vermehrung des Klosterbesitzes durch Gesetz, um der »Nachwelt ein Beispiel zu geben, wie man Gotteshäuser bauen müsse und wie man jenen, die dem Leben entsagt, die sich der Einsamkeit geweiht und von allem Materiellen gelöst haben, den Tisch bestellen solle« – nämlich bescheiden und frei von weltlichem Reichtum und Prunk.

Anfang der 70er Jahre nahm Friedrich Barbarossa Beziehungen zu dem alten Widersacher von Byzanz, Kilidsch Arslan, auf und ermunterte ihn, Feindseligkeiten gegen Manuel zu eröffnen, damit dieser von der Einmischung in die Angelegenheiten Italiens abgezogen würde. Schon immer hatte es Raub- und Kriegszüge zwischen Byzanz und den Seldschuken gegeben, ohne daß es zu einem erklärten Krieg gekommen wäre. Der Sultan wagte nicht, Manuel herauszufordern und dieser war in den letzten Jahren in Serbien und Ungarn vollauf beschäftigt gewesen. Inzwischen aber hatte Kilidsch Arslan seine Macht ausgedehnt und gefestigt, so daß er vor einem offenen Konflikt nicht mehr unbedingt zurückscheute. Manuel dagegen erbitterten die zunehmenden Übergriffe und dauernden Plünderungen der türkischen Reiterscharen so sehr, daß er sich entschloß, mit dem Unwesen ein für allemal Schluß zu machen. Im Frühjahr 1176 brach er mit einer gewaltigen Streitmacht auf mit dem erklärten Ziel, Ikonion in seine Gewalt zu bringen. Der Marsch, von einem umfangreichen Troß belastet, wurde besonders durch die vorausziehenden Türken noch erschwert, die alles Gras vernichteten, alle Lebensmittel verschleppten und die Brunnen verunreinigten. Der Sultan sammelte inzwischen eine große Armee, die durch mesopotamische Hilfstruppen verstärkt wurde. Trotzdem machte er Manuel noch ein Friedensangebot, das aber abgelehnt wurde. Der Kaiser wollte den Sultan vernichten und setzte unbeirrt seinen Weg fort.

□ Da sah der Sultan ein, daß ein Vertrag nicht zustande kommen würde, und besetzte eine »Sperre von Tzybritze« genannte Wegenge, durch welche das rhomäische Heer nach dem Abmarsch von Myriokephalon ziehen mußte. In diese Enge stopfte er seine Truppen, damit er den Rhomäern, wenn sie durchziehen wollten, sogleich entgegentreten könne. Die Tzybritzesperre ist eine lange Schlucht, von hohen Berghängen umsäumt. Nach Norden fällt sie allmählich immer weniger steil ab und weitet sich zu breiten Tälern zwischen flachen Hügeln. Nach Süden jedoch stürzt sie jäh und ganz zerklüftet ab.

Der Kaiser, dem ein so schwieriger Weg bevorstand, hatte offensichtlich keinerlei Vorsorge für sein Heer getroffen. Er befreite sich nicht von der Last des umfangreichen Trosses, nicht einmal die Wagen mit den Belagerungsmaschinen ließ er zurück, und suchte nicht erst mit einer von Gepäck unbeschwerten Abteilung die Perser aus dem langgestreckten Gebirgspaß zu vertreiben und dem Heer auf diese Weise den Durchgang zu erleichtern, sondern wie er auf der Ebene marschiert war, so wollte er sich durch die Schlucht hindurchzwängen, obwohl ihm gemeldet worden war und seine eigenen Augen es ihm bald bestätigten, daß die Barbaren die Gipfel besetzt hielten, bereit, den Kampf zu eröffnen und jeden Köcher zu leeren, jedes Geschoß zu verschießen, um die Rhomäer am Vormarsch zu hindern und zurückzuwerfen.

Der Kaiser führte also unvorbereitet seine Truppen heran. Es war der Monat September (1176). An der Spitze des Heeres zogen mit ihren Abteilungen die beiden Söhne des Konstantinos Angelos, Johannes und Andronikos, und mit ihnen Konstantinos Makrodukas und Andronikos Lapardas. Hinter ihnen befehligte den rechten Flügel der Schwager des Kaisers, Balduinos (der Bruder der Kaiserin Maria), den linken Theodoros Maurozomes. Dann kamen der Troß und die Dienerschaft des Heeres und die Wagen mit den Mauerbrechern, dann der Kaiser selbst mit den Kerntruppen. Die Nachhut führte Andronikos Kontostephanos. Als das Heer zu dem schwierigen Teil des Weges kam, zogen die Söhne des Angelos sowie Makrodukas und Lapardas mit ihren Abteilungen unangefochten durch. Ihre Fußtruppen griffen nämlich die Perser, die auf den hügeligen Ausläufern des Gebirges standen, an, verscheuchten sie und drängten sie bis zu den steilen Wänden der Schlucht zurück. Auch die folgenden Abteilungen wären wohl heil durch die dichten Scharen der Perser gekommen, wenn die Rhomäer sich die Mühe gemacht hätten, an die vorausziehenden Abteilungen dicht aufzuschließen, sich zusammenzuballen und die Angriffe der Perser mit Pfeilschüssen abzuweisen. So aber vernachlässigten sie den Zusammenhalt untereinander und die Perser warfen sich in wachsender Zahl und mit voller Wucht von den steilen und hohen Hügeln herab auf die unten Marschierenden, schnitten die einzelnen Abteilungen voneinander ab und griffen immer kühner an. Die Truppen Balduins wurden geschlagen, viele wurden verwundet, viele getötet. Balduin sah, daß seine Sache schlecht stand, daß er von allen Seiten bedrängt wurde, daß sein Heer zu schlaff war, um durchzubrechen und sich den Weitermarsch zu erkämpfen. Da nahm er einige Reiter und sprengte gegen die Perser. Aber er wurde von ihnen eingekreist und erschlagen. Auch alle anderen, die bei ihm waren, fielen nach tapferem Kampf.

Das hob den Mut der Barbaren und sie verlegten in dichten Haufen den Rhomäern alle Pfade und riegelten den Durchgang ab. Die Rhomäer, in dem Engpaß zusammengedrängt, behinderten einander und vermochten nicht, dem Feind Schaden zuzufügen; und nicht nur das, sie standen auch den Nachrückenden im Weg und konnten so keine Verstärkung bekommen. Um so leichter wurden sie von den angreifenden Türken niedergemetzelt, es kam keine Hilfe von der Nachhut oder vom Kaiser, sie konnten nicht zurück und nicht zur Seite entweichen, denn die verkeilten Wagen erlaubten den vorderen Abteilungen nicht, sich zurückzuziehen oder sich günstig aufzustellen, und bildeten für den Kaiser und sein Heer einen Wall, der den Weg nach vorne versperrte.

So fielen unter den Pfeilen der Perser der Ochse und sein Treiber, fielen das Pferd und der Reiter (2 Moses 15, 1), die Klüfte füllten sich mit Leichen, zwischen den Bäumen häuften sich die Gefallenen, Ströme von Blut brachen gurgelnd hervor, Menschenblut floß mit dem der Zugtiere zusammen. So grauenhaft, so jede Beschreibung übersteigend war, was dort geschah. Die Rhomäer konnten nicht vor und nicht zurück, weil die Perser auch schon in ihrem Rücken standen, und wurden wie Schafe im Pferch in der Wegenge abgeschlachtet. Wenn noch ein Herz bei den Rhomäern tapfer schlug, wenn noch ein Rest von Widerstandswillen bei ihnen war, so war auch das dahin und ausgelöscht, als die Feinde sie ein Schauspiel des Grauens sehen ließen: das Haupt des Andronikos Vatatzes, auf einer Lanze aufgespießt! Andronikos war ein Neffe Manuels und versah mit dem Heere, das in Paphlagonien und im pontischen Herakleia ausgehoben wurde, den Grenzschutz gegen die Türken von Amaseia.

All das Abscheuliche, das der Kaiser hören und sehen mußte, verwirrte sein Denken. Er sah das Haupt seines Neffen emporgehalten, er überblickte die Größe der Gefahr, in der er sich befand, und tiefe Mutlosigkeit befiel ihn. Sprachlos würgte er sein Leid hinunter und weihte — wie man so sagt — seinem Schmerze stumme Tränen. Er wartete auf die weitere Entwicklung und konnte offensichtlich keinen Entschluß fassen.

Die Vorhut des Heeres, die den gefährlichen Pfad unversehrt hinter sich gebracht hatte, besetzte einen Hügel, der eine gewisse Sicherheit bot, und schlug dort ein umschanztes Lager auf.

Die Perser wendeten jedoch allen Eifer auf, um die beim Kaiser stehenden Truppen niederzukämpfen. Sie meinten, wenn es ihnen gelungen sei, diesen, den größten und stärksten Teil, zu schlagen, würden sie auch die übrigen leicht vernichten können. Denn wenn man einer Schlange den Kopf zertritt, so ringelt sich auch der übrige Körper nicht mehr, und wenn die Akropolis eingenommen ist, ist auch die übrige Stadt gefallen. Der

Kaiser versuchte mehrere Male, die Barbaren aus dem Paß zu vertreiben, und bemühte sich sehr, seinen Leuten einen Weg zu bahnen. Aber er sah keinen Erfolg. Und auf dem gleichen Platz zu verbleiben hätte ebenso sehr den Untergang bedeutet. Denn die Perser wurden immer stärker, weil sie von oben her kämpften. Deshalb sprengte Manuel mit wenigen Männern seines Gefolges gegen die vor ihm stehenden Feinde und rief den übrigen zu, jeder solle sich retten, wie er könne, er vermöge nicht mehr zu helfen.

Manuel entkam den Barbaren, die ihn wie in einer Mausefalle eingeschlossen hatten, freilich mit vielen Wunden und Beulen bedeckt, die ihm die Schwerter und Eisenkeulen der ihn umdrängenden Perser geschlagen hatten. Er war am ganzen Körper verwundet, in seinem Schilde staken an die 30 blutdürstige Pfeile und er konnte den verbeulten Helm nicht mehr geraderichten. Aber trotz alledem entzog er sich wider Erwarten dem Zugriff der Barbaren. Gott schützte ihn, der auch einst das Haupt Davids in den Tagen des Krieges beschattet hat, wie jener Freund des Psalmengesanges selbst sagt (Ps. 139, 8).

Den anderen Rhomäern erging es schlechter. Spitze Speere bohrten sich von allen Seiten in ihre Körper, aus der Nähe abgeschossene Pfeile drangen durch ihre Leiber und im Kampfgedränge zertrat einer den anderen. Einige schlugen sich durch die Perser und kamen mit heiler Haut durch die Schlucht, fanden aber in den Klüften dahinter den Tod. Denn die Schlucht teilt sich dort in sieben eng beieinander liegende Gräben und wird etwas breiter, dann aber wieder eng. Diese Gräben waren von den Türken besetzt und sorgsam bewacht. Und überhaupt gab es keinen Platz in dieser Gegend, der nicht voller Türken gewesen wäre.

Auch ein Sturm kam und wehte den Sand von der hohen Düne, die er aufwarf, auf die kämpfenden Heere. Es war wie bei einem Nachtgefecht, sie tappten im Dunkeln, gingen aufeinander los und schlachteten ohne Unterschied Freund und Feind. Man konnte ja die eigenen Leute nicht von den anderen unterscheiden, Perser und Rhomäer zückten auch gegen ihre Kameraden das Schwert und erschlugen jeden als Feind, der ihnen entgegentrat, so daß die Gräben dort ein einziges Grab wurden, ein Massengrab, in dem Rhomäer und Barbaren, Pferde, Rinder und Packesel durcheinander lagen. Es fielen aber weitaus mehr Rhomäer, besonders viele aus dem Kaiserhaus und von den Vornehmen.

Als der Sandsturm nachließ und die undurchdringliche Finsternis sich hob, da bot sich den Blicken der Soldaten ein grauenhaftes Bild dar: Bis zu ihren Hüften, bis zu ihren Nacken lagen rings um sie die Gefallenen, und die Verwundeten streckten flehend die Hände aus und riefen mit bittenden Gebärden und klagender Stimme die Vorübereilenden um Hilfe an. Aber da war niemand, der ihnen helfen, niemand, der sie hätte retten können. Im Leid der Verwundeten erlebte jeder die Bitterkeit eines ihm selbst drohenden Schicksals voraus und lief um sein Leben. Die Bedrängnis machte alle hartherzig und sie hasteten, so schnell sie konnten, um sich selbst zu retten.

Kaiser Manuel ritt in den Schatten eines wilden Birnbaumes und suchte die Erschöpfung zu überwinden und frische Kräfte zu sammeln. Er hatte keinen Schildträger, keinen Lanzenträger, keinen Leibwächter. Nur einer von der Reiterei sah ihn und hatte Mitleid mit ihm, ein gemeiner Soldat aus der großen Masse der Rhomäer. Der trat gutmütig aus freien Stücken zum Kaiser und war bereit, ihm, soweit es möglich war, beizustehen. Er richtete auch dem Kaiser den schiefgeschlagenen Helm wieder zurecht.

Während der Kaiser bei dem genannten Baume hielt, sprengte ein Perser heran, fiel seinem Pferd in die Zügel und wollte ihn fortschleppen. Es war ja niemand da, der ihn abgewehrt hätte. Aber mit der abgebrochenen Lanze, die er noch in der Hand hielt, schlug Manuel ihm auf den Kopf und streckte ihn zu Boden. Kurz darauf ritten andere Perser herzu und streckten schon die Hände aus, um den Kaiser lebendig gefangenzunehmen. Leicht aber trieb er auch diese zurück. Er übernahm von dem neben ihm stehenden Reiter die Lanze, legte sie ein und spießte einen der Angreifer auf, und der Reiter selbst zog sein Schwert und hieb einem anderen den Kopf ab. Als sich zehn andere bewaffnete Rhomäer beim Kaiser einfanden, zog er von dort weiter und wollte sich den vorausgezogenen Abteilungen anschließen. Kaum aber war er ein kleines Stück

vorgerückt, behinderten die Türken und nicht weniger die hoch aufgeschichteten Leichenhaufen seinen Weg.
Nur mit Mühe, bisweilen über Leichen reitend, kam der Kaiser durch das unwegsame Gelände vorwärts und gelangte über den dort vorbeifließenden Wildbach. Ein anderer Haufen von Rhomäern sah den Kaiser, lief herbei und vereinigte sich mit ihm. Da mußte Manuel, als er seinen Blick hob, mit eigenen Augen sehen, wie Johannes Kantakuzenos, der Gatte einer seiner Nichten, allein gegen eine Übermacht kämpfte und sich tapfer zur Wehr setzte, wie er herumblickte, ob ihm jemand zu Hilfe komme, und wie er, da niemand ihm beistand, nach kurzem Kampf fiel und der Rüstung beraubt wurde. Die Perser, die ihn erschlagen hatten, bemerkten nun den Kaiser — denn er konnte nicht ungesehen vorbeikommen —, rotteten sich zusammen und gingen auf dieses edle Wild los in der Meinung, ihn gar bald fangen oder töten zu können. Alle ritten sie auf arabischen Pferden und waren dem Aussehen nach vornehmere Männer, denn sie führten auffallend schöne Waffen und ihre Pferde hatten neben anderem herrlichen Schmuck sehr lange, kunstvoll geflochtene Mähnen mit helltönenden Schellen daran. Der Kaiser machte seinen Leuten Mut und schlug den Ansturm der Feinde ohne Mühe ab.
Immer Schritt für Schritt vorrückend, kam der Kaiser teils kämpfend, teils auch ohne Blutvergießen an den Persern, die in Scharen immer von neuem herbeiströmten und ihn gefangennehmen wollten, vorbei und gelangte hocherfreut und freudig begrüßt zu den vorausgezogenen Abteilungen, deren Besorgnis um sein Schicksal ebenso groß gewesen war wie ihr Unmut über ihre eigene Bedrängnis. (Nik. Ch.) □
Diese grauenvolle Niederlage stürzte den Kaiser in tiefste Depressionen, doch wider Erwarten ließ sich Kilidsch Arslan zu Friedensverhandlungen herbei, durch die man wenigstens freien Abzug erhielt. Absichtlich führten die Türken den Kaiser und die kümmerlichen Reste seines Heeres durch die Schlucht, »die Todeskelter« zurück, »damit er mit eigenen Augen das jammervolle Bild sehe. Und was sich den Augen bot, war wahrhaftig beweinenswert, ja mehr als das, die Größe des Grauens überstieg die Tränen«.
Die Katastrophe von Myriokephalon 1176 kann nur mit der Schlacht von Mantzikert 105 Jahre früher verglichen werden, in der Kaiser Romanos Diogenes gefangengenommen worden war. Manuel nannte sich selbst einen »Leidensgenossen des Romanos Diogenes« und wirklich haben diese beiden Schlachten das Schicksal Kleinasiens entschieden. Mantzikert hatte den Seldschuken das Eingangstor eröffnet, mit Myriokephalon schwand die letzte Hoffnung dahin, das Land jemals wieder zurückgewinnen zu können.
Noch unter dem Eindruck des furchtbaren Geschehens schrieb Manuel seinem »liebsten Freunde«, König Heinrich II. von England einen langen Brief mit der ausführlichen Schilderung der Schlacht und des anschließenden Friedensschlusses. Seine Absicht dabei war, den Gerüchten von der völligen Vernichtung der byzantinischen Macht entgegenzuwirken; er milderte also in seiner Beschreibung die Vorgänge und betonte, daß der Friedensschluß »unter den kaiserlichen Feldzeichen« beschworen worden sei. Auch Kaiser Barbarossa erhielt ein ähnliches Schreiben, das aber eine ganz andere Wirkung hervorrief als erwartet. Im schroffsten Tone forderte Barbarossa in seinem Antwortschreiben Manuel, den »griechischen König«, auf, sich ihm, dem »römischen Kaiser«, zu unterwerfen und ihm den schuldigen Gehorsam zu leisten. Die Idee von dem einen römischen Reich, die Manuel in seiner Politik so nachdrücklich vertreten hatte, hatte sich der Staufer nun zu eigen gemacht und spielte sie gegen Manuel aus. — Die nun folgenden Einbrüche der Türken nach Westkleinasien vermochte Kaiser Manuel in einigen siegreichen Treffen abzuwehren. Dadurch wurde wenigstens erreicht, daß Kilidsch Arslan darauf verzichtete, weiter nach Westen vorzudringen. Manuel, der nach der Schlacht von Myriokephalon ein anderer geworden war, ließ allen kaiserlichen Aufwand beiseite und marschierte mit seinen Soldaten durch Sturm und Wetter. »Wenn Manuel aber einmal rasten mußte, war der Erdboden sein Stuhl und untergelegte Spreu mußten ihm sein Teppichlager ersetzen. Wenn zuweilen der Regen niederströmte, und der Rastplatz in einer sumpfigen Schlucht lag, dann wurde der Kaiser von oben durch die Tropfen naß,

und von unten drang die Feuchtigkeit durch das Lager und raubte ihm den Schlaf. Doch in solchen Augenblicken wurde Manuel mehr geliebt und mehr bewundert als zu Zeiten, wo er Diadem und Purpur trug und sein goldgezäumtes Roß bestieg.«

Konnte sich Manuel die Sympathie der Soldaten bewahren, so hatte er die seiner übrigen Untertanen schon lange verloren. Die Gründe dafür faßte Niketas Choniates wie folgt zusammen:

□ Daß die Steuern unter Manuel sehr drückend waren, will ich nicht verschweigen. Auch daß die hohen Ämter Stellenkäufern zugeschanzt wurden, will ich nicht übergehen und ebenso nicht Manuels Streben, für die Steuer gewissermaßen neuen Ackergrund zu erschließen und mit seinem Pfluge Furchen aufzureißen, aus denen ihm mannshohe Ähren wuchsen. Das eingenommene Geld wurde aber nicht aufbewahrt oder in der Erde vergraben, sondern mit vollen Händen als Spende an Klöster und Gotteshäuser ausgegeben und an die ärmeren Rhomäer verteilt. Der größte Teil aber floß in die Taschen der verschiedensten Völker, besonders in die seines lateinischen Anhangs. Manuel wollte seine Freigiebigkeit zur Schau stellen und verschwendete heillos das Geld, das er mit beiden Händen zusammengerafft hatte, indem er die ärgsten Wucherer mit der Steuererhebung betraute. Einen bedeutenden Teil seines Aufwandes verursachten seine Verwandten und sonstige ihm nahestehende Leute. Seine Nichte Theodora etwa, mit der er Beziehungen unterhielt, verfügte, obwohl sie nicht gekrönt war, über einen wahrhaft kaiserlichen Hofstaat und (legte solchen Wert auf festliches Gepränge, daß sie verschmähte,) den Palast zu betreten, wenn die Marmorfußböden vorher nicht blitzblank gekehrt worden waren. Es lag ihr eben im Blut, die Brauen hochzuziehen, die Augen stolz zu erheben und hochmütig dreinzusehen. Dem Sohn (Alexios), den sie dem Kaiser gebar, und der Reihe nach auch den anderen (unehelichen Söhnen Manuels) flossen ganze Ströme von Geld zu.

Von den Kämmerern, den Verschnittenen und sogar von den ausländischen Dienern mit ihrer barbarischen Aussprache, denen bei jedem Wort der Speichel aus dem Munde spritzte, ließ sich Manuel leicht beeinflussen und war ihnen gegenüber sehr umgänglich. Ihnen lieh er meist ein geneigtes Ohr und erfüllte bereitwillig ihre Bitten. Alle machte er reich, einige von ihnen lebten in solchem Überfluß, daß sich bei ihnen das Geld häufte und sie von herrlichem Schmuck umgeben waren wie die mächtigsten Herren bei den größten Völkern, und dabei waren sie ohne jegliche Bildung und konnten die griechische Sprache nur nachplappern, so wie das Echo das Flötenspiel der Hirten vom Felsen widerhallen läßt. Aber Manuel vertraute ihnen am meisten als seinen getreuesten und ergebensten Dienern. Ihnen verlieh er die höchsten Ämter, ja, er übertrug ihnen sogar Richterstellen, zu denen selbst ein Mann mit reicher Erfahrung auf dem Gebiete des Rechtswesens erst spät gelangt. Wenn, was häufig vorkam, eine Provinz für die Steuervorschreibung neu aufzunehmen war, wurde diese Bande gebildeten, angesehenen Männern vorgezogen. Wurde ihnen aber ein vornehmer Rhomäer beigegeben, ein Mann voll Geist und Klugheit, dann zu dem Zweck, daß er die Aufzeichnungen mache und die Unterlagen bearbeite, auf Grund deren die Abgaben erhoben werden sollten. Der Ausländer aber führte den Vorsitz, so, als ob er der eigentliche Steuereinnehmer wäre, und er versiegelte die Geldsäcke, die an den Kaiser geschickt werden sollten.

Meist ging es aber ganz anders aus, als Manuel beabsichtigt hatte. Er überging mißtrauisch die Rhomäer, weil er sie für diebisch hielt, und merkte nicht, daß er dadurch nur geldgierige Barbaren bereicherte und erbärmlichem Gesindel Wohltaten erwies und die angeborene und anerzogene Biederkeit und Treue seines Volkes ins Gegenteil verkehrte. Denn den Rhomäern blieb das kränkende Mißtrauen des Kaisers nicht verborgen. Sie merkten, daß der Kaiser sie eher als Handlanger denn als zuverlässige Beamte betrachtete und ihnen deshalb Ausländer an die Seite setzte und daß er sie zu zweit ausschickte, weil er sie sozusagen nur als Beipferde am Staatskarren und den anderen als Leitpferd ansah. Sie taten nur, was ihnen aufgetragen worden war. Sie behandelten Münzen wie Garben, die sie ernteten, banden und in die Scheuer führten, soll heißen: jenem Barbaren ablieferten, der ein so hohes Amt übertragen bekommen hatte und vom Kaiser für würdiger als die vielen, vielen anderen Rhomäer befunden worden war. Um

das übrige kümmerten sie sich nicht. Zum Kaiser kam nur wenig, gewissermaßen nur der Abfall, den Großteil eigneten sich beide gemeinschaftlich an. Jener »gute und getreue Knecht«, wie der Kaiser glaubte, knetete sich als erster sein Brot aus dem ausgedroschenen Weizen, will sagen Golde, dann gab er auch seinem Amtsgenossen davon. □
Ob die abendländischen Würdenträger in Manuels Diensten wirklich nur raffsüchtige Schmeichler waren, oder ob der Kaiser gute Gründe hatte, ihnen mehr zu vertrauen, spielt dabei keine Rolle; so oder so empfand man — wie Niketas — die Bevorzugung der Fremden als eine Herausforderung. Wenn man bedenkt, daß gegen Ende der Regierungszeit Manuels gegen 60 000 Ausländer in Konstantinopel ansässig waren, so ist das nicht ganz unverständlich.

Manuel hatte die Katastrophe von Myriokephalon nicht überwinden können. In den letzten Jahren seines Lebens war er umdüstert und verbittert, ein innerlich gebrochener Mann. Es war nicht mehr zu verkennen, daß seine gewaltigen Kraftanstrengungen von keinem dauernden Erfolg gekrönt worden waren, ja, daß die byzantinische Macht in unaufhaltsamem Niedergang begriffen war. Isoliert, eingekreist, bedroht, ohne Bundesgenossen, befand sich das Reich in einer unvergleichlich schlechteren Lage als bei Manuels Regierungsantritt. Im Innern gärte die Unzufriedenheit. Manuels Temperament, seine diplomatische Geschicklichkeit und sein kriegerischer Elan hatten Byzanz noch einmal zu bewunderungswürdigen Leistungen angestachelt, aber er hatte seine Ziele zu weit gesteckt. Manuel erlebte den endgültigen Zusammenbruch seiner Politik nicht mehr. Er starb am 24. September 1180, nachdem er kurz zuvor das Mönchsgewand genommen hatte. Mit ihm sank die Herrlichkeit von Byzanz für immer ins Grab.

Manuels Tod brachte seinen Sohn Alexios II. zur Herrschaft, einen 12jährigen Jungen, der wegen seiner Jugend zum Regierungsgeschäft unfähig war und dessen Anlagen auch für die Zukunft nicht viel erhoffen ließen. An seiner Stelle führte die Kaiserin Maria von Antiocheia die Regentschaft, unterstützt von dem Protosebastos Alexios Komnenos, einem Sohn des Andronikos, des frühverstorbenen Bruders des Kaisers Manuel. Der Protosebastos erfreute sich allgemeiner Unbeliebtheit, denn er war ein anmaßender alter Geck und man verdächtigte ihn heimlicher Absichten auf den Kaiserthron. Kaum weniger unbeliebt war die Kaiserin, die man im Volke nur als die »Fremde« bezeichnete; immerhin lockte ihre Schönheit aber manche Verehrer an, die »verliebt ihr Haar kräuselten« und mit der Hand der Witwe die Kaiserkrone zu erringen hofften. Die unaufhörlichen Palastintrigen ließen niemandem Zeit, sich um die Verwaltung des Reiches zu kümmern. Der Protosebastos warf im Verein mit der schönen Maria das von Manuel zusammengebrachte Geld zum Fenster hinaus, während die übrigen Mitglieder des Komnenenhauses, die sich unrechtmäßig zurückgesetzt fühlten, in immer schärfere Opposition zu den Regierenden gedrängt wurden. Ihre Unzufriedenheit fand in der großen Masse besonders deshalb Verständnis, weil die Kaiserin in noch stärkerem Maße als Manuel sich auf die Hilfe der »Lateiner« stützte und ihre Gegner sich als Vertreter der national-byzantinischen Sache aufspielten. Haupt der Opposition war die Kaisertochter Maria, die Tochter Bertas von Sulzbach, und ihr Mann, der Caesar Rainier von Montferrat. Nach einem mißglückten Attentatsversuch auf den allmächtigen Protosebastos floh die energische Maria in die Hagia Sophia, sammelte dort ihre Anhänger und organisierte einen regelrechten Straßenkampf gegen die kaiserlichen Truppen. Zwar konnte der Frieden nach ein paar Tagen wiederhergestellt werden, aber die Spannung hatte eher zugenommen. Die Kaisarissa hatte begriffen, was der improvisierten Revolte gefehlt hatte; man mußte aufs ganze gehen und die Führerpersönlichkeit finden, die das Vertrauen der Aristokratie und der Massen besaß oder zu erwerben fähig war. Und die Kaisarissa wußte, wer dieser Mann sein würde — und doch hatte sie ihn ganz falsch beurteilt.

Andronikos Komnenos war ihre Hoffnung und zu ihm eilte sie nach Paphlagonien, um ihn aufzufordern, die unerträglichen Verhältnisse in Konstantinopel zum Guten zu wenden. Andronikos war ein Sohn des Sebastokrators Isaak, der seinen Bruder Johannes II. vor Zeiten im Stich gelassen und jahrelang bei den Türken gelebt hatte und dessen Sohn Johannes, Andronikos Bruder, Mohammedaner geworden war und die Tochter Sultan

Masuds geheiratet hatte. Der zum Abenteuerlichen neigende Zug dieses Zweiges der Komnenenfamilie war in Andronikos ins Phantastisch-Romanhafte gesteigert. Ein Gigant von einem Mann, von erlesener Eleganz, klug und liebenswürdig im Gespräch, von einer überlegenen Intelligenz und gründlichen Bildung, listenreich wie kein anderer, ein unermüdlicher Frauenverführer, war er die längste Zeit seines Lebens unstet umhergetrieben worden, umwittert von Skandalen, immer auf der Flucht vor seinem Vetter Manuel, der ihn bewunderte, wie es alle Menschen taten, aber ihm auch nicht ohne Grund mißtraute. Mit seiner Kusine Eudokia lebte er in offenem Inzest. Mehr als einmal war er von Manuel jahrelang in schwerer Haft gehalten worden, immer wieder gelang es ihm zu entkommen; er konspirierte mit den Ungarn, mit deren Hilfe er den Thron von Byzanz erringen wollte. Ein anderes Mal entwich er an den Hof des Fürsten von Halic (Galizien), wo er glänzend empfangen wurde und Raubzüge gegen die Rhomäer unternahm. Dann wieder versöhnte er sich mit Manuel und baute ihm neuartige Belagerungsmaschinen. Er wurde Statthalter von Kilikien, hielt es aber nur so lange dort aus, bis ihn der Ruf von der Schönheit Philippas, der Tochter Raimunds von Poitiers und Schwester der Kaiserin Maria von Antiocheia, nach Syrien lockte. »Sie hatte ihn bezaubert, aber einen noch glänzenderen Eindruck machte er auf sie. Andronikos besaß aber auch in verschwenderischer Fülle, was einen Mann bewundernswert macht: er war hoch und schlank wie eine Tanne und außerdem noch ängstlich darauf bedacht, sich ausgesucht zu kleiden, vor allem trug er gern enganliegende Hosen und gab überhaupt in Bekleidungsfragen den Ton an.« Dem Zorn Manuels entzog er sich durch eine schnelle Flucht nach Jerusalem. Dort fesselte ihn sofort ein neues Abenteuer: die Witwe König Balduins III., Theodora, Manuels — und seine — Nichte verfiel dem Unwiderstehlichen sofort. Nun riß dem Kaiser die Geduld und er erließ den ausdrücklichen Befehl, den Vetter zu ergreifen und zu blenden. Dieser jedoch entwich abermals rechtzeitig und nahm Theodora mit sich. »Andronikos zog von Land zu Land, von einem Herrn und Machthaber zum anderen und kam weit herum. Wo er auch Rast machte, überall wurde er ehrenvoll und hochgeachtet aufgenommen, mit großer Freundlichkeit behandelt und reichlich beschenkt.« Zwischendurch machte er wieder mit seldschukischen Truppen Überfälle und verkaufte die gefangenen Rhomäer an seine Gastgeber. Schließlich gelang es Manuels Agenten, Theodoras habhaft zu werden. »Damit fesselte er Andronikos an sich, der, wie ein Fisch zum Köder, zu Theodora hingezogen wurde und sich durch seine Liebe zu ihr angeln ließ.« Er bot dem Kaiser seine Unterwerfung an und bat um Verzeihung und Straflosigkeit.

□ Da der Kaiser beides gewährte, kehrte Andronikos einige Zeit später zu ihm zurück. Aber einfallsreich, schlau und berechnend, wie er einmal war, umwand Andronikos seinen Nacken mit einer viele Pfund schweren, bis zu seinen Füßen reichenden eisernen Kette, hielt sie jedoch unter seinem Mantel verborgen, so daß der Kaiser und die Leute vom Hof sie nicht sehen konnten. Als er vom Kaiser empfangen wurde, warf er sich sogleich, sowie die Augen des Kaisers auf ihn fielen, der Länge nach zu Boden, zog die Kette hervor, benetzte seine Augen mit Tränen und flehte heiß und verzweifelt, der Kaiser möge ihm Verzeihung für alle Kränkungen zuteil werden lassen. Manuel wurde durch sein Benehmen überrascht und verwirrt, Tränen traten ihm in die Augen und er befahl, Andronikos aufzuheben. Der aber rief, er werde nicht eher aufstehen, bevor ihn nicht einer von den Anwesenden auf Befehl des Kaisers an der Kette fasse, durch die Schranken vor den Thron schleife und auf die Stufen des Thrones werfe. Und es geschah auch, wie Andronikos es verlangte. Isaak Angelos leistete ihm diesen Dienst, derselbe, der später des Andronikos Schreckensherrschaft beendete. Das ist ein verwunderliches Zusammentreffen und niemand wird das als blinden Zufall oder grundloses Ungefähr abtun wollen.

Andronikos wurde hierauf mit allem Glanz bei Hofe aufgenommen und aller Auszeichnungen und Gunstbezeigungen gewürdigt, die einem Mann seines Ranges nach langer Abwesenheit zustehen. Dann wurde er jedoch nach Oinaion geschickt, damit er sich fürderhin dort aufhalte und nach langjährigem, weitem Umherirren und -schweifen zur Ruhe komme. Beide, Manuel und Andronikos, wußten ja, daß ein Zusammenleben ihnen wieder zum Unglück ausschlagen würde, denn der Neid würde nicht ruhen und ebensowenig jene, die durch Verdächtigungen anderer das Vertrauen der Herrscher erschleichen und durch Verleumdungen den eigenen Einfluß stärken und sich zu höheren Ehren aufschwingen. (Nik. Ch.) □

Andronikos, der inzwischen die sechzig überschritten hatte, verhielt sich ruhig in Oinaion, verfolgte aber aufmerksam die Vorgänge in der Hauptstadt nach Manuels Tod. Er erfuhr genau,

□ daß Kaiser Alexios nur am Rossetummeln Gefallen finde und an kindischen Spielen, daß die einen seiner hochgeborenen Erzieher wie Bienen nach den Provinzen ausschwärmten und sie aussaugten, daß andere wie Ziegen begehrlich nach dem frischen Reis des Kaisertums blickten und nur danach gierten, es abzunagen, daß wieder andere die Schweine nachahmten und sich an unsauberen Einkünften mästeten, in ihren schmutzigen Handlungen suhlten und sich auf alles Abscheuliche stürzten, ohne auch nur einen Blick für Anständigkeit und für das Gemeinwohl übrig zu haben. Andronikos prüfte also sorglich die Möglichkeiten und suchte eifrig nach einem Vorwand, um sich scheinbar mit Fug in den Besitz der Herrschaft zu setzen.

Viele Gedanken wälzte er, jeden Schlich und Kniff überdachte er, schließlich verfiel er auf die Eidesformel, nach der er Manuel und dessen Sohn Alexios Treue geschworen hatte. Neben anderen Bestimmungen fand er darin auch folgende — allerdings darf man deren Wortlaut nicht durch andere Ausdrücke verfälschen, sondern man muß sie so mitteilen, wie sie abgefaßt war, nämlich: »Und sollte ich etwas sehen, bemerken oder hören, was dazu angetan ist, Euere Ehre zu schädigen und Euerem Geschlecht Schaden zuzufügen, so werde ich Euch dies zur Kenntnis bringen und es, soweit ich kann, zu hindern suchen.«

Wie Fliegen auf einer schwärenden Wunde, so saugte er sich an diesen Worten fest, denn sie waren für die Verwirklichung seines alten Traumes von der Macht sehr brauchbar. Ja, sein Sinn stand nach der Herrschaft und sein Wille war hart und rücksichtslos! Einen Brief nach dem anderen sandte er also an seinen Großneffen, den Kaiser Alexios, an Theodosios, den Leiter der Kirche, sowie an die übrigen, die sich einen Rest von Zuneigung zu dem dahingegangenen Kaiser Manuel bewahrt hatten. In diesen Briefen hielt er sich über die häßlichen Gerüchte auf, die umliefen, und tat sehr empört, daß der Protosebastos nicht aus seiner Machtstellung gedrängt werde und einen bescheideneren Platz zugewiesen erhalte, denn von diesem schleiche das Verderben für den Kaiser Alexios heran, ja stehe schon, für jeden offenbar, über dessen Haupt; und nicht zuletzt müsse der Protosebastos entfernt werden wegen des unziemlichen, seinen Ohren unerträglichen Geredes, das von den hohen Mauern herab ausposaunt werde, vor den Palästen der Mächtigen lauere und sich weltweit dröhnend verbreite. Andronikos sprach und schrieb mit unbeschreiblichem Freimut und zwingender Beredsamkeit — er war ja belesen und gebildet wie kein anderer und führte ständig Zitate aus den Briefen des geisterleuchteten Redners und Apostels Paulus im Munde. Deshalb schlossen sich alle seiner Meinung an und fielen ihm zu als dem einzigen, der ein ehrliches Herz für die Rhomäer und durch lange Erfahrung die beste Einsicht habe. (Nik. Ch.) □

Seine Stunde war gekommen. Mit der ihm eigenen Gewandtheit schlüpfte er in die Rolle des »Retters des Vaterlandes«, die ihm bisher ziemlich fern gelegen hatte, und machte sich auf den Weg nach Konstantinopel, wo der Protosebastos inzwischen die ganze Macht an sich gerissen hatte und nach eigenem Gutdünken schaltete und waltete. Andronikos, der sich mit einem anfangs recht geringen Gefolge der Hauptstadt näherte, machte an allen Orten, die er berührte, Propaganda für die gute Sache, die zu vertreten er sich vorgenommen hatte. »Nur wer von finsteren Felsen gezeugt gewesen wäre, nur wer ein auf eisernem Amboß geschmiedetes Herz im Leibe gehabt hätte, nur der wäre von den Tränengüssen, die aus den Augen des Andronikos wie aus einer ›Quelle düsteren Wassers‹ (Homer) flossen, nicht gerührt worden, nur einen solchen hätten die einschmeichelnden Worte nicht gefangengenommen, die verlockend und betörend aus dem Mundes des Andronikos strömten, wenn er Eifer für die gute Sache heuchelte und die Befreiung des Herrschers vorschützte.« Der alte Proteus spielte sein Spiel vortrefflich.

Die Bewohner Kleinasiens jubelten ihm zu, seine Armee wuchs, so daß er die kaiserlichen Truppen, die zu seiner Bekämpfung von Alexios ausgesandt worden waren, schlagen konnte. Als er am Ufer des Bosporus ankam und bei Chrysopolis (Skutari) sein Lager aufschlug, geriet die Bevölkerung Konstantinopels in Bewegung. Man strömte zu ihm, wollte ihn sehen, sprechen hören, man feiert ihn als Retter und Heiland. Eine Flotte, die der Protosebastos gegen ihn ausschickt, geht mit fliegenden Fahnen zu ihm über, denn der Admiral Andronikos Kontostephanos ist sein Anhänger und Bewunderer. In der Hauptstadt begann es gefährlich zu brodeln, die Gefängnisse wurden gestürmt und die Gefangenen befreit, unter ihnen Manuel und Johannes, die Söhne des Andronikos. Dann wurde der Protosebastos selbst ergriffen, zu Andronikos gebracht und geblendet. Noch aber wagte Andronikos nicht den Einmarsch in die Hauptstadt, denn die ausländischen Söldnertruppen waren stark und hielten treu zu der »fremden« Kaiserin, die auch von den übrigen zahlreichen Lateinern in der Stadt unterstützt wurde. Das Volk von Konstantinopel, durch absichtlich in Umlauf gesetzte Gerüchte, die Kaiserin wolle die Lateiner zu einem Massaker der Griechen aufrufen, in Aufregung versetzt, griff zu den Waffen. Im Mai 1182 stürzten sich die fanatisierten Massen, von ausgesuchten paphlagonischen Truppen des Andronikos fachmännisch unterstützt, auf die Quartiere der Lateiner und mordeten alles nieder, was ihnen vor die Klinge kam; Männer, Frauen, Kinder, Greise, Priester und Mönche, sämtliche Insassen eines Krankenhauses — niemand wurde verschont. Nur wenigen gelang es, zu Schiff zu entkommen. — Diese ungeheuerliche Greueltat steigerte den Haß des Westens gegen den Osten ins Grenzenlose. Eustathios von Thessalonike erkannte deutlich, daß diese Untat den Rachedurst der Lateiner herausgefordert hat, der das Reich schließlich ins Verderben stürzte. »Damals wurde der Same ausgestreut, von dem wir und viele andere mit uns jetzt die Ähren ... geerntet haben. Denn von dort leitet sich unser jetziges Unglück her.«

Der Einzug des Andronikos in Konstantinopel glich einem Triumphzug. Im Palast wurde er von dem jungen Kaiser Alexios empfangen. »Er (Andronikos) fiel vor dem Kaiser auf die Knie nieder, erwies ihm eine tiefe Ehrenbezeigung und umarmte seine Füße, wobei er in gewohnter Weise sich an die Brust schlug und Tränen vergoß. Seiner (des Kaisers) Mutter, der Ausländerin, erwies er, als ob sie Luft wäre, kaum eine Ehrenbezeigung und entbot ihr nur nebenbei seinen Gruß, der aber voll Tücke war und deutlich den Haß zeigte, den er seit langem gegen sie in seinem Herzen trug.« Im übrigen empfahl Andronikos dem Kaiser, sich auf der Jagd zu vergnügen. Auch gab er ihm besondere Leibwächter, die man ebensogut Gefangenenwärter nennen könnte, und die darauf achteten, daß niemand ohne Aufsicht mit Alexios sprach.

Nun, wo Andronikos das Ruder des Staates fest in der Hand hielt, zeigte dieser Mann sein wahres Gesicht — und auch das war wieder ein Doppelgesicht; nämlich das eines fähigen, klugen, gerechten und scharfblickenden Staatsmannes mit überragenden Talenten und das einer blutdürstigen Bestie vom Format eines Richard III. Sein Programm war klar und einleuchtend. Er wollte die inneren Schäden des Reiches, die seit dem Tode des Kaisers Basilios II. um sich gefressen hatten und den Staat innerlich zermürbten, mit radikalen Mitteln heilen. Die Übermacht des Feudaladels, die Auspressung und Verknechtung des Bauernstandes, die Mißstände in der Steuererhebung durch gewissenlose, habsüchtige Steuerpächter, die allgemeine Rechtsunsicherheit, die Parteilichkeit und Bestechlichkeit der Richter, den Ämterkauf — alles das bekämpfte Andronikos mit eiserner Konsequenz und mit einem Erfolg, der umso überraschender ist, wenn man an die langwierigen und doch vergeblichen Bemühungen seiner Vorgänger denkt. Allerdings wandte Andronikos Mittel an, vor denen seine Vorgänger eben doch zurückgeschreckt waren; er setzte seinen Willen mit blutigstem Terror durch, er nahm keine Rücksicht auf große Namen, Ansehen, Verdienste usw.; wer sich seinem Willen widersetzte, konnte im günstigsten Fall mit Kerker oder Verbannung, im Normalfall aber mit Blendung oder der Todesstrafe rechnen. Andronikos Wüten gegen die Aristokratie kannte kein Maß und keine Grenzen. Sein erstes Opfer war seine Kusine Maria, Manuels Tochter, die ihn gerufen hatte, samt ihrem Mann, dem Caesar Rainier.

□ Vornehme Männer wurden von Haus und Vaterland vertrieben und von ihren Lieben gerissen, andere wurden in den Kerker geworfen und in eiserne Ketten geschlossen, andere wurden die Augen ausgestochen, ohne daß irgendeine Anklage öffentlich gegen sie vorgebracht worden wäre. Daß sie dem Adel angehörten, wurde stillschweigend als hinreichende Schuld betrachtet, oder daß sie sich in Kriegen mehrfach ausgezeichnet hatten, mit edlem Wuchs oder besonderer Schönheit begabt waren oder sonst einen Vorzug besaßen, der Andronikos ärgerte und ihn nichts Gutes für sich erwarten ließ, oder daß in seiner Seele wegen irgendeiner Kleinigkeit ein alter Haß gloste und schwelte.
Es war eine fürchterliche, wildbewegte Zeit, und daß alle Bande des Vertrauens, selbst zwischen den engsten Verwandten, zerrissen waren, war häßlich und unerträglich. Der Bruder kannte seinen Bruder nicht mehr, der Vater ging unbewegten Gesichtes an seinem Sohn vorbei, wenn es Andronikos so gefiel. Ja, viele gingen bei dem grauenvollen Werk den Verrätern selbst an die Hand und halfen mit, ihr eigenes Haus zu zerstören. Es gab auch welche, die ganz aus eigenem ihre Angehörigen anzeigten, sie hätten Maßnahmen des Andronikos verspottet oder sie hätten als Anhänger des — wie sie gesagt hätten — einzig rechtmäßigen Herrschers Alexios das Joch des Andronikos abschütteln wollen. Viele wurden, während sie anklagten, selbst angeklagt; während sie andere als Wühler gegen Andronikos hinzustellen suchten, wurden sie von eben diesen Beschuldigten oder anderen, die gerade zugegen waren, selbst angeschuldigt, und diese wie jene wurden ins gleiche Gefängnis geworfen.
Das Schicksal des Johannes Kantakuzenos bekräftigt meine Behauptung. Der schlug mit ruchloser Faust einen Verschnittenen namens Tzitas so heftig, daß er ihm die Zähne ausbrach und die Lippen zerriß, weil er ihn ertappt hatte, wie er mit dem Kaiser Alexios über das allgemeine Unglück sprach. Bald wurde er aber ergriffen, seiner Augen beraubt und in ein finsteres Verlies geworfen, weil er durch einen Gefängniswärter dem eingekerkerten Konstantinos Angelos, einem Bruder seiner Frau, einen Gruß geschickt hatte.
Jeder mußte für seinen Kopf fürchten. Scheußlichkeiten, die nie früher wirklich eingetreten waren, wagten sich frech hervor. Denn nicht allein jeder hervorragende, hochstehende Mann der Gegenpartei erlitt ein beklagenswertes Schicksal, auch seinem eigenen eifrigen Anhang gegenüber zeigte sich Andronikos falsch, unbeständig und treulos. Die er gestern noch mit dem feinsten Mehl gespeist (Ps. 80, 17), denen er gemästete Kälber (Luk. 15, 23) vorgesetzt und würzig duftenden Wein feuriger gemischt, die er in seinen engsten Kreis aufgenommen, eben diesen bereitete er tags darauf das schrecklichste Schicksal. Man konnte oft sehen, daß ein und derselbe an ein und demselben Tag gepriesen und geschmäht wurde und so wie der Schiffer des Xerxes den Kranz bekam und den Kopf verlor. Daher meinten zahlreiche, die sich dem Andronikos verschrieben hatten, und zwar die klugen Köpfe unter ihnen, ein Lob von Seiten des Andronikos sei der Anlaß zu späteren Willkürtaten, ein Geschenk von ihm bedeute Verlust des Vermögens, eine Gnade von seiner Seite sei der Untergang. (Nik. Ch.) □
Es dauerte nicht lange, so fand Andronikos den willkommenen Vorwand, die Kaiserin Maria aus dem Wege zu räumen. Sie wurde beschuldigt, mit ihrem Schwager, König Bela von Ungarn, hochverräterische Beziehungen geknüpft zu haben, und man stellte sie vor Gericht. Das Todesurteil wurde gesprochen und Kaiser Alexios zur Unterzeichnung des Urteils gezwungen. Andronikos Sohn Manuel, mit der Exekution beauftragt, weigerte sich, seine Hände mit unschuldigem Blute zu beflecken, doch fanden sich bald willige Kreaturen, die die Kaiserin durch Erwürgen zu Tode brachten.
Selbstverständlich begnügte sich Andronikos auf die Dauer nicht mit der Rolle des Regenten. Er wollte Mitkaiser werden und es gab auch niemanden, der ihm das verwehrt hätte. Trotzdem hielt es Andronikos für richtig, eine ganze Komödie aufzuführen, um die Öffentlichkeit glauben zu machen, seine Erhebung geschähe durchaus gegen seinen Willen. Mit galligem Humor schildert Eustathios von Thessalonike die Ereignisse:
□ Sie (die Parteigänger des A.) begaben sich also zu Andronikos, spielten ihm ein Theater von der Gewaltherrschaft vor und erklärten ihm unter gemeinsamen Vorwürfen, er tue nicht recht daran, über den Untergang der ihm von Gott anvertrauten Men-

schen hinwegzusehen, nicht nur der größten Stadt selbst, sondern aller ihrer Besitzungen in Ost und West und alles übrigen. Den kleinen Kaiser lobten sie wegen seiner natürlichen Vorzüge, meinten jedoch, derzeit habe er nichts Ehrwürdiges an sich. Auch erklärten sie abfällig, er sei isoliert. Dann fielen ihm die routinierten Schmeichler zu Füßen mit der Bitte, er möge sich zur Herrschaft überreden lassen und ihre Zügel ergreifen, damit nicht — wie im Mythos — dieser Phaethon den Regierungswagen ungeschickt lenke und alles verderbe. Als sie sich von ihrem Fußfall vor Andronikos erhoben, streckten sie ihre Hände zu ihm empor, als wäre er Gott, und richteten dieselbe flehentliche Bitte an ihn. Jedermann kann sich vorstellen, wie es in seinem Inneren aussah und wie er sich unsagbar freute, als er seinen Wunsch bereits verwirklicht sah. Nach außen jedoch gab er sich anders und erweckte den Anschein, er könne nicht weiterleben, wenn er derartiges anhören müßte und so in der Treulosigkeit geschult würde. »Wer bin ich denn?« sagte er, »Und wie soll ich das zuwege bringen? Fliehen will ich und mir selbst das Leben nehmen, wenn man mich nicht in Ruhe läßt.« Zugleich schlug er sich ins Gesicht, raufte sich die Haare und wand sich nach allen Seiten, als ob er einen Fluchtweg suche. Dabei bot er Anlaß zu frohem Lachen, ohne es zu bemerken, da er seine zu ihm passende Verbrecherphysiognomie dauernd hin und her drehte. □
Andronikos tat so, als wenn er vor der unerwünschten Ehre fliehen und die Stadt verlassen wollte, er umgab sich sogar mit einer Wache, die ihn an der »Flucht« hindern sollte. Der Patriarch, sein intimer Freund, spielte das Spiel mit und bedrohte Andronikos mit dem Bann, falls er die Stadt verlassen sollte. »Er aber schrie gegen den Patriarchen auf, als ob ihm Unerwünschtes widerfahren sei, er habe ihn, der zur Flucht bereit sei, direkt gefesselt. Während er die Worte ›Weh mir, was tust du, mein Herr!‹ oft wiederholte, seufzte er tief auf, als ob ihm ein großes Übel widerfahren wäre.« So wurde also die Krönung zum Mitkaiser »erzwungen«. Den nächsten Schritt zum Alleinherrscher vollzog er mit weniger Aufwand: er ließ den jungen Alexios kurzerhand erdrosseln und ins Meer werfen, dann vermählte der 63jährige sich mit der 13jährigen Witwe des Alexios, Agnes, einer Tochter des französischen Königs Ludwig VII.

Der byzantinische Adel, schon lange zum staatstragenden Element des Reiches geworden, beantwortete den blutigen Terror, mit dem Andronikos seine Macht zu brechen suchte, mit Verschwörungen und Aufständen, die aber zu keinem Erfolg führten. Es gab keine unter den großen Familien, die nicht Angehörige durch Hinrichtung, Verbannung oder Blendung verloren hätten. Mit stummem Haß ertrug man sein Regiment. Aber auch seine schärfsten Gegner konnten nicht umhin, den in die Augen fallenden Erfolg seiner Reformen anzuerkennen. So schreibt Niketas Choniates:
□ Andronikos war jähzornig, sein Wesen grausam und hart, er ließ sich nie von beschlossener Bestrafung abbringen, er spielte mit dem Unglück und der Qual seiner Mitmenschen, er glaubte, er könnte dadurch, daß er andere aus dem Weg räumte, seine eigene Herrschaft befestigen und seinen Kindern sichern — ein Gedanke, der ihm großes Vergnügen bereitete. Aber trotz alledem traf er auch nicht wenige gute Maßnahmen und war nicht ganz und gar dem unseligen Hang verfallen, Schreckensszenen auf die Bühne zu bringen. Aus den Leibern der Schlangen kann man ja auch ein hochgeschätztes Allheilmittel und rettendes Gegengift gewinnen (das sog. Theriak), von Dornen kann man eine süßduftende Rose brechen und aus Nießwurz und Schierling den Staren und Wachteln ein herrliches Mahl bereiten. So auch bei Andronikos. Die Bedürftigen seiner Untertanen umhegte er mit Geschenken, wenn sich nur eine kleine Hoffnung zeigte, daß der Bittsteller ihn nicht verabscheute und über seine Übeltaten nicht aufgebracht war. Er beschnitt auch die Habgier der Mächtigen und band die Hände, die nach fremdem Gut griffen, und zwar so sehr, daß unter seiner Regierungszeit der Großteil der Eparchien an Wohlstand zunahm. Denn jeder lag nach dem Worte des Propheten (Micha 4, 4) im Schatten seiner Bäume, las die Trauben des Weinstocks und brachte freudig die Früchte der Erde in die Scheuer, aß freudig und schlief erquicklich. Er brauchte nicht vor den Drohungen des Steuerbeamten zu zittern, brauchte nicht den Gedanken an den eigennützigen oder überfordernden Steuereintreiber in sich zu wäl-

zen, brauchte nicht mit Argwohn einen Plünderer zu erwarten und brauchte sich nicht vorzustellen, dieser könnte ihm noch das Letzte nehmen. Er gab dem Kaiser, was des Kaisers ist, und niemand zwang ihn, die Steuermünzen zu verdoppeln und sein Talent zu vervielfältigen, niemand verlangte von ihm — was sonst manchmal vorkam —, auch noch den schäbigen Rock oder drang in ihn, bis er sein armseliges Leben aufgab. Der Name »Andronikos« brachte die Gaunereien und Zauberkünste der Steuereintreiber augenblicklich zum Verschwinden, er war das beste Schreckmittel für alle jene, die über die Vorschreibung hinaus etwas erpressen wollten, er lähmte die Hand, die früher nur darauf geachtet hatte, daß sie selbst etwas bekam. Viele leisteten sogar freiwillig Spenden, als hätten sie den Verdacht gehabt, dieses Geld hätte wie eine Motte ihr Hab und Gut aufgezehrt oder als irgendeine verderbliche Macht weiteren Geldzuwachs verhindern können.

Steuereinnehmer

Was aber noch bedeutender war: Wenn Andronikos jemanden mit einem öffentlichen Auftrag aussandte, so versorgte er ihn manchmal reichlich mit Reisegeld und schärfte ihm die Strafen ein, die ihn erwarteten, wenn er seine Weisungen mißachten sollte. Andronikos verkaufte auch die Ämter nicht an jeden Beliebigen und gab sie nicht an jeden Dahergelaufenen als Gegengabe für irgendein Geschenk, sondern verlieh die Ämter umsonst und nach strenger Auswahl. Viele Leute, die schon längst der Zeitenlauf hinweggespült hatte, die durch die ungesunden Zustände im Staat tot zu sein gezwungen waren, wachten, als hätte ein Erzengel mit der Posaune in ihr Ohr geblasen, aus langem Schlaf auf und schüttelten die jahrelange Starrheit von sich. Wie im Gesicht des Ezechiel (Ez. 37) kam Gebein zu Gebein und Gelenk zu Gelenk, und in kurzer Zeit lebten die meisten Städte auf und erlangten ihren früheren Wohlstand wieder. Wenn man hier ein Wort des Psalmisten David (Ps. 106, 35) heranziehen darf, so könnte man sagen, er wandelte die Wüsten zu Wasserseen und dürres Land zu Wasserquellen. Andronikos sammelte auch die zersplitterten öffentlichen Abgaben, indem er der Willkür der Steuereintreiber, die das Volk wie ein Stück Brot auffraßen, ein Ende setzte und die nebeneinander bestehenden Steuern, die diese tüchtigen Leute erfunden und zu einer jährlich werdenden Schuld verschärft hatten, auf eine genau begrenzte Forderung begrenzte.

. . . .

Andronikos ordnete auch die Präturstellen neu (Prätor = Provinzstatthalter), indem er angesehene Männer und die besten des Senats mit ihnen betraute. Bevor er sie abschickte, versetzte er sie mit reichlichen Geschenken in gehobene Stimmung, man könnte sogar sagen: er mästete sie. Damit suchte er vorzusorgen, daß ihre Bestellung für die Städte keine Last bedeute und sie selbst standhaft auf Recht und Erbarmen für den kleinen Mann achteten. Die Prätoren hatten nun reichlich Geld — sie erhielten bis an die 40, ja bis an die 80 Silberminen — und ebensowenig, wie sie sich an Kirchengut vergriffen hätten, nahmen sie seitdem von der ihnen anvertrauten Bevölkerung Geld, selbst wenn

jemand es ihnen freiwillig anbot zum Dank dafür, daß er aus den Händen eines Mächtigen befreit worden war oder sonst irgendwie Hilfe von ihnen erlangt hatte. Daher stieg rasch der Wohlstand der Städte, die Erde trug hundertfache Frucht und die Nahrungsmittel wurden billig zum Kauf angeboten.
Andronikos hatte für alle, die gegen die Willkür der Mächtigen etwas vorzubringen hatten, ein geneigtes Ohr. Er kannte kein Ansehen der Person und entzog dem Gerechten nicht das Recht, sondern stellte den mit Geschlecht und Reichtum Prunkenden in gleicher Weise vor Gericht wie den Niedrigen und Armen und hörte aufmerksam beiden zu und strafte auch streng und gerecht den Stolzen, der es für eine Schmach hielt, mit den Armen zugleich vor Gericht zu erscheinen, wenn zutage kam, daß er seinem Ankläger unrecht getan, ihn erpreßt oder mit der Faust geschlagen hatte.
Einmal drängten sich einige Bauern um ihn und klagten, daß Theodoros Dadibrenos auf der Reise bei ihnen eingekehrt und mit allem versehen worden sei, wessen er, seine gesamte Dienerschaft und alle seine Tiere bedurften, daß er jedoch bei seiner Abreise nichts gezahlt habe. Dadibrenos ist jener Mann, der (wie Niketas weiter oben beschrieben hatte) mit anderen bei der Erdrosselung des Kaisers Alexios seine Dienste lieh. Andronikos stellte ihn nun vor Gericht jenen Bauern gegenüber, fand ihre Worte der Wahrheit entsprechend und verurteilte ihn zu zwölf Stockhieben sowie zur Zahlung eines Vielfachen jener Schuld an die Verwaltung des kaiserlichen Schatzes. □
Durch seine Reform hätte sich Andronikos einen Ruf schaffen können, der dem seiner drei großen Vorgänger zumindest ebenbürtig gewesen wäre. Er hätte als einer der genialsten Kaiser von Byzanz in die Geschichte eingehen können. Wie lange waren in Byzanz nicht mehr solche Worte gehört worden, mit denen Andronikos seine Beamten zur Erfüllung ihrer Pflicht zwang:
□ »Männer, ihr, die ihr mit mir verwandt seid, ihr, denen die Treue zu mir meine Gunst eingetragen hat, und ihr anderen hier, die ihr in den Senat aufgenommen oder zu anderem Dienst für das Kaisertum erwählt seid, höret mich, höret! Ich werde Worte sagen, die nicht der Wind spurlos verwehen wird. Und wird mein Auftrag nicht zur rechten Zeit erfüllt, werde ich wüten und rasen, und mein Zorn wird schwer und fürchterlich auf jene niederfahren, die meinem Befehl zuwiderhandeln und sich um mein Herrscherwort nicht kümmern. Alles, was dem Staat schadet und den Rhomäern Verderben bringt, muß ein Ende nehmen. Und so sollen auch sie, die unredlichem Erwerb nachgehen, wissen: Wenn sie nicht freiwillig aufhören, nach fremdem Gut zu streben, werden sie ihr eigenes verlieren und ... hinweggefegt werden vom Antlitz der Erde wie Staub von einem Wirbelwind ...
Wenn einer von euch von meiner Majestät eine Eparchie übertragen bekommt ..., so bezähme er erst einmal sich selbst, dann lehre er auch seine Untergebenen, Gott zu fürchten und mein Kaisertum ehrfürchtig zu scheuen. Wenn nicht, dann wird das Vergehen an dem Eparchen oder dem Grundbesitzer verschärft geahndet werden, auch wenn seine eigene Hand unschuldig und sein Herz rein ist, bloß weil seine Untergebenen sich eines solchen Verbrechens schuldig gemacht haben. Wird ein nichtswürdiger Herr ausgepeitscht, so werden auch seine Leute aufmerken. Denn nach dem Herrn pflegt sich der Untertan zu richten; tut jener Schändliches, folgt ihm dieser, hat hingegen die Peitsche dem Herrn beigebracht, auf das allgemeine Wohl zu achten, wird auch der Knecht ihm darin auf dem Fuß folgen wie ein kleines Kind seiner Mutter.« □
Andronikos, der Zyniker und erste Renaissancemensch, der an nichts mehr glaubte außer an die Macht des Kaisertums: »Nichts gibt es, was ein Herrscher nicht verändern könnte, kein Übel, dessen Heilung über seine Kräfte geht!« Das war sein Glaube, nach dem er handelte, der Glaube eines Übermenschen, der zum Unmenschen werden mußte, weil seine Untertanen »nur« normale Menschen waren.

Die Folgen des radikal antiaristokratischen Kurses unter Andronikos traten bald offen zutage. Die Wehrkraft des Reiches ließ gefährlich nach; die Feldherren und Offiziere waren entweder liquidiert oder wagten aus Angst vor Andronikos nicht, sich irgendwie hervorzutun. Die Lähmung der Armee seit dem Tode Manuels hatten sowohl die

Ungarn ausgenützt, die Dalmatien und Kroatien wiedereroberten, als auch Stephan Nemanja, der sein serbisches Reich aus der Botmäßigkeit der Byzantiner befreite. Alle Erwerbungen Manuels, um die er jahrelang gekämpft hatte, gingen so in kürzester Zeit verloren, ohne daß man auch nur den Versuch machte, etwas dagegen zu unternehmen. Ebenso machtlos mußte man zusehen, wie ein gewisser Isaak Komnenos, ein Großneffe Manuels und Enkel des Sebastokrators Isaak, sich der Insel Zypern bemächtigte und dort eine eigene, unabhängige Herrschaft begründete. Obwohl er sich als ein leuteschindender Tyrann aufführte, konnte man in Byzanz nichts zu seiner Beseitigung unternehmen. Wenig später wurde die Insel von Richard Löwenherz erobert und an die Lusignans verkauft; an Byzanz kam sie nie wieder zurück. Die Verwandten des Isaak allerdings, deren man in Konstantinopel habhaft werden konnte, wurden grausam zu Tode gebracht, und zwar durch die bis dahin in Byzanz unbekannte Hinrichtungsart des Pfählens.

Während in Konstantinopel der Terror immer rücksichtsloser wütete, braute sich im Westen ein Unwetter zusammen. Die dem Massaker von 1182 entronnenen Italiener und die Griechen, die vor der Tyrannei des Andronikos geflohen waren, schürten den Haß gegen Byzanz bzw. Andronikos zu hellodernden Flammen auf. König Wilhelm II. von Sizilien beschloß einen Rachezug. Eine Flotte von 200 Schiffen und 60—80 000 Kriegern unter dem Kommando des berühmten Admirals Margaritone und des Prinzen Tankred, Wilhelms Neffen, erreichte im Juni 1185 Dyrrhachion. Die starke Festung wurde auf Anhieb genommen. Ohne Verzögerung marschierten die Normannen die via Egnatia entlang auf Thessalonike zu, während die Flotte um Griechenland herumfuhr und am 15. August im Hafen der reichen Handelsstadt einlief. Das Landheer hatte schon acht Tage vorher vor den mächtigen Mauern der Stadt Stellung bezogen. Thessalonike war die zweitgrößte Stadt des Reiches, ein blühender Umschlaghafen für den

Zitadelle von Thessalonike

Balkanhandel mit zahlreicher, wohlhabender Einwohnerschaft. Die Stärke ihrer Befestigungen stand der Konstantinopels kaum nach. Kommandant war der unfähige David Komnenos und der Chronist der folgenden Ereignisse ist der Erzbischof der Stadt, Eustathios.

□ Das Landheer und die Flotte hielten die Stadt wie mit den Armen umschlungen. Da zeigte sich die Dummheit des Feldherrn im hellsten Licht, die sich auch schon früher bemerkbar gemacht hatte, wie meine Darstellung in Kürze aufzeigen wird. Zuerst, als der Feind schon nahe war, wollten sich einige Soldaten um jeden Preis als Helden zeigen — der Stratege war ein Held im Schlafen —, marschierten los und machten einen Gefangenen. Den staffierten sie mit einer prächtigen Uniform aus, nicht von seiner eigenen Ausrüstung — es war ja nur ein Leichtbewaffneter —, sondern von dem, was sie bei sich hatten. Dann führten sie ihn im Triumph mitten durch die Stadt und rühmten sich, sie hätten einen hohen Offizier gefangengenommen. Sofort schrieb der Stratege und Dux an den Kaiser: »Der Kampf verläuft für uns glücklich.« Zwei Tage darauf schickte man einige andere aus. Die nahmen zwar keinen Feind mehr gefangen, aber zwei armselige Pferdchen und eine militärische Schirmmütze. Ihr Besitzer war geflohen und hatte sie gleichsam als Lösegeld seinen Verfolgern überlassen. Gleich gab es in der Stadt wieder Festzüge, man bestaunte die eingefangenen Pferdchen wie etwas Großes, nur weil man sie gefangen hatte. Die Schirmmütze trug man auf einer Fahne wie ein kapitales Beutestück herum. Wiederum schrieb der traurige Held an den Kaiser: »Das Kriegsglück ist für uns.« Das reizte aber die Feinde auf der Landseite. Bisher hatten sie den Angriff verschoben, weil sie verabredungsgemäß auf die Flotte warteten. Jetzt aber schwirrten sie wie die Wespen schnell gegen uns heran, stürmten überraschend und schlossen die Stadt vom großen Westtor bis zur ganzen Akropolis ein. Da kam es zu einem Gefecht zwischen zwei Reitern der Lateiner vom Stamme der Provenzalen, die zahlreich und kampfesfreudig dem sizilianischen Heer folgten, und einer größeren Zahl der Unsrigen; es waren über zehn. Es fiel zwar keiner, aber in ihrer Bedrängnis entzogen sich die Lateiner dem Tod durch die Flucht. Und wiederum ging ein dritter Bericht an den Kaiser: »Dank dem Gebet und Glück des Kaisers haben wir gesiegt und in einem dritten Gefecht die Oberhand behalten«, über wen, weiß ich nicht. Der Feldherr hatte die Absicht gehabt, seine drei Siege in einem einzigen Brieflein zusammenzufassen, um Auslagen zu sparen und die Postpferde zu schonen. Denn der Mann wußte in der Tat seine Hände zu beherrschen. Aber der Wunsch, den Kaiser zu verspotten, veranlaßte den glorreichen Sieger zu größeren Ausgaben. Er handelte damit unter einem gewissen Zwang. Denn jener haßte ihn wie alle übrigen Vornehmen. Er aber erwiderte den Haß ungefähr in gleichem Ausmaß. Er erklärte laut, er fürchte jeden Tag, es käme einer aus der Hauptstadt herbeigeflogen, um ihm die Augen auszustechen. □

Doch bald wurde die Lage ernst. Der Kommandant David sabotierte alle irgendwie möglichen und wirksamen Gegenmaßnahmen, kümmerte sich weder um eine einheitliche Führung, noch um den Zustand der Mauern, Tore und Verteidigungsgeräte. Ein Entsatzheer unter dem Caesar Johannes wurde zurückgeschlagen, bevor es die Stadt erreichte. Verräterische Umtriebe wurden ruchbar, denn es gab viele Ausländer in den Mauern. Unermüdlich war der Erzbischof selber überall zum Zupacken bereit. er half, wo er konnte, bei den Soldaten auf den Mauern, bei den Kranken und Verwundeten, bei den verzagten Bürgern. Er führte Beschwerde bei dem untätigen David, beriet, machte Vorschläge. Alles war umsonst — am 24. August konnten die Normannen die Stadt im Sturm nehmen.

□ Die ganze Stadt, von den Osttoren angefangen, füllte sich mit Barbaren. Sie mähten die Unsern nieder und türmten aus zahlreichen derartigen Garben ganze Haufen auf, von denen sich Hades zu sättigen pflegt. Wer auf der Straße flüchtete und dort fiel, wurde sofort ausgeplündert und blieb nackt liegen. So wurden aus den Straßen improvisierte, jämmerliche Friedhöfe, und die Sonne schien auf Bilder, die sie nicht bescheinen sollte. Andere blieben in ihren Häusern, bis sie keinen Ausweg mehr fanden. Es gab aber kein Haus, in dem ein Mensch Erbarmen gefunden hätte, außer wenn es sehr viele Bewohner hatte. Dann kam ein Teil drinnen ums Leben. Ihnen wurden die

eigenen Häuser zu Gräbern, um den Psalm zu zitieren. Die anderen zerstreuten sich auf der Flucht und überließen sich dem Zufall des Krieges. Einstweilen lagen nur gewöhnliche Tote da. Sobald aber der Feind sich den allzu starken Ansturm leichter machte und sich bittere Scherze erlaubte, konnte man auf der tauben Erde (wie es heißt) auch andersartige Leichen liegen sehen. Der eine Tote bildete mit einem daliegenden Esel ein Paar. Ein anderer hatte einen Hund zum Lagergenossen. Die meisten dieser Gefallenen waren zum Spott in der Stellung des Kusses und der Liebesumarmung hingelegt. Ein anderer lag mit einer Hauskatze beisammen. Denn nicht einmal diese Tiere schonten die Barbaren, am wenigsten die kleinen Hunde, die sie anbellten und auf sie zuliefen. Deshalb wurden sie in unserer Stadt selten. Wenn irgendwo ein Hund am Leben blieb, so bellte er einen Rhomäer an und lief ihm zu; einem Lateiner aber ging er knurrend aus dem Wege. Denn auch diese Tiere spürten, wie tief sie im Elend waren. Man hätte damals unsere stummen Hunde neben die sprichwörtlichen schweigenden Frösche von Seriphos und einige ähnliche Zikaden in Italien stellen können.
Daß man die Straßen durchstürmte und die Häuser übel zurichtete, kann man nicht als neue Erscheinungsform des Krieges bezeichnen. Daß man aber über die Gotteshäuser willkürlich verfügte, das grenzt meines Erachtens an eine Kampfansage gegen Gott. Denn die Barbaren drangen in jede einzelne Kirche ein und verübten drinnen Schandtaten, die Gott zur Rache herausfordern mußten. Wie viele heilige Männer, gleichsam gepanzert in ihren geweihten Gewändern, haben sie niedergeschlagen, die meisten so, daß sie tot waren, teils im geweihten Chor, teils außerhalb, wo immer die Mörder die Gottesdiener zufällig antrafen. Dann die vielen Laien, denen mit einem »Kyrie eleison« auf den Lippen der Kopf abgehauen wurde! Dabei fragten die Lateiner: »Was heißt ›Kyrie eleison‹?« und lachten. Die ehrwürdigen Frauen, die in den Kirchen von der Geilheit der Barbaren besudelt und in ihrer Keuschheit vergewaltigt wurden, die Verheirateten, die Jungfrauen und die Bräute des Herrn — sie alle sollen Zeugnis ablegen wider die Schuldigen! Geringer mag noch das Elend sein, wenn eine nur von einem mißbraucht wurde. Niemals aber werden diejenigen eine entsprechende Klage finden, die bei dieser Gelegenheit sozusagen der Allgemeinheit als Nachttöpfe dienten. Etwas Gutes kann ich hier über die Barbaren sagen. Einige schleppten nämlich die Leute, die sie in den Kirchen töten wollten, hinaus und brachten sie dann um. So mäßigten sie sich etwas in ihrer Schandtat.
Andere trieben mit den Heiligtümern Spott, wobei sie die geweihten Bilder, die keinen kostbaren Schmuck besaßen, zerschlugen, von den andern den Schmuck durch Hiebe raubten. Menschen, die solcher Handlungen fähig waren, konnte ich kein gutes Andenken bewahren, und wenn sie mir jetzt in den Sinn kommen, kann ich sie nur verabscheuen. Wenn jemand nur mit tiefstem Bedauern davon hört, daß man Menschen an geweihter Stätte ausplünderte, muß er nicht seine Selbstbeherrschung verlieren und vor Wut platzen, wenn er von der Plünderung der heiligen Kleinodien erfährt? Wie unendlich langmütig ist Gott, wenn er es über sich brachte, einen Barbaren lebend entkommen zu lassen, der auf den heiligen, ehrwürdigen Altartisch sprang, seine Scham entblößte und ihn in weitem Bogen anpißte? Ihr geweihten Kreuze, unsere ganze Kraft! Wie viele von euch haben die Schandkerle verhöhnt! Wenn sich auch Gottes Macht ruhig verhielt, sie wird (eines Tages) unbedingt erwachen. □
Die Normannen mordeten und schändeten mit bestialischer Roheit, bis die Anführer Einhalt geboten. Eustathios setzte sich bei einem von diesen, dem Grafen Balduin, für seine Mitbürger ein, um ihr Los zu erleichtern, denn die Bürger hatten unter der unverschämten Anmaßung und Rüpelhaftigkeit der Sieger viel zu leiden.
□ Sie waren der Meinung, für sie und uns zugleich sei kein Platz auf der Welt. Wenn sie uns begegneten, spuckten sie uns also an, versetzten uns Stöße, stellten uns ein Bein und überschütteten uns mit Spott. Sehr oft konnte man von ihnen wie im Refrain hören: »Komm, schöner Johannes!« Das war Hohn gegen uns, da wir während der Belagerung stolz behauptet hatten, in Kürze werde uns der Kaiser Johannes (der Caesar Johannes, Sohn des Andronikos) zu Hilfe kommen. Ging einer von unseren Mitgefangenen zu Fuß auf der Straße — das mußte damals jeder; auch uns erging es so, man

schlug uns, zerrte uns an den Beinen, schüchterte uns ein, daß wir wie Betrunkene hin und her taumelten —, wenn also einer an einer schmalen Stelle ging und gerade ein Lateiner zu Pferde vorbeikam, so hatte dieser keine Hemmungen, seinem Pferde zum Sprung die Sporen zu geben, um den Menschen niederzutrampeln und zu zertreten. Das war die Liebe dieser Leute uns gegenüber. Dabei hielten sie uns bei jedem Gespräch und bei jeder Gelegenheit zur Rechtfertigung ihrer Missetaten vor, mit dem Schwert hätten sie uns in ihre Gewalt gebracht. Eine unmenschliche Begründung, wie wenn ein Löwe seine Beute nicht aus Hunger und Fleischgier zerreißen möchte, sondern mit der Rechtfertigung, sie in den Klauen zu haben. Darüber durften wir nicht einmal seufzen, noch weniger ein trauriges Gesicht machen, was man doch den von der Flut des Unglücks Betroffenen zur Abreaktion ihrer psychischen Schmerzen zubilligt. Oft hörte man da von ihnen: »Teufel, was seufzt du?« Nach ihrem Willen sollten wir so unempfindlich und geistesgestört sein, uns über unser elendes Los noch zu freuen. Wenn aber zufällig einem ein Lachen oder Lächeln ankam, rief dies bei einem Lateiner, der es sah, einen heftigen Gallenanfall hervor. Der meinte offenbar, wir verlachten die Lateiner und ihr Benehmen. Oder (er ärgerte sich) bei seiner Schadenfreude, weil wir etwas Gutes erwarteten oder über das bereits Eingetroffene triumphierten; daher zeigte er es den (anderen) Feinden an. Die ballten sofort die Hand und schlugen uns mit der geschlossenen Faust ins Gesicht; dazu stotterten sie: »Teufel, was lachst du?« So verwandelten sie den heiteren Himmel des Lächelns in eine Wolke von Tränen, oder um es anders auszudrücken, sie machten aus dem lachen Demokritos einen weinenden Herakleitos.

. . . .

Deshalb hatten sie auch keine Lust, mit uns zusammenzuwohnen. Wenn daher ein Hausbesitzer, der da und dort herumgeirrt war, wieder an sein Haus dachte, sich seinen Besitz vor Augen stellte, Sehnsucht hatte hinzugehen, wirklich hinkam und eintrat, man ihn fragte, wer er sei, und er antwortete, er sei der frühere Hausbesitzer, so bereitete man ihm einen freundlichen Empfang. Man erwies ihm sozusagen die Ehre, er ging wie ein Herr hinein, man überließ ihm den Ehrenplatz und setzte ihm Speise und Trank vor. Des weiteren jedoch hatte der Empfang seitens der Barbaren für ihn tödliche Wirkung. Sie gingen daran, ihn aufzuhängen, zu foltern, auszuräuchern und auf andere moderne Art zu mißhandeln, um den Aufbewahrungsort und die Auslieferung seines Geldes zu erreichen. War es soweit, begann derselbe Kreislauf von neuem. Man hing den Armen wiederum auf und versetzte ihm schwere Hiebe, bis die Folterknechte ihre Gier befriedigt hatten oder sich seiner erbarmten. Denn manchmal kam auch das vor, wie wenn ein hungriger Löwe sich eingebissen hat, dann aber Mitleid empfindet, oder das Leben die gequälte Beute verläßt. Manche der so Mißhandelten brachten ihre Peiniger obendrein noch ums Leben, aus Furcht, die Grafen würden ihnen eine größere Summe, die sie bei den Gefolterten gefunden hatten, vereinbarungsgemäß abnehmen. So erging es einem anständigen, wohlhabenden Bürger namens Konstantinos Kekalesmenos. Er stellte sich sein Haus vor Augen, an dem sein Herz hing, und ließ sich von der Sehnsucht nach seinem Heim ins Netz locken. Man hing ihn auf, versetzte ihm unzählige Hiebe, und sooft man ihn hochzog, mußte er Geld von sich geben, bis eine hohe Summe beisammen war. Nun verlor er den Verstand, wurde auf der Suche nach weiterem Geld wahnsinnig und drohte, die Sache den Grafen anzuzeigen. Da war es um seinen Kopf geschehen. Man schlug ihn einfach ab und verscharrte ihn irgendwo. Was von Konstantinos übrigblieb, wurde als Leichnam hinausgeworfen, um den sich niemand mehr kümmerte.

Dieses Unheil erfuhr noch eine andersartige Steigerung. Die Einnahmequelle von seiten der Hausbesitzer fanden die Barbaren so reizvoll, daß sie sich innerhalb der Haustore auf Lauer legten. Wenn sie jemanden vorbeigehen sahen, der nach verflossenem Reichtum ausschaute, (kamen sie) wie wilde Tiere aus ihrer Höhle heraus, rissen ihn hinein und taten ihm solange Zwang und Gewalt an, bis sie ihren Zweck zumindest teilweise erreicht hatten ... □

In erschreckender Weise offenbarte sich, bis zu welchem Grad der Haß zwischen Lateinern und Griechen gestiegen war. »So klafft zwischen uns und ihnen die tiefste Kluft der Feindschaft«, schreibt Niketas Choniates, den man nicht des Fanatismus verdächtigen kann, »unser Denken und Wollen ist dem ihren unvereinbar, wir stehen im schärfsten Gegensatz zueinander, auch wenn wir uns leiblich nah sind und oft die gleiche Wohnstatt haben. Sie tragen den Kopf hoch im Nacken und halten sich bewußt stolz-aufrecht; unser verbindliches, bescheidenes Benehmen, das unserer maßvollen Sinnesart entspringt, halten sie für Falschheit und Hinterlist und machen ein großes Geschrei darüber. Wir aber verachten ihre hochgezogenen Brauen, ihr Prahlen und Prunken, ihren stumpfen Sinn, der sie den Kopf so hoch tragen läßt.«

Als die Normannen die Stadt verließen, teilten sie ihr Heer in drei Teile. Eine Armeegruppe marschierte über Serrai und eroberte es, die anderen beiden bewegten sich zu Land und See auf Konstantinopel zu. Dort hatte die Nachricht vom Fall Thessalonikes einen wahren Schock verursacht. Andronikos setzte sogar für eine Weile die Hinrichtungen aus. Die Stimmung stand auf Sturm. Irgendwie spürte die Masse dumpf, daß die Normannen, die Geißel von Byzanz, deswegen gekommen waren, um an Andronikos Rache für das Lateinermassaker von 1182 zu nehmen. Es bedurfte nur eines Anlasses, der die Explosion der Volkswut auslösen würde. Diesen Anlaß gab des Kaisers getreuester Henkersknecht Hagiochristophorites, den das Volk »Antichristophorites« nannte. Dieser Mann hatte den vornehmen Aristokraten Isaak Angelos in Verdacht, auf den Sturz des Kaisers hinzuarbeiten, womit er ihn sicher überschätzte. Andronikos selbst hatte Isaak — übrigens derselbe, der Andronikos bei seiner Versöhnung mit Manuel an der Kette vor den Kaiser geführt hatte — immer geschont, obwohl er wußte, daß Isaak ihm nicht gerade freundlich gesonnen war. Hielt er ihn doch nicht ganz zu unrecht für einen trägen jungen Mann, unfähig, sich zu einer entschlossenen Tat aufzuraffen. Am Nachmittag des 11. September 1185 drang Hagiochristophorites mit einigen seiner Schergen in den Hof des Hauses ein, in dem Isaak wohnte. Er forderte mit lauter Stimme Isaak auf, herunterzukommen und ihm zu folgen. Dieser hatte mit Angst und Zittern den gefürchteten Mann kommen sehen; nun aber schlug plötzlich seine Furcht in kalte Wut um. Er stürmte hinunter, warf sich auf sein Pferd, zog sein Schwert und sprengte geradewegs auf den überraschten Hagiochristophorites zu. Bevor dieser das Hoftor erreichen konnte, spaltete ihm Isaak mit einem Hieb den Schädel, jagte die fassungslosen Schergen auseinander und galoppierte durch die Stadt zur Hagia Sophia, schrie dabei allen Passanten zu, er habe soeben den verhaßten Henker des Kaisers getötet. Dann flüchtete er in die Eingangshalle der Kirche und wartete zitternd, daß Andronikos ihn ergreifen lassen würde. Inzwischen sammelte sich eine riesige Volksmenge in und vor der Kirche. Es geschah aber nichts, denn der Kaiser befand sich nicht in der Stadt. So blieb Isaak die ganze Nacht in der Kirche; am nächsten Morgen vergrößerte sich die Masse der Menschen noch, die jetzt durch das Ausbleiben jeglicher Reaktion von seiten des Kaisers ermutigt, offen den Sturz des Andronikos und die Erhebung des Isaak zum Kaiser forderten. Als Andronikos zurückkehrte und sich in den Palast begab, machte das auf die inzwischen rasend gewordene Menge nicht den geringsten Eindruck mehr. Die Gefängnisse wurden gestürmt, die vielen Gefangenen des Kaisers befreit.

□ Von dieser ungeheueren, so leidenschaftlich hingerissenen Volksmasse wurde Isaak zum alleinherrschenden Kaiser der Rhomäer ausgerufen. Ein Kirchendiener holte mit einer Leiter die Krone des großen Konstantin, die über dem Altar aufgehängt war, herunter und machte sie für das Haupt des Isaak zurecht. Das Folgende möchte ich auch nicht unerwähnt lassen und nicht der Nachwelt vorenthalten: Isaak wies mißmutig und ärgerlich die Krone zurück, nicht, weil er nicht hätte Kaiser werden wollen, sondern weil ihn die Schwierigkeit und Aussichtslosigkeit dieses Unterfangens schreckte, ja er glaubte, nur ein Traum, nicht die Wirklichkeit biete ihm die Krone an. Er fürchtete auch die Wut des Andronikos und wollte ihn durch seine Krönung nicht noch mehr in Raserei versetzen. Da nahm der neben ihm stehende Dukas seine Kopfbedeckung ab, wobei ein ganz kahler, wie der Vollmond leuchtender Schädel zum Vorschein kam, und flehte, man möge ihm das Diadem aufsetzen. Das Volk weigerte sich und schrie, es wolle nicht, daß wieder ein Greis herrsche und Kaiser sei, sie hätten schon genug Schlech-

tes von dem Graukopf Andronikos zu ertragen gehabt. Seinetwegen haßten sie jedes hochbejahrte Grabgespenst, besonders wenn es einen langen Bart hat, der zweigeteilt ist und dünn wie ein Mäuseschwanz endet.
Während also Isaak zum Kaiser gesalbt wurde, ereignete sich noch etwas, das erzählt zu werden verdient. Goldgezäumte kaiserliche Rosse wurden vom jenseitigen Ufer zu dem Kionionhafen übergesetzt. Eines von ihnen schlug aus, entkam dem erschrockenen Pferdeknecht und lief durch die Straßen. Man fing es ein und brachte es Isaak als Reitpferd.
Isaak brach vom Großen Gotteshaus auf. Ihm folgte auch der Patriarch Basileios Kamateros, denn auch diesen hatte das Volk gegen seinen Willen genötigt, mitzuwirken und seine Zustimmung zu geben. Andronikos hielt sich im Großen Palast auf. Der verworrene Lärm beunruhigte seine Ohren und bald belehrten ihn auch seine Augen über das, was vorging. Er war jedoch entschlossen, sich gegen das Volk zur Wehr zu setzen und suchte seine Leute zum Kampf zu sammeln, fand aber nur wenige von ihnen bereit, seine Absicht zu verwirklichen. Auch er selbst wollte sich am Kampf beteiligen, er nahm einen Bogen zur Hand und schoß aus den Scharten des höchsten Turmes, der Kentenarion genannt wird, Pfeile auf die Heranstürmenden, mußte dann aber erkennen, daß alles vergeblich und umsonst wäre, und versuchte, durch einen Abgesandten mit dem Volke zu verhandeln. Er erklärte sich bereit, die Herrschaft niederzulegen und seinem Sohn Manuel zu übertragen, weil er überzeugt war, dadurch die Erregung besänftigen und die ungeheure, schon ganz nahe Gefahr abwenden zu können. Das Volk geriet bei diesen Worten in noch größere Erbitterung und stieß schreckliche Verwünschungen und Drohungen gegen ihn und den von ihm genannten Erben aus, hob das Karea genannte Tor aus den Angeln und ergoß sich in den Palast. Da wandte sich Andronikos zur Flucht, zog sich die purpurgefärbten Schuhe von den Füßen, riß sich in seiner Verwirrung sein altgewohntes Amulett, ein Kreuz, vom Hals und warf es weg, stülpte sich eine barbarische Filzmütze, die, spitz zulaufend, einer Pyramide glich, über den Kopf und rannte wieder auf die kaiserliche Triere, mit der er von Meludion (Lustschloß außerhalb Konstantinopels) zum Großen Palast gekommen war. Dorthin kehrte er wieder zurück und nahm zwei Frauen mit, Anna, die Braut Alexios', die er nach dem Tode des Alexios selbst geheiratet hatte, und die Dirne Maraptike, in die Andronikos unsinnig und leidenschaftlich verliebt war, mehr als Demetrios Poliorketes in die ausgezeichnete Flötenspielerin Lamia, die er beim Kampf gegen Ptolemaios in Kypros erbeutet hatte.
So strebte also Andronikos mit aller Kraft nach dem Ziel, das er ausersehen hatte. Und zwar wollte er zu den Tauroskythen. Jede rhomäische Eparchie und jede Toparchie irgendeines anderen Volkes verwarf er als ihm feindselig. (Nik. Ch.) □
Während das Volk die günstige Gelegenheit benützte, den Palast und die kaiserliche Münze zu plündern, hetzte Kaiser Isaak II. die Häscher auf die Spur des Andronikos. Dieser hatte sich nach Chele am Schwarzen Meer geflüchtet, um von dort mit einem Schiff nach Rußland zu entkommen. Als widrige Winde das Schiff ans Land zurücktrieben, fiel er in die Hände der Kaiserlichen. Er wurde nach Konstantinopel gebracht und dem Kaiser gegenübergestellt.
□ Dieser gab ihn der allgemeinen Mißhandlung preis. Jeder, der hinzukam, konnte an Andronikos seinen Mutwillen auslassen. Man überschüttete ihn mit Schmähungen, hieb ihn mit Stöcken auf Kopf und Rücken, raufte ihn am Bart, schlug ihm die Zähne ein und riß ihm alle Haare aus. Sogar Frauen mißhandelten ihn und schlugen mit der Faust auf seinen Mund, besonders solche, denen er den Gatten getötet oder geblendet hatte. Dann hieb man Andronikos mit einem Beil die rechte Hand ab und warf ihn wieder in das gleiche Gefängnis, ohne Essen, ohne Trank, ohne die geringste Pflege. Nach einigen Tagen wurde ihm ein Auge ausgestochen. Dann setzte man ihn auf ein räudiges Kamel und führte ihn im Triumph auf dem Marktplatz herum. Er glich einem entblätterten Baum, glatter als ein Ei bot sich sein unbedeckter Schädel den Blicken aller dar und seinen Körper verhüllte nur ein kurzer Fetzen. Es war ein jammervoller Anblick, der fühlenden Augen Tränenströme entlockte.

Aber die stumpfsinnigen, ganz und gar ungebildeten Einwohner Konstantinopels, besonders die Wursthändler, Gerber und jene, die den ganzen Tag hinter ihrem Kramladen sitzen oder kümmerlich vom Schuhwerk ihr Leben fristen oder mit der Nadel ihr kärgliches Brot verdienen, strömten von überall herzu wie Schwärme von Fliegen, die im Frühjahr die Melkeimer umsummen und an den fetten Kübeln saugen. Sie dachten nicht daran, daß dieser Mann noch vor wenigen Tagen Kaiser war, mit der Kaiserkrone gekrönt, als Retter gefeiert, von allen umjubelt und verehrt, sie dachten nicht daran, daß sie ihm mit schauerlichen Eiden Treue und Ergebenheit gelobt hatten, sondern stürzten sich in blinder Wut, ohne Sinn und Verstand auf ihn und fügten ihm jede erdenkliche Mißhandlung zu. Die einen schlugen ihn mit Knütteln auf den Kopf, andere steckten ihm Mist in die Nase oder tauchten Schwämme in den Urin von Rindern und Menschen und drückten sie über sein Gesicht aus, andere wieder führten häßliche Reden und beschimpften seine Mutter und seine übrigen Vorfahren, einige stachen ihn sogar mit Bratspießen zwischen die Rippen oder warfen schamlos mit Steinen nach ihm und nannten ihn einen tollwütigen Hund. Eine freche Dirne holte einen Topf mit heißem Wasser aus der Küche und leerte ihn über seine Wangen. Es gab niemanden, der Andronikos nicht mißhandelt hätte.
So wurde Andronikos schmählich in einem lächerlichen Umzug, auf dem Rücken des Kamels elendiglich dem Spott preisgegeben, in das Theater (Hippodrom) gebracht und mit einem Bastseil an den Füßen aufgehängt, und zwar an die Säulen, die, oben mit einem steinernen Balken verbunden, neben zwei ehernen Bildwerken stehen. Diese stellen eine Wölfin und eine Wildsau dar, die mit gesenktem Nacken einander zornig und wild schnaubend anblicken.
Trotz so vieler Leiden und noch unzähliger anderer, die ich gar nicht erwähne, benahm sich Andronikos dem Grauenhaften gegenüber, das ihm widerfuhr, mannhaft und vornehm, er war auch noch bei vollem Bewußtsein. Zu seinen Bedrängern gewendet, sagte er nichts anderes als: »Herr, erbarme dich!« und »Warum zerbrecht ihr ein geknicktes Rohr?« Selbst als Andronikos schon an den Füßen aufgehängt war, ließ der hirn- und herzlose Pöbel nicht von dem Vielduldenden ab und schonte nicht seinen Leib, sondern sie rissen Andronikos das Kleid herunter und mißhandelten seine Zeugungsglieder. Ein ruchloser Kerl bohrte ihm ein langes Schwert durch den Schlund in die Eingeweide und einige Lateiner trieben mit beiden Händen ein Krummschwert in seinen After, um zu schauen, wessen Waffe schärfer sei. So standen sie, der eine hier, der andere dort, und drückten an ihren Waffen und rühmten die Geschicklichkeit ihrer Hand und die Gewichtigkeit ihres Stiches.
Unter so vielen Drangsalen und Leiden gab Andronikos endlich qualvoll seinen Geist auf. Er streckte schmerzlich seinen rechten Arm aus und führte ihn so zum Mund, daß die meisten glaubten, er wolle das aus dem Stumpf noch hervortropfende Blut — die Hand war ihm ja erst vor kurzem abgeschlagen worden — aussaugen. (Nik. Ch.) □
So starb unter grauenvollen Qualen der letzte Komnenenherrscher, der Alkibiades und Cesare Borgia von Byzanz in einer Person, der Wohltäter und Sadist, der gerechtigkeitsliebende Menschenverächter und Tyrann, Intrigant, Heuchler, Hochverräter und Vaterlandsretter. Er hatte versucht, das Rad der Geschichte zurückzudrehen, aber es überrollte ihn; er mußte scheitern, denn eines hat dieser so reich begabte Mann nicht gekannt: ein Gewissen.

Die Dynastie der Angeloi

Mit Kaiser Isaak II. ging die Herrschaft auf die Familie der Angeloi über, einem kleinasiatischen Magnatengeschlecht aus Philadelphia. Isaaks Großvater Konstantin Angelos — derselbe, den Kaiser Manuel seinerzeit zu der mißglückten Flottenexpedition nach Sizilien gesandt hatte — war mit Alexios' Tochter Theodora verheiratet gewesen und seitdem spielte die Familie in Byzanz eine gewisse, wenn auch nicht überragende Rolle. Isaak selbst, dem ein paar Minuten Tapferkeit und eine ängstlich durchzitterte Nacht gegen seine Absicht die Kaiserkrone eingebracht hatten, war ein unbedeutender junger Mann von dreißig Jahren, gebildet, wie alle Byzantiner der Oberschicht, aber ein unbeschriebenes Blatt und, wie sich bald herausstellte, von einer unangemessenen Neigung zur Prachtentfaltung befallen. Doch zunächst war man froh, von der blutigen Tyrannei des Andronikos befreit zu sein. »Die Herrschaft des Isaak erschien den Rhomäern wie der Übergang vom Winter zum Frühling oder wie glatte See nach dem Wüten des Meeres.« Großzügig entschädigte er alle, die unter Andronikos körperlichen oder materiellen Schaden erlitten hatten und schonte auch sonst den kaiserlichen Schatz nicht. Die allgemeine Hochstimmung teilte sich auch dem Heere mit, dem die Aufgabe bevorstand, die schon siegestrunken herannahenden Normannen zurückzuschlagen. Der fähige General Alexios Branas zog ihnen nach Thrakien entgegen und traf bei Mosynopolis zum erstenmal auf den Feind, der nicht im geringsten damit rechnete, Widerstand zu finden. Daher waren die normannischen Truppen unvorsichtig und wegen des allzu bequemen Vormarsches undiszipliniert; sie wurden vollständig geschlagen. Wenige Tage später kam es bei Demetritza zur Schlacht mit der normannischen Hauptarmee. Hier nahmen die Byzantiner so gründlich Rache für Thessalonike, daß nur wenige Reste der Normannen in wilder Flucht ihr Leben retten konnten. Thessalonike wurde geräumt, kurz darauf auch Dyrrhachion und Korfu, nur Kephallonia und Zakynthos blieben — für immer — vom Reich getrennt. — Graf Balduin war gefangengenommen worden, der Graf Richard von Acerra und 4 000 Mann. Die Gefangenen wurden in Kerker gepfercht, in denen der größte Teil von ihnen Hungers starb.

So begann die Regierung Isaaks mit einem verheißungsvollen Auftakt. Auch die ungarische Bedrohung konnte abgewendet werden, indem man mit König Bela III. einen Frieden schloß und Isaak Belas Tochter Margarete (Maria) zur Frau erhielt. Die Hochzeit mit der 10jährigen Prinzessin wurde Anfang August 1186 mit allem nur erdenklichen Prunk gefeiert; die Kosten dazu bestritt man durch eine eigens zu diesem Zweck erhobene Sondersteuer. »Er war zu knickerig, die Hochzeitsfeier aus dem Staatsschatz zu bezahlen, er wollte alles umsonst haben«, schrieb Niketas Choniates, dem als kaiserlicher Sekretär auch die Aufgabe zufiel, die Festrede zu halten. Selbstverständlich mußte er hier ganz andere Töne anschlagen.

□ ...

O süßer Tag, an dem der Kaiser, jung, schön und blühend, eine junge, schöne und blühende Gattin heimführt, er, der sich kaiserlichen Geschlechtes im dritten Gliede (durch seine Großmutter Theodora) rühmt, sie, die ihre Geburt von dem julischen Kaiserhaus ableitet; er, selbst eine Sonne, zieht seinen Weg mit einem fernhin scheinenden Mond, zu gemeinsamem Glanze an das Firmament des Kaisertums geheftet; er will nicht mehr, daß eine mondlose Nacht über den Herrscherpalast ausgegossen sei; und sie, die man gestern und vorlängst nicht voll und ganz leuchten sehen konnte, weil sie fern dem kaiserlichen Lichte stand, ist jetzt, da sie sich dem Kaiser, der Sonne, genähert hat, hell und weithin leuchtend geworden, ein Gegenbild der großen Leuchte der Nacht (Gen. 1, 16).

...

Damit die Rede noch deutlicher die Vorzüge der Brautleute darlege, wenn sie auch erzählen wird, was — wie man so sagt — klarer ist als das Sonnenlicht: der Bräutigam ist jung, beherrscht, gedächtnisstark, tapfer, edel gesinnt, rasch auffassend, also der Mann, den einst der Sohn des Ariston (Platon) als den am besten das Leben glücklich Gestaltenden vorzeichnete und suchte, freilich nicht fand, sondern nur zu seinem Schatten gelangte, den uns aber Gott zu schauen gab, weißschimmernd, so wie der eben Genannte es von den Kindern der Götter behauptet, und rötlich mit schönen Augen wie der tapfere und sanfte Herrscher David (11 Sam. 16, 12 und 17, 42), und Gott hat ihn erfunden nach seinem Herzen, klug ist er zugleich und tapfer, ein tüchtiger König, ein starker Lanzenkämpfer (Homer, Il. 3, 179), der mit dem Eisen und mit seinem Worte das Wilde besänftigt, der mit Überzeugungsgabe und mit Stärke magisch bezwingt, ein Gefolgsmann des Hermes und des Ares, der seine Gegner zahm macht und an die Hand gewöhnt und sie mit dem Zaubermittel auf seinen Pfeilen (Homer, Od. 1, 261—262) und mit dem Zaubergürtel (Anspielung auf den Gürtel Aphrodites, der zur Liebe zwingt; vgl. Homer, Il. 14, 214 ff.) seiner Worte einschläfert und mit der daraus entspringenden Kraft nicht minder auch ein Führer des Volkes ist. Denn nach der Art jener alten Kaiser, die auf den Wiesen der Musen den Reigen tanzten und sich auch am lodernden Ares erfreuten, die aus Städten Beute wegführten und auch mit der Philosophie überaus viel errangen und sie zur Beisitzerin und Hausgenossin hatten, ist auch er auf beiden Gebieten der Stärkste und hochberühmt. Sowie er sich daranmachte, hat er die

Byzantinischer Kaiser

zerrissenen und zerstreuten Glieder des Kaisertums zu einem einheitlichen, vollkommenen Leib zusammengefügt, er hat mit Waffengewalt Siegeszeichen errichtet, aber auch nicht wenige unblutige Heldentaten der Überredungskunst vollbracht; klar hat er allen gezeigt, daß es ein unüberwindlich Ding ist, wenn Kopf und Hand zusammengehen, und ein sehr schätzenswertes, weil ja verdoppeltes Gut, das meist nicht gepaart angetroffen wird.

...

So ist der Bräutigam, um von vielem wenig zu sagen, weil meine Rede sich nichts anderes vorgenommen hat, als die heutige Feier zu besingen. Deine Angetraute, o Herrscher, ist von edelster Schönheit und auch von ungewöhnlichem Liebreiz, sie ist würdig, einem solchen Herrscher, wie du es bist, verbunden zu werden. Schön bis zum Übermaß ist sie auch an innerem Glanze, geschmückt mit vielfältigen Tugenden, umflossen von ihnen wie von einem betroddelten Mantel, ruhmvoll ist auch ihr Geschlecht selbst unter Edelgeborenen, ist es doch das mächtigste nach dir, dem untadeligen Kaiser. Denn sie führt die Anfänge ihres Geschlechtes auf die Caesaren, die alleinherrschenden Julier und Augusti, zurück (diese Behauptung ist natürlich reine Phantasie) und auf allen Ruhm und alle Sonderstellung dieses gesegneten Hauses, und in der letzten Geschlechterfolge hat ihr Geschlecht, auch durch Verbindung mit unserem Kaisertum geadelt, noch mehr Ehre erworben und größeren Glanz erlangt. Denn jener dir durch Abstammung verwandte große Herrscher (Manuel Komnenos), dem eher wegen der Größe seiner hervorragenden Taten als durch bloßes Benennen sein den Namen Gottes (Emmanuel) enthaltender Namen zuteil wurde, führte aus diesem Geschlecht seine Gattin heim (Maria von Antiocheia war eine Halbschwester der Mutter der Braut), jene schönste unter den Frauen, die wahrhaft der Duft ihres Geschlechtes war. Schön ist also das Mädchen, o Kaiser, das sich dir vermählt, auch aus den schon angeführten Gründen: nicht allein kuhäugig ist sie und von goldener Gestalt und langhalsig, welche Eigenschaften die Hellenen ihren Göttinnen zuschrieben, sondern ganz schön ist sie und bis zum Übermaß schön und auch an Schönheit Königin unter allen. Die Schönste ist sie auch, weil sie dir zur Rechten trat und du Verlangen trugst nach ihrer Schönheit, weswegen sie auch den Worten über eine Verbindung mit dir ihr Ohr neigte wie die Tochter, von der David singt, die ihr eigenes Volk vergaß und aus dem Hause ihres Vaters auszog. (Ps. 44, 10—12) . . . □

Diese Rede ist ein Musterbeispiel byzantinischer Rhetorik mit ihrer Fülle von Zitaten aus der klassischen griechischen Literatur und der Bibel, ihren mannigfaltigen Anspielungen und Bezügen, dem kunstvoll geschachtelten Satzbau; eine Redekunst, die vom Hörer nicht nur vollste Aufmerksamkeit verlangt, sondern auch gründliche Kenntnis der Mythologie, der antiken Schriftsteller und der Bibel voraussetzt, ohne die die zahlreichen Hinweise, Andeutungen und Bilder gar nicht verständlich sein würden. Es handelt sich um ein Sprachkunstwerk, bei dem es nicht in erster Linie auf die Mitteilung ankommt, sondern auf die Kunst des »schön Sagens«. Im Stil der kirchlichen Predigt haben sich einige Elemente der alten Rhetorik bis in die Neuzeit erhalten.

Alle Mißstände, die Andronikos abzustellen sich bemüht hatte, rissen unter Isaak in katastrophaler Weise wieder ein. Die Willkür der Steuerbeamten überstieg jedes Maß, Ämter wurden dem Meistbietenden verkauft, auch vor erneuter Münzverschlechterung schreckte der Kaiser nicht zurück. Die Landbevölkerung der Provinzen, unter Andronikos für kurze Zeit von ihren unerträglichen Lasten befreit, fiel wieder in das alte Elend zurück und wurde erbarmungslos ausgepreßt. Dem armen Mann wurde das letzte Schaf genommen, während die feudalen Herren der Latifundien sich dem Zugriff des Fiskus zu entziehen wußten und der Kaiser selbst für seine verschwenderische Hofhaltung Unsummen verschleuderte. Große Ausgaben verursachte auch die Baulust des Kaisers; Lustschlösser, prächtige Häuser, Bäder wurden errichtet; die von Andronikos erneuerte Wasserleitung, die, obwohl noch unvollendet, ein ganzes Stadtviertel mit Trinkwasser versorgte, wurde indessen von Isaak nicht weiter ausgebaut.

Trotz seiner Neigung zu genießerischem Wohlleben, hat Isaak die Außenpolitik nicht ganz vernachlässigt und bei der Bekämpfung der Bulgaren und Serben eine gewisse Aktivität entfaltet. Schon im Jahre des Regierungsantritts des Kaisers machten die Bulgaren und Wlachen unter Führung der Brüder Asen und Peter einen Aufstand gegen die Rhomäer, als der Kaiser sich geweigert hatte, ihnen bestimmte Länder als »Pronoia«-Lehen zu überlassen. Die Brüder verstanden es, den Kampfeseifer ihrer Landsleute durch die Behauptung anzufachen, der hl. Demetrios von Thessalonike habe nach der Schändung seiner Kirche durch die Normannen die Stadt verlassen und sich nach Bulgarien begeben, wo er seit langem Verehrung und Ansehen genoß. Der mächtige Heilige würde ihnen im Freiheitskampf gegen Byzanz Hilfe gewähren. Im Sommer 1186 zog Isaak mit seiner Armee gegen die Aufständischen und konnte sie gründlich schlagen. Aber noch im gleichen Jahr erschienen die Brüder wieder, diesmal mit kumanischen Hilfstruppen. Auch jetzt konnten sie zurückgedrängt werden und alles schien sich zum besten zu wenden, als der Feldherr Alexios Branas sich plötzlich in Adrianopel zum Kaiser ausrufen ließ und mit der Armee unverzüglich auf Konstantinopel mar-

schierte und Isaak zur Übergabe aufforderte. Zum Glück für den Kaiser hielt sich zu dieser Zeit der junge Ritter Konrad aus dem Hause der Markgrafen von Montferrat in Konstantinopel auf, ein Bruder des Rainier und wie dieser aus Feindschaft gegen Friedrich Barbarossa ein Verbündeter der Byzantiner. Konrad hatte gerade die Schwester Isaaks zur Frau erhalten. Dieser energische Mann rüstete sich also zum Kampf gegen den Usurpator, schlug in einem wuchtigen Angriff die Belagerer zurück und warf mit einem Stoß seiner Lanze Branas aus dem Sattel. »Man erzählt, Branas habe, als Konrad ihn verwundet, voll Todesangst um sein Leben gefleht. Und Konrad soll ihm geantwortet haben, er brauche nichts zu fürchten, man werde ihn nicht mißhandeln, sondern nur seinen Kopf abhauen. Das geschah auch sogleich.«
Des Bulgarenaufstandes vermochte man nicht Herr zu werden, zumal der Serbenkönig Stephan Nemanja, der die Bedrängnis der Byzantiner ausnützte, sein Territorium zu erweitern, die Bulgaren unterstützte. 1187 beendete Isaak den Kampf und schloß mit Peter und Asen einen förmlichen Frieden, der die Existenz eines unabhängigen Bulgarenreiches anerkannte. Nach der Vernichtung von Samuels Reich durch Kaiser Basileios Bulgaroktonos 1014 war Bulgarien nun als selbständiger Staat wiedererstanden. Das wurde auch sogleich durch die Einsetzung eines bulgarischen Erzbischofs bekräftigt, der Peter in der alten Hauptstadt Tirnowo zum Zaren krönte. Wieder war ein Teil des Reiches, nämlich alle Länder zwischen Donau und Balkangebirge, unwiederbringlich verloren.

Ansicht von Tirnowo

Im Jahre 1187 wandte sich die Aufmerksamkeit der ganzen Christenheit auf Palästina. Saladin hatte Mitte der 80er Jahre seine Machtstellung in Syrien soweit gefestigt, daß er sich nun Palästina zuwenden konnte. Die Verhältnisse in den Kreuzfahrerstaaten waren recht verworren. Zwistigkeiten und Hader schwächten ihre ohnehin geringe Macht, der Kontakt zu Byzanz war nach dem Lateinerprogrom von 1182 abgebrochen. Der lepröse König Balduin IV. war 1186 seinem Leiden erlegen und seine Schwester

Sybille wurde zur Königin von Jerusalem gekrönt, woraufhin sie ihrerseits ihren Gemahl Guido von Lusignan krönte, den eigentlich niemand zum König haben wollte. Rainald von Chatillon war nach 16jähriger Gefangenschaft freigekommen, hatte aber weder seinen Leichtsinn, noch seine Gewissenlosigkeit abgelegt. Er war es, der durch einen Bruch des Waffenstillstandes Saladin den erwünschten Anlaß zum Kriege gab. Am 3. Juli 1187 erlitten die Franken bei Hattin die schwerste Niederlage seit der Entstehung der Kreuzfahrerstaaten; ihre Armee wurde vollständig vernichtet. Guido von Lusignan, der Meister des Templerordens und Rainald von Chatillon fielen in die Hand Saladins, der dem wortbrüchigen Rainald eigenhändig den Kopf abschlug. In den folgenden Monaten eroberte Saladin Akkon, Askalon und Dutzende von Städten und Festungen und am 2. Oktober kapitulierte Jerusalem nach 14tägiger Belagerung. Den Franken blieben als bedeutende Städte nur Antiocheia, Tripolis und Tyrus, das von Konrad von Montferrat, der auf die Nachricht von der Schlacht bei Hattin Konstantinopel verlassen hatte und nach Syrien geeilt war, gegen Saladins Belagerungsarmee erfolgreich verteidigt wurde.
Der Fall Jerusalems hatte im Westen eine Wiederbelebung des Kreuzzugsgedankens zur Folge und dem Ernst der Lage entsprechend wurden umfangreiche Vorbereitungen unternommen. Kaiser Friedrich Barbarossa selbst, auf der Höhe seiner Macht, nahm das Kreuz und sammelte das größte und bestausgerüstete Heer, das jemals ins heilige Land aufgebrochen war. Alle etwaigen Hindernisse wurden vorher auf dem Verhandlungs-

Friedrich Barbarossa (1152–1190)

wege beseitigt. Mit Bulgarien und Serbien schloß Friedrich Verträge, Kaiser Isaak ließ durch einen Gesandten in Nürnberg die Lebensmittelversorgung während des Aufenthaltes auf byzantinischem Territorium zusichern, sofern das Heer der Kreuzfahrer sich von Plünderungen enthalte. Kilidsch Arslan versprach Barbarossa freien Durchzug, denn der Sultan fürchtete Saladin mehr als die Christen. Trotz der Abmachung zwischen Friedrich und Isaak konnte es nicht ausbleiben, daß der byzantinische Kaiser dem Herannahen der Deutschen mit Besorgnis entgegensah, und das hatte seine Gründe. Friedrichs Sohn Heinrich hatte 1186 die Erbin des sizilianischen Normannenreiches Konstanze geheiratet — ihr Bruder Wilhelm war kinderlos —, und diese Allianz zwischen den Hauptfeinden der Byzantiner, dem deutschen Kaiser und den Normannen, bedeutete für Byzanz eine geradezu tödliche Bedrohung. Das verstanden auch die Bulgaren und Serben, die Barbarossa hocherfreut Unterstützung anboten für den Fall, daß er sich Konstantinopels bemächtigen wolle. Isaak beeilte sich also, ein Bündnis mit Saladin zu schließen, so daß wieder einmal eine höchst verwickelte politische Konstellation entstand. Sobald Friedrich byzantinischen Boden betrat, zeigte sich denn auch, daß die Abmachungen zwischen den beiden Kaisern wertlos waren. Die Lebensmittellieferungen blieben aus und Friedrichs Heer bewegte sich wie in Feindesland. Philippopel wurde besetzt, Lebensmittel wurden requiriert und es kam sogar zu Kämpfen zwischen byzantinischen Heeresabteilungen und den Deutschen. Isaak war inzwischen zu der festen Überzeugung gelangt, daß Barbarossa es nur auf Konstantinopel abgesehen habe und »trug auch oft einen ganzen Arm voll frischgeschmiedeter Pfeile herum, die er, wie er sagte, schärfen wolle, um sie in die Herzen der Alamanen zu schießen, dann zeigte er auch auf ein Fenster des Blachernenpalastes und sagte dabei, durch dieses Fenster wolle er zielen und die Alamanen niederschießen.« Friedrich bemächtigte sich inzwischen Adrianopels, und noch viele andere Orte fielen in die Hände der Kreuzfahrer. Trotzdem konnte Friedrich nicht weiter vorrücken, denn zur Überfahrt nach Kleinasien brauchte er die byzantinischen Schiffe. Schließlich zwang Friedrich mit massiven Drohungen Isaak zum Einlenken; im Februar 1190 wurde ein Vertrag geschlossen, auf Grund dessen die Byzantiner 235 Transportschiffe zur Überfahrt der Deutschen bereitstellten, die dann auch im März bei Gallipoli den Hellespont überschritten, ohne Konstantinopel zu berühren.

□ Als der König nach Philadelphia kam (21. April), zog er nicht durch die Stadt hindurch. Als er aufbrach, überfielen die verwegenen Bewohner dieser Stadt, die sich hervortun wollten, räuberisch einen Teil seines Heeres und reizten ihn damit zum Kampf. Es ging ihnen aber nicht nach Wunsch. Als sie erkannten, daß sie gleichsam an eherne Standbilder und unverwundbare Giganten geraten waren, schauten sie nur noch, daß sie davonkamen.

Die Alamanen zogen durch das sogenannte Aetosgefilde und schlugen dann im phrygischen Laodikeia ihr Lager auf (27. April). Dort wurden sie freundlich und gastlich aufgenommen wie nirgends sonst und alle erbaten von Gott alles Gute für die Bewohner von Laodikeia, besonders der König selbst. Er beugte das Knie zur Erde, hob Augen und Hände aufwärts zum Himmel und betete, wenn etwas im irdischen Leben Nutzen bringe, wenn etwas den Seelen heilsam sei, so möge es von Gott, dem Vater und Lenker der Welt, ihnen zuteil werden. Er fügte noch hinzu, wenn das rhomäische Land an solchen Christen reich wäre, und wenn die Rhomäer die Streiter Christi überall so wohlwollend aufgenommen hätten, so hätten auch diese ihnen mit Freuden alle Schätze geschenkt, die sie mit sich führten. Er hätte dann friedlich die Lebensmittel erhalten und wäre schon längst jenseits der rhomäischen Grenzen und die Waffen seiner Leute hätten unbefleckt von Christenblut in der Scheide geschlummert. (Nik. Ch.) □

Auch die mit Kilidsch Arslan geschlossenen Verträge erwiesen sich als nutzlos, denn sobald die Armee das Territorium der Rum-Seldschuken betrat, stieß man auf Widerstand. Der alte Sultan war nämlich inzwischen von seinem Sohn Malik Schah aus der Herrschaft verdrängt worden und dieser, ein Schwiegersohn Saladins, stand den Kreuzfahrern feindlich gegenüber. Aber Malik Schah konnte der starken, disziplinierten Streitmacht Friedrichs nicht standhalten. Philomelion wurde erobert; man fand aber keine Lebensmittel, die man dringend benötigte. Der Weitermarsch brachte Versorgungsschwierigkeiten und die Türken räumten jedes Getreidekorn beiseite. Hunger und Durst quälte die immer mühseliger sich vorwärtsschleppende Heeresmasse. Am 18. Mai gelangte man nach Ikonion, der Hauptstadt der Seldschukensultane. Die Türken stellten sich zur Schlacht und wurden von der Wucht der heranstürmenden Ritter völlig zersprengt. Gleichzeitig gelang der Einbruch in die Stadt, die schnell erobert wurde, und die erschöpften Krieger konnten sich eine Woche lang bei ausreichender Verpflegung erholen. Erfrischt und in bester Stimmung wandte man sich dann nach Kilikien, wo König Leon von Klein-Armenien den Kaiser prächtig empfing und ihm sein Land als kaiserliches Lehen anbot.

Doch die Tage des Kaisers waren gezählt; wenig später, am 10. Juni 1190, fand er den Tod in den Fluten des Saleph — ein Ereignis, das die gesamte Christenheit erschütterte. Niketas Choniates, der keinen Grund hatte, dem deutschen Kaiser, dem Feind seines Vaterlandes, Gutes nachzusagen, drückt nichtsdestoweniger seine Achtung und Bewunderung in Worten aus, die nicht zuletzt auch ihn, den um die Wahrheit bemühten Chronisten, ehren.

□ ... Ein Mann, wohl wert, in guter und dauernder Erinnerung behalten und ob seines Endes von einsichtigen Menschen glücklich gepriesen zu werden, nicht bloß deshalb, weil er einem edlen Geschlecht entstammte und als Enkel großer Herrscher über viele Völker gebot, sondern auch, weil er von Liebe zu Christus mehr als alle anderen christlichen Herrscher seiner Zeit entbrannt, sein Vaterland, die Annehmlichkeiten eines Herrscherdaseins, Ruhe und das Glück daheim bei seinen Lieben und ein Leben in Glanz und Pracht aufgab, die Fremde der Heimat vorzog und mit den Christen in Palästina für den Namen Christi und zur Ehre des heiligen Grabes, aus dem der lebendige Gott auferstanden ist, alle Mühseligkeiten teilen wollte. Sein Eifer erlahmte nicht auf dem langen, überall leidvollen Weg, die feindseligen Völker, durch deren Gebiet er ziehen mußte, der Mangel an Wasser, das kärglich bemessene Brot, das er noch dazu kaufen und sich manchmal sogar mit Gewalt holen mußte, machten ihn in seinem Vorsatz nicht wankend, die Tränen seiner Kinder, ihre Umarmungen und Abschiedsküsse verwirrten nicht seine Seele und ließen ihn nicht schwach werden, sondern wie der Apostel Paulus (Apg. 20, 22—24) achtete er das eigene Leben gering und zog seines Weges, bereit, nicht nur Fesseln zu ertragen, sondern auch sein Leben hinzugeben für den Namen Christi. So war der Eifer dieses Mannes der Eifer eines Apostels, sein Ziel das Ziel eines glühenden Verehrers Gottes und seine Leistung die Leistung eines jener überragenden Männer, die all ihre Gedanken, all ihre Kräfte darauf richten, das erhabene und schwierige Leben zu führen, welches das Evangelium verlangt, und die alles Irdische als Kehricht mißachten (Philipper 3, 8). Darum sage ich mir, daß er ein seliges Ende gefunden hat. □

Barbarossas Sohn Friedrich von Schwaben übernahm die Führung des Heeres, aber mit dem Tode des Kaisers war das einigende Band gelöst. Viele reisten gleich von Kilikien wieder nach Hause. Der Rest, durch Seuchen dezimiert, gelangte über Antiocheia nach Akkon, wo 1191 auch Friedrich von Schwaben starb. Damit war der deutsche Kreuzzug zu Ende; von der stolzen Streitmacht fanden nur wenige Mann den Rückweg in die Heimat. — Erst ein Jahr später trafen Richard Löwenherz und König Philipp II. August von Frankreich im heiligen Land ein, wo man endlich, nach zweijähriger Belagerung, die Rückeroberung Akkons als einen ersten Erfolg feiern konnte. Philipp II. August, mit seinem Lehnsmann Richard zerfallen, verließ ein paar Tage später Syrien wieder. Der tapfere, aber unbeständige und oft unbesonnene König Richard blieb noch ein Jahr, erfüllte die Welt mit Staunen über seine tollkühnen Husarenstückchen und brachte es fertig, Saladin in Schach zu halten, ohne aber selbst Fortschritte erzielen zu können; an eine Wiedereroberung Jerusalems war nicht zu denken. Bevor Richard Palästina verließ, schloß er einen Vertrag mit Saladin, der den Restbestand der Kreuzfahrerstaaten garantierte und den freien Zugang der Pilger zum Heiligen Grabe in Jerusalem gestattete. Wenige Monate später starb Saladin, die Macht des Ajubidenhauses verfiel und der syrisch-palästinensische Küstenstreifen konnte von den Kreuzrittern noch ein Jahrhundert lang behauptet werden. Für Byzanz hatten alle diese Ereignisse als einziges zur Folge, daß Richard Löwenherz dem Titularkönig Guido von Jerusalem die Insel Zypern verkaufte, die er auf der Herfahrt dem Usurpator und »Kaiser« Isaak Komnenos entrissen hatte. Zypern blieb bis 1489 im Besitz der Lusignan, kam dann an Venedig und wurde 1571 von den Türken erobert.

Im Jahre 1190 wandte sich Isaak wieder gegen die Bulgaren und Wlachen und beabsichtigte, durch einen Vorstoß in das Innere des Bulgarenlandes den Zaren zur Botmäßigkeit zu zwingen. Er gelangte auch bis Tirnowo, konnte die Stadt aber nicht einnehmen. Auf dem Rückmarsch geriet er mit seiner Armee — wie schon so manche vor ihm — in den waldreichen Engpässen des Balkangebirges in einen Hinterhalt, aus dem sich nur ein Teil des Heeres retten konnte. Etwas mehr Glück hatte Isaak im Kampf gegen Stephan Nemanja, den er besiegte und zur Herausgabe aller inzwischen eroberten Länder zwang. Aber eine Unterwerfung fand nicht statt; man schloß einen förmlichen Frieden, der die Selbständigkeit Serbiens respektierte. Außerdem wurde Stephan, der Sohn

Nemanjas, mit dem Sebastokratortitel ausgezeichnet und erhielt die Nichte des Kaisers, Eudokia, zur Frau, die die Tochter von Isaaks Bruder Alexios war.
Die Kämpfe mit den Bulgaren hielten an, führten aber zu keinem Erfolg. Die Byzantiner mußten verschiedene empfindliche Niederlagen einstecken. »(Die Wlachen) spotteten über den Staat der Rhomäer, mit dem es immer mehr bergab gehe, weil er in immer schwächere Hände gerate. Sie beteten zu Gott, er möge die Herrscherfamilie der Angeloi lange an der Macht lassen, ihnen, wenn es möglich wäre, den Tod ersparen und sie nicht stürzen lassen. Die verfluchten Wlachen gaben aber auch den Grund an, warum sie so beteten. Sie prophezeiten nämlich, solange ein Angelos Kaiser sei, werde das Reich der Wlachen mehr und mehr zunehmen und wachsen und fremde Länder und Städte erwerben und aus ihrem Volk würden Führer entstehen und aus ihren Lenden würden Herrscher hervorgehen.« Und Niketas seufzt: »Ich weiß nicht, woher sie das hatten und wieso sie so etwas ernsthaft behaupten konnten.«
Während der Vorbereitungen zu einem neuen Feldzug schmiedete des Kaisers Bruder Alexios ein Komplott.
□ Der Kaiser wollte einmal (8. April 1195) zur Jagd ausziehen. Als er schon zu Pferde saß, schickte er nach seinem Bruder Alexios, daß er mit ihm reite und sich in der gras- und blumenreichen Ebene mit ihm an der Jagd ergötze. Alexios, mit der Vorbereitung des Anschlags beschäftigt, schützte Unwohlsein vor und ließ sagen, es seien schon alle Anstalten für einen Aderlaß getroffen, er könne daher nicht mitreiten. So zog also der Kaiser allein aus. Als die Gesinnungsgenossen des Alexios, abscheuliche, wankelmütige, falsche Menschen, den Kaiser samt seinem Gefolge und seinen Freunden, die ihn bei der Verwaltung des Reiches unterstützten, etwa drei Stadien (ca. 530 m) entfernt sahen, taten sie so, als ob sie Alexios mit Gewalt in das kaiserliche Zelt zerrten, und riefen ihn zum Kaiser aus. Es waren das: Theodoros Branas, Georgios Paläologos, Johannes Petraliphas und Konstantinos Rhaul, Michael Kantakuzenos und noch zahlreiche andere, widerliche und treulose Männer, Verwandte des Kaisers und ein dichter Schwarm anderer, die sich schon seit langem bettelhaft und gierig um die Tafel des Sebastokrators drängten und sich über einen Umsturz freuten. Bei der ersten Kunde von der Empörung des Alexios trat das ganze Heer geschlossen zu ihm über, sogar die Dienerschaft des Isaak und die hohen Räte.
Der Kaiser hörte zuerst nur ein undeutliches Geschrei, dann sah er auch den großen Auflauf beim kaiserlichen Zelt und verstand auch die Rufe des Haufens, der seinen Bruder zum Kaiser ausrief. Bald kamen Boten und bestätigten ihm die verwegene Empörung. Er hielt inne, schlug das Zeichen des Kreuzes und rief: »Christus, König, sei gnädig!« und bat ein ums andere Mal Gott, ihn aus der Bedrängnis dieser Stunde zu erretten. Er zog auch aus seiner Brusttasche ein Amulett der Gottesmutter hervor, drückte es fest an sich, pries Maria und flehte sie in seiner Herzensangst an, sie möge ihn der drohenden Gefahr entkommen lassen. Als er sah, daß schon Leute in vollem Lauf heransprengten, die ihn ergreifen wollten und nur einen Willen, ein Ziel kannten: seine Gefangennahme, da wandte er sich und floh.
Unter großer Gefahr durchquerte er den Fluß, der sich tiefwirbelnd durch die Ebene zieht, und jagte davon. Er sah keine Rettung vor sich, aber er wußte das sichere Verderben hinter sich. Das erkannte er aus dem rasenden Lauf, dem nicht locker lassenden Eifer seiner Verfolger. Er kam bis Stageira, dem heutigen Makre. Dort nahm ihn ein gewisser Panteugenos fest und lieferte ihn den Häschern aus.
Nun hatte er das letzte Mal die Sonne gesehen, beide Augen wurden ihm wenig später ausgestochen, und zwar im Kloster zu Bera, welches der Vater des Kaisers Andronikos, Isaak, gegründet hatte. Ob das die gerechte Vergeltung Gottes war, daß er, der Andronikos so grauenhaft mißhandelt hatte, gerade dort diese Strafe erlitt, das mögen andere untersuchen. Gewiß ist, daß die Vorsehung, die alles aufs beste zu seinem Ende leitet, will, daß man auch die ärgsten Feinde menschlich strafe; sie will, daß ein Herrscher daran denke, daß seine Herrschaft nicht für die Ewigkeit gegründet ist, daß er die Macht auch verlieren kann, daß die gleiche Bewegung auch ihn selbst ergreifen und ihm dasselbe Ende bereiten kann.

Von da an war Isaak in den Banden des Leids gefangen. Viele Tage nahm er keine Nahrung zu sich, weil er seinen Sturz und seine Verstümmelung nicht verwinden konnte. Eine Zeitlang wurde er im Palast gefangengehalten, dann auf dem jenseitigen Ufer bei der Doppelsäule. Er fristete wie ein gewöhnlicher Mann aus dem Volk sein armseliges Leben von Wein und zugemessenem Brot ... (Nik. Ch.) □

Isaaks junger Sohn Alexios wurde zusammen mit dem Vater in Gefangenschaft gehalten.

Isaak war ein schwacher Herrscher gewesen und sein Sturz hätte dem Reich vielleicht einen Vorteil gebracht, wenn nicht sein Bruder Alexios ein noch schwächerer Herrscher gewesen wäre. Man darf daran zweifeln, daß der Untergang Konstantinopels überhaupt abwendbar war, doch mußte man Alexios III. vorwerfen, daß er während seiner achtjährigen Regierung nicht die geringste Anstrengung gemacht hat, den rapiden Niedergang aufzuhalten. Er führte das Reich in den trostlosesten Zustand der Ohnmacht, in welchem es den Kreuzfahrern des vierten Kreuzzuges zu einer leichten Beute wurde. Es war nicht die Sorge um die Zukunft von Byzanz oder die Erkenntnis der kritischen Situation, die Alexios bewog, seinen Bruder zu stürzen, sondern einfach persönlicher Ehrgeiz und unbefriedigte Eitelkeit.

Obwohl die Regierungsübernahme sich reibungslos abspielte, herrschte über seine grausame Handlungsweise gegen Isaak doch allgemeine Betroffenheit. In Byzanz schluckte man es, wenn auch widerwillig, im Westen herrschte allgemeine Empörung und man fand sich in der Meinung bestärkt, daß es mit dem schuldbeladenen Kaisertum so oder so zu Ende gehen müsse. Und tatsächlich war hier ein Punkt gegeben, an dem man wenige Jahre später den Hebel ansetzen konnte, um das Reich aus den Angeln zu heben.

Unmittelbar nach der Krönungszeremonie ereigneten sich einige Zwischenfälle, die den abergläubischen Byzantinern als ein böses Omen erschienen.

□ Als er die Kirche verließ und sein arabisches Pferd, das der Protostrator am Zügel führte, besteigen wollte, geschah etwas ganz Ungewöhnliches, etwas, worüber man sich wohl wundern darf: Das Pferd duldete ihn nicht als Reiter, es schnaubte, hatte blutunterlaufene Augen, stellte die Ohren auf, schlug den Boden mit den Hufen, ging hoch und schlug mit den Vorderbeinen in die Luft, sprang hin und her und ließ den Kaiser nicht in seine Nähe, als zürnte es ihm und hielte es für entwürdigend, von ihm geritten zu werden. Alexios versuchte mehrmals aufzusteigen, aber das Pferd wies ihn ungestüm ab, warf den Kopf zurück und hieb mit den Vorderhufen aus. Als es sich nach vielem guten Zureden und Tätscheln des Nackens beruhigt zu haben schien, nicht mehr so ungebärdig herumsprang und hochging, schwang sich der Kaiser in den Sattel und ergriff die Zügel. Das Pferd aber fühlte sich überlistet. Als wollte es nun einmal nicht diesen Reiter, begann es wieder zu toben wie vorher, schlug aus und wieherte laut und beruhigte sich nicht, bis nicht die edelsteinübersäte Krone vom Haupte des Kaisers zur Erde fiel, wobei sie sogar beschädigt wurde, und der Kaiser selbst in hohem Bogen ihr folgte. Da wurde ein anderes Pferd gebracht und der Kaiser mußte sich mit einer verbogenen Krone dem Volke zeigen, was als ein übles Vorzeichen gedeutet wurde. Er werde, meinte man, wohl nicht unversehrt bis an sein Lebensende die Herrschaft bewahren, sondern von seiner Höhe stürzen und Ungemach von seinen Gegnern erleiden.

Den Kaiser geleiteten zu Pferd auch seine beiden Schwiegersöhne Andronikos Kontostephanos und Isaak Komnenos sowie der Bruder seines Vaters Johannes Dukas, der schon in vorgerücktem Alter stand. Diesem widerfuhr während dieses festlichen Zuges das folgende sonderbare Mißgeschick: Nicht daß etwa auch sein frommes Maultier gescheut hätte — es hatte ja keinen Grund dazu —, und doch verlor er seine Sebastokratorkrone; ganz von selbst rutschte sie von seinem Haupt und fiel zu Boden. Darüber schrien die Zuschauer vor Vergnügen auf und brachen in ein Gelächter aus, weil seine vorher von der Krone bedeckte Glatze, wie ein Vollmond leuchtend, sichtbar wurde. Der Dukas wandte jedoch in feiner Weise das Verhängnis ins Scherzhafte, er wurde ja auch sonst nicht böse, wenn etwas nicht nach seinem Willen ging. Er trug das Gelächter des Volkes, als wäre sein Unfall nur ein Spaß, der zu solch freudiger Gelegenheit gehöre, lachte seinerseits auch mit und ließ sich nicht den geringsten Ärger anmerken. (Nik. Ch.) □

Unter Alexios, der sich stolz »Komnenos« nannte, riß die Kette der Mißgeschicke und des Unheils nicht mehr ab; vor allem den Ereignissen auf dem Balkan stand man machtlos gegenüber, obwohl sich wiederholt Chancen für eine günstige Wendung ergaben. 1196 wurde Zar Asen von einem seiner Verwandten, Ivanko, aus persönlichen Gründen ermordet. Ivanko konnte sich auch der Hauptstadt Tirnowo bemächtigen. Asens Bruder Peter rückte sofort heran, um den Mord zu rächen und in dieser bedrängten Lage sandte Ivanko einen Hilferuf nach Byzanz und bat um Aussendung einer Armee, mit deren Hilfe er sich Peters erwehren und Bulgarien unterwerfen könne. Diese Gelegenheit, den byzantinischen Einfluß in Bulgarien wiederherzustellen, durfte man sich nicht entgehen lassen. Alexios schickte seinen General Manuel Kamytzes, doch das Heer meuterte, als man kaum bulgarischen Boden betreten hatte. So geriet Ivanko in Bedrängnis, floh nach Byzanz und überließ Peter das Feld. Dieser ließ sich zum Zaren krönen, starb aber gleichfalls schon bald darauf durch Mörderhand. Sein Nachfolger wurde der jüngste der drei Brüder, Kalojan (1197—1207).

Ivanko wurde in Byzanz mit offenen Armen empfangen. Man versprach ihm die Enkelin des Kaisers zur Frau, die allerdings »noch ein lallendes Kind« war, und setzte ihn als Statthalter in Philippopolis ein, wo er sich im Kampf gegen seine Landsleute manches Verdienst um Byzanz erwarb.

Der Berg Athos und seine Klöster

Stephan Nemanja dankte im Jahre 1196 ab und zog sich als Mönch auf den Athos zurück. Nachfolger wurde sein Sohn Stephan, der Gemahl von Alexios' Tochter Eudokia. Diese Konstellation war denkbar günstig, doch brachte sie den Byzantinern keinen Nutzen. Stephan wußte nur zu gut, daß er von Byzanz keine Unterstützung erwarten konnte, daher betrachtete er die Heiratsallianz auch als wertlos und verstieß Eudokia. »Er behauptete fälschlich — vielleicht allerdings war es auch wahr —«, daß sie sich Untreue habe zuschulden kommen lassen. Stephan orientierte seine Politik um und wandte sich nach Rom, wurde jedoch wenig später von seinem Bruder Vukan von Zeta aus der Herrschaft verdrängt. Auch dieser nahm Kontakt mit Rom auf und genoß überdies die Unterstützung Ungarns, dessen König Bela dem Kaiser Alexios feindlich gesinnt war, weil er seinen Schwiegersohn Isaak des Thrones beraubt hatte.
Die Schwierigkeiten im Balkangebiet nahmen für Byzanz kein Ende. Ivanko sagte sich von Byzanz los und schuf sich aus seiner Statthalterschaft ein eigenes selbständiges Fürstentum im Rhodopegebiet. Von hier aus führte er Raub- und Plünderungszüge in das rhomäische Gebiet, besiegte eine byzantinische Armee und nahm den General Manuel Kamytzes gefangen, den er an Kalojan auslieferte. Schon vor dem Abfall Ivankos hatte sich im Vadargebiet der Woiwode Dobromir Chrysos eine eigene Herrschaft auf byzantinischem Boden gegründet und beherrschte von seiner Festung Prosek aus das Land. Alexios selbst war mit einem Heer ausgezogen, den unbotmäßigen Rebellen zu unterwerfen. Der mit bitterer Ironie geschriebene Bericht des Niketas gibt einen Einblick in die »Feldherrntugenden« des Kaisers und die mangelhafte Organisation der Armee.

□ Im Besitz dieser mächtigen Festung (Prosek) erschrak Chrysos nicht, als der Kaiser gegen ihn zog, sondern richtete sich zur Verteidigung ein. Die wenigen kriegserfahrenen Rhomäer, die es noch gab, und jene, die das Land und seine Beschaffenheit kannten, rieten dem Kaiser, weil sie die Notwendigkeit eines solchen Vorgehens erkannt hatten, er solle Prosek umgehen, zuerst die anderen Festungen und Dörfer, die sich Chrysos unterworfen hatte, angreifen und erst, wenn er diese in seiner Hand hätte, Prosek belagern. Das Heer werde dann, wenn es zuerst die leichter einzunehmenden Orte unterworfen und dort Beute gemacht haben werde, zuversichtlicher und unternehmungslustiger sein, und Chrysos selbst werde, eingeschüchtert von den rhomäischen Erfolgen, sich gezwungen sehen, nachgiebiger zu werden oder gar seine Sache verloren zu geben. Den ersten Angriff gleich auf eine unbezwingliche Festung zu richten, und gegen steile Felsen anzurennen, sei, sagten sie, nicht bloß aussichtslos, es werde auch viele harte Arbeit, blutigen Schweiß und viele Köpfe kosten. Die tüchtigen Krieger rieten so, aber die Verschnittenen aus dem Vorzimmer des Kaisers ... und die glattwangigen Knaben seiner Dienerschaft widersetzten sich diesem Rat mit aller Kraft. Sie umdrängten den Kaiser — sie waren ja schon so alt und erfahren und so tüchtig! — und beschwatzten ihn, er solle das Heer geradewegs gegen Prosek führen, die Waffen gegen Chrysos selbst erheben und gegen ihn die Lanze einlegen, »denn«, sagten sie, »wenn diese Festung fällt, wird in Hinkunft niemand mehr sich dir entgegenstellen. Was hindert dich denn, gleich den wichtigsten Teil anzugreifen? Warum solltest du den Feind auf Umwegen und Abwegen bekämpfen? Und außerdem, wer brächte es über sich, eines geringen oder gar keines Vorteils wegen so lange in diesem reizlosen, barbarischen Land zu verweilen, jetzt, wo die Zeit der Feigen und Melonen naht, wo all die anderen Früchte reifen, an denen die Propontis überreich ist wie ein von Gottes Hand gepflanzter Garten. O kämen wir nur schon zum Pflaster von Rhegion (Kütschük Tschekmedsche), könnten wir nur schon Aphameia (kaiserliches Sommerschloß bei Rhegion) sehen! Dann würden wir auch bald die heilige Stadt Konstantins begrüßen und hinaussegeln können zu den üppigen Gefilden der Propontis, wo der sanfte Hauch des Boreas allezeit belebend weht, wo sich die munteren Fischlein tummeln und Delphine lustig springen, wo überall die Anmut des Bades lächelt und das silbrigbewegte Wasser das Auge entzückt, wo geschwätzige Schwalben bezaubernd das Ohr der Lustwandelnden erquicken und Nachtigallen schlagen und mannigfaltiges Girren und Zwitschern lieblich aus dem Gesträuch erschallt.«

Ungestüm riß es daher den Kaiser nach Prosek hin, er wollte mit eigenen Augen sehen, ob die Festung wirklich so uneinnehmbar wäre, wie er gehört hatte. Unterwegs wurden nebenbei einige feste Plätze erobert, Getreidelager und Weizenfelder angezündet und einige Wlachen gefangengenommen ...
Als er nach Prosek kam, schlug er sein Feldherrnzelt auf und beschloß, die Festung sofort anzugreifen. Die Rhomäer kämpften über jede Erwartung tapfer und verrichteten Taten, die aller Ehre und Bewunderung wert waren. Mit Schild und entblößtem Schwert, mit Bogen und Geschossen bewaffnet, kletterten sie die steile Höhe hinauf, schossen und drangen auf die Verteidiger auf den Mauern und Felsspitzen ein. Mit vieler Mühe und unter schweren Verlusten vertrieben sie die Barbaren aus der Vorbefestigung, welche kurz vorher zum Schutz des Tores gebaut worden war.
Einige kletterten sogar die steilen Aufstiege hoch und hingen wie wilde Ziegen im Felsen. Sie wollten die Mauern bezwingen und zur Festung selbst emporstürmen. Sie meinten schon, sie hätten etwas sehr Nützliches erreicht und eine herrliche Tat vollbracht, als sie die Verteidiger von den Mauern zurückgeschlagen und in die Festung zurückgedrängt hatten, mußten dann aber erkennen, daß all ihre Mühe umsonst gewesen war. Sie verlangten nämlich Brecheisen, um die Umfassungsmauer niederzureißen, aber niemand brachte ihnen die geforderten Werkzeuge. Trotzdem harrten sie in ihrer beschwerlichen Lage aus und schimpften auf die kaiserlichen Zeugmeister. Sie gebrauchten ihre Finger und ihre Schwerter, rissen die Steine aus ihrem Gefüge, sprangen hoch und warfen die Zinnen hinunter. Die Arbeit ging aber allzu langsam vorwärts und die Feinde bedrängten sie immer noch von oben und fügten ihnen Verluste zu. Erst spät kam der Verschnittene, der das Gerät verwaltete, gemächlich mit einem einzigen Bündel Werkzeug, das er schön mit einer Schnur zusammengebunden hatte, daher. Dieser verfluchte Kerl hätte auf der Stelle ins Meer geworfen gehört, oder der Kaiser hätte sich wenigstens über diesen Vorfall ordentlich aufregen und herzhaft wettern müssen, damit die von Kampf, Durst und Hitze mitgenommenen Soldaten eine kleine Befriedigung verspürt hätten, Alexios aber begnügte sich mit einem sanften Tadel, der ihm noch dazu vor lauter Zimperlichkeit im Halse steckenblieb, und deutete bloß durch Schnalzen mit der Zunge seinen Unwillen an, was den Kampfeifer jener tapferen Leute zum Verschwinden brachte. Sie verlangten außerdem noch Leitern, um die Mauerkrone ersteigen zu können. Jetzt standen nicht einmal Leitern bereit! Unter solchen Umständen war es den tapferen Soldaten nicht möglich, etwas zu erreichen, sie hielten es nicht länger aus und zogen sich schweren Herzens zurück ...
An jenem Tage kämpften die Rhomäer also mit solchem Mißerfolg. Am folgenden traten sie zu einem zweiten Sturm an, fanden aber die Feinde infolge der Ereignisse des Vortages übermütig und überheblich. Die Schleudern, deren sich die Feinde bedienten, töteten viele der Unsrigen, da sie mit Leichtigkeit von der Höhe herab treffen konnten. Der Geschützmeister, der die Schleuderarme zusammenbog und die Zieleinrichtung bediente, war ja auch der Beste seines Faches; er hatte vorher bei den Rhomäern um Sold gedient, war dann aber zu Chrysos übergetreten, weil er seinen Sold nicht richtig bekam. Und nicht bloß die Steinkugeln, die von den Schleudern abgeschossen wurden, fügten dem Heere arge Verluste zu, sondern auch Felsstücke, die der Feind über die steilen Abhänge herabrollen ließ. Oft brachten sogar Steine, die nicht ihr Ziel erreichten, den Tod, wenn sie nämlich an Felsen aufprallten und durch ihre Wucht in viele kleine Splitter zersprangen, die dann hierhin und dorthin flogen und so manchen tödlich trafen.
Des Nachts schlichen sich auch die Barbaren aus der Festung und zerstörten die Schleudern der Rhomäer, die auf den benachbarten Hügeln standen. Die Wachtposten erschraken so sehr, daß sie in das Zelt des Protovestiarios Johannes flohen. Der fuhr entsetzt aus dem Schlafe auf, sprang sofort aus dem Bett und lief, vor Angst halb tot, davon. Die Wlachen erwischten nur noch die Wachtposten. Als sie das Zelt durchstöberten, fanden sie auch die grünen Schuhe des Protovestiarios und spotteten und lachten die ganze Nacht über die rhomäische Tracht. Sie ließen auch leere, dickbäuchige und mit Weiden umflochtene Weinfässer den Abhang hinabrollten und erschreckten damit das Heer. □

Da man Chrysos nicht beizukommen vermochte, schloß man einen Frieden, der unter den üblichen Bedingungen zustande kam. Der Woiwode behielt sein Land als Lehen des Kaisers und Alexios gab ihm eine Verwandte des Kaiserhauses, die Tochter des Manuel Kamytzes, zur Frau, die man erst, da sie schon verheiratet war, von ihrem Mann trennen mußte; doch das bereitete ebensowenig Kopfzerbrechen wie die Tatsache, daß Dobromir auch schon verheiratet war. »Als die Hochzeitsfeier vollzogen war und das Mahl aufgetragen wurde, trank und aß Chrysos Unmengen. Die Frau achtete aber die Sitte, die der Braut Enthaltsamkeit vorschreibt. Als der Bräutigam ihr befahl, mit ihm mitzuessen, und sie das nicht sogleich tat, geriet er in rasende Wut. Er schrie eine Menge in barbarischer Sprache und focht wild mit den Händen herum. Schließlich sagte er verächtlich auf griechisch: ›Gut, dann iß nicht und trink nicht!‹« Mit dem Ansehen byzantinischer Aristokratinnen stand es nicht mehr zum besten.
Während man den Rebellen Ivanko bald durch eine hinterhältige List fangen und unschädlich machen konnte, entstanden bald mit dem selbstbewußten Chrysos neue Schwierigkeiten. Der Kaiser hatte sich geweigert, den General Kamytzes aus der Gefangenschaft des Kalojan loszukaufen. Daraufhin bezahlte Chrysos die verlangte Summe und Kamytzes kam nach Prosek zu seinem Schwiegersohn. Als Alexios auch jetzt noch nicht bereit war, das ausgelegte Geld zu ersetzen, unternahmen Chrysos und Kamytzes gemeinsam Kriegszüge nach Makedonien und Thessalien, eroberten Prilep und brachten die ganze Balkanhalbinsel in Aufruhr. Nun verstand es der Kaiser, Chrysos durch Versprechungen auf seine Seite zu ziehen, er schickte ihm seine Enkelin Theodora, die mit Ivanko verlobt gewesen und nun nach dessen Sturz wieder verfügbar war, als Gattin zu und erreichte dadurch, daß Chrysos sich auf sein altes Herrschaftsgebiet zurückzog und Kamytzes fallen ließ.
Wie schon Serbien und Ungarn, so entzog sich auch Zar Kalojan von Bulgarien dem byzantinischen Einfluß, indem er Kontakte mit Rom aufnahm, um vom Papst die Legitimation des bulgarischen Zarentums zu erlangen. Der Zar bot dafür die Unterstellung der bulgarischen Kirche unter den päpstlichen Stuhl, da man nicht länger in Gemeinschaft mit den »schismatischen Griechen« leben wollte. Innozenz III. sandte Legaten nach Bulgarien; die Verhandlungen zogen sich in die Länge, weil die Byzantiner den Verkehr zwischen Rom und Tirnowo mit allen Mitteln zu unterbinden versuchten. Als schließlich im November 1204 ein Kardinallegat in Tirnovo Kalojan zum bulgarischen König krönte, und die Unterwerfung der bulgarischen Kirche unter die römische vollzogen wurde, gab es keinen byzantinischen Kaiser mehr in Konstantinopel.

Nachdem der deutsche Kaiser Heinrich VI. 1194 sein sizilianisches Erbe unter seine Herrschaft gezwungen hatte, befand sich die Macht der Staufer auf dem Höhepunkt. Aber Heinrich hatte seine Ziele noch weiter gesteckt. Ihm schwebte nichts Geringeres vor als die Wiederaufrichtung des römischen Imperiums unter staufischer Führung und er war auf dem besten Wege, seine Ideen in die Tat umzusetzen. Richard Löwenherz von England hatte die Oberhoheit des Reiches anerkennen müssen, der almohadische Kalif von Tunis und Tripolis zahlte dem Kaiser Tribut, König Amalrich von Zypern unterstellte sich Heinrich ebenso wie König Leon von Kleinarmenien. Bei der Eroberung von Palermo 1194 war Kaiser Isaaks Tochter Irene, die mit dem Anführer der antistaufischen Partei in Sizilien, Tankred von Lecce, verlobt gewesen war, in Heinrichs Hände gefallen und sie wurde mit Heinrichs Bruder Philipp verlobt. Als Erbe des Normannenreiches forderte der Staufer nun von Kaiser Isaak die Herausgabe aller Territorien von Dyrrhachion bis Thessalonike, die die Normannen früher erobert, aber wieder verloren hatten. Nach dem Sturze Isaaks konnte der deutsche Kaiser auf Grund der Ehe Philipps mit Irene sogar Erbansprüche geltend machen und es besteht kein Zweifel, daß Heinrich ernsthaft daran gedacht hat, seinem Imperium durch die Eingliederung Ostroms die letzte Vollendung zu geben. Im Jahre 1195 hatte Heinrich das Kreuz genommen, um unter dem Vorwand des Kreuzzuges seine Ansprüche im Osten durchsetzen zu können. Vorerst aber verlangte er von Alexios III. die Zahlung der ungeheuren Summe von 50 Zentnern Gold. Alexios war von Bundesgenossen ganz entblößt; die Pisaner standen auf der Seite der Deutschen, Genua war von den Venezianern mattgesetzt worden und an der Spitze der Venezianer selbst stand der alte, verschlagene Doge Enrico Dandolo, von dem Alexios nichts Gutes zu erhoffen hatte. Zu Weihnachten 1196 erschienen die deutschen Gesandten in Konstantinopel.

□ Kaiser Alexios setzte es sich in den Kopf, zu prunken und das rhomäische Kaisertum als reich hinzustellen. Er ließ sich so zu einer Kundgebung hinreißen, die in diesem Augenblick gänzlich fehl am Platze war, ja geradezu seine Würde und den Anstand verletzte und die Rhomäer beinahe dem Gelächter preisgab. Als der Tag der Geburt Christi anbrach, legte er selbst sein edelsteingeschmücktes Kleid an und befahl auch den anderen, ihre golddurchwirkten, breitgesäumten Gewänder anzuziehen. Die Alamanen waren jedoch weit davon entfernt, vor Staunen über den Anblick außer sich zu geraten, im Gegenteil, ihre Begehrlichkeit entzündete sich noch mehr, als sie die schönen Gewänder sahen, und sie wünschten, noch rascher die Griechen zu überwältigen, die kraftlos im Kampf und so stark im knechtischen Wohlleben sind. Einige Rhomäer standen neben ihnen und riefen ihnen zu, sie sollten doch auf die Pracht der Edelsteine blicken, die an dem Kaiser wie Blumen auf einer Wiese blühten und glühten, sie sollten doch mitten im Winter ihre Augen an dem Liebreiz des Frühlings weiden und ergötzen. Die Gesandten aber sagten zu ihnen: »Was sollen wir Alamanen mit so einem Schauspiel anfangen? Wir pflegen uns nicht hinzustellen und uns an dem Anblick solcher Spangenkleider und Überwürfe zu berauschen, die doch nur für Weiber passen, für puderbeschmierte, mit Kopfbinden und glänzenden Ohrgehängen aufgeputzte, gefallsüchtige Wesen.« Ja, sie jagten sogar den Rhomäern Schrecken ein, indem sie sagten: »Jetzt kommt die Zeit, wo man das Weibergewand ablegen und sich statt in Gold in Eisen hüllen muß. Wenn unsere Gesandtschaft zu keinem Erfolg führt und die Rhomäer dem Willen ihres (wahren) Herrn und Kaisers (Heinrich VI.!) nicht beistimmen, so werden sie ganz gewiß zur Schlacht gegen Männer antreten müssen, die nicht mit Edelsteinen übersät sind wie eine Wiese mit Blumen, denen nicht das Herz höher schlägt beim Anblick mondscheingleicher Perlenkügelchen, die nicht in trunkenen Begeisterungstaumel verfallen, wenn sie purpurn und golden wie der eitle medische Vogel (Pfau) schillernde Steinchen sehen, sondern gegen Männer, die von Ares erzogen sind, deren Augen vom Feuer des Zornes sprühen wie funkelnde Edelsteine und deren Schmuck die Schweißtropfen sind, die von hartem Tageswerk entquellen, ein Schmuck, schöner als glitzernde Perlen.« (Nik. Ch.) □

Der vollkommen eingeschüchterte Kaiser schickte schnellstens den Eparchen Philokales Eumathios zum deutschen Kaiser und seiner Geschicklichkeit gelang es, daß der Tribut auf 16 Zentner ermäßigt wurde. Aber auch diese Summe überstieg das Zahlungsvermögen der Byzantiner bei weitem. Es mußte eine besondere Steuer ausgeschrieben werden, das sog. »Alamanikon«, aber auch diese brachte nicht genügend Geld ein. Alexios' Absicht, die Kirchengüter zu beschlagnahmen, stieß auf den heftigsten Widerstand, so daß er davon ablassen mußte. Schließlich blieb als letzter Ausweg, die Gräber der Kaiser zu öffnen, alle Kostbarkeiten zu entnehmen und allen Goldschmuck in den Schmelzofen wandern zu lassen. »Selbst das Grab des großen Konstantin hätte er nicht verschont, selbst dieses hätte er ausgeplündert, wenn nicht Diebe dem kaiserlichen Erlaß zuvorgekommen wären und das goldene Prunkgewand gestohlen hätten.« So brachte man endlich die Summe zusammen. Aber — »wer vermöchte die Macht des Herrn gebührend zu preisen!« — bevor das Geld abgeschickt wurde, starb Heinrich VI. und damit war die Zahlungsverpflichtung erloschen.

Die Methoden, mit denen Alexios den Tribut zusammenbringen mußte, machen den Grad der Verarmung des byzantinischen Staates deutlich, eine Verarmung, die sich bis in den letzten Winkel der Provinz auswirkte. Als der Sultan von Ikonion Kaikosru nach einem glücklichen Feldzug gegen die Byzantiner die christlichen Gefangenen bei Philomelion ansiedelte, ihnen Land zur Verfügung stellte und Steuervergünstigung gewährte, machte dies auf die vom rhomäischen Fiskus ausgeplünderten Byzantiner einen solchen Eindruck, daß ganze Scharen ihre Heimat verließen, um unter islamischer Herrschaft eine neue, aussichtsreichere und menschenwürdige Existenz zu gründen. Nicht bes-

Kloster Daphni bei Athen

ser waren die Verhältnisse in Griechenland. Der Erzbischof von Athen, Michael Choniates, ein Bruder des Geschichtsschreibers Niketas, bemühte sich unablässig um die Milderung der Not in seinem Bistum. Von ihm stammt die folgende Denkschrift an Kaiser Alexios, in der alle die Drangsale und Ungerechtigkeiten, unter denen man zu leiden hatte, offen dargelegt werden.

□ Unser Gebiet von Athen, schon längst der Menge seiner Bewohner durch ununterbrochene Drangsale, die auch noch immer fortdauern, entledigt, läuft jetzt Gefahr, sich in eine Wüstenei gleich der sprichwörtlich gewordenen skythischen zu verwandeln. Schuld daran ist aber, daß wir mit vielfachem Druck, ja mit größerem und schwererem als unsere weiter unten wohnenden Nachbarn belastet werden. Denn nicht nur haben wir zwei- und drei- und mehrmal so viel, als unsere Nachbarlandschaften an Erpressungen und Aufpassereien der Zolleinnehmer auszustehen, die nach Flohfüßen unsere sandigen, unfruchtbaren Felder ausmessen, ja die schier die Haare auf unseren Häuptern zählen, geschweige erst die Blätter des Weinstocks oder jeglicher Pflanze; sondern die übrigen täglich vorkommenden weltlichen Lasten treten in den anderen Landschaften entweder von vornherein nicht in Kraft oder werden von den Prätoren erleichtert, die ihnen solche, wie es meistens geschieht, schenken, oder doch den Belasteten auf alle Weise beispringen; sämtlich in Kraft aber sind sie, und allzumal auf überlästige Weise und besonders vor allem bei uns, die wir doch an Griechenlands äußerstem Ende wohnen.

Zeugnis davon gibt das zuletzt verflossene Jahr, da infolge anbefohlenen Baus von Galeeren wir zuerst und allein unter den übrigen, wiewohl überall keine gebaut waren, zur Geldbuße verurteilt wurden; da ferner, bei Gelegenheit der Rückfahrt des Pausias Stirionos, abermals wir allein zu den Schiffen beisteuern mußten; da wir endlich dem Sguros und dem Prätor gleichfalls zum Schiffsbau erpreßtermaßen und wider Willen eine Summe zahlten, wie sie das Gebiet von Theben und Euripos nicht erlegten, obgleich unser Gebiet nach altem Brauch, selbst wenn auf kaiserlichen Befehl eine Steuer ausgeschrieben wurde, nur den kleinsten Teil von dem beizutragen hatte, was jene zu entrichten schuldig waren.

Doch wollen wir uns die Eintreibung des Zensus, die Brandschatzung der Seeräuber noch gefallen lassen. Wie aber konnten wir den Druck und die Willkür der Prätoren nur ohne Tränen berichten? Denn obgleich dem derzeitigen Prätor über unser Gebiet keinerlei Befugnis, weder die Gewalt, Steuern zu erheben, noch die prätorische Gerichtsbarkeit zusteht, wie ihm denn ein kaiserliches Chrysobull selbst den Eintritt in Athen wehrt, kommt er dennoch, als Grund seines Kommens, aus Scheu vor den Chrysobullen wohl, die Huldigungssteuer vorschützend, mit einem ganzen Heer der Seinen angezogen, schleppt alle Tagediebe aus dem Land mit herbei, lauter unnützes Gesindel, und verschafft sich und ihnen die tägliche Nahrung durch Raub und Diebstahl, gleich als hätte er einen feindlichen Einfall in ein barbarisches Land unternommen. Vor ihm her aber läuft das Verderben in Gestalt von Untereinnehmern, die da täglich an Kost für Menschen und Rosse 500 Medimnen fordern, die ganze Herden Zugvieh, ganze Haufen Geflügel erpressen, die an Fischen eintreiben, was nur das Meer liefert, und eine solche Unmasse Weins, wie unsere Weinberge nicht zu erzeugen vermögen, und die außerdem, um uns kurz zu fassen, noch die Leute einzeln verfolgen und in Strafe nehmen. Dazu verlangen sie dann noch Lohn, als wären sie unsere Wohltäter, und zwar keinen geringen und leichten Lohn, sondern eine Last Goldes, wie sie dem Gelüst ihrer unersättlichen Seele entspricht. Dazu kommt der Prätor selbst; oft ehe er noch der Muttergottes seine Huldigung dargebracht, macht er dem einen zum Verbrechen, daß er ihm nicht entgegengekommen, während ein anderer um anderer Ursache willen eingekerkert und in Strafe genommen wird. Und so mit dem Unsern sich mästend, verlangt er Tag für Tag so viel ihm gut dünkt an Huldigungssteuer, wir wissen nicht, ob etwa als zu seinen Huldigungen am Altar der Muttergottes gehörig; und nicht er allein, sondern auch ein Logariastis, ein Protovestiarios, ein Protokentarchos und alle folgenden nach der Reihe; und er versichert, sich nicht eher von dannen heben zu wollen, als bis das Verlangte in seinen Händen sei. Doch auf unsere vielen Bitten und Beteuerungen, daß dies nicht anders zu erschwingen sei, als wenn eine allgemeine Sammlung angeordnet werde, überzeugt er sich kaum hiervon, und der Erpressung freien Lauf lassend, rüstet er sich mit seiner Beute zum Aufbruch. Sodann, welches Zugtier wird nicht zum Frondienst gepreßt? Ja, wie oft wird ein so gepreßtes nicht dem Hausherrn wieder verkauft, nicht einmal, sondern häufig auch zum zweiten Male? Oder welche andere irgend denkbare Art des Eigentums wird nicht geraubt und verhandelt, oder verschwindet sonst durch stillschweigende Wegnahme?

Wozu nun solches uns betreffende Verderben, heiliger Herr, da der Staatsschatz nichts dabei gewinnt, vielmehr darunter leidet, indem binnen kurzem die meisten von uns auswandern und unser bereits verödetes Land immer mehr entvölkert, mithin der Ertrag der festgesetzten Auflagen nur geschmälert wird? Indem wir deswegen etwas weniges von dem, was wir erdulden, vorbringen, flehen wir zu deiner mildesten geheiligten Majestät, auch mit uns Erbarmen zu tragen und die Flut der Bedrückungen endlich zu hemmen, oder doch zu verfügen, daß uns erträglichere Lasten auferlegt werden, gemäß den für uns bestehenden Verordnungen; denn wir verlangen nichts Neues oder sonst dem Staate Nachteiliges. Und vor allem befreie uns von der Prätoren Eingriffen, Gewaltmaßregeln und Räubereien ... Sodann mögen wir auch Schiffssteuer und Schiffe geben, soviel die Schätzung des damaligen Logotheten tou Dromou, Herrn Johannes Dukas, uns auferlegte, nur nicht mehr, und nicht mögen sie, statt der nach dieser Schatzung uns obliegenden Schiffe uns Steuern abfordern ohne kaiserlichen Befehl. Denn auch dessen erdreistet man sich gegen uns Unglückselige nicht selten.

Da wir aber auch viele regelmäßige Auflagen zu tragen haben, wie oben angeführt ward, so bitten wir, daß unserer Landschaft nicht wieder die Last einer Auflage aufgebürdet werde, wenn auch vielleicht für die Lande weiter unten eine neue verfügt werden sollte, sondern daß die in dieser Hinsicht zu unseren Gunsten erlassene Verordnung deiner geheiligten Majestät bestätigt werden möge, so wie auch die verschiedentlich erlassenen, wodurch solchen Festungsmannschaften, die es etwa versuchen, auf irgendeine Art die Landstädte zu besetzen und dort feste Standquartiere zu nehmen, dies verwehrt wird ... Wenn nun, was wir erbeten, geschähe, könnten wir wohl noch gerettet werden, und zugleich für den Staatsschatz gerettet, was wir beisteuern; und gerettet würden wir nicht aufhören, für deine geheiligte Majestät zu beten, zu der wir jetzt als unwürdige Knechte zu flehen wagten. □

Der von Michael angedeutete Mißbrauch der Schiffssteuer, die in einem Jahr sogar dreimal erhoben wurde, war schon zu einer üblichen Erscheinung geworden. Schiffe wurden fast gar nicht mehr gebaut, das Geld steckte der Staat ein. Die kaiserliche Flotte in Konstantinopel verkam und ihre Ausrüstung wurde von den Admiralen verschachert. Der Erzbischof hatte mit seinen Eingaben natürlich keinen Erfolg, Athen war eben ein völlig unbedeutendes Landstädtchen »im äußersten Winkel der Welt«. Michael, der hochgebildete Schüler des gelehrten Eustathios von Thessalonike, empfand selbst den Gegensatz zwischen der Größe des klassischen Athen und seiner gegenwärtigen Verkommenheit besonders stark und gab diesem schmerzlichen Kontrast in einer berühmten Elegie Ausdruck.

Die Liebe zu Athen, dem einst gefeierten,
schrieb diese Verse, noch den Schatten huldigend
und linde Kühlung spendend meiner Sehnsucht Glut.
Denn nirgends mehr ist sie zu schau'n — ach, nirgends mehr —,
die vielbesungne Stadt, so wie sie einstens war.
Gar lange Zeit, unmeßbar unseren Sinnen schier,
hält sie verborgen tief in der Vergessenheit.
Drum muß ich bitter leiden, dem Verliebten gleich,
der nicht das wahre Antlitz der Geliebten sehn,
der sie nicht leibhaft gegenwärtig schauen darf
und nur ihr Bild betrachtend, wie im Zwiegespräch
sich tröstet und den Brand der heißen Liebe dämpft.
So bin ich unglückselig, wie Ixion einst:
Ich lieb' Athen, wie jener Hera hat geliebt,
der ahnungslos ein Trugbild liebevoll umschlang.
Was leid' ich, weh! was sage ich, was schreib' ich nur?
Athen bewohn ich, sehe nirgends doch Athen,
nur wüsten Staub und keine echte Seligkeit.
Wohin sind deine Heiligtümer, ärmste Stadt?
Vergangen alles und zu Sagen aufgelöst:
Gericht und Richter, Rednerbühne, Volksbeschluß,
Gesetze, Volksversammlung, rednerischer Bann,
die Sitzungen des Rats, der Feste heller Glanz,
die Führerschaft im Krieg zu Lande wie zur See,
die überreiche Muse, der Gedanken Kraft!
Vergangen ohne Spur ist aller Ruhm Athens,
kein Zeichen blieb, kein noch so dunkles ist zu sehn.
Drum mag man mir verzeih'n, mir, dem das Glück versagt,
die vielbesungene Stadt Athenas selbst zu schau'n,
daß meine Feder hier ein Bild von ihr entwarf.

Alexios und sein Hofstaat ließen sich durch die allgemeine Misere nicht dazu bestimmen, sich irgendwelche Beschränkungen aufzuerlegen. Das rücksichtslos ausgepreßte Geld wurde mit vollen Händen ausgegeben. Niketas Choniates, der in seiner Geschichtsdarstellung bei fortschreitenden Ereignissen immer bitterer wird, schreibt:

□ ... die Verwandten des Kaisers aber waren alle raffgierig und hatten bei dem raschen Wechsel der Herrscher nichts anderes gelernt als Stehlen, Rauben, öffentliches Geld zu unterschlagen und sich mit gewaltigem Reichtum zu umgeben. Wer etwas brauchte, wandte sich nun also an sie, weil sie beim Kaiser viel galten, und wurde (statt vom Kaiser) eben von ihnen ausgesaugt. Das Geld, das auf diese Weise zusammenkam, eigneten sie sich an, obwohl es viel war, bedeutend mehr, als einem, der nicht selbst Herrscher ist, zusteht. Durch ihre Schuld wurde unter Alexios so viel gesündigt wie unter keinem anderen Herrscher. Der rhomäische Staat lag vollständig darnieder und die Ämter wurden noch ärger als vorher verschachert. Jeder, der wollte, konnte Statthalter werden oder die höchsten Würden bei den Rhomäern erlangen. Nicht nur Gesindel von der Straße und vom Marktplatz und Geldwechsler und Tuchhändler wurden mit dem Titel »Sebastos« ausgezeichnet, sogar Skythen und Syrer konnten sich diesen Titel kaufen, Leute, die früher verachtet waren, weil sie Herren dienten. Die Hauptursache von alledem war, wie schon gesagt, die Gleichgültigkeit des Kaisers, daß er sich zu wenig der Leitung des Staates widmete, nicht weniger auch die Begehrlichkeit, die unersättliche Habgier der Leute um ihn. So konnten seine Verwandten beiderlei Geschlechts mit dem Staat schalten und walten, wie es ihnen beliebte. Er merkte so wenig etwas von dem, was eigentlich vorging, wie ein Bewohner des äußersten Thule, welche Insel doch am weitesten von den Rhomäern entfernt ist. Darum stand der Steuermann des Reiches bei allen in schlechtem Rufe, und seine Gehilfen, die ihn bei der Leitung des Staatsschiffes an die Hand gingen, wurden mit den kräftigsten Flüchen bedacht. □

Der Kaiser scheute auch nicht davor zurück, Piratereien zu begehen und fremde Kauffahrteischiffe ausplündern zu lassen. Um Vergeltungsmaßnahmen der Geschädigten zu vermeiden, mußte er sich dann dazu bequemen, einen Schadenersatz zu zahlen, der natürlich höher war als die gewonnene Beute. Es konnte nicht ausbleiben, daß Alexios' Thron dauernd von Verschwörungen gefährdet war, und daß Prätendenten aufstanden, die sich mit Vorliebe für den ermordeten Alexios II. ausgaben. Den tölpelhaftesten Versuch in dieser Richtung unternahm ein gewisser Johannes aus der Familie der Komnenen. Johannes, wegen seiner Körperfülle mit dem Beinamen »der Dicke« bedacht, betrat am 31. Juli 1201 die Hagia Sophia, ließ sich mittels eines Stockes eine der über dem Altar aufgehängten Votivkronen herunterangeln, setzte sie sich auf und watschelte hinüber in den Palast, von seinem jubelnden Anhang begleitet. Er fand keinen Widerstand, also setzte er sich auf den Thron und verteilte freigiebigst hohe Ämter und Würden an seine Freunde. Johannes, den das alles sehr angestrengt hatte, — »er schnaufte wie ein Delphin, leerte ganze Kübel voll Wasser, denn wegen seiner Leibesfülle war er von unstillbarem Durst geplagt« —, blieb fast allein im Palast und nickte auf seinem Thron ein, während das Volk,wie fast immer bei solchen Gelegenheiten, plünderte und wieder einmal die kaiserliche Münzstätte stürmte. Doch so leicht war der Thron von Byzanz denn doch noch nicht zu haben; ein paar kaisertreue Soldaten drangen ohne große Mühe in den Palast ein und erschlugen Johannes »wie ein Stück Vieh«. Sein Kopf wurde auf dem Marktplatz ausgestellt und sein feister Körper den Hunden und Vögeln zum Fraß vorgeworfen, »was man allgemein als menschenunwürdig und beinahe als tierisch-roh empfand«.

Der Zusammenbruch

Im gleichen Jahr entfloh der junge Alexios, der Sohn des geblendeten Isaak, aus der Haft und gelangte nach Rom. Vor Papst Innozenz führte er bewegte Klage über die Tyrannei seines Onkels, doch der Papst weigerte sich, seine Sache zu unterstützen; er war vollauf damit beschäftigt, einen neuen, großen Kreuzzug ins heilige Land vorzubereiten und er wünschte nicht, daß die Aufmerksamkeit der Kreuzzügler von Palästina abgelenkt würde. Daraufhin wandte sich Alexios an seinen Schwager, König Philipp von Schwaben, der ihn freundlich aufnahm und seinen Wünschen ein offenes Ohr lieh. Philipp beabsichtigte zwar nicht, sich an dem geplanten Kreuzzug zu beteiligen, doch versprach er, seinen Einfluß in geeigneter Weise geltend zu machen.
Das große Ritterheer, vorwiegend Franzosen, stand unter der Leitung des Markgrafen Bonifazius von Montferrat, dem Bruder Rainiers und Konrads. An hervorragenden Persönlichkeiten fand man Ludwig von Blois, Gottfried von Villehardouin, der der Chronist des Kreuzzuges werden sollte, Balduin von Flandern und viele andere. Da man den Seeweg wählen wollte, hatte man mit Venedig verhandelt und die Bedingungen und Kosten des Transportes festgelegt. Venedig verfügte über den ausreichenden Schiffsraum und war als vertragstreu bekannt. Allerdings forderte der greise Doge Dandolo eine ungeheure Summe: 85 000 Mark Silber (ca. 5,5 Millionen Goldmark), zahlbar in vier Raten. Dafür verpflichtete sich Venedig, Schiffsraum und Verpflegung für 4 500 Ritter, 9 000 Knappen und 20 000 Fußsoldaten für die Dauer eines Jahres bereitzustellen und sich mit einer Kriegsflotte am Kreuzzug zu beteiligen. Als Ziel wurde Ägypten vereinbart, denn man hoffte — nicht zu unrecht —, daß man von Ägypten eine günstigere Ausgangsbasis habe.
Im Jahre 1202 versammelten sich die Kreuzfahrer in Venedig. Statt der vorauskalkulierten 35 000 Mann erschienen aber nur 10 000, denn die Provenzalen hatten sich für Marseille als Einschiffungshafen entschieden. Nichtsdestoweniger bestand Dandolo auf der Zahlung der vollen Summe, die die Kreuzfahrer aber mit bestem Willen nicht zusammentreiben konnten. Da machte der fast 90jährige, blinde Dandolo einen Kompromißvorschlag: die Kreuzfahrer könnten ihre Schuld »abarbeiten«, indem sie die dalmatinische Stadt Zara für die Venezianer eroberten und aus der gewonnenen Beute die Restschuld bezahlten.
Zara war 1186 von Venedig abgefallen und unterstand nun dem König von Ungarn. Die Zumutung, den heiligen Krieg mit einem Angriff auf eine christliche Stadt zu beginnen, war umso ärger, als König Emmerich von Ungarn selbst das Kreuz genommen hatte, sein Land also dem Schutz des »Gottesfriedens« unterstand. Doch dem Heer blieb keine andere Wahl; Dandolo hatte es auf dem unwirtlichen Lido einquartiert, wo die nutzlos verstreichenden Wochen den ungeduldigen Kriegern zur Qual wurden. Wollte man nicht den Kreuzzug als ganzes abblasen, mußte man sich wohl oder übel dem Verlangen des Dogen fügen, was die meisten auch taten. Nur wenige drehten empört und enttäuscht dem Unternehmen den Rücken und kehrten heim. Nun nahm Dandolo selbst das Kreuz, nicht aus frommer Begeisterung, sondern um durch seine Teilnahme die Kreuzfahrer unter Kontrolle behalten zu können. Anfang Oktober verließ die Armada von 72 Galeeren und 140 Lastschiffen den Lido und am 10. November fuhr man in den Hafen von Zara ein. Vierzehn Tage später befand sich die Stadt in den Händen der Kreuzfahrer; es hatte den Einwohnern nichts genützt, daß sie Kreuze auf den Mauern aufstellten, um den Angreifern das Widersinnige und die Sündhaftigkeit ihres Unternehmens vor Augen zu führen. Die Stadt wurde ausgeplündert und später zerstört. Sehr zum Verdruß der Eroberer mußte die Beute verabredungsgemäß den Venezianern übergeben werden.
Papst Innozenz hatte mit Empörung gesehen, daß die finanziellen Interessen der Venezianer sein Konzept der Kreuzfahrt korrumpierten. Da er aber selbst nicht mit Geld aushelfen konnte, vermochte er die Dinge auch nicht zu ändern. Nach der Eroberung von Zara exkommunizierte er die Kreuzfahrer, war aber auf das Bußversprechen der Barone hin bereit, den Bann aufzuheben, da er die Auflösung des so lange vorbereiteten Zuges, den er als sein Lebenswerk betrachtete, vermeiden wollte. Der Doge aber

Papst Innozenz III.

und die Venezianer blieben exkommuniziert, was allerdings wenig Eindruck auf sie machte und auf den Fortgang des Unternehmens keinen Einfluß hatte.
Da der Winter vor der Tür stand, beschloß man, bis zum Frühjahr in Zara zu bleiben. Man quartierte sich in der Stadt ein: die Venezianer bezogen das Hafenviertel, die übrigen Kreuzfahrer den zum Lande hin gelegenen Teil der Stadt. Während man im Heer die Frage diskutierte, ob man nach Ägypten oder doch besser nach Syrien segeln sollte, erschienen Gesandte des deutschen Königs Philipp und seines Schwagers Alexios im Lager und brachten eine wichtige Botschaft. Gottfried von Villehardouin berichtet als Augen- und Ohrenzeuge:
☐ Nun versammelten sich die Barone in einem Palast, den der Doge bewohnte und es sprachen die Boten und sagten: »Ihr Herren, es sendet uns zu euch der König Philipp und der Sohn des Kaisers von Konstantinopel, der der Bruder von des Königs Frau ist, und er läßt dieses sagen: ›Ihr edlen Herren, ich werde euch den Bruder meiner Gemahlin senden und gebe ihn in die Hand Gottes und in die eurige, da ihr ausgezogen seid für Recht und Gerechtigkeit. Daher müßt ihr auch denen, die zu Unrecht enterbt sind, ihr Erbe wieder verschaffen, wenn ihr könnt; und der (der Prinz) wird mit euch den günstigsten Vertrag schließen und euch das beste Anerbieten machen, das jemals Leuten gemacht wurde, und die reichste Hilfe leisten zur Eroberung des heiligen Landes. Zunächst wird er, wenn Gott es gewährt, daß ihr ihn in sein Erbe wiedereinsetzen könnt, das ganze Reich von Konstantinopel unter den Gehorsam Roms stellen, von dem es

seit langem getrennt ist. Dann weiß er, daß ihr viel aufgewendet habt für den Kreuzzug Gottes und daß ihr arm seid. Deshalb wird er euch 200 000 Mark Silbers (ca. 13 Millionen Goldmark) geben, und er läßt allen im Heere sagen, den Großen und den Kleinen, daß er selbst mit euch in das heilige Land ziehen wird, oder er wird, wenn es euch besser deucht, jemand mit ganzen 10 000 Mann auf seine Kosten dahin senden. Diesen Dienst wird er euch ein Jahr lang leisten, und alle Tage seines Lebens wird er 500 Ritter im heiligen Lande auf seine Kosten halten zur Bewachung des Landes. — Und dieses«, so sagten die Botschafter, »haben wir Vollmacht abzuschließen, wenn ihr wollt. Und wisset, daß, wer solchen Vertrag ablehnt, nicht den Willen hat zu siegen.« Sie aber sagten, daß sie sich darüber besprechen würden.

Es wurde die Beratung auf den folgenden Tag anberaumt, und als sie versammelt waren, wurde ihnen dieser Antrag vorgelegt. Da sprach der Abt von Vaux und die, welche das Heer auflösen wollten, und sie sagten, sie würden nicht einwilligen; denn wenn sie gegen Christen zögen, würden sie gegen das Gebot von Rom handeln und dafür hätten sie den Zug nicht angetreten. Und die andere Partei sagte: »Liebe Herren, nach Syrien könnt ihr nicht gehen, denn dort könnt ihr nichts ausrichten. Das könnt ihr auch wohl sehen an denen, die zu anderen Häfen gezogen sind, und wisset fürwahr, daß von Babylon (Kairo) oder von Griechenland aus das heilige Land erobert werden wird, wenn dies überhaupt jemals geschehen soll, und wenn wir diesen Vertrag ablehnen, haben wir für immer die Schande.« So war Zwietracht im Heere, wie ihr hört, und wundert euch nicht über die Laien, wenn sie uneins waren, da ja doch die weißen Zisterziensermönche, welche beim Heere weilten, auch uneins waren. Der Abt von Loos, der ein sehr wackerer Mann war, und die anderen Äbte, die zu ihm hielten, predigten jeden Tag, daß sie für Gott zusammenhalten und diesen Vertrag abschließen sollten. »Denn das ist die Sache, durch die man am besten das heilige Land wiedergewinnen kann.« Der Abt von Vaux aber und die zu ihm hielten, predigten dagegen und sagten, daß dies alles vom Bösen sei, sie sollten vielmehr nach Syrien gehen und tun, was sie könnten.

Darauf kamen der Markgraf von Montferrat, der Graf Balduin von Flandern und Hennegau, der Graf Ludwig von Blois und Chartres und der Graf Hugo von St. Paul und die zu ihnen hielten und sagten, daß sie den Vertrag billigten, denn sie würden ehrlos sein, wenn sie ihn ablehnten. So gingen sie zu dem Hause des Dogen, man ließ die Gesandten kommen, und sie schlossen den Vertrag ab mit Eiden und besiegelten Pergamenten. Und soviel sagt auch das Buch, daß auf seiten der Franzosen nur zwölf den Eid schwuren, denn sie konnten nicht mehr dazu gewinnen als diese zwölf. □

Auch dieser ungeheuerliche Beschluß, über dessen Tragweite man sich kaum im klaren war, löste beim Papst keine entschiedene Reaktion aus; Innozenz polterte zwar, aber er hütete sich, den Plan kurzweg zu verbieten, er mußte den Kreuzfahrern sogar ausdrücklich gestatten, mit den gebannten Venezianern, von denen man abhängig war, in Gemeinschaft zu leben, wenn man darüber wenigstens »Schmerz und Bitterkeit im Herzen« trage. Und dazu war man ja gern bereit.

Die Gründe, die die Streiter Christi bewogen, gegen Konstantinopel ins Feld zu ziehen und die auch den Papst zur Zurückhaltung seines Unwillens veranlaßten, faßte Gunther von Pairis in seiner »Historia Constantinopolitana« klar und prägnant zusammen.

□ ... das geschah fürwahr aus mehreren Gründen, erstens aus Freundlichkeit gegen König Philipp, der die Unseren recht angelegentlich für ihn (Alexios) bat; sodann, weil es ihnen ein frommes Werk zu sein schien, den grausam vertriebenen, rechtmäßigen Erben des Reiches möglichst wieder auf seinen Thron zurückzuführen; dann auch wegen der Bitten und Versprechungen des jungen Mannes, der im Falle seiner Wiedereinsetzung allen Pilgern sowohl für jetzt wie auch später eine wesentliche Hilfe leisten konnte. Es kam aber dazu auch die Tatsache, daß sie wußten, wie diese Stadt sich gegen die heilige römische Kirche auflehnte und ihr verhaßt war, und daß sie nicht der Meinung waren, ihre Niederwerfung durch die Unseren werde dem Papst oder sogar Gott etwa sehr mißfallen. Aber auch die Venezianer, deren Flotte sie benutzten, trieben besonders dazu, teils in der Hoffnung auf das versprochene Geld, auf das dieses Volk besonders erpicht ist, teils aber auch aus dem Grunde, daß diese Stadt im Vertrauen auf die Zahl

ihrer Schiffe die Führung und Herrschaft auf jenem ganzen Meere für sich in Anspruch nahm. Durch das Zusammentreffen aller dieser Punkte und vielleicht noch anderer kam es, daß sie sich alle einhellig zugunsten des jungen Mannes entschieden und ihm ihre Hilfe versprachen.
Es gab aber, wie wir glauben, auch noch einen anderen Grund, einen viel älteren und durchschlagenderen als diese alle: das war der Ratschluß der Güte Gottes, die mit dieser Entwicklung beabsichtigte, das um seines Reichtums willen so hochfahrende Volk (der Byzantiner) aus diesem seinem Überschwang hinabzustürzen und es wieder zum Frieden und zur Eintracht mit der heiligen allgemeinen Kirche zu bringen. Denn es schien wohl zweckmäßig, wenn dieses Volk, das anders nicht gebessert werden konnte, mit dem Tode von einigen wenigen und dem Verlust an zeitlichen Gütern bestraft wurde, an denen es immer reicher geworden war, wenn auch das Pilgervolk sich bereicherte an der Beute der Hoffärtigen und ihr ganzes Land in unseren Besitz überging und wenn die abendländische Kirche erleuchtet wurde von den allerheiligsten Reliquien, deren jene sich unwert erwiesen hatten, und sich für ewig an ihnen erfreute. Dazu kommt auch als gewiß bedeutsam, daß die oft genannte Stadt, die gegen die Pilger stets treulos gewesen war, fürderhin durch den Wechsel ihrer Bevölkerung mit Gottes Willen treu und einmütig bleiben und uns zur Niederkämpfung der Barbaren und zur Besetzung und Behauptung des heiligen Landes infolge ihrer größeren Nähe um so wichtigere Hilfe leisten wird. Das alles würde gewiß hinfällig werden, wenn dieses Volk durch Menschen eines anderen Glaubens, etwa Heiden oder Häretiker, bezwungen würde oder gar, was das Schlimmste wäre, zu deren Irrglauben überträte. Das sind also, glaube ich, die Gründe ... □
Im Vordergrund stand für die große Masse zweifellos die handgreiflich materielle Verlockung durch die immense Geldsumme von 200 000 Mark Silber, die der junge Alexios leichtsinnigerweise in Aussicht gestellt hatte. Daß man die sonstigen legendären Schätze der Bosporusmetropole nicht ganz ungeschoren lassen würde — darüber war man sich wohl unausgesprochen einig. Bemerkenswert ist auch Gunthers Hinweis, daß die schismatischen Griechen des Besitzes so vieler kostbarer Reliquien unwürdig seien, daß also ein »heiliger Krieg« schon gerechtfertigt wäre, wenn man diese Heiligtümer aus den Händen der Ketzer befreite. Natürlich beruhte die Wertschätzung der Reliquien keineswegs nur auf ideeller Grundlage; die vielen Äbte, Pröpste, Priester und Mönche, die den Zug begleiteten, wußten nur zu gut, wie man den Besitz von Reliquien in klingende Münze umsetzte und daß ein Reliquienschatz einem Kloster oder einer Kirche den entsprechenden Zustrom von Gläubigen sichert.
Der einzige Teilnehmer der Fahrt, der ein ganz klares Konzept hatte und genau wußte, was er wollte, war der Doge Dandolo. Für ihn war der Prätendent Alexios wie ein Geschenk des Himmels gekommen, er wußte aber auch, daß Alexios seine großzügigen Versprechungen niemals werde halten können und er war bereit, die Konsequenzen daraus zu ziehen. Venedig brauchte Konstantinopel für seinen Handel, es konnte aber keinen Kaiser gebrauchen, von dessen Laune es abhing, ob die alten Privilegien erneuert würden, oder ob der venezianische Besitz wie 1182 zur Plünderung durch den Mob von Konstantinopel freigegeben würde. Dandolo war Realpolitiker, Kaufmann und

Enrico Dandolo und der Hl. Markus

ein harter Rechner, die Kirchenfrage interessierte ihn nicht, er wollte auch keine »Beute« machen, die zwischen den Fingern zerrinnt, er wollte das Geschäft seines Lebens machen — für Venedig.

Nachdem die schärfsten Gegner des Planes zumeist das Lager verlassen hatten, stach die Flotte im April 1203 in See und führte nun auch den Prätendenten Alexios mit sich, der kurz vor der Abfahrt im Lager eingetroffen war. In Korfu wurde noch einmal für drei Wochen gerastet und dann fuhr man geradewegs nach Konstantinopel. Die Lastschiffe warfen bei Chalkedon auf der asiatischen Seite Anker und die Kriegsschiffe bei Skutari gegenüber von Byzanz (27. Juni). Der Eindruck, den die gewaltige Stadt auf die Kreuzfahrer machte, war erhebend und beängstigend zugleich.

□ Ich kann euch versichern, daß alle jene, die Konstantinopel vorher nie gesehen hatten, gebannt auf die Stadt starrten, da sie sich niemals vorgestellt hatten, daß es einen so herrlichen Ort auf der Welt geben könnte. Sie sahen die hohen Mauern und stolzen Türme, die die Stadt umgaben, und ihre reichen Paläste und großen Kirchen, von denen es so viele gab, daß man es nicht hätte glauben können, wenn man es nicht mit eigenen Augen gesehen hat, und sie sahen die Länge und Breite der Stadt, die weit über allen anderen erhaben ist. Da gab es wirklich keinen noch so tapferen und kühnen Mann, dessen Herz bei dem Anblick nicht erbebte. Und darüber braucht man sich nicht zu wundern, denn niemals zuvor ist von irgendeinem Volk seit der Erschaffung der Welt ein so großes Wagestück unternommen worden. (G. V.) □

Alexios III. hatte in letzter Minute alle verfügbaren Truppen in Konstantinopel zusammengezogen, die aber alles andere als zuverlässig waren. Er selber zeigte sich nun in den letzten Tagen seiner Regierung völlig unentschlossen und ängstlich. Er schickte einen Unterhändler in das Lager der Franken, um das Schlimmste zu vermeiden, das nicht mehr zu vermeiden war.

□ »Ihr Herren«, sagte (der Unterhändler) Nikolaos, »der Kaiser läßt euch sagen, daß er recht wohl weiß, daß ihr das beste Volk auf der Welt seid, deshalb wundert er sich sehr, daß ihr in sein Land und sein Reich eingerückt seid. Denn er ist Christ, gerade so wie ihr, und weiß sehr wohl, daß ihr nur ausgezogen seid, um das heilige Land, das Grab und das heilige Kreuz zu erobern. Wenn ihr arm und bedürftig seid, wird er euch gern von seinem Hab und Gut geben, unter der Vereinbarung, daß ihr sein Land räumt. Er will euch kein Übel zufügen, obgleich er wohl die Macht dazu hat, wenn ihr auch zwanzigmal so viele wäret, wie ihr seid.«

Nun erhob sich auf Befehl der Fürsten und Barone Conon von Béthune, der ein guter Ritter und weise und wohlberedt war. Er antwortete dem Boten und sprach: »Schöner Herr, Ihr habt gesagt, daß euer Gebieter sich sehr darüber wundert, daß unsere Herren in sein Land und sein Reich eingerückt sind. Sie sind durchaus nicht in sein Land und sein Reich eingerückt; denn er besitzt es zu Unrecht und Sünde, gegen Gott und alles Recht. Der Herr des Landes ist vielmehr sein Neffe, der hier auf einem Throne unter uns sitzt und der Sohn seines Bruders, des Kaisers Isaak ist. Wenn er aber der Gnade seines Herrn sich unterwerfen und ihm seine Krone und das Reich wiedergeben will, so werden wir ihn bitten, daß er ihm Frieden gewährt und ihm soviel von seinem Gut gibt, daß er reichlich leben kann. Hütet euch, mit solcher Botschaft wiederzukommen, ihr müßtet denn bewilligen wollen, was ihr gehört habt.« Hierauf schied der Bote und ging zurück zum Kaiser nach Konstantinopel. (G. V.) □

Am nächsten Tag fuhren die Barone mit einer Galeere bis dicht unter die Mauern der Stadt und zeigten dem Volk, das sich auf den Zinnen drängte, den jungen Alexios und forderte die Griechen auf, ihn als ihren Herrn anzuerkennen, andernfalls man vor keiner Gewalttat zurückscheuen würde. Das war Ultimatum und Kriegserklärung gleichzeitig, denn selbstverständlich reagierte niemand auf diese Rede. Am 5. Juli begann der Angriff. Die Kreuzfahrer setzten nach Pera (Galata) über, schon am nächsten Tag gelang es, den Hafenturm von Pera zu erobern und die mächtige eiserne Kette, die die Einfahrt in das Goldene Horn sperrte, zu sprengen. Die venezianischen Kriegsschiffe fuhren sofort in das Goldene Horn ein, während die Armee an seinem Nordufer entlangmarschierte und in der Nähe des Kosmidionklosters (heute Eyüb) auf einer Brücke den Meeresarm überschritt. Vor den Mauern des Blachernenviertels schlug man das Lager auf. Die Kriegsschiffe reihten sich längs des Hafens den Ufermauern gegenüber auf. Vom 12. Juli ab kam es täglich zu Gefechten, bei denen keine Seite einen klaren Vorteil erringen konnte. Die Engländer, Dänen und Pisaner in kaiserlichen Diensten schlugen sich außerordentlich tapfer, auch fehlte es den Byzantinern nicht an energischen und tüchtigen Anführern. Besonders zeichnete sich Theodoros Laskaris aus, dessen Kampfeseifer aber immer wieder durch die ängstliche Zurückhaltung des Kaisers gehemmt wurde. In der Stadt wuchs die Unzufriedenheit mit dem tatenlosen Alexios immer mehr. Am 17. Juli wurde ein allgemeiner Sturmangriff von der Hafen- und der Landseite her unternommen. Die Venezianer fuhren die Kriegsschiffe ans Ufer und begannen von Schiffsbrücken und Masten den Kampf.

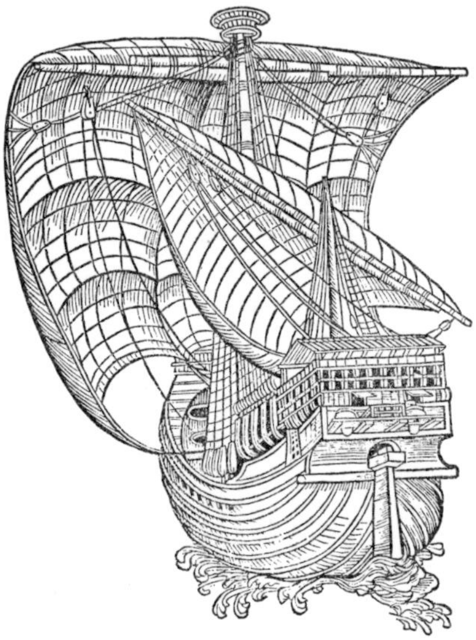

Venezianische Galeere

☐ Nun könnt ihr die seltene Kühnheit vernehmen, die der Doge von Venedig zeigte, der ein alter Mann war und nichts sah. Er stand ganz gewappnet am Bug seiner Galeere und hatte vor sich das St. Markusbanner. Er rief den Seinen zu, sie sollten ihn schnell an Land setzen, wenn nicht, so würde er sie an Leib und Seele strafen. Sie gehorchten sofort seinem Befehle und die Galeere, auf der er stand, legte sogleich an Land an. Die drinnen waren, sprangen heraus und trugen das St. Markusbanner an Land.

Als die Venezianer das Banner des hl. Markus an Land sahen, und daß die Galeere ihres Herrn Ufer gefaßt hatte, da hielt sich jeder für entehrt, wenn er es nicht ebenso täte. Sie landeten also alle, die aus den Lastfahrzeugen sprangen heraus, auch die aus den großen Schiffen stiegen in Barken und sprangen heraus, jeder so bald und so kühn er konnte. Da hättet ihr einen großen und wunderbaren Sturm sehen können, und wohl bezeugt es Gottfried, der Marschall der Champagne, der dieses Werk verfaßt hat und alles mit eigenen Augen sah, und mehr als 40 Barone bezeugen es, daß sie das Banner des hl. Markus auf einem der Türme von Konstantinopel sahen und wußten doch nicht, wer es aufgepflanzt hatte. Und nach dem Willen unseres Herrn flohen die aus der Stadt und ließen die Mauern im Stich; die Venezianer stürmten aber immer zahlreicher hinein, einer besser als der andere, und nahmen 25 Türme ein und besetzten sie mit ihren Leuten.

Jetzt nahm der Herzog von Venedig ein Boot und ließ rings den Baronen des Heeres sagen, er hätte 25 Türme erobert und sie sollten fürwahr wissen, daß sie sie nicht mehr verlieren könnten. Die Barone waren darüber so erfreut, daß sie es kaum glauben konnten; die Venezianer aber fingen an, ihnen in ihren Booten Streitrosse und Zelter von denen zu schicken, die sie in der Schlacht erbeutet hatten. Als der Kaiser Alexios sah, daß sie so in die Stadt eingedrungen waren, begann er seine Leute in großen Massen gegen sie zu schicken, so daß die Venezianer ganz klar erkannten, sie könnten ihren Angriff nicht aushalten. Sie warfen also Feuer zwischen sich und die Griechen, und der Sturmwind wehte vor unseren Leuten her. So begann das Feuer sich so sehr auszubreiten, daß die Griechen unsere Leute nicht sehen konnten. Dann zogen die Venezianer sich wieder auf die Türme zurück, die sie erobert hatten. □

Der Rückzug der Venezianer hatte auch einen anderen Grund. Alexios hatte endlich, dem Druck der öffentlichen Meinung nachgebend, eine beträchtliche Streitmacht gesammelt und war den Kreuzfahrern auf der Landseite entgegenmarschiert. Die Byzantiner befanden sich in der Überzahl, ein kühner Angriff hätte vielleicht noch eine Wendung gebracht. Die Nachricht vom Angriff der überlegenen byzantinischen Streitmacht hatte Dandolo zum Abbruch des Sturmes bewogen, um den Franzosen zu Hilfe kommen zu können. Aber das war nicht mehr notwendig. Kaum war nämlich die Schlachtreihe der Rhomäer aufgestellt und die Armee bereit, loszuschlagen, da verließ den Kaiser der Mut und er gab den Befehl zum Rückzug. Alexios eilte in den Palast, raffte den Kronschatz und zehn Zentner Gold zusammen, nahm seine Tochter Irene und verschwand aus Konstantinopel, wo mittlerweile ein ganzes Stadtviertel durch die Brandlegung der Venezianer in Flammen aufging. In Develton am Schwarzen Meer fand Alexios eine vorläufige Zuflucht.

Nach der Flucht des Kaisers war der Kriegsgrund für die Franken, auch wenn es nur ein vorgeschobener war, entfallen. Die Byzantiner holten also den blinden Isaak aus dem Gefängnis und setzten ihn auf den Kaiserthron in der Erwartung, daß nun den Forderungen der Franken Genüge getan sei. Sie schickten sofort Boten zu ihnen und zu Isaaks Sohn, um ihnen die Wendung der Dinge anzuzeigen. Die Franken forderten die Krönung des Alexios zum Mitkaiser und verlangten von Isaak die Anerkennung aller Verpflichtungen, die sein Sohn ihnen gegenüber eingegangen war. Als Isaak einwilligte, wurde am 1. August der junge Alexios zum Mitkaiser gekrönt.

Um alle Reibereien zwischen Griechen und Franken zu vermeiden, verzichteten die Kreuzfahrer auf Bitten des Kaisers darauf, ihr Quartier in der Stadt selbst aufzuschlagen; sie bezogen das Lager bei Galata und die Flotte blieb im Hafen des Goldenen Hornes. Nun war es an Alexios, den vertraglich festgelegten und besiegelten Verpflichtungen gegenüber seinen Helfern nachzukommen. Die Kirchenfrage wurde leicht gelöst. Kaiser Alexios IV. schickte sein Glaubensbekenntnis nach Rom und der Patriarch erkannte die Oberherrschaft des Papstes an. Diese »Unterwerfung« der griechischen Kirche war selbstverständlich eine völlig wertlose Formel, denn die Masse des griechischen Klerus und des Volkes stand der römischen Kirche so feindlich gegenüber wie eh und je und niemand dachte daran, aus dieser formalen Geste irgendwelche Konsequenzen zu ziehen. Die Kreuzfahrer gaben sich dennoch in diesem Punkte leicht zufrieden, denn sie brauchten das Papier der Unterwerfungsformel nur, um ihr Unternehmen gegenüber Innozenz III. zu rechtfertigen, der sich, als die Flotte schon auf See war, doch noch zu einem Verbot des Angriffs auf Konstantinopel aufgerafft hatte.

In der Frage der Geldzahlungen waren die Franken dagegen nicht so großzügig. 200 000 Mark Silber hatte Alexios geboten und davon ließ man nicht einen Pfennig ab. Alexios sammelte Geld, wo er es finden konnte, er beschlagnahmte Vermögen, erhob Steuern und griff schließlich auch die Schätze der Kirche an. Gold- und Silberschmuck der Ikonen, Kirchengerät und heilige Gefäße wurden zusammengeschleppt und eingeschmolzen, aber es war bei weitem nicht genug. Nur die Hälfte der Summe, 100 000 Mark, konnten den Franken übergeben werden mit dem Versprechen, die andere Hälfte so bald wie möglich nachzuzahlen.

Alexios' ungewollt rücksichtslose Gelderpressung erregte in den Byzantinern selbstverständlich die größte Erbitterung. Nicht genug, daß dieser Mann die Franken ins Land geholt hatte, plünderte er jetzt auch noch seine Untertanen aus, um das Geld den ver-

haßten Feinden zu übergeben. Die Situation des Kaisers war äußerst schwierig: weil er nicht alles gab, verdarb er es mit den Franken und weil er überhaupt etwas gab, verdarb er es mit den Byzantinern. So saß er hoffnungslos zwischen zwei Stühlen. Da er ganz auf die Streitmacht der Franken angewiesen war, konnte er ihre Forderungen nicht zurückweisen; ließen die Franken ihn fallen, dann würde er sofort vom Throne gefegt werden. Es blieb ihm also nichts anderes übrig, sich ganz auf ihre Seite zu stellen und er veranlaßte sogar das fränkische Heer, seinen Aufenthalt über die ursprünglich vereinbarte Zeit hinaus zu verlängern — natürlich gegen erneute Versprechungen.
Mittlerweile war der entflohene Alexios III. in Adrianopel aufgetaucht und hatte die Stadt besetzt. Alexios IV. unternahm daher mit fränkischen Truppen unter Führung des Markgrafen Bonifazius von Montferrat einen Feldzug nach Thrakien und eroberte die wichtigsten Städte und Festungen. Als der Kaiser noch im Felde war, ereignete sich in Konstantinopel ein furchtbares Unglück. Betrunkene Flamen waren mit Booten über das Goldene Horn gefahren und hatten begonnen, das sarazenische Kaufmannsviertel zu plündern, wohl um doch noch eine Heldentat gegen »Ungläubige« zu vollbringen. Die Sarazenen setzten sich zur Wehr und Griechen kamen ihnen zu Hilfe. Die hart bedrängten Flamen griffen zur Deckung ihres Rückzuges zu dem schon erprobten Mittel, Feuer zu legen, in dessen Schutz sie entwichen.

☐ Es war ein Anblick, wie ihn die Welt noch nicht gesehen hat. Das läßt sich mit Worten nicht ausdrücken. Unsere Stadt haben ja schon viele Brände betroffen, es könnte wohl niemand sagen, wie viele und wie schwere, aber die damalige Feuersbrunst ließ alle früheren unerheblich erscheinen. An vielen Stellen teilte sich das Feuer und lief auseinander, vereinigte sich dann wieder und wälzte sich wie ein einziger glühender Strom daher. Hallen stürzten ein, die Herrlichkeit der Marktplätze sank in sich zusammen, mächtige Säulen zerfielen, als wären sie Brennholz. Nichts gab es, gar nichts, was den Flammen wiederstanden hätte. Und das Merkwürdige dabei: gleichsam Brocken jenes brausenden, unwiderstehlichen Brandes rissen sich los, flogen durch die Luft und setzten weit entfernte Häuser in Flammen. Hinweggeschleudert über weite Strecken, zogen sie wie Sternschnuppen am Himmel ihre Bahn. Was dazwischen lag, ließen sie vorerst verschont und unberührt, bald aber kehrten die Flammen um und erfaßten und zerstörten auch dies. Oft schritt aber auch das Feuer geradlinig weiter, von einem Nordwind getrieben, bog kurz darauf aus, als würde es der Südwind in eine andere Richtung drehen, und lief schräg zur Seite. So vernichtete es, sich hierhin und dorthin wendend, auch Stadtteile, die man für ganz ungefährdet gehalten hatte. Diese ungeheure Feuersbrunst ergriff auch die Große Kirche. Die Bauwerke, die bei der Kuppel des Milion liegen, und jene, die an den Makronsaal und an den sogenannten Synodensaal angrenzen, stürzten zusammen. Selbst gebrannte Ziegel hielten nicht stand, selbst tiefe Grundmauern boten keinen Schutz, alles erwies sich als zu schwach und brannte nieder wie der Docht in der Lampe.
Das Feuer hatte seinen Ausgang genommen von dem Mitaton (Kaufmannsquartier) der Sarazenen, welches im nördlichen, dem Meere sich zuneigenden Teil der Stadt in der Nähe der Kirche der heiligen Irene liegt. Es griff in großer Breite auf den Osten der Stadt über und verlor bei der großen Kirche seine Kraft. Es dehnte sich aber auch nach Westen bis zu dem Perama genannten Uferstreifen aus und ergriff dann, auseinanderfließend, die Breitseite der Stadt, vielmehr, was eben das Verwunderliche war, es sprang gleichsam in einem Satz über sie hinweg und fraß die außerhalb der Stadt gelegenen Häuser. Weggeschleuderte glühende Trümmer setzten sogar ein fahrendes Schiff in Brand. Auch die Säulengänge des Domninos sanken in Schutt und Asche, desgleichen die beiden bedeckten Wandelgänge, die beim Milion anfangen und von denen sich einer bis zum Philadelphion erstreckte. Auch das Konstantinsforum und alle dazwischenliegenden Stadtteile wurden in der ganzen Breite vom Norden nach Süden zerstört. Die Rennbahn blieb auch nicht unversehrt, sondern ihr ganzer westlicher Teil brannte ab, ebenso auch alles, was gegen Sophiai und den Bykanon zu gelegen ist, und weiterhin die Umgebung des Eleutherions.

Da so der Flammengürtel von Meer zu Meer reichte und sich wie ein ungeheurer Schlund oder feuriger Strom mitten durch die Stadt zog, konnte man nicht ohne große Gefahr zu seinen Lieben gelangen, außer man fuhr mit einem Kahn über das Wasser. Damals verloren die meisten Einwohner ihre Habe, denn die einen wurden unvorbereitet vom Feuer überrascht und jene, die ihre Sachen anderswohin brachten, konnten sie dadurch auch nicht retten, weil die Feuersbrunst in vielen Windungen und Krümmungen zur Seite, vor und wieder zurück lief und auch die vermeintlich in Sicherheit gebrachten Besitztümer vernichtete.

Oh, welch herrliche, wunderschöne Bauten voll von jeglichem Liebreiz, welch ungeheure, von allen bewunderte und beneidete Reichtümer gingen damals verloren! (Nik. Ch.) □

Die Wut und die Erbitterung der Konstantinopler wuchsen so, daß die in Konstantinopel noch ansässigen Ausländer — hauptsächlich Pisaner — um ihre Sicherheit fürchteten und eines Tages aufbrachen und sich, 15 000 an der Zahl, in das Lager der Franken begaben. Das Volk der Hauptstadt ließ seinen blinden Zorn an den unschuldigsten Gegenständen aus.

□ Die Trunkenbolde vom Marktplatz zerschlugen auch das auf einer Säule auf dem Konstantinsforum stehende Standbild der Athene in unzählige Stücke, weil dieses hirnlose Gesindel glaubte, es sei zugunsten der Heere aus dem Abendland verfertigt.

Diese Athena erhob sich, aufrecht stehend, an die 30 Fuß hoch. Sie trug ein Gewand aus dem gleichen Erz, aus dem die ganze Statue bestand. Es reichte, vielfach gefältelt, bis zu den Füßen, so daß kein Körperteil sichtbar war, den zu verhüllen die Natur gebietet. Ein Gürtel, wie Ares ihn trägt, schnürte reichlich fest ihre Mitte zusammen, und über ihre straffen Brüste hatte sie einen kunstvoll ziselierten, ziegenfellartigen Umhang, der von den Schultern herabhing und ein Gorgonenhaupt trug. Der unverhüllte, hohe Nacken bot einen unwiderstehlich süßen Anblick. Das Erz hatte so gefügig seine eigene Natur abgelegt, um die Göttin darzustellen, daß man meinen konnte, wenn man nur ein bißchen warten wollte, würde man ihren Lippen ein liebliches Wort entfliehen hören. Ihre Augen schimmerten in feuchtem, sehnsuchtsvollem Glanz. Man glaubte, ihre Adern schlagen zu sehen, der ganze Körper bog sich weich, als wäre er wirklich von Blut durchströmt, und bot, wenn auch ohne Leben, ein Bild blühenden Lebens. Auf ihrem Haupte nickte ein Roßschweif. Ihr eigenes Haar, das, vom Helm nicht ganz bedeckt, von den Schläfen lockig und dicht zurückgeführt und zu einem Knoten gebunden war, bot eine reine Augenweide. Mit der linken Hand raffte sie das faltige Gewand, die rechte hatte sie gegen Süden ausgestreckt. Sie hielt auch das Haupt leicht in diese Richtung geneigt und richtete ihren Blick in dieselbe Himmelsgegend.

Das war der Grund, weshalb das törichte Volk, das nicht einmal die Himmelsrichtungen kannte, schrie, das Standbild blicke nach Westen und winke mit der Hand die Heere aus dem Abendland herbei. Nicht einmal durch den ganz klaren Augenschein ließen sich die urteilslosen Toren von ihrem Irrtum abbringen. Sie zerschlugen also, von dieser falschen Vorstellung in Hitze gebracht, das Bild Athenas und verstießen, selbst immer tiefer sinkend und gegen sich selbst wütend, die Hüterin von Tapferkeit und Klugheit selbst noch in ihrem Abbild. (Nik. Ch.) □

So fand die Athena »Promachos« des Pheidias, die tausend Jahre lang die Akropolis von Athen geschmückt hatte und seit 650 Jahren auf dem Konstantinsforum in Konstantinopel stand, ein trauriges Ende.

Im November 1203 kam Alexios IV. von seinem Feldzug zurück und die Situation war noch kritischer geworden. Die Byzantiner bestürmten ihn, die Beziehungen zu den Kreuzfahrern ganz abzubrechen und ihnen vor allem kein Geld mehr zu zahlen. Alexios mußte selber einsehen, daß er die Forderungen der Franken nie würde erfüllen können und begann, sich von ihnen zurückzuziehen. Sobald die Franken die Sinneswandlung des Kaisers bemerkten, schickten sie eine Abordnung nach Konstantinopel.

□ Und wisset, daß bei der großen Verräterei, die bei den Griechen herrscht, sie (die Abgesandten) sich in eine große Gefahr und ein großes Abenteuer begaben. Als sie zum

Palast gekommen waren, stiegen sie am Tore ab, traten ein und fanden den alten Kaiser Isaak und den Kaiser Alexios, seinen Sohn, beide nebeneinander auf zwei Thronsesseln sitzen, und neben ihnen saß die Kaiserin (Margarete-Maria), die Gattin des Vaters und Stiefmutter des Sohnes, sie war eine Schwester des Königs von Ungarn, eine schöne und sehr gütige Dame. Bei ihnen war eine Menge edler Leute und es schien gar sehr der Hof eines reichen Fürsten zu sein. Mit Einwilligung der anderen Gesandten ergriff das Wort Conon von Béthune, der weiser und beredter war als irgendeiner der anderen und sprach auf folgende Weise.

»Kaiserlicher Herr, wir sind zu euch gekommen im Auftrage der Barone des Heeres und des Dogen von Venedig; und wisset, daß sie auf den Dienst hinweisen, den sie euch geleistet haben, wie alle Welt weiß und wie es augenscheinlich ist. Ihr und euer Vater habt geschworen, ihnen die Verträge zu halten; sie haben Urkunden von euch darüber. Aber ihr habt ihnen nicht so Wort gehalten, wie ihr mußtet. Manches Mal haben sie euch daran gemahnt und auch jetzt noch erinnern wir euch daran, hier im Angesicht aller eurer Barone. Wenn ihr es erfüllt, wird es ihnen sehr recht sein, wenn ihr es aber nicht tut, halten wir euch weder als Herrn noch als Freund. So werden sie versuchen, ihr Recht zu erlangen auf jede Weise, wie sie können. Dies aber lassen sie euch melden, daß sie, ohne Fehde angesagt zu haben, weder euch noch anderen Übles zufügen würden, denn sie begingen noch niemals Verrat und in ihrem Lande ist es nicht Brauch, ihn zu begehen. Ihr habt gehört, was wir gesagt haben. Nun geht mit euch zu Rate, wie es euch gut dünken wird.« Gar sehr wunderten sich die Griechen über diese Ansprache und hielten sie für eine große Beleidigung und sagten, daß noch nie auf der Welt ein Mensch so kühn gewesen wäre, dem Kaiser von Konstantinopel in seinem eigenen Gemache zu trotzen.

Ein gar böses Gesicht machte der Kaiser den Gesandten, und so taten auch die Griechen, die ihnen so oft freundliche Mienen gezeigt hatten. Ein großer Lärm erhob sich im Saale; die Boten wandten sich ohne Verzug und gelangten zum Tore zurück. Sie bestiegen ihre Rosse, und als sie wieder zum Stadttor hinaus waren, gab es nicht einen, der nicht gar froh gewesen wäre, und darüber braucht man sich nicht zu wundern, denn sie waren einer großen Gefahr entronnen, und nur wenig fehlte daran, daß es ihnen schlecht ergangen wäre. (G. V.) □

Ein letzter Versuch wurde gemacht; der Doge selbst verlangte eine Unterredung mit Alexios. Er fuhr hinüber zu der Anlegestelle an der Mauer und der Kaiser kam ihm zu Pferd entgegen. Das Gespräch zwischen beiden war kurz: »Alexios, was gedenkst du zu tun?« fragte der Doge, »Bedenke, daß wir dich vor schwerer Kerkerhaft bewahrten; wir haben dich zum Herrn gemacht und zum Kaiser gekrönt. Wirst du uns deine Versprechungen halten oder wirst du nicht mehr tun als bisher?« »Nein, ich werde nicht mehr tun, als ich bereits getan habe.« »So«, sagte Dandolo, »du schlechter Kerl! Wir haben dich aus dem Dreck gezogen und wir werden dich wieder in den Dreck zurückwerfen. Ich trotze dir, und wisse wohl, daß ich dich künftig böse verfolgen werde, so gut ich kann!« Damit war der Krieg erklärt.

Wegen der fortgeschrittenen Jahreszeit war an eine sofortige Belagerung nicht zu denken; man mußte sorgen, leidlich durch den Winter zu kommen. Die Truppen machten Streifzüge in der Umgebung, um die notwendigen Lebensmittel einzutreiben. Trotzdem brach eine Hungersnot aus, der viele Franken zum Opfer fielen. Gelegentliche Überfälle der Griechen konnte man abwehren, auch eine Branderflotte, die gegen die venezianischen Schiffe losgelassen wurde, richtete keinen nennenswerten Schaden an. Kaiser Alexios selbst blieb untätig, der blinde Isaak grollte seinem Sohn, weil er angeblich Leuten vertraute, die Isaak für seine Feinde hielt. — Die Lage in Konstantinopel war immerhin nicht ganz aussichtslos. Die Mauern der Stadt boten immer noch Schutz und es fehlte auch nicht an Mannschaft, sie ausreichend zu besetzen. Die Franken dagegen verfügten nur über 20 000 Mann — für ein solches Unternehmen eine lächerlich geringe Zahl. Was in Byzanz fehlte, war die Hand, die den Widerstand systematisch organisierte und die vorhandenen Kräfte am richtigen Ort und mit Geschicklichkeit einsetzte. Daß Alexios dazu nicht fähig war, hatte man zur Genüge erfahren, wie konnte man von ihm, den die Franken auf den Thron gesetzt hatten, erwarten, daß er nun gegen sie mit Energie zu Felde zöge? Am 25. Januar 1204 sammelte sich eine erregte Menge aus allen Schichten der Bevölkerung in der Hagia Sophia, um kurzerhand einen neuen Kaiser zu wählen. Man wußte nicht, wen man wählen würde, man wußte nur, daß es kein Mitglied der Angelos-Familie sein sollte. Die Versammlung griff mal diesen, mal jenen der Anwesenden heraus, doch jeder widersetzte sich der unerwünschten Ehre. Schließlich krönte man trotz seines Widerspruchs einen jungen Mann, Nikolaos Kanabos, der sich durch Tapferkeit ausgezeichnet hatte, aber sonst unbedeutend war. Diese Rebellion schreckte Alexios auf; ohne Hoffnung, aus eigener Kraft die Empörung unterdrücken zu können, setzte er sich mit Bonifazius von Montferrat in Verbindung, der ihm seinen Thron retten sollte. Doch gerade dies beschleunigte seinen Sturz. Nicht Kanabos war es, der Alexios die Krone entriß; ein neuer Prätendent entstand in der Person des energischen und tapferen Alexios Dukas. Als kluger Mann gewann er schnell die entscheidenden Persönlichkeiten für sich, brachte die Garden auf seine Seite und ließ sowohl Alexios IV. als auch Kanabos ins Gefängnis werfen, wo sie beide wenig später erdrosselt wurden. Zur selben Zeit starb der todkranke Isaak an der übergroßen Aufregung. Am 5. Februar wurde Alexios V., der wegen seiner buschigen Brauen den Beinamen Murtzuphlos erhalten hatte, zum Kaiser der Rhomäer gekrönt. Byzanz setzte seine letzte Hoffnung auf diesen Mann, der die Kraft und den Mut zu haben schien, dem Feinde die Stirn zu bieten, und tatsächlich machte sich bald ein neuer Geist unter den byzantinischen Truppen bemerkbar. Zunächst wurden die dringend notwendigen Ausbesserungen der Schäden vorgenommen, die die Stadtmauer bei der Erstürmung des vorigen Jahres erlitten hatte. Die Landtore wurden zugemauert, die Verteidigungsgeräte und Wurfmaschinen wieder in Stand gesetzt. Unter der persönlichen Führung des Kaisers machten die rhomäischen Truppen nun häufiger Ausfälle und ließen sich in kleinere Gefechte mit den Franken ein. Dann erhielten die Barone die Aufforderung, binnen acht Tagen das Land zu verlassen, mit Geldzahlungen sei auf keinen Fall mehr zu rechnen.

Selbstverständlich kam ein Rückzug der Franken nicht in Frage; er hätte die Kreuzfahrer in größere Gefahr gebracht als der Angriff auf die Stadt. Mit dem Sturz und der Ermordung des jungen Alexios waren zudem alle bisherigen Erfolge hinfällig; die Kirchenunion existierte nicht mehr, das Kaisertum war der Kontrolle der Lateiner entzogen und, wofür sich besonders die Venezianer interessierten, die Schulden waren nicht bezahlt. Dafür brodelte es in der riesigen Stadt gefährlich gegen die Eindringlinge. Konstantinopel mußte, koste es was es wolle, niedergerungen werden — es gab kein Zurück mehr.

□ Viel wurde (in der Ratsversammlung der Barone) hin- und hergesprochen, das Ende aber war, daß, wenn Gott es ihnen gäbe, daß sie mit Gewalt in die Stadt eindrängen, alle Beute zusammentragen und gemeinsam verteilt werden sollte, wie es sich gebührte. Und wenn sie Herren der Stadt wären, sollten sechs Männer gewählt werden aus Frankreich und sechs aus Venedig, und diese sollten schwören auf Reliquien, daß sie den zum Kaiser wählen würden, den sie für den Besten zum Wohle des Landes hielten, und daß dieser durch ihre Wahl Kaiser sein sollte. Er sollte ein Viertel der ganzen Eroberung erhalten innerhalb und außerhalb der Stadt, außerdem den Blachernenpalast und den Bukoleonpalast. Die drei Viertel, die übrig blieben, sollten verteilt werden, die eine Hälfte denen des Heeres, die andere den Venezianern, und dann sollten gewählt werden zwölf der Weisesten aus dem Heere und zwölf Venezianer. Diese sollten die Lehen und Ehren den Fürsten und Mannen zuteilen und festsetzen, welche Dienste man davon dem Kaiser leisten solle. (G. V.) □

Nachdem man so die Beute verteilt hatte, ging man daran, sie zu erringen. Am Morgen des 9. April, einem Freitag, näherten sich die Kriegsschiffe mit ihren Leitern und Türmen und vollbesetzt mit Kriegern den Mauern an der gleichen Stelle, wo den Venezianern vor einem Jahr der Durchbruch gelungen war. Doch jetzt stieß man auf erheblich kräftigeren Widerstand als damals; der Kaiser selbst leitete die Verteidigung und die Wurfgeschosse der Byzantiner verhinderten jeden Fortschritt der Angreifer. Die

Eroberung Konstantinopels

Wurfmaschinen auf den Mauern fügten den Schiffen schwere Schäden zu und als am Abend die Franken den Rückzug nach Galata antraten, ertönte hinter ihnen das Hohn- und Spottgeschrei der siegreichen Konstantinopler. Am Samstag und Sonntag ruhten die Waffen. Die Franken besserten die beschädigten Schiffe aus und am Sonntag abend fand ein feierliches Hochamt statt. Die Barone sprachen dem Heere Mut zu und versprachen demjenigen, der zuerst den Fuß auf die Mauer setzt, eine Belohnung von hundert Mark (ca. 6 400 Goldmark). Am Montag, dem 12. April, überquerten die Dromonen wieder das Goldene Horn. Die Schlacht tobte unentschieden bis zum frühen Nachmittag, als zwei durch Ketten miteinander verbundene Schiffe, die »Pellegrina« und die »Paradies« durch einen heftigen Wind hart an die Mauern getrieben wurden und die Besatzung einen der Festungstürme mit ungestümer Heftigkeit angriff. Der Turm wurde genommen. Inzwischen hatte der wegen seiner Körpergröße und Bärenkräfte berühmte Ritter Pierre de Bracieux eine kleine Pforte entdeckt.

□ Der edle Herr Peter von Bracieux übertraf alle anderen, hoch und niedrig, denn es gab keinen anderen, der solche Waffentaten und körperliche Leistungen vollbrachte wie er. Als er zu jener Ausfallpforte zurückgekommen war, begannen sie, gewaltig darauf loszuschlagen; die Bruchsteine flogen so dicht und von den Mauern herab warf man so viele Steine, daß es schien, als müßten sie unterhalb der Mauern begraben werden. Die unten hatten Schilde und Tartschen, mit denen sie die deckten, die gegen die Ausfallpforte hackten. Und von oben wurden Töpfe voll kochenden Pechs, griechisches Feuer und gewaltige Steine herabgeworfen, daß es ein Wunder Gottes war, daß nicht alle vernichtet wurden. Herr Peter und seine Leute erduldeten dort so viel Pein und Wunden, daß es zuviel war; aber sie schlugen so gewaltig auf die Ausfallpforte ein mit Äxten und guten Schwertern, mit Stangen und Piken, daß sie ein großes Loch machten. Und als die Ausfallpforte durchbrochen war, sahen sie hindurch und erblickten so viele Leute, vornehme und geringe, daß es schien, als stehe dort die Hälfte der Menschheit, und sie wagten nicht, sich zu erkühnen und hindurchzukriechen. Als Aleaume, der Kleriker, sah, daß niemand hindurchzukriechen wagte, sprang er vor und sagte, er würde hindurchkriechen. Da war ein Ritter, sein Bruder Robert von Clary (der Erzähler), der verbot es ihm. Doch er sagte, er würde es doch tun, und begab sich hinein, auf Händen und Füßen kriechend; und als seine Gefährten das sahen, faßten sie ihn bei den Füßen und halfen ihm, und der Kleriker brachte es fertig, daß er trotz (des Widerspruchs) seines Bruders, zu Recht oder Unrecht, hindurchkroch. Als er durch war, liefen alle Griechen auf ihn zu, und die auf der Mauer begannen, gewaltige Steine auf ihn zu werfen. Der Kleriker zog sein Messer, lief auf sie zu, und sie flohen vor ihm wie Tiere. Und er sagte zu denen draußen, zum edlen Herrn Peter und seinen Leuten: »Herr, kommt nur mutig herein; sie haben den Kopf verloren und fliehen.« Als Herr Peter das hörte und seine Leute, die draußen waren, drang er mit ihnen ein, und es waren gut sechzig Kämpfer mit ihm und alle zu Fuß; und als die an jenem Ort sie sahen, bekamen sie solche Angst, daß sie nicht wagten zu bleiben, sondern sich zu der Mauer wandten und um die Wette flohen. Und der Kaiser Murtzuphlos, der Verräter, war dort ganz in der Nähe, weniger als einen Steinwurf entfernt, und er ließ seine silbernen Hörner und seine Becken ertönen und machte einen großen Lärm. □

Pierre war ein Mann, »den man für fähig gehalten hätte, ganze Heere vor sich her zu treiben«, sagte Niketas Choniates, »sein Helm war gebildet wie eine sturmbewehrte Stadt. Nicht einmal den Anblick der Stirnplatte eines einzigen Reiters, wenn auch eines Reiters von entsetzenerregendem Aussehen und staunenswerter Größe, vermochten die Vornehmen des kaiserlichen Gefolges und das übrige Heer zu ertragen. Den Rücken zu kehren hielten sie für ein gutes Mittel, das Leben zu retten.« Als der Kaiser und das ganze Heer geflohen waren, drangen die Franken in das menschenleere Häusermeer der Stadt ein. Da der Abend nahte, wagten sie aus Furcht vor einem Hinterhalt nicht, weiter vorzugehen, man hielt sich in der Nähe der Mauer und richtete Nachtquartiere her. Um die Griechen von einem nächtlichen Überfall in dem unbekannten Straßengewirr abzuhalten, griff man zu dem nun schon bewährten Mittel und legte — zum drittenmal — Feuer, dem wiederum ein ganzes Stadtviertel zum Opfer fiel. In diesen drei Bränden, behauptet Gottfried von Villehardouin, wurden mehr Häuser zerstört, als es in den drei größten französischen Städten zusammen gab.

Die Befürchtungen der Kreuzfahrer erwiesen sich als unbegründet. In der Nacht war der Kaiser geflohen und hatte die Kaiserin Euphrosyne, die Frau des Kaisers Alexios III., und ihre Tochter Eudokia, die verstoßene Frau Stephans von Serbien, die Murtzuphlos geheiratet hatte, mitgenommen.

□ Nachdem der Kaiser sich so entfernt hatte, stritt ein Zwiegespann von nüchternbesonnenen, vorzüglich kriegstüchtigen Jünglingen um die Herrschaft, gleichsam um das Steuer eines sturmbedrängten Schiffes, und zwar ein Dukas und ein Laskaris. Beide trugen den gleichen Vornamen wie der kaiserliche Ahnherr des Glaubens (Konstantin; Laskaris hieß aber in Wirklichkeit Theodoros!) Da sie das höchste und ruhmvollste Gut, das Kaisertum der Rhomäer, als Spielball eines blinden Schicksals herumgeworfen und ihrem Zugriff dargeboten sahen, betraten beide die Große Kirche, beide mit den gleichen Aussichten, den Kampf um das Kaisertum zu gewinnen. Sie wetteiferten miteinander und wurden miteinander verglichen, keiner hatte dem anderen etwas voraus, keiner stand dem anderen in etwas nach, beide wurden des gleichen Vertrauens wert befunden, denn niemand vermochte den einen zurückzuweisen oder dem anderen den Vorzug zu geben. Da wurde das Los geworfen und Laskaris trug den Sieg davon. Er legte aber nicht die Abzeichen eines Kaisers an, sondern ging mit dem Patriarchen zum Milion und gab es nicht auf, das zusammenlaufende Volk durch Zuspruch und Schmeichelei zum Widerstand aufzufordern. Er trieb auch die kaiserlichen Leibwächter, auf deren Schultern das Eisen des Ares blitzte, in den Kampf. Sie hätten, sagte er, nicht weniger als die Rhomäer ihren Untergang zu befürchten, wenn das Reich der Rhomäer dröhnend und klirrend einem anderen Volk zufallen sollte. Denn dann würden sie nicht mehr reichen Sold erhalten und nicht mehr die ehrenvolle Aufgabe, Wächter der Kaiser zu sein, erfüllen, sondern für gar nichts geachtet werden.

So sprach Laskaris zu ihnen. Aber keiner vom Volk hörte auf ihn und die Beilträger erklärten sich nur für außerordentlichen Sold zur Hilfe bereit, da sie tückisch und gemein die höchste Gefahr für eine Gelegenheit zu einem guten Geschäft ansahen. Schon

zeigten sich auch gepanzerte Lateiner. Da wandte sich der Kaiser und suchte sein Heil in der Flucht. (Nik. Ch.) □
Theodor Laskaris floh nach Kleinasien; es gab keinen Kaiser mehr in Byzanz und als der Morgen des 13. April anbrach, zeigte sich kein bewaffneter Rhomäer mehr in der Stadt. Was nun folgte, war eine dreitägige Orgie des Mordens, Plünderns und jeglicher Gewalttätigkeit, wie sie die Welt bis dahin noch nicht erlebt hatte. Hemmungslos ließ man seinem Haß auf die Griechen und seiner Beutegier freien Lauf.
□ Nicht daß etwa hier mehr Abscheuliches geschah und dort weniger, sondern einmütig verübten alle überall die ärgsten Gotteslästerungen. Hätten etwa jene Schandbuben, die so gegen Gott wüteten, ehrwürdige Frauen, heiratsfähige Mädchen, Bräute Gottes, die sich der Jungfräulichkeit geweiht, verschonen sollen? Diese Barbaren mit Bitten zu erweichen, ihr Mitleid anzuflehen und sie nur ein wenig sanfter und milder zu stimmen, das war in jedem Fall ungeheuer schwer und kaum zu erreichen. So reizbar waren sie. Bei jedem Wort, das ihnen mißfiel, spien sie gleich Gift und Galle, und alles konnte ihren Zorn entflammen. Wer ihnen nur im geringsten widersprach oder zögerte, ihren Wünschen willfährig zu sein, wurde als Tor verlacht oder ein vorlauter Mensch gescholten, oft aber sah er sich auch einem gezückten Dolch gegenüber.
Das Unheil kam über jedes Haupt. In den Gassen war Weinen und Jammern, die Straßen erfüllte Klagen und Geheul, aus den Kirchen ertönte Wehgeschrei, Männer seufzten, Frauen schrien, überall wurden Leute verschleppt, versklavt, gezerrt, aus den Armen ihrer Lieben gerissen. Die Vornehmen schlichen bar allen Glanzes einher, ehrwürdige Greise saßen kläglich in einem Winkel, die Reichen standen mittellos da. So war es auf den Plätzen, so in den engen Gassen, so war es in den Kirchen, so in den Schlupfwinkeln. Kein Ort blieb undurchstöbert, kein Platz gewährte den Zufluchtsuchenden Schutz, alles war allerwege voll von allen Greueln ...
Bei keinem einzigen von allen Rhomäern ließen sie Milde walten. Sie nahmen ihnen alles, Geld und Gut, Haus und Gewand, und ließen die rechtmäßigen Besitzer nichts auch nur benützen. Ja, das waren die Männer mit dem ehernen Nacken, dem prahlerischen Sinn, der hochgezogenen Braue, den allzeit jünglingshaft glattgeschabten Backen, mit der blutgierigen Rechten, der zornbebenden Nase, dem stolz erhobenen Auge, den unersättlichen Kinnladen, mit dem lieblosen Herzen und dem gellenden, überstürzten Geschwätz — es hätte nur noch gefehlt, daß es auf ihren Lippen getanzt hätte! — ja, das waren die verständigen, weisen Männer, wofür sie sich hielten, die wahrheitsliebenden, treu die Eide bewahrenden Hasser alles Schlechten, das waren die Männer, die so viel frömmer waren als wir elenden Griechen, so viel gerechter und genauer im Befolgen der Gebote Christi, das waren die Männer, die, was noch schwerer wiegt, das Kreuz auf ihren Schultern trugen, die oft auf dieses Kreuz und die Heilige Schrift den falschen Eid geschworen, sie würden Christenländer ohne Blutvergießen durchziehen, nicht nach links abweichen, nicht nach rechts abbiegen, weil sie nur gegen die Sarazenen ihre Hand bewaffnet hätten und ihre Schwerter nur mit dem Blute der Zerstörer Jerusalems färben wollten, das waren die Männer, die gelobt hatten, keine Frau zu berühren, solange sie das Kreuz auf ihren Schultern trügen, weil sie als Gott geweihte Schar im Dienste des Allerhöchsten zögen! Ja, als Schwätzer, als Verfertiger leerer Worte erwiesen sie sich in Wahrheit! Sie wollten Rache für das Heilige Grab nehmen und wüteten offen gegen Christus! Im Namen des Kreuzes stürzten sie ruchlos das Kreuz und schauderten nicht davor zurück, wegen einer Handvoll Gold und Silber das gleiche Zeichen, das sie auf der Schulter trugen, mit den Füßen zu zertreten! ... (Nik. Ch.) □
Die Beutegier verschonte auch die Kirchen nicht.
□ Die Freveltaten, die sie in der Großen Kirche verübten, sind kaum zu glauben. Der Altartisch, aus lauter edlem, im Feuer aneinandergefügten Stoffen, ein einziger, vielfarbiger Gipfel der Schönheit, der auf der ganzen Welt als außerordentlich galt und bewunderndes Staunen erregte, wurde von den Plünderern zerstückelt und verteilt, desgleichen auch der ganze Kirchenschatz, der ungeheuer groß und unendlich prachtvoll war. Als sie, gleich als wäre das auch eine Beute, die allerheiligsten Geräte und Gefäße von unübertrefflicher Kunst und Schönheit und aus seltenen Stoffen, das gediegene, mit

Konstantinopel, sog. Palast Justinians

Gold überzogene Silber, welches den Sims des Bemas sowie den herrlichen Ambo und die Pforten zierte und noch vieles andere schmückte, aus der Kirche fortschaffen wollten, führten sie Maulesel und Packtiere bis zum Allerheiligsten vor und beluden sie schwer. Als einige Tiere auf dem blinkenden Steinboden ausglitten, zogen sie die Schwerter und erstachen sie, so daß die heilige Stätte nicht nur von dem Unrat der Tiere, sondern auch von dem vergossenen Blut befleckt wurde. (Nik. Ch.) □
Während die Streiter Christi wahllos riesige Schätze zusammenrafften, besetzten die Barone die Paläste.

□ Der Markgraf Bonifazius von Montferrat ritt den ganzen Strand entlang, gerade auf den Bukoleonpalast zu. Als er dorthin gekommen war, wurde ihm der Palast übergeben unter der Bedingung, daß er das Leben derer schonte, die darinnen waren. Dort wurden die vornehmsten Frauen der Welt angetroffen, die zum Schlosse geflohen waren. Es wurden dort gefunden: die Schwester des Königs Philipp von Frankreich, die Kaiserin gewesen war (die Witwe des Kaisers Alexios II. und Andronikos), die Schwester des Königs von Ungarn, die auch Kaiserin gewesen war (Witwe Isaaks), und viele andere Frauen. Von den Schätzen, die im Palaste waren, ist nicht not zu reden, denn es gab deren so viele, daß kein Maß und kein Ende war. (G. V.) Es gab in diesem Palast fünfhundert Zimmer, alle durchgehend und alle ausgelegt mit Goldmosaiken; und es gab darin gut dreißig Kapellen, große wie kleine. Es gab eine, die hieß die »Heilige Kapelle«, die war so prächtig und schön, daß es darin weder Türangeln oder

Angelringe aus Eisen gab: alle waren aus Silber, und es gab keine Säule, die nicht aus Jaspis oder Porphyr oder aus kostbarem buntem Gestein gewesen wäre. Und das Pflaster der Kapelle war aus weißem und so glattem und klarem Marmor, daß es schien, als wäre es aus Kristall ... (R. C.) So wie der Bukoleonpalast dem Markgrafen von Montferrat übergeben wurde, ward der Blachernenpalast Heinrich, dem Bruder des Grafen Balduin (von Flandern) übergeben, unter der Bedingung, daß das Leben derer geschont würde, die darinnen waren. Dort wurden so große Schätze gefunden, daß es deren nicht weniger gab als im Bukoleonpalast. So wurde der Palast übergeben und der Schatz wohl bewahrt. (G. V.) □

Die Geistlichkeit spezialisierte sich indessen auf die ihrem Stande angemessene Beute, die Reliquien. Besonderes Glück hatte hierin der Abt Martin des elsässischen Klosters Pairis bei Colmar, dessen Kreuzfahrt Gunther von Pairis beschrieben hat.

□ Als nun die Sieger die besiegte Stadt, die sie nach Kriegsrecht zu der ihren gemacht hatten, munter plünderten, da begann der Abt Martin auch an seine eigene Beute zu denken, und um nicht allein leer auszugehen, wo alle anderen reich wurden, nahm er sich vor, auch seinerseits seine geweihten Hände zum Raube auszustrecken. Aber da er es für unwürdig hielt, mit diesen Händen Beute an weltlichem Gut anzutasten, so begann er darauf auszugehen, sich an Heiligenreliquien, deren es dort, wie er wußte, eine große Menge gab, ein gut Teil zusammenzuscharren. So nahm er denn den einen von seinen zwei Kaplanen mit, und in der Vorahnung von etwas Bedeutsamem suchte er eine Kirche auf, die deshalb eine hohe Achtung genoß, weil die Mutter des hochberühmten Kaisers Emanuel (Manuel I.) hier ein berühmtes Grabmahl hatte (vermutlich handelt es sich um die Pantokratorkirche), was die Unseren für nichts Besonderes hielten, obwohl es den Griechen als etwas Großes erschien. Dort wurde aus der ganzen Gegend ringsum sehr viel Geld in Verwahrung gehalten und auch kostbare Reliquien, die eine freilich eitle Hoffnung auf Sicherheit aus den Nachbarkirchen und -klöstern hierher hatte zusammentragen lassen, was den Unseren vor der Eroberung der Stadt von denen, die die Griechen ausgewiesen hatten, auch angezeigt worden war. Während viele von den Pilgern zugleich in diese Kirche einbrachen und die einen hier, die anderen dort voller Gier beschäftigt waren, Gold, Silber und alle möglichen Kostbarkeiten zu plündern, suchte Martin in der Meinung, es sei unwürdig, Kirchenraub zu begehen außer an heiligem Gut, eine mehr verborgene Stelle auf, an der eben die Heiligkeit des Ortes ihm zu versprechen schien, das finden zu können, wonach ihm am meisten der Sinn stand. Dort fand er einen Greis, schön von Angesicht, mit langem, grauem Bart, einen Priester natürlich, der sich aber gerade in seinem Äußeren sehr von unseren Geistlichen unterschied (den westlichen Klerikern war das Tragen des Bartes verboten). Deshalb hielt ihn der Abt auch für einen Laien; freundlichen Sinnes zwar, aber mit schrecklicher Stimme fuhr er ihn heftig an und rief: »Los, treuloser Alter, zeige mir, was du an wertvolleren Reliquien verwahrst, oder du sollst wissen, daß du sofort des Todes bist!« Der aber erschrak mehr über den Lärm als über seine Worte, denn den Lärm hörte er, die Worte konnte er ja nicht verstehen; und da er merkte, daß jener (Martin) sich nicht in der griechischen Sprache auszudrücken verstand, begann er den Mann in romanischer (französischer) Sprache, die er teilweise beherrschte, zu beschwichtigen und seinen Zorn, der doch keiner war, mit Freundlichkeit zu begütigen. Darauf konnte der Abt nur mit Mühe wenige Worte dieser Sprache radebrechen (der griechische Priester spricht also besser französisch als der elsässische Abt!), um dem Alten klar zu machen, was er von ihm wolle. Der schätzte sein Gesicht und sein Äußeres ab und fand es wohl erträglicher, wenn ein Mönch heilige Reliquien aus scheuer Ehrfurcht sammelte, als wenn weltliche Männer sie womöglich mit blutbefleckten Händen vernichteten, und so öffnete er ihm denn eine eisenbeschlagene Truhe und zeigte ihm den ersehnten Schatz, der dem Abt willkommener und erwünschter schien als alle Schätze Griechenlands. Sowie der Abt ihn zu Gesicht bekam, tauchte er beide Hände eilig und begehrlich hinein, und kräftig geschürzt wie er war, füllte er den Bausch der Kutte mit dem heiligen Kirchenraub (»sacro sacrilegio«), und ebenso der Kaplan; was ihm am wertvollsten schien, das versteckte er findig und ging dann hinaus ...

Als er nun, wenn ich so sagen darf, solchermaßen vollgestopft zu den Schiffen lief und ihn die zu Gesicht bekamen, die ihn kannten und schätzten und die nun auch ihrerseits zum Beutemachen eilten, da fragten sie ihn fröhlich, ob er selber etwas geplündert habe oder womit er denn so beladen daherkomme. Er aber antwortete mit fröhlichem Gesicht, wie er es immer hatte, und freundlichen Worten: »Uns ist es gut gegangen!« Und während sie noch ein »Gott sei Dank!« erwiderten, lief er eilends vorüber, denn jeder Anlaß zum Aufenthalt war ihm lästig (weil verabredungsgemäß alle Beute abgeliefert werden mußte und Diebstahl schwer bestraft wurde!). So kam er zum Schiff zurück und brachte in der ordentlichen, sauberen Koje, die er dort hatte, die geweihten Beutestücke seines eigenen Feldzuges unter, bis Lärm und Tumult in der Stadt sich legen würden. Dort blieb er auch hinterher noch drei Tage im Dienste rechter Ehrfurcht, und keiner wußte von der Sache außer dem einen der beiden Kaplane und dem Alten, der ihm diese heiligen Dinge ausgehändigt hatte und ihm jetzt, als er einen wohlwollenden, edeldenkenden Mann in ihm erkannte, sogar schon recht freundlich entgegenkam. Für seinen Dienst beschaffte er ihm inzwischen auch bei einer Kirche der Stadt ein recht anständiges, bequemes und seinem Stande angemessenes Quartier.
Nachdem sich der erwähnte Lärm beruhigt hatte, nahm der Abt mit dem Kaplan, von dem wir sprachen, sein Geheimnis an sich und suchte damit die für ihn bereitete Herberge auf; dort hielt er sich den ganzen Sommer über auf; in unablässiger Sorge um die heiligen Reliquien verehrte er sie mit freilich verborgener (denn Privatbesitz von Reliquien war verboten!), aber tiefer Liebe ... □
Die Beute des Abtes Martin, die er unbeschrien in sein elsässisches Kloster zu überführen vermochte, war in der Tat beträchtlich. Der rund zwei Druckseiten umfassende Katalog nennt Reliquien von fast fünfzig Heiligen, darunter »ein nicht geringer Teil (non modica portio) des Hl. Johannes«, ein Arm des Apostels Jakobus und als Hauptstücke eine Spur vom Blute Christi und ein Stück vom Kreuzesholz. Bis in das 17. Jahrhundert hinein bildete dieser Reliquienschatz die größte Kostbarkeit der Abtei von Pairis und Gegenstand höchster Verehrung.
Der barbarischen Zerstörungswut der Kreuzfahrer fielen Kunstschätze von unermeßlichem Wert zum Opfer. Unzählige Statuen wurden sinnlos zerschlagen, darunter die berühmte kolossale Bronzestatue des ruhenden Herakles von Lysipp, die im 4. Jahrhundert von Rom nach Konstantinopel überführt worden war und seit jener Zeit im Hippodrom stand.
□ So stürzten sie auch den Herakles Triesperos (den »in drei Nächten Gezeugten«). Groß und gewaltig saß er auf einem Korb. Über diesen hatte er seine Löwenhaut gelegt, die, obgleich nur aus Erz gebildet, grimmig, als wollte sie jeden Augenblick brüllen, dreinsah und das herandrängende, nichtsnutzige Volk erschreckte. Er hatte aber nicht seinen Köcher umgehängt, er hielt keinen Bogen in der Hand, er schwang nicht die Keule; er hatte den rechten Fuß sowie auch die rechte Hand, soweit dies nur möglich ist, weggestreckt, den linken Fuß aber im Knie gebeugt und den Ellenbogen darauf gestützt. In der Höhlung dieser linken, nach oben gekehrten Hand barg er, tief niedergeschlagen, sein leicht geneigtes Haupt. So beweinte er sein Schicksal, von Unwillen erfüllt über die Aufgaben, die ihm Eurystheus, aufgebläht von seiner zufälligen Überlegenheit, aus Aufsässigkeit, nicht aus Bedürfnis stellte. Seine Brust war mächtig, seine Schultern breit, sein Haar dicht und kraus, seine Lenden gewaltig, die Arme kraftvoll und seine Größe so hoch aufragend, wie sich wohl Lysimachos (irrtümlich für Lysipp), der diesen Herakles als das letzte und zugleich auch erste, vorzüglichste Meisterwerk seiner Hände aus Erz goß, das Urbild seines Werkes vorgestellt hat. Eine Schnur, die den Daumen dieses riesigen Herakles hätte umspannen können, wäre so lang gewesen wie ein Männergürtel, und sein Schienbein erreichte Mannshöhe. So gewaltig war dieser Herakles! Aber selbst ihn ließen diese Menschen nicht unzerstört, die die Mannhaftigkeit für das Wichtigste ansahen und Tapferkeit, freilich eine von den übrigen Tugenden losgetrennte Tapferkeit, als etwas nur ihnen Zukommendes für sich beanspruchten. (De signis) □

Die Venezianer konnten wenigstens die vier mächtigen antiken Bronzerosse dem Chaos entreißen, indem sie sie nach Venedig verbrachten, wo sie seitdem von der Fassade von San Marco über die Piazza blicken.

Seit mehr als tausend Jahren hatte kein feindliches Heer die Kaiserstadt betreten. Was sich in dieser Zeit an Schätzen in der Weltmetropole Konstantinopel angehäuft hatte und nun den Kreuzfahrern in die Hände fiel, war trotz der verheerenden Brände so unvergleichlich reich, wie es die Franken in ihren kühnsten Träumen nicht erwartet hatten. Gottfried von Villehardouin erklärte, daß seines Wissens »niemals in irgendeiner Stadt seit der Erschaffung der Welt so viel Beute gemacht worden ist.« Hatte Niketas Choniates gesagt, daß »die ehemals Reichen (Byzantiner) nun mittellos dastehen«, so konnte Gottfried sagen, daß »jene (Franken), die arm gewesen waren, nun in Reichtum und Luxus lebten.« — Die Barone hatten angeordnet, daß alle Beute an bestimmten Plätzen zusammengetragen werden sollte, damit man später eine gerechte und gleichmäßige Verteilung vornehmen könne. Unterschlagung von Beutestücken wurde streng, z. T. mit dem Tode bestraft. Das, was schließlich an den Sammelplätzen zusammenkam, »ergab, außer dem, was entwendet wurde, wohl 400 000 Mark Silber (ca. 26 Millionen Goldmark) und an die 10 000 Pferde verschiedener Rassen für jede der beiden Parteien (Franzosen und Venezianer).«

Gemäß dem Vertrag vom März wurde, sobald die Ordnung in der Stadt wiederhergestellt war, ein Kaiser gewählt (6. Mai).

☐ Die Mehrheit der Stimmen entschied und das Los der Herrschaft fiel auf Balduin, den Grafen von Flandern. Aber wie es allgemein hieß, waren Hintergedanken und Umtriebe des Dogen von Venedig Dandolo dabei mit im Spiele. Da er blind und deshalb verhindert war, selbst gewählt zu werden, wollte er, daß ein heiter-umgänglicher und nicht herrschsüchtig-ehrgeiziger Mann das Kaisertum erhalte, noch mehr Wert legte er aber darauf, daß der zu Wählende sein eigenes Land weit weg vom Gebiet der Venezianer habe, damit er, sollte es einmal zu einem Zerwürfnis zwischen den Venezianern und ihm kommen, nicht gleich aus der Nähe Verstärkung von seinen eigenen Leuten holen oder mit Leichtigkeit in das Gebiet Venedigs einbrechen, es durchstreifen und verwüsten könnte, was alles — wie er wußte — der Markgraf Bonifazius aus Lambardia zu tun imstande gewesen wäre. Denn Lambardia liegt am Meer und man kann leicht von dort in das Land der Rhomäer fahren, und da es auch an Venedig grenzt, könnte

Krönung König Balduins von Flandern (1204–1205)

man mühelos den Venezianern schwersten Schaden zufügen. Von solchen keineswegs unklugen Gedanken bewogen, und obwohl blind an den Augen des Körpers, mit den Augen des Geistes erkennend, was die meisten Sehenden nicht bemerkten, vereitelte er die Wahl des Markgrafen Bonifazius, indem er die Franzosen und Venezianer zu einer gemeinsamen Meinung vereinigte und Balduin den Vorzug geben ließ. Denn er wußte, daß dieser aus dem unteren Gallien stammte und daß Gallien so weit von Venedig entfernt ist wie Venedig von den Rhomäern. Auch hing Balduin mit ganzer Seele an ihm und trat ihm liebevoll wie einem Vater entgegen, er war auch noch nicht durch lange Übung in den Feinheiten der Staatskunst so erfahren wie der Markgraf, da er ja noch nicht 32 Jahre zählte. Balduin war, wie man erzählt, auch sonst ein gottesfürchtiger Mann und voll Selbstzucht. Die ganze Zeit über, solange er von seiner Frau getrennt war, soll er keiner Frau auch nur einen Blick zugeworfen haben. Er nahm sich Zeit, Gott Lob zu singen, half den Bedrängten, ertrug ruhig Widerspruch, und was das Größte ist: er ließ zweimal in jeder Woche abends ausrufen, niemand dürfe in seinem Palast bei einer anderen als seiner rechtmäßigen Frau schlafen. (Nik. Ch.) □

Auch die anderen Vertragspunkte wurden erfüllt. Kaiser Balduin erhielt ein Viertel der Stadt und des Landes, die Venezianer und die Franzosen je drei achtel. Da die Franzosen den Kaiser gestellt hatten, wurde ein venezianischer Patriarch eingesetzt, Tommaso Morosini. So wurde Konstantinopel nach dem Willen der Sieger zur ersten geteilten Stadt der Weltgeschichte.

Papst Innozenz III. zögerte nicht, in den allgemeinen Jubel mit einzustimmen. »Die Knie des Heilands muß ich umfassen, um ihm für so viel Gnade Dank zu sagen!« rief er aus. Die Unbotmäßigkeit der Kreuzfahrer gegenüber seinen Wünschen und Befehlen, die gräuliche Verwüstung der ersten Stadt Europas und die schamlose Ausplünderung —alles war vergeben und vergessen angesichts dieses strahlenden Erfolges. An eine Fortsetzung des Zuges in das heilige Land dachte auch der Papst nicht mehr, denn jetzt galt es, das Erworbene zu halten. Waren es nicht immer wieder die schismatischen byzantinischen Kaiser gewesen, die die Züge der Streiter Christi nach Palästina »verraten« und sabotiert hatten, so daß man dort keinen dauernden Erfolge hatte erzielen können? Würde ein lateinisches Kaiserreich jetzt nicht die ideale Ausgangsbasis für den Krieg gegen die Ungläubigen sein?

Der naive Begeisterungstaumel über die zweifellos beachtliche militärische Leistung und über die unvorstellbare Beute ließ niemanden zum Nachdenken darüber kommen, ob die Errichtung des lateinischen Kaisertums, dieses künstlich oktroyierten Gebildes, sich auf längere Sicht als ein Gewinn für die Sache der Christenheit erweisen würde. Daß man ein christliches Reich brutal zerstört hatte, das sich in jahrhundertelangem Abwehrkampf gegen den Islam unschätzbare Verdienste gerade um die jungen europäischen Staaten erworben hatte — diese Einsicht konnte man von den Zeitgenossen wohl nicht erwarten und verlangen. Daß aber die Fremdherrschaft von ein paar tausend Rittern in einem Land, das immerhin noch vom westlichen Kleinasien bis Dyrrhachion und vom Balkangebirge bis Kreta reichte, nicht wirklich Fuß fassen konnte, hätte man sich allerdings schon damals vorstellen können.

Wie viele Konstantinopler verließ auch Niketas Choniates die geschändete Stadt und wandte sich nach Kleinasien, ungebrochen im Vertrauen auf die Rechte des rhomäischen Kaisertums und auf Gottes Gerechtigkeit:

□ Denn Gott hat uns nicht, nein, er hat uns sicher nicht auf ewig vergessen. Er unterdrückt in seinem Zorn nicht sein Erbarmen, gewiß wird er uns wieder sein Wohlgefallen zuwenden, denn schlagend heilt er uns und tötend macht er uns wieder lebendig. Wenn er den Zahn wilder Tiere aussendet und die Wut der am Boden dahinschleichenden Schlangen, so zerschlägt er auch das Gebiß des Löwen und zertritt den Kopf der Schlange...

Auch die Lateiner wird der Herr mit scharfen Hieben schlagen und mit noch ärgeren Plagen züchtigen. Er wird ihnen keinen Dank wissen, daß er sie als Werkzeug zur Vernichtung von Städten, als Geißel für ein ganzes Volk, als unbarmherzige Henker gebraucht und daß sie ihm, dem Arzt der Seelen, als Seuche und Heilmittel dienen. Denn

jeder Arzt weiß, wie es damit bestellt ist: die Krankheit schwindet entweder, wenn der Körper zu Kräften kommt, und hört zu wirken auf oder sie geht mit dem Kranken zugrunde; und die Heilmittel werden, wenn sie einmal Besserung gebracht haben, zerstört und zugleich mit den schädlichen Stoffen ausgeschieden.
Ich sage also: Man darf unser Unglück nicht für einen uns von Gott gegebenen Scheidebrief ansehen, man darf auch nicht meinen, das wilde, barbarische Reis sei endgültig auf unseren edlen Ölbaum gepfropft, sondern man muß es für eine kurze Züchtigung halten, wie Gott sie zu schicken weiß. Er läßt sie nicht übergroß werden und gibt nicht alles dem Versucher preis, sondern schont auch wieder die Geprüften, besonders wenn der Züchtiger beim Züchtigen unersättlich frevelt und sich gotteslästerlich gegen jenen, von dem er die Macht, zu züchtigen, erhalten, so auflehnt wie der Oberfeldherr Nabusardan (4. Kön. 25, 8), der die Stadt Gottes in Flammen aufgehen ließ und die für den Gottesdienst bestimmten Geräte raubte, oder Baltasar (Belsazar), der lästerlich bei den Opfergefäßen schwelgte und Gott verhöhnte, und wenn der Gezüchtigte zuerst und vor allem sich selbst anklagt und den Trost des Herrn, der ihn züchtigen ließ, mit heißer Inbrunst erfleht. Wollen wir die Liebe Gottes wieder empfangen, so müssen wir mit David singen: »Gedenke unser, Herr, in deinem Wohlgefallen an deinem Volke! Blicke auf uns mit deinem Heil, daß wir das Gedeihen deiner Auserwählten sehen und frohlocken in der Freude deines Volkes und dich loben mit deinem Erbe!« Denn wir wissen wohl: Der Gottlose wird für immer der Strafe verfallen und verworfen, wer aber seine Hoffnung auf den Herrn setzt, wird in seinen Drangsalen getröstet und wieder aufgerichtet. □

Epilog

Stadttor von Nikaia

Die Voraussage des Niketas hat sich erfüllt, ohne daß er es noch erlebt hätte; 58 Jahre lang blieb Konstantinopel in den Händen der Lateiner, und als die Byzantiner die Hauptstadt schließlich wiedergewannen, fiel sie ihnen wie eine reife Frucht in den Schoß. Während das exilierte Kaisertum in Nikaia alle seine Kräfte sammelte und mit Geschick, Klugheit und nicht zuletzt Glück seine Position ausbauen und festigen konnte, mußten die lateinischen Herren des Landes schon bald erfahren, daß ihre Macht auf Sand gebaut war. Den unsicheren Boden hatte schon der Vertrag vom März 1204 bereitet. Er hatte die Aufteilung des Reiches in feudale Fürstentümer zur Folge und mißachtete damit die entscheidende Rolle der konstantinopolitanischen Zentralgewalt. Der lateinische Kaiser verfügte nach dem Willen der Venezianer über eine so geringe Hausmacht, daß die Stadt ihre naturgegebene strategische und politische Schlüsselstellung nicht auszufüllen in der Lage war. Dafür entwickelten sich in Griechenland kleine, aber verhältnismäßig stabile Fürstentümer, die es sich leisten konnten, die Wünsche und Bedürfnisse Konstantinopels zu ignorieren. In Thessalien und Makedonien schuf sich Bonifaz von Montserrat ein eigenes Königtum mit der Hauptstadt Thessalonike. Der Burgunder Otto de la Roche etablierte sich in Böotien und Attika als Herzog von Athen, und die Peloponnes — von den Lateinern »Morea« genannt — fiel an Wilhelm von Champlitte bzw. seinen Nachfolger Wilhelm von Villehardouin, den Neffen des Historikers. Die neuen Herren verstanden es bald, die Schicht des griechischen Kleinadels auf ihre Seite zu ziehen, was umso leichter war, als das byzantinische Pronoiarsystem dem

westlichen Lehnswesen praktisch identisch war. Ließ man die Pronoiare ungeschoren, so waren sie zumeist bereit, die französischen Eroberer als neue Lehnsherren anzuerkennen. Eine kluge Wirtschaftspolitik, religiöse Duldsamkeit und nicht zuletzt die glänzende Hofhaltung trugen dazu bei, die alten fränkisch-griechischen Gegensätze zu überdecken. Das Herzogtum Athen und das peloponnesische Fürstentum Achaia blieben die dauerhaftesten fränkischen Besitzungen auf byzantinischem Boden.
Im Gegensatz zu den fränkischen Rittern verzichteten die kaufmännischen Venezianer auf ausgedehnte territoriale Besitztümer. Sie erwarben sich eine Kette von Stützpunkten, die den venezianischen Handel in der Adria und der Ägäis sicherstellten und die bis lange in die Türkenzeit hinein Bestand hatten. Außer ihrem Konstantinopler Anteil übernahmen sie die für den Seeverkehr wichtigen Küstenplätze: in Dyrrhachion, Kephallonia, Zakynthos, Koron und Modon an der Südspitze der Peloponnes, in Kythera, Kreta, Rhodos, den Kykladen und Sporaden, auf Euböa und Lemnos, in Gallipoli, Rhaidestos und Herakleia am Marmarameer herrschte der Löwe von San Marco. Dandolo hatte sein Ziel erreicht. Im April 1205 starb er, fast hundertjährig, in Konstantinopel. Als einzigem Menschen wurde ihm die Ehre zuteil, in der Hagia Sophia, der großen Kirche der Heiligen Weisheit begraben zu werden, wo seine Grabplatte noch heute zu sehen ist.

Siegel Kaiser Balduins I. (1204–1205)

Die verhängnisvollen Folgen der Kräfteaufsplitterung zeigten sich schon im Jahre 1205, als ein fränkisches Ritterheer unter Führung des Kaisers Balduin I. von den Bulgaren vernichtet wurde. Von diesem Schlag hat sich das lateinische Kaisertum nie wieder erholt. Letztlich waren es nur noch die uneinnehmbaren Mauern von Konstantinopel, denen die fränkischen Kaiser noch ein paar Jahrzehnte ihrer Existenz verdankten.
Der rasche Niedergang der fränkischen Macht in Konstantinopel war einer der Faktoren, die den Aufstieg des byzantinischen Kaisertums von Nikaia begünstigten, denn er veranlaßte die Lateiner zum Verzicht auf die Eroberung Kleinasiens und zur Duldung des byzantinischen Reststaates. Freilich wurde den regierenden Laskariden nichts geschenkt. Es kostete sie gewaltige Anstrengungen, sich gegenüber den Seldschuken, die sich durch die Gründung eines byzantinischen Kaiserreichs auf kleinasiatischem Boden herausgefordert fühlten, zu behaupten. Darüber hinaus fand der Kaiser von Nikaia auch nicht bei allen Byzantinern Anerkennung. Relativ bedeutungslos blieb zwar das sog. Kaiserreich der Komnenen an der Schwarzmeerküste Kleinasiens, das sich schon kurz vor dem Fall Konstantinopels von Byzanz getrennt hatte. In Epiros und Albanien aber bildete sich unter Angehörigen der Angelos-Dynastie das machtvolle Despotat Epiros, das sich von Dyrrhachion bis an den Golf von Korinth erstreckte. Die ehrgeizigen Despoten von Epiros dehnten ihre Macht gewaltig aus, eroberten das Königreich des inzwischen verstorbenen Bonifaz von Montserrat, und nach der Einnahme von Thessa-

lonike krönte sich der Despot Theodor Angelos zum Kaiser. Es erschien kaum zweifelhaft, daß er sich in absehbarer Zeit der Hauptstadt würde bemächtigen können. Kaiser Johannes III. Vatatzes von Nikaia war nicht in der Lage, dem übermächtigen westgriechischen Rivalen Einhalt zu gebieten. Und doch erreichte Theodor sein Ziel nicht; unvermutet war ihm ein anderer Mitbewerber um die Kaiserstadt entgegengetreten — Zar Iwan Asen II. von Bulgarien. Angebote und Versprechungen der bedrängten Lateiner hatten ihn auf den Plan gerufen. Bei Klokotnica (1230) stellte er sich Kaiser Theodor Angelos entgegen und schlug ihn in einer mörderischen Schlacht vernichtend. Theodor wurde gefangen und geblendet. Ein vollständiger Zusammenbruch der westgriechischen Macht war die Folge. Doch auch Iwan Asens Hoffnungen erfüllten sich nicht. Wenige Jahre später starb er, und sein Reich wurde durch die Angriffe der Mongolen in die Knie gezwungen.

Als Gewinner blieb Johannes Vatatzes, der ohne große Mühe Thrakien, Makedonien und Thessalonike in seinen Besitz bringen und Epiros zur Anerkennung seines Kaisertums zwingen konnte. Da zu gleicher Zeit die Seldschuken in Kleinasien von den Mongolen ebenfalls hart bedrängt wurden, fiel es Johannes Vatatzes auch hier nicht schwer, seine Territorien erheblich zu erweitern und zu sichern.

Um die Mitte des 13. Jahrhunderts war das byzantinische Reich wieder zu einer Großmacht geworden. Die territorialen Einbußen waren zwar, verglichen mit der Situation im 12. Jahrhundert nicht unerheblich, vor allem war die Hauptstadt noch nicht wieder befreit, aber in manch anderer Hinsicht war die Lage jetzt bedeutend günstiger als vor dem Fall der Stadt. Das Reich hatte im Exil einen Gesundungsprozeß durchgemacht, der Wiederbeginn vom Nullpunkt hatte es ermöglicht, viele schädliche Gewohnheiten abzulegen und zu neuen, fruchtbaren Konzeptionen zu gelangen. Die Finanzen waren saniert und die Wirtschaft blühte.

Während Johannes III. internationale Beziehungen anknüpfte, mit Kaiser Friedrich II. in Sizilien in Briefwechsel trat und mit dem Papst über eine Kirchenunion verhandelte, um sich seiner Unterstützung bei der Wiedergewinnung der Stadt zu versichern, gestaltete sich die Lage in Konstantinopel immer hoffnungsloser. Das Abendland hatte jegliches Interesse an der Aufrechterhaltung des fränkischen Kaisertums verloren. Die Venezianer unterhandelten mit Nikaia, um auf den zu erwartenden Umschwung der Ereignisse vorbereitet zu sein. Kaiser Balduin II. sah sich in seiner Stadt von allen Hilfsmitteln abgeschnitten. In seiner Not verkaufte er die Reliquien aus den Kirchen und die Bleiplatten vom Dach des kaiserlichen Palastes. Im Jahre 1262 war es soweit. Eine zufällig vorbeimarschierende byzantinische Heeresabteilung bemächtigte sich der unbewachten Stadt im Handstreich, kurz darauf hielt der Kaiser unter ungeheurem Jubel seinen feierlichen Einzug. Das Reich war wiedererstanden.

Kaiser Johannes Vatatzes war schon 1254 gestorben, der glückliche Gewinner der Stadt war Kaiser Michael VIII. aus der alten Adelsfamilie der Palaiologen, die fast zweihundert Jahre lang — bis zur Eroberung durch die Türken — die Krone von Byzanz tragen sollten.

Michael VIII. war ohne Zweifel ein Staatsmann von außergewöhnlichem Format. In den dreiundzwanzig Jahren seiner Regierung konnte er nicht nur große Gefahren abwenden, sondern auch die byzantinischen Territorien beträchtlich erweitern. Sein Ziel war vor allem die Wiedergewinnung der lateinischen Fürstentümer in Griechenland. Tatsächlich gelang es ihm, wieder auf der Peloponnes Fuß zu fassen, große Teile des Epiros zurückzugewinnen und in Thrakien die Bulgaren zurückzudrängen.

Diese Erfolge riefen das Mißtrauen des Westens wach, wo man das rapide Wiedererstarken der byzantinischen Macht nicht länger dulden zu können glaubte. Schon vor der Rückeroberung Konstantinopels hatte König Manfred von Sizilien, der im Gegensatz zu seinem Vater Friedrich II. den Byzantinern feindlich gegenüberstand, eine Koalition mit dem Despoten von Epiros und Wilhelm II. Villehardouin geschlossen, die aber in der Schlacht von Pelagonia 1259 eine schwere Niederlage hatte hinnehmen müssen. Wilhelm II. war von Michael gefangen genommen, aber wenig später als Vasall des Kaisers wieder in sein Fürstentum eingesetzt worden. Viel gefährlicher war die

Koalition, die sich auf Grund neuer politischer Verhältnisse gegen Byzanz zusammenfand: 1266 hatte der Bruder König Ludwigs IX. von Frankreich, Karl von Anjou, mit päpstlicher Unterstützung König Manfred besiegt und der Stauferherrschaft in Sizilien ein Ende gesetzt. An ihn wandte sich der aus Konstantinopel geflohene Kaiser Balduin II. und fand bei dem ehrgeizigen Karl ein offenes Ohr. Venedig schloß sich dem Bündnis an, ebenfalls Karls Protektor, der Papst. Serben und Bulgaren beeilten sich, ihre Unterstützung zuzusagen, in Griechenland fand man Anhänger im Despoten von Epiros und in Wilhelm von Villehardouin, der vom Papst seines Lehnseides entbunden wurde.

Karl von Anjou, König von Sizilien (1266–1285)

In dieser gefährlichen Situation bewies Michael sein diplomatisches Geschick. Er schloß Bündnisse mit König Stephan V. von Ungarn, der die Serben in Schach halten konnte, mit den Tataren, die Bulgarien bedrohten, er schloß mit Venedig einen Handelsvertrag und neutralisierte die Gegnerschaft des Papstes schließlich durch das Angebot einer ostwestlichen Kirchenunion, was umso leichter fiel, als Papst Gregor X., anders als sein Vorgänger, die Machtstellung Karls von Anjou mit Unbehagen und wohlbegründetem Mißtrauen betrachtete. Auf dem Konzil zu Lyon 1274 wurde tatsächlich die Kirchenvereinigung vollzogen und damit das Schisma, das so oft als Vorwand zum Kriege gegen Byzanz hatte dienen müssen, beseitigt.
In Byzanz selbst allerdings waren die Folgen der Kirchenunion verheerend. Wie nicht anders zu erwarten, erhob sich bei einem Großteil der Byzantiner erbitterte Feindschaft gegen den Kaiser, der jetzt im eigenen Land als Häretiker gebrandmarkt wurde. Unruhen erschütterten das Reich und die Lage spitzte sich zu, als Gregors X. Nachfolger, der Franzose Martin IV., trotz Kirchenunion Michael VIII. als Ketzer bezeichnete und Karl von Anjou freie Hand gegenüber Konstantinopel gewährte. Innerhalb kurzer Zeit formierte sich die antibyzantinische Koalition neu und Karl trat zum Angriff an. In diesem entscheidenden Augenblick erntete Michael die letzte Frucht seiner genialen Diplomatie. Byzantinisches Gold und byzantinische Agenten hatten in Sizilien den Haß gegen Karl geschürt und die Mittel zum Losschlagen bereitgestellt. 1282 fegte ein blutiger Volksaufstand — die sizilianische Vesper — die angiovinische Herrschaft mit einem Schlage hinweg. Peter von Aragon, seit langem in Einvernehmen mit Michael, wurde in Palermo zum König von Sizilien gekrönt. Byzanz war gerettet, Michael VIII. starb im gleichen Jahr und hinterließ die Krone seinem Sohn Andronikos II.

In Konstantinopel zu herrschen bedeutete, sich im Schnittpunkt politischer und wirtschaftlicher Interessen der Großmächte behaupten zu müssen. Das lateinische Kaisertum war gescheitert, weil es das Machtvakuum, das es durch die Eroberung Konstantinopels geschaffen hatte, nicht ausfüllen konnte. Michael VIII. hatte, um nicht zum Spielball der von außen andrängenden Mächte zu werden, mit Geschick diese Kräfte gegeneinander ausgespielt und folgte darin alter byzantinischer Tradition. Aber seine Erfolge waren nur durch Anstrengungen möglich gewesen, die die ohnehin begrenzten Machtmittel des Reiches überforderten und in der Substanz zersetzten.

Die Überlegenheit des byzantinischen Staatswesens beruhte in wesentlichen Punkten auf der Wirksamkeit des Verwaltungsapparats; eine gut funktionierende Beamtenhierarchie überwachte und kontrollierte das öffentliche Leben und stellte mit Hilfe eines umfassenden Steuersystems die Mittel zur Verfügung, die der Staat für Heer, Verwaltung und nicht zuletzt für politische Zwecke benötigte. Störungen dieses Kreislaufs mitsamt seinen verhängnisvollen Folgen waren schon vor 1204 aufgetreten, nun aber kam er fast völlig zum Erliegen, denn ein einschneidender Wandel hatte sich in den letzten hundert Jahren vollzogen. Die byzantinischen Territorien befanden sich in den Händen von feudalen Despoten und Archonten, die sich dem Kaiser gegenüber nur bedingt loyal verhielten, oft genug ihre eigene Politik betrieben, persönlichen Interessen folgten und sich sogar mit dem Landesfeind verbündeten, wenn sich ihr Ehrgeiz einen Vorteil davon versprach. Ihre zweifelhafte Treue mußte sich der Kaiser teuer erkaufen, und in einer Zeit, in der der Geldbedarf des Staates infolge der bedrohten Lage wuchs, sanken zugleich die Staatseinkünfte in erschreckendem Maße.

Die Paralysierung der Zentralgewalt hat keiner der Nachfolger Michaels aufzuhalten vermocht. Die Folge war ein fortschreitender Verfall der Wirtschaft, zu dem Venezianer und Genuesen einen erheblichen Teil beitrugen, denn diese beiden rivalisierenden Handelsmächte, untereinander bis aufs Blut verfeindet, waren sich völlig darin einig, den byzantinischen Handel, eine der Haupteinnahmequellen des Staates, in ihrem Würgegriff zu ersticken. Arbeitslose byzantinische Seeleute wurden entweder zu Piraten oder traten in den Dienst der Türken, was freilich auf dasselbe hinauslief. Die aus der Verarmung resultierenden sozialen Spannungen führten zu blutigen Aufständen. Dazu kamen dynastische Streitigkeiten, die jahrelange Bürgerkriege zur Folge hatten.

Angesichts dieser Zustände hatte es der äußere Feind nicht schwer, Stück für Stück aus dem kaum wiederhergestellten Reich herauszubrechen.

Kaiser Andronikos II. wandte sich an König Friedrich von Sizilien um Hilfe gegen die Türken und dieser schickte ihm 6 000 Mann katalanischer Söldner. Tatsächlich konnte diese kleine, aber kriegstüchtige Truppe die Türken schlagen, doch sie wurde bald zu einer Geißel im eigenen Land. Schließlich mußte der Kaiser gegen die selbstherrlichen Katalanen zu Felde ziehen, wurde aber empfindlich geschlagen. Jahrelang hauste die katalanische Kompanie ungehindert im Reichsgebiet, bis sie sich nach Griechenland wandte und nach der Besiegung des Herzogs von Athen (1310) ein selbständiges Herzogtum errichteten. Siebzig Jahre lang hatte dieser merkwürdigste aller Staaten auf byzantinischem Boden Bestand.

Nach dem Niedergang des bulgarischen Reiches hatte sich Serbien zur vorherrschenden Macht auf dem Balkan entwickelt. König Milutin hatte schon während der angiovinischen Allianz den Byzantinern große Teile Makedoniens entrissen und Skoplje erobert. Weitere Fortschritte machte er, als Andronikos III., der Enkel des Kaisers Andronikos II., einen Bürgerkrieg um die Herrschaft entfesselte. Die jahrelangen Auseinandersetzungen, die sogar eine zeitweilige Reichsteilung zur Folge hatten, endeten mit dem Sieg des Andronikos III. und der Abdankung des alten Kaisers (1328). Eine Besserung der Lage trat aber nicht ein. Ein Versuch des Kaisers, sich durch ein Bündnis mit den Bulgaren der Serben zu erwehren, führte zur Vernichtung der bulgarischen Armee durch den Serbenkönig Stephan Dečanski. In dessen Nachfolger Stephan Dušan aber erwuchs den Byzantinern ein noch größerer Gegner. Er eroberte in den vierundzwanzig Jahren seiner Regierung Makedonien, Albanien, Epiros und Thessalien, so daß dem Reich auf der europäischen Seite nur noch Thrakien, der nicht eben umfangreiche peloponnesische Besitz und die Stadt Thessalonike verblieben. 1345 krönte Dušan sich zum Zaren und nannte sich fortan »Kaiser der Serben und Rhomäer«.

Stefan Dušan (1331–1355)

Im Osten hatten sich inzwischen einige bedeutungsvolle Änderungen vollzogen. Der Druck der Mongolen bewirkte die Auflösung des Sultanats von Ikonion und drängte die Türken nach Westkleinasien, wo ihnen kaum Widerstand geleistet wurde, da Byzanz ganz von der Westpolitik in Anspruch genommen war. Es bildeten sich türkische Fürstentümer, die das Land, mit Ausnahme einiger großer Städte, unter sich aufteilten. Eine besondere Aktivität entfaltete der Stammeshäuptling Osman in Bithynien. Es gelang ihm, die türkischen Stämme unter seiner Herrschaft zu vereinigen und eine für Byzanz bedrohliche Macht aufzubauen. Im Jahre 1300 legte er sich den Titel Sultan zu und wurde der Stammvater der Dynastie der Osmanen, die das byzantinische Reich schließlich zu Fall brachten. Osmans Nachfolger Urchan begann systematisch mit der Eroberung der noch in byzantinischer Hand befindlichen Städte Kleinasiens. 1326 fiel Brussa, 1331 Nikaia und 1337 Nikomedia. 1354 erobern die Türken Gallipoli und fassen damit zum erstenmal auf europäischem Boden Fuß.
Für die Byzantiner waren die vierziger Jahre des 14. Jahrhunderts wieder einmal angefüllt mit Bürgerkriegen, dynastischen und religiösen Auseinandersetzungen. Als Andronikos III. 1341 starb, war sein Sohn Johannes V. neun Jahre alt. Gegen die Regentschaft der Kaiserin, des Patriarchen und des Megas Dux Apokaukos erhob sich der Aristokrat Johannes Kantakuzenos, der als Großdometikos schon unter Andronikos eine führende Rolle gespielt hatte, und erhob Anspruch auf die Regentschaft. Stephan Dušan von Serbien verbündete sich mit ihm, solange es seinen eigenen Zwecken nützlich war, dann fand Kantakuzenos einen Bundesgenossen in Urchan, der ihm schließlich nach

Johannes VI. Kantakuzenos (1347–54) mit Bischöfen und Mönchen auf dem Konzil von 1351

vierjährigem Krieg zum Sieg und zur Kaiserkrone verhalf (1345). Die inneren Unruhen hatten eine beispiellose Verelendung des Landes zur Folge und erhielten dadurch einen besonderen Charakter, daß sozialrevolutionäre, antiaristokratische Strömungen in ihnen zu Tage traten; in Thessalonike konnte die Volkspartei, die sog. »Zeloten«, sogar die Regierungsgewalt an sich reißen und sieben Jahre lang ein radikales Regiment aufrecht erhalten. Eng verflochten mit den sozialen Auseinandersetzungen waren die religiösen, die der sog. »Hesychasmus« verursachte. Seine Vorkämpfer Gregorios Sinaites und Gregorios Palamas lehrten eine mythische Gottesschau durch asketische Selbstversenkung und fanden unter dem Mönchtum, besonders des Berges Athos, fanatische Anhänger. Die Hesychasten und ihre meist westlich orientierten Gegner bekämpften sich erbittert, und die Anerkennung seiner Rechtgläubigkeit durch die orthodoxe Kirche bedeutete einen neuen Riß zwischen Ost und West.
Johannes VI. Kantakuzenos' Versuche, durch Schaffung einer Hausmacht die Staatsgewalt wieder zu festigen und die Wirtschaft zu beleben, führten zu keinem Erfolg, weil einerseits die Venezianer und Genuesen die byzantinische Konkurrenz niederzuhalten wußten und andererseits der inzwischen herangewachsene rechtmäßige Kaiser Johannes V. Palaiologos den Kampf gegen den Usurpator um die Krone aufnahm. Zar Stephan Dušan stellte ihm zu diesem Zweck sein Heer zur Verfügung, das allerdings von den Türken im Dienste des Kantakuzenos geschlagen wurde. Man kann kaum daran zweifeln, daß Urchan seine Truppen nicht etwa herlieh, um Kantakuzenos zu helfen oder weil er Interesse gehabt hätte, den Palaiologen zu schlagen, sondern daß er tatsächlich Dušan treffen wollte, den Mitbewerber und Konkurrenten um die Kaiserstadt. Die Kaiser von Byzanz waren damit zu Schachfiguren geworden, die von den Mächtigeren bewegt wurden. — Mit Hilfe der Genuesen gelang es schließlich dem Palaiologen, Johannes Kantakuzenos zu Fall zu bringen und die Regierung anzutreten (1354).
Im nächsten Jahr starb Stephan Dušan. Das große von ihm geschaffene Reich vermochte sein Nachfolger nicht zusammenzuhalten, es zerfiel in mehr oder weniger selbständige Fürstentümer. Byzanz war freilich nicht in der Lage, einen Nutzen daraus zu ziehen, denn die osmanische Übermacht lähmte jede Initiative. Johannes wußte genau, daß er sich mit eigener Kraft nicht aus der türkischen Umklammerung würde befreien können, und wie schon mancher Kaiser vor ihm schien ihm eine Rettung nur durch das militärische Eingreifen des Westens möglich. Diese Hilfe war aber, wenn überhaupt, nur durch die Gegengabe der Kirchenunion zu erlangen. Es gab in Byzanz eine nicht geringe Gruppe von Befürwortern dieses Schrittes, aber es bestand kein Zweifel, daß der Vollzug der Union wie schon bei früheren Gelegenheiten abermals eine Spaltung der oströmischen Kirche nach sich ziehen würde.
Indessen wurde die Lage von Jahr zu Jahr schlechter. Sultan Murad I. eroberte Thrakien und machte 1365 die Stadt Adrianopel zu seiner Hauptstadt. Die griechischen Bewohner des Landes wurden nach Kleinasien verschleppt und türkische Siedler nach Thrakien verpflanzt. In seiner Not wandte sich der Kaiser an den König von Ungarn, der ihm aber jede Hilfe versagte, solange die Kirchenunion nicht vollzogen war. Daraufhin reiste Johannes nach Rom und trat zum römisch-katholischen Glauben über, was aber völlig wertlos war, da kein einziger kirchlicher Würdenträger den Übertritt mitvollzog; im Gegenteil, während Johannes in Rom weilte, fand in Konstantinopel eine Synode der orthodoxen Kirchenfürsten statt, auf der man sich zu treuem Festhalten am altüberlieferten Glauben verpflichtete. Auf seiner Rückreise wurde der Kaiser noch in Venedig als zahlungsunfähiger Schuldner festgehalten, gelangte dann nach einer an Demütigungen reichen Reise wieder in Konstantinopel an. Die Hilfe des Westens blieb aus.
Auf dem Balkan machten die Türken inzwischen rapide Fortschritte. Die Serben wurden 1371 geschlagen und zu tributpflichtigen Vasallen gemacht. Bulgarien wurde ebenfalls gezwungen, die türkische Oberhoheit anzuerkennen, und schließlich auch Konstantinopel. Kaiser Johannes mußte sich zur Heeresfolge verpflichten und mit seiner kleinen Armee an der Seite der Osmanen gegen die Feinde Murads kämpfen. Kriegerische Aus-

Apostelkirche in Thessalonike

einandersetzungen zwischen Johannes und seinem nach der Herrschaft strebenden Sohn Andronikos, der durch generöse Versprechungen die Unterstützung der Genuesen gewonnen hatte, und die Aufsplitterung in mehrere autonome Teilherrschaften zerstörten den letzten Rest des ehemaligen byzantinischen Staatsgebildes.

1385 eroberten die Türken Albanien, zwei Jahre später fiel ihnen Thessalonike in die Hand, 1389 vernichteten sie in der Schlacht auf dem Amselfeld die vereinigten serbischen und bosnischen Armeen und errangen damit die unumschränkte Herrschaft auf dem Balkan. Zwar war Murad in der Schlacht getötet worden, doch sein Nachfolger Bajezid I. erwies sich als nicht weniger kriegerisch als sein Vater. Auf dem Balkan stieß er nach Norden und Süden gleichzeitig vor, besetzte Thessalien und vernichtete das bulgarische Reich. Ein Versuch des Ungarnkönigs Sigismund, im Bündnis mit französischen Rittern und den Venezianern die explosionsartige türkische Expansion zum Stehen zu bringen, scheiterte in der Schlacht von Nikopolis 1396 gänzlich. Bajezid setzte seinen Vormarsch fort und gelangte bis in die Peloponnes.

In Konstantinopel war nach dem Tode des leidgeprüften Johannes V. sein Sohn Manuel zur Regierung gelangt. Das Reich bestand nur noch aus der Stadt Konstantinopel und dem Despotat Morea, wo Theodoros I. Palaiologos, ein Bruder Manuels, herrschte. Auch ihn hatte Bajezid gezwungen, die türkische Oberherrschaft anzuerkennen. Um die Jahrhundertwende rechnete jedermann in Europa damit, daß die byzantinischen Reststaaten in kürzester Zeit den Osmanen in die Hände fallen würden.

Von schweren Sorgen um das Reich bedrückt, unternahm Kaiser Manuel eine Reise nach dem Westen, besuchte Venedig, Paris und London und warb um Hilfe für Konstantinopel. Manuels Persönlichkeit und der Anlaß seiner Reise machten allerorts großen Eindruck, erregten Anteilnahme und Mitgefühl, bestimmte Zusicherungen konnte man dem Kaiser allerdings nicht machen. Während Manuel auf der Rückreise wieder

Kaiser Manuel II. Palaiologos (1391–1425)

in Paris weilte — er blieb fast zwei Jahre dort —, trat im Osten ein Ereignis ein, das der Kaiserstadt wider Erwarten noch einmal eine längere Atempause verschaffte, denn die türkische Macht erlitt 1402 in Kleinasien einen Schlag, von dem sie sich nicht so schnell zu erholen vermochte. Bajezids Aktivität hatte den Mongolenherrscher Timur herausgefordert und zum Vorstoß nach Kleinasien gereizt. Bei Ankara stellte sich der Sultan ihm entgegen und wurde vernichtend geschlagen. Bajezid selbst geriet in Gefangenschaft. Obwohl Timur nach kurzer Zeit sich wieder nach Osten wandte, geriet das Osmanenreich an den Rand des Zusammenbruchs, da Bajezids Erben in jahrelangen Kriegen untereinander um die Nachfolge stritten.
Diese Ereignisse brachten Konstantinopel eine Zeitlang Erleichterung vom türkischen Druck; auch als sich Mehmed I. schließlich als Alleinherrscher durchsetzte, hielt der friedliche Zustand an, denn Mehmed, der mit Manuel auf freundschaftlichem Fuße stand, konnte an die Wiederaufnahme des Krieges gegen Byzanz vorerst nicht denken. Das wurde erst anders, als 1421 nach dem Tode Mehmeds Sultan Murad II. sein Nachfolger wurde.

Kaiser Johannes VIII. Palaiologos (1425–48)

In Murad lebte der aggressive Elan seines Großvaters Bajezid wieder auf. Kaum zur Herrschaft gelangt, begann er mit der Belagerung Konstantinopels, doch brach sich sein Ungestüm an den Mauern der Stadt. Daraufhin wandte er sich nach Griechenland, wo das peloponnesische Despotat von Morea zu einem neuen Zentrum des Byzantinertums aufgestiegen war. Der Despot Theodor II., Sohn Manuels II., hatte fast die gesamte Peloponnes unter seiner Herrschaft vereinigt und durch kluge Reformen zu einem wirtschaftlich und kulturell blühenden Staatswesen gemacht. Am Hofe der Hauptstadt Mistras in der Nähe von Sparta lebte und lehrte der Humanist und Philosoph Gemistos Plethon — ein Vorkämpfer für ein erneuertes Griechentum, das das Erbe des untergehenden Byzanz antreten sollte.
Dem Ansturm Murads konnte Theodor II. nicht standhalten. Die Türken überrannten die Peloponnes und zogen nach furchtbaren Verwüstungen wieder ab (1423). Wenig später starb Manuel, sein Sohn Johannes VIII. wurde Kaiser in der verarmten und verelendeten Stadt, die als Exklave im feindlichen Land dahinvegetierte. Die Goldprägung hörte auf, das goldene Geschirr der kaiserlichen Tafel war schon längst durch irdene Teller und Schüsseln ersetzt worden. Der türkische Druck wurde immer stärker. 1430 fiel Thessalonike zum zweiten Male und endgültig in die Hand Murads. Da beschloß Kaiser Johannes, nach Italien zu gehen und durch das so oft versuchte und so selten erfolgreiche Angebot der Kirchenunion die Hilfe des Westens zu erlangen. Im Gegensatz zu seinem Großvater Johannes V. wurde der Kaiser nun vom Patriarchen und einer Anzahl hoher kirchlicher Würdenträger begleitet. Auf dem Konzil von Florenz 1439 wurde die Union feierlich vollzogen, doch wie schon in früheren Fällen blieb die Hilfe des Westens aus, in Byzanz dagegen prallten wieder einmal die Befürworter und Gegner der Union heftig aufeinander. Dieser Konflikt blieb nicht auf Byzanz beschränkt: die orthodoxen Länder, allen voran Rußland, distanzierten sich schroff und brachen alle Gemeinschaftlichkeit mit Konstantinopel ab.
Und doch schien die Union zunächst Früchte zu tragen. Papst Eugen IV. rief die christlichen Völker zum Kreuzzug gegen die Türken auf und sein Appell fand in den Ländern ein Echo, die durch die türkische Expansion unmittelbar bedroht waren. König Vladislaw von Polen und Ungarn, Johannes Corvinus-Hunyadi von Transsylvanien und der Serbe Georg Brankovic sammelten ein ansehnliches Heer. In siegreichem Vormarsch stießen sie durch Serbien und Bulgarien nach Süden, während der Despot Konstantin von Morea aus nach Mittelgriechenland vorrückte. Von Albanien aus trat der verwegene Skanderbeg zum Kampf gegen die Türken an.
Dieser bedrohliche Aufmarsch zwang Murad II. zum Einlenken. Unter Freigabe von Serbien und anderen Zugeständnissen schloß er einen zehnjährigen Frieden (1444). Unzufrieden mit den Ergebnissen stachelte die Kurie König Vladislaw zur Fortsetzung des Krieges an und entband ihn von seinem Friedensschwur. Der König brach daraufhin gehorsam auf, marschierte zum Schwarzen Meer, allerdings ohne seine Bundesgenossen. Murad eilte sofort herbei und vernichtete die christliche Armee bei Varna vollständig. König Vladislaw wurde im Kampf getötet. Der letzte Versuch zur Rettung hatte in einer Katastrophe geendet.
1446 erschien Murad wieder in Griechenland, abermals verwüstete er die Peloponnes, die sich von seinem ersten Überfall vor dreiundzwanzig Jahren schnell wieder erholt hatte, und verschleppte 60 000 Einwohner in die Sklaverei. Zwei Jahre später schlug er Hunyadi, nur der legendenumwobene Skanderbeg konnte sich noch jahrelang in den Bergen Albaniens behaupten.
Als Johannes VIII. 1448 starb, folgte ihm sein Bruder Konstantin, Despot von Morea, als letzter Kaiser auf dem Thron von Byzanz. Die fünf Jahre seiner Regierung waren nichts weiter als ein Warten auf das Ende, das unausweichlich kommen mußte. Zwar versuchte auch Konstantin, die inzwischen zerbrochene Kirchenunion wiederherzustellen, doch die meisten Byzantiner waren der Meinung, es sei besser, dem türkischen Turban als der römischen Mitra anheimzufallen.
1451 starb Murad II. Was ihm nicht gelungen war, erreichte sein Sohn Mehmed II. im zweiten Jahr seiner Regierung. Anfang April 1453 versammelte er unter den Mauern

Sultan Mehmed II. (1451–1481)

der Stadt ein unübersehbares Heer und schloß die Stadt zunächst von der Landseite, dann auch vom Goldenen Horn her ab. Um die Mauern bezwingen zu können, hatte Mehmed eine große Anzahl schwerer Kanonen anfertigen lassen, die die Stadt unter Beschuß nahmen. Der kleine Haufen der Verteidiger, unter ihnen 700 Genuesen, die mit ihrem Anführer Giovanni Giustiniani im letzten Augenblick in Konstantinopel eingetroffen waren, verteidigten sich tapfer gegen die fast zwanzigfache Übermacht des Feindes und schlugen alle Angriffe ab. Man konnte jedoch die Zerstörung der unter dauerndem Beschuß liegenden Mauer nicht aufhalten. Am Vorabend des Generalangriffs, der für den 29. Mai vorgesehen war, wurde in der Hagia Sophia die letzte Messe gelesen. Dann nahmen die Verteidiger ihre Posten wieder ein, und um zwei Uhr nachts griffen die Türken an. Welle auf Welle brandete gegen die Mauern, und immer wieder wurde der Angreifer zurückgeschlagen. Da schickte Mehmed seine Elitetruppe, die Janitscharen gegen die Bresche am Blachernenviertel, und ihnen gelang es, die schwer beschädigte Mauer zu überwinden und in die Stadt einzudringen. Als Giustiniani schwer verwundet wurde, begannen die Reihen der Verteidiger zu wanken, aber das Ringen war noch nicht zu Ende. Konstantin selbst kämpfte zu Fuß zwischen seinen Soldaten, bis er im Handgemenge den Tod fand. Am Abend war die Stadt in den Händen der Türken. Nach dreitägiger Plünderung zog Mehmed feierlich in die verwüstete Stadt ein und machte sie zur Hauptstadt des osmanischen Reiches.

Nur wenige Jahre später fielen auch Morea und das trapezuntische Kaiserreich den Osmanen zu. Damit hatte Byzanz aufgehört zu existieren.

Von nun an fühlte sich der orthodoxe Zar von Rußland als legitimer Nachfolger der römischen Kaiser und dokumentierte diesen Anspruch durch die Übernahme des Titels »Autokrator« und des byzantinischen Doppeladlers als Staatsemblem. Doch nicht nur in Rußland lebte der orthodoxe Glaube weiter, sondern auch mit besonderer Intensität in den Balkanländern, wo er für die unterdrückten Völker Träger und zugleich Symbol des nationalen Selbstbewußtseins wurde. Der Kirche und ihren Führern ist es zu verdanken, daß die christlichen Minderheiten im Osmanenreich sich einer Assimilierung zu

Janitschare

widersetzen vermochten, schließlich im 19. Jahrhundert auch die Kraft fanden, aus der Geschichtslosigkeit aufzutauchen und als neue Staaten wiederzuerstehen.
Konstantinopels Vermächtnis an den Westen war anderer Art. In der Zeit des zu Ende gehenden Mittelalters zeigte Europa, und besonders Italien, ein steigendes Interesse an der Kultur der alten Welt, und niemand konnte sich rühmen, die Hinterlassenschaft der Antike besser zu kennen als die Byzantiner. War Byzanz in der letzten Epoche seiner Existenz politisch immer mehr verfallen, so hatten zu gleicher Zeit die Wissenschaften und das geistige Leben sogar noch eine Steigerung erfahren. Diese späte Blüte byzantinischen Geistes war das letzte Geschenk des untergehenden tausendjährigen Reiches an Europa. Griechische Kirchenfürsten, wie der hochgebildete Erzbischof von Nikaia und spätere römische Kardinal Bessarion, Philosophen und Wissenschaftler kamen nach Italien, wo sie mit höchsten Ehren empfangen wurden. Sie brachten in großen Mengen Handschriften der alten Schriftsteller mit, die übersetzt und verbreitet wurden. Cosimo de Medici gründete 1440 in Florenz auf Anregung des Platonikers Gemistos Plethon die Platonische Akademie, an der Plethon selbst einige Jahre lehrte. Nach seinem Tode ließ Gismondo Malatesta seine Gebeine von der Peloponnes nach Rimini überführen und wie die Reliquien eines Heiligen an der Außenwand der Kirche Sta Francesca beisetzen. Durch den Einfluß byzantinischer Gelehrter wurde der philosophische Humanismus der Renaissance entscheidend mitbestimmt — das untergehende Byzanz wies Europa den Weg in die Neuzeit.

Anhang

Jahr	Kaiser	Politik und Kirche	Wirtschaft und Recht	Literatur und Wissenschaft	Kunst
	Konstantin I.	Anerkennung des Christentums, Konsolidierung des Imperiums. Organisation der Kirche (Konzil von Nikaia).		Eusebios, Kirchengeschichte	Basilika und Rundbau (Rom, Jerusalem, Antiocheia) christl. Plastik (Sarkophage)
350	**Konstantius** Julian				
	Valens Theodosios I.	Gotenschlacht bei Adrianopel Konzil von **Konstantinopel, Christentum** Staatsreligion. Trennung von West- und Ostreich	Codex Theodosianus	Basileios Gregor von Nazianz Gregor von Nyssa Johannes **Chrysostomos**	
400	Theodosios II.	Konzil von Ephesos Stadtbefestigung von Konstantinopel			
450	Leon I.	**Konzil von Chalkedon (geg. Monophysiten)**		Priskos	
	Zenon	Untergang des weströmischen Reiches			
500	Anastasios I.				
	Justin I.				
550	Justinian I.	Rückeroberung des Westens, Wiederherstellung des Reiches. Versuch straffer Zentralisierung der Staatsgewalt	**Corpus Juris**	Prokopios Jordanes Johannes Malalas Euagrios, Kirchengeschichte	Hagios Sergios und Bakchos Mosaiken v. Ravenna Hag. Irene Hag. Sophia 1. Blüte der Ikonenmalerei (Enkaustik)
		Verfall des Reiches Langobardenreich in Italien			
	Maurikios				

Jahr	Kaiser	Politik und Kirche	Wirtschaft und Recht	Literatur und Wissenschaft	Kunst
600	Phokas	Antiaristokratische Terrorherrschaft in Konstantinopel			
	Herakleios	Niederwerfung der Perser Beginn der islamischen Eroberungen	Beginn der Themenorganisation	Maximos Confessor Theoph. Simokattes **Georgios Pisides**	
650	Konstans II.				
	Konstantin IV.	1. Belagerung Konstantinopels durch die Araber			
	Justinian II.				Nikaia, Koimesis-Kirche
700				Johannes von Damaskus	
	Leon III.	**2. Belagerung Konstantinopels durch die Araber.** Beginn des Bilderstreits	Ekloge	Schließung der Universität K/pel **Theodoros Studites**	Thessalonike, Hagia Sophia Verbot der bildnerischen Darstellung Christi und der Heiligen **Ausschmückung der** Kirchen mit profanen Darstellungen
750	Konstantin V.				
	Leon IV.				
	Konstantin VI.	Konzil von Nikaia		Theophanes	
	Irene				
800	**Nikephoros I.**	Bulgarisches Reich unter Khan Krum			
	Leon V.	Anerkennung der Kaiserkrönung Karls des Großen durch Byzanz			
	Theophilos				
850	Michael III.	Ende des Bilderstreits **Slawenmission (Kyrill und Methodios)** Schisma Belagerung Konstantinopels d. d. Russen		Neugründung der Universität Konstantinopel Photios	Wiederherstellung des christl. Bilderkultes Nikaia, Koimesis-Kirche, Apsismosaik

Jahr	Kaiser	Politik und Kirche	Wirtschaft und Recht	Literatur und Wissenschaft	Kunst
860		Unterwerfung der Paulikianer Araber erobern Sizilien	»Procheiros Nomos«		»Nea Ekklesia« Vorherrschen des Kreuzkuppelbaus
870	Basileios I.		»Epanagoge«		
880			»Basilika« Vollendung der Themenorganisation		Thessalonike, Kuppelmosaiken der Hagia Sophia
890		Zerfall des großmährischen Reiches			
900	Leon VI.				
		Sizilien arabisch Eroberung und Plünderung Thessalonikes durch die Araber	»Taktika«	Vita Euthymii	Narthex-Mosaiken der Hagia Sophia
910	Alexander	Belagerung Konstantinopels durch die Russen (Oleg)	Eparchenbuch Handelsvertrag mit Rußland	Leon Choirosphaktes	Blütezeit der byzantinischen Kunst »Makedonische Renaissance«
920		Zar Symeon von Bulgarien gegen Byzanz Kampf gegen die Hamdaniden (Saif-ad-Daulah)	Tomos enoseos	Konstantin VII: de administrando, de ceremoniis	Buchmalerei und Elfenbeinschnitzerei Reliefskulptur
930	Romanos I.	Johannes Kurkuas kämpft in Syrien und gegen Russen	Gesetze zum Schutz des Kleingrundbesitzes und gegen Klostervermehrung		
940	Konstantin VII.		Neuer Handelsvertrag mit Rußland		Apsis-Mosaik der Hagia Sophia

Jahr	Kaiser	Politik und Kirche	Wirtschaft und Recht	Literatur und Wissenschaft	Kunst
950		Großfürstin Olga in Konstantinopel getauft			
960	Romanos II.	Rückeroberung Kretas, Aleppos und Antiocheias			
970	Nikephoros II.	Liutprand als Gesandter Ottos I. in Konstantinopel	Neue Gesetze gegen Klostervermehrung	Leon Diakonos	
	Johannes I.	Bulgarenkriege, Niederlage Swjatoslaws Erfolgreiche Feldzüge im Osten.			
980		Otto II. heiratet Theophano Westbulgarisches Reich unter Zar Samuel			
990	Basileios II.	Großfürst Vladimir, Christianisierung des Kiewer Staates Siege über die Fatimiden in Ägypten Katepanat Süditalien	Russische Söldner »Waräger« in byzantinischem Dienst Neue Gesetze zum Schutz des Kleingrundbesitzes und gegen Vermehrung des Klostergutes	Joh. Kyriotes	
1000 1010 1020		Zerstörung des Heiligen Grabes in Jerusalem durch Kalif al Hakim Bulgarenkriege (Zar Samuel) Auflösung des bulgarischen Reiches		Symeon, Neos Theologos	
1030	Konstantin VIII. Romanos III. Michael IV.		Neue Themen im Osten und auf dem Balkan	Christophoros Mitylenaios	Mosaiken von Hosios Lukas Kiew, Mosaiken der Sophienkirche
1040	Michael V.	Auftreten der Petschenegen Vorherrschaft des Beamtenadels Seldschuken erobern Armenien	Anfänge des Pronoiarsystems	Gründung einer philosophischen und juristischen Hochschule in Konstantinopel	
1050	Konstantin IX.				

Jahr	Kaiser	Politik und Kirche	Wirtschaft und Recht	Literatur und Wissenschaft	Kunst
	Theodora Michael VI. Isaak I.	Schisma (Kerullarios – Humbert von Silva Candida)	Steuerverpachtung		Ochrid, Fresken
1060	Konstantin X.	Ungarn erobern Belgrad		Joh. Xiphilinos Psellos Kekaumenos	
1070	Romanos IV.	Schlacht bei Mantzikert, Seldschuken erobern Kleinasien			Mosaiken der Nea Moni, Chios, Nikaia, Hagia Sophia
	Michael VII.				
1080	Nikephoros III.	Die Normannen erobern Süditalien Sultanat Rum, Kleinasien zum größten Teil seldschukisch Robert Guiskard landet in Albanien Petschenegenkriege	Münzverschlechterung Wirtschaftlicher Niedergang Handelsprivilegien für Venedig	Michael Attaleiates Johannes Skylitzes	
1090	Alexios I.		Lähmung des byzantinischen Handels	»Digenis Akritas«	Mosaiken von Daphni
1100		1. Kreuzzug, Eroberung Jerusalems			
1110		Sieg über die Normannen unter Bohemund Rückeroberungen in Kleinasien u. Syrien	Ausbildung des byzantinischen Feudalsystems	Kedrenos Theodoros Prodomos Timarion	
1120		Petschenegen geschlagen, Feldzüge gegen Serbien und Ungarn	Neue Verträge mit Venedig	Anna Komnene Joh. Zonaras	
1130	Johannes II.	Feldzüge in Syrien (Antiocheia),			
1140		Konflikte mit den Kreuzfahrerstaaten 2. Kreuzzug (Konrad III. und Ludwig VII.) scheitert	Neue Privilegien für Venedig		Cefalù
1150					
1160	Manuel I.	Feldzüge gegen Ungarn Wiedereroberungspolitik in Italien scheitert			Palermo, Martorana, Mosaiken
1170		Erfolge in Syrien. Bündnis mit den Kreuzfahrerstaaten	Verträge mit Genua Verträge mit Pisa		Nerezi, Fresken

Jahr	Kaiser	Politik und Kirche	Wirtschaft und Recht	Literatur und Wissenschaft	Kunst
1180	Alexios II. Andronikos I.	Schlacht bei Myriokephalon		Kinnamos Niketas Choniates	
1190		Antiwestl. Aufstand in Konstantinopel Radikal antiaristokratische Politik Saladin erobert Jerusalem Normannen erobern Thessalonike	Vorübergehende Besserung der wirtschaftlichen Situation	Michael Choniates Eustathios von Thessalonike Nikol. Mesarites	Monreale, Mosaiken
	Isaak II.				
		3. Kreuzzug (Barbarossa), Einnahme Akkons			Vladimir (Rußl.) Demetrioskirche, Fresken
1200	Alexios III.				
	Isaak II. und Alexios IV. Alexios V.	4. Kreuzzug, Eroberung Konstantinopels durch die Kreuzfahrer Lateinisches Kaiserreich von K/pel			
1210 1220	Theodoros I. (Nikaia)	Byzantinischer Reststaat mit der Hauptstadt Nikaia Rascher Niedergang der latein. Macht	Wirtschaftlicher Aufschwung im Reich von Nikaia		
1230		Aufstieg des Kaisertums von Nikaia nach Überwindung des rivalisierenden Epiros			
1240	Johannes III. (Nikaia)				Mileševa (Serbien), Fresken Arta, Parigoritissa, Mosaiken
1250		Abwehr der Bulgaren			
1260	Theodoros II. Johannes IV.	Schlacht bei Pelagonia Rückeroberung Konstantinopels 1261	Genuesen erhalten Galata	Georgios Akropolites Nikeph. Blemmydes	Bojana (Bulg.), Fresken Sopočani (Serbien), Fresken Trapezunt, Sophienkirche, Fresken
	Michael VIII.				

Jahr	Kaiser	Politik und Kirche	Wirtschaft und Recht	Literatur und Wissenschaft	Kunst
1270	Michael VIII.	Koalition Karl von Anjou–Serben–Bulgaren gegen Byzanz Konzil zu Lyon: Kirchenunion Bündnispolitik Michaels, Sizilian. Vesper	Wirtschaft, Handel und Verkehr geraten fast völlig in die Hände der Venezianer und Genuesen		Letzte Blüte der byzantinischen Kunst »Palaiologische Renaissance«
1280					
1290					
1300					
1310	Andronikos II.	»Katalanische Kompanie«		Theod. Metochites	Chorakirche, Mosaiken und Fresken
1320					Studenica (Serb.), Fresken
		Bürgerkrieg, Brussa, Nikaia, Nikomedia von Osmanen erobert		Nikephoros Gregoras gest. 1360	Gračanica (Serb.), Fresken
1330	Andronikos III.			Emm. Philes Dem. Kydonis	Athos, Protaton, Fresken
1340		Bürgerkrieg			Mosaikikonen
1350	Johannes VI.	Hesychastenstreit (Palamas)			Mistra, Peribleptos, Fresken
1360		Zar Stephan Dušan von Serbien erobert Makedonien, Albanien, Epiros, Thrakien			
	Johannes V.	Adrianopel Residenz der Osmanen (Murad I.)			
1370		Kaiser Johannes V. wird katholisch			
1380	Andronikos IV.	Byzanz tributpflichtiger Vasall des Sultans Albanien türkisch			
1390	Johannes VII.	Vernichtung des großserbischen Reiches durch die Türken (Schlacht auf dem Amselfeld) Bulgarien türkische Provinz Belagerung Konstantinopels durch die Türken			
1400					

Jahr	Kaiser	Politik und Kirche	Wirtschaft und Recht	Literatur und Wissenschaft	Kunst
		Schlacht bei Ankara, Mongolen schlagen Türken		Joh. Chortasmenos	
1410	Manuel II.				Kalenič (Serb.), Fresken
1420		Unionsverhandlungen			
1430		Belagerung Konstantinopels durch Murad II.		Joh. Kananos	Mistra, Pantanassa, Fresken
		Osmanen erobern Thessalonike			
1440	Johannes VIII.	Konzil von Florenz, Kirchenunion			
		Schlacht bei Varna, König Vladislaw von Polen-Ungarn geschlagen		Gemistos Plethon	
1450					
	Konstantin XI.	Mehmed II. erobert Konstantinopel 1453, dann die Peloponnes und Trapezunt		Dukas Georgios Sphranzes Bessarion	

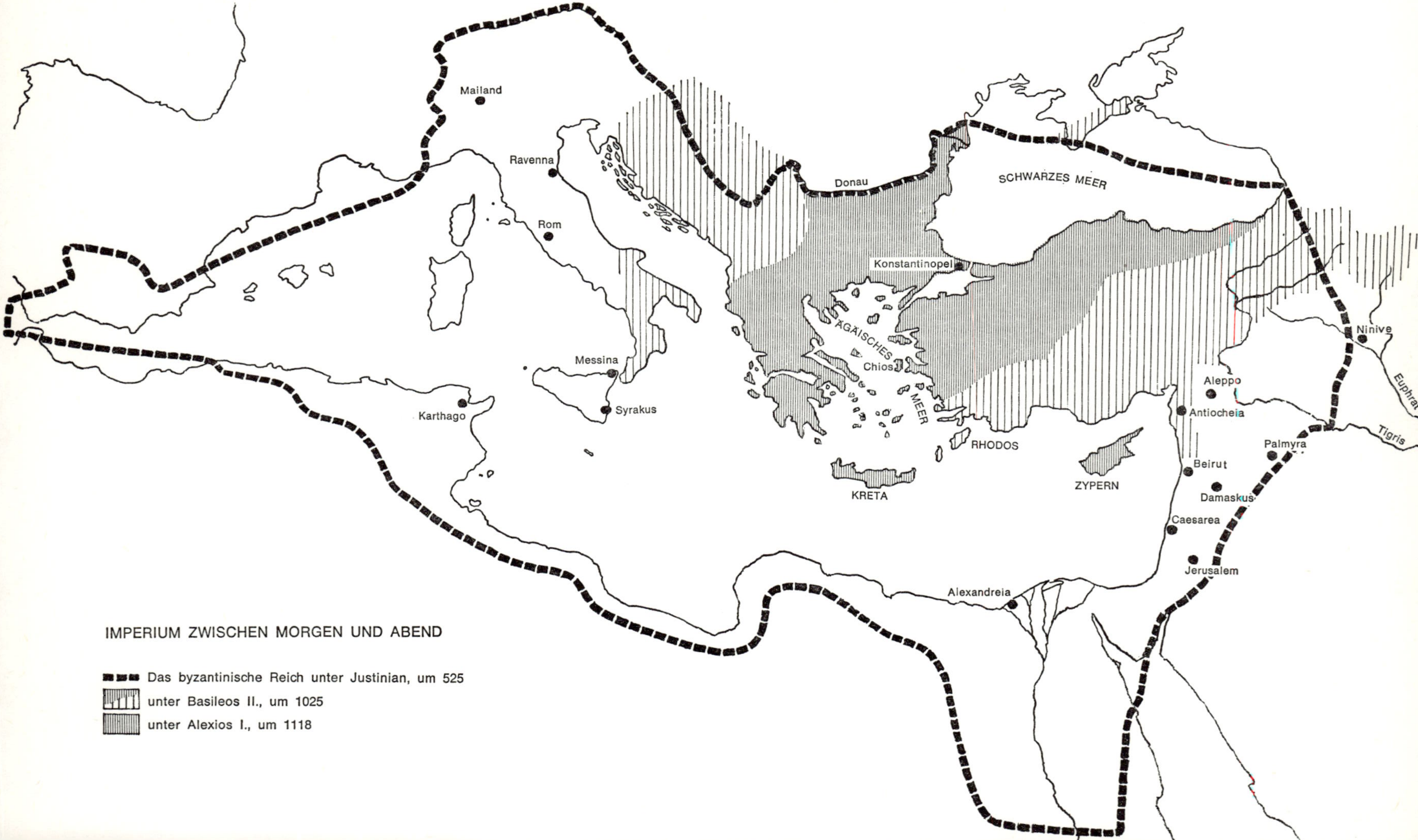

IMPERIUM ZWISCHEN MORGEN UND ABEND

Das byzantinische Reich unter Justinian, um 525
unter Basileos II., um 1025
unter Alexios I., um 1118

Belgrad
Silistria
Nikopolis
Donau
ILLYRIEN
Ragusa
DARIEN
Kossovo
MOESIEN
Philippopolis
Skolpje
Adrianopel
THRAKIEN
Dyrrhachion
MAKEDONIEN
Konstantinopel
Chalkekon
Perinthos
MARMARA-MEER
Nikomedia
Nikaia
Kastoria
Thessalonike
Gallipolis
Prusa
BITHYNIEN
Athos
THESSALIEN
EPIROS
KORFU
Arta
ÄGÄISCHES MEER
Pergamon
Chios
Smyrna
AETOLIEN
Theben
Athen
Patras
Korinth
Ephesos
Milet
PELEPONNE
Sparta
Mistra
Modon
Koron
RHODOS
KRETA
Cherson
SCHWARZES MEER
Sinope
Herakleia
PAPHLAGONIEN
Trapezunt
CHALDIA
GEORGIEN
Ani
Sebasteia
Tephrike
ARMENIEN
Mantzikert
Ankyra
Amorion
ANATOLIEN
Melitene
Ikonion
PHRYGIEN
Apamea
Kaisareia
KAPPADOKIEN
Germanikeia
Edessa
Nisibis
Attaleia
KILIKIEN
Tarsos
Aleppo
Antiocheia
ZYPERN

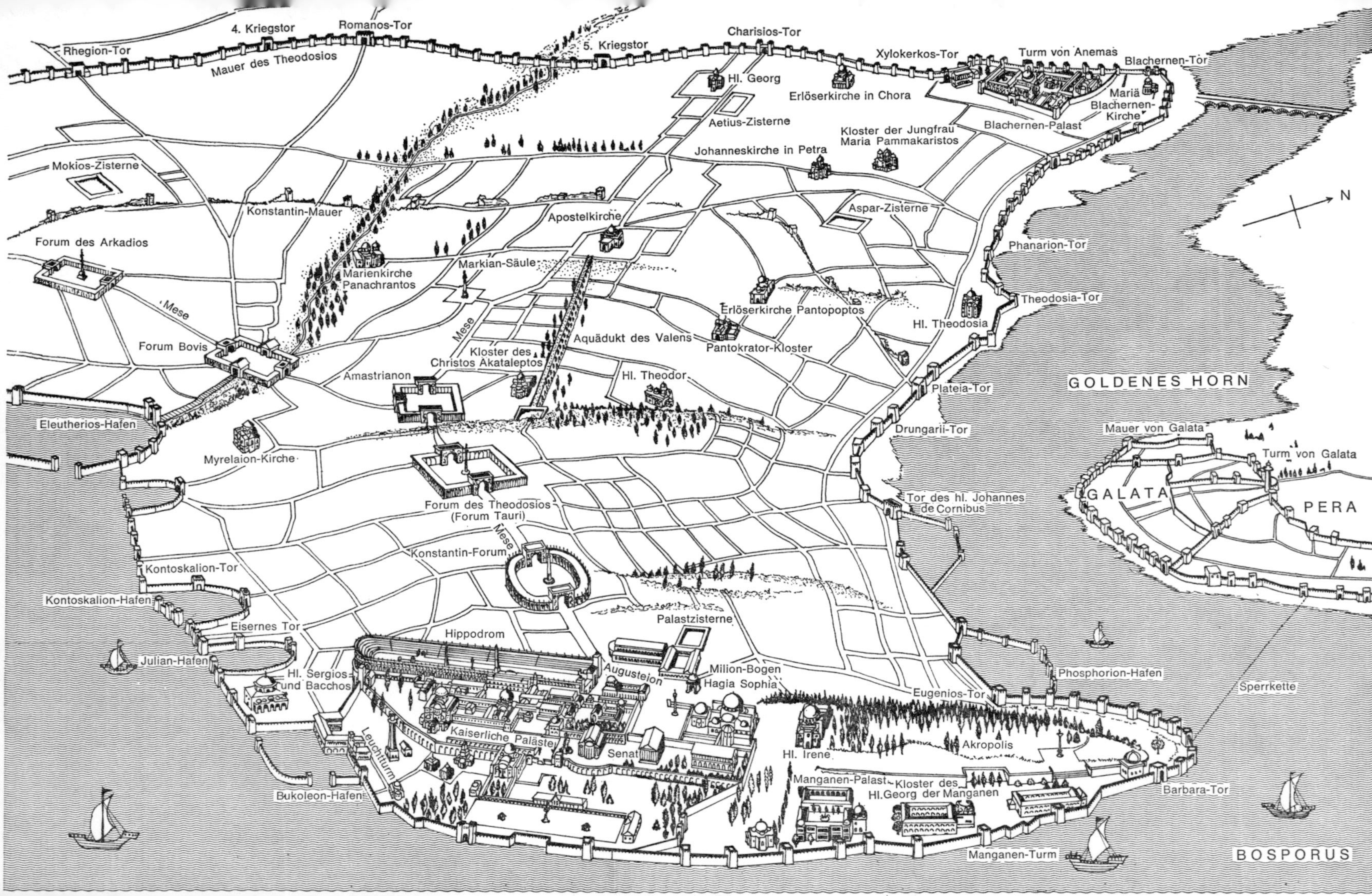

Rhegion-Tor
4. Kriegstor
Romanos-Tor
Mauer des Theodosios
5. Kriegstor
Charisios-Tor
Xylokerkos-Tor
Turm von Anemas
Blachernen-Tor
Hl. Georg
Erlöserkirche in Chora
Mariä Blachernen-Kirche
Blachernen-Palast
Aetius-Zisterne
Kloster der Jungfrau Maria Pammakaristos
Johanneskirche in Petra
Mokios-Zisterne
Konstantin-Mauer
Apostelkirche
Aspar-Zisterne
N
Forum des Arkadios
Marienkirche Panachrantos
Markian-Säule
Phanarion-Tor
Theodosia-Tor
Mese
Erlöserkirche Pantopoptos
Hl. Theodosia
Forum Bovis
Aquädukt des Valens
Pantokrator-Kloster
Kloster des Christos Akataleptos
Amastrianon
Hl. Theodor
GOLDENES HORN
Plateia-Tor
Eleutherios-Hafen
Drungarii-Tor
Mauer von Galata
Myrelaion-Kirche
Turm von Galata
GALATA
PERA
Tor des hl. Johannes de Cornibus
Forum des Theodosios (Forum Tauri)
Konstantin-Forum
Kontoskalion-Tor
Kontoskalion-Hafen
Palastzisterne
Eisernes Tor
Hippodrom
Julian-Hafen
Augusteion
Milion-Bogen
Hagia Sophia
Phosphorion-Hafen
Hl. Sergios und Bacchos
Eugenios-Tor
Sperrkette
Leuchtturm
Kaiserliche Paläste
Senat
Akropolis
Hl. Irene
Manganen-Palast
Kloster des Hl. Georg der Manganen
Barbara-Tor
Bukoleon-Hafen
Manganen-Turm
BOSPORUS

Quellenverzeichnis

Anna Komnene (A. K.), »Alexias«; B. Leib, Anne Comnène, Alexiade I–III (Budé 1937–45). E. A. S. Dawes (1967², engl.)

Annales Herbipolenses (Ann. Herb.), MG. Scriptores 16, 3.

Anselm von Havelberg, Dialogi II; Migne, PL 188, 1163. C. H. Haskins, Studies in the History of Mediaeval Science, 1924.

Basileios II., Kaiser, Novelle von 996; J. et P. Zepos, Jus graecoromanum I, 270.

Benjamin von Tudela, Orientreisen; L. Grünhut und M. N. Adler, Jerusalem 1903.

Choirosphaktes, Leon, Briefe; G. Kolias, Texte und Forschungen zur byzantinisch-neugriechischen Philologie 31, 1939, 76–132.

Choniates, Niketas (Nik. Ch.), Geschichte (Chronike Diegesis); I. Bekker, CSHB 1835. Migne PG 139, 320–1057. Deutsch: F. Grabler, Byzantinische Geschichtsschreiber, VII: Die Krone der Komnenen, 1971²; VIII: Abenteuer auf dem Kaiserthron, 1971²; IX: Die Kreuzfahrer erobern Konstantinopel, 1971², Verlag Styria Graz, Wien, Köln.

– »De signis« (de signis); im Anhang zur »Geschichte«.

– Festrede zur Hochzeit Kaiser Isaaks II.; E. Miller, Recueil des Historiens des Croisades, Historiens Grecs, T. II. Paris 1881, 615. Deutsch: F. Grabler, Byzantinische Geschichtsschreiber, XI: Kaisertaten und Menschenschicksale im Spiegel der schönen Rede, 1966, 70 ff.

Choniates, Michael, Denkschrift an Kaiser Alexios III.; G. Stadtmüller, Michael Choniates, Orientalia Christiana 33,2; 1934, 283. Deutsch: A. Ellissen, Michael Akominatos von Chonä, Erzbischof von Athen, 1846.

– »Elegie auf Athen«; S. G. Mercati, Eis Mnemen Sp. Lamprou, 1935, 423. Deutsch: G. Soyter, Byzantinische Dichtung, Athen 1938, 46.

Christophoros Mitylenaios, Gedichte; E. Kurtz, Die Gedichte des Christophoros Mitylenaios, 1903. Deutsch: G. Soyter, Byzantinische Dichtung, Athen 1938.

Digenis Akritas; J. Mavrogordato, Digenes Akrites, 1956, Ausschnitt »übersetzt von H. Hunger in Byzantinische Geisteswelt, Baden-Baden 1958.

Eparchenbuch s. Leon VI.

Eustathios von Thessalonike, Geschichte der Eroberung Thessalonikes; I. Bekker, CSHB 1842, 363. Deutsch: H. Hunger, Byzantinische Geschichtsschreiber III: Die Normannen in Thessalonike, 1968².

– »Betrachtungen über den Mönchsstand«; Th. F. L. Tafel, Eustathii opuscula, 1832, 214. Deutsch: G. L. F. Tafel, Betrachtungen über den Mönchsstand, Berlin 1847.

– Trauerrede (Epitaphios) auf Kaiser Manuel I.; Th. F. L. Tafel, Eustathii opuscula 196. Deutsch: G. L. F. Tafel, Komnenen und Normannen, 1870, 3.

Fulcher von Chartres (Ful.), Historia Hierosolymitana; H. Hagenmeyer, 1913. Deutscher Auszug aus R. Pernoud, Die Kreuzzüge, 1964³, 66 f.

Gerhoh von Reichersberg (Gerh.), De investigatione Antichristi; Migne PL 193, 489; 194, 9.

Gesta Francorum (Gest. Fr.); H. Hagenmeyer, 1890. Deutscher Ausschnitt aus Pernoud, a. a. O. 100 f.

Gottfried von Villehardouin (G. V.), La conquète de Constantinople; ed. E. Faral, 1938/39. Deutsch: F. Getz, Die Eroberung Konstantinopels, Voigtländers Quellenbücher, Leipzig Bd. 87.

Gunther von Pairis, Historia Constantinopolitana; P. de Piant, Genf 1875. Deutsch: E. Assmann, GDV 101, 1956.

Hadrian II., Papst, Ansprache auf der Synode von 869; Mansi 16, col. 123.

Harun ibn Yahyà; A. Vasiliev, Harun-ibn-Yahya and his description of Constantinople, Sem. Kond. 5, 1932, 149; K. Dieterich, Hofleben in Byzanz.

Humbert von Silva Candida, Bannbulle von 1054; Migne, PL 143, 1004.

Johannes I. Tzimiskes, Kaiser, Brief an Kg. Aschot von Armenien; E. Dulaurier, Chronique de Matthieu d'Edessa, 1858, 16.

Kedrenos, Georgios (Kedr.), Chronik (Synopsis Historion); I. Bekker, I. II. CSHB 1838–39.

Kekaumenos, Katakolon, »Strategikon«; B. Wassiliewaky, V. Jernstedt, Cecaumeni strategicon . . . , 1896. Deutsch: H.-G. Beck, Byzantinische Geschichtsschreiber V: Vademecum des Byzantinischen Aristokraten, 1964².

Kinnamos, Johannes (Kin.), Geschichte (Epitome); A. Meineke, CSHB 1836.

Konstantin VII. Porphyrogennetos, De caerimoniis aulae byzantinae, I. I. Reiske I. II. CSHB 1829–30. Die Abschnitte »Wettrennen« und »Empfang der Großfürstin Olga« übersetzt von K. Dieterich, Hofleben in Byzanz, 1912.
– De administrando imperio; G. Moravcsik, R. J. H. Jenkins, Constantine Porphyrogenitus, Budapest 1949. Abschnitt über die Petschenegen übersetzt von H. Hunger, Byzantinische Geisteswelt, Baden-Baden 1958.
– Biographie des Kaisers Basileios I. s. Theophanes Continuatus.

Leon VI., Kaiser, »Taktika«; Migne PG 107, 672. Das Kapitel über den Seekrieg deutsch von A. F. Gfrörer, Byzantinische Geschichten II., 1873, 410.
– Novellen 47, 78, 90; J. et E. Zepos, Jus graecoromanum I, 116, 147, 156. Noailles – Dain, Les Novelles de Léon VI. le Sage, 1944, 184, 270.
– Eparchenbuch; J. et E. Zepos, Jus graecoromanum II. 371. J. Nicole, Le livre du préfet ou l'édit de l'empereur Léon le Sage sur les corporations de Constantinople, 1894.

Leon Diakonos (L. Diak.), Geschichte; K. B. Hase CSHB 1828. Deutsch: F. Loretto, Byzantinische Geschichtsschreiber X: Nikephoros Phokas, 1961.

Ludwig II., Kaiser, Brief an Kaiser Basileios I.; W. Henze, Monumenta Germaniae Historica, Epist. VII, 1928, 386. Deutsch: H. Hunger, Byzantinische Geisteswelt, Baden-Baden 1958.

Liutprand von Cremona, Antapodosis und Gesandtschaftsbericht; J. Becker, MG Script. rer. Germ. 41, 1915. Deutsch: K. von der Osten-Sacken u. W. Wattenbach, GDV 29, 1940⁵.

Nestorchronik (Nest.); Polnoe Sobranie Russkich Letopisej I (1926–28) II (1908). Deutsch: R. Trautmann, Die Nestorchronik, 1931.

Nikephoros Phokas, Kaiser, Novelle von 964; J. et P. Zepos, Jus graecoromanum I., 249. Deutsch: A. F. Gfrörer, Byzantinische Geschichten III, 56.

Nikolaos Mystikos, Patriarch, Brief an den Emir von Kreta; Migne PG 111; 28, 36.

Nikolaus I., Papst, Brief an Michael III.; Migne SL 119, 779. MGH Epist. VI, 433.

Philotheos, »Kletorologion«; Migne PG 112, 1292. Abschnitt übersetzt von K. Dieterich, Hofleben in Byzanz, 1912.

Photios, Patriarch, Einleitung zur »Epanagoge«; J. et P. Zepos, Jus graecoromanum II, 236. Kapitel über den Patriarchen übersetzt von H. Hunger, Byzantinische Geisteswelt, Baden-Baden 1958.
– »Gegen diejenigen, welche Rom für den ersten Stuhl halten«; M. Gordillo, Orientalia Christiana Periodica 6, 1940, 11. Übersetzt von H. Hunger, Byzantinische Geisteswelt.

– »Ekphrasis« der »Nea Ekklesia«; C. Mango, The homilies of Photius Patriarch of Constantinople, Cambridge/Mass. 1958, 177.
– Rede anläßlich des Russenangriffs; C. Mango, a. a. O. 98.
– Brief an Boris-Michael; Migne PG 102, 627.
– Brief an Basileios I.; Migne PG 102, 765. Übersetzt von H. Hunger, Byzantinische Geisteswelt.

Psellos, Michael (Ps.), Geschichte (Chronographia); E. Renaud I. II, Budé 1926–28.

Raimund von Aguilers (Rai.), Receuil des Historiens des Croisades, Hist. occid. III. Deutscher Abschnitt aus Pernoud, Die Kreuzzüge, 85.

Robert von Clary (R. C.), Die Eroberung Konstantinopels; Philippe Lauer, Paris 1924. Deutscher Abschnitt aus Pernoud, a. a. O. 262.

Theodoros Prodromos, Gedichte; G. Soyter, Byzantinische Dichtung, Athen 1938, 61.

Theophanes, Geschichte (Chronographia); Migne PG 108, 56. Deutsch: L. Breyer, Byzantinische Geschichtsschreiber VI: Bilderstreit und Arabersturm in Byzanz, 2. Aufl. 1964.

Theophanes continuatos (Th. cont. V. V.), Geschichte; I. Bekker CSHB 1838, 1.

Timarion; A. Ellissen, Analekten der mittel- und neugriechischen Literatur, 4, 1860.

Usamâ, Autobiographie; Philip K. Hitti, An Arab-Syrian Gentleman and Warrior (Memoirs of Usamah-ibn-Mungidh), New York 1929.

Vita Euthymii (Vita Euth.); P. Karlin-Hayter, Byzantion 25–27, 1955–57; 1–172, 747–778.

Vita Konstantini (Vita K.); F. Dvornik, Les Légendes de Constantin et de Méthode vues de Byzance, Byzantinoslavica suppl. I, Prag 1933.

Wilhelm von Tyrus (Wilh.), Historia rerum in partibus transmarinis gestarum; Recueil des Historiens des Croisades, Hist. occid. I, 1844. Deutscher Abschnitt aus R. Pernoud, a. a. O. 62.

Häufig zitierte Autoren werden im Text jeweils mit der nach dem Namen in Klammern angegebenen Abkürzung bezeichnet.

Verzeichnis der Abbildungen

Orts- und Namensregister

(Abkürzungen: K. – Kaiser; Kg. – König; P. – Papst; Patr. – Patriarch; Hz. – Herzog; F. – Fürst; Gem. – Gemahl[in])

Inhalt

Byzantinische Geschichtsschreiber

Herausgegeben von Endre von Ivánka

Band I **Die letzten Tage von Konstantinopel**

Der auf den Fall Konstantinopels 1453 bezügliche Teil aus dem Georgios Sphrantzes zugeschriebenen »Chronicon Maius». Übersetzt, eingeleitet und erklärt von Endre von Ivánka. 3. Auflage, 102 Seiten, 1 Karte, broschiert.

Band II **Europa im XV. Jahrhundert, von Byzantinern gesehen**

Aus dem Geschichtswerk des Laonikos Chalkokondyles. – Die Nordlandreise des Laskaris Kananos. – Zwei Briefe des Manuel Chrysoloras. – Reisebericht eines unbekannten Russen. Übersetzt, eingeleitet und erklärt von Franz Grabler und Günther Stökl. 2. Auflage, 191 Seiten, broschiert.

Band III **Die Normannen in Thessalonike**

Die Eroberung von Thessalonike durch die Normannen (1185) in der Augenzeugenschilderung des Bischofs Eustathios. Übersetzt, eingeleitet und erklärt von Herbert Hunger. 2. Auflage, 170 Seiten, broschiert.

Band IV **Byzantinische Diplomaten und östliche Barbaren**

Aus den Excerpta de legationibus des Konstantinos Porphyrogennatos ausgewählte Abschnitte des Priskos (434–472) und Menander Protektor (559–582). Übersetzt, eingeleitet und erklärt von Ernst Doblhofer. 2. Auflage, 223 Seiten, 2 Karten, broschiert.

Band V **Vademecum des byzantinische Aristokraten**

Das sogenannte Strategikon des Kekaumenos. Übersetzt, eingeleitet und erklärt von Hans-Georg Beck. 2. Auflage, 164 Seiten, broschiert.

Band VI **Bilderstreit und Arabersturm in Byzanz**

Das 8. Jahrhundert (717–813) aus der Weltchronik des Theophanes. Übersetzt, eingeleitet und erklärt von Leopold Breyer. 2. Auflage, 242 Seiten, 2 Karten, broschiert.

VERLAG STYRIA GRAZ WIEN KÖLN